KB126500

선택의길, 군의

이야기로 세상을 바꾼다. 스토리하우스

선택의 길, 군인

이성출 예비역 육군대장 회고록

스토리하우스

저자는 어릴 때부터 자신의 삶을 둘러싼 척박한 환경으로부터 빠져나오려 무진 애썼고 그 과정에서 외로움이 무엇인지 뼈저리게 느낀 사람이다. 따라서 누구보다 무조건적인 출세 지향적 삶을 추구할 수밖에 없었으나 그 자신도 알 수 없었던 어떤 기질이 길이 아닌 것과의 타협을 가로막아 왔음을 이 책에서 토로한다.

나는 눈앞의 성공과 출세를 위해 수단과 방법을 가리지 않은 우리 인생, 특히 권력과의 밀착, 상부에의 맹종을 피할 수 없는 환경에서 내내 영합을 거부해온 저자의 그 기질이 끊임없는 자아(自我)와의 대면에서 형성되었다고 생각한다.

어려운 환경을 극복하고 나은 삶을 동경하고 추구하며 그는 아부, 위선, 비겁함, 굴종의 유혹을 셀 수 없이 느꼈을 것이다. 그러나 그는 자신이 지닌 가치관과 정체성을 잃지 않으려 매 순간 몸부림쳤고 그렇게 인고의 시간으로 쌓은 특유의 자존감을 여전히 지키고 있다.

언젠가 그는 어느 정당으로부터 전국구 상위 순번의 영입을 제안받고 입당했으나 당세가 커지고 20석 가까운 비례 당선이 유력해지자 당선권 내였지만 그가 바라던 순위보다 후 순위로 순번을 넣겠다는 당 대표의 요청을 받았다. 놀랍게도 그는 일언 지하에 거부하고 당을 박차고 나왔는데 이 소식을 접한 내가 전화를 걸어 그 순번도 어차피 당선인데 왜 그랬냐고 묻자 그는 단호히 대답했다.

"이것은 육군 대장에 대한 대접이 아닙니다!"

놀랍게도 모든 인간이 이기적 실리를 추구할 수밖에 없는 그 순간,

황송한 웃음을 온 얼굴에 흘리며 고개를 숙이는 바로 그 순간 그가 택한 건 평생 몸담아온 육군 대장의 명예였고 자신의 자존감이었다.

참군인을 보기 힘든 요즈음이다.

승진을 위해, 권력을 위해 소신이고 뭐고 던진 채 끊임없는 사리(私利)와 사략(私略)으로 이합집산하는 군인들의 모습을 그린 <서울의 봄>을 보고 실망한 국민의 한숨 소리가 귀에 생생하다. 이런 처세로 춤을 추어온 사람들에게 어떻게 국토방위를 맡겨왔는지, 앞으로 어떻게 맡길지 절망으로 가득 찬 국민에게 나는 이성출 사령관을 보라 말하고 싶다. 나라를 위해 자신의 목숨을 내던져야 할 순간, 죽는 길밖에는 다른 어떤 길도 없는 바로 그 순간 묵묵히 전장에 나서는 자존감 높은 대한민국 군인들도 얼마든지 있다고 외치고 싶은 것이다.

이성출 소위가 어떠한 배경도, 연줄도 없이 항상 최고의 평가를 받아 순수하게 자력으로 육군 대장으로까지 올라선 그 실존적 성실 또한 사랑하지 않을 수 없다.

김진명 소설가

추천사

　흔히들 한 나라의 정치 사회적 역사는 그 나라 군대의 형태와 발전에 따라 영향을 받는다고 한다. 프랑스의 대통령 찰스 드골은 군대야말로 한 나라 정치 사회정신의 가장 완전한 표현이라 했다. 군대의 모습을 보면 그 국가의 정치 사회 실상을 알 수 있다는 것이다. 외세의 간섭으로 나라를 잃고 동족상잔의 전쟁을 치렀을 뿐만 아니라 5.16과 12.12를 거쳐 얼룩진 정치 사회적 변화를 겪은 우리에게 딱 들어맞는 말이 아닐 수 없다. 우리 군대의 모습과 발전패턴은 우리나라 정치 사회사의 한 단면을 그대로 보여주었기 때문이다.

　말할 필요도 없이 우리나라에서 군대는 국방의 보루인 동시에 근대화 여정의 상징이었으며 근대화에 필요한 엘리트 충원의 중요한 채널이기도 했다. 군대는 가난한 농어촌 출신 젊은이들이 계급적이고 환경적인 차이를 뛰어넘어 군사 엘리트로서의 뿐만 아니라 정치 사회적 엘리트로 성장할 수 있는 중요한 통로의 하나였다.

　전라남도 신안군의 낙도인 비금도에서 태어나 가정형편이 어려워 검정고시를 거쳐 고등학교를 졸업한 소년 이성출 군. 그가 진학한 육군사관학교는 바로 이러한 엘리트 코스의 통로였다. 육군사관학교에서 그는 충성심과 용맹성, 전문성 그리고 국가에 대한 헌신을 배웠다. 그가 육군사관학교에서 교육을 받을 당시 우리나라 정치 상황은 매우 혼란스러웠다. 대학을 비롯한 모든 고등 교육기관들은 정치적 소용돌이에 휘말려 제대로 된 전문적이고 정신적 교육을 할 수가 없었다. 이런 점을 고려하면 육군사관학교의 교육은 그가 군사 엘리트로서 성장할 수 있는 자질을 마련해준 터전이기도 했다.

하지만 육군사관학교는 군대의 파벌화와 정치화를 몰고 온 원천을 제공하기도 했다. 이런 군대에서 정상적인 국방의무를 수행하기란 쉽지 않다. 군대란 정치는 물론 사회적 문제와 거리를 유지하는 것이 무엇보다도 중요하다. 군대가 정치와 사회의 일상사에 개입하게 되면 국방의 의무는 뒷전으로 밀려나고 권력투쟁과 이권개입에 빠져들기 쉽기 때문이다. 바로 우리 군대가 보여주었던 얼룩진 과거의 모습이기도 하다.

파벌화되고 정치화된 군대에서 정상적인 국방 임무를 수행하는 것이 얼마나 어려운지는 겪어본 사람이 아니면 알기 어려울 것이다. 선택지는 셋 중의 하나이다. 동조하든가 저항하든가 아니면 차별과 소외를 감내하면서 꿋꿋한 자세로 흔들림 없이 군 본연의 임무에 충실하는 것이다. 군인 이성출은 제3의 선택지에 일관했다. 파벌화와 정치화의 소용돌이 속에서도 항상 거리를 유지하면서 본질에 충실한 군 본연의 자세를 지켜낸 것이다. 이 때문인지 그의 군경력은 매우 다채로웠으면서도 결코 순탄하지 않은 군 생활이었던 것처럼 보인다. 소대장에서 시작하여 사단장에 이르기까지 수도권에서 먼 오지에서만 근무해온 그의 군 경력이 이를 말해주고 있다. 그가 이러한 역경 속에서도 육군 대장이 되어 비금도의 자랑으로 성장할 수 있었던 것은 "원칙과 본질에 충실하면서 솔선수범하고 자제력을 갖춘" 그의 리더십이 아니었던가 싶다.

이성출 장군과의 인연은 나의 육사 교관 시절로 거슬러 올라간다. 1971년 태릉에서 교관과 생도로 만난 우리 둘의 관계는 50년이 지난 지금까지 변함없이 이어지고 있다. 그동안 가장 인상적으로 기억되고 있는 것은 그의 군사전문 지식에 관한 것이었다. 2012년 가을로 기억된다. 어느 회의 석상에서 전직 국방부 장관을 지낸 분이 말을 꺼냈다. "우리나라 국방부 장관들은 대체로 작전통들인데 다음 장관은 작전보다는 기획 전문가가 맡는 게 더 바람직하다"는 것이었다. 참석자 중 경제부처 장관을 지낸 분이 물었다. 그런 사람이 있느냐고. 자기는 "그가 워낙 후배라 개인적으로는 잘 모르나 이성출 장군이라는 사람이 적임자 같이 보인다"는 것이었다. 이성출 장군의 군사경력을 보면 이러한 추천이 타당해 보인다. 그는 여타 장성들이 경험하지 못한 정책, 기획, 전략에서 비롯하여 지휘, 통제, 통신, 무기체계, 합동작전에 이르기까지 광범한 군사 지식과 경험의 소유자이다. 이러한 그가 자신의 군 생활을 회고하는 자서전을 펴냈는바 그의 군사철학과 실천 의지가 군을 사랑하는 많은 사람들에게 공유되기를 기원한다.

끝으로 군인 이성출을 한마디로 평하며 추천사를 마무리하고자 한다. 그는 가난한 출생 환경에 짓눌리지 않았으며 군의 파벌화와 정치화에 휩싸이지 않았다. 자신이 바라는 보다 나은 군 복무 자세와 군사문화를 찾아내 이를 실천함으로써 우리 군을 더 강한 군대로 만들려 한 군인이었다고.

장달중(서울대 정치외교학부 명예교수)

추천사

1950년 6.25 전쟁이 일어나던 해에 전라남도 신안군의 한 낙도에서 태어나 집안 형편이 어려워서 염전에서 일하고 검정고시를 거쳐 고교에 진학했던 한 소년이 대한민국 육군의 4성 장군이 되고 한미연합사의 부사령관이 되었다. 특히 한미연합사는 한미동맹의 상징으로서 북한의 위협을 견제할 뿐만 아니라 동아시아 지역의 자유민주주의 체제를 지키는 매우 막중한 조직체이다.

건군 이래 자유당의 독재, 5.16. 군사혁명과 12.12. 군사반란 그리고 세 번의 진보 정권을 거친 과정에서 대한민국 군대에 파고든 심각한 병폐의 하나가 '군 인사의 정치 종속화'이다. 내가 외유내강의 지장(智將)인 저자를 좋아하고 30년 가까이 돈독한 인간관계를 유지해오는 데는 무엇보다 군 본연의 자세를 잃지 않고 탈정치화 자세로 묵묵히 임무를 수행하였던 그의 성실성에 기인하고 있다.

이 책의 서문에서 그는 말한다. "나는 원칙과 본질에 충실했으며 솔선수범이 리더십의 요체임을 알고 행동으로 실천했다. 탐욕이 타락의 주범임을 알고 내 것을 내려놓았으며 옳은 것에 소신을 굽히지 않았고 책임이 두려워 망설이거나 뒤로 물러서지 않았다." 이러하였기에 그에게는 "쓸 것이 있고 쓸 수 있었으며" 그리하여 "쓴 것에 대해 무한한 행복과 희열을 느끼고 있다"라고 했다. 과연 우리 군인 중에서, 아니 좀 더 범위를 넓혀서 우리 사회의 지도층에 있는 인사들 가운데 이렇게 떳떳하게,

이렇게 망설임 없이 자신의 생애에 대하여 말 할 수 있는 사람이 과연 얼마나 될까? 별로 많지 않을 것이다.

저자는 그의 군 회고록이 읽어지는 데 보다는 쓰는 것 자체에 의미를 둔다고 했다. 그러나 나는 현재 군에 복무 중인 후배 장교는 물론 이거니와, 앞으로 군 또는 일반 공직에 종사하려고 하는 청소년들이 이 책을 읽기를 권한다. 이 회고록의 영향으로 저자와 같은 지도자가 많아지면 많아질수록 우리나라는 정말 제대로 된 선진국이 되고 남북통일도 크게 앞당겨질 것이다.

유세희 (한양대 명예교수, 전 한국정치학회 회장)

서문

　글이란 쓰는 데 목적이 있는 것이 아니고 읽어지는 데 있다고 할 것이다. 독자에게 읽어져야 글 쓴 효과가 나타나고 글쓴이의 의도가 전달될 수 있기 때문이다. 하지만 나는 이 글을 쓰면서 읽어지는 것보다 쓰는 데 의미를 두었다. 누구에게 나를 알리고 싶거나 어린 시절의 궁색했던 삶을 고백하고 싶지 않았으며 나를 자랑하고 싶지도 않았다. 태생적 환경이 열악하여 사다리도 없었고 동아줄도 없었지만 군에서 승승장구했다. 그 이유가 무엇일까? 라는 질문을 스스로 던지면서 나의 군 생활 궤적을 살펴보고 싶었다.

　결혼하고 처가에서 사주를 보았는데 역술인은 내가 군인이면 크게 성공할 것이라고 했다. 그의 말은 맞았고 나는 그의 말대로 별을 4개나 달았다.

　운명은 선택이라고 한다. 내 삶에서 이 말은 틀리지 않았다. 고교담임 선생님의 만류가 있었음에도 검찰 공무원을 그만두고 육사에 갔다.

육사에 들어가면 군 장교가 되어 국가에 충성하고 헌신하는 직업군인의 길을 걷게 될 뿐 아니라 돈 없이 대학공부를 할 수 있다는 것 때문이었다. 공무원 특별채용제도에 의해 군복을 벗고 공직에 들어갈 수 있었지만 나는 기회를 외면했다. 군에서 경쟁하다가 패배하고 낙오한 것 같아 군에 남았다. 군인의 길이 험난한 여정임을 알면서도 비교적 편안하고 안정된 길을 선택하지 않았다.

나는 남보다 나은 배경을 갖지 못했는데 별 4개인 대장이 되었다. 진급에서 단 한 번도 떨어져 보지 않고 선두를 달렸다. 내가 아는 세상의 이치, 내가 가진 세상의 상식으로는 이해되지 않아 나의 군 생활을 빠짐없이 짚어보고 싶었다.

군사정권 시절에 엄연히 존재했던 군내 사조직, 특정 지역이 권력을 독점했던 시대 상황, 경제적 가난 등 무수한 핸디캡을 극복하고 우뚝 설 수 있었던 힘과 지혜는 무엇이었을까? 살펴보고 싶었다.

나는 정치 권력, 경제 권력, 지역 권력, 인맥 등을 가져보지 못했다. 가까이해본 적도 없었다. 생도 시절에는 휴일에 외출, 외박을 받아도 갈 곳이 없어 혼자 식당에서 라면을 자주 먹었다. 한 달 넘게 보직(補職)을 받지 못하고 빈 사무실로 출근하여 먼지 쌓인 책상에 홀로 앉아 한숨을 쉬기도 했다. 그런가 하면 유명작가가 면전(面前)에서 그려준 그림이 안방 벽에 걸려 있기에 궁색함을 견디지 못해 그것을 인사동에 가서 팔았다.

수도권으로부터 멀리 떨어진 강원도에서 소대장, 중대장, 대대장, 연대장, 사단장을 하면서 산불, 태풍, 폭우, 폭설을 이겨내야 했고, 육사 동기에게 밀려 한직(閑職)으로 가면서 눈물을 흘리기도 했다. 정도(正道)를 쫓아 소신을 피력했다가 상관한테 미운털이 박히기도 했다. 그러면서도 보직(補職)이나 진급을 윗사람과 권력자에게 부탁해본 적이 없었으니 무엇을 믿고 그랬는지 찾아보고 싶었다.

나는 이 글을 쓰면서 나를 4성 장군으로 만들어준 '중심'(重心, Center of gravity)을 발견할 수 있었다. 그것은 바로 나의 '자질'임을 알았다. 나의 성격과 인성, 철학, 가치관, 태도, 정신, 육체적 건강 등이 결합하여 나를 4성 장군으로 서게 했다. 나는 군인에 딱 맞는 자질을 가졌다.

오래 전부터 세상에 태어나 군인이 되어 4성 장군에 오른 나를 글로 나타내고 싶었다. 팬데믹이 세상을 힘들게 하던 어느 날, 글을 쓰고 싶은 충동적 욕구가 나의 기억을 밖으로 드러나게 했다. 그렇게 해서 이 글이 세상에 나오게 된 것이다. 설렘이 가슴을 뛰게 한다. 하지만 겸허한 두려움도 마음속에 잔잔히 흐른다.

이 글은 내가 태어나서부터 군 생활을 마칠 때까지의 내 삶을 진솔하게 정리하여 기록해 놓은 것이다. 나를 글로 쓰고 싶었는데 '쓸 것이 있고, 쓸 수 있었으며, 썼다는 것'이 얼마나 큰 행복인지 감사하고 감개무량할 뿐이다.

2024. 8. 10
위례 자가(自家) 서재에서

차례

인터뷰

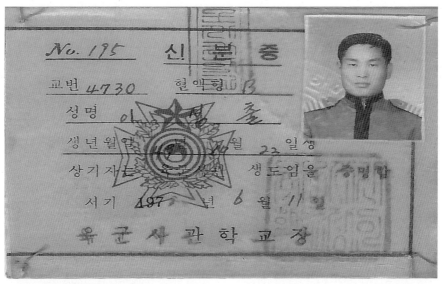

▲ 1. 육군사관학교 생도 신분증

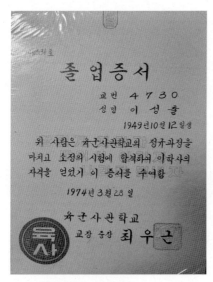

▲ 2. 육군사관학교 졸업증서

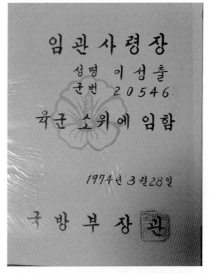

▲ 3. 육군사관학교 졸업과 동시 장교(소위) 임관
사령장

사진 19

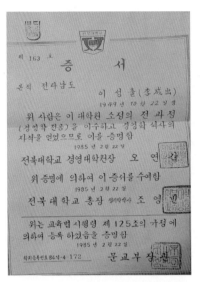

▲ 4. 전북대 경영대학원 석사학위증서(소령,
　　　 학군단 교관, 1983, 전북 전주)

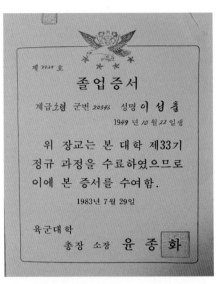

▲ 5. 육군대학 졸업증서(소령, 1984, 경남 진해)

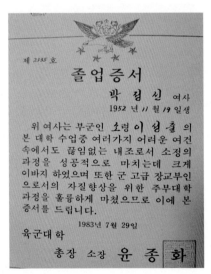

▲ 6. 아내에게 수여되는 육군대학 부설 주부대학
　　　 졸업증서(소령, 1984, 경남 진해)

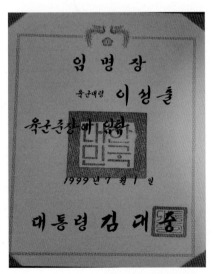

▲ 7. 준장 진급 대통령 임명장

▲ 8. 소장 진급과 사단장에 보임하는 대통령
    임명장

▲ 9. 중장 진급과 군단장에 보임하는 대통령
    임명장

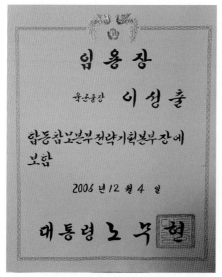

▲ 10. 합참 전략기획본부장에 보임하는 대통령
    임용장

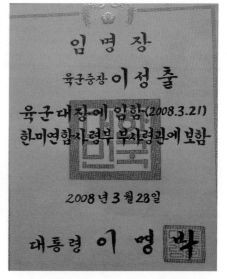

▲ 11. 대장 진급과 연합사 부사령관에 보임하는
    대통령 임명장

사진 21

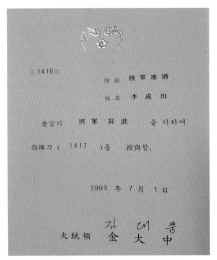

▲ 12. 장군으로 진급하고 받은 지휘도(삼정도) 증서

▲ 13. 국가 유공자 증서

▲ 14. 보국훈장 삼일장

▲ 15. 보국훈장 천수장

▲ 16. 보국훈장 통일장

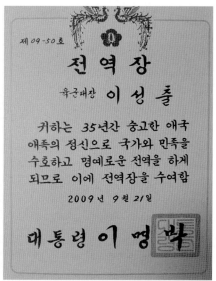

▲ 17. 전역장

▲ 18. 미국 육군 공로 메달 증서

사진 23

THE UNITED STATES OF AMERICA

TO ALL WHO SHALL SEE THESE PRESENTS, GREETING:

THIS IS TO CERTIFY THAT
THE PRESIDENT OF THE UNITED STATES OF AMERICA
AUTHORIZED BY ACT OF CONGRESS JULY 20, 1942
HAS AWARDED

THE LEGION OF MERIT
(DEGREE OF OFFICER)
TO
GENERAL LEE, SUNG CHOOL

REPUBLIC OF KOREA ARMY
FOR
EXCEPTIONALLY MERITORIOUS CONDUCT
IN THE PERFORMANCE OF OUTSTANDING SERVICES
MARCH 2008 TO SEPTEMBER 2009

GIVEN UNDER MY HAND IN THE CITY OF WASHINGTON
THIS   DAY OF   20

COMMANDER, USFK

▲ 19. 미국 훈장

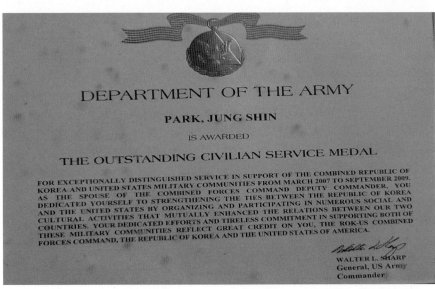

DEPARTMENT OF THE ARMY

PARK, JUNG SHIN

IS AWARDED

THE OUTSTANDING CIVILIAN SERVICE MEDAL

FOR EXCEPTIONALLY DISTINGUISHED SERVICE IN SUPPORT OF THE COMBINED REPUBLIC OF KOREA AND UNITED STATES MILITARY COMMUNITIES FROM MARCH 2007 TO SEPTEMBER 2009. AS THE SPOUSE OF THE COMBINED FORCES COMMAND DEPUTY COMMANDER, YOU DEDICATED YOURSELF TO STRENGTHENING THE TIES BETWEEN THE REPUBLIC OF KOREA AND THE UNITED STATES BY ORGANIZING AND PARTICIPATING IN NUMEROUS SOCIAL AND CULTURAL ACTIVITIES THAT MUTUALLY ENHANCED THE RELATIONS BETWEEN OUR TWO COUNTRIES. YOUR DEDICATED EFFORTS AND TIRELESS COMMITMENT IN SUPPORTING BOTH OF THESE MILITARY COMMUNITIES REFLECT GREAT CREDIT ON YOU, THE ROK-US COMBINED FORCES COMMAND, THE REPUBLIC OF KOREA AND THE UNITED STATES OF AMERICA.

WALTER L. SHARP
General, US Army
Commander

▲ 20. 아내가 수상한 미국 육군성 시민 봉사상

섬과 유년 시절

　내가 태어난 곳은 비금도(飛禽島)라는 조그마한 섬이다. 비금도(飛禽島)는 목포에서 서남 방향으로 약 54km 떨어져 있다. 소금과 시금치가 특산물이다. 고향이란 인간에게 향수를 불러일으키므로 나도 가끔 고향을 그리워한다. 어린 시절 함께 놀던 친구도 그립고, 자연이 선물한 수많은 추억을 잊을 수 없다. 봄이면 진달래꽃이 울긋불긋 수놓은 아름다운 뒷산, 여름이면 헤엄치고 물장구치는 데 바다만큼 넓게 보였던 집 앞 방죽, 가을이면 노란 벼가 익어 만든 황금색 들판, 겨울이면 찾아오는 세찬 바닷바람을 잊을 수 없다. 소달구지가 달리던 신작로는 고속도로만큼 넓었고, 뙤약볕을 쬐고 영근 하얀 소금밭은 섬사람들의 삶을 가꾸는 일터였다. 육지와 섬을 오가는 여객선은 도시를 동경하게 했다. 우리 집 앞 떡메산의 위용으로 어린 시절에 바위가 주는 신비를 느낄 수 있었다.

　나는 4형제 중 둘째다. 아버지와 어머니는 6남매를 낳아 기르셨으며 위로 넷이 아들이다. 아들 넷 가운데 형과 나 그리고 셋째인 동생이 한국 최초로 정규 육·해·공군 사관학교를 졸업했으며, 나는 육군 대장, 동생은 해군 소장으로 전역함으로써 한 집안에서 6星을 배출했다. 나는 해방 직후 한국 사회가 정치적, 사회적 혼란으로 몸살을 앓고 있던 시기에 태어났다. 아버지는 성격이 급하고 엄했으며 주관이 강했다. 반면 어머니는 현모양처로 부족함이 없었으며 어머니가 목소리를 높여 남을 비난하거나 욕설하는 모습을 보지 못했다. 대가족이 함께 사는 풍습이었지만, 우리 집에는 친인척이 많지 않아 할머니, 어머니, 아버지와 우리 형제, 사촌 누나와 형, 큰어머니가 전부였다. 할머니가 생존해 계실 때는 고모님 3분이 번갈아 오시곤 했는데, 그때마다 무척 반갑고 기뻤던 기억이 남아 있다. 우리 마을은 밀양박씨 집성촌이었기에 우리 집과 혈연적으로 달랐지만, 마을 아낙네들은 어머니를 신뢰하고 따랐다. 밀양박씨 아낙네들끼리 언쟁을 하게 되면 조정과 심판을 어머니에게 의뢰했고 어머니는 심판관 역할을 하셨다. 아버지는 3형제 중 막내였다. 아버지의 큰형께서 상업적 소질이 풍부해 만주지역에서 큰 사업을 하셨다고 한다. 아버지, 어머니도 결혼 후 큰형을 따라 만주에 잠시 거주했다고 들었다. 큰아버지께서 우리 집안 경제를 이끌고 계셨는데 해방 후 혼탁한 정치 상황으로 인해 만주에서 돌아와 얼마 생존하지 못하시고 유명을 달리하셨다. 큰아버지께서 일찍 돌아가시자 할아버지도 화병으로 돌아가시면서 우리 집 가계가 기울어지기 시작했다고 한다. 이렇게 사회적으로 가정적으로 불운한 시기에 태어났으니 어려운 환경에서 성장할 수밖에 없었다. 더구나 섬에서 둘째로 태어남에 따라 혹독한 가난을 몸으로 이겨야 살아남을 수 있는 운명이었다.

나는 어려서부터 정신력이 강했던 것 같다. 나이 많은 형들이 내 또래들과 싸움을 붙이곤 했는데 져본 적이 거의 없었다. 초등학교 5학년 때는 소를 타고 다니다가 소 등에서 떨어져 팔에 골절상을 입었으나 누구의 도움도 없이 부러진 팔을 부둥켜안은 채 눈물 한 방울 흘리지 않고 1km를 걸어 의사를 찾아갔을 정도로 강인했다. 그때 나를 치료해 주셨던 의사 선생님은 내가 육사에 합격했다는 소식을 듣고 '그 아이는 남달랐다'라고 하면서 칭찬을 아끼지 않으셨다고 했다. 그런가 하면 어린 나이에 사람을 살려낸 의인이 되기도 했다. 초등학교 6학년 시절의 여름 어느 날 정오 무렵, 논에 농약을 뿌리고 땀을 씻으러 동네 우물에 갔다. 우물은 깊게 파인 웅덩이처럼 생겨 쉽게 빠질 수 있었고 위험했는데 그날 이웃집 어린아이가 거기에 빠져 개구리처럼 길게 누워있었다. 순간 놀랍고 당황했다. 그러나 나는 소리를 지르거나 집으로 달려오지 않았다. 얼른 이 아이를 우물 밖으로 끌어내야 한다고 생각했다. 온 힘을 다해 아이의 팔을 잡고 우물에서 꺼냈다. 그리고 사람을 살리라고 소리를 질렀다. 내 소리를 듣고 마을 어른이 달려왔다. 그 어른과 나는 여자아이에게 응급처치로 심폐소생술을 해서 죽을 뻔했던 아이를 살려냈다. 하지만 내가 고향을 떠나 오랜 기간 군 생활을 했기에 그때 살려낸 그 아이가 그 후 어디에서 무엇을 하고 사는지 소식을 들어본 적이 없다. 나에게 사촌 누나 한 분이 계셨으며 나이가 나보다 12살 위였다. 어린 시절이라 부모님과 누나에게 미운 행동을 자주 했었던 것 같다. 누나는 내가 잘못을 뉘우치도록 집 앞 방죽 물속에 머리를 거꾸로 넣기도 했다. 그럴 때에도 나는 한 번도 용서를 빌지 않았다. 그만큼 어렸을 때부터 주관이 남달랐다고 한다. 할머니가 쌀을 주고 생선을 살 때 형제들은 아무 말이 없었지만 나는 할머니께 쌀을 아끼시라는 말을 했다고 한다. 쌀독에서 예절이 나온다는 선현의 말씀을 일찍 깨달았는가 보다. 하나님은 가난 속에서도 생존을 위한 맞춤형 성격을 주신 것 같다.

초등학교(당시는 국민학교라 칭함)는 우리 동네에서 약 2km 떨어져 있었다. 신작로를 따라, 때로는 논둑길을 따라 걸어다녔지만 결석 한번 하지 않았다. 배우고 공부해야 잘 살 수 있다는 절박한 심정을 가졌다. 운동화는 신어본 적이 없었다. 고무신을 신고 학교는 물론 산과 들을 누비고 다녔다. 고무신은 신발 수명이 짧아 바닥에 물이 새고 때로는 소나무 가지에 찔려 망가지기도 했다. 그러나 아버지는 고무신 수명이 길다고 생각하셨던지, 고무신이 찢겨 신지 못하게 되면 호통을 치셨고 때로는 매로 때리기도 하셨다. 어린 나이에 아버지의 매가 무서워 신발을 바늘로 꿰매신고 다니기도 했다. 그 당시는 고무신값이 상대적으로 비쌌던 것 같다.

그것뿐이 아니었다. 내가 어렸을 때, 섬에는 치약이 귀했고 나는 치아를 닦아본 적이 없었던 것 같다. 심지어 치약의 용도를 몰라 이것을 짜서 먹었던 기억도 남아 있다. 그럼에도 불구하고 다행히 지금까지 치아 때문에 고생한 적이 없으며 영구치를 잘 보존하고 있다. 치아가 오복 중 하나라고 하는데 나는 그 복을 받고 태어난 것 같다.

나는 초등학교 시절 학업에 충실했으며 선생님 말씀은 남김없이 이행하는 착한 학생이었다. 운동회 때는 달리기를 잘해서 상을 많이 받았다. 가방이 없어 보자기에 책과 공책을 싸서 허리에 매고 다녔으며 의자가 없어 교실의 나무 바닥에 앉아 수업을 받았다. 공책과 연필은 학교 앞 가게에서 달걀과 물물 교환하여 구입했다. 초등학교 6학년이 되었을 때, 우리 마을에 2명의 또래가 같은 반에서 함께 공부했다. 이들의 가정

환경은 우리 집보다 나았으며 목포에 있는 중학교로 진학하고자 표준전과를 구입하여 과외수업도 받았다. 그러나 나는 중학교 진학은 물론, 참고서적 조차 구입할 수 없는 처지였다. 같은 마을에서 2명의 또래는 중학교 진학을 위해 과외공부를 했으므로 등교 때는 3명이 함께 학교에 가지만 수업을 마치고 집에 올 때는 나 혼자였다. 그 때문에 어린 마음에 상처를 자주 받았다. 이들보다 공부가 뒤떨어지지 않았고 중학교에 진학하고픈 열망도 꿈에 나타날 만큼 컸지만, 우리 집은 형이 목포에서 중학교에 다니고 있었기 때문에 둘째인 나까지 목포로 유학을 보낼 형편이 되지 못했다. 그때 중학교에 진학한 또래들에 대한 부러움과 표준전과를 사서 공부하지 못했던 상처가 지금도 내 가슴 속에 남아 있는 것 같다. 목포에서 내가 사는 섬까지 하루에 한 차례 여객선이 운항했다. 우리 집 앞으로 간선 도로인 신작로가 있었는데 여름과 겨울에 방학이 시작되면 목포에 유학한 또래들이 부두에서 이 길을 따라 그들의 마을로 이동해 갔다. 학생모에 학생복을 입고 지나가는 또래들의 모습을 우리 집 담장 위로 눈만 내놓고 보곤 했다. 그때마다 중학교에 진학 못 한 설움이 얼마나 컸던지, 가슴이 미어지도록 많이 울었다.

초등학교를 졸업하고 중학교에 진학할 수 없는 형편이라 나는 부모님 농사일을 돕게 되었다. 우리 집은 약 1,500여 평의 논밭을 경작했다. 마을에서 중간쯤 되는 경제 수준이었으나 명절과 생일날을 제외하고 쌀밥을 먹어보지 못했다. 겨울 농한기에는 하루 세끼 중 한 끼는 고구마가 주식이었다. 논과 밭의 면적이 넓지 않았지만 모내기와 밭갈이 등 농사일은 마을 사람들과 품앗이 형태로 상부상조했다. 중학교에 진학하지 못했으니 농사꾼이 되는 길목에 서게 되었다. 그런데 섬에 고등공민학교라는 중학교 과정을 가르치는 곳이 있었다. 고등학교를 졸업한 젊은 청년 몇 사람이 봉사 차원에서 중학교 과정을 개설하여 나처럼 가난으로 인해 중학교에 진학하지 못한 소년·소녀들을 저렴한 학비를 받고 가르친 곳이었다. 그해 봄, 신입생을 모집하고 신학기 수업을 시작했다. 당시 목포에서 고등학교를 졸업하고 면사무소 직원으로 근무하던 사촌형이 계셨는데, 그 사촌 형이 내가 중학교에 진학하지 못하고 농사일을 하게 된 것을 안쓰럽게 보고, 나를 고등공민학교라도 보내야 하지 않겠냐고 아버지께 말씀드렸다. 그 덕분에 남보다 일주일 늦게나마 고등공민학교에 입학할 수 있었다. 입학이 늦다 보니 이미 영어 알파벳을 노래로 따라 외우는 과정이 끝나갈 무렵이었다. 나는 맨 뒷자리에 앉아 처음 들어본 영어 알파벳을 어색하게 따라 부른 척했다.

그러나 고등공민학교 공부가 순탄치만은 않았다. 호롱불이 어둠을 밝혀주는 환경에서 나의 학업에 관심을 둔 사람이 없었다. 그 뿐 아니라 부모님의 농사일을 도우면서 학교에 다니다 보니 가끔 결석도 하게 되어 공부에 매진할 수 없는 여건이었다. 그 고등공민학교는 긴 나무의자에 책상도 없는 시설이었지만 검인정 교과서에 의해 수업을 진행하였으며 성적과 학사관리가 체계적으로 이루어졌던 곳이었다.

내가 초등학교 6학년 해인 1961년 5월 16일 군사혁명이 일어났다. 그러나 서울에서 달나라만큼 멀리 떨어져 있는 섬에서 서울 소식을 들을 수 있는 수단이 별로 없었다. 라디오가 유일했다. 그것도 동네에서 한 집만 가지고 있었으므로 혁명이라는 엄청난 정치, 사회적 사건을 자세히 알 수 없었다. 굳이 알지 못해도 섬사람들의 일상에 아무런 지장이 없었고 어제와 똑같이 오늘도 평온했다. 다만 혁명 때문에 달라진 것은 여름

방학 때 매일 아침 6시, 뒷산에 모여 혁명공약을 암송하고 국민체조로 건강을 다졌던 것이 기억으로 남아 있다.

혁명 지도자인 박정희 대통령의 공과(功過)는 오늘날에도 정치적 논쟁이 되고 있다. 이념 측면에서 보수세력은 산업화를 가져온 공을 높이 평가하고 진보세력은 독재와 인권을 짓밟은 통치방식을 비난한다. 대한민국 국가발전의 두 축은 산업화와 민주화인데 산업화에는 공(功)을, 민주화에는 과(過)를 앞세워 말한다. 5.16군사혁명이 일어났을 때 국민소득 69달러에 불과해 아프리카 오지에 있는 국가보다 가난한 나라였다. 높은 문맹률, 면도기도 만들지 못한 열악한 산업 능력 등이 한국의 자화상이었다. 국가가 빈곤에 허덕이고 있는 가운데 정치인들은 부패했고 정권욕에 사로잡혀 있었다. 5.16군사혁명은 기존 질서를 송두리째 바꾼 변혁이자 우리 현대사에 산업화의 모태역할을 했다. 정치적 과(過)를 떠나 산업을 일으켜 세우고 가난을 벗게 만드는 원동력이었음을 부인할 수 없다. 세계적으로 정치 후진국에서 군사혁명이 빈번하게 발생하였지만 5.16군사혁명만큼 성공한 사례를 찾기 어렵다. 우리나라 정치사에 제3~4공화국은 5.16군사혁명 주체가 이끈 시대였다. 한·일협정체결, 월남파병, 경부고속도로 건설, 주한미군 감축과 자주국방, 중화학공업 육성 등으로 국가발전을 견인했으며, 또한 새마을운동을 전개하여 국민정신을 개조했다. 그러나 박정희 대통령의 과(過)도 우리는 역사적으로 분명히 인식해야 할 것이다. 장기집권을 위해 유신헌법을 만들고 정치적 반대세력에 대한 탄압과 독재를 자행한 통치행위는 마땅히 비난받아야 할 것이다. 망국적인 지역감정을 불러일으켜 정권연장을 도모하고 불균형적 지역발전을 가져오게 만들었다. 우리 사회의 분열과 갈등을 조장한 가장

악성 문제가 남남갈등인 지역감정이다. 이는 누구에게도 이익이 되거나 행복을 주지 않는다. 물론 지구상 몇몇 국가는 지역 간 마찰과 갈등을 넘어 심지어는 대립과 적대관계를 갖고 전쟁을 하는 국가도 있다. 이런 국가는 민족이 다르거나 종교가 달라 근본적으로 하나가 될 수 없는 것을 하나로 묶어 놓은 국제정치의 편의주의에 따른 결과이다. 우리나라는 단일민족에 종교적, 역사적 이질성이 없는 국가이므로 지역이기주의는 있을 수 있으나 지역감정은 있을 수 없는 토양인데, 현실은 그 골이 너무 깊게 파여 있다.

오늘날 대한민국은 여러 분야에서 기회균등이 원활하게 이루어지지 않아 한쪽의 우월감과 다른 한쪽의 상대적 박탈감, 상실감, 소외감 등이 공존하고 양극화가 심화되고 있다. 지역감정과 양극화 해소 없이는 통합된 100% 대한민국 건설이 불가능하다. 그러므로 이 문제의 해결이 시급하다고 할 것이다.

그렇다면 누가, 어떻게 해결할 것인가? 결자해지 차원에서 정치 권력이 앞장서고 국민이 동참해줘야 한다. 지역발전과 인재발탁 등에서 공권력이 공정하고 균등하게 행사되어야 한다. 한국은 세계에서 12번째 잘사는 국가이다. 국방력은 세계 6위이다. 산업화와 민주화가 동시에 이루어져 정치적 아픔 없이 먹고사는 문제가 해결되었더라면 좋았겠지만 그래도 산업화가 먼저 되고 민주화가 뒤따르게 된 발전모델을 갖게 된 것은 다행이라고 생각한다. 빈곤 국가의 사례처럼 산업화보다 민주화 진통을 먼저 겪었다면 우리나라도 오늘날의 부국이 되지 못했을 것이다. 역사는 사건과 시대를 결부시켜 오늘날 관점에서 바라본 기록이자 유산이다. 좋은 것만 취사 선택하여 가지고 갈 수 없다. 역사를 통해 진실을 알고 겸

손을 배워야 하며, 좋은 것은 고양하고 잘못된 것은 교훈으로 삼아 국가 발전을 이루면서 미래로 나가야 할 것이다.

　나의 유년 시절은 대한민국의 국민, 모두가 어렵고 힘든 시기였다. 의식주도 열악했고 국가도 가난했으며 더구나 섬은 외로웠고 문명으로부터 먼 곳이었다. 때로는 전염병이 유행하여 장기간 학업이 중단되기도 했다. 그러나 모두가 힘든 시기에 우리 국민은 주저앉지 않고 의지를 결집하여 역사를 새롭게 쓰기 시작했다. 나도 배우고 공부하는 것만이 내가 섬을 벗어날 수 있는 유일한 길이라고 생각했다. 어린 나이였지만 계몽적 사고로 세상을 읽으려 했고 사다리에 올라탈 기회를 달라고 기도했다. 생존을 위협하고 영양도 부족한 환경에서 아프지 않고 살아남았다. 바람불고 거칠고 척박한 환경에서도 착한 인성을 길렀다. 찌든 가난은 배고픔을 주었으나 나의 성장은 멈추지 않았고 나는 전진했다. 기적 같은 운명을 만들어 준 하나님께 감사를 드린다.

검정고시

　고등공민학교 3학년이 되었으나 고등학교 진학은 꿈도 꿀 수 없는 처지였기에 아버지는 둘째 아들인 나를 도시의 회사에서 심부름하는 사환으로 취업시키려고 일자리를 몇 군데 알아보기도 했다. 이렇게 나의 학업에 대해 부모님의 관심이 없는 상태에서 그해 가을 고등학교 진학을 위한 검정고시가 시행될 예정이었다. 나는 집안 형편이 어렵고 주변의 관심이 없었지만, 검정고시가 고교진학에 필수 과정이라서 검정고시에 응시하고 싶어 지원서 접수를 선생님께 요청했다. 공부가 신분 상승과 가난을 벗는 데 유일한 길이라고 생각했을 뿐만 아니라 또래처럼 교복을 한번 입어보고 싶어 상급학교에 진학하고자 하는 열망을 감출 수 없었다. 그러나 검정고시에 응시하여 고등학교에 진학하고픈 의욕은 강했지만, 학업성적이 검정고시에 합격할 수준은 아니었던 것 같았다. 선생님께 시험을 보게 해달라고 요청하고 검정고시 지원서 작성을 부탁했지만, 선생님은 그리 달가운 표정을 짓지 않았다. 시험을 보더라도 불합격이 예상되고 부모님의 관심도 없었기에 선생님의 반응이 당연한 것 같았다. 반면 나는 시험에 떨어질 것으로 생각하지 않았지만 설령 합격이 안 되더라도 여객선을 타고 목포라는 도시를 가보고 싶었고 육지 땅을 한번 밟아보고 싶었다. 선생님께 지원서를 써달라고 재차 간청하자 선생님은 결국 나의 요청을 받아주셨다. 나의 끈질긴 집념으로 그해 검정고시에 응시할 수 있었다. 검정고시에 응시하기 위해 설레는 가슴을 안고 목포를 향하는 여객선에 올랐다. 뱃고동 소리는 들어보았으나 처음 여객선을 탔으니 흥분을 감출 수 없었다. 갑판에 올라 바닷바람을 실컷 마시고 목포 부두에 내리는 순간 암스트롱이 달에 착륙한 것처럼 내가 두 발로 육지 땅을 밟은 순간이었다. 시험은 목포여자고등학교 교실에서 치러졌다. 그때까지 앉아보지 못했던 1인용 의자와 책상에 앉아 문제지를 풀었다. 내게 쉽지 않은 시험이었지만 하나님께 기도하면서 절박한 심정으로 한 문제 한 문제를 풀고 답안지를 작성하여 제출했다. 그 결과 학교에서 12명이 응시했는데 나를 포함하여 3명이 합격했다. 꿈만 같았고 주변에서 합격하리라 예상하지 못했기에 나도 놀랐고 모두 놀라워했다. 그때 검정고시 합격증에 찍혀있던 전라남도 교육감 성함이 '안용백' 이었음을 지금도 기억하고 있다. 내 인생에서 얼마나 소중한 합격증이었으면 57년 전에 받았던 합격증을 잊지 않고 있을까? 검정고시에 합격하지 못했다면 영락없이 나는 섬에서 농부가 되고 염전에서 일하는 염부가 되었을 것이다. 실오라기만큼 가늘었던 가능성이 나를 붙잡아 주었다. 그것은 내게 기적이었고 하나님의 은총이었다. 어린 소년은 이렇게 성장을 향해 발걸음을 옮기고 있었다.

소금과 찐빵

운도 좋았지만 공부하고 싶은 열망이 넘쳤기에 고입 검정고시에 합격할 수 있었다. 하지만 가난한 가정형편은 고등학교 입학시험에 응시할 기회를 주지 않았고, 또 한 번 나를 실망의 늪으로 빠지게 만들었다. 보배 같은 자격을 얻었지만, 상급학교에 진학할 수 없으니 자격증의 의미가 상실될 상황이었다. 너무 속이 상하고 부모님을 원망하는 반항 섞인 행동으로 검정고시 합격증을 찢어 버렸다. 그런 가운데 그해 아버지는 갯벌을 막아 염전을 설계하는 일을 하셨다. 1년 동안 신안군 증도에 머무시면서 그 일을 하셨다. 우리 집은 어머니가 가사를 돌보신 가운데 나는 고교진학을 위해 학비를 벌어야 했다. 섬에서 농사는 생계의 기본이었으므로 농사 외 다른 일자리를 찾아야 학비를 마련할 수 있었다. 아버지는 내가 염전에서 일하도록 조치해주셨다. 비금도는 염전이 많았고 염전을 소유한 집은 비교적 부유했다. 나는 그해 5월 초순부터 10월 초순까지 염부가 되어 염전에서 노동했다. 소금(천일염)은 바닷물을 염전(소금밭)으로 끌어들여서 햇빛과 바람으로 수분을 증발시켜 만든다. 바다에서 물을 끌어 올리는 일, 소금을 긁어모아 창고에 저장하는 일, 소금을 창고에서 가마니로 포장하여 신작로까지 나른 일이 염부의 손, 즉 노동으로 이루어졌다. 수차를 돌려 바닷물을 염전으로 끌어올린 후 단계적 과정을 거쳐 바닷물의 염도를 높였다. 며칠간 염전에 고인 바닷물의 염도가 높아지면 이것을 깨끗하고 단단한 토판(土版)에 얇게 깔아 천일염을 만들었다. 오후 5시쯤, 천일염이 햇빛에 하얗게 영글면 토판에서 이를 긁어모아 목도라는 운반수단을 이용하여 창고에 저장했다. 목도는 양쪽 바구니에 소금을 담아 어깨에 메고 다니는 일종의 지게였다. 소금을 재화로 만드는 과정에서 염부가 해야 할 일이 또 있었다. 창고에 저장된 소금을 가마니에 넣고 포장하여 큰길인 신작로에 옮기는 일까지 염부의 몫이었다. 신작로에 쌓인 소금 가마니를 마차가 실어가야 소금이 염부의 손을 떠나게 되었다. 염부인 나는 소금을 내기 위해 뙤약볕에서 수차를 돌렸다. 목도로 소금을 창고에 저장하다가 목도가 어깨를 눌러 주저앉을 때도 있었다. 소금 가마니를 옮기느라 허리가 구부러질 만큼 지게질도 많이 했다. 그야말로 불볕더위에서 숨을 몰아쉬며 노동했다. 그뿐 아니라 여름철 35도가 넘는 폭염에 나의 얼굴은 연탄만큼 새까맣게 그을렸다. 그러나 힘들게 일하면서도 기다려진 게 있었다. 그것은 어른 염부들의 새참 심부름이었다. 매일 오후 3시쯤이면 나는 내가 일하고 있는 염전과 외상거래를 한 상점에 가서 간식용 찐빵을 사 오곤 했다. 그때마다 어른 염부들과 둘러앉아 함께 먹었던 찐빵은 배고픈 시절에 나의 허기진 배를 채워주었다.

그해도 어느덧 가을이 옴에 따라 염전 일을 마치고 고등학교 진학을 위한 입시공부를 시작해야 했다. 아버지는 형에게 내가 찢어 없애버린 검정고시 합격증을 광주에 가서 다시 받아오라 하셨다. 형은 내가 고교 입학시험을 보는 데 차질 없게 준비해주었다. 동생(셋째)과 가을 바닷바람을 안고 목포를 향하는 여객선에 올랐다. 어머니께서 마련해주신 식량과 된장, 반찬 몇 가지를 들고 목포에 사시는 고모님 댁으로 갔다. 목포에 있는 유일한 친척이셨던 고모님은 우리를 반갑게 맞아주셨고 어머니가 준비해준 식량으로 일상을 살펴주셨다. 고모님 댁에 머물면서 2개월 동안 고등학교 입시를 준비했다. 목포 제일학원에 등록하고 영어와 수학 강의만 들었다. 그때 수학1 강의를 해줬던 최용준 선생을 지금도 기억하고 있다. 짧은 기간에 모든 과목을 공부하기 어려웠지만, 학원 강의를 들으며 취약한 영어와 수학을 보완할 수 있었다. 학원 강의는 머리에 쏙쏙 들어올 만큼 효과적이었다. 집념을 갖고 노력한 결과 차츰 성적이 향상되었다. 시험 시기가 임박해옴에 따라 어느 고등학교에 지원할 것인가를 결정해야 했다. 목포에서 고등학교 3학년이었던 형이 학교지원을 조언해주었으나 형은 나의 의도와 달리 실업계 고등학교를 추천했다. 나는 목포에서 가장 우수한 고등학교에 진학하여 검정고시 출신이라는 핸디캡을 벗고 싶었다. 또래들처럼 중학교 교모와 교복은 입어보지 못했지만, 고등학교는 그들보다 더 나은 학교에 가서 어릴 때 겪었던 설움을 만회하고 싶었다. 그래서 형의 권고를 무시하고 인문계인 목포고등학교에 지원하고 응시했다. 시험 당일 답안지를 작성하는 데 큰 어려움이 없었기에 합격을 예상하고 이튿날 섬으로 들어가 합격자 발표를 기다렸다. 그 당시에는 트랜지스터라디오가 섬사람들에게 세상 소식을 들려주는 유일한 수단이었다. 고교입시 합격자도 라디오를 통해 들을 수 있었다. 나의 입학시험 수험번호는 224번이었으며, 목포고등학교 입학시험 합격자를 발표한다고 예고된 시간이 2월 초순 오후 5시였다. 겨울철에 섬 생활의 일상은 그 시간대가 소먹이인 소죽을 쑤는 시간이었다. 소외양간 소죽솥에 불을 때면서 부뚜막에 라디오를 얹어놓고 숨을 죽인 채 아나운서 목소리에 귀를 기울였다. 아나운서는 합격자 수험번호를 읽어 내려갔고 그는 224번을 불렀다. 나는 합격했다. 시험을 보면서 어렵다고 느끼지 않았기에 합격을 예상했지만, 아나운서가 224번을 말하는 순간 감격의 눈물을 흘렸다. 그토록 꿈꾸었던 공부를 할 수 있게 되었고 또래들처럼 교모와 교복을 입지 못해 가졌던 마음의 상처를 치유할 수 있게 되었다.

목포에서 고등학교에 다닐 수 있게 되었다는 현실이 내게는 꿈과 같았다. 그토록 육지를 밟아보고 싶었고 소망했던 공부를 할 수 있었으니 얼마나 기뻤는지 모른다. 한편 내가 고교입시를 준비하는 과정에서 학원 강의를 듣지 않았다면 입학시험에서 낙방했을 것이다. 그때 학원 강의를 통해 크나큰 효과를 얻었기에 나는 학원 역할에 대해 지금도 긍정적으로 생각한다. 물론 학원이 공적 교육을 소홀하게 만드는 점도 있으나 입시에 필요한 지식을 습득하는 데 학교 수업보다 학원 강의가 효율적임을 부정할 수 없다. 따라서 입시제도가 주입식 지식을 평가하는 데서 적성에 부합된 문제해결 능력을 평가하는 방향으로 바뀌어야 학교 교육이 살아날 것이다. 학교와 학원이 상호 보완적 역할을 하도록 제도를 발전시켜야 할 것이다.

광목이불과 연탄

　입학시험에 합격하자 부모님도 나를 고등학교에 보내지 않을 수 없었다. 그러나 어려운 가정형편이라 자취하면서 학교에 다닐 수 밖에 없어 시 외곽에 살고 계신 친척 집의 방을 자취방으로 얻었다. 어머니께서 마련해 주신 그릇과 쌀, 반찬을 들고 동생과 함께 개학에 맞춰 목포로 나갔다. 시골집 자취방은 연탄 아궁이 구조로 되어 있었지만 연탄을 구입해 채난할 수 있는 비용을 부모님으로부터 지원받을 수 없어 석유곤로로 취사를 했다. 난방이 안 되니 겨울에는 냉방이었지만 공부하고자 하는 열망이 몸을 녹여주고 추위를 잊게 해줬다. 어머니께서 만들어주신 하얀 광목이불을 24시간 방바닥에 깔아 온기가 있도록 하였으나 광목이불은 생각만큼 따뜻하지 않았다. 밤늦은 시간까지 책상에 앉아 공부하고 잠을 청하고자 이불속으로 몸을 숨기면 찬 광목이불이 몸을 움츠리게 했다. 내 몸의 열기가 광목이불을 데우면서 서서히 따뜻함이 유지되었다. 겨울철에 식사를 마련하는 것 역시 쉬운 일이 아니었다. 이른 아침에 일어나 샘물을 길러 보리쌀을 씻고 석유곤로를 피워 밥을 지었으며 겨울 새벽의 차가운 냉기가 영혼까지 시리게 만들었다. 광목이불을 덮고 냉기가 서려있는 방에서 잠을 잔 후 새벽에 일어나 밥을 지어 먹고 학교에 다녔지만 힘들고 고통스럽다는 생각을 가져보지 않았다. 그때는 온통 배우고 공부하는 즐거움에 도취되어 있었고 공부할 수 있다는 것이 행복이었다.

목포고등학교는 원래 시내 중심 지역인 대성동에 있다가 학교를 넓히고 건물을 현대화하기 위해 소재지를 시 외곽으로 옮겼는데 자취하는 곳에서 도보로 약 20분 정도의 가까운 거리에 있었다. 학교가 먼 곳에 있지 않았지만 1학년 학기 초에는 점심을 도시락으로 준비하여 가방 속에 담아 등교했다. 오전 수업을 마치고 점심시간이 되면 주변 급우들과 책상을 붙여 식탁을 만들고 각자 준비해온 도시락을 펼쳐 동료학생 반찬도 함께 먹으면서 식사를 하곤 했다. 그러나 점심시간이 되어 도시락 뚜껑을 열면 급우들은 본가 또는 하숙집에서 마련해준 하얀 쌀밥에 계란말이, 소고기 장조림 등으로 내가 자취하면서 먹어보지 못한 음식들이었다. 반면 내 도시락은 보리쌀이 많이 들어간 밥과 멸치를 간장에 조린 반찬으로 매일 똑같았다.

점심시간이 되면 급우들 밥은 하얀데 나의 도시락은 까만 보리밥이라서 이것을 펼쳐 보이는 것이 매일 겪게 되는 작지 않은 고통이었다. 쌀이 부족하여 집에서는 보리밥을 지어 먹고 도시락은 보리쌀 50%, 백미 50% 정도로 밥을 지어 마련하였지만 보리쌀이 충분히 도정되지 않아서 악화가 양화를 구축한다는 그레셤의 법칙처럼 도시락밥이 온통 까만 색깔이었다. 이렇게 매일 겪는 점심시간의 고충을 견딜 수 없어 도시락을 싸가지 않고 집에 와서 점심밥을 먹기로 했다. 점심시간이 1시간이라 빠듯했기에 집에 가 밥을 먹고 오후 수업에 늦지 않으려면 뛰어야 했다. 여름철에는 하얀 교복을 입고 뛰다보면 등에 땀이 나 교복이 젖었다. 나는 외형적으로 가난하게 보이고 싶지 않아 교복을 자주 빨아 입었다. 교복을 2~3벌 마련하여 입고 다닐 형편이 되지 못하였기에 매일 세탁했다. 여름철 교복은 하얀 상의에 쑥색 하의라서 각별히 청결하게 입지 않으면 금방 더러워졌으므로 떼 묻지 않은 옷차림을 하려고 각별히 노력했다. 열악한 환경에서도 깨끗한 교복차림으로 흐트러지지 않고 단정한 모습을 보였던 것에 대해 사촌 누나는 늘 회고하시면서 지금도 나를 칭찬해주고 계신다.

고교 시절의 자취 경험은 나에게 생존력과 인내심을 길러 주었다. 군인은 육체적 고통뿐만 아니라 거친 환경을 극복해야 하는 직업이다. 끼니를 건너뛰어야 할 때도, 며칠 밤을 뜬눈으로 새워야 할 때도 많다. 이럴 때마다 나에게는 자취 생활에서 길러진 자활 능력이 있었기에 불편함을 크게 느끼지 않고 이길 수 있었다. 환경이 인간을 지배하더라도 인간은 환경을 극복하고 문명을 창조한다. 사자는 배가 고파야 눈을 떠 사냥감을 찾고, 인간은 부족해야 주변을 보게 되는 것이 세상 이치이다.

사다리가 된 공부

　고교에 입학하고 학급편성은 1학년 3반이 되었다. 담임선생님은 사회과목을 가르치신 이모 선생님이었다. 이모 선생님은 외모가 크지 않았으며 비교적 조용한 편이었고 학생지도도 엄하지 않았다. 나한테는 유일한 검정고시 출신이라 관심을 자주 표명해주었다. 1학년은 6개 반 총 420명이었으며, 입학성적이 우수한 70명을 우수 반으로 편성했다. 나는 체계적으로 중학교공부를 하지 못하고 검정고시를 거쳐 입학하였으므로 입학성적이 상위그룹에 속하지 않았다. 그런 상태에서 친구도 없이 학교생활을 시작했지만, 우수 반에 들어가겠다는 목표를 설정하고 열심히 공부했다. 공부는 출신 중학교를 구별하지 않았으며 선생님 강의는 학생을 차별하지 않았다. 성실하게 최선을 다하면 우수 반에 들어갈 수 있고 검정고시 출신의 핸디캡을 벗어날 수 있겠다는 자신감을 가졌다. 도심지와 멀리 떨어져 있는 곳에서 동생과 자취하면서 학교에 다녔기에 여건은 불비했지만, 공부에 전념할 수 있었다. 비록 밥을 손수 지어 먹어야 하고,

빨래도 해야 했으나, 촌음을 아껴가며 학업에 열중했다. 연탄을 사서 난방할 수 있는 환경이 되지 않아 방바닥이 차가웠지만 공부하고 싶은 나의 의욕은 활화산처럼 타올랐다. 국어, 영어, 수학 등 주요 과목 외 음악, 미술까지 공부해야 했다. 과목에 따라 중간고사와 기말고사, 월말고사가 있었다. 영어 과목이 기초가 허약하다 보니 상대적으로 어려웠지만 다른 과목은 뒤떨어지지 않았다. 교과과목 가운데 한문도 있었는데 한자를 읽고 쓸 수 있도록 내용이 구성되어 있었다. 초등학교 졸업 후 집에서 농사지을 때 아버지께서 마을 이장을 하신 적이 있어 목포에서 발행된 목포일보를 1~2일 늦게 우편으로 받아볼 수 있었다. 어린 시절이었지만 신문이 우편으로 집에 배달되면 한자로 적혀있는 기사를 놓치지 않고 보았다. 그 때문에 한자와 친숙해졌다. 한자를 읽고 쓸 수 있게 되었다. 이런 상태에서 한문 과목을 공부하게 되어 비교적 쉽게 좋은 점수를 받을 수 있었다. 그해 1학기 기말고사에서 내가 유일하게 한문과목 점수 100점을 받았다. 그 며칠 후 한문 과목 선생님이 우리 반 수업을 시작하면서 나를 불러일으켜 세우고 출신 중학교가 어디냐고 물었다. 검정고시라고 했더니 검정고시 출신들이 공부를 잘한다는 칭찬과 함께 이번 기말시험에서 한문 과목 만점을 받았다고 격려해주셨다. 실력이 점점 향상되고 다른 과목의 성적도 비례해서 좋은 결과를 얻기 시작했다.

그 당시 대학입시는 영, 수, 국 과목과 사회계열에서 한 과목, 자연계열에서 한 과목 등 총 5개 과목을 치르게 되어 있어 예능과목은 수업시간에 소홀히 하는 경향이 많았다. 특히 미술 과목은 크레파스와 물감, 도화지 등을 사야 했다. 그러나 이러한 준비물을 구입할 돈이 없었으므로 음악과 미술 과목은 저조한 점수를 받게 되었고 결과적으로 성적 순위에 많은 영향을 주었다.

1학년을 마치고 2학년으로 올라가면서 전교에서 5% 이내에 들어가는 성적표를 받았다. 음악, 미술 과목이 평균 점수만 되었어도 더 좋은 등수에 오를 수 있었을 것이다. 검정고시 출신으로서 1년 동안 열심히 공부한 결과 우수반에 당당히 들어갈 수 있는 성적이 되었지만 아쉽게도 2학년에 오르면서 그해부터 우수반 제도가 폐지되었다. 오늘날까지 평등 교육 실현이라는 명제로 인해 이 제도는 사멸되고 말았다. 교육에서 차별을 배제한 평등성은 매우 중요한 사회적 가치이므로 마땅히 강조되어야 한다. 다만 우수한 학생의 자질을 사장하지 않고 키울 수 있는 제도적 뒷받침도 강구되어야 할 것이다. 최근 정부에서 자립형 고교와 특목고를 해체하여 일반고로 전환하는 정책을 펴고 있는데 획일적으로 하향 평준화로 가고 있지 않은지 깊이 고민해봐야 할 것이다.

2학년이 되어 5반으로 반 편성이 변경되었고 담임선생님은 안모 음악 선생님이었다. 음악 과목은 대입 시험과목이 아니었고 음악 악보를 읽는 것을 포함하여 노래 가창력도 부족했기 때문에 나는 흥미를 갖지 못했다. 그뿐만 아니라 심지어 음악 과목 시간에 다른 과목을 몰래 공부하다가 담임선생님한테 적발되어 꾸중도 들었다. 음악 과목에 이러한 학습 태도를 보였으니 담임선생님께서 나에게 좋은 감정을 가질 수 없었을 것이다. 안모 선생님은 다른 담임선생님과 달리 고교졸업 후 지금까지 뵌 적이 없으며 내 머릿속에도 크게 기억되지 않고 있다.

2학년에서 3학년으로 오를 때는 학교성적이 3% 이내 등수로 향상되었다. 1학년 때와 마찬가지로 음악과 미술에서 저조한 점수를 받지 않았다면 우등상을 받았을 것이다. 학교공부에 자신감이 생기는 상태에서 1

년만 더 공부하면 고교를 졸업하게 되었다. 3학년에 오르면서 웬만한 학우들에게 내가 공부를 잘하는 학생으로 알려지게 되었고 반 편성은 5반으로 되었다. 3학년 반 편성은 대학입시와 진로를 고려하여 문과와 이과로 구분되었으며 이 중 3개 반은 문과, 3개 반은 이과였고 나는 이과를 지망했다. 이과에서는 5반이 비교적 우수한 학생들로 편성되었다. 담임선생님은 화학 과목을 가르친 유모 선생님이었다. 유모 선생님은 얼굴이 나처럼 약간 검고, 전라도 사투리가 유독 심했으며 서민적이라서 학생들이 선생님과 쉽게 접촉할 수 있었다. 나는 과학계열 과목 중 물리와 생물보다 화학 과목에 흥미가 있었고 좋은 성적을 올리고 있었으므로 담임선생님의 호감을 살 수 있었다. 먼 훗날 4성 장군이 되어 광주에 내려가서 선생님께 식사를 대접해드린 적이 있으며 지금도 매년 스승의날에는 안부전화를 드리고 있다.

고교 3학년은 대학입시를 앞두고 시한부로 온 힘을 다해 공부하는 기간이었다. 주중에는 밤 1시까지 공부하고 아침 5시쯤 일어났다. 아침에는 암기과목 위주 학습을 했다. 자취를 했기에 아침밥을 준비하여 먹고 설거지까지 마치면 대략 오전 7시 30분쯤이 되었다. 허겁지겁 가방을 들고 뛰는 것처럼 빠른 걸음으로 걸어 8시 전후쯤 학교에 도착하여 수업을 받았다. 오후 학과는 17시쯤 종료되었으며 집에 와 저녁준비와 청소 등을 하고 20시부터 약 4~5시간은 책상에 앉아 입시공부를 했다. 검정고시 출신이고 자취하면서 스스로 생활을 꾸려야 했으므로 경제적 여건은 물론 시간적 여유도 없는 형편이라 절친한 교우 관계도 만들지 못했고 다른 분야에 관심을 가질 수 없었다. 수학여행과 봄, 가을소풍, 단체영화관람 등과 같은 과외활동에 참여해본 적이 없었다. 학비와 최소 생활비 외 다른 용도로 사용할 수 있는 용돈이 없었으니 그럴 수밖에 없었다. 그러나 이러한 환경을 불평하거나 비관하지 않았다. 고등학교 교모를 쓰고 교복을 입고 학교에 다니면서 공부할 수 있다는 것만으로도 행복과 만족을 느끼는 데 부족하지 않았다.

하지만 일반적으로 고3이 되면 졸업 후 진로에 대한 복안을 갖고 공부하게 되는데 남들과 어깨를 견줄 만큼 우수한 성적을 거두면서도 무엇을 목표로, 진로를 어디에 두고 공부해야 하는지 답을 찾지 못했다. 나는 부모님이 대학진학까지 돌봐주실 역량을 갖지 못하셨음을 잘 알고 있었다. 그러면서도 무턱 데고 대입 준비 형태의 공부를 했다. 대학진학은 가정형편이 허용하지 않아 접을 수밖에 없는 상황에서 특별하게 진로를 결정한 것도 없었기에 불가피 고교졸업과 동시에 섬에 들어가서 농사를 짓게 되었다.

돌이켜보면 고교졸업과 동시 진로 선택은 인생의 중요한 기로인데 나는 몰랐고 깊이 고민하지 않았다. 나의 소질과 성적을 토대로 장차 인생의 목표와 방향을 설정해야 했음에도 그냥 소홀히 지나쳤다. 내가 처한 여건에서 어쩌면 당연했고 그럴 수밖에 없었으나 고교교육에서 놓치지 말아야 할 것은 학생이 적성에 맞는 진로를 선택할 수 있도록 지도하는 것이라고 본다. 누구나 의사, 판. 검사가 되겠다고 무작정 대학에 진학하는 우리나라 교육은 시정되어야 한다. 적성에 맞는 직업을 선택해야 흥미와 창의를 갖게 되는데 우리나라는 그렇지 못하다. 적성을 조기에 발견하여 이에 맞는 진로를 선택한다면 분야별 인재가 널리 양성될 수 있을 것이다.

72대1의 검찰 공무원 시험

　　고교졸업 후 섬에서 막연히 소일하고 있는데 수원에 계신 사촌 형으로부터 수원에 올라와 조카라도 가르치면서 지내라는 요청을 받았다. 그해 3월 중순, 수원으로 올라갔다. 목포에서 심야 완행열차를 타고 수원을 향했으며 내 생애 처음 열차를 탔다. 수원역에 내려 형 집을 찾아갈 수 있을지 걱정도 되고 기차를 처음 탔으니 호기심이 생겨 잠시도 눈을 감을 수 없었다. 목포에서 출발해 수 시간이 지나 창밖을 보니 열차가 멈추는 역이 가수원역(서대전 부근)이었다. 순간 역사 이름을 수원역으로 오인하고 내릴 뻔했다. 열차를 타본 경험이 없었고 수원역에 내려야 한다는 긴장감을 갖다 보니 그랬던 것 같다. 그러나 역 규모가 작고 초라해 도시 역처럼 생각되지 않아 역사 이름을 찬찬히 쳐다보니 수원역이 아니고 가수원역이었다. 장군이 되어 가수원역 가까운 계룡대에 근무하면서 종종 그곳을 지나칠 때가 있었는데 그 때마다 수원역으로 잘못 읽었던 기억이 되살아나곤 했다. 사촌 형은 보훈처(당시는 원호처) 9급 공무원으로 공직에 계셨었고 수원 장안구 영화동 단독주택에서 주인세대와 함께 거주하셨다. 주거환경은 불편했지만 섬에 있는 것보다 나을 것 같아 수원 생활에 잘 적응하고자 했다. 당시 수원은 조그마한 도시였고 남문, 팔달문, 화홍문 등 조선 시대 정조대왕이 구축한 화성을 중심으로 시민들이 도심을 형성하여 거주하고 있었다.

수원에서 약 2개월을 보내고 있는데 공무원인 사촌 형이 어느 날, 9급(그때는 5급乙) 공무원 시험이 5월 초에 있을 예정이므로 응시해보라는 정보를 주었다. 그러면서 행정직에 응시하여 합격하면 고향에서 면서기로 근무하라고 권유했다. 하지만 나는 고교 3년 동안 어렵고 힘든 환경에서 공부했는데 면서기 신분에 만족할 수 없다고 생각했다. 이왕 응시할 바에 경쟁률이 높고 남들이 선호하는 직종을 선택하고 싶었다. 이튿날, 수원 팔달문 부근 서점에 가서 공무원 시험기준을 살펴보았다. 검찰사무직이 가장 합격하기 어려운 직종으로 구분되어 검찰사무직에 원서를 접수했다. 사촌 형은 5급 乙이 말단 공무원이지만 검찰사무직은 많은 대학 졸업자들이 응시하기 때문에 합격할 수 없을 것이라고 비관 섞인 말을 했다.

그해 검찰사무직은 전국 단위 62명 선발에 4,300여 명이 지원함으로써 약 72:1 경쟁률을 보였다. 합격이 어려울 것이라는 전망이 당연했지만 나는 합격하지 못할 것 같은 생각이 들지 않았다. 시험장소는 서소문 서울고등학교(지금 서울 역사박물관)였는데 택시를 타본 적이 없고 택시비도 아까워 서울역에서 도보로 시험장소를 찾아갔다. 그 당시는 요즘처럼 스마트폰의 GPS가 없었지만, 고층빌딩도 많지 않았고 건물 밀도도 낮아 길을 찾아가는 데 그다지 어렵지 않았다. 시험장소에 도착하여 주위를 둘러보니 시험 응시자들이 나무 그늘(5월 초) 밑에 앉아 하나라도 놓치지 않으려고 예상문제를 열심히 풀고 있었다. 나는 아무런 참고서적도 지참하지 않았고 신분증과 답안지 작성용 필기구만 호주머니에 넣고 갔던터라 다른 지원자들의 모습을 보니 약간의 불안감도 들었다. 그저 벤치에 앉아 시험 시작을 기다릴 수밖에 없는 상황이었다. 교실에 입장하라는 벨이 울리자 배정받은 수험번호에 맞는 교실을 찾아 들어갔다.

교실에는 일인용 책상 50개가 준비되어 1개 교실에 50명 단위로 시험을 치르게 되어 있었다. 시험지를 받고 이름과 수험번호를 기재한 후 첫 장부터 마지막 장까지 대략 훑어보니 어려운 문제가 많지 않아 답안지를 쉽게 작성하여 제출했다. 시험을 보고 서울역으로 오면서 곰곰이 시험문제를 복기해보니 250개 문제 중 5~10개 정도가 정답에 맞지 않았을 것으로 보였다. 시험을 치르고 약 2주 후 합격자 발표가 있을 예정이었다. 요즘에는 온라인과 미디어 매체가 다양하지만 60년대 후반 한국사회는 종이 신문과 라디오가 유일한 정보 매체였으므로 국가공무원 시험 합격자 발표는 정부 기관지인 서울신문에만 공고하게 되어 있었다. 합격자 발표(5월 중순)가 있는 날 서울신문 수원지국을 찾아 신문을 한 장 구입하여 내 이름을 찾아보았다. 5급乙 공무원으로 인생을 살고 싶지는 않았지만, 시험결과는 궁금했다. 신문 광고란의 우편엽서 반장 크기 지면에 65명의 합격자 명단이 가나다순이 아니고 성적순으로 게재되어 있었는데 첫눈에 내 이름을 찾지 못했다. 불합격되었을까 걱정하면서 촘촘히 다시 들여다보니 중간에 내 이름이 보였다. 주변 친인척에게 합격 소식을 알려드렸지만, 경쟁률이 높은 시험이라서 사촌 형과 시골 부모님은 반신반의하는 반응이었고 합격했다는 사실에 놀라움을 갖는 것 같았다. 나는 지원서를 접수하고 합격자 발표 때까지 떨어지리라고 생각하지 않았었지만, 주변에서는 어려울 것으로 단정했다. 합격자가 발표되고 약 2주 후 남산 동국대학교 아래 중앙공무원 교육원에서 면접시험이 있었다. 면접은 개별적으로 한 명씩 면접관 질문에 답변하는 형식이었다. 2명의 면접관은 나에게 고교 시절 이과 공부를 하였는데 대학진학을 하지 않고 공무원 시험에 응시하게 된 동기를 물었다. 이에 나는 가정형편이 어려워 대학진학을 하지 못했으므로 공무원이 되어 국가에 봉사하면서 야간대학에 진학하여 공부를 더 하고 싶다는 답변을 드렸다. 최종선발은 62명인데 65명이 1차 합격자로 발표되었으므로 3명이 2차 면접에서 탈락하게 되었으나 합격을 확신하였기에 면접 후 수원 생활을 접고 다시 섬으로 귀향하여 최종합격 통지를 기다렸다. 그해 7월 초, 우편배달부가 총무처장관(이석재) 직인이 찍힌 합격통지서를 배달해줬고 나는 26등으로 합격했다. 그 후 약 1개월이 지나 8월 1일 자로 광주지검에 발령을 받았다. 아버지와 함께 발령장을 들고 광주지방 검찰청에 갔더니 총무담당자가 광주지검과 목포지청, 순천지청, 장흥지청, 제주지청 등 관할지청을 열거하면서 근무 희망지역을 물었다. 아버지와 나는 다른 곳을 고려하지 않고 고향 가까운 목포지청을 희망한다고 답변했다. 담당자는 흔쾌히 곧바로 목포지청으로 발령을 내주었다. 먼 훗날 돌이켜보니 그때 주변 여건을 고려해 광주지검으로 근무지를 희망했어야 했다. 그렇게 되었다면 광주 조선대학교 야간대학에 진학하여 학업을 계속했을 것이다. '운명이란 선택'이라고 했듯이 광주지검에 근무했더라면 검찰 공무원 생활을 접지 않았을 것이고 사관학교에 진학하지 않았을 것이며, 군인이 되지 않았을 것이다.

1969년 8월 1일, 광주지검 목포지청에 첫 출근했다. 사무실은 칸막이 없는 공간에 총무과장실만 별도 구분되어 있었고 나머지 부서는 블록 단위로 책상이 배치 되어 있었다. 나는 사건계에 보직을 받고 총무과장 소개로 직원들과 검사, 지청장한테 첫 부임 인사를 드렸다. 사건계는 경찰이 범죄행위에 대해 피의자 조사가 종료되면 사건을 검찰에 송치하는 과정에서 경찰과 검찰이 사건을 매개로 첫 만남이 이루어지는 부서였다. 경찰의 조사결과는 사건 성격에 따라 서류 부피가 크기도 하고 그렇지 않은 경우도 있었는데 매주 화요일과 목요일 2차례 관할경찰서로부터 사건을 송치받았다. 이때 경찰이 작성한 서류에 미비점이 있는지를 살피게 되었고 담당 경찰은 원만히 접수처리가 되도록 가끔 아리랑 담배 2갑을 내 책상 서랍에 넣어 주곤 했다. 나는 흡연을 하지 않았다. 그러나 아버님은 시골에서 값싼 담배인 진달래를 피우셨는데 아들이 검찰청에 다니면서 봉급과 고급 담배인 아리랑을 월말이면 갖다 드리니 무척 좋아하셨다. 내가 담당한 업무는 경찰로부터 사건을 접수하고 사건번호를 부여 후 담당 검사가 지정되면 최종적으로 사건배당에 대한 담당 검사의 확인을 거쳐 관련 서류를 그의 보좌관인 입회 서기에게 넘겨주는 것이었다. 그러나 담당 검사에게 사건이 배당되었다는 확인 결재과정에서 가끔 견디기 힘든 상황에 직면했다.

서류를 들고 담당 검사실에 문을 열고 들어가면 담당 검사는 회전의자(당시 검사는 회전의자였고 일반 직원은 고정식 의자였음)에 앉아 신발을 신은 채 발을 책상에 얹고 몸은 반쯤 누운 상태에서 신문을 보고 있었다. 결재를 부탁하고 결재서류를 앞에 보여드리면 검사는 발을 그대로 책상에 얹고 반쯤 누운 상태에서 서명을 해줬다. 모든 검사가 이런 태도를 보이지 않았었지만 불쾌했고 일반적 관행처럼 보였으며 사람 위에 사람이 있는 것처럼 검사와 일반직 공무원의 신분 차이를 느꼈다. 나도 가정환경이 대학진학을 할 수 있는 형편이었거나 부모 찬스가 있었다면 이들처럼 검사가 될 수 있을 것인데 젊은 나이에 차별적 대우를 받는 것 같아 견디기 어려웠고 적응하기 힘들어 현실도피 욕구가 점점 커졌다. 이런 가운데 사관학교를 고려하게 된 것이다. 사관학교는 학비를 내지 않고 대학과정을 마칠 수 있었기 때문이었다. 사관학교 입학 지원서를 들고 고교 3학년 때 담임선생님을 찾아갔다. 선생님에게 검찰 공무원을 접고 사관학교에 진학하고자 말씀을 드렸더니 선생님은 나의 선택이 잘못되었음을 지적하고 재고해보라는 조언을 주었다. 무소불위(無所不爲)의 권력조직에 소속되어 있는 현실을 냉철하게 인식해보라고 했다. 선생님은 검찰 공무원이 사회적으로 좋은 직업이라는 것을 내가 알지 못함을 지적하였던 것이다. 나는 그때 사관학교를 졸업하면 직업군인이 된다는 것과 군인의 정체성을 충분히 인식하지 못한 상태였지만 현실을 벗어나고 싶은 욕구가 컸을 뿐 아니라 큰 꿈을 갖고 국가발전에 이바지하는 인물이 되고자 사관학교 응시를 결심했다.

검찰 공무원과 육군사관생도

1969년 가을, 육군사관학교 시험을 보러 광주에 갔으며 전라남북도 지역의 지원자들은 광주고등학교에서 시험을 치렀다. 필기시험과 체력검정, 면접 순으로 진행되는 입학시험의 관문은 별다른 어려움이 없었다. 필기 시험에 합격하고 체력검정을 거쳐 마지막 면접까지 마친 후 최종합격자 발표를 기다리게 되었다. 최종합격자 발표는 신문에 게재되지 않고 우편을 이용하여 통지받게 되어 있었다. 검찰 공무원보다 더 나은 미래가 있을 것 같은 기대에 우편물 도착을 학수고대했다. 동생과 자취하면서 직장에 다니고 있었기에 하루빨리 이런 생활을 정리하고 싶었다. 그러나 먼 훗날 알게 되었지만, 우편으로 합격통지서가 시골집에 도착 후 아버님이 나에게 그 사실을 알려주는 데 거의 20여 일이 걸렸다. 1970년 1월 초에 합격통지서가 집에 왔지만 내가 그것을 받아보게 된 시기는 1월 하순이었다. 아버지께서는 매달 봉급과 아리랑 담배를 갖다 드릴 뿐 아니라 아들이 검찰청에 다니고 있다는 존재만으로도 주변의 부러움을 샀기에 내가 검찰공무원을 그만두고 육사에 진학하는 것을 막아보고 싶으셨던 것이다. 가정형편도 어려웠고 동생들도 많았기에 이들을 공부시켜야 하는 부모 입장에서는 아들 하나가 봉급을 받아 가사를 돕게 되면 경제 사정이 훨씬 좋아질 것이므로 나를 공무원으로 묶어 놓으려고 하셨다. 합격통지서를 주지 않고 숨기면 나는 불합격 되었다고 판단할 수밖에 없었기에 아버지는 합격한 사실을 감추려고 했다. 마침 그해 1월, 공군사관학교에 다닌 형이 겨울방학을 맞아 집에 왔다. 아버지는 형에게 내가 육사에 합격했다는 사실을 알리고 나에게 합격통지서를 줄 것인지 아니면 숨길 것인지 의견을 물으셨다. 형은 아버지가 나의 선택을 막아서는 안 되며 본인이 알아서 결정하도록 알려줘야 한다고 말씀드렸다. 아버지는 장남인 형의 의견을 듣고 마음을 바꿔 합격 사실을 나에게 알려주셨다. 나는 육사 합격을 인지하자마자 아무런 주저함도 없이 입교를 불과 일주일 앞두고 검찰공무원을 그만두고자 사직서를 제출했다.

지금 생각해보면 그때 검찰 공무원을 그만둔 나의 결심을 크게 아쉬워하고 실망하셨을 부모님께 불효한 것 같아 송구한 마음이다. 아울러 나의 결정과 선택이 인생의 크나큰 갈림길이었고, 도전이었음을 수 없이 느꼈다. 사관학교 시절 상급생도로부터 심한 기합과 인격 모독을 받았을 때, 주말 외출외박을 나갈 곳이 없어 홀로 내무반을 지켜야 했을 때와 같이 정신적, 육체적 고통이 심할 때는 퇴교하고 싶은 마음이 하늘의 별만큼 많았다. 검찰 공무원을 그만두면서 사직서가 아닌 휴직서를 제출하고 육사에 입교했다면 사관학교를 졸업하지 못하고 다시 검찰 공무원으로 돌아갔을 것이다. 휴직은 복직이 가능하지만, 사직은 복직이 불가능하다는 것을 나는 몰랐다. 퇴교하더라도 대학에 들어갈 수 있는 가정환경이 아니라서 사관학교의 힘든 하루하루를 견디고 생활할 수밖에 없었다. 인생에서 배수진(Burning the bridge behind)을 치고 온 힘을 다하여 도전하는 것도 중요하지만, 플랜B를 만들어 퇴로를 열어놓고 상황에 대처하는 유연성도 소중한 지혜임을 깨닫게 되었다.

　내가 검찰 공무원을 사직하고 육군 사관생도가 되었던 시절, 우리 사회는 빠르게 산업화로 진입하던 시기였다. 자본주의 정신이 뿌리내리고 승자독식의 경쟁이 치열해지기 시작했다. 정신적 가치보다 물질이 사회적 계층을 형성하는 수단으로 작용하여 양극화와 갈등구조를 잉태했다. 이러한 과정에서 도덕과 윤리가 퇴색하고 법이 세상을 지배하는 법치 만능주의가 팽배해졌다. 따라서 법을 잣대로 심판하는 판. 검사가 우대를 받고 그들의 판결이 사회적 기준과 정의가 되었다. 하지만 편법과 특권이 활개를 치기도 하고, 법 앞에 만인이 평등해야 함에도 법 집행이 이현령비현령이 되기도 하여 억울함을 갖게 된 사람이 많았다. 그래서 누구나 자식을 법조인으로 만들고자 논과 밭을 팔았고 과외공부를 시켰다. 검사와 판사가 권력자가 아닌 공정의 사도가 되어야 한다. 사회의 그늘과 억울함을 걷어내는 데 앞장서고 약자에게 힘이 되어야 한다. 아울러 배심원 제도를 넓게 활용하여 상식과 도덕이 법과 함께 심판의 잣대가 되도록 애써야 할 것이다.

사관생도를 만드는 용광로

1970년 2월 8일은 육사 가입교 날이었다. 그해 2월 6일이 구정이라서 설을 쇠자마자 섬을 빠져나와 열차에 몸을 싣고 서울로 향했다. 육사에 도착하니 학교 당국이 집에서 입고 온 옷을 포함한 개인물품은 회수하여 고향 집에 보냄으로써 몸만 빼고 모두 부모님께 반납했다. 나는 육사가 군 장교를 육성하는 곳이지만 대학교와 동일 과정의 학문을 수업하는 곳으로 알고 육사에 지원했기 때문에 육체적, 정신적 훈련과정을 깊이 생각해보지 않았는데 가입교는 사관생도가 되기 전에 3주간 체력과 정신력을 강도 높게 단련하는 과정이었다. 사자가 새끼를 낳아 구렁텅이에 떨어뜨려 살아남는 새끼만 키우듯이 이 훈련을 통해 인내심과 체력, 심적 태도 등을 점검하고 이를 극복하지 못하면 귀향시켰다. 가입교 생도 가운데 약 50여 명이 체력과 심리적 갈등 등으로 새로운 환경에 적응하지 못하고 집으로 돌아갔다. 가입교 첫날, 동기생 8명이 1개 분대가 되고 3주간 함께 기거할 내무반이 지정되었다. 각 분대에는 3년 선배인 27기 3학년 생도가 기초 군사훈련 자치근무 생도로 임명되어 훈련을 담당했다. 우리 분대 분대장 생도는 임모 생도였으며 그는 성품이 온화하였다.

　기초 군사훈련은 지금까지 20여 년간 내가 가꾼 삶의 흔적을 모두 지우고 새로운 인간으로 태어나는 과정이었다. 그러다 보니 영혼이 숨 쉴 시간도 주지 않는 혹독한 육체적, 정신적 단련에 눈물도 많이 쏟았다. 군인이라는 정체성을 모르고 사관학교에 들어옴으로써 가치관을 정립하는데도 혼란이 컸다. 구보와 선착순 달리기, 오리걸음, Push up과 쪼그려 뛰기 등 쉴 새 없이 가해지는 얼차려로 체력을 단련시키고 인내심을 배양하였으며 낮은 포복과 높은 포복의 얼차려로 팔꿈치가 벗겨지곤 했다. 기초 군사훈련은 사관생도를 만드는 공작소였다. 잠자는 시간 외 나만의 개인 시간은 없었다. 한편 아쉽게도 그 당시는 폐쇄적인 군사문화로 인해 강해야 이긴다는 평면적 관념이 보편화되어 있어 기초 군사훈련 과정이 매우 단조로웠다. 군인으로서 체력이 강해야 함은 불문가지이지만 그렇다고 해서 주먹구구식으로 체력을 보강하는 훈련은 지양해야 한다. 헬스장 트레이너가 지도하는 것과 같이 과학적 프로그램으로 체계적 훈련을 할 수 있도록 해야 할 것이다. 정신력을 강화하는 방법도 가치관과 비전을 통해 동기유발이 되도록 하면서 자발적으로 직업윤리와 도덕성을 함양하고 체득하도록 해야 한다. 체력을 보강한다는 명분으로 기합이라는 비인격적 방법이 적용되어서는 안된다. 시대변화에 맞게 훈련방식을 개선하여 강한 전사를 육성해야 할 것이다.

청운의 뜻을 품은 육사 생도

지옥 같은 기초 군사훈련을 마치고 사관생도가 되면서 교번을 부여받았다. 교번은 동기생의 성명을 가나다순으로 열거하여 순서대로 매겨졌다. 나는 4730번을 부여받았고 이 교번은 사관학교 4년 동안 나를 나타내고 대신하는 번호였다. 그해 3월 2일, 화랑 연병장에서 거행된 입교식에서 사관생도 신조를 복창하고 입교 선서를 했다.

하나, '우리는 국가와 민족을 위해 목숨을 바친다,
하나, '우리는 언제나 명예와 신의에 산다.'
하나, '우리는 안일한 불의의 길보다 험난한 정의의 길을 택한다.'

아울러, 사관생도의 도덕률을 새기고 실천하는 여정에 올랐다.

'사관생도는 진실만을 말한다.'

'사관생도의 행동은 언제나 공명정대하다.'

'사관생도의 언행은 언제나 일치한다.'

'사관생도는 부당한 이득을 취하지 않는다.'

'사관생도는 자신의 언행에 책임을 진다.'

위의 실천강령을 일조점호와 매 집합 때마다 수시로 외치고 암송했다. 지금도 사관생도 신조와 도덕률은 내 생활과 언행에 베여있다. 나는 성격이 비교적 원칙주의자이기에 이를 실천하는 데, 거부감을 느끼지 않았다.

육사 정신이자 교훈은 지·인·용(智·仁·勇)이며, 이를 실천하는 육사 생도 생활은 크게 3가지 범주로 구분되었다. 하나는 군인이 되기 위한 엄격한 내무생활이며 또 하나는 교양과 지식을 쌓는 학업과정이고, 마지막 하나는 군사훈련과정이었다. 사관생도는 내무생활을 통해 법규를 준수하고 공동체 의식을 함양한다. 의·식·주가 명확하게 규정되어 있고, 이를 어기면 상응한 처벌을 받게 되어 있었다. 무엇보다 시간관념을 철저히 갖도록 규제되어 있었고 잠자는 시간, 기상 시간, 아침. 점심. 저녁 식사시간, 자습시간, 청소시간 등 일상이 시간 통제로 이루어졌다. 자유롭고 분방한 생활에 익숙한 생도에게는 쉽지 않은 과정이었지만 고교시절 자취도 했고 어려서 시골의 농촌 생활에 익숙했기에 육체적 어려움은 크지 않았다.

하지만 내무생활이라는 울타리 안에서 각종 나쁜 관행이 상존하고 있어 인격적, 정신적 모욕을 느낄 때가 많았다. 1970년대에는 인권과 자유민주주의 가치가 군내에서 소홀히 취급되곤 했는데 잘못된 관행이었음을 지적하지 않을 수 없다.

3학년이 되어 중대 보급하사관 생도를 맡고 있을 때였다. 재물조사 결과 장부 숫자보다 침구 시트가 2장 부족했다. 나는 세탁소에 세탁물을 맡기고 찾아다 분배하는 책임을 지고 있었다. 시트가 부족한 것에 대해 중대장 생도였던 이모 생도는 나의 임무 수행을 책망하면서 취침시간임에도 불구하고 보급창고로 불러내 몽둥이로 엉덩이를 수없이 때렸다. 그의 행위를 도무지 이해할 수 없어 그에게 주먹질을 하고 싶었지만 참을 수밖에 없었다. 생도들이 시트를 훔쳐 가지 않았을 것이고 설령 2장이 모자랐다 하더라도 그게 문제 될 소지가 없었는데 한 기 선배한테 야밤에 구타를 당했으니 평생 그 사람에게 좋은 감정을 가질 수 없었다.

　나는 동기생보다 2살이 더 많았고 고등학교 때 같은 반 교우가 2학년 생도였으므로 1년 선배 생도가 기합을 주고 심지어 인격을 모독하는 비민주적 행위를 할 때는 참기 힘들었다. 원래 사관학교가 규율이 세고 선후배 구분이 엄격하다고 하지만 공무원 생활을 하고 들어온 나로서는 받아드리기 어려웠다. 이러다 보니 1학년 때는 모든 생활이 지배당한 듯 피동적으로 이루어졌고 하루에도 수차례 퇴교를 생각해보기도 했다. 주중을 눈코 뜰 새 없이 보내고 주말이 되면 1학년 때는 외출 위주로, 2학년 이상 상급생은 외박 위주로 영외에 나갈 수 있는 시간이 주어졌다. 외출외박은 생도 생활의 큰 휴식처이자 스트레스 해소의 출구였다. 그러나 모두에게 외출외박 기회가 주어지지 않았다. 학업성적이 열등하거나 내무생활이 나쁘면 벌칙을 받게 되어 있었으며 벌칙점수 합계가 일정 수준을 초과하면 외출외박을 제한받도록 규정되어 있었다. 나는 4년 동안 그런 경우를 당해보지 않았다. 그야말로 모범생도였고 규정과 지시, 통제에 순응했다. 서울이 본가이거나 수도권에 친인척, 친구가 있는 생도들은 외출

외박에서 얻는 즐거움으로 생도 생활을 활기차게 할 수 있었지만 나는 갈 곳이 많지 않아 내무반에서 책을 보거나 휴식하는 경우가 많았다. 주말에도 외출외박을 나가지 않고 영내 식당에서 식사를 했기 때문에 라면, 콩나물국 등 매일 먹는 군대 메뉴를 바꿔 먹을 수 없었다. 사관생도 1학년 때는 늘 배가 고픈 시절이라서 어느 일요일 점심 때는 큰 식탁에 앉아 혼자서 여러 명 분량의 라면을 먹다 보니 걷기가 불편할 정도로 과식한 적도 있었다.

육사에는 3금 제도가 있다. 생도 4년간 술, 담배, 여자와 성관계를 금했다. 이를 어긴 생도는 특별한 경우가 아니고는 예외 없이 퇴교당했다. 아울러 이와 관련하여 명예제도가 있었으며 이는 각종 부정행위와 3금을 어겼을 때 본인이 스스로 계통을 통해 신고하고 자백하는 제도였다. 양심에 따라 잘못을 서면이나 직접 면담을 통해 이실직고하면 경미한 처벌로 종결될 수도 있는 제도였다.

육사 생도 생활은 자치적으로 운영되었다. 자체적으로 자치 근무 생도를 선발하고 이들에 의해 지휘되고 통제되었으며 근무 생도는 군대 지휘 제대와 동일하게 4학년생도 가운데 중대장 생도, 대대장 생도, 연대장 생도, 여단장 생도로 구성되어 있었다. 한편, 중대에는 명예위원생도가 편성되어 있었다. 부정행위와 3금을 위반하는 행위를 할 경우, 중대 명예위원생도에게 자발적으로 신고하게끔 되어 있었다. 나는 4학년 1학기에는 대대장 생도로 근무 생도를 역임하였고 2학기에는 중대 명예 위원 생도를 맡았다. 학과 시험 부정행위와 금전 도난행위 등은 발견 즉시 불관용 원칙이 적용되어 퇴교 조치가 이루어졌다. 1학년 때는 시험 부정행위가 많았던 것으로 기억된다. 3금을 어기는 행위는 방학 중에 주로 많았고 4학년 2학기 졸업 무렵 4학년 생도에게 비일비재했다. 방학 중 불가피한 사정(예를 들면 부모님 환갑잔치 때 막걸리 한잔하는 경우)으로 3금을 어기고 이를 신고하는 생도도 있었다. 명예제도의 본래 취지에 효과가 있음을 알 수 있었다. 그와 반대로 졸업을 앞둔 4학년 생도들에게는 유명무실한 제도로 변질되는 경향이 많았다. 이들 중에는 공공연하게 성관계, 음주, 흡연행위를 영웅담처럼 자랑하는 생도도 있었지만, 그렇다고 명예 위원생도가 이를 명예제도에 의해 원칙대로 처리하기엔 버거웠던 면이 있어 그냥 지나가곤 했다. 물론 훈육관도 일정 부분 알고 있었지만 묵인하는 것 같았다. 졸업을 1~2개월 앞두고 그런 생도들을 퇴교 조치한다는 것이 과연 군에 도움이 되겠는가 자문해보기도 했다. 나이 들어 가끔 생도 시절에 3금을 어겼던 동기생들과 만나 얘기를 나누면서 이들의 군 생활을 상기해보면 역설적으로 우수한 편에 속해 있었던지라 3금 제도의 필요성에 의문이 가기도 한다. 그러나 욕망을 다스리는 자제력과 절제력은 군 고급간부에게 중요한 덕목이므로 사관생도 시절의 금욕적 생활은 필요하다고 생각한다.

한편 장교가 되는 데는 엄격한 자기관리와 병행하여 지식을 습득하는 학습 과정이 필요함에 따라 대학 커리큘럼에 맞춘 학점 이수가 필수였다. 1~2학년 때는 일반과목을 중심으로 공부하고 3~4학년 때는 전공과목을 공부했다. 일반과목은 고등학교 때 배운 국·영·수와 철학, 그리고 제2외국어 등으로 편성되어 있었으며, 전공과목은 이공계 계열과 인문계열로 구분되었다. 나는 이공계 계열이라서 전기, 병기, 토목 등으로 구분되는 전공과목 가운데 병기공학을 선택했다. 평가는 일일평가와 월말고사, 중간고사, 기말고사로 구분하여 시행되었다. 평가결과를 토대로 학업성적에 따라 과목별 교반편성이 이루어졌기 때문에 동기생의 성적 수준을 쉽게 알 수 있었다. 사관 학교시절에는 몰랐는데 오랜 기간이 지나고 군의 고급지휘관과 참모직을 수행하면서 나의 적성과 특성을 살펴보니 이공계열보다는 인문계열이 더 적합함을 알 수 있었다. 수학 과목이 우수했기에 이공계를 선택했지만 나에게는 인문학적 두뇌가 더 발달되어 있음을 느꼈다.

육사 교육은 학문의 깊이와 학구열, 교수진 구성 등이 일반대학과 비교하여 손색이 없었으며, 대학과정에 필요한 학점을 이수하는 데 부족함이 없었다. 교수진은 대부분 현역 군인으로 사관학교를 졸업하고 국내 대학에 위탁 교육을 받아 학위를 취득한 장교들이었다. 몇몇 선배는 외국에서 공부하고 석·박사 학위를 취득한 분도 있었다. 또한, 당시에는 병역제도의 일환으로 육사 교수를 특채하는 제도가 있었으며 이 제도에 의해 육사 교수요원으로 선발되면 약 6개월 정도 군사교육을 마치고 중위로 임관하여 사관학교 교수로 병역의무를 이행하게끔 되어 있었다. 이들은 국내 대학에서 석사학위를 취득한 인재들이었다. 그 시절 교관이었던 서울대학교 장모 명예교수와는 지금까지 교류하면서 지내고 있다.

군인은 체력이 강해야 한다. 사관학교 4년간은 군 생활에 요구되는 강인한 체력을 기르는 과정으로 이루어져 있었다. 일상이 체력을 튼튼하게 만들도록 짜여 있었다. 아침에 일어나 점호를 취하면서 도수체조와 구보를 하게 되고, 매 집합 때는 상급생도가 하급생도를 각종 기합 형태로 체력을 단련시켰다. 팔굽혀펴기, 쪼그려 뛰기, 오리걸음 등의 기합을 매일 수차례 받고 나면 몸이 지치지만, 체력은 증진되었다. 특히, 구보가 많았다. 선착순 구보, 단독군장 구보, 완전군장 구보, 거리 기준에 따라

2km. 5km, 10km 구보, 그리고 100km 장거리 행군 등을 통해 인내심과 체력을 강화했다. 태릉CC에서 종종 골프라운드할 때마다 멀리 불암산을 바라보면 그곳까지 선착순 구보를 했던 추억이 생각나기도 한다. 누가 무엇을 핑계로 선착순 구보를 그곳까지 하도록 했는지 모르지만 이런 과정을 통해 군인이 갖추어야 할 체력을 단련하게 되었다.

한편, 정규시간 체육 과목으로 무도와 구기 종목이 편성되어 체력을 증진했으며 무도는 졸업 때까지 유단자가 되어야 함은 필수였다. 나는 무도 시간이 흥미롭거나 즐겁지 않았으나 태권도 종목을 선택하여 초단을 받았다. 생도 시절에 체력을 강화하였기에 임관 후 고급 장성으로 성장하는 과정에서 체력과 건강으로 인해 군 생활에 지장을 받아보지 않았다. 현역 때 몸이 아파 업무를 소홀히 한 적이 없었고 입원을 하거나 결근해본 적이 없었다.

돌이켜보면 사관학교 체력증진 방법은 좀 더 과학적이고 자발적 시스템으로 개선되어야 한다는 생각을 갖게 한다. 기합 형태의 전 근대적 방식으로 체력을 보강하는 것은 효율성이 낮고 부작용이 많을 뿐만 아니라 인권적 침해와 상·하급생 간의 감정적 대립을 낳게 만들 수 있다. 현대식 체육시설을 마련해주고 시간을 보장해주면 생도들은 자발적으로 몸만들기를 하게 될 것이며 학년별 체력검정 수준을 달성하게 될 것이다. 다만 구보와 장거리 행군 같은 군 전술 전기의 종목은 별도 시간을 편성하여 단련시켜야 할 것이다. 체력단련을 명분으로 기압형태가 자행되는 나쁜 관행과 악습이 상존하고 있다면 반드시 척결해야 할 것이다.

사관학교 4년 동안 군의 초급장교로서 부대를 지휘할 수 있는 리더십과 군사학을 배우고 숙달했다. 이중 군사훈련은 여름방학이 종료되는

7월 초순부터 8월 말까지 약 8주 동안 집중적으로 실시되었다. 1학년 때는 각개전투를 포함하여 소부대에 편제된 개인화기와 기관총, 박격포 등 공용화가 사격술을 중점적으로 배웠다. 군인이면 누구나 총기를 다루고 이를 활용할 줄 알아야 하므로 사격술을 숙달하는 데 노력했다. 1학년 하기 군사훈련 과목 가운데 가장 실전적 훈련이 침투훈련이었다. 이 훈련은 조교가 지면 위 20여m 높이로 실제 기관총 사격을 하는 상황에서 포복 자세로 철조망, 폭발물 등 장애물 지대를 극복하거나 회피해 가는 과정이었다. 1개 분대씩 조를 편성하여 출발 후 장애물 지대에 봉착하면 상황에 적합하게 대응하고 특히 폭발물이 묻혀있는 웅덩이를 주의 깊게 살펴야 했다. 그러나 정모 생도가 TNT 폭발물이 묻혀있는 웅덩이를 통과하다가 폭발물이 터져 몸이 하늘로 치솟는 사고가 있었는데 다행히 크게 다치지 않았다. 1학년 하기 군사훈련 기간 중 과외 시간에는 3군 사관학교 체전을 위한 응원연습을 했다.

매년 국군의 날을 기념하기 위한 육·해·공군사관학교 대항 체전이 10월 1일부터 3일 동안 동대문운동장에서 개최되었다. 3군 사관학교 체육대회는 운동경기 못지않게 응원전도 뜨거웠다. 응원단장은 3학년생도였고 응원에 동원된 병력은 1학년 생도들이었다. 일과시간에는 군사훈련을 하고 저녁식사를 마치면 식당 앞에 모여 어두워질 때까지 응원연습을 했다. 응원종목도 카드섹션, 박수, 율동 등으로 다채로웠다. 이 가운데 카드섹션은 1학년 전체가 동원되어 펼친 응원이었고, 일사분란한 동작이 요구되었다. 그러나 누군가 집중하지 않아 틀린 경우가 많았다. 그때마다 단체로 기합 받았던 기억이 남아 있다. 2학년 때에는 분대 전술을 원주 하사관학교에서 배웠다. 훈련 종료 후 원주 간현 유격장에서 태릉까지 약 100km를 더운 날씨에 철야 행군하여 복귀했다. 3학년 때는 소부대 전술훈련과 유격 훈련을 받았다. 소·중대 훈련은 초급장교인 소대장과 중대장이 공격과 방어 명령을 전술 상황에 부합되게 하달하고 부대를 전투 지휘할 수 있는 능력을 배양하는 것이었다. 한편, 광주 상무대의 화순 동복 유격장에서 유격 훈련을 받았다. 훈련과목 가운데 도피 및 탈출 과정에서는 지리산 노고단을 거쳐 피아골까지 조교한테 발견되지 않도록 좁은 소로를 이용하여 이동했다. 비를 맞고 밤을 꼬박 넘기면서 산길을 걸었으며 녹초가 된 몸으로 노고단 정상의 산장에 도착하여 그곳 10평 크기의 실내공간에서 휴식시간을 가졌다. 좁은 공간에 수 십 명이 앉은 자세로 잠시 눈을 붙였는데 그것은 잊을 수 없는 꿀잠이었다. 유격 훈련을 통해 각종 장애물 통과와 외줄 타기 등 적지에서 생존할 수 있는 전투기술을 익혔다. 3주 과정을 마치고 유격 휘장을 가슴에 부착함으로써 군인으로 점점 익어가는 모습을 갖게 되었다. 4학년 때는 병과학교 순회를 마치고 4주 동안 1공수여단에서 공수훈련을 받았다. 여름 무더위에 접지훈련, 막 타워 점프, 주·야간 실제 점프 등의 낙하기술을 익히는데 비지땀을 흘렸다. 공수훈련은 육사에서 1공수여단에 위탁하여 1공수여단장이 책임지고 훈련했다. 생도훈련을 맡게 된 1공수여단장은 각종 사고를 포함하여 우발상황에 대비하기 위해 현장 확인 차 수시로 훈련장을 방문했다. 그때마다 검은 선 그라스(Sun Glasses)에 지휘봉을 쥐고 위엄을 보인 그분이 전모 준장이었다. 나중에 대통령이 되었지만, 그때는 생도 11기 선배로서 선두주자 가운데 한 분으로만 알았다. 3주간 지상훈련을 마친 후 4주째는 C‐130 수송기를 타고 행주대교 부근 상공에서 매일 1회씩 4회에 걸쳐 실제 점프를 하였으며 세번째 날에는 야간점프를 했다. 실제 점프에 대비하여 지상훈련을 강도 높게 받았으므로 큰 두려움은 없었지만, 낙하산을 짊어지고 약 1,000m 상공에서 몸을 던지는 자체가 스릴이었다. 4주간 훈련을 마치고 공수 휘장을 받음으로써 사관학교에서 이수해야 할 모든 군사교육을 마스터했다. 비로소 사관생도가 장교로 탈바꿈하는 데 완전한 자격을 갖춘 셈이 되었다.

사관학교에서 교우 관계는 2가지 환경에서 크게 영향을 받는다. 하나는 동일 중대와 동일 내무반에서 지냈던 인연이며, 또 하나는 학과성적에 따른 교수부에서 동일 교반 편성이었다. 내가 입교한 그해부터 육사는 배가 계획에 따라 앞 기수보다 훨씬 많은 생도를 선발했다. 이에 따라 1년 선배인 29기는 약 250여 명이 입학했는데 30기는 380여 명이 입교했다. 사관생도의 주거는 중대 단위로 한 건물에서 생활하게 되어 있었고 1학년 때는 8개 중대, 2학년 때는 12개 중대, 3학년 때는 16개 중대였다. 중대수가 늘어난 것은 후배 기수 생도 숫자가 점점 늘어나는 데서 기인했다.

중대 건물은 약 25개 내무반으로 구성되어 있었다. 하나의 내무반에는 2~4명의 생도가 동고동락할 수 있도록 침대와 옷장, 책상, 캐비닛 등이 비치되어 있었다. 룸 인원 구성은 학교방침에 따라 동급생끼리 편성될 때도 있었고 상·하급 생도가 혼합되어 편성되기도 했다. 하급생일 때 상급생도와 동일 내무반 생활은 불편하였으나 내무생활에 타 상급생도의 간섭을 덜 받는 장점도 있었다. 내가 3학년으로 진학하면서 중대수가 증가하여 1학년 때 몸담았던 7중대를 떠나 새롭게 16중대 창설 인원으로 이동하였다. 16중대 58호실에 박모 생도, 이모 생도, 차모 생도 그리고 나를 포함하여 넷이 룸메이트가 되었다. 박모 생도의 구수한 경상도 사투리에 강한 고집, 이모 생도의 여고생과 달콤한 주말 데이트 얘기, 차모 생도의 매일 고향 여선생에게 보내는 러브레터가 그들에 대한 아름다운 추억으로 남아 있다. 약 300명이 졸업하여 야전으로 흩어졌지만 같은 중대와 내무반이라는 좁은 공간에서 동급생끼리 의식주를 함께 하면서 만들어진 교우 관계는 각별히 두터울 수밖에 없었다. 그들의 고향과 출신 학교, 어린 시절 성장 배경과 부모님 직업, 심지어 여자 친구 이름까지도 공유하는 생활이었다. 수십 년이 지나도 그때 투영되고 마음 속 깊이 자리 잡았던 그들의 모습이 잊을 수 없는 다정함으로 다가온다.

한편 교수부에서 동일교반에 편성된 경우도 교우 관계를 돈독히 해 준다. 과목마다 성적에 따라 교반편성이 되기 때문에 성적이 우수한 생도와 그렇지 못한 생도가 구분되고 내무반보다 교수부가 훨씬 자유스러워 친소관계가 쉽게 형성되었다. 학업성적과 인성을 군 생활의 성공기준이라고 단정할 수 없지만, 능력과 인격은 하루아침에 형성되고 쌓아질 수 없으므로 군 인재를 발탁할 때는 생도 생활의 전반적 궤적을 살펴보는 것도 나쁘지 않다고 본다. 사관학교는 졸업성적 순에 따라 군번이 부여되므로 평생 졸업성적을 달고 군 생활을 하게 된다. 따라서 당사자의 자질도 사관학교 시절을 살펴보면 가늠해볼 수 있을 것이다.

장군이 천재일 필요는 없지만 빠르게 변화하는 전장 환경에서 신속하고 적합한 상황판단이 요구되므로 두뇌가 중요한 역할을 할 수밖에 없다. 적보다 먼저 결심하고 먼저 대응해야 하는 군사원리는 지휘관의 우수성을 요구하고 있다.

손자는 전쟁에서 승리하기 위해 장수가 갖추어야 할 덕목으로 지(智), 신(信), 인(仁), 용(勇), 엄(嚴)을 설파했다. 이런 장수가 없으면 전쟁에서 승리할 수 없다고 했다. 장군으로 승진시키거나 군사전략과 국가안보정책을 다루는 보직에 적합한 군 인재를 선발할 때는 그 사람의 사관학교 시절 품행을 참고할 필요가 있다고 본다. 이는 장군에게 요구되는 무한한 책임을 자발적으로 수행하는 자세가 학습 과정에서 형성된 인성이나 태도와 밀접히 연관되어 있다고 보기 때문이다.

사관학교 4년은 자아를 인식하고 깊은 사유를 하면서 내공을 쌓은 기간이었으며 사관학교 생활을 통해 나는 군인에 적합한 특성을 함양했다.

첫째는 미래에 대한 가능성과 기대치를 높게 갖고자 했다. 낙도오지에서 태어났으니 외형적으로 화려할 수 없었으나 장래에 대한 큰 희망을 간직하고 내면의 힘을 알차게 길렀다.

둘째는 원칙과 규정을 지키는 데 엄중함을 잊지 않았다. 4년 동안 학교규정을 단 한 가지도 어겨본 적이 없을만큼 매사를 원칙에 입각한 사고로 주도했다. 사관생도가 규정을 어겨 벌점을 받고 외출외박을 제한받는다거나 학업성적이 열등하여 추가 고시를 보게 되는 것은 장교가 될 사관생도에게 불명예라고 생각했다. 지휘관의 결점은 곧 부대의 성패와 직결되기 때문에 진력하여 기본을 갖추고자 했다. 지휘관이 원칙을 경시한다면 그 부대는 바다에서 산으로 올라가는 배와 같을 것이며, 규정준수에 솔선하지 않으면 부하 역시 규정을 벗어난 행위를 하게 되어 그 부대는 당나라 군대처럼 부패하게 될 것으로 생각했다.

셋째는 책임을 소홀히 여겨보지 않았으며 책임 이행을 게을리하지 않았다. 책임감을 보이지 않은 지휘관을 누가 신뢰하겠는가? 지휘관의 무한책임은 그 부대가 갖는 믿음의 수준이라고 보았다.

넷째는 매사에 일희일비하지 않았다. 때로는 속상하더라도 그러려니

하고 넘어갔으며 기쁜 일에도 들뜨고 흥분하지 않았다.

다섯째는 얄팍한 언어로 자신을 과시하거나 처신을 가볍게 하지 않으려 했다. 남보다 주변 환경과 배경 등이 열악하였기에 나 자신에게 결함이 생기면 기댈 곳이 없는 처지에 빠지게 될 것이므로 절실하고 절박한 심정을 갖고 내면의 인격과 강인함을 기르고자 노력했다. 이러한 특성과 사고를 사관학교 시절에 배양함으로써 군인으로 성공하는 데 큰 밑거름이 되었다고 본다.

사관학교 교육은 몸과 정신을 모두 바꾸는 용광로와 같았다. 투철한 책임감, 자제력, 국가관과 애국심, 단단한 체력은 이러한 용광로에서 길러졌다. 육체적 단련과 정신적 수양을 통해 조국 수호의 굳건한 가치관을 갖게 되었다. 자유민주주의에 대한 신봉, 멸사봉공의 애국심, 자기절제를 통해 탐욕을 배제하는 명예심, 권한은 위임할 수 있으나 책임은 전가할 수 없다는 확고한 책임의식은 사관학교에서 체득한 정신이자 가치관이 되었으며 오늘날까지 잠시도 잊어본 적이 없다. 40여 년 군 생활을 하면서 이러한 가치관을 밑바탕으로 안일한 불의의 길보다 험난한 정의의 길을 선택하는 데 주저하지 않으려 각고의 노력을 기울였다. 애국가 4절의 '괴로우나 즐거우나 나라 사랑하세'는 내가 어려울 때마다 참군인 자세를 견지하기 위해 되새기는 구절이었다.

여기서 전인교육을 표방하는 육사 교육에 개선이 요구되는 사항을 몇 가지 언급하고자 한다. 육사 생활은 가 입교와 동시에 이전(Before)과 이후(After)가 하늘과 땅만큼 차이가 나고 완전히 별개의 환경과 상황으로 바뀌었다. 의식주는 물론 말하고 쓰고 걷는 것 그리고 하물며 밥 먹는 자세를 포함하여 육체와 정신이 온통 달라지게 되었으나 여기에는 많은 문제점도 내재하고 있음을 느꼈다. 정신적 가치와 덕목을 정립하고 그것에 대한 공감을 갖게 만들기 위해서는 자발적 동기를 끌어내야했는데 미흡했다. 강압적으로 변화를 강요하는 교육은 영구적으로 영혼을 맑게 할 수 없다고 본다. 체력단련 방식도 인격과 생활 리듬을 무시한 경우가 많았으니 이 점도 개선해야 한다. 기합이 체력단련이라는 핑계로 상·하급생 간 평생 잊을 수 없는 악감정을 갖게 만들기도 했다.

육체적 강인함은 단순히 체력이 단단한 것만으로 달성되지 않으며 정신의 강인함이 함께 구비되어야 한다. 체력단련은 과학적 프로그램과 도구를 이용하여 개개인의 자발적 노력으로 이루어져야 하고 공동체가 따뜻한 사랑으로 뭉쳐졌을 때 정신력이 발휘되는 점을 간과해서는 안 된다. 학년별 체력목표와 수준을 설정해주고 개인별 체육관과 시설을 이용하여 단련하되 일정한 시기에 측정을 통해 수준을 평가하는 시스템으로 변화되어야 한다. 상급생의 하급생에 대한 육체적 접촉을 금지하고 상호 지적능력과 리더십 향상을 위한 토론이나 토의 같은 미팅시간을 주기적으로 갖는 것이 필요하다고 본다. 사관생도 문화와 의식도 변화되어야 한다. 엘리트 의식과 엘리트 문화가 지배하는 사관학교가 아니고 보편성, 자율성과 포용성이 넘치는 사관학교가 되어야 한다. 누구나 일등이고 나만이 최고의 애국자라는 배타적 엘리트 의식이야말로 시대에 뒤떨어진 낡은 사고이다. 동일 여건에서 임관을 함께했으니 다른 동기생이 장군이 되더라도 축하보다는 내가 될 공석을 빼앗겼다는 질시와 냉소주의의 태도는 사관학교 교육의 잘못에서 기인한 것이라고 본다. 균형적이고 보편적 인간, 공동체와 함께하는 장교를 양성하는 사관학교가 되어야 한다. 군의 상명하복 체계는 엄격해야 하지만 상명하복은 지휘계선의 상관과 부하의 관계에서 엄하게 집행되어야 하는 규율이다. 사관학교 생활에서 상급생도와 하급생도는 상하 관계가 아니고 선후배 관계이므로 선배가 후배보다 만능이 될 수 없으며 후배가 선배보다 능력이 출중할 수 있음을 인식하고 수용해야 한다. 선후배 관계를 평생 상하 관계인 것처럼 문화가 형성되어 있고 한번 선배는 영원히 죽을 때까지 후배한테 반말하는 경우가 많은데 잘못된 관행이다. 기수를 묻고 따지는 관행보다는 인품과 덕망으로 평가되어야 한다.

교수부의 학과 수업방식도 주입식과 강의 위주를 탈피해야 한다. 많은 과목을 학습함에 따라 주마간산 수업이 많았고 자발적 사유를 통해 해답을 찾는 방식은 부족했다. 과목도 핵심과목 위주로 재편성하고 수업방식도 자습과 논문작성, 토론, 발표를 통해 지식을 습득하고 문제해결 능력을 배양하도록 과감히 전환해야 한다. 고급간부가 되면 사회단체 또는 정부 기관과 한 자리에서 국가정책이나 사회문제에 대한 의견을 교환할 기회가 많으며 이때 요구되는 능력이 외국어와 인문학, 토론기술, 발표력, 그리고 시대 상황과 정신을 읽을 수 있는 지혜이다. 육사가 명실공히 군의 리더를 양성하는 전문기관으로 거듭나기 위해서는 자율이 창의를 낳고 창의가 군사적 천재를 만드는 도구임을 깊이 인식하여 자유민주주의에 부합한 가치관, 인격과 덕성, 통찰력, 구슬능력과 설득력, 불굴의 정신력과 체력을 다진 장교를 배출하는 데 부족함이 없어야 할 것이다.

화학병과와 보병병과

　장교에게 병과는 특기이고 진로이다. 그러므로 병과 선택은 매우 신중히 해야 하고 적성과 자질에 적합한 병과를 선택해야 한다. 육군의 병과는 크게 구분하여 전투병과, 기술병과, 행정병과, 특수병과로 나누며 이중 전투병과는 보병, 포병, 기갑 등이고 기술병과는 병기, 화학, 병참 등이다. 병과는 임관과 동시에 부여받게 되고 이에 앞서 육군 인력운영 방침에 따라 병과별 인원수가 할당되며 이를 기준으로 졸업생을 배정하게 된다. 30기는 육사 배가 계획에 의해 앞 기수보다 훨씬 많은 생도 숫자가 졸업하게 됨으로써 육사 졸업과 동시에 최초로 육군의 모든 14개 병과에 배정하게 되었다. 따라서 보병을 포함한 전투 병과뿐만 아니라 부관, 정훈, 병기, 병참 등 기술행정 병과에도 육사 임관장교가 들어가게 되었다. 내가 병과에 대해 관심 갖게 된 시기는 4학년 2학기 때였다. 그해 여름방학이 끝나고 병과학교를 순회하면서 병과 소개를 받았고 병과 선택을 고민하게 되었다. 그러나 병과학교를 순회하는 과정에서 병과별 특성을 충분히 이해할 만큼 정보를 접할 수 없었다. 그 후 공수훈련을 마치고 2학기 수업이 시작되자 본격적으로 병과 선택에 대한 얘기를 나눌 기회가 많아지게 되었다. 하지만 나는 유감스럽게도 그때까지 병과 선택이 군 생활과 향후 진로에 얼마큼 중요한 지를 인식하지 못했다. 그결과 전투병과가 아닌 화학병과를 선택하겠다고 생각했다. 이는 화학과목 성적이 우수했다는 것 때문이었다.

어느 날, 병과 선택 용지를 나누어주면서 희망 병과를 적어내라는 훈육관의 지시를 받고 평소 생각대로 우선 순위에 따라 1,2,3순위를 적어냈다. 나는 군대 조직에서 화학병과의 기능과 역할에 대해 알지 못했다. 단순히 화학과목 성적이 우수하여 화학 병과를 1순위에 기록하고 포병, 그다음은 보병 순으로 적어 제출했다. 일반적으로 병과선택 경쟁률이 전투병과인 보병에 집중되므로 내가 보병이 아닌 화학 병과를 선택하게 된데 대해 모두들 의아하게 생각했다.

그해 초겨울 어느 날, 학과 수업을 마치고 내무반에 들어오니 책상 위에 훈육관의 메모 한 장이 놓여 있었다. 내용은 곧 바로 훈육관 실에 출두하라는 것이었다. 훈육관으로부터 꾸중을 들어야 할 행위를 하지 않았는데 호출을 당했으니 사유가 궁금했다. 생도 시절에는 훈육관이 호출하면 칭찬이나 격려보다 질책을 듣는 경우가 많았기에 유쾌하지 않은 기분으로 훈육관실 문을 노크했다. 훈육관은 나에게 병과 선택에 대해 "왜 화학병과를 선택했느냐"고 물었다. 나는 화학 과목 성적이 남보다 우수해서 그렇게 했다고 했다. 훈육관은 실망스러운 표정을 지으면서 병과 역할과 병과 선택의 중요성을 말씀해 주셨다. 장차 군 발전에 기여하고 뜻을 펼치는 데, 화학병과보다는 보병이 더 적합하다는 것이었다. 나는 그 자리에서 훈육관의 조언에 따라 보병 병과를 1순위로 정정하여 제출했다.

인생에서 운명은 우연과 선택이 만들어 낸다고 했다. 그때 훈육관께서 나에 대한 사랑과 관심이 없었다거나, 훈육을 담당하는 선배로서 후배를 관찰하는 혜안이 부족한 분이었다면 내 인생은 180도 달라지게 되었을 것이다. 화학병과 장교가 되었더라도 화학병과가 갖는 기능적, 기술적 역할에 충실한 가운데 군 발전에 최선의 노력을 경주하였겠지만 보병병과가 갖는 다양한 영역을 경험하지 못했을 것이며 기술병과 특성과 계급구조로 인해 최고 계급인 대장에 오르지 못했을 것이다. 보병 소위로 임관해 육군 대장으로 전역할 때까지 병과 선택에 대한 무지(無知)는 내 운명의 스토리가 되곤 했다. 진로를 기적과 같이 바꿔준 훈육관의 은혜를 잊을 수 없다. 생도시절 훈육관의 남다른 관심과 애정에 감사와 더불어 존경의 마음을 거듭 드린다.

1974년 3월 28일, 4년 동안 사관생도 교육과정을 이수하고 졸업장을 받음과 동시에 육군소위 이성출로 태어났다. 장교는 국제 신사라고 했다. 사관생도에서 장교로 신분이 바뀜에 따라 광야로 나가서 매서운 환경에 직면하게 된 새끼 사자의 행보를 걷게 되었다. 누구의 지도와 도움이 아니고 홀로 판단하고 홀로 결심하여 결과를 평가받고 책임지는 냉혹한 현실에 직면하게 된 것이다. 졸업식과 임관식이 거행된 화랑연병장에 그날따라 차가운 봄바람이 몹시 불었지만, 전장으로 출동하는 초급 장교들의 충만한 열기로 추위를 녹이면서 졸업식 행사가 진행되었다.

박정희 대통령과 육영수 여사께서 졸업생들을 한 사람 한 사람 격려해주셨고 많은 내외귀빈들께서 축하해주셨다. 육영수 여사께서는 30기

임관식을 마지막으로 그해 8월 15일 문세광의 저격으로 운명하셨다. 졸업은 끝이 아니고 시작이라고 했다. 사관학교 졸업생에게 딱 맞는 말인 것 같았다. 장교 군번 20546번을 부여 받음과 동시에 지금까지 온상에서 평온하게 성장하고 배웠지만 이제는 매서운 들판에 홀로 나서야 하고 이를 위해 4년간 갈고 닦았음에 의미를 부여할 수 있었다.

사관학교 재학 시절 역사적 사건을 든다면 단연 7·4남북 공동성명 발표라고 할 수 있다. 1972년 7월 4일, 생도 3학년이었던 나는 여름방학을 맞아 친구들과 강원도 여행 중 속초의 어느 다방에서 이후락 정보부장의 목소리를 TV를 통해 들었다. 남북이 자주와 평화 그리고 민족대단결이라는 평화통일 3대 원칙을 설정하고 합의를 했다는 발표였다. 전혀 예상치 못한 남북합의였고, 이후락 정보부장이 북한에 들어가서 김정일을 만났다는 사실이 그야말로 충격이었다. 오늘날 남북관계 개선은 기본적으로 7·4공동성명의 연장선에서 이루어지고 있어 7·4공동성명의 의의는 매우 크고 중요하다고 볼 수 있다. 특히 1992년 남북 기본합의서는 7.4 공동성명을 토대로 남북 간 특수관계를 담고 있다. 즉 북한은 우리에게 군사적으로 위협을 주면서 동시에 민족 공동체로서 통일의 대상이라는 모순적 현실이 남북 기본합의서의 "나라와 나라 사이의 관계가 아닌 통일을 지향하는 관계에서 형성되는 특수관계"라는 표현에 담겨있다. 따라서 남북 관계는 강력한 안보역량이 구비 된 가운데 대화와 협력을 통해 평화체제가 구축되도록 노력해야 할 것이다.

광야에 나온 새끼 사자

졸업식과 임관식을 마치고 약 7일간의 휴가를 보낸 후 광주 보병학교에서 4개월의 초등군사반 교육을 받았다. 29기까지는 사관생도 4학년 신분으로 초등군사반 교육을 이수하였으나 30기부터는 교육 효과를 증대시키고 내실을 다지고자 장교 신분으로 교육을 받았다. 초등군사반 교육은 초임장교가 부대 배치 후 직면할 임무와 역할을 원활히 수행할 수 있도록 능력을 갖추는 데 목적이 있었으며 14개 병과 별로 병과학교에서 공통적으로 이루어졌다. 기간은 16주였으며 보병 병과는 광주 상무대 보병학교에서 소대장, 중대장 역할에 필요한 군사교육이 이루어졌다. 콘센트 막사에 기거하면서 소위 계급장을 부착한 전투복을 입고 보병학교 교실과 광주 인근 야외훈련장을 이용하여 이론과 실습을 병행하는 교육을 받았다. 교실에서는 주로 강의과목인 정훈, 리더십, 전술학 과목의 이론 교육 등이 이루어졌으며 전술 실습은 야외 현지에서 실시되었다. 전술학 과목은 이론을 현지 실습과 연계하여 익혀야 했으므로 외우는 것만이 상책이 아니었다. 정훈 과목같이 단순하고 팩트 중심 내용은 암기만으로 좋은 점수를 받을 수 있었지만 전술 과목은 달랐다. 예를 들면 소대 전술에서 공격명령이 어떻게 구성되어 있고 어떤 형식으로 하달되어야 하는지는 이론교육에서 자세하게 가르쳐주지만 이를 현지에서 부하들을 상대로 하달하는 실습은 달랐다. 실제 명령을 하달할 때는 현지 실제 지형과 연계하고 지형설명을 포함하여 내용이 응용되어야 하므로 이를 구술하는 능력이 중요했다. 지식이란 범위가 일정한 것 같지만 사람에 따라 활용능력이 다르기 때문에 지식에서 얻는 결과는 천차만별이다.

병과학교에서 교육을 받으면서 잊을 수 없는 것이 장교가 되어 첫 봉급을 받았을 때였다. 사관학교에서도 매달 일정한 금액을 받아 용돈으로 사용하였지만, 직업군인이 되어 첫 봉급을 받은 것은 큰 의미가 있었다. 나는 사관학교 들어가기 전에 검찰 공무원의 월급을 받아 보았지만, 동기생들은 처음 봉급봉투를 손에 쥐었다. 그때 봉급이 1만 5천 원 정도 되었던 것으로 기억된다. 봉급봉투 색깔은 노란색이었고 겉에는 공제한 비용과 수령액이 기록되어 있었다. 노랑 봉투를 받는 날이면 외식도 하고 동기생들과 기분 좋게 소주도 한잔했다. 한편, 그 당시 정부가 저축을 장려하던 시절이라서 나도 재형저축을 들었다. 용돈이 넉넉하지 않은 가운데 저축과 내핍을 생활화하면서 경제에 조금씩 눈을 뜨기 시작했다.

16주간 초등군사반 교육을 마치고 부대 배치를 받게 되었다. 전후방 각급 부대로 배치되는 육군본부 인사명령이 게시판에 부착되자 임지를 확인하기 위해 모두들 게시판 앞에 모여 자기 이름과 부대를 확인하고 있었다. 부대 배치 명령은 1사단부터 건제 순으로 나열되어 있었다. 서울 가까운 경기도 지역 부대를 강원도 지역 부대보다 선호하고 있음을 알 수 있었다. 동기들과 함께 부대 배치 명단을 보면서 내 이름을 찾았지만 쉽게 발견하지 못했다. 부대와 명단을 찾아 헤매고 있는데 A 동기생이 내 이름과 본인 이름이 같은 부대에 있다면서 그 부대는 제○해안전투단이라고 했다. 생소한 부대라서 부대 명칭도 잘 몰랐고 부대가 어디에 있으며 어떤 임무를 수행하는지 알 수 없었다. 부대에 부임 후 알게 되었지만, 이 부대는 동방사가 축소 감편 되어 해안전투단으로 명칭이 개편되었고 본부는 양양공항 옆에 있었다. 속초와 고성, 양양 지역 동해안경계를 담당하고 있었다. 부대 이름을 들어보지 못한 상태에서 내가 섬에서 태어났으므로 해안부대에 배치된 것 같다는 생각을 해보았다. 사람은 서울로 보내고 말은 제주로 보내라는 말이 있듯이 가급적 오랜 전통을 갖고 유능한 지휘관이 지휘하는 부대에 배치되어 복무함이 행운일 것 같았는데, 첫 부임지가 왜소하고 갓 창설된 부대였다. 출발이 화려하지 못한 것 같았다. 하지만 어느 곳에 가든 최선을 다하면 보상이 있으리라 굳게 믿었다. 실망보다는 희망과 꿈을 갖고 초임지로 향했다.

직업이 군인인 장교에게 첫 부임지는 군 생활의 이정표라고 할 수 있다. 나침판 없이 항해하는 배처럼 방향을 알 수 없는 첫걸음이라서 부대의 전통과 분위기, 상관, 동료가 매우 중요하다. 나의 첫 부임 부대는 서울에서 멀었고 육사 출신 장교도 드물었으며 인명사고가 많았다. 하지만 부대가 자랑할 전통이 없어 자긍심도 낮았으나 나는 매기 같은 역할을 했고 나의 노력과 성실성은 나를 돋보이게 했으며 나에게 자신감을 태동하게 만들어 주었다.

동해안과 첫 인연

　광주 보병학교에서 초등군사반(OBC, Officer's Basic Course) 교육을 마치고 5일간 휴가를 보낸 후 ○○군 예하부대에 배치된 신임소위들은 청량리역에 모이게 되었다. 부대별 인솔 장교와 만나 이들의 안내에 따라 임지에 가게 되어 있었으므로 나도 1974년 8월 4일 오전 8시, 청량리역으로 갔다. 이른 아침, 청량리역에 신임소위들이 삼삼오오 모여들기 시작하였고 각 부대 인솔 장교들은 안내 간판을 들고 자기 부대에 배치된 장교들을 찾고 있었다. 내가 갈 부대는 선모 준위가 안내장교로 왔었는데 그는 얼굴에 기름기가 넘치고 체격도 당당한 50대 나이의 부관준위였다. 그의 안내에 따라 더블-백을 메고 트럭 대신 속초행 강원여객 일반 버스에 올랐다. 양평, 홍천, 인제, 원통, 진부령, 간성을 거쳐 속초까지 약 6시간을 달려서 오후 3시경에 속초터미널에 도착했다.

　서울에서 속초까지 요즘은 고속도로도 생겼지만, 그 당시는 비포장도로에 교행이 되지 않은 좁은 길이 많았다. 헌병이 양쪽에서 통제하여 차량을 통과시키는 곳도 많았다. 속초에 도착하여 팔도강산 횟집에서 점심을 먹었다. 이 식당은 당시 김희갑 씨와 황정순 씨가 주인공이 되어 팔도강산을 유람하는 드라마에 등장한 곳이라서 테이블에 손님이 많았다. 시장한 상태에서 선모 준위가 사준 회덮밥을 맛있게 먹고 부대 장교 숙소로 출발했다.

부대에 도착하여 독신 간부 숙소(BOQ, Bachelor Officer Quarters)에서 하룻밤을 보내고 이튿날 해안전투단 단장께 전입신고를 했다. 단본부는 속초비행장 옆에 있었다. 단장은 박모 대령이었고 그분은 키가 크지 않으면서 아담한 체구에 인자한 모습이었다. 동기생 3명이 같은 부대에 배치되어 신고하였는데 내가 군번이 빠르다 보니 대표가 되어 신고했다. 그때 신고했던 문장이다. "단장님께 대하여 경례. 당백. 바로. 신고합니다. 육군소위 이성출 외 2명은 1974년 8월 4일부로 보병학교로부터 제0해안전투단으로 각각 전입을 명받았습니다. 이에 신고합니다. 단장님께 대하여 경례. 당백. 바로" 군대에서 신고는 전입과 전출, 보직 변경, 진급 시 하게 된다. 이때 경례와 더불어 경례구호를 외치게 되는데 일반적으로 단결, 충성, 통일, 필승 등이 사용된다. 하지만 이 부대는 '당백'이었다. 한 명이 백 명을 대적할 수 있는 부대임을 상징하는 의미에서 '당백'이라고 한 것 같았다. 신고 후 단장과 차담을 나누고 나는 1대대, A소위는 3대대로 배치되어 복무지역이 양양과 동해지역으로 멀리 떨어지게 되었다. 우리는 훌륭한 장교로 성장하자는 무언의 약속을 하고 첫걸음을 내디뎠다.

나는 해안전투단 단장 신고를 마친 후 1대대장 임모 중령의 지프에 동승하여 주문진읍 지경리에 있는 대대본부로 이동했다. 대대장 임모 중령은 육사 17기였다. 사관학교 시절 럭비선수였고 2등으로 졸업할 만큼 능력과 인품을 두루 갖춘 훌륭한 선배였다. 이러한 선배를 만나 첫 부임지에서 소대장을 하게 되어 다행이라고 생각했다. 대대본부에 도착하여 대대장께 전입신고를 하고 양양군 손양면 동호리에 있는 2중대 중대본부로 이동했다. 2중대장 황모 대위에게 신고 후 곧바로 내가 위치할 하조대 소초로 갔다. 그 당시 해안경계를 담당하는 중대장들에게는 90CC 오토바이가 지급되어 있었으므로 중대장은 나를 하조대 소대 본부 소초에 오토바이로 태워다 주었다. 중대장 황모 대위는 3사 4기였고 외모는 남보다 큰 눈을 가졌으며 평범한 인상이었다. 내가 맡은 소대는 2중대 3소대로서 A 중위가 전임 소대장이었다. A 중위가 대대 작전 장교로 보직을 변경하게 되어 그 소대의 지휘권을 이어받게 되었다. 그 뿐만 아니라 A 중위와 소대장에 이어 대대 작전 장교도 후임으로 인계받았지만 그가 사관학교 1년 선배임에도 생도 시절에는 안면이 많지 않았고 A 중위가 유신사무관으로 길을 달리하다 보니 지금까지 얼굴을 본 적이 없다.

2중대 3소대는 하조대에 소대 본부가 있었고 동호리로부터 하조대까지 4개 분초가 각각 책임 지역을 나누어 해안경계를 담당하고 있었다. 행정구역은 양양군 현북면 하광정리와 여운포리 일대였다. 지형형세는 백사장 지역이 대부분이었고 하조대 지역만 암석과 낮은 산으로 이루어져 있었다. 하조대는 고려 말과 조선 초기에 조선왕조의 개국공신 하륜과 조준이 이곳에서 국사를 논의하였다 하여 하조대라는 지명을 붙였다고 한다. 바다와 기암절벽이 조화롭게 만나 절경을 이루고 바위에 붙어 자란 소나무들이 두 개국공신의 곧은 절개를 말해주고 있는 것 같았다. 소대장이 기거할 소대장실은 내무반 막사 한쪽 끝에 합판으로 칸막이 된

한 평 남짓 크기의 공간이었다. 거기에는 나무로 만든 침대에 군대 모포가 덮여있었고 30W 전구가 불을 밝혀주고 있었다. 소대장실에 더블—백을 넣어 놓고 소초병사들과 인사를 나눈 후 곧바로 소대장 취임식을 가졌다. 나는 이 자리에서 병사들에게 최선을 다할 것이니 소대장을 믿고 잘 따라 달라고 당부했다. 이어서 소대원들이 임무 수행하고 있는 3개 분초를 방문하고 분초별 현황을 청취하였으며 도보로 경계근무지역을 돌아보았다.

나의 첫 부임지였던 하조대를 가끔 기억 속에서 찾아본다. 7번 국도와 접한 하광정리 마을에서 동쪽으로 약 1.5km 거리에 있다. 하조대는 강원도 양양군 현북면에 있는 양양 8경 중 하나로서 기암괴석과 송림, 짙푸른 암석해안이 어우러져 수려한 경관을 자랑한다. 그중에서도 절벽 위에 있는 정자, 정자에서 바라본 심연의 바다와 절벽에 우뚝 솟은 노송(老松)이 나와 가까웠다. 하조대 정자는 내가 더위에 지칠 때면 그늘이 되었고 내가 힘들 때면 쉼터가 되었던 곳이다. 푸른 빛의 바닷물은 내 마음을 맑게 씻어주고 잡념을 청소해주었다. 곧게 자란 소나무는 나에게 정직과 소신을 갖도록 해주었다. 자연이 주는 아름다운 풍광은 내게 여유로움과 꿈을 갖게 했다.

밤을 지키는 파수꾼

군의 소대장은 지휘자이므로 말과 지시, 지침으로 지휘하는 직책이 아니며 행동으로 솔선수범하면서 나를 따르게끔 지휘를 해야 한다. 그러므로 24시간 부하와 생사고락을 함께하고 의식주가 병사들과 같아야 한다고 생각했다. 해가 지고 어둠이 찾아오자 20시쯤 각 분초장으로부터 경계근무 투입 보고를 받았다. 분초별 이상 유무를 확인한 후 중대장께 소대가 이상 없이 경계근무에 투입되었다는 보고를 한 후 더블—백을 풀어 소대장실을 정리했다. 한 평쯤 되는 초라하고 낯선 좁은 공간이었지만 꿈을 달성하기 위한 긴 여정의 출발점이 되는 데, 부족함을 느끼지 않았다. 설레는 가슴을 안고 침대에 누워 잠시 눈을 붙였지만 철썩철썩 파도가 소초 앞 백사장을 덮치고 병사들의 숨소리가 귓가를 때려 쉽게 잠에 빠질 수 없었다. 잠시 침대에 누웠다가 일어나 소총과 철모로 무장하고 전령과 함께 야간 경계근무지에 초병을 찾아 첫 순찰을 나섰다. 분초에 들려 상황병의 근무상태를 살피고 내무반에 병사들 취침상태를 확인했다.

분초는 하사가 분초장으로 지휘하고 그 밑에 현역 7~8명과 방위병 5명으로 구성되어 있었다. 야간 경계근무는 백사장과 돌출지역 초소에 2명 1개 조가 편성되어 좌우 100m 정도 범위를 순찰식으로 근무하게 되어 있었다. 소대가 담당한 경계구역은 약 4km이었으므로 각 초소 병사들 위치까지 찾아 그들의 근무상태를 감독하는 순찰을 하고 나면 새벽 시간이 되었다. 순찰은 분초장과 소대 선임 하사관이 전반야(前半夜)를 돌고 후반야(後半夜)를 소대장이 도는 형식이었다. 초저녁에 근무 투입을 확인하고 중대에 보고를 마치면 대략 밤 9시쯤 되었다. 그 후 2~3시간 정도 잠자리에 들었다가 밤 12시 30분쯤 일어나 후반야 순찰을 돌았다.

한편, 날이 새고 병사들이 야간 근무지에서 철수하면 오전 8시쯤 중대에 상황보고 후 오전 9시쯤 오침에 들어가 낮 12시쯤 일어났다. 하루 평균 수면시간이 5시간이 되지 않았으므로 잠이 부족할 수 밖에 없었고 특히, 병사들은 수면시간의 부족을 늘 얘기하곤 했다. 그 때문에 해안 경계근무부대에 대한 상급부대 방문은 병사들의 오전 취침시간을 해치지 않도록 오후 시간에 이루어졌다. 매일 초저녁에 잠이 들었다가 심야에 일어나 후반야 시간대에 활동하기가 결코 쉽지 않았다. 각별한 각오로 하루도 거르지 않고 순찰을 돌았으며 하루라도 순찰을 하지 않으면 끼니를 거른 것 같았고 용서받을 수 없는 죄를 짓는 심정이었다. 나는 책임의 두려움과 엄중함을 이 때부터 인식하게 되었다.

해안경계는 야간에 중점적으로 이루어지고 주간에는 주요 항·포구와 취약지, 관광객 출입지역에만 초병이 배치되어 근무를 하게 되어 있었다. 요즘은 하조대가 동해안에 유명한 관광지이고 하조대 해수욕장도 널리 알려진 곳이지만 당시는 개발되지 않은 천연 그대로 모습이었다.

하륜과 조준이 풍류를 즐겼다는 멋진 정자와 바위 속 파란 바닷물의 심연을 보면서 몸과 마음을 힐링하는 데 부족함이 없던 곳이다.

한국 사회에 관광 붐이 일어나기 훨씬 전이었지만 하조대는 경관이 아름다운 곳이라서 일부 관광회사들이 일찍이 눈독을 들이고 있었다. 그러나 이 지역은 군이 통제하고 있었으므로 민간인 접근이 차단되어 관광회사 직원들이 하조대를 돌아보려면 군의 승인을 받아야 했다. 한남관광의 홍모 상무도 그중 한 사람으로 하조대를 사전 정찰하기 위해 나에게 안내를 부탁했던 분이었다. 우리 소대는 아름다운 곳에 있었지만 소대장과 소대원 모두가 밤에 경계근무를 하고 낮에 수면을 취함으로써 낮과 밤이 전도된 생활을 하였다. 그 결과 숙면이 부족했고 체력관리도 소홀하기 쉬웠다. 따라서 오전 시간대는 외부인사의 방문을 포함하여 수면을 방해하는 활동을 최소화하도록 노력하였고 나 자신도 가급적이면 병사들과 일과시간을 같은 리듬으로 보내고자 했다. 오전에 취침하고 중식을 한 후 오후 시간은 체력단련이나 개인 전기전술을 숙달했다. 분초 대항 배구경기, 인접 소대와 축구경기, 구보 등을 통해 체력을 단련시키고 단결을 도모했다.

이렇게 2중대 3소대장을 약 4개월하고 있던 그해 늦은 가을 어느 날, 갑자기 3중대 1소대장으로 옮기게 되었다. 영문도 모른 상태에서 짧은 기간 정들었던 소대원들과 작별하고 중대장에게 전출 신고를 했다. 중대장 황모 대위는 내가 자기 밑에서 소대를 잘 지휘하고 있어 믿고 맡겼는데 아쉽다는 말로 격려해주었다. 3중대는 하조대보다 남쪽인 현남면 인구리에 있었으며 동산리 포구 등 많은 주민이 거주한 지역을 맡고 있었다. 더블-백을 매고 버스를 이용하여 3중대 본부에 도착한 후 중대장 A

대위에게 전입신고를 했다. 그는 키가 크고 피부가 약간 검은 편이었다. 내가 3중대 소대장으로 옮기게 된 것은 A 대위를 포함한 중대 간부들이 임무를 소홀히 수행하고 있어 중대 분위기를 전환해야 할 필요성을 대대장이 느꼈기 때문이었다.

소대장으로 부임 후 나는 임무 수행과 부하들을 지휘 통솔하는 데 행동으로 실천하고 솔선함으로써 짧은 기간에 상급자로부터 인정받을 수 있었다. 특히 소대장이 할 일을 부하에게 시키지 않았다. 부하들의 이름과 가족 사항, 성격 등을 명확히 파악하고 맞춤형 통솔을 했다. 그 결과 소대원들은 내가 지적 수준은 물론 체력과 정신력, 인간미에서 그들보다 우월하고 카리스마가 있음을 느끼게 되었다. 강압적 지시 때문에 복종하는 부하보다 자발적으로 따라오는 부하가 훨씬 강하다는 진리를 알고 실천했던 것이다.

동산리 포구에는 새벽에 어망을 거두러 출항하고 오전 10시쯤 포구로 입항하는 어선과 영세 어민들이 많아 이들의 입출항을 규정대로 통제하는 임무가 중요했다. 어민들은 순박했고 군의 통제에 잘 순응했다. 때로는 병사들에게 요리해 먹도록 생선을 주는 어부들도 있었다. 그러나 하조대보다 인구리 지역은 동산리에 큰 포구가 있고 현남면 면 소재지도 있어 대민관계에서 어려움이 많았다. 일부 마을 주민들의 과도한 음주와 악기상 등으로 인해 출항을 통제할 때는 마찰이 일어나곤 했다.

어느덧 해가 바뀌고 봄이 찾아왔다. 봄기운으로 인해 병사들이 나른해지고 정신적 해이가 있을 것 같아 오후에는 배구를 포함하여 단체운동경기에 많은 시간을 보냈다. 1975년 4월 어느 날, 아침 여명(BMNT, Begin Morning Nautical Twilight)과 더불어 야간 경계근무 철수가 이루어졌는데 곧이어 인구리 분초장의 숨 가쁜 보고가 뒤따랐다. 그의 보고는 한모 상병이 총기와 실탄을 소지한 채 탈영했다는 것이었다. 순간 가슴이 철렁 내려앉았고 상황의 심각성을 인식했다. 나는 분초장에게 병사들을 풀어 주변을 낱낱이 수색하도록 지시한 후 현장을 장악하고 정확한 상황판단을 하고자 급히 그 분초로 달려갔다. 하지만 총기에 실탄까지 휴대하고 행방불명되었으니 긴급지휘 보고 사안이라서 이것을 그대로 보고할 것인지 아니면 좀 더 찾아보고 보고할 것인지 어려운 결심에 직면하게 되었다. 상급부대에 보고가 지체된 가운데 이 병사가 큰 사고를 일으키게 되면 걷잡을 수 없는 사회적 물의가 뒤따르게 되어 책임이 무거워지게 될 것이 분명했다. 반면 해프닝으로 끝날 사안을 신속히 보고하게 되면 사건 자체보다 더 큰 후속 문제가 따르게 됨을 간과할 수 없었다. 고민 끝에 나의 통찰력과 영감을 믿고 보고를 미루기로 했다.

평소 나의 관찰에 의하면 한모 상병은 착한 병사였고 성격도 차분했던 점이 보고를 미루게 된 배경이었다. 다만 특이한 사항은 어제 이 병사에게 여자친구가 면회를 다녀갔다는 것인데 이것으로 인해 그가 총을 갖고 탈영할 이유는 아니라고 보았다. 소대장으로서 감당하기 어려운 부담을 안고 1시간 넘게 수색을 하였지만, 한모 상병의 행방에 대해 단서도 찾지 못함에 따라 입술이 마르고 가슴이 조여 오기 시작했다. 이렇게 깊은 수렁에 빠져있던 순간, 약 200m 이격된 곳에서 한모 상병을 찾았다는 함성이 들렸다. 그는 백사장에 계류 중인 어선의 밑바닥에서 자고 있었다. 포근한 날씨, 애인과 데이트하느라 전날 숙면을 못 한 몸 상태 등이 그를 졸음으로부터 피할 수 없게 만들었다. 결과적으로 보고를 하지 않고 미뤘던 판단이 옳았다. 나는 이 사건 이후 문제해결의 핵심은 평소 문제의 실체를 객관적으로 철저하게 인지하고 올바로 판단하는 능력임을 깨닫게 되었다.

매일 해안을 순찰하고 병사들과 몸을 부딪치면서 임무를 수행한 지 어느덧 11개월이 지났다. 육사 출신 장교는 대부분 소대장을 1년여 기간만 하고 대대참모 직위 또는 학교기관 교관 직위 등으로 보직을 옮기게 되므로 나도 얼마 후에는 소대장을 마치게 되리라 생각했다. 1년여 동안을 소대장 직위에서 24시간 부하들과 동고동락하면서 뛰다 보니 심신이 지친 상태가 되어 소대장 보직을 하루빨리 벗고 싶었다.

무더위가 기승을 부리던 여름날, 해안 경계 부대의 소대장이 되어 강원도 하조대에서 군 복무를 시작했다. 모든 것이 고도에 와 있는 것처럼 낯설었기에 숨죽이며 부하와 작전지역을 살피고 익혔다. 가끔 외로움이 파도처럼 왔다 가곤 했다. 이럴 때마다 시작이 반이라는 경구를 생각했다. 장교의 직책 중 가장 낮은 직위가 소대장이다. 첫걸음을 잘 딛고 흔들림 없이 내 길을 개척해야 했으므로 단단히 각오하고 매일 구슬땀을 흘렸다. 부하를 포용하고 그들과 친숙해지고자 힘썼다. 대부분 소대장으로 부임하면 첫 부임 부대에서 보직을 마치게 되는데 남과 달리 나는 2중대, 3중대, 전투지원 중대에서 소대장을 21개월이나 했으니 이것이 오히려 군 생활의 기초를 튼튼하게 만들어 주었다고 생각한다.

소총과 박격포

소대장을 끝낼 것으로 기대하고 있었는데 때마침 부대 개편이 이루어졌다. 해안전투단이 보병연대 편제로 조정되면서 전투지원중대가 창설되었다. 전투지원중대는 4.2인치 박격포와 106mm 무반동총으로 편제된 보병연대 유일의 화력 부대였다. 박격포는 소총과 달리 전포와 관측소(OP, Observation Post), 사격지휘소(FDC, Fire Direction Center)로 구분되어 임무를 수행하므로 운용개념을 정립할 수 있는 우수한 자원이 필요했다. 창설연대는 동경사 예하 ○○연대였으며 동경사는 ○○여단과 ○○연대, ○○연대로 구성되어 동부전선 일반전초(GOP, General Out Post) 경계와 고성에서 삼척까지 해안 경계를 담당하게 되었다. ○○연대와 ○○연대는 새롭게 편성된 보병연대이므로 전투지원중대를 창설하게 되었고, 나는 창설된 ○○연대 전투지원중대 소대장으로 명령을 받았다. 소대장을 끝낼 것으로 생각했는데, 또다시 소대장을 계속해야 한다니 실망이 컸고 의욕도 저하되었으나 임무에 대한 책임을 회피할 수 없었다.

창설된 전투지원중대의 중대장으로 25기 선배인 김모 대위가 부임했으며, 나를 포함한 소대장 4명이 전투지원중대 소대장에 보직명령을 받았다. 이중 나와 홍모 중위는 보병 소대장을 하다가 차출됐고 나머지 2명은 3사 출신 신임 소대장이었다. 홍모 중위는 나와 같은 연도에 임관한 학군(ROTC, Reserve Officer Training Corps) 12기로 충남대학교를 나왔다. 그는 성격이 비교적 괄괄하고 선이 굵었다. 내가 박격포 1소대장, 홍모 중위가 2소대장으로 보직되었으며, 출신은 달랐지만 임관 동기가 되다 보니 서로 막역하게 지냈다. 전투지원중대는 창설 부대라서 속초비행장 인근 야산에 천막을 치고 임시막사에서 부대창설을 준비했다. 장교와 부사관을 여러 부대에서 차출했듯이 병사들도 이 부대 저 부대에서 전입 받아 새롭게 조직함으로써 부대 정체성을 갖는 데 어려움이 많았다. 따라서 가장 급선무는 임무 수행을 원활하게 할 수 있도록 병사들을 교육 훈련하고 부대 내규를 만들어 정상화하는 것이었다.

나는 중대원들이 목표지점에 포탄을 명중시킬 수 있는 사격 능력을 갖추도록 교육훈련 책임을 맡게 된 가운데 나 스스로 박격포 관련 군사지식 함양에 많은 노력이 요구되었다. 창설 부대 교육을 위해 중대장은 나를 포함하여 전포 요원 10명, 관측소 요원 5명, 사격지휘소 요원 5명을 뽑아 원주 1하사관학교에 3주간 위탁교육을 받도록 파견했다. 인솔 장교로 임명되어 병사들과 함께 원주에 도착하니 ○○연대의 동기생 이모 중위도 나와 같은 임무를 맡고 와 있었다. 원주 하사관학교에서 이론 교육과 실습을 통해 박격포 운용 관련 제반 원리를 습득한 후 중대에 돌아와서 교관 역할을 했다. 여름 뙤약볕이 천막을 달구었지만, 천막 안에서, 때로는 나무 그늘에서 박격포 소대원들에게 4.2인치 박격포를 조작하고 관측하고 사격지휘를 할 수 있는 능력을 배양시켰다. 원주 하사관 학교에서 교육받은 병사들을 조교로 활용하여 중대원들을 3개월 이내에 임무 수행이 가능하게끔 만들어야 했으므로 더위도 잊은 채 매진했다. 단시일 내 수준에 올리기 불가능할 것처럼 보였으나 안 되면 되게 하라는 의지로 밤낮을 가리지 않고 열심히 교육한 결과 신축 막사에 들어가기 전까지 실사격을 할 수 있었다. 중대는 그해 여름 내내 천막생활을 하고 늦가을이 되어서야 신축 막사에 입주했다. 입주 즈음에는 훈련수준도 전포와 관측, 사격지휘 요원들의 유기적인 협조와 행동으로 포탄을 표적에 명중시킬 만큼 우수하였다. 그해 11월 창설 부대 임무 수행 능력 평가에서 좋은 점수를 받아 명실공히 부족함이 없는 전투지원 중대로 태어날 수 있었다.

전투지원중대에서 소대장으로 있으면서 함께 했던 부하 중 김모 병장과 조모 병장을 지금까지 잊지 않고 그들과 연락을 주고받고 있다. 김모 병장은 전역 후 독일에서 공부한 경제학 박사학위 소지자이며 통일연구원에서 오랫동안 연구원으로 일하고 지금은 남북관계 포럼을 창립하여 운영하는 성실한 지식인이다. 김모 박사가 가끔 여행사와 협조하여 해외여행을 주선한 덕분에 여러 사람과 함께 중국 시안에서 우루무치까지 실크로드를 탐방한 적도 있고, 중국 단둥, 그리스, 터키도 다녀올 수 있었다. 여행에서 이모 전 한림대 총장, 설모 고문, 이모 회장, 임모 회장, 이모 교수 등 좋은 분들도 만나게 되었으며 이분들과 주기적으로 골프도 하면서 우정을 쌓고 있다.

또한, 조모 병장은 시골에서 농사와 동시에 오토바이 정비업을 하고 있는 사람이다. 내가 전역한 후 약 10년 동안 가을 김장김치를 담가 보내준 고마운 전우이다. 그 외 전투지원중대 소대장으로 근무하면서 잊지 못할 분은 중대장이었던 25기 선배 김모 대위이다. 김모 대위는 수원 출신으로 아담한 키에 미혼이었고 생각이 심플했다. 그분 어머니께서 중등학교 교직에 계셨고 외아들에 대한 애정이 각별하였다. 그분은 소대장들을 포함하여 중대 간부들과 자주 소통하는 자리를 만들었고 육사 후배인 나에 대해 각별한 관심을 가져주었다. 미혼이라서 장교 숙소(BOQ, Beachlor Officer Quarters)보다 중대장실에 야전침대를 놓고 기거하는 날이 많았다. 그러나 김모 대위께서 장군 진급을 하지 못하고 일찍 전역함으로써 동해안에서 쌓은 인연이 오래도록 지속되지 못한 채 기억 속에만 간직하게 되어 많은 아쉬움이 남는다.

전투지원중대 박격포 소대는 소대 단위로 보병대대를 직접 지원하는 전투편성이 되기 때문에 가끔 소대 단독으로 임무를 수행하는 기회가 있었다. 그해 추운 겨울 동계 혹한기 훈련도 소대 단위로 시행하게 되었다. 우리 소대가 1소대이고 선임 소대라서 가장 먼저 동계 혹한기 훈련을 하게 되었다. 훈련장은 간성지역의 작전 거점이었으며 주둔지 양양에서 약 40km 떨어진 곳이었다. 훈련장까지 전술 행군으로 이동해야 했으므로 불가피 야간행군을 하게 되었고 좁은 소로를 따라 걸어야 했다. 저녁식사를 마치고 군장 검사를 한 후 훈련장을 향해 출발했다. 행군로를 따라 낮에 걸어본 경험은 있었지만 캄캄한 밤에 눈 덮인 소로 길을 이용하여 목적지를 찾아가는 것이 여간 힘들지 않았다. 요즘 같으면 GPS 장비를 비롯한 길 안내 수단이 많아 쉽게 찾아갈 수 있지만, 당시는 나침반과 군사지도 외에 아무런 수단이 없었다.

소대원 40여 명이 무거운 박격포 3문을 포판, 포열, 포 다리로 분리하여 각각 나누어 메고 약 10시간을 행군했다. 내가 맨 앞에서 길을 찾아 안내하면서 소대원을 이끌었다. 다행히 중도에 길을 잃거나 방향을 잘못 잡아 헤매지 않고 목적지에 도착할 수 있었다. 임관하고 소대장으로 부임한 지 겨우 1년 넘긴 중위 계급의 장교로서 소대원의 생사여탈을 책임지고 혹한의 추운 겨울에 어둠과 싸우면서 목적지를 찾아갔다는 것이 대견스럽게 생각되었다. 이를 계기로 그 이후 군 생활에서 큰 자신감을 갖게 되었다. 나는 새로운 길을 찾거나 한번 다녀온 길을 다시 갈 때 주변 사람들한테 길눈이 밝다는 말을 듣는다. 아마 그때부터 단련된 직감능력이 남아있어 그런 것 같다. 요즘 같으면 소대 단독으로 혹한기 훈련을 할 수 없고 해서도 안 되는데 그 당시는 소대가 독립적으로 야영을 하면서 영하 15도 기상을 이겨내야 했다. 혹한기 훈련 간 혹독한 추위에 언 땅을 파고 페치카를 만들어 그 안에서 잠을 잤다. 전령은 소대장이 춥지 않도록 한잠도 자지 않고 밤새도록 싸리나무로 불을 지펴 주었다. 그때 전령이 강모 일병이었는데 참으로 잊을 수 없는 전우이다. 그는 경북 상주 화동면이 고향이었고 중졸이었지만, 영리하면서 성실했다. 1999년 장군으로 진급하여 계룡대에서 근무할 때 소대장 시절의 고마움을 사례하고자 강모 일병을 찾아 상주에 갔던 적이 있다. 그와 약 25년 만에 만나 감격의 포옹을 했다. 그는 면 소재지에서 제법 큰 건축자재 상점을 운영하고 있었으며 유복하게 삶을 살고 있었다. 강모 일병이 내내 행복하기를 바라고 죽기 전에 한 번 더 만날 기회가 왔으면 좋겠다는 생각을 갖고 있던 차에 그와 헤어진 후 다시 22년 만에 그를 만났다. 상주에 지인과 함께 군부대 위문을 다녀온 길에 그가 생각이 나서 화동면 주민센터에 전화하여 거주지를 알아보았다. 주민센터 안내원의 친절한 도움으로 강모 일병이 사는 곳을 찾을 수 있었으며 그는 변함없이 철물점 그 자리에서 살고 있었다. 하지만 세월은 인간을 늙고 병들게 만드는 주범이라서 그를 치매 환자로 만들었고 나에게 가슴이 미어지는 아픔을 주었다. 그의 부인은 그에게 약 10년 전부터 알츠하이머가 진행되어 명의를 찾아 백방으로 치료했으나 피할 수 없었다고 했다. 그와 손을 잡고 이름을 부르고 외쳐보아도 그는 아무런 표정도 지을 줄 몰랐고 나를 알아보지 못했다. 영리하고 착한 강모 일병이었는데 왜 그가 이렇게 불행하게 되었을까? 안타까움과 비통함을 지울 수 없다. 다소 먼 길이지만 매년 한 번은 그를 찾아 전우애를 나누겠다는 다짐을 하고 그의 집을 나섰다.

우리 군에는 소총 중대에 60mm, 보병대대에 81mm, 보병연대에 4.2인치 박격포가 편제되어 있다. 박격포는 사단급 이하 전술 제대에서 매우 유용한 화력 수단이다. 따라서 이를 조작하고 다룰 줄 알아야 함은 초급 장교에게 요구되는 긴요한 능력이다. 나에게 4.2인치 박격포 소대장을 했다는 경험은 훗날 군 생활에 큰 도움이 되었다. 소대장을 12개월 하고 나면 참모장교 또는 교관으로 옮겨 가지만 나는 전투지원중대 박격포 소대장을 했다. 소대장을 또 하게 되어 불평했으나 이때 쌓지 못했다면 뒤돌아가기 어려웠던 경험이었을 것이다. 박격포 소대장을 했다는 경력과 이를 통해 갖게 된 군사 지식이 몇 년 후 중대장 시절의 박격포 사격에서 큰 인명사고를 막는 운으로 작용했는지 모른다.

참모의 전문성과 협조성

소총 중대에서 11개월, 전투지원중대에서 10개월, 총 21개월 동안 말단 소대장을 함에 따라 육체적, 정신적으로 많이 지친 상태가 되었다. 나와 함께 사관학교를 졸업한 동기생 대부분이 12개월 만에 소대장을 마치고 상급 부대 참모 직위 또는 수경사, 학교 기관으로 옮겨 새로운 보직에서 복무하고 있었다. 인접 대대의 A 중위도 대대작전 장교로 보직을 옮긴 지 몇 개월 되었다. 첫 부임부대에서 소대장을 21개월 역임하였으니 나만큼 소대장으로 장기간 복무한 육사 출신 장교는 없을 것이다. 이런 가운데 연대에서 중위급 장교 1명을 공지합동교육(AGOS, Air Ground Operation School)에 파견 보내게 되었는데 거기에 내가 선발되었다. 공지합동교육은 공지합동 교리를 배우고 지상군이 공군전력을 지원받기 위해 전투기 조종사에게 요망한 표적을 타격하도록 유도하는 능력을 함양하는 과정이었다. 근접항공지원(CAS, Close Air Support) 임무를 수행하는 전투기 조종사와 교신할 수 있도록 무전기 사용요령과 교신내용을 숙지시키고 숙달하는 교육이었다. 조종사와 교신할 때 대화는 간략한 영어를 사용하였다.

보병사단과 보병연대, 보병대대의 작전항공장교(S-3 Air) 보직에 이와 같은 능력을 갖춘 장교를 보임하였으며, 일반적인 호칭은 교육장교라고 했다. 공지 합동 교육은 공군이 육군 장교들을 위탁받아 공군 ○○혼성비행단에서 실시했다. 교육대는 성남 신촌리 서울공항에 있었지만, 지금은 공지합동 교육단으로 확대되어 강원도 횡성에 ○○전투비행단과 함께 있다. 현대전에서 특히 한국의 산악지형과 같은 작전지역에서 공군의 중요성이 강조될 수밖에 없다. 북한 대비 상대적으로 우세한 한국의 공군전력은 평시 억지 전력으로서 역할을 톡톡히 하고 있다. 실제 상황에서 지상군이 공군전력을 유용하게 지원받을 수 있느냐 하는 것은 작전 성패에 지대한 영향을 미친다. 따라서 작전 항공(S-3 Air) 장교는 공지합동 교리를 숙지하고 전투기를 요망하는 시기와 장소에 유도할 수 있는 능력을 갖춰야 한다.

4주간 이론 교육과 현장에서 실습을 통해 공군의 근접항공지원을 요청할 수 있는 능력을 배양하고 교육과정을 이수했다. 그 후 공지합동교육을 마치고 S-3 Air에 보직된 장교들을 대상으로 동해안경비사령부에서 근접항공지원(CAS)요청 경연대회를 주기적으로 개최하였으며, 그때마다 1등을 해 대대장한테 칭찬을 받았다. 대대장이 사령부 지휘관 회의에 다녀오면 회의록 내용 가운데 한 페이지가 공지합동 현황에 대해 기술되어 있었고 대대급 교육장교의 전투기 유도능력 시험 결과가 거기에 포함되어 있었다. 그때마다 대대장 김모 중령은 내용을 보여주면서 이 중위 때문에 타 대대보다 우수한 대대로 평가받게 되어 기분이 좋았다고 말해주곤 했다.

　공지합동교육을 마치고 자대에 복귀하여 전투지원중대 박격포 소대 장에서 1대대 작전장교 대리로 보직 변경 명령을 받았다. 마침내 소대장을 끝내게 되었고 참모장교로 복무하게 되었다. 대대작전장교는 편제상 대위계급으로 되어 있었으나 대부분 중위 계급이 그 직책을 수행했다. 중위가 보직되면 작전장교 대리로 명령을 받게 되어 있었다. 동기생들보다 늦게 시작한 참모장교였지만 의욕을 갖고 업무를 시작했다. 작전 분야에 전문성을 갖춰 내가 담당한 분야에서 전군 최고가 되겠다는 각오를 다졌다. 지휘관은 본인의 개인적 자질과 능력도 우수해야 하지만 부하들과 원팀(One Team)이 되지 않으면 좋은 성과를 만들 수 없다. 부하의 사고로 인해 명예를 잃을 수 있는데 반해 참모는 개인 노력 여하에 따라 얼마든지 훌륭한 평가를 받을 수 있다고 보았다.

　그토록 희망했던 참모 보직을 받았으므로 온 힘을 다해 업무 수행에 박차를 가했다. 그 결과 대대장 김모 중령과 인접 참모들로부터 능력을 인정받는 데 오랜 시간이 걸리지 않았다. 대대장은 각별히 나에게 신뢰를 주었으며 때로는 업무와 무관한 경험을 얘기해주기도 했다. 지프에 동승하여 이동할 때면 본인이 모셨던 상관을 포함하여 인적정보에 대해 많이 들려주었다. 갑종 160기로서 주로 인사 분야에 근무하였으니 그런 정보를 많이 알고 있었다. 대대작전장교로 보직을 받았고 적성에 맞는 직책이라 지휘관 의도를 명찰하고 해안 경계와 교육훈련 지도에 밤낮없이 전력을 쏟았다. 대대본부는 주문진읍 지경리에 있었으나 요즘처럼 장교 숙소가 있던 시절이 아니라서 대대본부 가까운 마을에 방을 얻고 하숙을 했다. 그러나 당시 시골의 주거와 음식문화가 열악하기 짝이 없어 일과 후 편한 생활이 되지 못했다. 특히, 음식이 맛도 없었고 위생 상태가 엉망이라서 하숙집 밥을 먹는 경우가 많지 않았다. 다행히 약 2개월 하숙을 하다가 대대본부가 하조대로 옮기게 되어 하숙집에서 받는 스트레스를 겪지 않게 되었다.

보병대대는 보병연대 일부로서 연대가 제시해주는 각종 목표와 방향을 행동으로 이행하는 제대다. 그럼에도 당시는 차트를 이용한 보고를 상급부대에서 자주 요구하여 차트병이 귀한 대접을 받았다. 요즘처럼 컴퓨터를 활용한 보고서 작성이 아니고 타자기를 사용하였으며 특히 회의나 토의는 차트를 사용하여 발표하게 되어 있었으므로 작전과에 차트병이 편제되어 있었다. 차트병의 글씨는 곧 대대의 수준이었고 그 병사의 컨디션에 따라 차트수준이 결정되었다. 나와 함께 근무했던 차트병은 주모 상병이었다. 그는 성격이 차분하고 착했으며 글씨체가 부드러웠다. 다만 가끔 음주하는 것이 마음에 걸렸으나 그에게 차트 작성을 의존하고 있었기에 꾸중보다 칭찬을 많이 해주면서 일을 시켰다.

연대장인 이모 대령은 빈틈없는 분이었고 대대로부터 차트에 의한 보고를 받는 데 흥미를 느끼고 있는 것 같았다. 연대장은 예하 대대가 해안 경계 근무를 A중대에서 B중대로 교대하거나 연간 교육훈련 계획을 수립하면 그 내용을 꼭 차트로 보고 받았다. 1977년 1월, 그해의 연간 대대훈련 주기표를 보드판으로 만들어 보고하라는 연대장 지시를 받았다. 보고를 위해 보드판 글씨도 훈련별 상이하게 작성하고 거기에 적절히 색상을 칠하여 1년 동안 이루어질 각종 교육훈련을 한눈에 확인 할 수 있게 했다. 3개 대대 작전장교들이 자기 대대의 교육훈련을 어떻게 하고 교육훈련 주기가 어떤 방식으로 편성된다는 것을 연대장한테 보고하게

되었으므로 차트와 보드판을 각별히 신경 써야만 했다. 특히, 연대장한
테 대대를 대표하고 대대장을 대신하여 보고하는 자리인 만큼 자기가 모
신 대대장이 인접 대대장보다 좋은 평가를 받도록 신경을 써야 했다. 또
한, 나보다 작전장교 직책을 거의 10여 개월 일찍 시작한 인접 대대 A
중위도 그 자리에서 같은 사안을 연대장에게 보고하게끔 되어 있어 그와
선의의 경쟁심도 갖지 않을 수 없었다.

아울러 A 중위의 대대장은 육사 선배였고 나의 대대장은 갑종 출신
이라서 혹 연대장이 선입견을 품지 않을까 걱정도 되었다. 건제순에 따
라 1대대 작전장교인 내가 먼저 보고하고 이어서 2대대, 3대대 순으로
보고했다. 보고내용 숙지와 차트 및 보드판 준비가 타 대대보다 월등하
여 연대장이 내 보고에는 조용하다가 2~3대대 보고 시 질책을 하자 대
대장은 나에게 흐뭇한 표정을 짓기도 했다. 이처럼 대대장은 내가 맡은
업무가 상대적으로 타 부대보다 우수한 평가를 받게 됨에 따라 나를
100% 믿었다. 내가 소관했던 업무는 그냥 나에게 맡기는 형태가 되었다.
지휘관과 참모 관계는 무엇보다 신뢰가 중요하다. 그 신뢰는 일의 성과
가 쌓여서 결정된다. 지휘관은 행동으로 솔선수범하는 것이 가장 큰 덕
목이고, 참모는 전문성과 협조성이 소중한 덕목이라고 생각했다.

대대 참모로 복무하면서 잊을 수 없는 경험이 또 있다. 1977년 여름,
우리 대대가 미군 치누크 헬기 지원을 받아 공중기동훈련을 하게 되었기
때문에 연대로부터 계획을 세워 보고하라는 지시를 받았다. 군의 훈련은
참가부대 성격에 따라 협동 훈련, 합동훈련, 연합훈련으로 나눈다. 이중
연합훈련은 2개국 이상의 병력과 장비가 동원되어 참가하는 훈련이므로
훈련 준비와 시행에 많은 협조가 필요하다. 그만큼 훈련을 계획하고 시

행하기 위한 준비과정이 복잡하고 난이도가 있는 훈련이라서 중위 계급으로 이를 주무하기에 벅찬 훈련 임무였다. 따라서 대대장한테 훈련에 관련된 경험과 지침, 아이디어를 받고자 연대로부터 지시받은 내용을 대대장에게 보고했다.

그러나 대대장의 지침은 보병학교에서 배운 교리대로 준비하라는 것이었다. 연합훈련 형태인 공중기동훈련을 연대로부터 지시받았으므로 대대장은 이것을 어떻게 준비하고 회의와 참모상호간 협조는 어떻게 하라는 등 구체적인 지침을 주어야 했는데 학교 기관에서 배운 것을 참고하라는 것이 고작이었으니 황당하기 짝이 없었다. 야전에 적용되는 군사지식이 학교 교육을 통해 습득되지만, 상황과 부대 여건, 훈련지역 등은 보병학교에서 표준적으로 진행된 실습과 동일할 수 없기 때문에 대대장의 복안이 지침으로 참모에게 하달되어야 했다. 그러나 대대장 지침이 보병학교 실습지를 참고하라는 것이 전부였으니 실망하지 않을 수 없었다. 대대장께서 보여준 태도는 그 후 나의 군 생활에 반면교사가 되었다.

나는 대대장, 연대장, 사단장, 군단장, 연합사 부사령관 겸 지구사령관이라는 지휘관 직책을 수행하고 수많은 과제를 실행하면서 해당 참모에게 지침과 의견을 주게 될 때마다 가급적 메모지를 활용하여 구체적 내용을 명시해줌으로써 참모가 일하는 데 어려움이 없도록 했다. 공중기동훈련을 준비하는 과정에서 대대장을 포함한 상급자로부터 지침을 받거나 훈련 준비에 도움을 받을 수 없었지만, 교범과 참고자료 등을 토대로 약 20일 동안 밤낮없이 고심하고 준비하여 훈련계획을 완성했다.

1제파, 2제파로 중대별 헬기 이동순서를 결정하고 제파별 탑승지역(PZ, Pick up Zone)은 주문진 일대에, 착륙지역(LZ, Landing Zone)은 거점인 간성일대에 선정하고 훈련 D—day 3일 전에는 예행 연습을 하였다. 훈련 당일에는 주무 장교로서 미군헬기 통제 장교와 지휘통제 헬기에 동승하여 훈련을 통제하였으며, 이들과 의사소통하면서 원만히 훈련을 진행했다. 훈련계획이 세밀하게 작성되었고 기상이 좋았기에 성공적으로 훈련을 마칠 수 있었다. 대대장은 내가 잘하지 못한 영어지만 미군들과 훈련 상황에 대해 수시로 이어폰 마이크를 이용하여 대화하는 것을 옆에서 지켜보고 또 한 번 나의 임무 수행 능력을 훌륭하게 평가해주었다. 영어에 능통하지 못했으나, 훈련 때는 몇몇 키워드로 서로 의견 교환이 가능함을 경험했다. 특히 대대장 때 팀스피릿훈련에 참가하여 미군 연락장교와도 큰 어려움 없이 훈련 상황을 공유할 수 있었다. 중위 계급이었음에도 훈련 성격이 복잡하고 벅찬 공중기동훈련을 내 손으로 계획하고 통제하여 성공적으로 실시했다는 것에 대해 자부심을 느꼈고 지금까지도 간직하고 있다.

대대 작전장교 대리로 신나게 복무하고 있는데 어느날, 대대 작전장교 보직을 대위에서 한 계급 상향 조정하여 소령으로 보임하게 되었다는 방침이 발표되었다. 지금까지 대대 작전장교는 대위 직위였지만, 대부분 중위 계급 장교가 대리 형태로 근무했다. 중위가 직무대리로 근무하더라도 그 보직을 이수한 것으로 경력을 인정해주었기 때문에 하등 문제가 없었다. 내가 맡은 직위가 소령계급의 편제로 바뀌면서 얼마 후에 김모 소령이 작전장교로 부임해오고 나의 보직은 작전항공장교(S—3Air) 직책으로 변경되었다. 그러다 보니 나의 군 복무 기록 카드에 작전장교직무대리 6개월, 작전항공장교 7개월로 기재되어 있다. 작전장교 직책을 수행하면서 일이 많고 책임이 무거워도 조직에서 중심적 역할을 함에 따라 정신적으로 사기가 충만했는데, 작전항공장교로 밀려나 주무 장교 역할을 못 하게 되자 아쉬움을 감출 수 없었다. 대대장은 참모 직위가 강화되어 좋은 점도 있었지만 새로 부임한 김모 소령의 업무수행능력에 대해서는 만족스럽게 생각하지 않은 것 같았다.

1976년 8월 18일 오후 2시경, 예고되지 않은 데프콘−3가 발령되었다. 배경이 궁금하였지만, 대대급 작전장교가 이를 파악하기 쉽지 않았다. 시간이 흐르면서 전문이 쉴새 없이 쏟아지고 긴장감을 불러일으켰다. 잠시 후 북한군 수십 명이 도끼와 몽둥이 등을 휘둘러 판문점에서 미루나무 절단 작업을 하던 유엔군 장병 11명을 살해하거나 중상을 입힌 사건이 발생했음을 인지하게 되었다. 방어준비태세(Defcon, Defence condition−3)가 발령되면서 장병 외출 외박이 금지되고 간부들도 영내에서 대기 상태를 유지하였을 뿐만 아니라 완전군장으로 출동태세를 갖추고 거점에 투입할 준비를 했다. 일부 선점 부대는 방어진지를 점령하고 순찰 활동을 강화하였다. 대대작전장교로서 이러한 제반 조치를 예하부대에 지시하고 감독했으며 대대장과 거점 정찰도 다녀왔다.

전쟁 발발 가능성을 염두에 두고 긴장을 늦추지 않은 가운데 데프콘−2가 발령되면 신속히 방어진지에 투입할 수 있도록 탄약과 전투물자도 점검했다. 데프콘−2는 평시에서 전시로 전환되는 단계이며 실질적으로 전쟁에 돌입한 상황을 말한다. 따라서 이때는 계엄령과 동원령도 발령된다. 이어서 데프콘−1과 동시에 H−Hour가 선포되면 교전규칙을 준수하면서 적과 전투를 하게 된다. 사건은 데프콘−3 상태에서 미○사단과 한국군 ○공수여단이 중심이 되어 무력시위를 병행하면서 8월 21일 미루나무를 절단하였고 이에 북한군이 특별한 대응을 하지 않음으로써 소강상태로 접어들게 되었다. 8·18 북한군 도끼만행사건은 1970년대 중반 북한의 대표적인 무력 도발 행위였으며, 6·25전쟁 이후 유엔군과 한국군이 데프콘-3을 최초로 발령하게 된 위기 상황이었다.

길지 않은 기간이었지만 대대 참모장교 복무는 나에게 훗날 작전 직능을 선택하게 만든 바탕이 되었다. 작전과 교육훈련 분야가 나의 적성에 맞는 것을 발견하였고 더불어 업무성과도 달성할 수 있었다. 참모가 갖는 경쟁력의 원천이 전문성임을 인식하였고 업무에 대한 자신감이 고도의 전문성에서 비롯된다는 것도 알게 되었다. 아울러 인접 참모의 원활한 협조 없이 주무 역할을 훌륭히 수행할 수 없을 뿐 아니라 협조는 인간관계를 부드럽게 만드는 윤활유임을 깨달았다.

남보다 늦은 참모장교 복무였고 그것도 작전장교 대리와 작전항공장교로 나누어 마쳤다. 지휘관을 보좌하는 작전장교로 시작하여 참모보좌관인 작전항공장교로 마쳤으니 화려한 경력이 되지 못하고 왜소하게 보였을 것이다. 그러나 현실 속에서 사기를 잃지 않은 가운데 최선의 노력을 다했고 미래를 그렸다. 낮은 제대의 참모장교였지만 이때 참모업무를 수행하는 과정에서 나는 내 머리가 조직적이고 논리적임을 발견할 수 있었으며 이를 바탕으로 능력을 발휘하고 경쟁에서 좋은 평가를 받았다. 작전은 부대의 목표를 효과적으로 달성하기 위해 지형과 기상, 시간, 인적. 물적 자원을 최적의 상태로 융합하여 임무 수행 방안을 판단하고 건의하는 기능이므로 이를 주무하는 참모장교는 주먹구구식이 아닌 체계적인 업무수행을 해야 한다.

견장(肩章)의 책임

대대 참모장교로 복무하면서 어느덧 해가 바뀌고 그해 8월에는 대위로 진급하여 중대장 직책을 수행할 시기였다. 한편 대위 진급이 될 시기가 되자 양가로부터 결혼 독촉을 받게 되었다. 여러 정황을 고려하여 중대장으로 부임하기 전에 결혼해야 할 것 같아 1977년 3월 26일을 결혼식 날짜로 잡아 광주에서 결혼식을 올렸다. 하지만 중대장을 언제 나갈지 모르고 아내가 직장에 다니고 있었기에 당분간은 아내를 광주에 두고 떨어져 있기로 한 상태에서 중대장 보직을 기다리게 되었다.

내가 보병중대장을 맡게 된 날짜는 1977년 8월 10일이었다. 그날 보병 제○○연대 2대대 6중대장으로 부임했다. 사관학교 출신들은 대위 계급장을 달기 전에 중대장을 시작하는 사람이 많았지만, 나는 8월 1일에 대위로 진급하고 10일 후에 중대장에 보직되었으니 동기생들과 비교하면 많게는 6개월, 적게는 2개월 정도 늦은 편이었다. 내가 맡게 된 6중대는 3사 출신 장교인 노모 대위가 중대장으로 복무하고 있었으나 부하 사고로 인해 중대장이 보직해임을 당함에 따라 내가 지휘권을 인수하게 되었다. 직속상관인 대대장은 A 중령이었다. 갑종 출신으로 조용하고 얌전한 성격이었지만 업무수행에는 다소 소극적인 태도였다. 중대는 사고 후 해안 경계를 인계하고 주문진 지경리에 집결하여 주둔하고 있는 상태에서 내가 부임했다. 부임과 동시 사고수습과 예비대 기간 중 받게 되는 중대시험(ATT, Army Training Test) 준비에 바쁜 나날을 보내야 했다. 중대장은 군의 가장 작은 제대 지휘관이다. 소총중대는 전술적 기동과 사격으로 적을 격멸하는 임무를 수행하게 되어 있다.

중대에는 3개 소총소대와 화기소대가 있고 중대장을 보좌하는 중대 선임하사관과 병사들이 담당하는 서무계, 교육계, 보급계, 탄약/화학계, 통신계가 있었다. 1소대장은 홍모 소위(3사, 논산), 2소대장은 이모 중위(학군, 서울), 3소대장은 이모 소위(3사, 강원), 화기소대장은 김모 소위(학군, 경북)였다. 중대인사계 김모 상사, 서무계 김모 일병, 작전/교육계 백모 상병, 보급계 정모 병장, 탄약/화학계 유모 상병, 통신병 강모 일병이었다. 이들과 원팀이 되어 자나 깨나 이름을 부르면서 함께했기에 반세기가 지났지만 이름을 기억하고 있다. 사망사고로 인해 부대는 사기가 저하되어 있었고 중대원들은 중대장이 조속히 부대를 안정시켜주기 바랐으므로 무엇보다 중대장이 믿음을 줄 수 있는 리더십을 보여줘야 했다. 아울러 부대가 처한 상황을 고려해 볼 때 처음부터 강하게 끌고 가는 것보다 점진적으로 강도를 높여가는 것이 효과적이라 생각했다.

일반적으로 군에서 병사들은 육사 출신 상관이 부임하면 원칙을 우선한다는 선입견을 갖고 있어 이런 성향에 카리스마를 느낀다. 나 역시 예외는 아니라서 명령과 지시를 명확하게 하였고 결과를 반드시 확인함으로써 어떠한 경우도 임무를 대충 수행하는 분위기를 일신하고자 했다. 솔선수범은 계급의 고하를 막론하고 중요한 지휘 덕목이다. 특히, 부하를 자발적으로 따라오게 하려면 본인이 몸소 행동으로 함께 뛰어야 했다. 나는 어렵고 힘든 일에 앞장서고 규정을 준수하는 데 솔선하였으며 부하의 인격을 존중해주면서 동고동락했다. 이러한 노력에 따라 부대가 점점 안정되어가고 중대장에 대한 신뢰와 믿음이 강해지면서 할 수 있다는 자신감을 부하들 눈빛에서 읽을 수 있었다. 부임 후 약 3개월이 지나면 또다시 해안에 투입되어 경계 임무를 수행하게 되어 있었으므로 하루빨리 부대를 장악하고 사기진작과 신체적 단련, 개인 전기전술을 연마하여 최고 수준의 전투력을 유지해야 했다. 한편, 광주에 있던 아내가 주문진에 전세방을 얻어 이사함에 따라 화목한 가정생활을 할 수 있었다. 하지만 새벽에 출근하고 밤 10시가 지나야 퇴근할 수 있었기에 아내도 남편을 따라 군 생활에 뛰어드는 형국이 되었다.

우리 중대는 주문진 지경리에서 예비대로 있으면서 부대를 정비하고 안정을 되찾아 그해 늦가을, 양양군 손양면 동호리 일대에 해안 경계 임무를 수행하기 위해 투입되었다. 아울러 아내는 중대 본부에서 약 1km 떨어진 양양군 현북면 여운포리에 방을 얻어 주문진에서 이사하였으며 이삿짐은 비키니 옷장 1개와 이불 그리고 14인치 TV 한 대가 전부였다. 아내는 매번 이사 때마다 중대화물이 적재된 3/4톤 트럭에 이삿짐을 싣고 짐 실린 칸에 탑승하여 이동하였으니 꽤 불편했을 거다. 그때 아내의 모습이 요즈음 북한 실상과 비슷했던 것 같아 결혼 초기에 열악한 환경을 떠올려 보면 마음이 몹시 아프다.

중대가 담당하는 해안선 길이는 약 20여km이었고 이를 12개 분초가 나누어 해안경계 임무를 수행했다. 1개 분초는 하사계급의 분초장이 지휘하고 약 10명 내외의 현역과 방위병 5명으로 편성되었다. 분초의 담당 정면은 대략 1.2km이었지만 지형이 백사장이냐 아니면 바위와 산으로 형성된 곳이냐에 따라 다소 차이가 있었다. 분초 위치는 감제가 용이한 돌출부 또는 적 침투가 예상되는 곳에 있었다. 이렇게 광정면을 담당하게 됨에 따라 지휘통제 폭이 넓었지만, 직업군인이 아닌 하사계급의 분대장에게 분초를 맡겨 임무를 수행하게 되어 있었으므로 잠시도 안심할수 없었다. 해안 경계를 담당하는 중대장으로서 어떤 상황에서도 적 침투를 막아야 함을 엄중하게 인식해야 했다. 또한, 경계근무 초병이 총기와 실탄, 수류탄을 휴대하고 임무를 수행하기 때문에 이들의 고의 또는 부주의로 발생할 수 있는 인명사고도 방지해야 했다. 적의 침투를 막고 사고를 예방하기 위해서는 약 20km 정면을 매일 모래알 하나까지 상태를 파악할 수 있을 만큼 철저하게 발로 밟고 눈으로 확인하고 손으로 만져보는 방법밖에 없음을 깊이 인식하였으며 이를 몸과 행동으로 실천했다. 매일 분초를 찾아가 병사들과 눈을 마주치고 마음을 읽었으며 밤에는 초병이 있는 곳을 순찰하면서 근무상태를 확인하고 감독했다.

군 생활을 성공적으로 하게 된 나만의 지휘 방법을 한 가지만 언급하라고 한다면 지체 없이 현장 중심 지휘라고 답할 수 있다. 이것은 초급장교 시절부터 터득한 나의 지혜였다. 군은 행정으로 전투하는 집단이 아니고 몸을 움직여 행동으로 전투하는 집단이므로 현장 중심 지휘가 되어야 함을 누구나 공감할 것이다. 다행히 나의 지휘 방법을 중대원들이 잘 따라주었고 특히 분초를 통제하는 분대장들이 중대장의 의도를 명찰하는 것이 눈에 보였다. 훗날 전역 후 당시 분대장으로 근무했던 인모

하사와 40여 년 만에 만나 애기하던 중 그는 내가 다른 중대장들과 달리 수없이 현장을 찾아다닌 모습에 감동하고 부하 모두가 중대장을 자발적으로 따랐다고 했다.

중대장 근무는 동호리에서 해안 경계 6개월, 양양군 장신리에서 예비 3개월, 고성군 아야진에서 해안 경계 6개월, 금화정리에서 예비로 이어졌다. 중대가 부여받은 임무에 따라 주둔지역을 변경했으며, 이중 가장 힘들고 어려웠던 때가 아야진에서 해안 경계 임무를 수행했던 기간이었다. 그 시기가 몹시 추운 겨울철이었다. 동해안은 바람이 강하다. 겨울철엔 눈과 함께 살을 베어가는 바닷바람으로 인해 해안 경계근무에 따르는 고통이 이만저만이 아니었다. 게다가 겨울은 긴 밤으로 인해 근무시간이 길고 추위에 노출된 시간이 그만큼 늘어나므로 겨울이라는 계절이 몹시 싫었다. 반면 낮 길이가 긴 여름이 좋았고 추분이 싫었으며 춘분은 기다려졌다. 춘분이 지나면 낮 길이가 길어지고 추분이 지나면 밤이 길어지기에 그랬다. 여름철에는 해가 길어 야간경계 근무시간이 8시간 정도지만 겨울철엔 14시간을 추위와 싸우면서 북한군 침투를 막아야 했다.

총과 실탄, 수류탄을 소지한 약 120여 명의 부하를 20여km 해안에 배치해 놓고 불안과 걱정으로 밤을 새워야 하니 긴 밤이 싫었다. 밤새도록 추위와 싸우면서 순찰을 돌고 아침에 날이 밝아오면 근무 철수 후 소대장들로부터 지휘 보고를 받고 나서야 하루가 무사했구나 안심할 수 있었으니 얼마나 마음 졸이면서 복무했는지 모른다. 그래서 밤이 싫었고 긴 밤이 저주스러울 때가 있었다. 부대가 해안 경계를 맡게 되면 해상 박명종(EENT,End Evening Nautical Twilight)에 초병을 투입하고 이상 유무를 확인 후 20시경 침대에 눕거나 때로는 군화를 신은 채 잠깐 눈을 붙였다.

그러나 후반야(後半夜)에 야간순찰을 해야 하므로 중대 본부 근무병이 밤 12시 30분경에 나를 깨우면 잠에 녹아 떨어져 있는 상태에서도 일어나야 했다. 해안 경계를 담당한 중대장으로서 6개월을 하루도 빠짐없이 이 시간에 일어나야 했으니 책임감과 의지가 없었다면 불가능했을 것이다. 잠에서 깨어나 단단히 무장하고 오토바이에 올라 추위를 가르면서 초병이 있는 현장에 당도하면 그때부터 졸음이 사라지고 내 눈은 총총해지기 시작했다. 심야 순찰 시간에 동해안 추위는 더욱 맹위를 떨쳤다. 칼바람이 얼굴을 꽁꽁 얼게 하고 무릎을 시리게 만들었다. 겨울철 새벽에 오토바이를 타고 돌아다녀 보면 춥게 느껴진 부위가 무릎과 뺨이었다. 오늘날처럼 질 좋은 방한복이라도 있었으면 고통을 덜 느꼈을 것이다. 군 생활 중 육체적으로 가장 고통스러웠던 것이 추운 겨울 심야 순찰이었다. 세월이 흘러 한밤중에 나를 깨우곤 했던 중대 서무병은 모 시중은행 중역이 되었고 그와 군대 얘기를 나눌 기회를 가졌다. 그는 추운 겨울에 단 한 번도 새벽 순찰을 거르지 않은 나의 모습을 존경했다고 말했다. 나는 그의 말을 듣고 인간의 삶에서 노력에 대한 보상은 언젠가 따르게 되어 있음을 새삼 느꼈다.

장신리에서 예비로 있을 때 아내는 또 이사했다. 이번에는 낙산사 뒷마을 후진리로 옮겼다. 집주인과 좁은 부엌을 공유하고 방은 2평 정도라서 겨우 비키니 옷장 하나에 조그마한 TV를 놓고 이불을 깔 수 있는 공간 밖에 되지 않았다. 아내가 생활하기에 불편하기 짝이 없었다. 집주인은 어부였고 그의 부인은 아내와 나이가 비슷하였기에 지금도 아내는 가끔 그 부인을 얘기한다.

사람에게 운이 있다면 나도 운이 좋았구나 하는 사건이 중대장 시절에 있었다. 해안 경계를 마치고 예비로 있으면서 교육훈련 위주 부대운용이 되는 시기에 60mm 박격포 사격을 하게 되었다. 그 당시는 요즘과 달리 군 전용 박격포 사격장을 조성하지 않고도 외설악의 적절한 고지에 표적을 지정하여 사격할 수 있었다. 1978년 봄날, 박격포 요원들을 인솔하여 주둔지에서 약 3km 떨어진 곳에 박격포 진지를 선정하고 진지로부터 약 800m 이격된 산봉우리를 표적으로 잡았다. 표적이 결정되자 관측수는 쌍안경을 활용하여 거리를 측정하고 장입해야 할 제원을 포수에게 불러주었다. 박격포 사격 방법은 협차법을 이용하게끔 되어있어 초탄은 표적보다 원탄으로, 두 번째 탄은 표적보다 근탄으로 그리고 세 번째 탄을 목표지점에 명중하는 형태로 사격한다.

그날 박격포 사격은 교리대로 두 번째 탄까지 잘 진행되었다. 마지막 세 번째 탄이 목표지점을 향해 발사되는 순간이었다. 나의 '발사'라는 사격 지시에 따라 세 번째 탄이 포구를 떠나 날아가고 있는데 갑자기 두 번째 탄을 사격할 때까지 보이지 않았던 주민 두 사람이 포탄이 떨어질 표적 지역을 향해 올라가고 있었다. 이때는 이미 마지막 포탄이 포구를 떠나 표적을 향해 날아가고 있었으므로 잠시 후 두 사람은 포탄에 맞아 죽을 것이 분명해 보였다. 하지만 소리를 지르고 함성을 질러본들 주민들에게 들리지도 않을 것이고 그들을 멈춰 세울 수도 없어 머리가 하얗게 되어버린 상태에서 체념하고 결과를 기다릴 수밖에 없었다. 가슴이 조여 오고 숨도 제대로 쉬지 못하는 긴장의 시간이 흘렀다. 박격포 포탄의 비과(飛過)시간이 약 5~6초였으므로 곧이어서 '펑' 하는 폭음소리가 들렸다. 순간 감았던 눈을 떠보니 포탄이 떨어진 소리가 들렸는데도 하얀 옷을 입은 마을 주민 두 사람은 여전히 고지를 향해 올라가고 있었다. 천만다행으로 포탄은 그들을 피했고 그들은 천운이 있었기에 죽지 않았다. 나는 목이 늘어질 만큼 안도의 숨을 쉴 수 있었다. 그야말로 생 인지 꿈인지 모를 만큼 긴장 상태에서 운이 좋았다. 사격제원을 받아 장 약을 장입한 포수가 제원에 상응한 장약보다 더 많은 장약을 장입함으로 써 원탄이 발생하여 포탄은 표적 지점 넘어 계곡에 떨어지고 말았다. 포 수가 임무수행을 잘못했으므로 마땅히 포수를 질책했어야 했지만, 전화 위복이 되었으니 얼마나 다행이었는지 지금도 기억이 생생하다. 그곳 주 민들은 박격포 사격이 있는 날, 은과 동이 합성된 탄두의 신주를 수거하 여 고철로 팔면 수입을 올릴 수 있어 포탄 떨어지는 소리가 들리면 표적 지역까지 달려와 위험을 무릅쓰고 이런 행동을 했다.

내가 중대장 시절에는 양양 솔비치가 자리하고 있는 손양해수욕장은 철책으로 둘러싸여 있었으며 여름 한 철 해수욕장 개장 시기를 제외하고 민간인 출입이 통제된 지역이었다. 1978년 5월, ○○군사령관 정모 대장 이 해안 경계 실태를 파악하기 위해 동해안을 순시하는 일정이 잡혔으며 내가 맡은 지역에서 중대장으로부터 경계 상황을 보고 받겠다는 연락을 받았다. 나는 보고 장소를 남대천이 가까운 솔비치 부근으로 선정하고 보고 준비에 들어갔다. 보드판에 지도를 붙이고 파스텔로 색깔을 칠해 도상에서 지형을 쉽게 구분하게끔 했다. 간단한 족자에 보고내용을 적어 보드판 가장자리에 붙였다. 대위계급의 중대장이 대장 계급장을 단 군사 령관에게 브리핑한다는 것이 여간 부담이 되지 않았을 뿐만 아니라 직속 상관인 동경사령관, 연대장, 대대장이 옆에서 긴장할 것으로 생각하니 혹 실수할까 봐 걱정되었다. 브리핑 준비를 해놓은 상태에서 군사령관의 순시 날짜를 기다렸고 계획된 날짜에 군사령관이 왔다. 백사장에 거치대를 세워 보드판을 올려놓고 침착하게 지휘봉으로 짚어 가면서 브리핑을 했다. 현황을 숙지하고 보고순서대로 브리핑을 잘 마치자 군사령관은 흡족한 표정을 지었으며 금일봉의 격려금도 주었다. 브리핑을 받았던 그분은 훗날 참모총장으로 재직하였으며, 10·26과 12·12군사반란의 중심에 있었던 인물이다. 한편 중대장이 군사령관 순시에 브리핑하게 되어 있었기 때문에 상급 부대 지휘관인 대대장과 연대장은 응당 참모로 하여금 중대장이 요구한 사항을 지원하게 하고 준비상태를 사전 점검해야 함에도 그 당시 지휘관들은 이러한 역할을 하지 않았다. 물론 중대장인 나의 능력을 믿고 맡겼겠지만 바람직한 상급자 모습이 아니었다. 돌이켜보면 중대장 시절에 훌륭한 지휘관과 함께 근무하지 못한 것이 심히 유감스러웠다. 지역이 서울에서 먼 곳이라 인재들이 기피한 부대였던 것 같았다.

군에서 지휘관으로 부임하게 되면 해당 제대 전술훈련 평가를 받는데 중대시험(ATT), 대대시험(ATT), 연대전투단 훈련(RCT, Regimental Combat Team), 사단기동훈련 등이 이에 해당한다. 중대장을 시작하고 약 5개월 후, 우리 중대가 예비로 있는 기간에 중대시험(ATT) 평가를 받았다. 중대시험을 위해 통제 및 평가단은 부연대장이 통제단장을 맡고 대위급 장교와 중·소위로 구성되었다. 이들이 중대장과 소대장 그리고 병사들의 전술전기를 관찰하고 평가하였다. 중대시험은 공격과 방어전술을 망라하여 다양한 형태의 기동을 하면서 여러 국면의 상황을 조치하는 것이 포함되었다. 중대장은 통제관으로부터 대대공격명령을 받고 임무와 협조지시 등을 숙지한 후 소대장과 지원부대요원에게 중대공격 명령을 하달한다. 이때 실지형에 맞게 교리를 응용하여 구술하는 중대장의 능력이 평가의 하이라이트이었다. 나는 전술상황에 따라 교리에 준한 명령을 하달하기 위해 명령수령 대상자를 공격목표와 기동로가 보이는 능선 후 사면에 모이게 하고 이 곳에서 명령을 막힘없이 하달했다. 비록 고등군 사반을 이수하지 않은 상태에서 중대장을 하고 있었지만 초임장교교육 (OBC, Officer's Basic Course)을 받으면서 교리대로 작전명령을 하달하는 순서와 내용을 철저히 숙지한데다가 브리핑 실력을 잘 갖추고 있었기에 명령을 하달하는 나의 구술능력은 나무랄 데 없었다. 통제관들은 이 구동성으로 나의 완벽한 명령하달을 칭찬했고 부하들은 중대장의 실력을 더욱 인정하게 되었다. 이런 기회를 통해 부하들의 자발적 복종을 끌어내는 데 큰 효과를 얻을 수 있었다.

한편, 안개로 인해 시계가 제한될 것 같아 명령을 하달할 때 소대장들에게 부가하여 기동 방향과 목표를 식별하는 데 각별히 유의하고 인접 소대와 접촉을 유지하여 낙오되지 않도록 강조했다. 그러나 3소대 1개 분대가 진로를 잃고 헤매다가 중대가 목표를 점령하고 많은 시간이 지난 후 나타남에 따라 소대장을 심하게 질책했다. 전장에서 부하의 무능함에 지휘관이 격노할 수 있음을 실제 경험해보았다.

중대장 시절 아내와 지역 내 가까운 곳에 방을 얻어 살고 있었으나 24시간 부대에 상주하는 형태로 복무했다. 야간에 경계근무를 하고 오전이 취침 시간이므로 집에 갈 수 있었지만, 집주인과 한 부엌을 사용하는 환경이라서 결혼한 지 30개월 만에 첫 애를 낳았다. 아내가 임신하기 전까지 처가에서는 나에게 이상이 있지 않은지 의심하게 되었고 이를 확인하고자 멀쩡한 사람이 병원에 가서 검사까지 받았다. 남편이 밤낮 구분 없이 부대 업무에 묶여있으니 아내는 독신자 같은 생활을 했다.

이런 아내가 여름 어느 일요일, 낙산사 해수관음상을 가보고 싶어 해

아내와 첫 나들이를 하게 되었다. 낙산사와 해수관음상은 아내가 살던 후진리 마을 가까운 곳에 있어 아내에게는 마을 뒷산 능선을 따라 걸어오도록 하고 나는 오토바이를 이용하여 그곳에 이르렀다. 내가 타고 다닌 오토바이가 자가용이고 연료비용을 사비(私費)로 지불하기 때문에 휴일날, 아내를 오토바이에 태우고 가더라도 본분에 어긋나지 않았다. 하지만 군복에 철모를 쓴 무장 복장이라서 아내를 태우지 않았다. 아내와 나는 해수관음상을 잠깐 둘러보고 점심을 먹기 위해 식당에 들어가 자리를 잡았다. 당시 낙산사 밑에 임시 건물 형태의 전복요리 음식점들이 1호집부터 8호집까지 있었다. 아내와 나는 8호집에 앉아 철모와 각반을 옆자리에 벗어 놓고 전복죽을 점심식사 메뉴로 주문했다. 잠시 후 주문한 음식이 나오자 동해안에서 첫 외식이라 맛있게 몇 숟가락 입에 넣고 있는데 그 순간 중년남성이 부인처럼 보인 여성과 수행원을 대동하고 우리가 앉아 있는 8호집 방향으로 걸어오고 있었다. 잠깐 이들을 쳐다보니 낯선 분이 아닌 것 같았다. 옆으로 지나가는 젊은 수행원 손가락에 끼어 있는 반지가 육사 졸업 반지임을 발견할 수 있었다. 이들이 지나갔지만 나는 곰곰이 이들의 정체를 떠올려 보았고 곧이어 그 남성이 동해안 경비사령부 현직 참모장인 장모 준장임을 알게 되었다.

약 7개월 전, 내가 대대작전장교로 복무할 때 그분이 동해안 경비사령부 참모장 부임 후 업무 파악 차 우리 대대를 방문한 적이 있었기에 그때 그분을 보았던 것이다. 그 남성이 동해안경비사령부 참모장임을 알게 되니 나는 마치 큰 잘못을 저지른 것 같은 느낌을 갖게 되었고 급기야 식사 자리에 더 이상 머물러 있을 수가 없었다. 아내에게 왔던 길로 가도록 하고 나는 중대본부로 곧장 복귀했다. 며칠 후 장모 장군이 아내와 식사하는 내 모습을 휴일 날 외간 여자를 오토바이에 태우고 유원지를 돌아다니는 X이라고 나를 혹평했다는 얘기를 듣게 되었다.

어이가 없었고 기가 막혔으며 황당하기 그지없었다. 대낮에 군인이 철모를 쓰고 무장한채 오토바이에 외간여자를 태우고 유원지를 돌아다 닐 수 있을까? 상식적으로 맞지 않은 말이었다. 지금 생각해보면 전복죽을 먹지 않고 아내에게 왜 돌아가자고 했는지, 어리석은 행동을 한 것 같아 유감스럽게 느껴지고 장군 앞에 경직된 모습과 소심한 행동을 보였던 것이 부끄럽기 짝이 없다. 휴일날, 작전지역 내에서 아내와 함께 점심 한 끼 외식하는 것이 임무수행을 태만히 한 것도 아니고 규정을 위반한 것도 아니기에 아무런 문제가 없었는데 당황한 나머지 돌아오고 말았던 것이다.

화불단행(禍不單行)이라 했듯이 일이 꼬이려니 이 사건이 있기 약 1개월 전, 비 내리는 저녁 시간이었다. 해안에 배치되고 얼마 지나지 않았을 때라 짐정리가 덜 된 상태였는데, 동해안 경비사령부 헌병대장이 퇴근길에 지나가다가 7번 국도와 근접해 있는 우리 중대본부에 들렀다. 그는 유심히 이곳저곳 둘러보더니 창고 정리가 덜 되어 있는 것을 발견하고 뭔가 지적할 것을 찾아낼 수 있을 것 같다는 생각을 가졌는지 창고 밑바닥을 뒤지기 시작했다. 이어 중대 탄약병이 숨겨놓은 M-16보통탄 수 백발을 들고나왔다. 탄약은 탄약고에 있어야 하고 특별히 중하게 관리되어야 하는데 창고에 방치되어 있었으니 큰 지적 사항이 됨은 마땅했고 이는 나의 잘못이었다.

당시 동해안경비사령부에서 사격측정을 빈번하게 했기 때문에 교탄이 부족한 실정이었다. 탄약병은 중대장이 중대원들의 사격성적을 올리기 위해 탄약이 필요함을 알고 자발적 노력을 통해 확보해 놓았던 것이다. 헌병대장은 큰 건을 잡았기에 연대장, 대대장까지 호출했고 이분들에게 상황을 설명하면서 책임을 추궁했다. 이렇게 탄약 관련 사건이 발생한 지 얼마 안 되어 참모장이 아내와 전복죽을 먹고 있는 나를 발견하였고 엉터리 소문으로 도배하였으니 엎친 데 덮친 격이 되었던 것이다. 그는 내가 여자를 오토바이에 태우고 유원지 놀러 다니는 X이라면서 우리 연대 부연대장 최모 중령에게 나를 징계하도록 지시했다. 최모 중령은 나에게 부대관리도 잘못한 X이 여자를 오토바이에 태우고 돌아다닌다고 질책하는 것이었다. 이들에게 사정과 상황을 자초지종 해명했으나 구태의연한 사람들이라서 더 이상 부연하지 않았지만 다행히 이들로부터 불이익을 받지 않았다. 이 일을 계기로 세상을 살면서 남에게 오해살 수 있는 행동은 하지 않아야 하고 본질에 어긋나지 않고 도덕적으로 부끄럽지 않은 행동에는 당당한 태도를 보이는 것이 바람직함을 느꼈다.

해안 중대장에게 순찰용으로 90CC 오토바이가 지급되었다. 그러나 오토바이가 관급용이라서 오래되었고 고장이 발생하여 정상적으로 사용할 수 없었다. 그래서 대부분 중대장으로 부임하면 중고 오토바이를 사비로 구입해 타다가 임기를 마친 후 헐값에 팔고 떠났다. 나도 중대장에 부임과 동시 90CC 중고 오토바이를 구입했다. 1년 7개월 동안 하루도 쉬지 않고 타다 보니 운전 기량이 베타랑 수준으로 향상되었다. 그때 경험으로 인해 지금도 할리데이비슨 같은 고급 오토바이를 갖고 싶은 충동을 느낀다.

동해안은 관광지이면서 해안과 7번 국도가 근접해 있어 야간에 경계 근무를 서는 병사들에게 가까운 상점이나 유흥 음식점 등이 유혹의 대상이었다. 밤에 근무지를 이탈하여 음주하거나 유원지에 여행 온 여성을 겁탈하는 경우도 있었다. 음주와 여성은 가끔 총기사고 원인이 되고 불우한 가정환경 역시 인명사고로 연결되는 경우가 있었다. 야간에 간단없는 순찰을 통해 이탈을 막아야 했으며 취약병은 면담과 격려를 통해 이들이 상심하지 않도록 세심한 관심을 기울여야 했다. 매사가 완벽할 수 없는 것이 세상 이치인지라 자살자가 발생하고 인접 전우와 다투다가 총기를 사용하여 치명적 사고를 일으키는 경우가 종종 있었으며 동해안 경비사령부는 이러한 개연성을 늘 안고 있었기에 유난히 사고가 잦았다. 이렇게 사건, 사고가 많아 이를 방지하고 기강을 잡고자 호랑이 같은 김 모 소장이 동경사령관으로 부임했다. 그분은 중대장과 대대장을 수없이 보직 해임시켜 악명이 널리 퍼졌다. 물론 이런 분의 엄격한 지휘는 창설형 부대를 단기간에 정상적인 수준으로 올려놓는 데 큰 효과를 가져오기도 했다. 사고 유형이 악질이냐 아니면 불가피했느냐에 따라 지휘 책임을 묻기도 했지만 나도 중대장하면서 2차례 자살사고를 겪었다. 이를 예방하지 못해 유가족분들과 윗분들께 송구한 마음을 금할 수 없었다.

중대장을 시작한 지 어느덧 18개월이 지나 보직기간을 마칠 시기가 되었다. 워낙 사고가 빈번하고 육체적, 정신적 고생이 많은 복무라서 임기를 마치고 하루빨리 떠나고 싶은 마음이 간절했다. 정상적 경력관리는 고등군사반을 마치고 중대장에 보직을 받지만 나는 고등군사반(OAC, Officer Advanced Course)을 수료하지 않고 야전에서 중대장을 하였으므로 고등군사반 교육을 받아야 했다. 그러나 임기를 마치는 시점이 되었음에도 연대장과 대대장이 고등군사반 입교를 추천해주지 않아 중대장 보직을 계속해야 하는 상황이었다. 언제 중대장을 마치게 될지 알 수 없었고 특히 대대장 A 중령이 고집을 피우면서 고등군사반 입교를 동의해주지 않고 애를 먹였다. 대대장에게 여러 차례 정중히 건의하였지만 받아주지 않았다. 다른 방법으로 접근해보고자 모색하던 중 그가 접대받기를 좋아한 분임을 알게되었다.

1979년 2월 초순 어느 날, 추운 날씨였지만 대대장을 찾아가 점심식사를 대접하겠다고 말씀드렸다. 대대장은 내 말이 떨어지자마자 자기 지프차에 올랐으며 대대장과 동승하여 속초 고바우 갈빗집으로 향했다. 음식점은 점심때라서 손님이 많았고 자리가 꽉 차 있었다. 하지만 집주인 아주머니는 작은 도시에서 중령 계급장을 단 대대장이 손님으로 왔으니 신경 쓰면서 갈비를 맛있게 구워주었다. 대대장은 소주 몇 잔에 갈비를 드셨으니 취기를 느끼기에 충분한 상태에서 좋은 기분을 갖고 부대로 돌아왔다. 부대에 도착하자 나는 때를 놓치지 않고 대대장실에 따라 들어가 고등군사반에 보내달라고 다시 한번 말씀을 드렸다. 그 자리에서 고등군사반에 입교해도 좋다는 승낙을 받았다. 그 후 입교명령이 내려와 1979년 3월 24일, 고등군사반 203기로 보병학교에 입교하게 되었다. 어느 집단이든 인간의 형태는 다양하다. 하지만 인격이 다르고 생각이 다르고 태도가 다르다 하더라도 유만 분수가 있는 법이다. 대대장은 군의 중견 간부이고, 상관으로서 지켜야 할 금도를 알 수 있는 위치이다. 부하가 임기를 마쳤으면 뒤를 살펴주지는 못할망정 발목은 잡지 말아야 했는데 안타까움을 떨칠 수 없었다. 부하에게 대가성 접대를 받았으니 도덕적으로 용서하기 어려웠다. 우리 군의 부끄러운 단면이라고 할 수 있었으나 지금은 이런 간부가 군에 존재할 수 없을 것이다.

장교가 되어 첫 부임한 곳이 강원도 영동의 동해안 지역이었으며 해안경계를 담당하는 해안전투단에 소대장으로 보직되었다. 그 후 부대가 동해안경비사령부로 개편되면서 ○○연대에서 전투지원중대 소대장과 1대대 작전장교 대리, 대대작전항공장교, 그리고 2대대 6중대장을 했다. 대대작전항공장교 보직에서 결혼하고 중대장을 시작하면서 아내와 함께 생활했다. 누구나 첫 경험을 하는 곳과 그때 만났던 사람들을 쉽게 잊지 못한 법이라서 그런지 가끔 눈을 감고 명상에 잠길 때면 초급장교 시절 동해안에서 흘렸던 땀과 눈물이 회상되곤 한다.

4년 8개월 동안 위로는 간성에서 아래로는 주문진까지 발로 뛰었고 눈으로 새겼기에 백사장과 바위를 포함한 동해안 지형을 스케치할 수 있을 만큼 아직도 생생하게 머릿속에 남아있다. 부임 첫날, 파도가 철썩철썩 귓가를 때리는 소리에 밤잠을 설쳤던 하조대가 그립고, 동산리, 인구리, 지경리, 동호리, 후진리. 물치리, 아야진리, 금화정리 등 크고 작은 마을도 한 폭의 그림처럼 스쳐 지나간다. 아내와 좁은 부엌을 함께 사용하면서 아내를 친절히 감싸주었던 후진리 아주머니와 금화정리 할머니를 잊을 수 없다. 낭만의 시절이었는지 고난의 시절이었는지 알 수 없으나 결과는 해피엔딩이었으니 모든 것이 좋은 기억으로 남아있다.

동해안 초급장교 시절, 혹독한 겨울 추위와 거친 바닷바람도 나의 성장에 걸림돌이 되지 않았다. 어려운 작전 환경에서 물러설 수 없는 강단을 스스로 기르게 되었다. 40여 년 군 생활 가운데 지휘관을 하면서 지휘 기준으로 삼았던 현장 중심 부대 지휘는 동해안에서 터득했고 실천했던 값진 철학이었다. 강원도는 나의 제2의 고향이고 이웃이다. 육군에서 소대장과 중대장은 물론 대대장과 연대장, 사단장까지 강원도에서 역임한 사람은 내가 처음일 것이며 앞으로도 그런 사람이 나오지 않을 것이다. 1979년 3월 24일, 동해안을 떠나오면서 마지막이 될 것으로 알았는데 23년 후에 사단장으로 또 동해안을 찾아가게 되었으니 그때 뿌려놓은 인연이 피할 수 없는 운명을 만들어 준 것 같았다.

그런가 하면 초급장교 시절, 소위, 중위, 대위 계급장을 달고 직업군 인으로 성장하는 과정에서 동해의 뜨는 해와 늘 가까이 할 수 있었다. 그때마다 아침 해가 주는 기운을 받았고 그 기운은 나를 흔들리지 않게 붙잡아 주었으며 나의 계급장을 밀어 올려 나를 4성 장군으로 만들었다. 약 4년 반 동안에 걸쳐 날마다 솟아오르는 붉은 해를 보면서 새로운 기 상을 품고 국가에 충성하는 군인이 되고자 다짐하곤 했다.

전술과 브리핑

　동해안에서 초급장교의 보직을 마치고 광주 상무대 보병학교 고등군사반 교육생으로 입교했던 때가 1979년 이른 봄이었다. 육사 졸업 후 약 5년을 야전에서 보내고 교육기관의 학생장교 신분으로 왔으니 오랜만에 부대지휘 책임으로부터 부담을 벗어날 수 있었다. 일상을 즐기면서 약 20여 명의 육사 동기생, 선후배들과 함께 공부하였다. 고등군사반 교육은 중대장과 대대참모, 연대참모장교로서 임무수행을 위한 군사지식 함양이 목표였다. 나처럼 중대장을 마친 장교는 실무경험을 이론에 적용해 볼 기회였다. 전술이란 전투와 전쟁에서 사단급 이하 제대가 가용자원을 활용하여 작전계획의 임무를 수행하는 방법 즉 용병술 차원의 묘책이며 고급지휘관으로 성장하기 위한 기본적이고 필수적 군사 지식이다. 따라서 전술지식이 부족한 장수는 전쟁에서 승리할 수 없을 뿐만 아니라 부하의 귀중한 생명을 지킬 수 없을 것으로 깊이 인식하고 중대전술로부터 연대전술을 수준 높게 익히고자 했다. 지난 5년간은 야전에서 발로 뛰면서 실천력을 중시하였지만 앞으로 4개월 동안은 전술지식을 함양할 황금 같은 시간이라 생각하고 성실히 공부에 매진하고자 했다.

고등군사반 교육방법은 일반학과 화기학, 참모학, 전술학으로 구분되었으며 일반학은 강의 위주로 정훈과 독도법 등으로 편성되어 있었다. 화기학은 보병 연대급에 편제된 소화기를 포함하여 기관총, 무반동총, 로켓포, 박격포 과목 등으로 강의와 조작훈련, 사격실습으로 진행되었다. 한편 참모학 학습을 통해 인사, 정보, 작전, 군수직능의 분야별 업무 범위와 특성, 기능 등을 이해하고 숙지했다. 전술학은 중대, 대대, 연대에 이르기까지 제대별 참모장교와 지휘관이 구비할 전술지식을 습득하도록 편성되어 있었으며 고등군사반 교육과정에서 가장 비중이 컸다. 전술과목은 강의를 통해 교리를 이해하고 숙지함과 동시에 야외 실제 지형에서 실습으로 진행되었다. 전체 과목구성 비율은 대략 일반학 10%, 화기학 15%, 참모학 25%, 전술학 50%이었다. 교육의 하이라이트는 전술학 실습이었다.

장교로서 군사학교의 교육생이 되면 누구나 관심을 가지면서 스트레스를 받는 것이 성적이고 이를 평가하는 시험이다. 교육기관의 성적은 군 생활에 크게 영향을 미친다. 특히 진급에서는 계량화된 점수로 서열을 가려 진급자를 결정하기 때문에 고등군사반과 육군대학 수료 성적이 중요했다. 나도 우수한 성적을 올리고자 했으므로 교관이 가르치는 수업에 충실하고 예습과 복습을 철저히 했다. 주중 5일은 자정까지 공부하고 주말은 휴식을 취하는 리듬을 유지했다. 처가가 광주 임동에 있어 고등군사반 교육을 받으면서 아내와 함께 4개월 동안 그곳에서 살았으며 버스를 타고 보병학교로 아침저녁 출퇴근했다. 반면 대부분 동기들은 보병학교에서 제공하는 아파트 혹은 주변 민가에서 하숙이나 살림을 하면서 공부하였는데, 이들은 시험 때 여러 경로를 통해 시험 관련 정보를 쉽게 획득할 수 있었다. 보병학교 교관과 근무연(勤務緣)을 가진 교육생들은 교관을 통해 시험 관련 도움을 받기도 했고 앞에 거쳐 간 선후배 장교들이 남겨준 참고서와 요점 등을 사전에 입수하여 시험에 대비하는 장교도 많았다. 시험 관련 정보는 학생장교들에게 시간 낭비를 줄여주고 시험문제 적중률을 높여줄 것으로 생각되어 학생장교들은 정보를 얻고자 노력했다.

고등군사반에서 수업은 배운 과목에 대한 시험 준비와 진행과목에 대한 공부가 병행하는 형식으로 4개월 동안 진행되었다. 고등군사반 성적이 소령과 중령 진급에 영향을 미치고 수료 후 보직을 받게 되면 상관이 성적을 묻는 경우가 많아 누구든 시험점수에 지대한 관심을 갖지 않을 수 없었으므로 평가가 가까워지면 시험공부에 올인했다. 앞 기수에게 요점을 물어보기도 하고 축적된 시험문제를 풀어보기도 하면서 나름대로 좋은 점수를 얻고자 여러 방법으로 노력했다. 어떤 장교는 교관과 친분이 있어 시험정보를 얻는가 하면 어떤 장교는 본인의 파워를 이용하여 교관과 접촉하는 경우도 있었다. 청와대 경호실에서 근무하고 온 A 대위는 본인이 시험정보를 획득해서 나누어주는 기사도 정신을 발휘하였는가 하면 동기생 중 총무 역할을 하는 B 대위는 교관으로부터 힌트를 얻어 구술해주기도 했다. 동기생들을 포함하여 학생장교들은 교관한테 시험 관련 정보를 하나라도 더 듣고자 친교에 힘쓰기도 하였는데 이런 형태의 정보공유는 대부분 일과 후 사적모임을 통해 이루어졌다.

첫 평가는 화기학을 배우면서 일반학 시험을 보았다. 시험이 공지되고 시험 날짜가 임박한 어느 날, 청와대 경호실에서 근무했다는 A 대위가 시험정보를 알려주겠다면서 수업 종료 후 특정 장소에 집합하라는 연락을 주었다. 일반적으로 정보를 공유하는 집단도 출신 구분 즉 육사와 3사, 학군별로 형성되는 현상이라서 이날은 육사 출신들만 모이게 되었다. 나는 기대와 궁금증을 갖고 예고된 곳에 갔다. A 대위는 본인이 후배들을 위해 적진에 다녀온 개선장군처럼 예상 시험문제를 얘기해주었다. 그러나 A 대위가 얘기한 정보를 분석해보니 크게 도움이 되지 않을 것 같았다. 교관이 가르쳐준 것만 철저히 숙지하면 답을 적어낼 수 있는 정보였다. 그 후 시험 때만 되면 이런 현상이 반복되었지만 나는 크게 도움이 되지 않은 것 같아 참석하지 않았다. A 대위는 생도 시절 동일 중대에서 2년간 함께 생활했던 선배인데다가 사관학교를 졸업하고 고등군사반 교육을 동일 기수에서 받게 되었으므로 잘 아는 사이였다. A 대위는 본인이 획득한 정보를 여러 후배에게 가뭄에 단비처럼 뿌려 주니 모두 좋아했는데 유독 나만 참석하지 않고 냉담한 태도를 보이자 의아하게 생각하는 것 같았다. 시험을 치르고 약 1주일 후 성적이 발표되면 놀랍게도 힌트와 정보에 눈을 감았던 내가 그들보다 우수한 점수를 받게 된 결과가 나오곤 했다. 결국 수료식 때 나는 우등상을 받게 되었다. 공부를 하루도 거르지 않고 지속적이면서 반복적으로 숙지하고 암기하였기에 시험 때에 많은 시간을 쏟지 않아도 좋은 점수를 받을 수 있었다. 그 후 소령 때 육군대학에 가서도 이런 방식으로 공부했다.

노력에 대한 보상을 차별 없이 받을 수 있는 세상이 공정한 사회이고 이에 맞춰 신분 상승도 이루어지는 사회가 정의로운 사회이다. 특권이나 반칙이 없어야 하고 권력이 남용되거나 오용되어서도 안 될 것이다. 해방 후 일제 잔재를 말끔히 청산했다면 우리 국민의식이 더 크게 공정이란 가치를 DNA로 갖게 되었을 것인데 그렇지 못한 것이 역사적 오류라고 생각한다. 성실하고 부지런히 사는 사람보다 기회주의자들이 득세하는 사회는 건강할 수 없다. 능력주의를 표방하되 높은 능력과 함께 따뜻한 가슴을 가진 공정주의 인재가 지도자가 되어야 한다고 본다. 군은 기강과 질서가 생명이므로 윗사람부터 건전한 생각과 태도를 구비해야 한다.

군사학교에서 보수교육을 받게 되면 토의가 많고 발표할 기회를 자주 갖는다. 교관의 원론적 강의를 통해 교리와 준칙을 숙지하고 강의내용 가운데 핵심을 주제로 선정하여 토의한다. 토의와 발표는 전술학 과목에서 많이 이루어졌고 학생장교들은 상황에 대응하는 논리를 정리하여 대안을 제시하게 되어 있었다. 예를 들면, 적과 아군의 상황, 임무를 적시해주고 지휘관 지침과 방책 등을 제시해보라는 것이었다. 토의를 잘하기 위해서는 논리적 사고와 교리를 접목할 수 있는 능력이 중요했으므로 교관 강의 시 준칙과 고려사항 등 상황에 따른 기본적 교리를 숙지하고 이를 특별상황에 맞춰 답을 전개해야 했다. 교관 강의가 종료되고 토의 시간이 되면 약 15명 내외로 조가 편성되고 각 조는 조장이 임명되어 조별 토의를 거친 후 조를 대표하는 장교가 전체 토의에서 발표하는 형식을 취했다. 통상 토의 점수는 크게 차이가 없었으므로 토의준비를 소홀히 하는 장교도 있었지만 조를 대표하여 발표자로 선정된 장교는 본인이 발표해야 하므로 열심히 토의준비를 할 수밖에 없었다. 조장은 임관이 빠른 장교가 맡았으며 발표자는 조에서 임관연도가 중간정도 위치에 있는 장교가 담당하곤 했으므로 나에게 조를 대표하여 발표할 기회가 많았다. 발표할 때는 논리적으로 전개되는 틀을 기본으로 하여 원칙과 교리, 실제 부분을 응용하는 것이 중요했다. 아울러 내용을 충분히 이해하고 머릿속에 담고 있어야 자연스럽게 구술할 수 있었다.

전술학 수업을 종료할 시점에 보병학교와 포병학교, 기갑학교, 공병학교, 통신학교에서 교육을 받고 있던 대위급 학생장교들이 전라남도 나주의 남평 야외강당에 모여 연대급 제병협동작전을 종합실습(일명 MX라고 호칭하였음)했다. 각 조는 보병. 포병. 기갑. 공병. 통신학교 학생장교들이 혼합 편성되었고 병과에 맞춰 직책을 맡았다. 나는 연대작전과장(S−3)으로 임명되었다. 실습은 5일간 진행되었는데 첫째 날은 교관 강의를 듣고, 둘째 날은 현지 지형정찰을 하였으며, 셋째와 넷째 날은 조별 자체 토의를 통해 계획을 완성하고 마지막 날은 종합토의 시간을 갖는 형식으로 진행되었다. 나는 작전과장을 맡게 됨으로써 우리 조를 대표하는 발표자가 되었으며 최종 발표에서 우수한 평가를 받기 위해 노력해야 했다.

발표에 앞서 교관강의에서 핵심 포인트를 알아내고 현지 지형정찰을 통해 이를 현장과 접목시킨 후 조원의 협조를 받아 방책을 선정하고 전술작전계획을 완성했다. 조별 발표가 있기 하루 전, 발표 준비에 집중하고 있는데 전투병과 교육(CAC, Combined Arms Center) 사령관 윤모 중장께서 내일 오전 11시에 오셔서 약 30분간 학생장교 발표내용을 경청하신다는 얘기가 들렸다. 담당과목 교관은 사령관이 온다는 소식을 듣자마자 사령관께서 임석하신 시간에 발표자로 나를 지명하고 준비하도록 임무를 주었다. 학생장교들이 준비한 내용의 발표는 아침 10시부터 오후 4시까지 진행될 예정이었으며 발표 조는 10개로 편성되었다. 1개 조의 발표시간이 대략 20분 내외였다. 순서대로 발표가 이루어지면 사령관의 순시 시간인 11시에 3조 발표자가 발표하게끔 되어 있었지만, 사령관께서 임석해 계실 시간이므로 가장 우수한 학생장교가 발표하도록 교관이 발표 조를 바꿔버린 것이다. 나는 전체 학생을 대표하는 발표자로 선정되어 영광스러웠지만 그만큼 부담을 안게 되었다.

이튿날, 발표시간이 되자 단상에 올라 간략히 내 소개를 한 후 지시봉을 잡은 상태에서 말을 꺼내려 하는데 사령관이 강당으로 입장하고 맨 뒷자리에 착석했다. 발표내용을 머리에 숙지하고 도상과 연계하여 충분히 연습했으므로 사령관이 오더라도 부담없이 할 수 있다는 자신감을 갖고 있었다. 나는 약 20분간 막힘없이 발표하고 발표가 끝나자 사령관에게 경례했다. 사령관은 나의 발표를 경청한 후 자리에서 일어나 보병학교장과 교관들을 격려하고 돌아갔다. 학교장을 포함하여 교관들은 내가 실습내용에 대해 조리 있게 발표를 잘해줘 안도하는 모습이었으며 사령관의 칭찬 말씀도 있었음을 알려주었다. 고등군사반 교육을 통해 전술교리를 광범위하게 숙지할 수 있었을 뿐 아니라 브리핑 능력과 함께 전술적 식견이 풍부한 장교로 평가받게 되었다. 고급장교가 되어서도 전술토의가 있거나 작전계획 등이 논의되는 자리에서 자신 있게 견해를 밝히고 주장할 수 있었던 것은 고등군사반 교육을 충실히 받았던 덕분이라고 생각했다.

브리핑이란 요점을 정리하여 간단히 보고하거나 설명하는 것을 말한다. 군대는 보고를 통해 상하 의사소통을 하는 경우가 많으므로 하급자가 상급자에게 보고형식의 브리핑을 자주 하게 된다. 나는 각종 회의, 전술토의, 작전계획 하달, 상황 보고 등 수많은 자리에서 보고자가 되어 단상에 서보았다. 이때마다 유능한 보고자는 태어나는 것이 아니고 만들어짐을 알게 되었다. 브리핑을 잘하는 사람은 자기만의 기술적 노하우가 있다. 나는 초등학교 시절부터 사관학교를 졸업할 때까지 남 앞에서 책을 낭독하거나 특정한 주제로 의견을 발표해본 적이 많지 않았지만 어려서부터 신문의 사설을 읽었고 신동아와 같은 월간잡지를 손에 들고 다니면서 읽었는데 이러한 습관이 사고의 논리성을 키워주었다. 사관학교를 졸업하고 장교로 임관하여 지휘관과 참모 직위에 복무하면서 상급자에게 부대 현황을 포함하여 특정한 사안을 보고드릴 기회를 자주 갖게 되었다. 보고형식은 문서도 많았지만 여러 사람이 모인 자리에서 슬라이드 또는 지도로 만든 보드판을 이용하는 경우가 종종 있었다. 문서 보고는 대면하여 기록된 글자를 읽는 형식이기 때문에 특정 브리핑 기술이 요구되지 않았으나 회의와 전술토의처럼 분야별 전문가 또는 관계자가 참석한 자리에서 특정주제를 보고하고 설명하게 될 때는 브리핑에 대한 기술이 있어야 했다. 나는 군 생활하면서 브리핑을 잘한다는 말을 들었다. 그러다 보니 고등군사반 때처럼 대표 보고자가 되는 경우도 많았고 그때마다 동일 주제로 발표하는 경쟁자보다 좋은 평가를 받았다. 브리핑 기술은 3개 분야로 나누어진다고 본다. 첫째는 주제에 대한 명확하고 철저한 숙지이다. 주제가 어떤 내용이고 그 주제가 선정된 배경과 이유는 무엇이며 여기에 관한 상급자의 의도는 무엇인지를 알아내고 이를 머리에 담아야 한다. 즉 주제 관련하여 전반적 개념을 내 것으로 만들어야 한다. 두 번째는 브리핑 준비물을 장소와 대상자, 주제에 부합되게 준비하고 보고자가 이용하는 데 불편하지 않게 만들어야 한다. 장소가 강당이냐 야외냐에 따라 다르고 지도를 사용할 것인가 아니면 요도를 사용할 것인가 등에 따라 다른 바, 특성에 맞게 준비해야 한다. 보기 좋은 떡이 맛이 있고 포장이 좋아야 잘 팔린다는 마케팅 전략도 참고해야 한다. 셋째는 숙지한 내용과 준비물을 일치시키고 이를 구술하는 연습을 철저히 해야 한다. 특히 브리핑은 청자에게 설명하고 청자를 이해시켜야 하므로 표현이 단절되거나 반복되지 않도록 해야 하며 구어체 언어를 사용해야 한다. 문장은 접속사와 토씨를 많이 사용하면 질이 떨어지지만, 브리핑은 설명이기 때문에 '그리고', '이어서' 등 접속사가 문장을 단절시키지 않고 앞뒤를 연결시켜 부드럽게 해주므로 표현에 잘 활용해야 한다. 구술할 때는 준비물을 충분히 활용해야 하며 슬라이드를 이용할 때는 시나리오에 눈을 고정하지 말고 구절 단위로 청중을 쳐다보는 것이 여유가 있어 보인다. 반면 전술토의와 작전계획 보고처럼 도상에서 지시봉을 활용할 때는 내용을 개조식으로 간략히 작성하고 도상의 지형이나 지점을 짚어가면서 구술해야 한다. 결국, 브리핑을 잘하기 위해서는 발표내용이 주제에 부합해야 하고 남의 것을 빌려오지 않고 내 것이어야 하며, 구술이 자연스럽게 되도록 연습에 충분한 시간을 투자해야 한다.

4개월의 고등군사반 교육은 나에게 교범을 가까이하고 전술을 알게 했으며 전술 원칙과 실제를 융합할 수 있는 지식을 갖게 해주었다. 군 생활하면서 작전을 계획하고 주도하는 데 우수한 평가를 받을 수 있었던 것은 이때 전술 지식을 탄탄히 쌓은 덕분이었다. 그뿐만 아니라 실습과 토의를 할 때 나의 논리정연한 브리핑 능력이 빛을 발하기도 했다. 고등군사반 교육 기간은 나에게 전술 보고(寶庫)를 선물해준 소중한 기회였다.

우연한 보직

고등군사반을 우수한 성적으로 졸업하고 다시 야전으로 가야 할 시기가 되었다. 주변 학생장교들은 지인의 도움을 받고 추천도 받아 어떤 장교는 보병학교 교관으로 발탁되기도 하고 어떤 이는 장군 전속부관으로 간다는 등 차후 보직에 관해 얘기들이 떠돌아다녔다. 하지만 나는 누구와 상의할 사람도 없었고 부탁할 사람도 없어 육군본부 명령에 의존할 수밖에 없었다. 팔이 안으로 굽는다는 말이 있듯이 아는 사람에게 부탁하면 효과가 있었겠지만 그럴 형편이 되지 못했다. 요즘은 청탁이 법으로 금지되어 있지만, 그 당시는 청탁이 보편화되어 있던 시기였고 심지어 사조직까지 있었으니 배경을 이용하면 좋은 부대 또는 선호하는 직책에 보직을 받을 수 있었다. 교육성적도 우수했고 발표를 포함하여 교관 소질도 나에게는 많은 것 같아 보병학교 교관을 해보고 싶었지만 다른 장교가 가게 되었으니 인맥이 성적보다 앞선 것 같았다.

이런 가운데 수료를 일주일 앞두고 명령이 내려왔다. 내가 받아든 인사명령은 '대위 이성출은 1979.8.4.부, 보병학교에서 ○○훈련단으로 전속'이었다. 인사명령을 받고난 후 ○○훈련단이 어디서, 어떤 임무를 수행하는 부대인지 알아보았다. 부대는 충남 조치원에서 대전 방향으로 약 4km 떨어진 곳에 단본부가 있었으며 예하 지단은 서천과 서산, 조치원에 있었고 충남지역 예비군을 관리, 교육 훈련하는 임무를 맡고 있었다. 부대장은 준장 계급이었고 지단장은 중령계급이었으며 보병사단과 편제는 같았으나 지휘관 직책명과 계급이 달라 사단장을 훈련단장으로, 연대장을 지단장으로 호칭하고 있었다.

나는 이 부대에 가서 주어진 직책을 충실히 수행하겠다는 의지를 다지고 조치원을 거쳐 부대를 찾아갔다. 부대에 도착한 후 명령지를 제출하고 보직을 상의하고자 훈련단 인사처를 찾으려 건물 복도에서 두리번거리고 있었다. 그런데 뜻밖에 생도 시절의 훈육관이었던 A 중령께서 지나가다가 나를 보았다. 나 또한 사관학교 졸업 후 그분을 처음 뵙게 되었다. A 중령은 사관학교 4학년 때 인접 중대 훈육관으로 있었기 때문에 나를 금방 알아보고 여기를 왜 왔냐고 물었다. 나는 고등군사반을 수료하고 부대배치를 ○○훈련단으로 받아 부임하기 위해 왔음을 말씀드렸다. 내 말이 떨어지자마자 그분은 육사 출신이 훈련단에 가서 복무할 수 있겠냐면서 의아한 표정을 짓고 그런 부대에 가면 군대 생활을 보람되게 할 수 없다고 말했다. 그뿐만 아니라 거기는 예비군을 관리하는 부대라서 장교들의 군인정신이 강하지 못하고 기강도 해이해서 육사 출신이 가면 안 됨을 강조한 것이었다.

그러나 나는 A 중령 말씀이 쉽게 이해되지 않았고 좋은 부대와 나쁜 부대가 구별될 수 없다고 생각했다. 육사 출신이 그 부대에 가면 잘못된 진로에 들어선다는 말에 동의하기 어려웠다. 물론 내가 타인으로부터 보직에 도움을 받을 수 없어 육사출신들이 기피한 훈련단에 오게 되었으므로 어쩌면 이 부대 수준이 그럴 수도 있겠다는 생각도 들었다. 즉, 선입견을 가질 수 있을 것 같았다. A 중령은 나를 자기 사무실로 데리고 가면서 인사참모에게 말하겠으니 부대를 바꿔 자기 밑에서 근무하라고 했다. 사무실에 들어가 책상 위 명패를 보니 A 중령은 ○○사단 작전참모였다. 그 당시는 ○○훈련단에 근무할 장교도 ○○사단사령부에서 보직을 바꿀 수 있었으므로 인사참모는 작전참모의 전화를 받고 나의 전속 명령을 ○○훈련단에서 ○○사단사령부로 변경하여 작전처 부대훈련장교로 보직을 부여해 주었다. 인생에서 전혀 예상하지 못한 경우를 맞게 될 때가 있는데 이러한 우연이 운명을 바꿔놓기도 한다.

부대 전속 명령을 받고 복도에서 두리번거리면서 ○○훈련단 인사처를 쉽게 찾지 못하였기에 생도 시절 훈육관을 만나 보직을 ○○훈련단에서 ○○사단으로 변경하게 되었다. 만약 그때 ○○훈련단 인사처를 쉽게 찾아갔더라면 생도 시절 훈육관을 만나지 못했을 것이고 최초 명령대로 ○○훈련단에서 복무하게 되었을 것이다. 지금 생각해보면 훈육관께서 적합한 조언과 도움을 주었고 육군본부 명령대로 ○○훈련단에서 복무했다면 그 후 나의 군 생활은 틀림없이 많은 역경과 좌절을 겪게 되었을 것이다.

동시에 참모업무를 체계적으로 수준 높게 배우고 익히는 데 지장을 받았을 것이며 군의 본질을 추구하는 생활에 소홀했을지 모른다. 그러나 나의 운명을 바꿔주고 바람직한 보직을 준 A 중령은 중장까지 승승장구하다가 군단장에 재직 중 안타깝게 헬기 사고로 유명을 달리하였다. 살아계셨으면 늦게라도 후사를 드렸을 터인데 애통하기 짝이 없게 되었다. 거듭 삼가 고인의 명복을 빈다.

○○훈련단으로 전속 명령을 받고 ○○사단 부대훈련장교로 복무하게 되었으니 주변에서 한결같이 참으로 다행이라고 말해주었다. 육사 출신으로 야전성이 뒤떨어진 부대에 근무했다면 군생활 내내 경력평가에서 낮은 점수를 받았을 것인데 바람직한 직책에 보직 받았다는 것이 행운이었고 감사드려야 할 가치가 충분함을 느꼈다. 나는 부대의 수준을 평가하는 정보와 지식을 갖지 못한 상태에서 어느 부대든 열심히 노력하면 인정받게 될 것으로 생각하였기에 선호부대와 비 선호부대를 가리지 않았는데 현실은 그렇지 않았다.

○○사단 부대훈련장교로 보직 받고 업무를 시작한 것이 늦더위가 한풀 꺾인 9월 초순이었다. 작전참모처는 참모인 A 중령을 비롯하여 2명의 소령 장교가 보좌관으로, 7명의 위관장교가 실무를 담당하고 있었다. 작전 분야 장교들은 본청 지하 상황실에서, 나처럼 교육훈련 분야 담당 장교들은 본청 2층 사무실에서 근무하고 있어 작전 분야와 교육훈련 분야가 구분되어 있었다. 사단은 아침 8시, 사단장이 출근하면 상황실에서 참모장을 포함한 전 참모들이 모인 가운데 상황 보고가 이루어졌다. 아침 상황 보고는 대위급 장교가 전날 밤 상황반장으로 근무하면서 예하부대와 상급부대, 인접부대로부터 받은 정보와 부대활동, 기상 등을 포함하여 사단장에게 약 20여 분간 보고하고 추가하여 참모들이 자기 소관 분야의 중요한 사안을 사단장한테 구두로 보고하는 형식이었다.

이어서 사단장이 관심을 갖는 분야에 대해 말씀하면 그것이 곧 사단장 지시사항이 되었다. 특히 군은 교육훈련을 통해 싸우는 방법을 숙달하고 전투력을 배양하기 때문에 평시 부대운용 주안을 교육훈련에 두게 되므로 상황보고 시 사단장이 언급한 내용의 약 70%는 교육훈련에 관한 사항이었다. 나는 교육훈련을 담당한 부대훈련장교로서 사단장의 말씀을 놓치지 않고 메모하여 사단장 지시사항으로 제목을 달아 예하부대에 하달하는 일을 반복하였다. 사단장 지시사항 하달 절차는 사단장이 언급한 내용을 잘 다듬어 전언통신문에 옮겨 작성하고 이를 참모한테 결재를 득한 후 통신 TT실에 갖다주면 통신병이 텔레타이프를 이용하여 예하부대에 하달하는 형식이었다. 전언통신문 양식은 육군양식으로 통일되어 있었다. 전언통신문을 작성할 때는 밑에 먹지를 넣어 1장이 추가로 복사되게 하여 복사본은 TT실에서 텔레타이프로 예하부대에 보내게 하고 원본은 서류철에 보관하게 되어 있었다. 전통문은 볼펜을 이용하여 수기로 작성하였으므로 글씨체가 반듯해야 했고 요점을 간략히 적어 내용이 길지 않게 하는 것이 중요했다. 부대훈련장교를 맡기 전까지는 대대급 이하 제대에서 복무하였으므로 전화 또는 직접 접촉을 통해 업무처리를 하였으나, 사단급에서는 문서작성을 토대로 행정적 업무수행을 하게 되어 본격적으로 참모업무를 배우고 이행하게 되었다. 참모업무 수행에서 문서작성의 가장 기초가 전언통신문이었으며 이를 수기로 작성함에 따라 글씨를 성의 있게 써야 했다.

그러나 글씨체가 예쁘지 못해 전언통신문을 작성할 때 정성을 쏟지 않으면 안 되었으므로 글씨를 보기 좋게 잘 쓰려고 갖은 노력을 다했다. 부대훈련장교 직책을 맡고 이틀 후 처음으로 전언통신문을 결재받으러 참모실에 들어갔다. 참모한테 첫 결재를 받는 자리라서 잔뜩 긴장한 가운데 전언통신문을 참모에게 내밀자 참모는 내가 작성한 전언통신문을 위아래로 훑어보더니 마음에 들지 않았는지 그 자리에서 찢어 쓰레기통에 버리고 다시 작성해 오라는 것이었다. 순간 몹시 당황했고 자존심이 상했지만 참모 지시대로 다시 작성하겠다는 말씀을 드리고 참모실에서 나왔다. 무엇이 잘못된 것이고 어디가 보완할 부분인지를 말해줘야 수정할 수 있을 텐데 아무런 언급이 없었으므로 답답한 마음을 갖고 재작성에 들어갔다.

이번에는 문서작성 규정대로 좌우에 2.5mm 여백을 남기고 띄어쓰기를 포함하여 글씨도 더욱 정성을 들여 보기 좋게 썼다. 내용도 필요한 단어만 열거하고 간단명료하게 작성하여 이튿날 다시 참모 앞에 섰다. 참모는 어제처럼 문서를 위아래로 읽어보더니 이번에는 아무런 말도 하지 않고 결재를 해주는 것이었다. 며칠 후 참모는 본인이 문서를 찢고 특별한 언급 없이 재작성을 지시한 것은 업무를 배울 때 원칙을 따라야 하고 기본을 튼튼하게 구축해야 함을 강조하려고 일부러 그렇게 했다고 말해주었다. 참모에게 섭섭한 마음도 있었지만, 그 후 군의 상급 제대에서 참모장교로 복무하면서 이때 훈련받았던 경험이 큰 자산이 되었다.

전언통신문을 작성하는 것부터 배우기 시작하여 점점 업무에 자신감을 가지면서 사령부 간부들과도 친숙해지게 되었다. 특히 그중 한 사람이 작전장교로 근무하고 있던 A 대위였다. 그는 생도 시절에도 후배들에게 널리 알려진 인물이었다. 사관학교에 다닐 때 봄가을 축제가 열렸는데 봄 축제의 일환인 '생도의 날'에는 체육대회와 소규모 행사가 열렸고 여기에 롱(wrong)생도를 뽑는 이벤트가 들어 있었다. 원래 육사가 미국 육사를 벤치마킹하여 창설됨에 따라 각종 의식과 행사도 미국 육사와 유사했으며 이 중 하나가 엄격한 규율과 제도를 하루만큼은 파괴하여 육사 생도와 가장 닮지 않은 사람을 영웅으로 만들어 보자는 취지의 '롱(wrong)생도 선발'이 들어 있었다. 롱(wrong) 생도 선발은 4학년생도 가운데 우둔해 보이면서 익살스럽다고 생각한 사람이 본인 스스로 후보 등록을 하면 전체 생도가 투표로 결정하게 되어 있었다. 엄밀히 말하면 롱(wrong) 생도는 사관생도로서 바람직한 표상은 아니었으나 후배들한테 인기 있는 선배로 각인될 수 있었다. 롱(wrong) 생도로 선발되었던 A 대위와 작전처 동료 장교가 되어 1년여 기간 동고동락하게 되었다. A 대위는 의리 있고 낙천적이었지만 반면, 성격이 급했고 업무로 인해 참모한테 질책을 자주 받았다. 그때마다 하소연할 대상이 1기 후배인 나였다.

참모는 17시에 참모장이 주관하는 결산회의를 마치고 관사에 가서 저녁식사를 한 후 당일 날짜 신문을 들고 사복으로 사무실에 다시 들어오는 경우가 많았다. 반면, 보좌관을 포함하여 실무 장교들은 참모와 일일결산을 마쳐야 퇴근할 수 있었기에 참모가 일일결산회의를 소집할 때까지 사무실에서 기다려야 했다. 참모는 사무실에서 신문을 보다가 저녁 9시쯤 되어야 벨을 눌러 선임하사관 김모 상사에게 일일결산회의 소집을 지시하곤 했다. 참모 사무실에서 결산회의가 시작되면 실무장교들이 차례대로 소관분야의 그날 실시한 사항과 내일 예정된 사항을 보고하고 참모지침을 받았으며, 소령급 보좌관은 특이한 사항이 있을 때만 관련 사안을 보고했다. 참모가 칭찬에 인색한 측면도 있었지만 매일 있는 결산회의에서 A 대위는 참모로부터 종종 지적을 받거나 질책을 받았다. 이렇게 참모한테 꾸중을 듣다 보니 그는 스트레스가 쌓였고 그때마다 내 방에 들려 나와 함께 퇴근하면서 불평불만을 쏟아놓곤 했다.

우리는 밤늦은 시간에 퇴근하면서 조건반사적으로 정문 앞마을 구멍

가게를 찾았다. 이때마다 연탄불에 노가리를 구워 소주 몇 잔을 마시고 집으로 들어갔다. A 대위는 애주가였고 주량도 큰 반면 나는 술을 좋아하지 않았지만 사람 좋은 A 대위가 후배를 챙겨주는 마음이 고맙기도 하고 그가 꾸중을 들었으니 위로도 해줘야겠다는 동료의식에 소주잔을 부딪치게 되었다. 내 생애에 술을 가끔 마셔보면서 주량을 알게 된 것이 이 무렵이었고 나의 체질이 술을 거부하지 않는다는 것도 이 시절에 발견할 수 있었다. 특히, 초기 약 3개월은 아내가 첫 출산으로 광주 처가에 있게 되어 나 홀로 생활함에 따라 A 대위와 동행하는 것이 부담되지 않았다. 그 후 아내가 출산 후 몸조리를 마치고 이사를 왔는데도 A 대위와 술을 마시고 늦은 시간에 들어갈 때면 가끔 내 손목시계 시침을 11시로 맞추어 놓았다가 아내가 몇 시인데 지금 들어 오냐고 물을 때면 손목시계를 아내에게 보이면서 11시라고 했었다. 그때 우리 집에는 시계가 내 손목에 걸쳐있는 것이 유일했으므로 아내는 이를 믿었고 나는 거짓말을 했다. 미안하고 또 미안할 뿐이다.

한편 아내는 수민이를 9월 24일 출산하고 그해 늦은 가을에 조치원으로 이사 왔다. 부대 가까운 봉암리에 월세방 하나를 얻고 이사했으며 그때도 이삿짐은 강원도에서 중대장 할 때와 크게 차이가 없어 비키니옷장 1개와 식탁용 상 1개, 이불과 TV가 전부였다. 어차피 초급장교 시절은 빈번히 이사를 해야 했으므로 큰 짐이 될 수 있는 가재도구는 마련하지 않았다. 1979년 3월에 결혼하고 동해안에서는 해안순찰과 부대관리에 온통 심혈을 기울였기에 정상적 신혼생활을 할 수 없었다. 광주에서 고등군사반 교육기간인 약 4개월도 성적을 잘 받기 위해 전념했던 터라 조치원 근무가 결혼 후 처음으로 화목한 가정생활을 할 수 있었던 시기였다. 비록 이른 아침에 출근하고 야근이 많았지만, 아내가 마련해준 아침과 저녁 식사는 꿀맛이었다. 토요일 오후와 일요일에는 업무에서 해방되어 아내와 함께 여가시간을 보내기도 했다. 조치원에서 보낸 1년 2개월은 아내와 내가 정신적, 시간적 여유를 갖고 재충전할 수 있는 기간이었다.

겨울이 오고 1979년 해를 넘기자 사단장이 바뀌게 되었다. 전임 사단장은 11기 이모 소장이었고 후임은 갑종 출신 김모 소장이었다. 내가 부대훈련장교로 보직되었을 때는 이모 장군께서 사단장을 마무리할 시기라서 일이 많지 않았던 것으로 기억된다. 1980년 1월 4일 전. 후임 사단장 이취임 행사가 있었으며, 이튿날은 신임 사단장이 첫 출근하여 아침 상황 보고를 받게 되어 있었다. 상황 보고는 상황실에서 매일 아침 사단 주요 간부들이 참석한 가운데 사단장 출근 시간에 맞춰 보고와 회의형식으로 진행되었다. 전날 밤에 상황장교로 근무한 대위급 실무 장교가 일일상황을 종합하여 보고하고 참모들이 소관분야에 특별사항을 개별적으로 보고하면 사단장은 관련 업무에 대한 지침을 하달했다. 상황장교는 대위급 장교가 순번대로 담당하였다. 근무 날짜는 부관부 일일명령에 의해 순번이 공지됨에 따라 신임 사단장이 첫 출근하여 상황보고를 받게 된 그 날 야간은 작전처 작전장교 유모 대위가 상황장교로 근무하게 되어 있었다.

나는 사단장이 교체되었지만 야간상황 근무 담당도 아니고 업무가 한가한 연초라서 일찍 퇴근할 수 있겠다는 생각으로 참모결산을 기다리고 있었다. 그런데 그날 18시쯤, 참모장이 주관하는 결산회의를 마치고 나온 작전참모가 갑자기 나를 부르더니 오늘 밤 상황장교로 근무하라는 것이었다. 나는 내 순번이 아닌데 상황장교로 근무하라고 하니 달갑게 생각 할 수 없었다. 그날 내가 상황장교를 맡게 된 배경은 신임 사단장이 부임 후 내일 아침 첫 상황보고를 받게 되므로 상황파악과 브리핑을 잘하는 장교가 해야 한다면서 결산회의 때 참모장 박모 대령이 나를 찍어 상황장교를 하도록 지시하였기 때문이었다. 상급자 지시이므로 따를 수밖에 없었고 보직 받은 지 겨우 5개월 지났는데 2년 넘게 근무하고 있는 장교를 배제하고 내가 선정됐다는 것이 그만큼 인정받고 있음을 보여준 것이라서 한편 기쁜 마음으로 야간근무에 임했다.

참모장 지시에 따라 상황장교를 맡았으므로 서둘러 저녁식사를 한후 지하 상황실로 내려가 완장을 차고 예하부대와 상급부대 상황을 확인함과 동시에 내일 아침 사단장에게 보고할 브리핑 구상에 들어갔다. 브리핑할 때는 보조수단을 잘 활용해야 하므로 아크릴로 제작된 상황판을 들여다보면서 브리핑 순서와 내용을 익혔다. 그러면서 사단장이 처음 받는 상황보고라서 틀림없이 질문을 하실 것으로 생각하고 무엇을 질문할 것인가도 살펴보았다. 브리핑 시나리오는 "오늘은 1980년 1월 5일 음력으로는 11월 24일입니다. BMNT는 06시 11분이고 EENT는 17시 12분이며 서해안 '물매수'는" 이렇게 전개되는데 '물매수'라는 단어가 나의 시선을 멈추게 했다. 브리핑에 사용되는 용어가 대부분 군사용어라서 오랜기간 군 생활을 한 사단장이 쉽게 알아들을 수 있을 것으로 판단되었으나, '물매수' 라는 단어는 사단장께 생소할 것 같았다. 따라서 '물매수' 정의를 파악하기 위해 사전을 갖다 놓고 찾아보았으나 적절한 답이 없었다. 정보장교와 기상 관련 기관에 문의하여도 시원한 답을 얻을 수 없었다. 여기저기 문의해보았지만 만족스러운 답을 얻지 못한 가운데 새벽을 넘어 아침 8시가 가까워지고 이제는 지체할 수 없는 시간이 됨에 따라 스스로 '물매수'에 대한 정의를 만들어 사단장이 질문하면 답할 수밖에 없었다. 고심 끝에 나의 군사지식을 바탕으로 서해안 특성을 고려하여 '물매수'를 정의했다. 그때 내가 만들었던 '물매수' 정의이다. "물매수란 바닷물이 가장 높게 올라 온 상태를 사리라 하고 가장 낮게 내려간 상태를 조금이라 하는데 조금에서 사리까지를 편의상 숫자로 표시하여 바닷물이 들 때 어느 정도 높이로 올라오느냐를 쉽게 이해할 수 있도록 표현한 것이다."라고 했다.

1970년대 후반은 서해안에 간첩 침투가 잦았으므로 '물매수'가 높은 밤에는 병력의 증가배치와 경계근무 강화가 요구되었기에 작전 관계자와 해안 경계 지휘관들은 '물매수'를 잘 숙지해야 했다. 아침 8시가 가까워지자 대위급, 소령급 장교들이 상황실에 들어오고 곧이어 일반참모들과 참모장이 준비된 자리에 착석한 상태에서 사단장 도착을 기다리고 있었다. 8시 정각, 상황실 밖에 초병이 근무 중 이상무라고 목청을 높여 경례하는 소리가 들리기에 나는 사단장이 도착하였다고 생각하고 브리핑에 앞서 숨을 크게 몰아쉬었다. 잠시 후 사단장이 상황실에 들어오고 나의 브리핑이 시작되었다. 어젯밤 내내 준비하였고 평소 브리핑에 소질이 있다고 생각했기에 큰 부담을 느끼지 않은 상태에서 무난하게 브리핑을 마쳤다. 브리핑을 마치자 사단장 뒤에 앉아 있던 참모장과 작전참모의 긴장한 얼굴이 펴지기 시작했다. 이분들은 사단 대위급 장교 중 가장 능력 있는 장교로 대체하여 상황장교를 맡게 하였으면서도 혹 실수하지 않을까 걱정했을 것인데 유창하게 보고를 하였으므로 안도한 표정을 지었다. 사단장은 보고를 받고 호기심을 갖는 어린아이처럼 아크릴 상황판을 쭉 훑어보더니 '물매수' 글자에 눈을 멈추고 '물매수'라는 단어가 무슨 뜻인지를 물었다. 그 순간 참모장과 작전참모 얼굴은 또 다시 긴장모드로 전환되었고 이분들은 나의 입만 쳐다보고 있었다. 나는 어젯밤에 질문을 예상하고 답변을 정리해놓았으니 당황한 기색 없이 내가 만든 '물매수' 정의를 막힘없이 사단장께 말씀드렸다. 그 자리에 있었던 모든 사람은 내가 정의한 말을 듣고 그때서야 '물매수'가 어떤 뜻임을 알게 되었을 것이다. 질문을 던진 사단장은 나의 답을 듣더니 만족한 표정을 짓고 고개를 끄덕이면서 이해했음을 표시했다. 신임 사단장의 특별한 말씀 없이 그날 상황 보고가 종료되었다. 나는 그 자리에서 참모장과 작전참모로부터 칭찬을 들었으며 그 이후 내 업무에 대해 윗분들로부터 더욱 신뢰를 받는 계기가 되었다.

질문은 창의와 연계되고 대답은 모방과 연계되므로 질문하는 사람은 답이 없는 것을 말하고, 대답하는 사람은 기존에 존재한 사실 속에서 답을 만든다. 군 생활이 자칫 피동적이고 관성적으로 흐를 수 있는데 이는 상급자의 지시와 명령을 받아 이를 이행하는 데만 익숙해 있기 때문이다. 상황장교로서 브리핑만 잘하려고 했다면 그날 예상하지 못한 사단장 질문에 당황하고 말았을 것이다. 그러나 스스로 질문할만한 소재를 찾아 질문을 던지고 답을 만들었다. 나는 평소 일상 업무에서 얼마든지 창의적으로 질문하는 습관을 기를 수 있다고 생각했다. 어떤 자리에 참석하든 질문을 할 수 있는 소재를 찾아 그것을 현실과 엮어 유익한 내용으로 질문을 했다. 군 생활을 하면서 기회가 있을 때 질문을 통해 나를 알리고 관련 분야에 가지고 있는 지식을 다른 사람에게 인식시키고자 노력했다. 윗사람 눈치보지 않고 형식과 수준, 내용의 적합성을 갖춘 상태에서 소신있게 질문했다.

이스라엘에서는 자녀가 학교에서 돌아오면 선생님께 오늘 무슨 질문을 했냐고 부모가 묻는다고 한다. 토론에 익숙하고 질문하기 좋아하는 이스라엘 국민이라서 지정학적 리스크가 있음에도 불구하고 첨단기술 강국으로 발전하고 있는 것이다. 군 생활하면서 수시로 좋은 질문을 하려고 관련 사안과 주제에 대해 공부하였으며 이를 통해 능력향상이 되었음을 자신 있게 말하고 싶다.

조치원 ○○사단 사령부에서 교육훈련 담당장교로 복무하고 있었던 1979년 가을부터 이듬해 1980년 연말까지는 우리나라 현대사에서 2가지 불행한 역사적 사건이 발생했던 시기이다. 1979년 10월 26일, 김재규 중앙정보부장에 의한 박정희 대통령 시해 사건과 이듬해의 5·18광주민주화운동이 그것이다. 10월 26일, 갑자기 새벽에 비상이 걸려 허겁지겁 부대에 출근하였지만, 평소와 같이 조용했다. 무슨 사건 때문에 비상소집이 되었는지 아무도 모른 상태였다. 사무실에 앉아 잔일을 처리하고 있는데 동료 장교인 서모 대위가 참모실 TV를 켜자 대통령 각하 유고라는 자막과 장송곡이 흘러나왔다. 대통령 유고이므로 심각한 사태임을 짐작할 수 있었지만 왜 유고가 되었는지 그 배경이 궁금한 상태에서 몇 시간이 지났다. 이후 김재규가 박 대통령의 장기집권에 대한 비판을 등에 업고 단독으로 결행한 비극이었음을 알 수 있었다. 한편 합동수사본부는 김재규가 과대망상증에 사로잡혀 대통령이 되겠다는 어처구니없는 허욕이 빚은 내란목적의 살인 사건이며 군부의 개입은 없었다고 했다. 곧 김재규는 체포되어 군사재판을 받고 형장의 이슬로 사라졌다. 그러나 전두환 보안사령관이 실세로 등장하면서 그를 중심으로 신 군부 세력이 형성되었고 이들은 국가권력을 장악하기 위해 그해 12월 12일, 군 수뇌부를 척결하는 군사반란을 감행했다.

이러한 일련의 과정에서 다수의 정치인이 체포되고 구금되었으며 특히 김대중 선생이 반란죄로 구금됨으로써 광주 지역에서 그의 석방을 요구하는 시민들이 거리로 나와 대규모 소요가 일어났다. 시민들에 의한 소요는 날로 규모가 늘어났으며 이를 신 군부 세력이 진압하는 과정에 많은 시민이 죽고 다친 사건이 광주민주화운동이다. 나는 상황을 자세히 알 수 없었지만, 공수부대와 ○○사단 등 진압부대의 이동내용을 포함하여 제한된 정보를 토대로 아침 상황보고 시 매일 별도 보고가 있었기에 어렴풋이 사태의 심각성을 짐작할 수 있었다. 광주민주화운동은 광주사태라고 명명되었으며 적색분자가 준동하는 불순한 소요로 인식할 만큼 정보가 각색되었다.

　　공수부대와 ○○사단 등 많은 진압부대가 이동하여 시위대를 진압하는 작전상황을 접할 때면 고향이 전남이고 처가가 광주에 있어 남보다 더 큰 우려를 하지 않을 수 없었다. 하지만 유감스럽게도 그 사건 본질과 상황을 실제대로 진실되게 알 수 없었다. 또한 군이 사격하여 사망자와 부상자가 다수 발생한 상황을 사실 그대로 파악할 수 없었다. 시위대의 격렬한 행동에 군이 대응하는 군사작전 위주의 현황만 알 수 있었다. 일부 외신 보도가 상황의 심각성을 보도함으로써 세계 언론들이 관심을 가졌지만, 우리 언론은 군부 통제에 철저히 순응했다. 오늘날까지도 광주민주화운동의 실체를 밝히는 데 어두운 부분이 많은 것 같다. 광주민주화운동은 신 군부 세력이 정권을 공고히 하기 위해 군을 이용하여 시위대를 진압하는 과정에서 발생한 비극적 사건이었으며, 그 과정에서 일부 정치인은 빨갱이로 색칠되었고 호남은 적색분자가 준동하는 특별 공화국처럼 각인되었다. 유언비어가 난무하였고 호남은 정치, 사회, 경제적으로 소외되었다.

광주민주화운동은 불행한 역사적 사건이며 특히, 피해 당사자인 광주와 광주시민, 유가족 등에게는 잊을 수 없는 고통이자 아픔이다. 그렇다면 가해자는 누구인가? 또 광주사태라고 호도하면서 오늘날까지도 역사를 왜곡하고 있는 세력은 누구인가? 책임자가 역사 앞에 진정한 사죄를 할 때 이를 광주는 받아 줄 것이라고 본다. 전두환 前 대통령은 생을 마감하기 전에 광주민주화운동 희생자와 유가족에게 본인의 입으로 사과를 해야 했으나 유감스럽게도 그렇게 하지 않고 유명을 달리했다. 설령 본인이 억울하고 발포 명령을 내린 당사자가 아니더라도 신 군부 세력의 수괴로서 역사적, 도의적 책임을 뒤로하지 않는 모습이 진정한 애국적 태도이고 큰 지도자임을 보여주는 것이었는데 그렇게 하지 않았다. 또한, 전두환 전 대통령 아들들도 노재현 씨처럼 행동하는 것이 옳다고 보는데 아무런 반성을 보이지 않고 있어 유감을 감출 수 없게 한다. 그렇게 하는 것이 아픔과 갈등을 치유하고 새로운 역사를 쓰는 데 앞장서는 길임을 인식했어야 했지만 안타깝기 그지없다. 전두환 전 대통령의 진정한 사과와 광주시민의 용서가 빅딜할 때 광주의 불행한 유산이 청산될 수 있었지만 기회를 잃고 말았다. 한편, 정치인들 가운데 민주화운동이라는 허울을 둘러쓰고 광주민주화운동의 유공자가 되어 수십 년간 특권을 향유하는 인사들도 유공자 신분을 정리하는 것이 역사 앞에 정직한 태도라고 본다. 차제에 특별조사위원회를 만들어 옥석을 가려야 할 것이며 광주민주화운동을 정치적으로 이용하는 것도 자제해야 한다.

5·18 광주소요가 진압되고 태풍이 잠잠해지면서 신 군부세력에 의해 사회정화 차원의 삼청교육대를 운영하게 되었다. 1970년대, 우리나라가 개발 시대에 접어들면서 사회 곳곳에서 도박과 사기, 폭력, 마약범들

이 난무했으며 이로 말미암아 선량한 국민이 괴롭힘을 당하고 사회가 혼탁해졌다. 새롭게 등장한 군부 세력은 이러한 부조리를 척결하고자 특단의 대책을 강구하고 사회 범법자들을 강제로 잡아다가 육체적 체벌을 가했다. 삼청교육대 운용은 보안사령부에서 주도했지만, 교육은 군의 책임이었다. 각도별 향토사단과 특정부대에 삼청교육대가 편성되고 군은 교육준비에 들어갔다. 내가 복무한 부대도 충남지역 향토사단이었으므로 임무를 맡게 되었으며 나를 포함한 몇 사람이 교육 계획을 만들었다. 이를 토대로 보안부대가 관계기관인 군, 관, 경찰, 안기부 등을 소집하여 몇 차례 회의를 열었다. 회의에서 논의된 사항은 삼청교육 대상자 선정과 체포 책임, 교육방법 등이었다. 모든 결정은 보안사령부가 담당하였고 사단은 삼청교육대 입소자들을 어떤 방법으로 육체적 체벌식 교육을 할 것인지를 계획했다. 사령부 정문으로 나가는 도로 옆 공지에 천막을 치고 수용할 거처를 준비하였으며 교육은 사단 수색중대에서 조교들이 차출되어 담당했다. 며칠 후 어느새 천막에 수많은 사람이 잡혀 왔고 그들은 밤낮없이 여러 종류의 체벌형 교육을 받았다. 이들에게 가장 힘들었던 교육은 엄청난 무게의 통나무를 몇 사람이 어깨에 메고 앉았다 일어 섰다를 반복하는 봉체조였을 것이다. 구타는 비일비재했으며 심지어는 통나무에 깔려 목뼈와 허리 등을 다친 사람도 있었다고 들었다. 그야말로 생지옥이었다. 신체와 인권에 대한 인간의 기본권이 말살된 현장이었다. 비록 삼청교육대가 운영되어 사회정화에 이바지한 부분도 있었지만, 결과가 과정의 불법을 정당화할 수 없었다고 본다.

야전에서 군 경력은 크게 지휘관과 참모로 구분된다. 지휘관은 부대 주인으로서 승리와 패배에 대한 책임을 갖게 되며 여기에는 중대장, 대대장, 연대장, 사단장, 군단장, 야전군 사령관이 해당한다. 반면, 참모는 지휘관을 보좌하여 부대가 승리할 수 있는 전투력을 갖게 만들며 지휘관에게 자기 분야를 조언하고 책임을 지게 된다. 일반적으로 참모업무는 인사, 정보, 작전, 군수, 기획 분야로 나누어지며 분야별 책임자로 보직된 장교를 참모라고 한다. 대대급은 규모가 작아 인사장교, 정보장교, 작전장교, 군수장교라 호칭하며 연대급은 인사과장, 정보과장, 작전과장, 군수과장이라고 부른다. 사단과 군단은 인사참모, 정보참모, 작전참모, 군수참모. 관리참모라고 하며 야전군사령부는 인사처장, 정보처장, 작전처장, 군수처장, 관리처장으로 구분한다. 제대별 참모부에는 참모 외 실무 장교들이 계급에 맞게 편성되며 참모업무를 수행하는 지침은 참모업무 교범에 상세하게 기술되어 있다.

그러나 현장에 부합된 업무수행이 되어야 하고 교리와 실제는 차이가 있으므로 실무 장교 때 경험이 매우 중요하다. 나는 중대장을 마치고 작전처 부대훈련 장교에 보직되어 작전참모를 보좌하는 실무 장교로서 작전참모의 지시와 통제를 받고 업무를 수행했다. 내 위로 계선 상에 소령 계급의 교육보좌관이 있었다. 업무 지시는 참모로부터 직접 받았지만, 교육보좌관과 상의하여 보고서를 만들고 현장을 감독했다. 전통문도 처음 작성해보면서 글자 하나를 쓰더라도 규정에 맞게 하고 내용도 간명하게 써야 함을 알았다. 계획을 만들고 이를 문서로 기안할 때 순서를 준수하고 논리성, 현실성을 갖춘 가운데 쉽게 이해가 되도록 작성해야 함을 터득했다. 보고서 형식의 문서는 개조식으로 작성하되 문서 매수가 가급적 10매 이상 되지 않도록 하고 함축된 용어를 사용하는 것이 좋다는 것도 배웠다. 약 14개월 수많은 문서를 기안하고 보고서를 작성하면서 각종 규정이나 방침, 교범과 참고문서 등을 숙독했다. 이러한 과정을 통해 얻은 경험은 군사 지식이 되어 머릿속에 저장되었다.

어느 때, 어느 장소에서든 누군가가 내 소관 업무 내용을 질문하거나 언급했을 경우 권위 있게 답변하였으며 이런 기회가 쌓여 능력을 인정받게 되었다. 이렇게 업무를 수준 높게 수행할 수 있는 역량을 갖추는 데는 조치원에서 근무할 때 모셨던 작전참모 영향도 컸다. 1980년 3월이 되자 전임 참모인 A 중령께서 대령 진급 예정자가 되어 모 대학교 학군단장으로 이동하고 B 중령이 작전참모로 부임했다. 신임 B 중령은 갑종 157기였으며 동기생 가운데 일 잘하기로 소문난 분이었는데 명불허전임이 그대로 드러났다. 참모업무 절차에 밝았고 타 참모와 협조 관계, 문제 해결 능력, 보고서 작성, 지침의 명확성 등이 탁월했다. B 중령은 나의 성실함과 능력을 인정해주었고 나는 그분으로부터 질책 없이 자상한 지도를 받을 수 있었다. 이때 경험을 군 생활에서 산지식으로 활용할 수 있었다.

먼 훗날 장군이 되어 중요한 문서를 작성하고 토의할 때도 자신감을 가질 수 있었던 것은 B 중령으로부터 배운 실무를 차곡차곡 내실 있게 축적했던 것이 토대가 되었음을 부인할 수 없다. B 중령은 장군으로 진급하지 못했지만 전역하여 서울시 비상계획관과 가락시장 관리사장을 역임했다. 현역 시절에는 그분을 가끔 뵙기도 했는데, 지금은 안부가 궁금하다.

부대훈련장교로 업무수행에 좋은 평가를 받는 가운데 1980년 가을이 되자 진급 시기가 도래하였고 나도 소령 진급에 해당하였다. 일반적으로 육사 출신은 결격사유가 없으면 소령 진급은 걱정할 사안이 아니었지만,

3사와 ROTC 출신 장교들은 위관장교에서 영관장교가 되는 계급이므로 관심이 많을 수밖에 없었다. 그해 사단사령부에서는 보병 대위에서 보병 소령으로 진급하게 될 대상자가 9명이었고 초여름 참모장 주관하에 일반 참모들이 심사위원이 되어 진급추천심사가 열렸다. 심사의 주된 내용은 대상자 개개인의 추천서열을 결정하는 것이었으며, 그 결과는 육군본부에 보내져 최종 진급자 선발에 반영하게 되어 있었다. 어느 날, 사단심사를 마치고 나온 참모가 사무실에서 나를 불러 들어갔더니 진급추천서열을 결정하는 심사를 다녀왔다고 했다. 이어서 그는 나의 표창점수가 많이 모자라 대상자 9명 중 점수가 6번에 해당하였으나 본인이 주장하여 서열을 5번으로 조정했다고 했다. 그러면서 표창 점수가 부족한 것을 사전에 얘기해주었으면 사단장 표창을 받도록 해줄 수 있었을 것인데 아무런 말을 하지 않은 것에 대해 나를 책망하였다.

하지만 나는 소령 진급 때까지 초급장교 시절이라서 업무수행에만 집중했고 경력, 평정, 표창 등 진급에 영향을 주는 요소들에 대해 깊이 고민해보거나 관심을 두지 않았다. 그것이 동기생들보다 뒤떨어졌을 때 어떤 결과가 나오게 되는지를 생각해보지 않았다. 육군본부 진급 심사 기준에 의하면 진급 대상자 집단에서 30%가 '상'으로 분류되고 소속 부대에서 '상'에 해당하는 서열을 받지 못하면 육본심사에서는 거의 탈락하므로 진급하려면 서열이 3번 이내에 들어가야 했다. 그러나 내가 5번을 받았으니 참모가 걱정을 한 것이다. 군대에서 진급 서열을 결정할 때 경력과 평정, 교육성적, 상훈, 기타 등을 개인별 점수화하여 비교하게 되는데 나는 상훈 점수가 3점 만점에 1.8점으로 1.2점이 모자란 상태였다. 육사 출신이 아니고 일반출신이었으면 소령 진급이 불가능하게 될 상황이었다. 진급 대상자 대부분은 업무성과를 평가받는 평정에서 점수가 부족하였지 상훈 점수는 만점을 받았는데 나는 오히려 반대였으니 이는 내가 표창에 얼마나 관심이 없었는 지를 짐작하게 했다. 일반적으로 야전부대에서 부대창설일과 국군의 날, 대규모 훈련, 중요한 시범과 토의 등을 마치고 나면 관계자들에게 표창을 수여하는 것이 관례였는데 어찌 된 영문인지 나에게는 그런 기회가 주어지지 않았었다. 그러나 그해 10월 육군본부 진급 심사에서 무난히 나는 소령 진급 예정자가 되었고 영관장교가 된 후에는 중책을 맡아서인지 표창과 훈장이 넘치게 되었다.

육사를 졸업하고 5년이 지나면 군에 남아 계속 군인으로 국가에 헌신할 것인지 아니면 일명 유신 사무관이라고 하였던 국가공무원으로 신분을 전환할 것인지를 선택할 수 있었다. 사관학교 출신들의 국가공무원 특채제도가 시행된 배경은 박정희 대통령 시절 공무원 사회의 부정부패를 줄이고 행시 위주의 공직사회를 경쟁체제로 바꿔 활력을 불어넣고자 하는 데 있었다. 1975년부터 시행된 육·해·공군사관학교 출신의 공무원 진출은 특혜라는 비난도 많았지만, 개발도상국에서 국가정책의 효율성을 높이는 데, 어느 정도 순기능도 있었음을 부인할 수 없을 것이다. 공직이 변해야 사회가 변하고 정치보다 정책이 국가를 선도하는 기풍이 자리 잡아야 선진국이 될 것이다.

1980년 늦은 봄에 나에게도 공무원 특채지원서가 도착했다. 이것을 받아든 나는 매우 중차대한 기로에 서게 되었다. 공무원사회에 들어가면 도시에서 안정된 생활을 하고 아이들 교육도 좋은 환경에서 시킬 수 있게 되겠지만, 다른 한편으로는 육사를 나와 군인의 길을 중도에 접게 됨으로써 군 생활에서 패배했다는 느낌도 들 것 같았다. 더구나 국가에 헌신하는 정신적 가치를 잃게 될 것이라 생각되니 망설이지 않을 수 없었다. 고민이 깊어졌고, 결심해야 할 시간이 다가왔다. 결국 나는 누구와 상의 없이 군에 남기로 했다. 그 이유 중 가장 큰 것은 군인이 되었다가 공무원사회로 돌아간다는 것은 이미 10년 전에 검찰공무원을 그만두고 육사에 들어왔는데 다시 공무원으로 돌아감으로써 나의 정체성과 삶의 태도가 확고하지 못한 것처럼 비춰질 것 같았기 때문이었다. 그래서 나는 군인의 길을 계속 걷기로 했다.

그 후 전후방 각지를 돌아 복무하면서 20차례 이사를 하고 아이들이 초등학교를 3~4차례 전학할 때는 가슴이 미어지는 아픔도 겪었다. 또한, 태생적으로 정치, 경제, 사회적 배경이 전무했던 내가 권력의 힘이 강하게 작용했던 군에 남았다는 것이 어쩌면 무모하고 세상을 읽을 줄 모른 결정이었음을 뒤늦게 인식하기도 했다. 사조직과 특정 지역 출신이 군의 요직을 독점하였고 공정과 정의, 평등의 가치는 주목받지 못했으며 출신 지역과 사조직이 진급과 보직을 결정하는 데 크게 작용한 현실 속에서 아무런 연고도 없이 군인으로 성공해보겠다는 포부만 가졌던 것을 하늘도 웃었으리라 본다. 이런 환경에서 나는 여러 차례 동기생한테 보직 경쟁에서 밀렸으며 한직에 앉아 희망을 잃은 채 방황하고 있을 때도 있었다. 그때마다 대위 시절에 공무원으로 나가지 않고 군에 남은 것을 후회하기도 했다. 그러나 세상은 정직하고 노력한 자에게 삶의 보람과 보상을 베푸는 데 인색하지 않음을 알게 되었다. 내 삶이 그것을 증명했다. 군에 남은 것이 나에게 더 큰 기쁨과 보람, 자부심을 갖게 했다.

인생에 정답은 없고 오직 선택만 있을 뿐이라고 했다. 내가 그때 군을 나와 공무원이 되었다면 내 인생의 궤적은 무(武)에서 문(文)으로 바

꿰었을 것이다. 어느 것이 정답이라고 단정할 수 없지만 걸었던 길은 분명히 다른 길이 되었을 것이다. 인생의 여정은 연속된 선택이라서 이를 결심하고 결정하는 것이 운명의 설계라고 말할 수 있을 것이다. 세상에는 성공한 인생보다 실패한 인생이 많은 것 같다. 그렇다면 성공과 실패의 차이는 선택을 잘했느냐 잘못했느냐일 것이다. 그러므로 선택이 앞에 놓였을 때는 신중과 겸손, 합리, 지혜가 동반되어야 하고 과욕과 무리, 단견(短見)이 배제되어야 할 것이다. 요즈음 성격유형을 판단하는 데 MBTI가 활용되고 있는데 F(feeling, 감정)와 T(thinking, 사고)에서 성격이 F라 하더라도 중차대한 선택을 할 때는 T가 가미 되도록 냉철함을 잊지 말아야 할 것이다.

여유가 담긴 전주생활

조치원에서 참모장교로 14개월을 알차게 복무한 후 소령진급 예정자가 되었으니 바람직한 경력관리가 될 수 있도록 새로운 보직을 찾고 싶었다. 이무렵 사단 참모장 박모 대령께서는 내가 부대훈련장교가 되어 교육훈련분야 경력을 쌓았으니 작전장교로 자리를 옮겨 작전 분야 경력을 1년 정도 쌓으면 금상첨화가 될 것이므로 사단 내에서 보직 변경을 하라고 내게 권유했다. 참모장은 사단 내 많은 대위급 장교 중 나만큼 능력을 가진 장교가 없다고 생각했기에 내가 타 부대로 전출간다면 인재 한명을 잃게 될 것으로 생각하고 나를 놓치지 않으려 했던 것이다. 참모장의 조언이 야전 경력을 쌓는 데 나쁘지 않았고 향후 경쟁력 있는 경력관리가 될 수 있었지만 그분의 제의를 받아드리고 싶지 않았다. 나는 육군에서 그 시기에 간부자질향상 대책으로 위관장교들을 일반대학 석사과정 위탁교육을 추진하고 있었으므로 대학원 공부를 하고 싶은 생각을 갖고 있었다. 이런 배경 하에 ○○사단을 떠나기로 결심하고 대학원 공부도 하면서 보직도 쌓을 수 있도록 학군단에 갈 수 있는 방법을 알아보기로 했다.

마침 그무렵, 형이 청주 공군사관학교 관리처에 근무하고 있었고 형과 가까운 A 소령이 청주 보안부대에 있었다. 보안부대 파워가 군 인사에도 크게 영향을 미쳤던 시절이었으므로 형한테 부탁하여 A 소령을 움직여보기로 했다. 다행히 A 소령은 우리사단 보안부대장 B 소령을 잘 알고 있어 그는 B 소령에게 나의 전출을 부탁했다.

1980년 늦가을, 학군단 교관으로 명령을 받고 광주에 있는 ○○관구사령부를 찾아가 인사담당자 현모 소령에게 전속 명령을 보여주고 가급적이면 광주에 있는 전남대 또는 조선대 학군단에 근무할 수 있도록 배치를 부탁했다. 광주는 처가가 있고 연고가 있는 곳이라서 광주지역 대학 학군단을 희망했던 것이다. 그러나 현모 소령은 광주지역 학군단에는 이미 육사출신 교관이 보충되어 있음에 따라 전북대 학군단으로 보직 명령을 낼 수밖에 없다고 했다. 그해 11월 중순, 전주 송천동에 월세로 방하나를 얻어 이사하고 전주생활을 시작했다. 아내와 결혼생활한 지 3년 반밖에 안 되었는데 이사를 7차례나 하게 되었다. 아내의 고충과 불편함이 얼마나 컸었을까를 회고해보면 마음이 아프다. 지금은 전주의 도시규모가 구도심에서 외곽으로 크게 확장하였지만 그 당시는 내가 살던 송천동이 시 외곽에 위치한 개발지역이라 월세도 비교적 저렴하였다.

학군단은 초급장교를 양성하는 데 목적을 두고 전국 종합대학에 설치되어 있었다. 학군단에 근무하는 군 인력은 대령급 단장과 참모장교, 중. 대위가 교관으로 편성되었다. 교관 숫자는 학군단 규모에 따라 다소 차이가 있었다. 육군 장교 양성기관은 육사와 ROTC, 3사, 기타로 구분되는데 육사는 장기 복무자이면서 상급제대 지휘관을, ROTC와 삼사, 기타

기관은 단기 복무자이면서 초급지휘자(관)을 양성하는 데 목표를 두고 설립되었다. 다만 단기 복무자 중에서도 개인희망에 따라 엄격한 심사를 거쳐 육사출신 장교처럼 장기복무를 할 수 있고 진급과 지위도 올라 갈 수 있는 기회가 부여된다. 그 당시도 전국의 대부분 종합대학에는 학군단이 설립되어 있었다. 이는 신입생모집에 중요한 이점을 제공해 줌에 따라 사립대학교에서는 재단과 선후배들이 학군단 설치를 위해 애쓰기도 했다. 이와 함께 대학교 1,2학년을 대상으로 일반대학생 군사교육을 신설하여 커리큘럼에 반영하고 필수과목으로 이수하게 했다. 한편 내가 학군단에 부임했을 때는 5공화국 초기라서 학생소요가 많아 학군단 후보생들을 활용하여 학내 정보를 입수한 것 같기도 했으며 대학교에 보안부대와 안기부요원들이 교직원으로 가장하고 사찰한다는 얘기도 들렸다.

아울러 지역별 대학생 소요관련 대책회의가 주기적으로 열렸으며 회의는 전북지역 보안부대장 주관 하에 대학 관계자와 경찰, 학군단장 등이 참석했다. 회의 참석자에게는 활동비도 지급된 것 같았다. 나는 단장을 보좌하고 교관들을 통제하는 참모장교 임무를 수행했기에 학군단장 활동을 비교적 근접하여 파악할 수 있었다.

전북대 학군단에 보직을 받고 단장인 A 대령께 전입신고를 한 날짜가 그해 11월 18일이었다. 학군단장인 A 대령은 육사 ○○기였으며 테니스를 즐겼고 성격은 원만하였으나 금전적인 욕심이 많은 것처럼 보여 부하들로부터 존경을 받지못하고 있었다. 교관은 ROTC 교육 담당에 조모 대위 등 현역 6명과 일반대학생 교육 담당에 권모 외 6명으로 편성되어 있었다. 현역교관은 모두 사관학교 후배들로 중·대위 계급의 장교들이었다.

반면 일반대학생 교육 담당교관은 갑종출신과 삼사1·2기, 학군7기 등으로 나보다 임관이 훨씬 빠른 예비역 장교들이었다. 나는 학군단에서 단장 다음 서열을 가진 현역으로서 교관들의 기강을 통제하고 교육준비와 근무여건을 돌봐주는 역할을 했다. 아울러 학군단은 국방부가 인력을 제공하고 교육부(학교)가 시설과 교육환경을 제공하는 관계였으므로 학교 당국과 긴밀한 협조가 요구되었다. 그 뿐 아니라 약간의 활동비와 비품도 학교로부터 지원 받았다.

ROTC 후보생은 종합대학교 2학년 학생을 대상으로 매년 6월에 선발하였으며 학교에 따라 차이를 보였지만 지원율이 높았다. 이왕이면 장교로 군 복무하는 것이 여러 이점을 얻을 수 있을 것으로 보여 학생들의 관심이 높았다. 학교성적과 체력측정, 면접을 통해 지망생 가운데 우수한 학생을 학군 후보생으로 선발하였다. 후보생 교육은 평소 캠퍼스에서 이루어지는 강의위주 교육과 여름방학 4주 동안 소집훈련으로 구분되었다. 캠퍼스 교육은 정훈, 리더십, 독도법 등을 학군단 교관에 의한 이론 위주의 강의였다. 소집교육은 가까운 향토사단에 의뢰하여 소화기와 공용화기 사격, 분. 소대 전술훈련 등을 실습하였고, 전북대 학군단은 ○○사단에 위탁하여 병영훈련을 실시했다. 학군후보생은 일반소양과 덕성, 군사지식, 체력 등을 갖춰야 했고, 평소 대학생활에서 가급적 ROTC 제복을 착용해야 했다.

한편 일반대학생 군사교육의 명분은 북한의 전쟁위협에 대비하기 위해 총력전 태세를 갖추는 것이었지만 실제는 대학소요를 효과적으로 통제하는 데 활용하는 점도 많아 보였다. 물론 안보차원에서 군사교육을 통해 잠재적 전사를 예비자원으로 많이 양성해놓음으로써 전쟁지속능력이 확보되어 국가의 상시대비태세를 향상시키는 긍정적 측면도 있었다.

그러나 학원을 병영화하고 학생들의 인권을 탄압하는 등 부작용이 노정되기도 하여 학문적 손실이 많았다. 교육과목도 정훈과 시사교육 등 정치·사회적 현상을 다루는 내용이 많음에 따라 학생들한테 큰 호응을 얻지 못했다. 또한 군사학을 담당하는 전문교관의 자질과 역량이 대학생들의 지·덕·체를 증진시키는 데 부족함이 많았고 전문교관 스스로 군에서 경쟁력을 갖지 못해 사회로 나온 사람들이 대다수였으므로 그들의 의욕과 사명감도 낮아보였다. 거기다가 일부교관의 일상은 학생수업을 준비하기 위한 연구와 학습보다 주식과 바둑, 장기 등 오락을 즐기기도 했으며 출퇴근 시간도 준수하지 않은 경우도 있었다. 학군단에 부임하여 이들의 근무 분위기를 바꾸고자 자발적 이행을 강조하고 강압적 지시도 해보았지만 그들로부터 원칙주의자라는 조롱 섞인 비난만 받고 큰 효과를 얻지 못했다.

1981년 1월, 대학은 새 학기를 준비하고 특수대학원의 신입생 모집이 공고되었다. 학군단 복무를 지원한 목적이 대학원 진학을 통해 학위와 지적 능력을 확대하면서 교관 경력을 쌓고자 하는 데 있었으므로 모집공고를 접하자마자 나는 경영대학원에 지원서를 접수했다. 평소 학군단을 대표하여 대학 당국자들과 접촉이 많았기에 나의 경영대학원 지원을 학교직원들이 환영해주었다. 경영대학원은 원장이신 강모 교수와 주임교수, 직원 2명이 학사를 돌보고 있었다. 2년 과정으로 그해 3월에 대학원생 약 40여명이 입학하였고 나도 그중 한 명이 되어 경영대학원 학생 신분으로 수업을 받았다. 수업은 화요일과 목요일 저녁 6시부터 10시까지 4시간씩 진행되었으며 과목은 경영학 원론을 포함하여 재무관리, 인사관리, 조직관리 등으로 편성되어 있었다. 이중 경영학원론과 인사관리, 조직 관리는 나로 하여금 경영지식과 경영마인드를 갖게 해주었으며 군 생활에 유익한 지식이 되었다.

경영대학원 공부는 나에게 말 그대로 주경야독인 셈이었다. 대학원생들은 전주시를 중심으로 사업가, 전문 직업 종사자, 중. 고교 교사 등 다양한 분야 사람들이었다. 이들은 교칙에 명시되어 있는 대로 학생회비를 납부하였으며 학생장과 총무를 뽑아 학생회비를 관리하고 학교 측과 접촉창구 역할을 하도록 하였다. 학군단에 근무하고 학교 당국자들과 교류가 잦았으므로 학생들은 나를 총무로 추천했다. 총무가 된 나는 반기에 10만 원씩 납부한 학생회비를 관리했다. 매주 화, 목요일은 야간에 공부하는 날이라서 학군단 업무를 일찍 종료하고 경영 대학원에 등교하여 수업을 받았다. 수업이 끝나면 원장과 교수들을 모시고 시내에 나가 호프집에서 맥주도 몇 잔씩 마시면서 인간관계를 두텁게 했다.

강모 원장이 약주를 좋아하는 애주가인데다가 몇몇 학우들이 분위기를 잘 조성해줘 대학원 공부도 하면서 즐거운 시간을 가질 수 있었다. 특히 학우 중 전주에 거주한 김모 회계사, 이모 고교 선생과 절친한 교우관계를 갖고 많은 성원을 받았다. 이분들과 한 동안은 안부를 여쭈면서 살았는데 지금은 연락이 두절되어 근황이 궁금하다. 건강하신 가운데 오래오래 사시길 바라면서 언젠가 다시 만나 전주생활의 회포를 풀었으면 좋겠다. 경영대학원 학업은 1985년 8월에 육군대학을 가게 됨에 따라 3개학기만 마쳤다. 그 후 1985년에 한 학기를 더 마치는 것으로 학교 측과 협의하고 '인사관리에 대한 실증적 연구'라는 제목의 논문으로 석사학위를 받았다.

나의 전주에서 22개월의 생활은 군 복무 중 업무로 인해 받는 스트레스가 가장 적었던 시절이었다. 아침 출근할 때부터 하루가 기다려지는 일상이었다. 갓 소령계급으로 진급하였고 대학원 공부에 테니스 등 운동도 즐겁게 할 수 있었다. 아내와 두 아들도 도시 생활에 큰 불편함이 없었다. 군과 사회가 조합된 곳이 학군단이라서 많은 민간인들과 사회적 유대를 형성할 수 있었으며 전주가 주는 음식 맛을 미식가처럼 즐길 수 있었다. 이른 아침에도 줄을 서서 기다리는 콩나물 해장국 집, 감칠 나게 입맛을 돋우는 비빔밥, 30가지 반찬에 상다리가 휘청거리는 한정식 등은 전주만이 만들어내는 특별한 맛이었다. 수업 후 대학원교수들과 가끔 찾았던 호프집이며 진안에서 먹어본 애저 요리도 전주생활에서 빼놓을 수 없는 추억이다.

한편 학군단은 ROTC 후보생을 장교로 양성하여 초급장교 소요를 충족시키는 조직이므로 끊임없는 개혁을 통해 학군단 운영의 효율성을 증대시켜야 한다고 보았다. 이를 위해 학군단에 근무하는 현역 인력을 효율적으로 활용하고 전문성을 강화해야 할 것이다. 현행 학군단은 전국에 종합대학교별로 설치되어 있으며 여기에 공통적으로 단장과 교관이 보직되어 있어 군 인력 낭비가 심한 상태이다. 따라서 대학교에 학군단을 폐지하고 도 단위 또는 지역 단위의 군부대에 학군지원대를 편성하여 학군후보생을 선발, 관리하면서 군부대에서 교관을 지원하는 형태로 개선하면 좋을 것이다. 예를 들면, 전남북지역은 광주 ○○사단에 학군지원대를 설치하고 단장과 참모, 교관요원 15명 정도로 편성하면 이들에 의해 전남대, 조선대, 호남대, 목포대, 순천대, 전북대, 원광대, 군산대 등에 독립된 학군단을 설치하지 않은 상태에서도 학군장교를 양성할 수 있는 체계를 갖출 수 있고 지금보다 현역인력을 1/3수준은 축소할 수 있을 것이다. 소령시절 학군단에 근무하면서 구상했던 학군단 개혁방안을 대령 때 육군개혁위원회의 군 구조 개혁 팀장을 하면서 개혁과제로 제시하여 선정한바 있었는데 추진되지 않고 있어 아쉬움을 금할 수 없다.

　나는 학군단이란 곳도 누군가 와서 훌륭한 초급간부를 양성해야 했기에 그곳을 지망했지만, 업무를 접해보니 오래 머물 곳이 아님을 느낄 수 있었다. 스트레스를 받지 않고 시간적 여유를 즐길 수 있었으나 정신적으로 느슨해짐을 방지할 수 없었으며 충분한 군사업무 경험을 쌓는 데에 양호한 여건이 되지 못했다. 대학원에서 군사 외적인 지식과 학력을 획득함에 따라 기회비용이 발생하지 않았지만 군인으로서 멀고 긴 항해를 위한 본질적 경험이 더 소중할 것으로 생각했다.

　따라서 군사적 본질의 경력과 경험을 쌓기 위해 육군대학에 서둘러 가고자 했다. 육군대학 입교는 부대장의 추천과 시험을 거쳐 학생장교를 선발하게 되어 있어 언제 갈 수 있을지 불투명했다. 입교 대상자 추천과 시험 자격은 소령 진급예정자 때부터 주어지므로 나도 1981 봄부터 대상자에 해당되었지만 이때는 학군단으로 전입해 온 지 겨우 4개월 되었고 ○○관구사령부로부터 추천서열을 받을 수 있는 여건이 아니라서 육대 지원 의사를 접었었다.

　그러나 한 해를 넘기고 1982년이 되자 육대 정규과정을 가지 않으면 군 경력관리에 낮은 평가를 받게 될 것 같아 절박한 심정을 갖고 육대 입학을 갈망하게 되었다. 시험을 보면 합격할 자신감은 있었다. 하지만 시험을 볼 수 있는 자격을 얻어야 했는데 육대시험 대상자의 추천서열에서 상(上)을 받을 묘안이 보이지 않아 그저 육대선발제도의 변경을 기대할 수밖에 없었다. 육대입교가 반신반의 되자 군 생활 방향을 바꿔볼까

하는 생각으로 육군본부에서 시행한 정보 특별 교육반 시험에 응시하고자 지원서를 접수하고 시험 치르러 서울 용산의 육군본부에 갔었다. 그런데 뜻밖에도 현장의 접수관은 나에게 이런 곳에 지원할 장교가 아니므로 나를 시험대상자에 포함하지 않고 내려가라는 것이었다. 영문도 모른 채 접수자 등록에서 빠졌으니 불가피하게 시험도 응시하지 못하고 곧장 전주로 복귀했다. 나는 지금도 그때 왜 나를 제외했는지 알 수 없지만, 만약 그 시험을 보게 되었다면 4성 장군은 나의 길이 아니었을 것이라는 생각을 한다.

한편, 시간이 흘러 육대시험 시기는 다가오고 있었지만, ○○관구사령부의 추천 서열에서 상위 30%에 들어갈 방법이 보이지 않아 육대를 포기할 수밖에 없을 것 같다는 절망감이 점점 강하게 느껴지기 시작했다. 그런데 뜻밖에 그해 이른 봄날, 변화를 감지할 수 있는 소식이 멀리 서울에서 들려왔다, 지금까지는 육대 선발 과정에 부대별 대상자의 30%를 추천하여 본시험에 응시하게 함으로써 경쟁률이 약 2:1이었는데 추천 서열을 확대하여 본시험 대상자를 넓히는 방향으로 육대선발제도를 개선한다는 것이었다. 황모 참모총장이 부임하면서 제도개선을 지시하였으므로 며칠만 기다려보라는 단비와 같은 뉴스였다. 희망을 잃고 의기소침한 상태에서 눈이 번쩍 뜨였고, 비록 시험 날짜가 5월 초순이라 시험 준비할 수 있는 가용시간이 겨우 1개월 정도였지만, 시험대상자에 포함된다면 합격할 자신감을 갖고 있었다. 나의 희망대로 그해 4월 초순에 제도가 개선되어 시험방침이 각급부대에 하달되었다. 그 내용은 추천서열을 완화하여 본시험 대상자를 선발인원의 3배로 확대하는 것이었다.

그해 나는 ○○관구사령부로부터 추천서열 5/9를 받았다. 종전 제도라면 3/9까지 시험대상자가 될 수 있었기에 육대 정규과정 입교시험에 한 번도 응시해 보지 못하고 군 생활에서 낙오자가 될 뻔했다. 그러나 새로운 제도에 의해 추천서열 6/9까지도 본시험 응시 대상자로 결정되었으므로 나는 주어진 행운을 놓칠 수 없었다. 그 후 본격적인 육대시험 준비를 위한 1개월 레이스에 돌입했다. 시험을 볼 수 있게끔 제도를 개정해 준 황모 육군참모총장의 얼굴을 가까이서 본 적도 없었지만, 그분께 지금도 감사를 잊지 않고 있다. 1개월을 남겨 놓고 얼마나 단단히 각오하고 일상을 시험 준비로 보냈는지 기억이 생생하다. 아내와 어린 아들 둘을 포함하여 4식구가 방 하나에서 살았으므로 집에서는 책을 대할 수 없었다. 따라서 새벽 5시에 눈을 뜨고 6시에 이른 아침식사를 한 후 학군단 사무실에 나와서 의자에 앉으면 자정까지 시험 준비에 매진했다. 학군단 업무는 긴급하거나 특별한 것이 일반부대보다 적었기 때문에 학군단장 출근에 맞춰 결재문건 처리와 구두보고를 드리고 나면 사무실 문을 걸어 잠가 누구도 공부에 방해하지 못하게 조치했다. 참모업무와 보병대대, 보병연대, 작전요무령 등 시험과목에 해당되는 교범을 읽고 외우는 데 하루 15시간 이상을 투입했다. 교범을 1페이지부터 마지막 페이지까지 한 자도 놓치지 않고 머리에 담았다. 그야말로 안광이 교범을 철하는 형국이었다. 약 20일 동안 관련 교범을 숙지하고 나머지 기간은 종전에 치러진 시험문제와 예상문제를 풀었다. 짧은 기간이었지만 집중적으로 노력한 결과 어려움 없이 본 시험에 응시할 수 있는 수준임을 확인할 수 있었다.

대위 시절 고등군사반 교육을 받으면서 교리에 대한 중요성을 인식하였기에 알차게 시험 준비를 할 수 있었다. 그해 5월 초순, 육대정규과정 시험을 보았다. 나는 내가 속한 그룹에서 3등이라는 우수한 성적으로 합격했다. 아이러니하게도 ○○관구사령부에서 추천서열 1, 2, 3위는 모두 불합격되고 4, 5, 6위는 전원 합격하였는데, 이러한 현상을 보면서 추천서열제도를 개선한 참모총장의 혜안에 존경과 감사를 드리지 않을 수 없었다. 육대시험 응시에 어려움이 있을 줄 모르고 학군단 근무를 지망하였으나 기회를 잃을 뻔했던 고비를 겪게 되어 한때는 학군단 근무를 후회도 해보았지만, 다행히 제도가 개선되어 시험자격을 얻고 육대정규과정에 갈 수 있었으니 참으로 다행이었다. 선택과 우연의 조화가 또 하나의 장애물을 무력화시키고 나에게 행운을 가져다 주었던 것이다.

내가 군 생활할 때, 학군단에 복무했다는 것을 좋은 경력으로 평가하지 않았던 것이 일반적 경향이었다. 업무 성격과 특성이 주목받을 만큼 중요도가 있지 않았고, 누구나 할 수 있는 업무라서 노력의 강도가 특별히 요구되지 않았기에 그랬다. 학군단 복무가 경력 평가에서는 경쟁력을 가질 수 없었으나 나는 대학원 과정을 공부하여 경영학 석사 학위를 취득할 수 있어서 다행이었다. 경영학은 기업뿐 아니라 군, 정부, 가계 등에서 최소의 자원으로 최대의 효과를 달성하기 위한 원리를 연구하는 학문이다. 군의 지휘관은 부대가 승리할 수 있도록 계획(planning)하고 조직화(organizing), 지휘(leading), 통제(controlling)하는 기능을 수행하므로 경영 원리에 입각한 의사결정을 함이 바람직할 것이다. 따라서 군 고급지휘관이 경영학을 학문적 토대로 쌓아 경영 마인드를 갖는다면 그는 과학적이고 합리적 지휘를 할 수 있을 것이다.

진해에서 갖게 된 높은 시선

파란만장한 과정과 우려를 날려 보내고 육군대학에 입교한 때가 1982년 8월이었다. 육군대학 정규과정 33기로 입교했다. 나와 함께 160여 명이 48주 동안 고급제대 지휘관에게 요구되는 군사 지식을 함양하게 되었다. 학생장교 가운데 육사 동기생이 24명, 선후배 20여 명, 외국군 장교 6명 등이 포함되어 있었다. 육대는 경남 진해시 여좌동에 있었으며 마산과 진해를 잇는 마진터널을 통과하여 진해로 들어오면 좌측 편에 자리 잡고 있었다. 뒤로는 장복산이 받쳐주고 앞으로는 진해 시내가 한눈에 들어오는 수려한 곳이었다.

전주에서 둘째 아들 수환이가 태어나고 우리 가족은 4명이 되었다. 추운 겨울 어느 날, 수환이가 아침 식탁에 뜨거운 된장국을 엎질러 손에 큰 화상을 입었다. 전북대 병원에 급히 데리고 가서 치료했지만, 지금도 수환이 오른 손목에 흉터가 남아있다. 이를 볼 때마다 부모로서 안쓰러운 마음을 지울 수 없다. 전주 생활을 접고 가족들과 함께 이사한 집은 육군대학 연병장 앞 13평 크기의 영내 아파트였다. 방은 2개, 부엌, 화장실 구조에 거실은 없었고 4식구가 살기에 넉넉한 곳은 아니었지만, 처음으로 관사에 입주한데다가 아파트라는 구조가 편안함을 주었다. 이삿짐을 정리하고 결혼 후 처음 옷장과 책상 등 가재도구를 사들이어 집안에 배치했다. 한 가족이 가정이라는 공동체 모습을 점점 갖추게 된 것 같아 기뻤지만, 어린 아들 둘을 키우면서 아내의 고생은 이만저만이 아니었다. 아이들이 울면 내가 공부에 지장을 받게 되니 이들을 돌봐야 했고 나의 아침, 점심, 저녁을 꼬박 마련해야 했다. 거기다가 학교에서 주부대학까지 개설하여 출석 체크를 하였으니 아내는 몹시 힘들었을 것이다. 이런 환경에서 아내가 세 번째 임신을 했다. 그러나 셋을 키울 만큼 좋은 여건이 아니라서 임신중절수술을 했는데, 그 이후 아내는 그때 태몽이 용꿈으로 예사롭지 않았다고 하면서 출산을 포기했던 것이 후회된다는 말을 가끔 하고 있다.

육대 관사는 2가지 유형으로 되어 있었다. 하나는 작은 아파트, 다른 하나는 일명 달동네라고 하는 구옥형태의 관사였다. 아파트는 화장실이 수세식이었지만 구옥관사는 재래식 화장실이었다. 육사 출신 장교는 군번을 졸업성적순대로 부여받게 되어 나를 포함하여 군번이 빠른 동기생들은 아파트에 입주하였지만, 군번이 늦은 동기생들은 구옥관사에서 생활했다. 한편 외국군 장교와 그의 생활을 돌봐주는 후견인 장교는 15평 아파트에 입주했으니 거주 시설이 훨씬 좋아 보였다. 그때는 사조직과 인맥이 요소요소에 작용하던 시대라서 외국군 스폰서도 사조직에 들어 있던 장교들이 많이 맡고 있었다.

육군의 장교는 임관 후 각종 보수교육을 받게 되어 있다. 소부대로부터 대부대에 이르기까지 각급 제대 별 요구되는 능력과 지식수준이 다르고 높아짐에 따라 일정 계급으로 진급하면 계급에 상응한 교육을 받아야 했다. 소위로 임관하면 기초보수 교육(OBC, Officer's Basic Course)을, 대위로 진급하면 고등군사반 교육(OAC, Officer's Advance Course)을, 소령으로 진급하면 육군대학(Army Staff College)을 수료하는 보수교육 체계가 정립되어 있다. 이 가운데 육군대학은 연대급 이상 고급제대 지휘관과 참모로서 임무를 수행할 수 있게끔 역량을 배양시키는 데 목적을 둔 육군의 마지막 보수교육이었다. 국방대학원을 대령 계급 때 가기도 하지만 이는 군전문 교육기관이라기보다 군사와 정치, 외교 등을 종합적으로 가르치는 안보적 차원의 학교 기관이기 때문에 그곳의 교육은 필수 과정에 들어있지 않았다.

육군대학은 교육기간에 따라 정규과정과 참모과정으로 구분하고, 정규과정은 48주, 참모과정은 12주를 교육받도록 되어 있었다. 모든 소령 진급자가 정규과정으로 입교하여 교육받을 수 있는 학교시설과 여건이 갖추어져 있지 않아 정규과정은 일정한 시험을 통해 입교자를 선발하였다. 정규과정은 매년 2개기, 약 300여 명을 선발하여 150여 명씩 6개월 단위로 나누어 입교하고 교육을 받게 하였으며 참모과정은 정규과정에 들어가지 못한 장교들을 짧은 기간 소집하여 최소한의 군사 지식을 갖추도록 했다. 참모과정 출신 장교도 능력에 따라 정규과정을 수료한 장교를 제치고 장군으로 진급하는 경우도 있었다. 육대 정규과정은 일반학, 참모학, 전술학 등으로 편성되어 있었고 일반학은 지휘학처에, 참모학은 참모학처에, 공격전술은 공격학처에, 방어전술은 방어학처에 소속된 교관들이 교육을 담당했다. 교관의 계급은 중, 소령이었고 학처장은 대령이었다. 일반학의 주된 과목은 한국사와 한국전쟁사, 세계전사, 의사결정 기법이었으며 참모학은 인사, 정보, 작전, 군수, 기획 분야로 구분하여 교육이 이루어졌다. 전술학은 보병연대와 보병사단의 공격과 방어전술을 중점적으로 다루었고 군단제대는 소개 수준의 교육이었다. 육대수업은 모든 과목이 강의와 토의, 발표, 리포트 제출 형식으로 진행되었으며 평가는 리포트와 발표점수도 포함하였지만 대체로 문제출제형식의 시험이 성적을 결정했다.

1982년 8월 말, 입교식을 마치고 일반학부터 수업을 받았다. 한국 민족사라는 정훈과목의 교육을 받았으며 의사결정 기법 과목도 공부했다. 일반학 과목 중 꽃중의 꽃은 세계전사와 한국 전쟁사였다. 이 두 과목은 수업 시간도 많이 배정되었고 전사 내용을 주제로 열띤 토의도 진행되어 흥미를 갖게 했다. 군인은 온고지신(溫故知新)의 지혜가 타 전문집단보다 중요하다. 이러한 지혜는 전쟁사를 통해 터득할 수 있다고 생각했다. 고대 전투로부터 한국전쟁에 이르기까지 시대적 상황과 연계하여 전쟁 발생 원인을 분석해보고 작전계획으로부터 전투 수행에 이르는 과정을 살펴봄으로써 전쟁에 대한 간접경험을 얻을 수 있었다. 아울러 장수의 용병술과 리더십이 전장국면에 미친 영향을 살펴봄으로써 바람직한 장군의 지휘 통솔 유형을 발견할 수 있었다. 생도시절 육사에서도 한국 전쟁사를 배웠지만, 주마간산 형식이었기에 크게 흥미를 느끼지 못했다. 그때는 교관도 군 경험이 비교적 미천했기 때문에 교육 내용의 수준이 얕았다.

육대에 들어오니 다행히 해방 후 정치와 사회질서의 혼란 속에서 경찰임무를 수행하는 조직을 모태로 군이 태동하게 된 배경과 군대 창설 그리고 6·25전쟁 발발, 초기, 중기, 후기 등으로 나누어 세부적인 내용을 학습할 수 있었다. 군인은 한국 전쟁사를 전반적으로 이해하고 이를 자기 지식으로 만드는 노력이 요구된다고 보았다. 참모학은 연대급 이상 제대의 참모로서 인사, 정보, 작전, 군수, 기획업무를 수행할 수 있는 역량구비에 목표를 두고 편성되었다. 지휘관은 전술작전을 지휘하는 데 여러 분야 참모의 조언을 받고 참모는 소관 분야의 전문가로서 지휘관을 보좌하면서 그 분야에 대한 책임을 지게 된다. 참모 활동의 핵심은 전문성과 협조성이다. 적 상황을 파악하고 분석하여 적 방책을 도출하는 활동은 정보참모 업무이며, 작전참모는 적의 의도와 방책에 대응할 수 있는 아군 방책을 만들어 지휘관에게 건의하고 작전계획을 수립하는 역할을 담당한다.

한편, 작전에서 제시한 방책을 실행하기 위해서는 인력 보충, 군수지원 등이 필요하다. 이러한 제 기능이 협조되고 통합되어야 명실공히 실천 가능한 작전계획으로 발전할 수 있게 된다. 참모학은 참모기능 전 분야를 공부함으로써 참모 상호 간 기능적 영역을 식별하고 업무 협조를 원활하게 할 수 있게끔 지식을 쌓는 데 목적이 있었다. 그리고 전술학 과목은 대대와 연대, 사단급 제대가 공격작전과 방어작전을 계획하고 실행하는 과정이 망라되어 있었다. 전술작전 준칙과 상황에 따른 고려사항, 계획 작성 순서와 착안 사항, 계획을 명령으로 만들어 하달하는 절차와 방법, 작전 진행 간 국면별 조치사항 등을 이해하고 숙지하게 되어 있었다.

군 생활에서 보수교육을 받는 교육생이면 누구에게나 높은 관심을 갖게 하는 것이 학업성적이다. 이는 인지상정이다. 군사학교 교육과정에서 시험으로 점수를 매기고 그 성적을 토대로 능력의 높낮이를 수치화하여 진급에 반영하기 때문에 평가는 모두에게 관심의 대상이었다. 성적에 반영되는 점수는 과목에 따라 차이가 있었지만 수업 시간에 토의와 발표를 통해 얻는 점수, 리포트 과제물을 제출하여 받는 점수, 시험문제를 출제하여 답안을 작성 제출하는 필기시험 점수를 합산하여 얻어졌다. 이 가운데 필기시험 점수가 가장 크게 영향을 미쳤다. 평가는 과목별로 진행되었고 매 과목이 종료되면 며칠 후 그 과목 시험이 있었다. 시험 날짜가 공고되면 아파트와 달동네는 집집마다 밤늦게까지 불야성을 이루면서 공부하는 분위기였다. 나는 육대에서도 시험공부는 벼락치기보다 매일 꾸준히 반복적으로 하는 것이 효과적임을 알고 실천했다. 고등군사반 교육 때처럼 매일 거르지 않고 밤12시까지 예·복습을 했다. 수업 시간에는 교관 강의를 이해하는 데 집중했다. 교관 강의를 들어보면 그가 어떤 내용을 중요시하고 시험문제로 출제할 만큼 강조한 내용이 어떤 것인지를 어느 정도 짐작할 수 있었다. 이것 위주로 공부하면 평가에 큰 어려움이 없음을 알았다. 육대에서도 찌라시 형태의 예상문제가 빈번히 돌아다녔다. 홍수처럼 쏟아지는 시험정보에 고춧가루 뿌린다는 말도 수없이 들었다. 시험공부를 요령 있게 하는 학생장교는 교관과 친소관계에 따라 힌트를 얻기도 했지만, 나는 낚시로 고기를 잡는 방법보다 물을 막고 퍼내는 방식을 택했기에 누구의 말이나 돌아다니는 예상문제에 크게 관심 갖지 않았다. 교과서와 노트에 기록된 내용 가운데 내가 분별한 경중에 따라 빠짐없이 숙지하고 암기하려고 노력했다. 정보에 어두울 수 있었고 효율적인 시험공부와 거리가 있어 보였지만, 최종 승리는 반드시 성실하게 노력한 자가 차지하게 된다는 진리를 굳게 믿었다.

시험공부 못지않게 리포트 과제도 내용과 작성에 정성을 들여야 했으며 제출 시한을 준수해야 했다. 리포트를 제출하도록 지시를 받게 되면 작성 전 줄거리를 구상하고 원고지에 내용을 작성하는 데 대략 5 일 정도 소요되었다. 글씨를 최대한 예쁘게 써야 하고 원고지 매수도 준수해야 하므로 많은 신경을 쓰게 되었다. 이렇게 제출 준비를 완료하는 시점이 통상 제출날짜 2일 전이었지만 제출 하루 전에 허겁지겁 준비하는 학생장교도 많이 있었다. 동기생 모 소령이 옆집 아파트에 거주하였는데 그는 밤늦은 시간까지 오락하고 밤중에 나에게 리포트 작성에 도움을 요청할 때가 종종 있었다. 그뿐만 아니라 ○○기 A선배도 나에게 리포트를 요구할 때가 많았다. 그는 내 것을 필체만 달리 작성해서 제출하고도 A 학점을 받을 때도 있었다.

사관학교 교육은 대부분 주입식 교육에 암기 위주 학습이었지만 육대교육은 토의가 많았다. 특히 전사 과목과 일부 참모학 그리고 전술학 과목은 많은 시간을 발표와 토의로 진행했다. 교관에 의해 이론 강의가 있은 후 토의주제가 부여되면 커튼으로 칸막이를 하고 분리된 공간에서 각 조별 발표안을 만들어 조대표가 전체 토의 시간에 발표했다. 1개 조는 약 10여 명으로 편성되었으며 조장 통제하에 주제에 대해 의견을 나누고 이것을 정리하여 조별 대표자가 발표했다. 나는 내가 속한 조를 대표하여 발표자로 나서곤 했다. 다른 장교들은 여유 있게 휴식시간도 갖지만 조를 대표하는 발표자로 선정되면 자기 지식으로 발표내용을 만들어야 하므로 발표준비에 전념할 수밖에 없었다. 준비가 완료되면 조 내에서 발표내용과 예상 질문을 논의하고 최종 마무리를 한 후 전체토의에 임하게 되었다. 담당교관이 주관하여 전체 토의가 시작되면 4개 조의 조대표 발표자가 각각 자기 조에서 논의된 내용을 발표하고 타 조원들의 질문을 받았다. 학생장교는 자기 조와 다른 견해가 발표되면 발표자에게 질문하고 발표자는 이에 적극적으로 답변하는 방식으로 이루어졌기 때문에 토의는 항상 열기가 넘쳤다.

그해 7월 초순, 육대수료를 앞두고 육대교육의 하이라이트라고 할 수 있는 전방실습을 가게 되었다. 대상부대는 ○○군단 GOP(General Out Post) 사단이었다, 160여 명이 2개 반으로 나누어져 1반은 ○○사단에서, 2반은 ○○사단에서 실습하였다. 나는 1반에 포함되었다. 전방실습은 5박 6일 진행되었고 주요 실습내용은 작전지역, 적상황과 아군상황, 가용전력을 바탕으로 사단이 부여받은 작전임무를 수행할 수 있는 작전계획을 만들고 발표하는 것이었다. 각 실습 조는 조별 인원이 각자 사단장과 참모장, 일반참모와 작전보좌관 등 직책을 맡아 역할을 담당하였으며 조별 발표자를 선정하여 전체적인 준비를 맡게 했다. 따라서 실습시간에 발표자로 선정되면 주된 노력을 그가 담당할 수밖에 없었다. 예상했던 대로 우리 조를 대표하여 발표자로 내가 선정되었다. 나는 발표준비를 위해 현지 정찰을 선행하고 기존에 작성해놓은 ○○사단 작전계획도 면밀히 분석했다. 실습은 4일간 조별로 작전계획을 완성하고 발표 준비를 하였으며 마지막 5일째 되는 날에는 사단장을 모시고 전체 발표가 진행되었다. 사단장 최모 소장은 우람한 체격에 야전성과 자신감이 넘친 모습이었다. 실습을 마치고 나중에 알았지만, 그는 전두환 전 대통령이 매우 신임하는 실세 장군이었으며 사단장을 마친 후 보안사령관으로 옮겨갔다.

발표시간이 되자 1조부터 조별 내용을 발표하게 되었고 나도 차례가 되어 단상에 올랐다. 준비한 대로 보드판에 부착된 지도와 그 위에 도식된 부분을 인용하여 족자에 적힌 브리핑 내용을 하나하나 짚어 가면서 조리 있게 발표했다. 모든 조의 발표가 끝나고 사단장의 코멘트가 있은 후 그 자리에서 점심과 함께 맥주 한 잔씩 반주도 했다. 사단장을 비롯한 인솔교관, 지도교관, 학생장 장교 등이 헤드테이블에 앉아 식사를 했다. 나는 우리 조와 함께 다른 식탁에서 식사를 했는데 식사 중에 사단장이 불러 헤드테이블로 갔다. 사단장은 나에게 맥주를 한 잔 따라주면서 내가 발표한 내용과 브리핑이 본인의 의향에 가장 일치했고, 훌륭했다는 칭찬을 해주었다. 대위 시절에도 여러 차례 대표 발표자로 선정되었던 경험이 있었기에 육대에서도 마찬가지로 발표시간은 나의 특성을 살려주고 능력을 발휘할 수 있는 기회가 되곤 했다.

경쟁이란 인간이 사는 곳이라면 어디든 존재하고 치열하다. 그러나 초급장교 시절인 위관계급에서는 경험과 생각이 짧아 군대 문화와 보직, 진급 등에 미천할 뿐만 아니라 일을 만들고 주도하는 위치가 아니라서 경쟁을 피부로 느끼지 못했다. 반면, 영관장교가 되고 육대에 입교한 이후는 위관장교 시절의 보직과 경험을 토대로 나만의 개성을 갖고 자기역량의 높이를 키워야 하는 시기였기 때문에 경쟁의 본질을 인식하게 되었다. 따라서 실력 있는 장교, 인품과 인격을 갖춘 장교, 도덕적으로 깨끗한 브랜드를 만들어야 했다. 육사를 졸업한 지 겨우 8년 지났는데, 육사 졸업 때와 달리 현격히 발전한 동기생들이 많아 자극을 받을 수 있었으며 이들이 기울인 노력을 거울삼아 미래에 앞서갈 수 있는 인재가 되고자 각오를 다졌다. 이러한 생각을 바탕으로 48주 동안, 동기생, 선후배들과 함께 공부하고 토의하는 과정에서 그들과 비교, 우위에 설 수 있도록 노력하였으며, 인격적으로 훌륭하다는 호평을 듣고자 애썼다. 육사 동기와 선후배는 상호경쟁자임이 불편한 진실이기에 서로 칭찬하고 격려하는 데 인색한 편이다. 하지만 비육사 출신 장교들은 객관적으로 육사 출신 장교들을 평가하므로 이들의 호평에는 거짓이 없음을 느꼈다. 나는 교우관계를 유지하는 데 출신 구분에 따라 상대를 무시하거나 선입견을 갖고 대하지 않았다. 발표를 포함하여 과제를 해결하는 데도 항상 앞장서고 도움을 주고자 노력한 결과 학생들 상호 간 호불호의 관계를 나타내는 소시오 메트릭 테스트에서 최상위 그룹에 위치할 수 있었다.

나는 육대에 입교하기 전에는 평정과 보직관리 등 객관적으로 나를 나타내는 기록에 관심을 갖지 않았다. 그러나 육대에서 학생장교로 1년여를 보내면서 군의 본질과 생태 등 현실적 이해관계에 눈을 떴다. 태생적으로 호조건을 가질 수 있는 환경이 아니었을 뿐만 아니라 8년간 야전에 있으면서 아무런 백그라운드를 만들지 못했으므로 보직과 진급 등에 어두웠다. 그러나 육대 교육생이 되어 많은 동기생과 만나 대화하고 정보를 교환하다 보니 진로를 고민하게 되었고 노력하지 않으면 경쟁에서 이길 수 없음을 인식하였다. 그러면서도 나는 출신 구분 없이 인격을 토대로 교우관계를 갖고자 힘썼다. 건방지거나 오만한 태도가 아닌 겸손과 배려로 주변을 살피고자 했다. 평가를 통해 우열을 가리므로 성적에 집착하지 않을 수 없었지만, 선의의 경쟁으로 화합하는 문화를 만드는 데 솔선했다. 그런 과정에서 남편의 성적을 부인들도 알게 되고 자칫 경쟁이 과열되어 이웃 간에도 비우호적 관계가 형성되는 일도 있었는데 안타까운 현상이었다. 나는 인재를 발탁하는 데 실력과 능력을 바탕으로 하되 능력주의가 공정의 틀을 유지한 가운데 근본적으로 두뇌와 환경의 차이를 감안하는 공평한 제도로 개선되어야 한다고 주장했다. 그 일환으로 학교교육에서 상대평가보다 절대평가를 통해 각 개인의 강점을 다양하게 인정해주는 교육이 바람직하다고 보았다. 육대교육에서 평가가 필기시험에 의존함에 따라 암기식 학습이 될 수밖에 없는 한계가 있었다. 지식의 내구성이 부족하고 실용적 활용도가 낮음을 개선해야 한다고 보았으며 이러한 폐단을 줄이기 위해서는 토의식 교육을 활성화해야 할 것이다. 지휘관을 포함한 군의 고급간부는 문제해결 능력이 탁월해야 하므로 주제를 주면 합리적이고 논리적인 해결방안을 제시할 수 있어야 한다. 아울러 이를 여러 사람 앞에서 발표하고 설득할 수 있도록 전문지식과 구술능력을 향상시키고 사고의 폭을 확대해야 한다. 주어진 답을 찾는 것이 아니고 자기만의 독창적인 아이디어를 제시하여 상대방을 설득하는 태도가 습성화되어야 민주주의 군대에 적합한 장교로서 자질을 가졌다고 말 할 수 있을 것이다. 군사 지도자에게 연설과 브리핑을 유창하게 할 수 있는 역량은 중요하고도 필요한 자질이다. 따라서 학교교육이 토의와 발표위주로 진행된다면 그와 같은 자질을 함양하는 데 크게 도움이 될 것이다.

육대생활에서 빼놓을 수 없는 추억이 하나 더 있다. 그것은 육사를 졸업하고 생도 시절 희로애락을 함께했던 많은 동기생이 모였으니 공부만 할 수 없었다는 점이었다. 동기생 24명이 각각 개성도 다르고 대부분 결혼하여 가정을 이루고 있었지만 생도 시절의 조건 없는 우정을 되새기고 싶어 했다. 가끔 동기생 집에 식사 초대도 있었고 진해 시내의 금포·연포 호프집에서 밤늦은 시간까지 맥주잔을 기울이면서 인생을 논하는 주객이 되기도 했다. 시험을 치르고 나면 그날은 해방감에 취해보고자 어김없이 동료들끼리 진해 시내에 나가서 반주를 곁들인 저녁식사를 하고 들어오기도 했다.

또한, 공부만 하는 단조로운 생활을 벗고자 회식모임이 자주 있었으며 동기생 회식, 반 회식, 줄 파티, 조 파티 등 다양하게 정체성을 만들어 명분 있는 식사자리를 갖곤 했다. 술은 인간관계의 벽을 허물고 부드럽게 만들므로 가끔 꽤 많은 잔을 비우기도 했다. 술자리 못지않게 육대 생활에서 오락 잡기의 하나로 포커가 성행하여 늦은 밤까지 즐길 때도 있었으며 금전적 베팅으로 용돈을 축내보기도 했고, 주말에는 꼬박 밤을 넘기는 날도 있었다.

육군대학 48주는 군사 지식을 습득하는 것도 소중했지만, 동년배 장교들과 사적 교류를 통해 인간관계를 넓히는 데도 알차고 유익했다. 아울러 나아갈 길을 확고히 정립하는 계기가 되었고 전술 지식을 포함한 군사 지식을 한 단계 높은 수준으로 끌어올릴 수 있었으며 고급장교로 발전하기 위한 덕성을 쌓는 소중한 기간이었다. 나는 육대에서 군을 깊숙이 이해하게 되었고 현실적 경쟁의 실체를 인식하게 되었다.

육대에 입교하여 고급장교로 발전하기 위한 지식과 덕성을 쌓는 가운데 어느새 수료가 가까워지고 있었다. 철새가 계절이 바뀌면 옮겨가듯이 군인은 누구나 보직이 끝나면 새로운 보직을 받아 이동하는 삶을 피할 수 없다. 육군대학을 수료하면 소령계급에 부합한 보직을 받게 되었고 직능에 따라 다소 차이가 있지만 연대 참모, 사단참모 보좌관, 군단 참모장교, 교관 등이 이에 해당되었다. 육대교육을 받고 있을 때 육군에서 전문성을 갖는 인재를 육성하고자 소령 계급부터 직능을 부여하는 제도가 처음으로 시행되었다. 이에 따라 육대에 입교한 장교들은 육대교육을 받으면서 직능을 부여받게 되었다. 나는 육군 심사를 거쳐 작전특기로 분류되었다.

작전은 군사업무의 핵심 기능이므로 동기생 중 능력과 자질면에서 우수한 장교들이 작전 직능을 지망했다. 그렇다보니 상대적으로 보직과 진급경쟁이 치열한 분야가 되었다. 직능을 선택하는 데 나의 외부적 여건을 고려한다면 경쟁이 덜한 정보, 군수, 기획 직능에 가는 것이 적합했다. 하지만 군인의 길을 걷고 있는 마당에 독자적 역량으로 업무를 주도하면서 중심이 되는 역할을 하고 싶었기에 주저하지 않고 작전 직능을 선택했다. 그래서 육대를 수료하면 소령계급인 내게 연대 작전과장이나 사단 작전처 보좌관이 좋을 것으로 생각했다.

보직을 받는 방법은 인맥을 활용하여 특정 부대와 보직을 상의하고 그 부대에서 육군본부에 전입을 요청하면 육군본부는 명령을 내주는 형식이 일반적이었다. 주변 동기생들을 포함하여 동료 장교들은 이런 방식을 통해 하나둘씩 갈 곳이 결정되었으나 나는 부탁할 인맥이 없어 보직을 걱정만 했을 뿐 육본 명령대로 따를 수밖에 없었다.

육대수료가 얼마 남지 않은 어느 날, ○○군사령부 보임과장을 뵙고자 용인에 갔다. 나는 육대에 들어오기 전에 ○○군과 ○○군 지역에서 복무했기 때문에 이번에는 ○○군 지역에 보직을 받게 될 것으로 생각하고 자리를 알아보고자 해당 군사령부 보임과장을 만나고자 했다. 지금은 진해에서 용인까지 자가용 승용차뿐만 아니라 고속버스와 열차도 있어 쉽게 이동할 수 있지만, 그때는 자동차도 많지 않았고 대중교통수단이 발달되어 있지 않아 아침에 열차로 출발하여 오후 늦은 시간에 용인에 도착할 수 있었다. 출발 전 동기생이 지인을 통해 보임과장과 미팅을 약속해 놓은 상태에서 그 동기생과 함께 열차를 이용하여 용인에 올라갔다. 그날이 토요일이라서 보임과장은 오후 시간에 테니스 운동을 하고 있었다. 운동이 종료되면 뵙게 되리라 생각하고 기다리고 있었다. 그러나 약 2시간 지나 운동이 끝났다는 얘기가 들렸지만 보임과장은 우리와 약속장소에 오지 않고 저녁식사를 하러 간 것이었다. 식사장소에 가서 면담을 할까 생각도 해보았지만 조금만 더 기다리면 시간을 내줄 것으로 기대하고 저녁 9시까지 식당 주변에서 대기하고 있었으나 아무런 반응이 없었다. 결국 먼 길을 찾아갔지만 허탕치고 발걸음을 돌려야 했다. 보임과장의 인격에 대한 비판과 실망보다 가야 할 부대와 보직을 찾지 못한 나의 처지를 비판하지 않을 수 없었다. 발길을 돌려 열차를 타고 진해에 도착하니 새벽 시간이 되었다. 집으로 돌아가는 발걸음이 천근만근처럼 무거워 주저앉고 싶었다. 육군본부에서 보직 명령이 하달되지 않은 상태에서도 동기생들은 육대수료 후 본인들이 부임할 부대가 결정되었다고 하는데, 유일하게 나만 오라는 부대도 없었고 상의할 인맥도 없었다.

　　보직 걱정에 잠을 이룰 수 없는 상황에서 육대 행정실장 A 소령으로부터 오라는 부대가 없으면 육대교관이 어떠냐는 제의를 받았다. 그는 ○○기이면서 생도 시절 같은 시설에서 기거하였기에 서로를 잘 알고 있었으며 보병학교 고등군사반도 동일 기수였으므로 나의 교관자질을 충분히 파악하고 있었다. 나는 교관적성이 풍부한 장교임이 분명했지만, 육대교관을 하고 싶어서가 아니라, 달리 갈 수 있는 보직이 없는 처지였기에 A 소령의 제의를 받아드렸다. 육대교관이 비선호 보직은 아니었지만 육대입교 전에 학군단에서 교관으로 근무했기에 작전직능 장교로써 연달아 교관을 하게 되면 경력에서 경쟁력을 갖는 데 바람직하지 않을 것 같아 야전에 가고자 했던 것이다.

전쟁사와 온고이지신(溫故而知新)

　그해 뜨거운 여름 어느 날, 육대를 수료하고 배우는 위치에서 가르치는 데로 자리를 옮겨 육대총장 윤모 소장에게 육대교관의 보직을 신고했다. 학생신분에서 교관으로 보직을 받으니 주거시설도 조금 더 넓은 아파트로 옮기게 되어 비교적 안정된 생활을 할 수 있게 되었다. 교관보직 기간이 2년이므로 향후 중령으로 진급하여 대대장을 하러 나갈 때까지 진해생활을 하게 되었다. 육대 총장께 신고를 마치고 담당과목이 지정되어 지휘학처 한국 전쟁사를 맡게 되었다. 동기생 A 소령은 참모학처 작전을, B 소령은 전술학처 사단공격을, C 소령은 전발부에서 전술학을 담당하는 교관이 되었다. 육대교관이 되면 일반적으로 전술학 과목을 담당하고싶어 했다. 이는 전술학과목이 시간 편성과 학생장교 성적에 비중을 높게 차지하고 교관 자신에게도 전술지식을 깊이 연구할 기회를 얻게 해줄 뿐만 아니라 야전부대의 작전계획과 연계해보는 경험을 터득할 수 있기 때문이었다. 교관을 할 바에는 역량을 충분히 발휘할 수 있는 과목을 담당하고 싶었지만 결국 전술학이나 세계전사를 맡지 못하고 한국 전쟁사를 가르치게 되어 아쉬움을 가진채 교관을 시작했다. 그러나 과목연구와 학생들을 가르치는 과정에서 보람을 많이 느꼈다. 한국전쟁사는 정치적 혼란기에 우리 군의 창설 배경과 과정을 망라하고 병력과 장비, 편성, 지휘체계 등이 열악한 상태에서 북한군의 침략을 받아 악전고투한 민족상쟁의 기록이다. 한국전쟁사 연구를 통해 군의 정통성을 새롭게 인식하고 전투와 작전, 전쟁의 교집합을 공부할 수 있었다. 특히 한국전쟁사는 온고지신(溫故知新)으로 새로운 군사 지식과 경험을 터득하는 데 매우 유익한 과목이었다. 교육은 정규과정 48시간, 참모과정 12시간으로 편성되어 있었고 제1부 한국전쟁의 발발배경과 초기작전, 제2부 낙동강 방어작전, 제3부 총반격작전, 제4부 중공군 1.2차 공세 및 1951년도 전반기 작전, 제5부 휴전회담과 군사작전, 제6부 참전강좌 등을 강의와 토의 위주로 진행하게 되어 있었다. 교육목표는 한국전쟁의 경과 및 주요전투를 연구함으로써 전략 전술 연구에 필요한 배경지식을 습득하고 한국적 전술 교리를 발전시키는 동기를 부여하여 전투 시 지략을 겸비한 지휘통솔을 할 수 있도록 능력을 함양하는 데 있었다.

육군대학의 교관이 되면 누구나 연습 강의를 하게 되어 있었다. 연습 강의는 교관으로 보직되면 본인이 맡게 된 과목을 연구하고 이를 교안으로 작성한 후 여러 교관이 모인 자리에서 학생을 대상으로 강의한 것처럼 리허설을 하는 것이었다. 이때 교관의 강의 상태와 질문에 대한 답변 등을 살피고 종합하여 최종적으로 합격과 불합격을 교수부장이 판정했다. 만약 여기서 불합격되면 합격할 때까지 강단에 설 수 없게 되었다. 교관으로 보직을 받고 연습 강의에 웬만하면 합격하였지만 때로는 불합격자가 나오기도 하고 곤혹스러운 질문으로 진땀을 흘리는 일도 있었다. 교수부장은 이모 준장이었으며 인품과 성격이 원만하였다. 연습강의가 교관으로서 교탁에 설 수 있는 자격을 얻는 데 필수과정이고 연습 강의를 통해 여러 교관과 교수부장한테 평가를 받아야 했기 때문에 나는 한국전쟁사 과목 관련 교재와 참고서적, 전임자가 사용한 강의록 등을 모아 본격적으로 연습 강의 준비에 들어갔다. 통상 과목을 맡으면 2~3개월을 연습 강의 준비 기간으로 부여받게 되므로 2개월 이내에 마스터할 수 있도록 계획을 세웠다. 나는 뿌리가 든든한 나무는 태풍에 넘어지지 않듯이 기초가 완벽하면 어떤 경우에도 흔들림이 없을 것으로 생각하고 철저히 준비하여 능력을 인정받고자 했다. 전임자가 사용한 강의록을 읽어보면서 내용과 과목 진행을 개략적으로 살펴보았으며, 보조 자료들이 어떻게 활용되었는지를 숙지하고 가늠해보았다. 한편 교재를 훑어보고 장절편성 등 순서를 익혔다. 강의록인 교안이 교재와 연계되므로 강의내용에 오버랩해보고 추가할 사항을 찾기 위해 참고자료를 정독하면서 강의에 활용하거나 교재 또는 교안에 반영할 것을 발췌했다.

이러한 과정을 거치는 데 약 20여 일이 소요되었다. 그 후는 강의록을 자필로 작성하는 데, 시간을 사용했다. 자필로 강의록을 쓰는 데 글씨가 예쁘지 않고 달필이 아니라서 애를 많이 먹었지만 정성이 들어간 글씨가 되도록 신경을 쓰면서 한자와 영어도 추가해서 삽입했다. 과목 내용을 숙지하고 암기하면서 강의록을 작성하는 데 약 35일이 흘렀다. 그후 교실에서 실제 강의처럼 연습해야 할 시기가 되어 낮에는 과목 연구를 하고 저녁식사 후 재출근하여 빈 교실을 찾아 강의 연습을 했다. 이때부터는 슬라이드를 넘기면서 하나하나 빠짐없이 매끄럽게 구술해야 했으므로 이를 숙달하는 데 많은 시간이 요구되었다. 이렇게 연습 강의 준비에 박차를 가하고 능률이 오르고 있는 시점에 국가 차원의 비극적 사건이 발생했다.

1983년 9월 1일, 러시아에 의해 우리 국적의 KAL기가 구소련 영토에서 피격되어 추락했다. 뉴욕에서 김포공항으로 향하던 KAL 007편이 격추되어 탑승한 269명 전원이 사망하였고 국격이 추락한 사건이었다. 사고 원인은 대한항공 여객기가 시베리아 영공을 침범함에 따라 구소련 전투기가 이를 경고하였으나 KAL기가 반응하지 않음으로써 격추당하게 되었던 것이다. 여객기가 영공을 침범한 사실 자체는 큰 잘못임이 분명하지만 군사 목적의 항공기가 아닌 민간 여객기인데 몇 차례 경고만 하고 격추한 것은 인류의 보편적 가치인 인간 존엄성을 무시한 야만적 행위였다. 여객기 추락으로 불안한 안보 상황이 조성되었지만, 육대는 야전부대가 아니라서 긴급한 대응 없이 조용한 분위기였다. 이런 상황에서 연습강의 일정이 10월 중순으로 잡혔다. 연습강의 D-day가 결정됨에 따라 준비 강도를 더욱 높이고 있는데 화불단행(禍不單行)이라 했듯이 이번에는 그해 10월 9일, 버마(미얀마)에서 전두환 대통령 일행에 대한 암살 폭발사건이 발생했다.

사건 개요는 전두환 대통령이 미얀마를 국빈 방문하여 당시 버마 수도 양곤에 있는 아웅 산 묘소를 참배하게 되어 있었는데 여기에 북한이 폭발물을 설치하여 대통령을 암살하고자 노린 테러 사건이었다. 대통령은 예정 시간보다 다소 늦게 도착하여 화를 모면하였지만 미리 도착하여 기다리던 부총리, 외무부 장관, 상공부 장관, 동력자원부장관, 비서실장 등 17명의 관료와 비서관들이 사망하고 함께 갔던 이모 합참의장도 큰 부상을 입었다. 다행히 전속부관에 의해 긴급히 현지병원으로 이송되어 치료를 받고 생명을 유지하여 합참의장 임기를 마칠 수 있었다. 사고를 당하지 않았지만, 대통령은 순방 일정을 취소하고 귀국하였으며 전군에 비상사태가 선포되었다.

평소 복장이 근무복과 정복이었던 육대교관들도 비상사태에 따라 전투복을 입고 출근하였으며 나의 연습 강의에도 영향을 미치게 되어 일정이 늦춰지고 상황변화를 예의주시하게 되었다. 다행히 사건 발생 후 약 15일이 지나 육대는 학교 기관이라서 비상사태가 완화된 가운데 교관 보직을 받은 지 약 3개월 만에 교수부장 주관으로 연습 강의를 했다. 지휘학처 교관과 각 학처장 및 학처를 대표한 교관들이 연습 강의에 참석하고 교수부장이 임석한 가운데 그동안 준비한 대로 강의를 진행했다. 연습 강의는 약 90분간 진행되었다. 이 시간에 전체 내용을 모두 강의할 수 없어 교수부장이 교재를 참고하여 몇 장 몇 절에 대해 강의하라고 지정해주면 그 부분을 강의하는 형식을 띠었다. 약 1시간 강의가 이어지고 30분간은 질문에 대한 답변 시간이었다. 참석한 교관들은 서로 동병상련의 관계에 있었기 때문에 연습 강의 교관을 난처하게 만들 질문은 삼가는 것이 관례였다. 따라서 질문 때문에 애를 먹지는 않았으며 나는 교수부장의 찬사 섞인 강평을 듣고 성공적으로 연습 강의를 마쳤다. 연습 강의를 거뜬히 통과함으로써 육대교관 메달을 가슴에 달고 정식 교관으로 새롭게 출발하게 되었다.

육대교관이 되고 첫 수업은 참모과정 학생장교를 대상으로 그해 12월에 12시간을 편성하여 강의와 약간의 토의 순으로 진행했다. 연습 강의를 마친 지 얼마 되지 않아 과목 내용을 충분히 소화하고 있었으므로 큰 어려움이 없었지만, 교단에 처음 서게 됨에 따른 부담감은 다소 있었다. 참모과정은 나보다 임관연도가 빠른 장교들이 많았기에 이들이 학습에 열의를 갖도록 각별한 관심이 요구되었다. 강의는 비교적 쉽게 했으며 장마다 요점을 정리해주고 이를 중점적으로 숙지시켰다. 특히, 정규과정에서 48시간 배울 양을 12시간으로 압축하여 가르치게 됨에 따라 자칫 내용이 단절되거나 성의 없게 가르친다는 오해를 받을 수 있어 주의를 기울였다.

강의와 실습으로 교육을 마치고 며칠 후에는 평가가 이루어졌다. 평가를 위한 시험문제 출제 위원으로 선발되어 평가실에 들어갔다. 몇 개 과목을 일거에 묶어 평가가 이루어짐에 따라 몇몇 타 과목 교관과 함께 철저한 보안 속에 시험문제를 출제했다. 한국전쟁사는 나와 조모 소령이 담당하고 있었으므로 나는 조모 소령과 시험문제 출제형식과 난이도 등을 사전 협의하고 평가실에 들어가 약 4일 동안 외부에 나오지 못한 상태에서 시험문제를 출제하고 채점했다. 출제 위원으로 선발되면 문제를 내어 교수부장에게 보고하고 승인을 받은 후 시험이 끝나면 평가실에서 채점까지 해야 했다. 채점 결과 학생장교의 시험점수가 산정되면 평가결과를 분석하여 교수부장에게 보고 후 평가실에서 나올 수 있었다. 평가는 학생장교들에게 매우 민감한 사안이므로 보안이 지켜지지 않는다거나 적절치 못한 문제가 출제되면 이를 수습하는 데 어려움이 따르게 되어 있어 많은 주의가 요구되었다.

참모과정 학생을 대상으로 강의와 평가를 마치게 됨에 따라 한 사이클을 완성하는 셈이 되었다. 강의에 대한 자신감도 생기고 흥미를 느끼게 되었다. 그런 가운데 3월에 입교하게 될 정규과정 학생들한테 실력을 보여주겠다는 생각으로 과목 연구에 연일 매진하면서 한 해를 보내고 1984년 새해를 맞이하였다. 해가 바뀌면 누구나 그러듯이 나도 새해 행운을 염원하고 가족들 건강과 행복을 빌면서 육대교관으로서 자부심을 갖고 각오를 다졌다. 그해 1월 초순, 연초라서 교육준비 외 타 업무가 많지 않아 여유롭게 진해의 차가운 바닷바람을 마음껏 마시면서 일상을 보내고 있는데 원주 ○○군사령부에 근무하던 김모 소령으로부터 전화가 왔다. 그의 전언은 ○○군사령관의 전속부관을 뽑는데, 나를 추천했으므로 면접 요청을 받으면 응하라는 것이었다.

나는 육대교관 보직 기간이 2년이므로 대대장을 나갈 때까지 진해에서 살겠다고 생각했는데 느닷없이 전속부관으로 추천되었다니 어리둥절했다. 더구나 계급도 소령이고 영관장교라서 군사령관을 따라다니는 전속부관 직책이 탐탁하게 느껴지지 않았다. 그가 나를 추천하게 된 배경은 군 사령관실 편제가 조정되면서 기존에 수석부관인 중령과 수행 부관인 대위를 통합하여 한 명으로 줄이고 전속부관 역할을 확대하여 계급을 소령으로 상향 조정하는 데 따른 것이었다. 당시 ○○군사령관은 A대장이었고 군사령관 수행부관은 B 대위였는데 그가 3월에 육대 입교를 앞두고 있어 전속부관을 선발하게 되었던 것이다. 군사령관과 일면식도 없었고 인사를 담당하는 ○○군사령부 인사처장이나 보임과장도 전혀 모르는 사람들이었지만, 김모 소령이 수행부관인 B 대위에게 제의하여 군사령관이 나를 받아드렸다고 했다. 나는 김모 소령한테 전화를 받았지만, 확 끌리는 보직이 아니라서 차후에 군사령관과 면접을 하게 되면 그냥 육대 교관으로 경력을 쌓겠다는 의향을 표명할 생각이었으나 며칠 후 내 의지와 무관하게 전속부관으로 결정되었다는 연락을 받았다.

○○군사령부 김모 소령의 전속부관 추천 전화를 받고 얼마 지나지 않은 시점에 육군본부의 소령 인사 담당자인 동기생 김모 소령은 내가 전속부관으로 선발되었음을 통보해주었다. ○○군사령관께서 면접 없이 나를 쓰겠다고 결심했으므로 1월 20일 전후로 보직 명령을 받게 될 것이라 했다. 갑작스러운 변화에 당황하였지만 거역할 수 없었고 불가피 가야 할 길이었으므로 이를 흔쾌히 받아드리고 떠날 준비를 했다. 한편 육대교관을 6개월밖에 수행하지 못했으니 보직이 중도에 단절되어 경력관리에 문제가 없을까 우려했으나 4성 장군 이상 직위에서 발탁하면 보직기간과 관계없이 영전하는 형태라고 하여 안심할 수 있었다.

지난해 여름, 무더위를 이기면서 연습 강의를 준비하여 우수한 교관으로 평가받고 교관 메달을 가슴에 달은 지 겨우 3개월 만에 교관을 내려놓게 되었으니 미련과 아쉬움을 갖지 않을 수 없었다. 나에게는 교관이 적성에 맞았기 때문에 2년간 교관을 하고 나면 전군에 나의 명성을 알릴 수 있을 것으로 생각했다. 교관으로서 전문성뿐만 아니라 바람직한 리더십과 인격을 갖췄다고 자부심을 가졌기에 나의 강의를 듣고 육대를 수료한 모든 학생장교들한테 높은 평가를 받게 될 것으로 확신했다. 그러나 군인은 명령에 따라 움직이고 이동해야 하는 숙명을 지니고 있기에 아쉬움을 뒤로 한 채 6개월의 진해 생활을 마감하고 원주로 향했다.

장군 곁에서 보낸 원주 생활

　　1984년 1월 30일, 뜻밖에 예상하지 못한 보직을 부여받고 ○○군사령부에 도착하여 군사령관께 보직 신고를 드렸다. 아울러 군사령관을 가까이 모시는 사람들을 살펴보니 군사령관 비서실장은 A 대령이었고, 사령관 부속실에는 여군 장모 하사와 당번병 임모 상병이 있었다. 이들 중 임모 상병은 행정고시에 합격하고 상공부에 근무하다가 군에 입대한 인재였다. 그는 이명박 정부 시절 국무총리실 국무조정실장과 보건복지부 장관을 역임했다. 나의 책상은 이들과 같은 룸에 배치되어 있었다. 나는 전임자 B 대위로부터 사령관 가족 관련 사항과 관심사항 등 업무수행에 필요한 자료를 넘겨받고 참고할만한 얘기를 들었다. 군사령관 전속부관은 일반적 업무를 수행하는 직책이 아니고 군사령관의 일거수일투족을 살피고 쫓아가야 하는 직책이기 때문에 나 스스로 지켜야 할 몇 가지 원칙과 기준을 세워 준수하고자 했다.

　　첫째는 군사령관 개인은 물론 가족 관련 사안을 밖으로 유출하지 않겠다고 했다, 둘째는 군사령관의 공적 업무는 합리적이고 적시에 유용하게 처리되도록 관계자들과 정보를 공유하겠다고 했다. 셋째는 개인적으로 군사령관의 지위를 도용하여 오만함과 건방진 행동을 삼가겠다고 했다. 나는 이 3가지 기준을 반드시 지키겠다는 각오를 하고 원주 생활을 시작했다. 육대를 나왔고 육대교관도 했으므로 군사업무에 대한 군사령관의 지침을 이해하고 이행하는 데는 어려움이 없었다. 하지만 사적 업무를 보좌하는 데 거리감이 쉽게 좁혀지지 않았으며 군사령관 가족들과 친숙해지는 데도 많은 시간이 소요되었다. 군사령관은 비교적 자상한 편이었지만 때로는 물질적, 사적 사안에 관심이 많은 것 같기도 하여 실망을 주기도 했다.

군사령관을 보좌하면서 군사령관 의도, 지시사항, 관심사항을 빠짐없이 숙지하고자 했다. 그 목적은 업무 관련 해당 참모와 실무자에게 정보를 공유하고 도움을 주고자 하는 데 있었다. 전속부관은 잠자는 시간을 제외하고 군사령관과 함께 움직이고 군사령관 말씀을 듣고 행동을 보게 되었다. 출퇴근 시 차량에 동승하고 관사와 사무실에서 손발이 되곤 했다. 이런 가운데 군사령관이 특정 업무에 대한 본인의 복안을 얘기하고 의견을 물을 때도 있었으며 혼자 말로 되새기는 것도 들을 수 있었다. 나는 이럴 때마다 말씀 내용을 기억하고 관련 참모부에 전달하여 업무에 참고하라는 당부를 잊지 않았다. 군사령관은 궁금한 사항을 묻고자 가끔 인터폰으로 관련 과장을 호출하도록 지시했다. 이때 호출당한 과장은 대부분 대령 계급이었다. 그들 중 많은 사람들이 당해 연도에 장군 진급 대상자들이었기에 군사령관 의도를 따르려고 애썼다. 군사령관의 지시를 받고 군사령관께서 찾으신다고 해당 과장에게 알리면 그는 군사령관이 예고 없이 찾으셨으니 이유가 궁금할 수밖에 없었으며 궁금증을 조금이라도 풀 수 있는 정보가 긴요했던 것이다. 이런 경우 해당 과장은 전속부관인 나에게 왜 호출하셨는지 묻고 힌트가 될 수 있는 정보를 요청했다. 물론 군사령관께서 그 과장을 부른 이유에 대해 나에게 별도 말씀이 없었으므로 나도 알 수 없는 상황이었다. 그러나 나는 최근에 업무 관련 군사령관이 언급했던 말씀을 기억하고 군사령관께서 이런 말씀을 하시던데 혹시 그것 때문에 부르시지 않았을까 생각된다면서 첩보를 드리곤 했다.

　나와 통화가 끝나자마자 호출받은 과장은 내가 드린 첩보를 토대로 무장하고 내 방으로 왔다. 그 과장이 군사령관실에 들어가기 위해 머리도 빗고 복장을 단정히 챙기면 나는 군사령관께 부르신 과장이 들어가겠다고 인터폰으로 말씀드린 후 과장에게 군사령관실 방문을 열어드렸다. 군사령관실에 들어간 과장은 군사령관과 대화를 나누고 몇 분 후 군사령관실을 나와 긴장된 얼굴을 펴면서 나에게 고마움을 표하는 경우가 많았다. 내가 드린 첩보를 단서로 답변을 구상하고 들어갔기 때문에 당황하지 않고 말씀을 드릴 수 있었다. 이럴 때마다 해당 과장은 나에게 감사하다고 말했다. 예하부대에 하달하는 지휘서신을 작성하는 과정에서도 해당 참모부 담당자는 며칠간 늦은 밤까지 야근하면서 군사령관께 보고 준비를 했다. 하지만 군사령관이 표현하고자 한 내용이 누락되는 경우가 많았으며 이때마다 나는 군사령관께서 말씀한 표현을 그대로 넣도록 알려주었다. 그 문서를 결재하는 과정에서 군사령관은 흡족하셨고 지휘서신은 쉽게 결재되었다. 상급부대 행사일정, 참모총장과 국방부 장관 등 주요 인사의 특별한 동정도 파악하여 차내에서 군사령관께 말씀드리기도 했다. 이처럼 단순히 군사령관의 개인적 보좌를 넘어 필요한 정보를 해당 부서에 전달하고 공유하는 메신저 역할을 했다. 전속부관으로서 군사령관의 눈과 귀, 그리고 입이 되었다. 그 당시 장군 처장과 과장급 장교들은 사관학교 선배들이 많았다. 내가 거만하거나 건방지지 않고 업무 관련 군사령관 의도와 복안을 적재적소에 전달하면서 실질적인 도움을 드렸기에 그분들로부터 호평을 들을 수 있었다.

사람 이름을 잘 외우고 오래 기억할 수 있는 두뇌도 전속부관 직책에서 유익했다. 군사령부에 약 50여 명의 장군급 처장과 대령급 과장이 있었다. 이들의 신상은 각각 상이할 수밖에 없어 출신 구분이 다르고 고향이 다르며 병과도 똑같지 않았다. 아울러 군사령관은 4성 장군이고 군내 서열이 높아서 많은 인사가 공적·사적으로 찾아왔으며 이들과 군사령관의 관계도 각양각색이었다. 전속부관은 군사령부 주요간부들 신상을 머리에 담고 있을 뿐 아니라 군사령관을 찾아오거나 군사령관이 찾아가 접촉한 공적인사들을 기억해야 했다. 언제 어느 장소에서 무엇 때문에 만났음을 알고 있어야 했으며 전속부관은 수첩이 되어야하고 두뇌 역할도 해야 했다. 그뿐만 아니라 군사령관이 기억하지 못한 사건이나 사람의 이름을 묻고자 운을 떼면 그 자리에서 답변을 드려야 했다.

군사령관께서 "부관! 며칠 전에 내 방에 찾아온 그 장군 이름이 뭐였지?" 하고 물으시면 "예, 그 장군 이름은 ○○인데 육사 ○○기이고 모 부대에서 ○○처장을 하고 있습니다."라고 답변을 드렸다. 또한, 가끔 "부관! 지난번 ○○부대에서 화력 시범했던 날짜가 언제였지?"하고 물으시면 "예, ○○월 ○○일 ○○시에 ○○훈련장에서 있었습니다."라고 답변드렸다. 이것뿐이 아니고 군사령관보다 더 신경 써야 할 분이 또 있었다. 다름 아닌 군사령관 부인이었다. 주변에서는 사모님으로 호칭했다.

　요즘도 그렇지만 그 당시도 장군들은 대부분 서울에 자가가 있어 부인은 서울에 거주하면서 주말이면 남편을 만나러 오곤 했다. 군사령관 부인도 어김없이 주말이면 공관에 머물다가 월요일 오전에 서울로 돌아갔다. 부인을 모시는 운전병이 별도로 편제되어 있었고, 군사령관 부인 근황과 관심 사항은 이 운전병을 통해 들을 수 있었다. 군사령관 부인은 청탁이 많았다. 가끔 서울에 회의가 있어 군사령관을 모시고 갔다가 원주로 복귀할 때는 군사령관 부인이 동승할 경우도 있었다. 이때도 빠짐없이 청탁 사안이 어떻게 추진되고 있는지 물었다. 나는 관심을 갖고 있었으므로 자료를 보지 않고도 차안에서 소상하게 개인별 진행 상황을 알려드렸다. 이때 당사자 이름을 조목조목 대면서 조치내용을 말씀드리면 군사령관과 부인은 나에게 머리 좋다고 칭찬을 아끼지 않았다.

　본인들이 궁금했던 사안이나 이름, 청탁 건을 상세하게 답변하고 알려드렸으니 그랬으리라 본다. 나는 사람 이름을 포함하여 인적 사항을 기억하는 데 남다른 두뇌가 있다고 생각한다. 소대장 때부터 전역에 이르기까지 매 직책마다 가까이 함께했던 사람들 이름을 지금도 대다수 기억하고 있다. 이름을 잘 기억하는 머리는 어려서부터 가지고 있었던 것 같다. 초등학교 시절 아버지께서 마을 이장을 하실 때 국회의원 얼굴이 찍힌 포스터가 집으로 배달되면 아버지는 그것을 안방 벽에 붙여 놓으셨다. 나는 그 벽보를 아침저녁으로 보면서 지역구 의원과 유정회 의원으로 구분된 수백 명의 국회의원 이름을 알게 되었다. 그들의 이름을 군이 외우고자 노력하지 않아도 자동적으로 머리에 기억될 만큼 두뇌가 작동했다.

　반면 나는 식물명과 꽃 이름 등은 잘 기억하지 못했다. 그래서 고교 시절 생물 과목에 흥미를 갖지 못했다. 군사령관은 여러 분야에 호기심이 많은 분이었고 가끔 시상(詩想)도 했다. 승용차를 타고 고속도로를 달리다가도 "부관 저기 보이는 산이 무슨 산이지?" 묻기도 하고 국도를 달리다 길가에 꽃을 보고 "저 꽃 이름이 뭐지?"하고 물을 때가 있었다. 산은 지형이라 그런대로 이름을 알고 답을 했지만, 나무와 꽃 이름을 물으실 때는 여러 차례 "잘 모르겠습니다.", "죄송합니다"라고 했다. 군사령관께서 한편으로는 내 머리가 나쁘다고도 생각했을지 모른다. 이래저래 정신적, 육체적으로 24시간 얽매인 생활에 꽃 이름, 나무 이름까지 스트레스를 주었으니 부관 직책은 쉬운 자리가 아니었다. 훗날 나도 사단장, 군단장, 연합사 부사령관을 역임하면서 전속부관을 데리고 복무했지만 군사령관 부관 시절에 업무 외 사적인 것을 물었을 때 답변하지 못함으로써 느꼈던 스트레스를 그들에게 주지 않기 위해 각별히 유의했다.

전속부관은 지휘관의 가족사를 공식적, 비공식적 루트를 통해 많이 알게 된다. 아들이 몇 살이며 어느 대학을 나왔고 장가를 갔는지 등 소소한 것까지 들을 수 있었다. 군사령관은 아들만 둘이었는데 큰아들은 결혼하여 모 국책연구소에 재직하고 있었으며, 작은아들은 미혼에 모 대기업 평사원으로 근무하고 있었다. 전속부관은 자연스럽게 군사령관 가족들을 만날 기회가 생겼으므로 사교성을 갖고 그들과 친숙하게 지냈어야 했는데 그렇게 하지 못했다. 이는 내가 나이도 있었고 공적으로 군사령관을 모시는 입장이지 군사령관의 사적 영역은 나의 업무가 아니라고 생각했기에 그랬던 것 같았다. 어느 날, 군사령관의 외박이라서 서울에 모시고 갔다. 군사령관 댁은 신당동에 있었으며 2층 단독주택이었고 반지하방에는 가정부가 기거하고 있었다. 서울 자택으로 모시고 가면 나는 그 반지하 가정부방에서 대기를 해야 했으니 여간 불편하지 않았다. 하지만 군사령관과 부인은 내가 그런 환경에 불편할 거라는 생각을 갖고 있지 않은 것 같았다.

어느 날, 군사령관 서울 숙소에서 대기하던 중 1층 식탁에서 군사령관 작은아들과 상면하고 그와 몇 마디 대화를 나누게 되었다. 그때 내 나이는 35살이었고 그의 나이는 27살이었다. 나는 그가 나보다 나이도 훨씬 적고 군사령관 아들이므로 가족 같은 분위기에서 대화를 하고 싶어 자연스럽게 말을 낮춰 얘기를 나눴다. 그러나 작은아들은 내가 본인한테 존댓말을 사용하지 않고 하대를 해서 기분이 좋지 않았는지 이를 어머니인 군사령관 부인한테 일렀다. 1980년대 초에는 군 장성 자녀들이 전속 부관이나 관사에서 근무하는 당번병들을 하인처럼 취급하는 후진적 계급의식을 잠재적으로 가지고 있는 경우가 많았다. 군사령관의 작은아들도 그러한 생각을 가졌던 것 같았다. 외박이 끝나고 서울에서 부대로 복귀하게 되었다. 군사령관과 부인이 승용차 뒷좌석에 앉고 나는 운전병 옆 앞자리에 앉아 어둠을 가르면서 서울 – 원주 간 고속도로를 달렸다. 그런데 다른 날과 달리 군사령관과 부인은 아무런 말씀도 하지 않고 궁금했을 사병 청탁 건도 질문하지 하지 않았다. 캄캄한 어둠이 차안을 냉방처럼 만들고 침묵이 길어진 가운데 자동차는 어느덧 원주 톨게이트를 지나 공관에 도착했다. 공관 현관 앞에서 자동차 문을 열어드리고 짐을 내려서 넣어드린 후 별채에 있는 내 방으로 들어왔다. 옷을 벗어 던지고 샤워를 하려고 수도꼭지를 트는 순간 인터폰 벨소리가 울렸다. 수화기를 들자 군사령관께서 호출한 목소리가 들렸다. 옷을 다시 입고 불이 나게 달려가 공관 문을 노크하니 군사령관은 화나는 목소리로 들어오라고 소리를 질렀다. 신발을 벗고 거실에 들어가자 군사령관과 부인이 나란히 소파에 앉아 있었다. 군사령관은 나를 보자마자 고함치듯이 꿇어앉으라고 했다. 4성 장군인 대장이 소령에게 호통을 치니 당황한 나머지 공황 상태가 되다시피 했다. 지시대로 무릎을 꿇었지만, 몹시 자존심이 상했고 무엇을 잘못했기에 이런 모욕을 주는지 알 수 없었다.

더군다나 군사령관만 있는 자리라면 상관이고 계급에 대한 권위가 있어 수긍할 수 있었는데 부인 앞에서 수모를 당한 것 같아 참으로 견디기 어려웠다. 이렇게 군사령관으로부터 질책을 받게 된 배경은 작은아들에게 있었다. 그는 내가 그에게 하대했다고 엄마에게 일렀고 부인은 그것을 군사령관에게 말했다. 군사령관은 네가 뭔데 자기 아들한테 하대하였느냐고 호통을 친 것이었다. 한술 더 떠서 부인까지 나를 질책했다. 이런 분을 모시는 것에 자괴감이 들었고 그만두고 싶었다. 돌이켜보면 내가 군사령관 아들에게 존댓말을 하지 않은 것이 적절한 행동이 아닐 수 있고 나이 차가 많아도 상호 존대하는 것이 인격적으로 바람직하다는 생각이 든다. 그렇다 하더라도 부관을 조선 시대 하인처럼 취급하는 두 내외의 의식과 거친 언어, 아들의 태도는 가슴에 상처가 되어 지금까지도 아물지 않고 있다. 내가 4성 장군일 때 부관과 나의 아들 관계가 내가 겪었던 시절의 상황과 똑같았지만, 부관이 두 아들에게 하대하든 존대를 하든 그도 내 자식 같다는 동질감을 가졌기 때문에 나는 신경 쓰지 않았다.

호남 지역에서는 수업 시간에 무단으로 수업을 받지 않고 빠지는 행위를 '빠구리'쳤다고 한다. 요즘 말로 하면 땡땡이와 동의어일 것이다. 나는 초등학교부터 사관학교에 이르기까지 수업 시간에 의도적으로 빠져본 적이 딱 한 번 있었다. 그러나 수시로 수업 시간을 빼먹고 땡땡이치는 학생은 걸리지 않고 한번 빼먹은 나는 운 없게 적발되어 선생님한테 질책을 들은 적이 있다. 자주 빠진 학생이 땡땡이 칠 때는 출석을 부르지 않다가 내가 빠진 날은 출석을 호명하였으니 재수가 없었다고 볼 수밖에 없었다. 이런 현상을 겪다 보니 인생을 살면서 나는 공짜를 좋아하거나 요행을 바라지 않는다. 정직하게 노력한 만큼 성과를 얻겠다는 태도와 뿌린 만큼만 거두겠다는 가치관을 갖고 산다. 내가 땡땡이를 딱 한번 치고 운 없이 걸린 것처럼 모시고 있던 군사령관이 뜻밖에 곤욕을 치른 사건이 있었다.

1984년 6월 6일 현충일, 공휴일이었고 특별한 행사도 없었던 그날 군사령관은 전속부관인 나도 모르게 가족들을 헬기에 태우고 설악산 대청봉에 갔다. 이른 아침, 공관에 출근해 보니 군사령관이 부재중이어서 공관장에게 물어보니 가족들을 헬기에 태우고 설악산 구경 갔다는 것이었다. 군사령관이면 4성 장군에다가 쉬는 날이므로 그러려니 생각했지만 옳은 행동이 아니라서 그런지 전속부관인 나한테 알려주지 않은 것 같았다. 군사령관이 멀리 갔으니 긴장을 늦추고 평온하게 현충일을 보내고 있는데 책상 위에 놓인 전화기 벨 소리가 울렸다. 전화기를 들고 귀에 데니 전두환 대통령이 불시에 야전군 전투준비태세를 확인하고 독려하기 위해 용인에 ○○군사령부 순시를 마치고 원주 ○○군사령부로 향했다는 당직 사령관의 음성이 들렸다.

그러나 군사령관은 설악산에 갔고 군사령관과 연락할 수 있는 방법도 없었다. 이런 마당에 다른 분도 아니고 대통령이 불시 점검 목적으로 군사령부를 온다니 이만저만 큰일이 아닐 수 없었다. 요즘은 스마트폰이 있어 어디에 있던 연락이 가능하지만, 그때는 이동 통신수단이 발달하지 못해 무전기 통달거리 내에서만 의사소통이 가능했다. 시간은 점점 흐르고 대통령이 탄 헬기가 원주 근처로 접근하고 있는데 군사령관은 오리무중이라서 애간장이 탔다. 이윽고 대통령을 태운 헬기가 군사령부 헬기장에 착륙하자 헬기 엔진소리가 유난히 크게 들리면서 감당하기 어려운 일을 예고하는 것 같았다. 헬기장에 내린 대통령은 휴일 비상대기 장군인 인사처장 윤모 준장의 영접을 받고 군사령관 집무실로 안내되었다. 대통령이 군사령부에 와 있지만, 군사령관이 부재중이라서 안절부절못하고 있는데 상공 어디선가 헬기 비행 소리가 들렸다. 잠시 후 군사령관 탑승 헬기가 공관 헬기장으로 들어오고 있었다. 나는 군사령관이 헬기장에 내리면 곧장 군사령부로 모시고자 전투복과 모자, 권총 등 복장을 승용차에 준비한 상태에서 대기하고 있었다. 군사령관은 설악산에서 복귀하면서 중도에 조종사의 무전기를 통해 코드#1이 군사령부에 와 있음을 이미 알고 있었기에 헬기에서 내리자마자 번개처럼 승용차에 탑승했다. 나는 마음이 급해 문도 닫기 전에 운전부사관에게 출발을 지시했다. 군사령관은 등산복 차림을 허울 벗듯이 벗어던지고 승용차 안에서 군복으로 갈아입었다. 군사령관을 태운 승용차는 쏜살같이 달려서 눈 깜박할 사이에 군사령부 정문에 도착했다. 군사령부 정문은 대통령이 와있었으므로 바라게이트로 2중 3중 막혀 있었고 초병과 함께 청와대 경호원들이 검문검색을 하고 있었다. 나는 문을 열고 경호원에게 군사령관께서 차 안에 타고 계심을 알려주었다. 승용차가 정문을 통과하여 군사령부 현관에 도착하자 군사령관은 내가 승용차 문을 열기도 전에 문을 박차고 허겁지겁 집무실로 뛰어 들어갔다. 군사령관을 내려드리고 부속실로 들어가려는데, 이때 누군가 나를 붙잡더니 내 사무실 앞에 있는 공보관실로 나를 끌고 들어간 것이었다. 그는 나에게 군사령관이 어디 다녀왔으며 왜 이렇게 늦게 왔느냐 등 베일에 덮인 군사령관의 행적을 취조했다. 그러나 나는 군사령관은 관내 순시 중이었고 최대한 빠르게 현지에서 돌아오셨다고 거리낌 없이 거짓말로 군사령관을 보호했다.

그분은 내가 정직하게 얘기하지 않으면 처벌하겠다고 압력과 협박을 가하기도 했다. 이에 나는 당신이 누구인데 나에게 강압적으로 이런 태도를 보이느냐고 따지기도 했다. 나중에 알고 보니 그분이 5공 청문회에서 의리의 화신으로 유명해진 장모 경호실장이었다. 그때 나를 붙잡고 캐물은 분이 장모 경호실장인 줄 알았다면 군사령관이 늦게 된 이유를 이실직고하지 않았을까, 생각해보면서 무지(無知)와 용기는 가까운 친구임을 경험할 수 있었다. 이 사건 이후 군사령관의 신상에 문제가 발생하여 불명예스럽게 전역하게 되면 어쩌나 우려하였지만 기우였다. 군사령관은 약 1년 후 합참의장으로 영전했다. 아마 군사령관 부인이 대통령 영부인과 관계가 있다고 들었기에 탈 없이 무사했던 것 같았다. 군인과 공직자에게 공과 사의 명확한 구분은 중요한 덕목이다. 가족을 헬기에 태우고 사적 활동을 했다는 것은 이해하기 어려운 행동이었다. 고급제대 지휘관으로서 부끄러운 단면을 보여줘 유감스러웠다.

매년 10월 1일은 국군의 날이며 국군의 날 기념행사가 열렸던 곳은 여의도광장이었다. 지금은 공원과 고층빌딩들이 들어서 있지만 내가 군사령관을 모시고 있던 전속부관 시절에는 아스팔트가 깔린 광장이었다. 기념행사는 대통령과 외국 귀빈들을 포함하여 군 지도자, 정치, 경제, 언론 등 여러 분야 인사들이 대거 참석한 가운데 전후방 각급 부대와 사관학교 생도, 학군 후보생, 예비군 등이 태권도 시범, 열병, 사열, 고공낙하, 공군 에어쇼 등으로 약 2시간 동안 진행되었다. 어느 나라든 주권국가는 외침으로부터 국토를 방위하기 위해 군대를 보유하고 적절한 시기마다 군사력을 대외에 과시할 기회를 갖는다. 우리나라는 휴전에 의해 남북으로 분단된 상황에서 이념적, 군사적으로 대치하고 있다. 남과 북은 한 치의 양보도 없이 군비경쟁을 통해 군사력 우위를 추구하고 많은 국가 예산을 국방력 건설에 투자하고 있다. 1970년대 중반까지는 북한이 한국 대비 군사력의 절대 우위는 물론 더 많은 재원을 국방비에 투자하였으나, 그 후부터 경제성장과 자주국방 노력으로 한국이 북한을 앞설 수 있었다. 국군의 날에는 국군의 위용을 세계만방에 과시한다. 그뿐만 아니라 새로운 무기체계를 선보여 대외적으로는 북한이 무모한 도발을 포기하도록 하고 내부적으로는 우리 국민에게 군을 믿고 안보 불안을 품지 말라는 메시지를 보내게 된다.

내가 군사령관 전속부관을 하고 있던 1984년에도 여의도에서 국군의 날 행사가 거행되었다. 그해 10월 1일 오전 10시에 여의도광장에서 제36주년 국군의 날 행사가 있을 예정이라서 신당동 자택에서 여의도까지 군사령관과 부인을 모시고 예정된 시간에 맞춰 행사장에 도착했다. 요즘은 자동차로 인해 서울 시내 교통을 예측할 수 없지만, 당시는 네이비게이션 없이도 목적지 도착시간을 예측할 수 있었다. 교통체증으로 인해 약속 시간이나 행사 시간에 늦어본 적은 없었다.

여의도 광장에 도착하여 군사령관을 단상에 내려드리고 주차장으로 들어가 대기하면서 라디오로 행사 실황을 들었다. 행사가 거의 끝날 무렵이 되니 주차장에 있던 모든 차들이 시동을 켰으며, 행사가 종료되었다는 말이 떨어지자 모시고 온 VIP를 태우기 위해 경주라도 하듯이 사열대 쪽으로 달려갔다. 그러나 내가 타고 있던 차는 행사장에 일찍 도착해서 맨 뒤 줄 코너에 주차하게 되다보니 꼼짝도 할 수 없는 상황에 봉착했다. 다른 차가 전부 빠져나가야 군사령관을 모시러 갈 수 있었다. 운전부사관과 함께 속이 타고 안절부절못하였지만, 그저 기다릴 수밖에 도리가 없었다. 이윽고 다른 차들이 빠져나가자 운전부사관은 쏜살같이 차를 몰아 단상 아래 도착했다. 단상에는 사령관 내외분만 남아 있었다. 얼른 차 문을 열고 군사령관의 승차를 도와 드렸지만, 군사령관 얼굴은 이미 몹시 일그러져 있었다. 불편함이 하늘을 치솟는 상황에서 군사령관 내외를 모시고 승용차는 신당동 자택을 향해 달렸다. 창밖의 한강물은 여전히 서울을 품은 채 서해로 흐르고 있었지만 잠시 후 군사령관 입에서 나온 거친 어투는 나와 운전부사관의 뒤통수를 사정없이 내리쳤다. 모두 행사가 끝남과 동시에 자동차를 몰고 와서 자기가 모신 분을 태워 갔는데 너희 돌대가리들은 맨 나중까지 자기를 단상에 남게 했다면서 화를 참지 못한 모습이었다. 물론 함께 참관했던 분들이 단상을 떠나고 부인과 두 분만 남았으니 군사령관이 크게 화를 내실만 하다고 생각했다. 하지만 부인이 옆에 앉아계셨으므로 참아주셨으면 좋았을 것 같았다. 국군의 날은 나에게도 생일날과 같았는데 감당하기 어려울 만큼 꾸중을 듣고 질책을 받았다. 그해 국군의 날은 기쁘고 행복한 생일날이 아니었던 것으로 기억된다.

군인에게 진급은 성공의 바로미터(barometer)라고 할 수 있다. 군은 계급사회이며 계급에 의해 상하가 구분되고 위계가 결정되므로 누구나 진급에 지대한 관심과 기대를 하기 마련이다. 진급의 하이라이트는 대령에서 장군으로 올라가는 것이다. 군사령관은 군사령부 내의 대령에서 장군 진급 대상자를 선별하여 서열을 매기고 육군본부에 추천하는 권한을 가지고 있었다. 그러므로 대령 장교들은 그해 모든 에너지를 쏟아 업무를 수행하고 군사령관에게 주목을 끌 수 있는 과제를 발굴하여 실적을 올려야 했다. 진급 시기가 가까워지면 야근도 많이 하고 보고 건도 자주 만들어 군사령관께 눈도장을 찍기 위해 애쓰는 모습을 볼 수 있었다. 한편 군사령관은 다른 부대보다 자기 부하를 더 많이 진급시켜야 묵시적으로 권위와 위상이 높아지는 효과를 얻을 수 있었기 때문에 물심양면으로 육군본부 인사참모부장과 참모차장, 참모총장한테 접근하기 위해 노력했다. 여기에는 군사령관 부인도 한몫을 담당한 것 같았다.

1984년 늦은 여름 어느 날, 군사령관은 나에게 특명을 내렸다. 내용은 봉투에 현금 ○○백만 원을 담아 주면서 목포 남농 선생님께 갖다 드리고 그분의 그림 ○○점을 받아오라는 것이었다. 나는 군사령관 지시에 따라 이른 아침 승용차를 타고 목포로 내려가 남농 선생님 댁을 찾아갔다. 선생님은 이미 군사령관으로부터 연락을 받았으므로 내가 올 줄 알고 있었으며 가정부는 나를 화실로 안내해주었다. 남농 선생님은 화실 중앙에 앉아 나를 반갑게 맞아 주었다. 나는 그분께 군사령관의 지시대로 현금이 들어있는 봉투를 드리고 준비해 놓은 그림을 건네받았다. 그림값을 받아든 남농 선생님은 젊은이가 멀리 왔는데 수고의 보상으로 본인이 그림 한 점을 그려주겠다면서 세 뼘 크기의 그림을 순식간에 그리더니 둘둘 말아 나에게 주었다. 허긴 남농 선생님은 당대 최고의 산수화가로서 명성을 떨치고 있었다. 그분께서 직접 그려준 그림 한 점은 나에게 소중한 보물이었다. 선생님은 그 후 2년 지나 작고했다. 그림을 받아 늦은 밤 원주에 도착하여 군사령관께 드렸더니 군사령관은 그것을 펼

처보고 무척 만족한 표정을 지었다. 나는 그 그림이 어디에 쓰였는지를 쉽게 짐작할 수 있었다. 그해 군사령부에서 대령 장교 2명이 장군으로 진급했다. 과거 숫자만큼 진급자를 배출했다. 육사 출신 군사령관이 아닌 핸디캡을 갖고 있으면서도 부하들 신상에 대해서는 적극적으로 활동한 결과라고 생각되었다. 바늘구멍처럼 좁은 장군 진급이라서 실력과 인품만으로 진급하기 어려워 플러스알파가 작용했던 것 같았다. 군인의 진급은 철저하게 능력주의에 따라 이루어져야 하며 능력의 평가 역시 공정한 잣대로 해야 할 것이다. 아울러 출신 구분별 능력 차이가 불가피한 점을 인정하고 출신 구분 할당제를 공정성 보완제도로 시행할 수 있겠지만 그렇다고 역량이 현격히 뒤떨어진 사람을 할당제 때문에 장군으로 진급시키는 것은 막아야 한다.

○○군사령부에서 군사령관 전속부관으로 복무하면서 취약했던 주변 환경을 다소 개선할 수 있었다. 한편 작전 직능을 가진 장교이므로 작전 직위 참모장교 경력을 쌓고 보완해야 했다. 나는 군사령관 전속부관을 하기 전(前)까지는 장군을 한 사람도 알지 못해 인맥 형성이 제로였다. 그럴 수밖에 없었던 것은 흙수저였고 그동안 경력에서 장군에게 발탁될 수 있는 보직을 가져보지 못했기 때문이었다. 나는 군사령관 전속부관을 하면서 오만하거나 버릇없는 태도를 보이지 않았다. 본질에 충실하면서 군사령관 의도와 관심사항을 공유하여 처장과 과장들의 업무수행에 도움을 주었다. 그 결과 이분들로부터 좋은 평가를 받았으며, 그분들은 나를 기억해주고 칭찬해주었다. 보안 부대장이셨던 17기 조모 대령, 인사처장 17기 윤모장군, 정보처장 16기 이모 장군, 작전처장 16기 이모 장군, 작전과장 19기 손모 대령, 정보과장 20기 전모 대령, 교육과장 19기

변모 대령, 감찰참모 19기 최모 대령 등은 모두 장군으로 진급한 분들이었고 몇몇 분은 3성 장군까지 되어 군 발전에 크게 이바지했다. 이분들이 때로는 진급 심사위원으로 들어가 나를 높게 평가해주었고 진급에서 선두를 놓치지 않도록 나에게 도움을 주셨다.

반면 군사령관 부관은 전문성이 요구되는 보직이 아니기 때문에 작전 직능을 가진 나에게 경력 면에서 강점이 될 수 없었다. 가급적 1년 이내에 전속부관 직책을 마치고 전문보직을 찾아야 경쟁력을 갖출 수 있을 것으로 생각했다. 군사령관은 내가 중령으로 진급하여 대대장을 나가게 될 때까지 곁에 있어 주기를 희망했다. 하지만 나로서는 다음 해 8월 무렵까지 전속부관을 하게 되면 소령 계급에서 쌓은 경력이 상대적으로 낮게 평가받을 것 같아 전속부관 직책을 장기간 수행해서는 안 될 것으로 판단했다.

1984년 늦은 가을, 철야 야간 훈련이 있었다. 그 당시는 북한군 도발이 빈번했고 우리 군도 야간작전을 중요하게 인식한 상황이었으므로 야간 위주 훈련을 강조했다. 이에 따라 주야간 근무와 일상을 교대하여 낮에 자고 밤에 근무하는 훈련을 분기마다 2박 3일 시행했다. 아침에 퇴근하여 주간에 취침과 휴식을 취하고 저녁에 출근하여 야간에 업무를 수행하는 형식이었다. 2박 3일 훈련을 전군이 동일하게 시행함으로써 상하급 제대가 일치된 사이클로 업무를 수행했다. 야간적응훈련 기간이라서 모든 구성원이 밤잠을 자지 않고 업무를 해야 하지만 연세가 있으신 군사령관이 집무실 책상에 앉아 철야로 업무를 수행하는 것은 생리적으로 불가능했으므로 군사령관은 심야가 되면 내실에 들어가 잠을 청했다. 나는 군사령관이 주무실 때 침실을 준비해드렸다.

어느 날, 군사령관께서 편히 주무실 수 있게 이불을 깔아드리고자 내실에 들어갔다. 군사령관께서 책상에 앉아 계실 때보다 훨씬 감성적으로 접근할 수 있었기에 이 기회를 이용하여 보직 문제를 꺼내 말씀드리고 싶어 어렵게 입을 열었다. 전속부관을 하면서 군사령관님 사랑과 가르침을 받고 있어 영광이지만 장차 동기생들과 진급을 포함하여 군의 지도자가 되는 경쟁에서 밀리지 않으려면 직능에 걸맞은 경력을 쌓아야 하기 때문에 전속부관을 1년만 하고 내년 1월 초에 야전 사단급 부대로 나가고 싶다고 말씀을 드렸다. 그러나 군사령관은 예상한 대로 대대장 나갈 때까지 자기 곁에 있는 조건이었는데 무슨 소리냐 하는 것이었다. 나는 그 자리에서 더 이상 말씀을 드리기에 적절하지 않을 것 같아 아무 대꾸도 하지 않은 채 편히 주무시라고 말씀드린 후 밖으로 나왔다.

하지만 이왕 말을 꺼냈으니 가부간 조기에 종결을 짓겠다는 생각을 갖고 내 혼자만의 노력으로 군사령관 마음을 돌릴 수 없을 것 같아 도움이 될 분을 찾아보았다. 그렇다면 누구의 도움이 효과적일까? 군사령관이 누구 말을 귀담아들을 수 있을까? 곰곰이 머리를 돌려보니 보안부대 조모 부대장과 인사처장 윤모 장군이었다. 이튿날 야간에 출근하여 보안부대장과 인사처장을 찾아가 소상히 내가 처한 현실을 말씀드리고 도움을 요청했다. 그분들은 나의 의견에 전적으로 동감하고 군사령관께 시간 내서 말씀드리겠다고 약속해 주었다. 며칠 후 조모 부대장과 윤모 장군은 군사령관께 부관 앞길을 위해 풀어주셔야 한다는 당위성을 말씀드리고 군사령관을 설득했다. 두 분의 말씀을 듣고 군사령관께서는 나에게 야전 사단으로 꼭 나가야 하느냐고 다시 물었다. 나는 경력관리를 위해 불가피함을 용서해달라고 정중히 말씀드렸다. 군사령관은 내가 약 1년 동안 손발이 되어 불편함이 없는 상태인데 전속부관이 바뀌게 되면 초기에 어려움이 있을 것 같아 더 붙잡고 싶어 했다. 나의 의향을 알고 계신 가운데 주변 참모 건의를 받았으니 군사령관은 어쩔 수 없이 나를 풀어주었다. 그러면서 후임 부관을 나만큼 유능한 장교로 선발하도록 지시하였고 나는 인사 담당 과장에게 군사령관 의도를 전달하면서 신속히 후임 전속부관을 선발하라고 부탁했다.

그해 12월 초순, 34기 정모 대위(진)를 전속부관으로 추천한다는 인사담당자의 의견이 들어왔다. 그의 자력을 살펴보고 몇 군데 전화하여 성품과 외형 등을 알아보니 공통적으로 훌륭한 장교로 평가되어 후임 전속부관 추천 관련 건으로 군사령관께 보고드렸다. 군사령관은 나만큼 잘해야 한다는 말씀을 거듭 강조하고 승낙했다. 군사령관이 승인하였으므로 나는 인사계통에 하루라도 빨리 명령을 내서 데려오도록 독촉하고 내가 갈 수 있는 보직을 찾아보았다. 마침 ○○사단 ○○연대 작전과장이 공석이었기에 그곳에 갈 수 있도록 보직 명령을 의뢰했다. 1985년 1월 13일, 군사령관의 전속부관을 마치고 연대 작전과장으로 옮기게 되었다.

나는 원주에서 1년여의 군사령관 전속부관 직책을 수행하면서 시야를 넓히고 시선을 한 단계 더 높일 수 있었다. 선배 장교들과 인적 네트워크를 구축할 수 있었다. 장군을 포함한 몇몇 선배들한테 능력을 인정받았고 겸손한 태도를 보임에 따라 인격적으로 호평을 받았다. 4성 장군의 리더십과 고민을 곁에서 지켜보고 인간적 매력도 느껴보았다. 그러나 공직자는 사익보다 공익을 앞에 두어야 하고 원칙과 본질에 벗어난 사고와 행동을 자제해야 한다는 점도 강하게 느꼈다. 지위가 높을수록 솔선수범하는 태도를 보여야 하고 개인적 욕망을 줄여야 함을 알게 되었다. 또한,

따뜻한 가슴을 갖되 머리는 차갑고 엄격하게 단련시켜야 훌륭한 지도자가 될 수 있다고 생각했다. 아무튼 원주 생활은 굴곡이 있었지만 끝은 큰 수확을 얻었다. 나는 원주에서 얻은 경험과 인적 네트워크를 바탕으로 발전을 거듭하고자 양구로 발걸음을 옮겼다.

　전속부관(Aide-de-camp, Adjutant)은 장성급 지휘관을 보좌하여 신변을 보호하고 사적, 공적 사무를 담당하는 장교이다. 일반적으로 여단장과 사단장은 중위 계급이, 3성 장군인 군단장은 대위 계급이, 4성 장군은 소령 계급 장교가 그 직책을 맡는다. 전속부관은 개인 비서 역할을 하므로 알게 모르게 모신 분의 사소한 영역까지 듣고 보고 인지하게 된다. 이런 과정에서 윗분의 인격과 성격, 도덕성, 가정, 지적 능력, 지휘 스타일 등을 접하고 존경하거나 때로는 실망하게 된다. 인간의 눈과 뇌는 타인의 장점보다 단점을 더 잘 보면서 장점은 금방 잊어버리고 단점을 오래 기억하는 것 같다. 나도 이런 인간임을 부정할 수 없기에 전속부관 시절에 겪었던 정신적 상처가 머리에 남아있다. 하지만 세월은 나를 좁은 강에서 넓은 바다로 나오게 했고 내 마음에 깨진 틈을 주어 햇살이 들어오게 했다. 이제는 선입견이나 과거를 휴지통에 넣을 나이가 되었으니 그 시절 행복했고 존경했던 것만 기억하려고 한다.

미군이 극찬한 이 소령(Major Lee)

1985년 1월 13일, 날씨도 몹시 추운 겨울, 공관에 가지고 있던 책과 옷 등을 2개의 라면박스에 넣고 짐을 챙겨 헬기 뒷좌석에 실었다. 그날은 군사령관께서 ○○사단장으로부터 신년 업무보고를 받는 날이라서 군사령관을 모시고 ○○사단사령부를 방문하게 되어 있었다. 당시는 매년 연초에 사단장들이 군사령관에게 그해 사단 목표와 실천과제를 보고하는 것이 연례적 행사였다. 군사령관께 오늘이 마지막 수행하는 날임을 말씀드리고 후임 부관과 함께 헬기에 올랐다. 그러나 마지막이라는 감정에 나도 모르게 코끝이 찡하고 눈시울이 뜨거워짐을 느낄 수 있었다. 정이란 고운 것도 있고 미운 것도 있는데 작별할 때는 고운 것만 기억되는 것 같았다. 헬기는 홍천을 지나 소양강 상공을 날고 있어 앞으로 10분 후면 군사령관 곁을 떠나게 된다니 1년여 모셨던 추억이 파노라마처럼 펼쳐졌다. 어느덧 헬기는 착륙 준비에 들어가고 ○○사단장 권모 소장은 미리 헬기장에 나와 기다리고 있었다. 그분은 키도 크고 미남이었다. 헬기가 착륙하자 사단장은 군사령관을 모시고 사단장 집무실로 갔으며 나와 후임 전속부관은 다른 지프차에 동승하여 사단사령부에 도착했다. 업무보고는 연대장 이상 지휘관이 참석한 가운데 기밀실에서 약 40분간 진행되었다. 업무보고가 끝나자 군사령관은 다음 목적지를 향해 떠나고 나는 ○○연대장 A 대령의 지프차에 올라 ○○연대본부로 향했다.

군사령관이 떠나자 나는 ○○연대장 지프차에 동승하여 연대본부에 도착 후 연대장에게 작전과장 보직을 신고하고 인접 참모들과 상견례를 했다. 연대장 A 대령은 육사 ○○기였으며 보안부대에서 오랫동안 재직함으로써 야전 경험과 군사 지식이 풍부하지 않은 것 같았다. 특히 보안사령부에서 근무한 경험이 있고 권력자의 그늘에서 성장함에 따라 권력에 대한 향수가 언행에서 자주 풍겼다. 나는 연대장의 성향과 능력의 유무를 떠나 맡은 직책에서 최고 수준의 업무역량을 발휘하고자 각오를 다지고 목전에 당도한 팀스피릿 훈련 준비에 들어갔다.

그해 팀스피릿 훈련은 춘천에 있는 ○○군단이 황군사령부 역할을 하였으며 그 예하에 ○○사단과 ○○사단이 배속되고 미(美) ○○사단이 작전 통제되는 형태로 구성되었다. 우리 연대는 미(美) ○○사단 예하 1개 연대전투단으로 참가하게 되었다. ○○군단사령부에서 훈련 준비를 위한 회의가 열릴 때면 나는 연대를 대표하여 참석하였다. 양구에서 춘천이 지금은 도로가 잘 닦아져 멀지 않지만 1980년 중반에는 육로보다 소양강 여객선이 훨씬 빠른 교통편이었다. ○○군단에서 회의가 있게 되면 이른 아침, 양구의 추운 칼바람을 맞으면서 뱃길로 춘천을 다녔던 기억이 남아 있다. 미군 부대에 작전 통제되어 팀스피릿 훈련을 하게 됨에 따라 연습을 준비하는 과정에서 애를 많이 썼다. 어학 능력과 많은 부수적 사항들이 요구되었다. 특히 브리핑 차트와 문서를 작성하고 영어를 구사하여 브리핑을 할 줄 알아야 했다. 작전과장으로서 기본업무도 수행하면서 연합부대가 되어 팀스피릿 훈련을 준비하다 보니 연대장에게 전술 상황을 보고할 기회가 잦았다. 나는 장교 보수교육 과정에서 전술 교리를 숙지하는 데 많은 노력을 했기에 팀스피릿 훈련 내용을 간파하고 연대장의 부족한 전술 지식을 보완하는 데 어려움을 느끼지 않았다. 그러나 군대는 교리보다 상관의 의도와 지침이 우선하는 조직이므로 지휘관이 참모의 업무에 태클을 걸고 잔소리가 많으면 담당 참모는 소모적 고생을 하게 되는 것이 군의 생리인 점을 감안, 연대장한테 능력을 인정받고 인간적으로 신뢰를 얻고자 노력했다. 연대장이 훈련에 대한 배경지식을 갖고 올바른 지침을 하달할 수 있도록 보좌한 결과 일이 효율적이고 효과적으로 진행되었다.

약 2개월에 걸쳐 훈련 준비를 마무리하고 사단장께 출동 신고 후 연대는 훈련지역인 여주와 횡성, 홍천 일대에 전개했다. 이어서 약 2주간, 공격작전과 방어작전을 시나리오대로 훈련하였으며 밤잠을 자지 않고 몰두함으로써 사고 없이 성공적으로 마칠 수 있었다. 그해 팀스피릿 훈련은 나에게 큰 경험적 자산을 쌓게 했다. 작전과장으로 부임하자마자 당면한 과제를 새로운 환경에서 성공적으로 마무리할 수 있었던 것은 참모업무 수행능력과 탄탄한 전술지식이 무장되어 있었기에 가능했다. 연대장을 포함하여 예하 지휘관, 참모가 경험이 미천했지만, 이들을 교육하고 준비시키는 데 나의 역량은 부족하지 않았다. 미군의 작전통제를 받는 연합구조에서도 의사소통과 협조가 원활히 이루어졌다. 처음 참가한 팀스피릿 훈련이었지만 기본이 튼튼했기에 업무를 주무할 수 있었다.

연대장 A 대령은 테니스를 좋아했으며 매주 수요일 오후와 주말이면 어김없이 테니스를 즐겼다. 전방 산골벽지에서 군인은 24시간 대기하는 삶을 산다. 그렇다고 여가를 보낼 수 있는 문화시설이 있는 것도 아니고 여행도 다닐 수 없어 연대장을 포함한 간부들은 테니스를 자주하고 운동 후 회식을 하면서 전우애를 북돋웠다. 나는 테니스를 생도 시절에 배웠으므로 비교적 이른 나이에 테니스를 칠 줄 알았다. 군사령관의 전속부관으로 있으면서 가끔 테니스 코트에 나가곤 했었다. 야전부대에서 지휘관과 참모들이 함께 테니스 운동을 하는 경우가 2종류였다. 하나는 매주 수요일 전투체육의 날 오후에 테니스를 하고 락카에서 맥주 한잔 마시거나 막국수 같은 단출한 음식으로 저녁식사를 하게 되는 경우였으며 또 하나는 대대장이나 참모의 전출과 전입이 있을 경우였다. 주요 간부의 전출입이 있을 때는 테니스를 하고 저녁 회식까지 하였는데 통상 수요일 전투체육의 날을 활용하거나 토요일 오후 시간을 이용했다. 특히, 전출자 환송 테니스는 운동경기 후 기념패도 수여하고 회식 음식도 생선회 또는 소고기 로스로 메뉴를 선정해 떠나는 사람을 후하게 대접하여 보냈다. 이때 비용은 참석자들이 공동으로 부담했다. 이렇게 간부들이 테니스 운동을 자주 했지만 작전과장은 상황을 적시에 파악하고 조치하는 직책이므로 연대장은 작전과장이 테니스 코트에 나오지 않고 상황실을 지켜주기 바랬다.

그러나 나는 임무를 잘 숙지하고 시스템을 갖추고 있었기 때문에 상황에 따라 테니스를 할 수 있다고 생각했다. 이런 생각을 갖게 된 것은 내가 소속된 ○○사단이 GOP 철책을 담당하지 않은 군단예비사단이기 때문이었다. 대적상황 대처에 시간적 리드타임이 있다고 본데서 기인한 것이다. 그해 5월 어느 수요일, 유난히 날씨가 쾌청한 날이었다. 연대장은 그날도 오후가 되자 어김없이 테니스 코트에서 운동을 즐겼다. 대대장과 참모장교들도 코트에서 함께 팀을 편성하여 운동을 했다. 나도 그날은 팀스피릿 훈련과 주요 당면 업무를 마무리하고 그동안 쌓인 피로를 풀고자 오랜만에 테니스 라켓을 꺼내 들었다. 테니스 코트에 도착하자 락카에 앉아 있던 간부들이 작전과장이 코트에 나오니 일제히 환영해 주었다. 잠시 후 연대장은 시합을 마치고 락카에 앉아 내가 보조코트에서 경기하는 모습을 보았다. 약 6개월 만에 라켓을 들었으니 기량도 많이 떨어진 것 같았고 상대 팀이 초보자들이라서 경기에 재미를 느끼지 못했다. 테니스를 마치고 목욕탕에서 샤워를 한 후 저녁 회식에 참석했다. 회식 자리에서는 연대장에 대한 용비어천가 같은 건배 제의가 여러 차례 있었다. 나는 회식 자리에 앉아서도 상황실 근무자와 가끔 통화하고 부대 상황을 파악하면서 식사를 했지만 작전과장이 테니스 코트에 나온 자체를 연대장이 불만스럽게 말했다는 사실을 이틀 후에 알게 되었다. 작전과장 위치는 테니스 코트가 아니고 상황실이거나 사무실이어야 하는데 이를 망각하고 테니스 코트에 나왔다는 연대장의 질책성 언급을 보안반장 입을 통해 듣게 되었던 것이다. 군대에서 참모의 업무수행 행위가 지휘관 의도와 맞지 않았다면 지휘관 입장에서 잘못을 지적하고 시정토록 하는 것이 당연하며 참모는 지휘관 의도에 부합되게 행동해야 한다. 참모가 지휘관의도를 따라야하는 것은 옳고 그름의 차원이 아니다. 엄격한 위계질서는 군의 생명임과 동시에 군의 속성과 특성이므로 참모는 지휘관 의도를 따라야 한다. 나는 그 후 작전과장 직책을 수행하면서 수요일 오후에 테니스 라켓을 들지 않았지만, 포용력이 부족한 연대장의 리더십에 아쉬움을 갖지 않을 수 없었다.

1985년 가을, 작전과장으로서 능력이 신장되고 있음을 느끼면서 높은 하늘만큼 사기가 충천한 가운데 일하는 것이 기뻤고 행복했다. 우리 연대가 사단을 대표하여 주요 업무를 맡게 되는 경우가 많았고 나 또한 부대를 방문한 군사령관이나 군단장으로부터 수차례 격려와 칭찬을 받았다. 한편 타 연대와 균형이 유지되게 로드가 걸려야 했는데 많은 업무가 쌓이다 보니 야근이 잦았고 주말에 쉬어보지 못했다. 주변 사람들은 작전과장이 탁월하여 ○○연대가 늘 중요한 임무를 담당하게 된다고 했다. 그러나 일이 많아 육체적으로 힘들었지만, 정신적 즐거움이 컸기에 결과를 만족스럽게 만들어 낼 수 있었다. 이런 상황에서 연대전투단 훈련(RCT)과 병행하여 크로스 벅 훈련을 하도록 상급 부대로부터 임무를 부여받았다. 훈련 간 육군본부 감찰실에서 교육훈련 검열이 병행하여 있게 되었다. 연대전투단 훈련은 연대장 재임 기간에 전술작전 능력을 평가받는 것으로 차차 상급 지휘관인 군단장 책임으로 이루어졌다.

크로스 벅 훈련은 미군이 한국군 부대에 작전 통제되어 전술작전 임무를 수행하는 한미연합훈련이었다. 한미연합훈련의 종류는 국가적 차원에서 북한의 도발을 억제하고 연합작전능력을 배양하기 위해 연합사 주도하에 워 게임으로 진행되는 을지포커스렌즈 연습, 한미연합군을 편성하여 군단급 제대가 실제 기동하면서 훈련하는 팀스피릿 훈련, 연대급 이하 제대에서 한미연합군을 편성하여 기동훈련을 하는 크로스 벅 훈련이 있었다. 이 가운데 크로스 벅 훈련은 미군 특성을 고려하여 대부분 서부지역 한국군 부대들이 소규모 미군 부대를 작전 통제하여 훈련하였는데, 이번에는 동부 산악지역에서 한미가 연합훈련을 하게 되어 매우 이례적이었다. 미군은 기계화 부대이고 동두천과 의정부에 주둔하고 있어 그곳에서 동부지역까지 전개하는 데 장시간이 소요될 뿐 아니라 동부 산악지역은 도로망이 열악하여 기계화 부대 기동에 많은 제한을 줌으로 통상 서부지역에서 훈련을 했다. 그러나 이번에는 동부지역 양구로 훈련 지역을 선정하고 우리 연대가 훈련부대로 결정됨에 따라 한미협조회의를 포함하여 훈련 준비에 박차를 가하게 되었다. 훈련 준비 계획, 전술작전 계획 등을 만들어 예하 대대에 하달하고 숙지시켜야 했다. 더군다나 육군 교육검열은 군단 단위 평가였는바, 연대가 군단을 대표하여 검열을 받게 되었으니 큰 부담을 갖지 않을 수 없었다.

한국군 전술교리는 보병연대가 전술작전 임무를 수행할 때 가용 기동부대 수는 4개 대대인 것이 표준인데 미군 1개 기계화 대대를 추가로 받아 5개 대대를 기동부대로 하여 전술작전을 하게 되었다. 교리에 없는 기동계획이 수립되어야 했고 전투근무지원도 한층 복잡하게 되었다. 수차례 긴밀한 협조와 회의 등을 통해 준비를 완료한 상태에서 훈련이 시작되었고 상급부대 명령에 따라 연대가 전술 집결지를 점령하는 전술적 이동을 개시했다. 선두 제대와 후미 제대 간 일정한 거리를 유지하면서 계획에 맞춰 이동하였으며 이동 간 각종 상황 조치가 병행되었다. 전술적 이동이 종료되고 전술 집결지에서 예하 대대가 공격작전 명령을 기다리고 있는 동안, 연대장과 참모들은 상급 부대 공격명령을 수령하고 참모 판단에 들어갔다. 육군본부 교육검열과 연대전투단 훈련 평가를 동시에 받기 때문에 교리적 측면에서 연대장과 참모의 적시 적절한 첩보제공이 이루어지고 지휘관 지침이 하달되어야 했다. 또한 참모는 전술작전계획을 수립하고 이를 명령으로 하달하여 이행하는 과정을 교리적 측면에서 잘 숙지하고 있어야 절차에 부합된 행동을 할 수 있었다. 작전과장인 나는 이러한 행동을 연대장과 인접 참모가 잊지 않게끔 깨우쳐주고 자료를 제공해주면서 미군에게도 상황은 물론, 계획과 명령을 이해시키고자 모든 문서와 상황판을 한영으로 작성했다. 전술작전을 계획하는 과정에서 상급부대로부터 임무를 부여받으면 지휘관인 연대장은 참모들에게 계획지침을 하달하고 여기에 연대장 의도와 개략적 기동부대 운용 등을 포함하여 참모가 공격계획을 발전시키는 데 필요한 지침을 주어야 했다. 각 참모는 연대장으로부터 계획지침을 받으면 소관 분야의 지원계획을 구상하고 작전과장인 나와 협조하여 최선의 방책을 연대장에게 건의하게 되어 있었다.

나는 임무를 수행할 수 있는 2개의 방책을 선정하여 참모들과 논의 후 1방책을 연대장한테 건의하기로 하고 참모판단 브리핑 시간을 저녁 18시 30분으로 잡았다. 그 시간이 되자 군단장과 육군본부 검열단, 미군 통제관, 예하대대장들이 야전 지휘통제실로 모여들기 시작했다. 관계자가 모두 착석하고 군단장이 탁자를 앞에 두고 자리에 앉자 나는 지금부터 공격작전 참모판단 회의를 하겠다는 말을 던지고 브리핑을 시작했다. 연대장이 사단공격명령을 수령 후 참모들에게 계획지침을 10시 30분에 하달했음을 알리고 그 내용을 작전과장이 연대장을 대신하여 낭독했다. 이어서 각 참모별 판단내용을 보고드렸다. 정보과장인 남모 소령이 단상에 올라 정보판단을 보고하고 이어서 작전과장인 내가 작전판단을 보고하였으며 인사, 군수과장 순으로 보고를 했다. 보고를 마치자 작전과장인 나는 최종적으로 참모판단을 종합하여 최선의 방책을 건의하고 연대장의 승인을 받았다. 이렇게 진행된 절차와 방식은 교리를 그대로 적용한 내용이었다. 그러나 나는 한 가지 획기적 아이디어를 착안하여 방책을 건의하는 데 응용했다. 연대장에게 건의드린 방책이 왜 임무수행에 용이하고 효과적인 방책인가를 설명할 때 교리에 나온 적상황과 아군 능력, 기상, 지형 등을 고려함과 동시에 다음과 같은 점을 추가했다. 즉, 6·25전쟁 때 이 지역에서 있었던 피의능선 전투와 단장의 능선 전투를 예시하면서 실제 전투 시 발생한 전황을 반영하여 최선의 방책으로 건의했다. 그 결과 작전과장이 브리핑도 탁월하지만, 창의력까지 훌륭하다는 평가와 칭찬을 받았다. 내가 전사를 참모판단에 응용할 수 있었던 것은 짧은 기간이었지만 육대 한국전쟁사 교관을 하면서 전쟁사 지식을 머리에 담아 두었기에 가능했다.

연대장에게 건의한 최선의 방책이 승인됨으로써 이를 바탕으로 공격명령을 작성하여 연대장에게 보고 후 예하대대에 하달했다. 예하부대는 공격명령에 따라 공격개시선을 통과하고 기세를 몰아 기동을 계속했다. 나는 부대기동간 밤낮없이 꼬박 지휘통제실에 앉아 무전기를 붙잡고 예하부대의 공격을 독려했으며 미군 연락장교와 통제관은 내 옆에 앉아 상황을 공유했다. 2박 3일 실기동훈련을 마치고 통제관 지시에 의거 훈련상황이 종료되었다. 훈련 간 나는 미군과 며칠 밤을 보내면서 잠을 자거나 졸지 않으려고 각별히 애썼다. 이렇게 함으로써 한국군 임무수행 태도가 결코 미군에게 뒤떨어지지 않다는 현상을 보여주고 싶었다. 낮에는 잘하는데 밤에는 졸고 심지어 취침한다는 한국군의 불명예를 씻고 싶었다. 1주일간의 연대전투단 훈련과 크로스 벅 훈련을 마치고 훈련결과를 강평하는 시간을 가졌다.

토요일 오전 시간, 강평장소인 연대교회에 군단장과 사단장, 미군 통제관 스미스 중령이 참석했으며 훈련부대 중대장급 이상 지휘관과 참모도 참석했다. 강평은 통제관에 의한 총평이 이루어지고 훈련부대장 소감과 미군통제관 소감, 군단장 훈시 순으로 진행되었다. 미군 스미스 중령은 키도 크고 피부도 하얗고 말씨도 차분한 전형적 미국인이었다. 그는 약 1주일간 한국의 동부전선에 와서 고생을 많이 했지만, 표정은 무척 밝아 보였다. 미군이 처음으로 산악지역의 한국군 부대에 작전 통제되어 훈련했으니 여러 가지 얘기가 있을 것으로 예상했다. 스미스 중령은 약 10분간 원고 없이 훈련소감을 발표했다. 그는 훈련임무에 따라 장비를 동두천에서 춘천까지 열차 편으로 이동하고 춘천에서 양구까지 야간에 좁은 도로망을 이용하여 기동해오는데 지형이 매우 험난함을 느꼈다고 했다. 아울러 동부전선의 한국군 훈련부대가 연합훈련을 경험해보지 않아서 훈련 성과를 비용만큼 얻을 수 있을까 회의적인 생각을 지울 수 없었다고 했다. 그러나 우리 연대의 전 장병이 높은 사기와 투철한 책임감을 갖고 훈련하는 모습에 감명을 받았으며 우려했던 본인의 선입견이 잘못된 것임을 알게 되었다고 했다. 특히, 그는 작전과장 이 소령(Major Lee)의 놀라운 능력을 보았으며 야간에 한숨도 자지 않고 책임을 다하는 모습에 크게 칭찬해주고 싶다면서 본인이 할 수 있다면 이 소령(Major Lee)을 의정부에 데리고 가서 미2사단에서 함께 근무하고 싶다고 했다.

스미스 중령은 나의 참모판단과 기동계획 작성 능력, 훈련 간 밤잠을 자지 않고 임무를 수행하는 태도 등을 높게 평가했다. 미군 통제관 스미스 중령은 나를 극찬하였지만 이는 나에 대한 칭찬만이 아니었다. 우리 연대에 대한 칭찬이었고 한국군을 칭찬한 것이었으며 군단장에게 감사한 표현이었다. 스미스 중령의 소감을 듣고 군단장과 사단장, 연대장은 흐뭇한 표정을 지었고 당사자인 나도 기분 좋은 하루를 보낼 수 있었다. 군단장이었던 신모 중장께서는 이날 있었던 강평으로 인해 나를 기억하게 되었고 소령 계급의 내 이름을 불러주기도 했다. 늦가을 추위가 겨울을 독촉하고 낙엽이 뒹구는 주말 오후, 오랜만에 낮잠으로 훈련 간 쌓인 피로를 풀었다.

양구에서 작전과장을 하면서 잊지 못할 추억이 있는데 그 중 하나가 정관수술 이야기이다. 우리나라를 포함하여 세계 선진국들은 출산율이 매년 낮아지고 있어 각국마다 이를 해결하기 위한 국가적 노력을 경주하고 있으나 상전벽해와 같이 내가 양구에서 연대작전과장으로 근무할 때는 정부가 산아제한 정책을 강력히 추진하고 있었다. 인구가 경제발전 속도보다 빠르게 증가함에 따라 빈곤국 탈출이 요원할 것으로 전망되어 정부는 한 가정에 아들딸 구분하지 말고 둘만 낳아 잘 기르자는 슬로건을 걸고 출산 억제 정책을 펼쳤던 것이다. 예비군들은 훈련장에서 정관수술을 받았고 국가공무원들에게도 정부 정책을 따르도록 권장하였으며 아이들을 기르고 있는 가정은 아들이든 딸이든 둘이 있으면 더 이상 아이를 낳지 않는 것이 보편적 사회 풍조로 자리 잡게 되었다. 나도 이러한 정부 정책에 호응하겠다는 생각을 가진데다가 정관수술을 하지 않으면 진급에도 지장을 받게 된다는 유언비어도 들려 기회가 되면 정관수술을 하려고 했다. 그 당시는 남아 선호사상이 팽배했던 시대라서 아들이 둘이나 되니 든든하다는 생각을 하게 되어 정관수술을 하는 데 부담을 갖지 않았다. 어느 토요일 오후, 정훈과장 이모 소령이 퇴근하면서 사무실에 찾아와 오늘 시간나면 자기랑 양구보건소에 가서 정관수술을 하자고 제의해 왔다. 나는 기회가 되면 정관수술을 하려고 했으므로 잘됐다

싶어 그렇게 하자는 호응을 하고 그길로 양구보건소를 찾아갔다. 사전에 아내와 의논하지도 않았고 정관수술을 하러 가면서 아내에게 알리지도 않았으니 정관수술이 얼마나 당연시되었는지 짐작할 수 있을 것 같다. 보건소 의료담당자한테 찾아온 용무를 말하자 커튼으로 칸막이 된 수술실에 안내되었고 곧이어 수술을 받았다. 마취가 약했는지 몹시 아팠지만, 수술은 금방 종료되었다. 시설과 인력이 열악한 시골 보건소에서 정관수술을 받았지만, 그 후 아무런 문제 없이 건강을 유지하고 있으니 천만다행이다. 하지만 깊이 고민하지 않고 남자의 생식기능을 회복할 수 없는 수준으로 만들어버린 행위가 경솔했던 것 같기도 하여 후회할 때도 있었음을 고백하지 않을 수 없다. 한편 인구는 국력의 핵심 요소이고 생산력을 키우는 노동의 근원이자 경제주체인데 장기적 시각을 갖지 못한 정부 정책에 대한 일말의 아쉬움도 갖는다. 오늘날 자국 우선주의와 보호무역주의가 세계 경제 질서를 흔들고 있는 상황에서 인구 수는 경제의 자립을 키워주는 핵심 요소이자 주권을 확고하게 해주는 소중한 자원이다. 우리나라 인구가 1억 명 정도 되었다면 세계적 위상이 지금보다 훨씬 높아졌을 것이다.

연대 작전과장 직책은 나에게 처음으로 작전 직능에 부합한 보직이었으며 재임 중 팀스피릿 훈련, 크로스 벅 훈련, 연대전투단 시험과 육군본부 교육검열 등 보병연대가 수행하기에 벅차고 어려운 과제들을 경험할 수 있었던 직책이었다. 추운 겨울, 중령 진급 예정자였지만 작전과장에 부임하고 그날부터 당면 과제와 마주하면서 군사지식과 경험 그리고 성실한 태도로 매번 업무를 성공적으로 마무리했다. 야전과 사무실에서 어떠한 임무가 주어져도 최상의 상태로 만들어 냈으며 그 결과 군단장도 소령 계급의 내 이름을 기억하게 되었고 미군한테도 극찬을 들었다. 심지어 연대장이 군단 작전참모로 영전하게 된 배경이 작전과장인 내가 연대장을 잘 보필하여 업무수행에 괄목한 성과를 냈기 때문이라고도 했다. 편하다고 생각되는 군사령관의 전속부관을 조기에 그만두고 자원하여 연대작전과장을 맡았으므로 시작부터 마칠 때까지 즐겁고 행복한 마음으로 과업을 수행했다. 작전과장은 지금도 나의 군 생활 가운데 자랑스럽고 자부심을 갖는 직책 중 하나로 자리잡고 있다.

폭설, 책임, 고독

작전 직능의 경쟁력을 갖기 위해 소령 직위인 연대작전과장을 11개월째 하던 중 1985년 11월 1일, 중령으로 진급하고 대대장으로 부임을 준비하게 되었다. 군에서 참모 직위는 1년 이상 되어야 경력을 인정받을 수 있었으므로 그해 12월 28일까지 기록 상 작전과장 보직을 유지한 상태에서 11월 6일, ○○연대 2대대장에 부임하였다. 연대장은 A 대령이었고 5중대장은 육사 37기 이모 대위, 6중대장은 36기 신모 대위, 7중대장은 특간출신 김모 대위, 8중대장은 3사 출신 정모 대위였다. 이 가운데 6중대장은 이듬해 5월에 교체되어 3사 출신 정모 대위가 후임으로 왔다. 보병대대장은 군의 중견간부이자 전술제대 핵심지휘관이다. 그가 지휘하는 보병대대는 사격과 기동으로 전술적 임무를 수행하고 적절히 증강될 경우 독립작전도 할 수 있다. 보병대대는 참모가 편성되어 있어 대대장은 참모의 조언을 받고 직간접적 방법으로 부하를 지휘통솔하게 되어 있다.

따라서 성공한 대대장이 되기 위해서는 정신력과 체력, 지적능력을 키우고 임무 위주 사고와 행동으로 부하가 힘들고 어려울 때 함께해야 했다. 전임대대장은 ○○기 A 중령이었다. 그는 사관생도 시절 럭비선수였고 하나회 멤버로서 선이 굵은 장교였다. 부임 후 부대를 진단해보니 사기도 높았고 전임대대장의 이름값에 걸맞은 자부심이 있었다. 나는 부임과 동시 분위기를 일신하고자 철두철미한 업무수행을 강조했다. 깐깐한 대대장이 부임하자 부대원의 불편한 감정이 여기저기서 꿈틀거렸다. 다른 한편으로는 대대장 지휘 스타일에 맞추기 위해 애쓰는 모습도 보이기 시작했다.

내가 대대장을 할 때는 지휘관이나 참모로 부임하면 상급자한테 인사를 하러 가는 것이 관행이었던 시대였다. 따라서 나도 연대장께 인사를 다녀와야겠다는 생각을 하게 되었다. 평소 상급자를 찾아가 인사드리고 보직이나 진급 등을 부탁하는 행위가 좋아 보이지도 바람직하지도 않다고 여겼지만 그렇다고 관행을 거부할 용기를 갖지는 못했다. 막상 인사를 가야겠다고 마음을 굳히고 무엇을 가지고 갈 것인가에 봉착하니 머리가 아파지기 시작했다. 현금을 갖다 드리자니 경제적 여유도 없었지만, 뇌물을 드린 것 같았고 상품권을 갖다 드리자니 이것 역시 비용이 만만치 않았다. 곰곰이 생각하다가 롤케이크로 선물을 결정했다. 사실 그 시절엔 롤케이크가 고급 빵이었다. 나는 그때까지 그것을 먹어 보지 못했기 때문에 괜찮은 선물로 생각했던 것이다. 양구읍내 제과점에 들려 롤케이크를 두 줄짜리도 아닌 한 줄을 예쁜 포장지에 싸서 들고 연대장 관사로 찾아갔다. 연대장 내외는 우리 부부를 반갑게 맞아 주었다. 이분들과 관사 거실에 앉아 차담을 나누고 집으로 돌아왔다. 그러나 이튿날, 신임 2대대장이 연대장한테 인사 오면서 롤케이크를 사 왔는데, 그것도 두 줄이 아니고 한 줄이었다는 비하 섞인 말이 돌았다. 아내가 그런 말을 들었다. 대대장에 부임한 지 얼마 안 되었고 연대장 부인을 포함한 주변 사람들과 친교 시간도 갖지 못한 상태에서 이런 말을 듣게 되었으니 아내는 당황했으며 기분이 언짢았다. 그렇다고 더 고급스러운 선물로 대체할 수 없는 상황이라 난감하게 되고 말았다. 30대 후반 나이였고 군의 중견간부였음에도 불구하고 적절한 선물을 선정할 줄 몰랐던 것 같아 부끄럽기도 했다. 하지만 선물보다 더 소중한 것은 우리 부부의 착하고 성실한 모습이 있었기에 괘념치 않고 꿋꿋이 본연의 모습을 견지하고자 했다.

예비사단 대대장은 GOP 경계를 담당하지 않으므로 교육훈련에 매진할 수 있는 여건이 되었다. 주·야간 대적 경계 임무가 경미하므로 훈련장에서 사격, 각개전투, 분소대전술 등 전투기량을 향상하는 데 집중할 수 있었다. 특히, 분기마다 시행되는 종합훈련은 훈련에 전념할 알찬 기회였다. 종합훈련 시기가 다가오면 훈련계획을 토의하고 과목별 교관을 편성하여 연구 강의를 하였으며, 교육장교와 지원장교는 필요한 교육보조재료와 각종 전투근무지원 요소들을 착안하여 준비했다.

종합훈련 준비과정에서 대대장의 주요 관심 사항은 소대장들이 담당 과목에 대한 교관능력을 충분히 갖추도록 만드는 것이었다. 이를 위해 약 20여 명의 소대장을 대상으로 일자별 연구 강의 일정을 잡고 중대장들과 대대장이 참석한 가운데 연구 강의를 시키고 이를 평가했다. 교관으로 임명된 소대장들은 담당과목을 연구하여 병사들을 가르치는 방식으로 대대장 앞에서 구술하고 실습을 지도하는 능력을 보여야 했으므로 과목연구에 많은 시간과 노력을 투입했다. 연구 강의를 시켜보면 담당과목 연구와 교육진행을 충분히 준비하여 수월하게 합격하는 소대장도 있었지만, 그렇지 못한 소대장도 있어 이들은 대대장실에서 새벽 2시까지 연구 강의를 하고 평가를 받아야 했다.

그러나 이런 과정에서 초급 간부들의 불평과 불만이 표출되기도 했다. 전임대대장은 이렇게 하지 않았는데 내가 대대장으로 부임 후 몹시 힘들어 졌다는 것이 불만의 핵심이었다. 당시 내가 소대장들에게 연구 강의를 철저히 시키는 데는 2가지 목적이 있었다.

하나는 소대장들에게 임무 수행능력을 향상시켜 자신감을 갖도록 하는 것이었고 또 다른 하나는 대대장의 지휘 스타일에 대한 인식을 명확히 갖게 하여 대충하다가는 대대장한테 통하지 않는다는 것을 심어주고 싶었다. 종합훈련뿐만 아니라 중요한 당면과제가 떨어지면 이를 해결하고 추진하는 데 철두철미하게 지휘·감독을 하다 보니 소대장들의 퇴근시간도 늦어질 때가 많았다. 일반적으로 보병대대는 독립된 주둔지에 대대별 정문을 갖고 있는데 우리 대대를 포함하여 3개 대대는 연대본부 정문을 함께 사용하게 되어 있었다. 정문이 하나라서 소대장들의 퇴근시간을 대대별 쉽게 비교해 볼 수 있어, 이를 기준으로 어느 대대 소대장들이 고생을 많이 하는지 가늠할 수 있었다. 타 대대 소대장들의 퇴근시간은 저녁 7시 전후였는데 우리 대대 소대장들의 평균 퇴근시간은 밤 10시경이었으며 가끔 자정을 넘길 때도 있었다. 소대장들 입에서 대대장에 대한 불만이 나오게 되었음은 불문가지였다. 임무가 우선임은 군인으로서 마땅히 갖추어야 할 바람직한 태도이지만, 다른 한편으로 부하 여가의 소중함도 알았어야 했는데 그런 점이 부족했던 것 같아 전역 후 그 시절 소대장들과 만나 추억을 되새기면서 미안함을 표명한 적도 있다.

나를 지휘관으로 만나 고생이 많았던 이들에게 신의 가호가 함께 했으면 좋겠다.

　일반적으로 부대마다 작전환경과 전투준비여건이 상이하므로 부대특성과 전통도 다를 수밖에 없다. ○○사단은 양구지역에 사단사령부와 사단직할부대, 2개 보병연대가, 인제. 원통 지역에 1개 보병연대와 포병연대가 주둔하고 있었다. 작전계획의 거점은 인제와 원통 일대에 있었다. 우리 대대는 양구에 부대가 있으면서 전시 점령할 거점이 원통 일대에 있었기 때문에 각종 훈련과 거점진지공사, 불시 비상이 걸릴 때면 양구에서 원통까지 약 36km를 걸어서 이동해야 했다. 부대가 이동할 때는 설영대가 먼저 출발하여 야전 숙영시설을 준비하고 통신을 개통하며 이어서 약 3시간 정도 후에 대대장을 포함한 본대가 이동했다. 양구에서 원통에 이르는 도로는 광치령을 넘어가는 31번 국도가 있으나 이 도로는 노면도 좋지 않고 굴곡이 심하여 지프차 외 부대 차량은 신남을 경유하여 원통으로 이동했다. 한편, 도보부대인 본대는 902고지를 넘어 전술도로와 능선 등 전술적 은폐, 엄폐가 제공된 소로를 이용하여 원통에 이르게 되었다. 고지와 능선, 계곡을 지나 인제. 원통 지역 거점에 도착하는 데 걸리는 시간은 대략 10시간 정도였다. 본대 이동은 각 중대장을 중심으로 행군제대가 편성되어 선두제대, 본대, 후미 제대로 나누어 이동하고 대대장은 본대와 함께 이동했다. 부대이동 시 인접부대 대대장들은 지프차를 타고 광치령을 넘어 이동하였으나 나는 병사들 사이에 끼어 도보로 이동했다. 이렇게 했던 것은 부하가 힘들고 어려울 때 함께 하겠다는 각오도 있었지만, 사건이나 사고가 발생하면 신속히 현장을 장악할 수 있어야 한다고 생각했기 때문이었다. 따라서 힘들지만 걸었다. 그러나 매년 7~8차례 양구에서 원통의 작계거점까지 가야 했으므로 그때마다 10시간 이상 걸어야 한다는 중압감을 느꼈다. 추운 겨울이나 삼복더위에는 체력적으로 힘들었음을 부인할 수 없었다.

1987년 2월 1일, 우리 대대는 동계혹한기훈련을 하기 위해 인제 원통 지역으로 이동하게 되었다. 양구의 겨울바람은 살을 가를 만큼 차가웠지만, 이날은 비교적 기온이 낮지 않았고 하늘만 짙은 회색 구름으로 찡그린 표정을 짓고 있었다. 이른 아침에 출근하여 지원장교가 인솔해 가는 설영대를 확인하고 예하중대의 출발준비를 독려했다. 대대병력은 아침 8시, 계획대로 출발하기 위해 연병장에 집결했다. 부대원들에게 추운 겨울 거점에서 훈련하게 되었으니 혹한에 전시임무를 수행하면서 기상이 작전에 미치는 영향을 체험해보는 소중한 기회임을 강조하고 선두 제대로부터 출발하도록 명령을 내렸다. 원통지역의 거점까지 이동하는 데 약 10시간이 예상되어 오후 4시쯤 도착할 것으로 판단하고 본대와 함께 걷기 시작했다. 날씨는 이때부터 눈발이 흩날리기 시작했다. 그러나 군대는 전천후 임무수행이 요구되므로 기상에 흔들림 없이 부대이동을 계속했다. 계곡에는 이미 상당량의 눈이 쌓였고 능선을 걷는 데 미끄러워 많은 칼로리가 소모되었다. 이동 중 중간에 점심을 먹고 발걸음을 옮겨 늦은 오후 시간, 거점에 도착하자 눈은 폭설로 변하고 기온도 뚝 떨어져 추위가 강하게 엄습해 왔다. 군장을 풀고 병력도착여부와 중대별 숙영 위치를 확인 후 설영대가 준비한 천막과 취사 시설을 돌아보고 나니 해는 벌써 서산을 넘어가고 있었다. 곧 어둠이 찾아왔다. 폭설이 내리고 있는 상황에서 모든 부대원의 위치가 파악되고 이들을 장악했지만, 843고지의 대대 관측소(OP. Observation Post)에 통신선을 연결하러 올라간 통신병 4명의 소재가 불분명했다.

눈은 하늘이 구멍 난 것처럼 펑펑 내렸고 온 천지가 눈에 묻혀 통신병에 대한 근심이 커지고 있었다. 그러던 중, 지원장교로부터 통신병들이 대대OP에 도착하여 연대 통신병들과 만났으며, 연대장 A 대령 지시에 의해 연대 통신하사관을 따라 연대본부 쪽으로 내려가고 있다는 보고를 받았다. 폭설이 내려 통신병들을 걱정했는데 연대 통신하사관이라는 간부가 우리 대대 통신병들을 데리고 함께 연대본부 쪽으로 내려간다니 마음의 안정을 찾을 수 있었다. 전술제대의 통신은 통신선을 상급부대에서 하급부대로 설치해주는 것이 원칙이므로 연대에서 대대OP까지는 연대장 책임이고, 대대OP에서 중대까지는 대대장 책임이다. 이러한 원칙에 따라 연대 통신병들이 우리 대대OP까지 오게 되었다. 눈이 그칠 줄 모르고 내렸지만, 걱정을 잠시 멈춘 채 잠자리에 들었다. 눈 쌓인 능선과 계곡을 넘어 10시간을 걸었으니 피곤했는지 금방 잠이 들었다. 그런데 새벽 3시쯤 당번이 나를 깨웠다. 나는 침대에서 눈을 뜬 순간 예감이 좋지 않음을 느꼈다. 대대OP에 올라간 통신병을 떠올리면서 반사적으로 몸을 일으켜 세웠다.

연대장이 나와 통화를 하고 싶다는 당번병의 말을 듣고 연대장에게 전화를 걸었다. 폭설이 내렸지만, 그때까지는 통신이 유지되고 있었다. 연대장은 본인 지시에 따라 연대 통신하사관이 우리 대대 통신병들을 인솔해 내려오려 했는데 그들이 중도에 따라오지 못해 그냥 연대통신병들만 내려왔으니 우리 대대 통신병들의 소재를 파악해보라는 것이었다. 악천후이었지만 부사관이라는 간부가 통신병들을 데리고 간다고 했기에 안심했는데 책임감 없이 우리 대대 통신병들을 그냥 놓아두고 자기들만 내려왔다니 이해할 수 없었다. 대대장인 나로서는 당장 그들이 어디에 있는지가 궁금했다. 나는 그때까지 그들이 폭설로 조난당한 상태에 있으리라 생각하지 않았지만, 한편 불길한 예감이 들기 시작했다. 어떤 조치와 행동이 이루어져야만 할 것 같다는 강박감을 갖게 되었다.

그러나 밤송이 크기의 눈이 끊임없이 내리고 있는 상태에서 인간의 힘과 의지는 자연이 주는 폭설에 주저앉을 수밖에 없었다. 폭설은 나로 하여금 부하를 찾고 구하기 위한 조처를 할 수 없게 만들었다. 그저 눈이 그치기를 기다릴 수밖에 없었다. 날이 밝아 이튿날이 되자 세상은 온통 하얗게 변해 버렸으며 눈은 여전히 나의 타는 가슴을 저주하는 것처럼 쉼 없이 내렸다. 통신도 두절되고 고립된 환경에서 나는 안절부절못하고 있었다. 온종일 하늘만 쳐다보다가 늦은 오후 시간이 되자 눈발이 작아짐에 따라 헬기 비행이 가능할 것으로 판단하고 헬기를 요청하여 상공으로 올라갔다. 그때가 오후 4시 30분쯤이었다. 헬기를 타고 하늘로 올라보니 세상은 눈에 덮여 하얗게 변해 있었다. 타는 속을 거머쥐고 거점 상공에서 고도를 낮춰 조난당한 병사들을 찾고자 거점지역을 선회하였지만, 개미 한 마리도 보이지 않았다. 숨 막히는 절망감이 가슴을 누르고 견딜 수 없는 책임감이 나를 옭아매기 시작했다.

그러나 어둠이 시야를 가릴 때까지 포기할 수 없어 마지막 한 번만 더 돌아보자고 옆에 있는 조종사에게 부탁했다. 헬기가 다시 회전하여 거점 상공에 막 진입한 순간 병사 한 명이 헬기를 쳐다보고 있었다. 조난당한 병사를 발견한 것이다. 헬기는 고도를 낮춰 그 병사가 살아있음을 확인하고 대대 주둔지에 불시착하여 나를 내려주었다. 나는 7중대장에게 발견한 병사의 위치를 설명해주고 그를 구조대장으로 임명하여 병사를 찾도록 했다. 그날 밤 생존한 2명의 병사를 구조했다. 이어서 이튿날인 2월 3일, 생존자의 진술을 토대로 심마니의 도움을 받아 사망한 병사 2명의 시신까지 수습할 수 있었다. 군사령관, 군단장, 사단장이 내 곁에서 구조작전을 지켜보고 있었으니 내가 받은 스트레스가 무게로 몇 톤쯤 되었을 것이다. 하루만에 눈 속에 묻힌 시신 2구를 찾아 구조할 수 있었던 것은 동네에 사는 심마니의 헌신적 도움 덕분이었다. 시신이 눈에 묻혔으므로 이를 찾아내기란 모래밭에서 바늘을 찾는 것과 유사했다. 조난사고 소식이 동네에 퍼지자 이 소식을 들은 심마니 한 분이 생존자 진술을 들어보더니 어디쯤인 줄 알겠다며 구조에 본인이 앞장서겠다는 것이었다.

나는 수색 소대원을 포함하여 40여 명을 묶어 심마니를 뒤따르도록 했다. 심마니는 한 치의 오차도 없이 시신이 묻혀있는 곳을 찾아냈다. 그때 시신을 찾지 못했다면 눈이 녹을 3월까지 기다려야 했을 것이며 그 기간 동안 침체된 부대 사기와 내가 받을 심리적 고통은 이루 말할 수 없었을 것이다. 생존한 병사 진술에 의하면 연대장 지시라고 하여 대대 OP에서 연대 통신부사관을 만나 따라나섰는데 우리 대대 통신병 한 명이 낙오함에 따라 그를 데리고 다시 대대OP 방카로 돌아가려고 하였으나 칠흑 같은 밤에 눈이 심하게 내려 대대 OP를 찾지 못하고 방향을 잃어 조난되었다는 것이다. 이들은 조난 상태에서 낙오한 1명이 실신하여 더 이상 가망 없기에 그를 눈 속에 묻어놓고 3명이 내려오다가 또 한 명이 실신하여 결국 2명만 생존하게 되었다고 했다.

연대장의 무지한 지시와 연대 부사관의 무책임한 행동만 없었어도 우리 병사 2명이 사망하지 않았을 것이다. 연대장이 연대 통신부사관에게 함께 데리고 오도록 지시함에 따라 이들이 대대 OP방카를 이탈했고 연대로 내려가는 길은 우리 대대 병사들이 익숙하지 않았던지라 중도에 길을 잃고 헤매게 된 것이다. 눈이 내리고 추웠지만, 이들이 대대 OP방카를 이탈하지 않았다면 OP방카에서 하룻밤은 지낼 수 있었을 것이다. 그곳은 통신이 가능하였으므로 이튿날 구조하는 데 문제가 없었을 것이다. 안타까운 사고였고 현장을 모르는 연대장의 간섭이 부하 목숨을 잃게 했다. 속이 상하고 또 상했으며 연대장의 조치를 개탄하지 않을 수 없었다. 지휘관의 지혜란 단순한 상식이 아니고 깊은 고민에서 쌓이게 되는 것이므로 현장을 알지 못하면 잘 아는 부하에게 맡기고 한발 물러서 있었어야 했는데 지혜가 없는 지휘관이 나섬으로써 부하를 죽게 만든 것이다.

인명사고가 발생했으니 훈련을 지속할 수 없어 혹한기훈련을 중지하고 부대를 복귀시킨 후, 시신을 수습하여 장례식을 준비했다. 2구의 시신을 ○○사단 보수대와 ○○사단 보수대에 각각 1구씩 안치시키고 유가족께 불행한 소식을 알렸다. 유가족의 슬픔과 오열에 가슴이 미어졌으며 안전을 지켜주지 못한 죄책감에 몸을 가눌 수 없었다. 유가족의 협조로 2월 4일 11시에 ○○사단 보급 수송대에서 영결식을 마치고, 이어서 오후 2시에 양구 ○○사단 보급 수송대에서 영결식을 거행했다. 오전과 오후, 두 군데에서 영결식을 마치고 기진맥진한 상태가 되어 부대에 도착하니 몸과 마음을 추스르기 어려웠다. 군의 상급제대는 하급제대에게 적시 적절한 정보를 주어야 하고 하급부대가 갖지 못한 능력을 지원해주는 것이 원칙이고 책임이다. 눈이 얼마큼 내릴 것이라는 기상정보를 내려주었어야 했고 혹한기훈련이라는 특성을 고려하여 기상에 따른 지침을 주었어야 했다. 사단장과 연대장은 예하대대가 혹한기훈련을 하게 됨에 따라 기상변화에 민감하게 대응하도록 지침과 훈련 수위를 결정해 주었어야 했고 현장을 모르는 지시는 하지 않았어야 했다. 예하부대가 어려움에 직면한 상황이므로 지원과 관심이 집중되어야 했음에도 불구하고, 특별한 조치조차 선별할 줄 모르는 상관에게 존경의 마음을 가질 수 없었다. 한편 843고지의 높은 곳 OP에 통신선을 설치하고 대대장이 그곳에 위치하여 일주일간 훈련하는 것이 원칙이고 훈련목적과 실전에 부합한 것이었지만, 폭설이 내림에 따라 위험을 판단하고 유연하게 대응했어야 했는데 그렇게 하지 못했던 나의 통찰력에 아쉬움을 가졌다. 고인들을 추모하기 위해 현역시절에는 매년 6월 6일, 대전현충원에 들렀는데 지금은 마음으로 그들의 명복을 빌고 있다. 다시 한번 삼가 故 김모 병장과 故 안모 상병의 명복을 빌며 유가족께 깊은 사죄의 말씀을 드린다.

대대장을 하면 대대 전술훈련 평가(ATT)를 받게 되어 있다. 내가 지휘하는 대대도 사단 부사단장이 통제 단장이 되어 쌍방기동으로 평가를 받았다. 통제 및 평가관은 사단참모 일부를 포함하여 20여 명으로 구성되었고 평가를 받는 대대장으로서는 평가결과가 군 생활의 기록으로 남기 때문에 지휘 노력을 집중하지 않을 수 없었다. 연초에 사단 교육 훈련지시에 의해 우리 대대와 인접 3대대가 쌍방기동으로 평가를 받게 되었기 때문에 여기에 맞춰 전술훈련을 숙달시키고 평가를 준비했다. 평가에 대비하여 간부교육을 강화하고 중대장들에게는 개인화기와 공용화기 사격에 관심을 갖도록 하였으며 대대참모들에게는 전술 상황에서 참모활동을 교리대로 숙달하도록 했다. 또한, 대대시험 일정이 날씨가 제법 쌀쌀하게 바뀐 11월이었으므로 통제관들이 머물고 잠자는 텐트에 난로도 준비하고 야전침대 침구류도 세탁하여 손질하도록 했다. D-day가 되어 통제관의 메시지에 의해 비상이 발령되면서 영외 거주자가 소집되고 출동준비가 이루어졌다. 첫날은 간부시험과 각종 화기 사격측정이 있었는데 결과는 비교적 우수한 성적을 받았다.

이튿날부터 전술훈련 평가가 진행되어 평소 훈련하고 준비한 대로 일사불란하게 행동하면서 통제관 지시에 따라 최초 집결지로 부대이동을 개시했다. 전술상황은 우리 대대가 먼저 공격하고 3대대가 방어하게 되었으며 2박 3일 후에는 우리 대대가 방어하고 3대대가 공격하는 형식이었다. 주야 공격, 방어전술을 마치고 훈련 종료와 더불어 강평이 이루어졌다. 전술시험이 끝나고 피로를 풀기 위해 목욕을 하고자 양구읍내 노도회관 목욕탕에 갔다. 토요일 이른 오후 시간이라서 목욕탕에는 사단 감찰참모 윤모 중령만 탕 안에 앉아 있었다. 평소 그가 나를 친근하게 생각하고 있었기에 반가운 마음으로 인사하고 탕에 들어갔다. 윤모 중령은 대대시험에 수고했다고 입을 열더니 곧이어 다음과 같이 말했다. 통제단장인 부사단이 평가를 마치고 사단사령부에 복귀하자마자 2대대장인 나를 혹평하면서 전술훈련 시험성적도 엉망이라고 말했다는 것이다. 윤모 중령은 나에게 부사단장을 어떻게 대접했는데 그가 몹시 화를 내게 되었냐면서 조속히 찾아가 사과드리라는 것이었다. 그 자리에서 나는 부사단장이 나를 혹평하고 비난한 이유가 궁금했지만 알 수 없었다. 이튿날 수소문해보니 전술훈련평가 기간 중 통제단장과 통제관들의 식사 문제였다. 당시에는 대대장들이 대대전술훈련 평가를 받게 되면 통제관들에게 제공할 식사메뉴와 간식을 날짜별로 정해 주임원사에게 전담시키고, 요리병을 붙여 별도 식사를 마련해서 대접하는 것이 보편적 관행이었다.

그러나 나는 대대시험 평가를 받게 되면 주임원사도 편제상 임무에 적합한 역할을 해야 하므로 그가 통제관을 접대하는 데 박혀있다면 잘못된 것으로 생각했다. 교리를 기준으로 평가하는 통제관이 그런 행위를 묵인한다면 통제관 본분에 맞는 행동이 아니라고 보았다. 전술훈련 평가의 본질이 전술제대의 전시임무수행 숙달 상태를 평가하는 것이므로 모든 행동과 조치가 전시에 부합하여야 할 것이다. 통제관 잠자리는 신경 써서 침구류 등을 잘 준비하도록 하였으나 솥단지를 들고 다니면서 간부식사를 만들어 통제관을 대접하는 관행에 동의할 수 없었다. 나는 그런 관행을 깨고 싶었다. 더구나 전시에 간부식사를 별도 마련할 수 없음은 상식인데 이것을 강요한 부사단장의 태도에 실망하지 않을 수 없었다. 대대장인 나도 6박 7일 동안 병식을 하였고 난로도 없는 차가운 천막에서 대대를 지휘하고 작전을 구상했는데 사병식사를 들게 했다고 부사단장이 나에 대해 험한 말을 했다니 본질을 모르는 부사단장에게 한심한 생각이 들었다. 그 후 나는 조금도 미안함을 갖지 않고 당당하게 임했다. 그런 소신이 없었다면 애초부터 간부식을 준비하고 대접했을 것이다. 그 일은 내가 부사단장에게 사과할 계제가 아니고 부사단장이 나에게 사과해야 할 사안이라고 보았다. 그해 7개 대대가 전술시험평가에서 우리 대대가 3번째 순위로 좋은 성적을 받지 못했으나, 그것은 통제관 식사를 전시 상황대로 대접한 것 때문이었기에 지금도 자랑스럽고 명예롭게 생각하고 있다.

　　하지만 대대전술 훈련평가에서 우수한 성적을 받지 못한 데다가 조난사고로 부하를 2명이나 잃었으니 충격이 클 수밖에 없었고 대대 분위기도 가라앉았다. 따라서 침체된 부대사기를 고양시키고 사고가 재발하지 않도록 지휘노력을 경주해야 했다. 그 일환으로 전투체육의 날에는 중대 대항 집단축구 경기를 개최하여 활력을 불어넣기도 했다. 이렇게 부대안정을 찾고자 온 힘을 다하고 있는데 예상하지 않았던 팀스피릿 훈련 임무가 우리 대대에 부여되었다. 대대가 정상적 상태라면 자원해서 훈련에 참가할 수 있었지만 저하된 사기가 상처처럼 남아 아물지 않고 있어 부담을 갖게 한 벅찬 과제였다. 그해 팀스피릿 훈련은 3월 말부터 4월 초까지 2주 동안 있을 예정이었다. 우리 사단에서 1개 대대가 미 ○○사단에 작전통제를 받아 훈련하게 되었는데 사단에 편제된 9개 감편대대 중 우리 대대가 선정되었다. 미군 부대의 일부가 되어 훈련해야 하므로 9개 대대의 대대장 가운데 지휘관인 대대장 능력과 경험, 전술지식, 언어소통 등을 감안하여 나를 보내기로 한 것 같았다.

나와 우리 부대 역량은 훈련을 감당하기 어렵지 않았지만, 대대가 최상의 전투력을 갖지 못한 상태에 있었던 것이 마음에 걸렸다. 하지만 군인은 임무가 우선이고 임무에 따라 죽고 사는 것이 본분이므로 비록 부대가 사고 후유증을 앓고 있었지만, 사단을 대표하고 미군과 어깨를 나란히 한다는 자부심을 갖게 되면 침체된 분위기를 전환하는 데 효과가 클 것으로 보았다. 따라서 긍정적 자세를 갖고 단단히 준비에 들어갔다. 무엇보다 훈련 중 안전사고가 발생하지 않도록 세밀하게 야전행동규칙을 교육하고 준수토록 강조했으며, 부사관은 전술 상황과 마찰이 있더라도 안전관 역할에 충실하도록 했다. 인명사고가 또 발생하면 걷잡을 수 없는 상황이 될 것이고 군 생활에 치명상을 입게 될 것이므로 각별히 신경 썼다. 한편 미 ○○사단은 대위급 연락장교를 우리 대대로 파견해주었으며, 그를 통해 협조하고 의견을 교환했다. 또한, 미 ○○사단 기갑여단에 작전통제 됨에 따라 여단 기동계획과 방어계획, 여단장의 의도를 중점적으로 숙지하였다. 초봄이라 날씨가 쌀쌀하고 밤에는 기온이 영하로 떨어져 고생했지만, 안전사고 없이 훈련을 성공적으로 마쳤고 성과도 좋았다. 훈련 간 미군 연락장교와 지프차 본 네트에 두루마리 상황판을 얹어놓고 작전 진행과 상급부대에 건의사항 등을 수시로 토의했다. 훈련 간 미 기갑여단장과 미군 부사단장이 우리 대대 훈련장을 방문하여 작전 지도도 해주었다. 그들은 지휘관 의도를 강조하고 나의 건의사항을 적극적으로 조치해주었다.

훈련이 종료된 날, 어둠이 내릴 무렵 연락장교를 통해 미군 부사단장이 나에게 미국 육군성 공로훈장을 수여하기 위해 우리 대대를 방문한다는 통보를 받았다. 대대본부 텐트 앞에 대대간부들과 함께 도열하여 그를 맞았고 그로부터 나는 미국 훈장을 받았다. 기쁘고 영예스러운 훈장이었다. 훈장을 받을 만큼 공로가 있었는지 가늠할 수 없었지만, 대대장으로서 훈련임무에 최선을 다했다고 말할 수 있었다. 그뿐만 아니라 훈련이 종료되고 복귀 후 미 2사단장은 미군 간부식당에 나와 중대장들을 초대하여 점심식사를 대접해주고 노고를 격려해 주었다. 이때 미 ○○사단장은 양구까지 이동수단으로 헬기를 보내줘 중대장들과 함께 처음으로 UH-60헬기를 타보는 귀한 경험을 가질 수 있었다. 미국이 강대국이고 미군이 강군임을 느꼈고 부러웠다.

화천에 있는 평화의 댐은 축조 후 적절성 여부를 놓고 논란이 많았다. 그 이유는 인위적 홍수 조절기능이 없고 발전(發電)도 불가한 댐인데 막대한 재원을 드려 축조할 가치가 있었느냐 하는 것이었다. 전두환 정부는 북한이 임남 댐(금강산 댐)을 건설하여 수공을 하게 되면 서울을 비롯한 수도권이 엄청난 피해를 받게 될 것이므로 사전에 위협을 예방하고자 평화의 댐을 구축한다고 발표했다.

1987년 4월, 우리 대대를 포함하여 3개 대대는 평화의 댐 축조를 보호하고 불순 세력의 접근을 막기 위해 땜이 건설될 위치를 중심으로 약 20여km 둘레에 철조망 펜스를 설치하는 임무를 부여받았다. 댐이 들어설 위치에서 동쪽 지역은 ○○사단 ○○연대 3개 대대가, 서쪽 지역은 ○○사단에서 3개 대대가 담당하게 되었으며 철조망 펜스가 설치될 지역의 행정구역은 양구군 방산면 천미리였다. 공사지역은 태초에 숲이 조성된 이후 인간의 접근을 거부한 것처럼 울창했고 봄꽃도 만개해 있었다. 임무를 부여받고 지형정찰을 포함하여 현지 사정을 살폈으며 계획된 일정대로 착수할 수 있도록 부대를 이동하고 철조망 설치에 들어갔다. 대대가 팀스피릿 훈련을 마치고 복귀한 지 얼마 되지 않아 병사들이 지쳐있는 상태라서 초기에는 펜스 설치속도를 낼 수 없었으므로 점점 작업 강도를 높여 갈 복안으로 작업을 시작했다. 작업 진행은 절단조가 나무를 베고 철조망 펜스가 설치될 지역이 조성되면 굴토조가 땅을 파서 철조망 지주를 일정한 간격으로 심을 수 있게끔 구덩이를 팠다. 공사에 필요한 시멘트와 철조망, 각종 자재를 병사들이 도수로 운반하였지만, 작업 종반에는 헬기에 의해 고지로 일부 자재가 수송되기도 했다. 산이 악산이고 지형 경사가 심하다 보니 작업로에는 수많은 계단이 만들어졌다.

이른 아침 조식을 마치고 현장에 올라가서 작업을 한 후 어둠이 깔리면 내려오곤 했는데 해발 500~600m의 고지 급경사를 하루 2~3회 오르락내리락하고 나면 몸이 고되기도 했다. 경사가 급한 지형에 계단이 많아 오르고 내려올 때 무릎에 충격을 받게 되어 무릎 연골이 손상된 병사도 많았다. 나도 그때 연골이 파손되어 대령 때 수술을 권유받았지만, 수술하지 않고 마라톤을 통해 무릎 근육을 강화했다. 지금은 생활에 큰 불편을 느끼지 않고 있다. 약 1개월간, 4km 정도 철조망 펜스를 설치하느라 수백 명이 땀 흘리고 고생했는데 지금은 보람도 없이 무용지물이 되어 폐기된 상태로 방치하고 있다니 그때 쏟은 인력과 재원의 낭비를 누가 책임져야 하는지 묻고 싶다.

군대는 제대별 지휘관이 있고 지휘방법을 말할 때 직접지휘와 간접지휘로 구분하기도 한다. 직접지휘는 지휘관 본인이 지휘대상인 부하와 직접 접촉하면서 그들의 신상과 고충, 임무수행 등을 파악하고 감독하는 것이다. 간접지휘는 참모로부터 보고를 통해 이러한 것들을 파악하게 됨을 말한다. 계급이 높은 지휘관은 간접지휘에 비중을 두게 되고 계급이 낮은 지휘관은 직접지휘를 하게 된다. 참모가 편성된 제대는 분야별 참모활동이 지휘관을 대리하고 보좌하므로 간접지휘가 많아진다. 대대장은 참모장교로부터 보좌를 받게 되지만 대대의 병력 규모가 약 450여 명에 불과하고 임무가 복잡하지 않아 나는 직접지휘에 주안을 두고 활동했다. 그 일환으로 장교와 부사관은 물론 이등병에 이르기까지 이름을 외우고 불러주고자 했다. 신병이 들어오면 신상명세서를 참고하여 특성을 파악하고 이름을 외웠다. 기간병들 이름은 내무반과 훈련장 등 현장에 가서 그들과 접촉하면서 이름을 외우려고 노력했지만 450여 명을 빠짐없이 호명할 수 있기까지는 쉽지 않았다. 더군다나 병력은 끊임없이 전역하고 보충되어 순환하므로 업데이트 상태를 유지하는 데 많은 노력이 요구되었다. 이러한 과정을 거쳐 부임하고 약 5개월 후부터 부대원의 이름을 부를 수 있을 정도가 되었다. 남자는 자기를 알아주는 사람에게 목숨을 바친다는 말이 있듯이 대대장이 이름을 불러주니 부하들의 표정에서 친근감을 읽을 수 있었다.

늦가을 어느 날, 비가 내리고 어둠이 짙은 심야에 경계근무를 살피러 순찰을 나섰다. 위병소에 도착하니 초병이 지프차를 세우고 검문을 하는 것이었다. 나는 차에서 내려 초병과 5m쯤 떨어진 거리에서 "손들어"라는 초병의 목소리를 듣고 "대대장인데 ○○중대 ○○상병이구나"라고 했다. 초병은 "네"라고 대답했다. 비가 내리고 캄캄한 밤이라서 얼굴은 보이지 않았지만, 대대장이 초병의 목소리를 듣고 이름을 불렀으니 본인도 놀랐을 것이다. 내 경험으로 비추어보면 소대장부터 대대장까지는 모든 부하 장병의 이름을 외우고 불러줄 수 있었다. 때로는 목소리로 특정 부하를 식별할 수도 있었다. 대대장이 병사들 이름을 빠짐없이 외우고 있다는 사실 하나만으로도 상호 신뢰가 쌓이고 리더십을 발휘하는 데 한결 용이했음을 체험했다.

동계혹한기 훈련, 팀스피릿 훈련, 평화의 댐 철조망 펜스 공사를 약 3개월에 걸쳐 쉼 없이 수행하다 보니 부대가 지쳐있어 대대적인 정비와 휴식이 요구되었다. 병사들은 세탁을 포함하여 이발을 하고 진료를 받을 수 있게 했다. 간부들에게는 퇴근 시간을 보장해주면서 휴가도 확대 시행했다. 대대장인 나도 오랜만에 여유를 갖게 되어 상급부대 소식도 들을 수 있었다. 그중 몇 가지 들려온 얘기 가운데에는 사단 작전참모가 전출을 가게 되었다는 내용도 들어 있었다. 작전참모 권모 중령은 육사 ○○기 선배였으며, 지난해 연말에 대령 진급예정가 되었음에도, 작전참모 직책을 계속 수행하고 있었다. 대령진급예정자로 선발되면 그해 말 또는 년 초에 국방대학원을 가거나 새로운 자리로 옮겨 가는데 권모 중령은 어떤 연유였는지 모르지만 현 직책에 남아 있다가 육군본부 관리참모부 행정과장으로 보직을 옮기게 되었던 것이다. 이에 따라 그의 후임 작전참모 선발 관련 얘기가 들렸다. 나는 권모 중령이 작년 연말에 진급하였기에 시기적으로 우리 사단에서 작전참모를 할 수 없을 것 같다고 생각했다. 다만, 유능한 사람이 권모 중령 후임으로 와서 올해 말에 진급하면 그 시기에 나는 대대장 보직이 종료되므로 작전참모 자리를 이어받을 수 있겠다는 실낱같은 기대를 하고 있었다. 그래서 작전참모 자리에 누가 오게 되는지 궁금했다. 그러면서 다른 한편으로는 보직이 끝나도 다음 보직을 찾지 못했던 걱정이 대대장을 마치고 또 되풀이될 것 같아 마음이 편하지 않았다. 작전 직능을 가진 내 입장에서 사단 작전참모는 꼭 역임해야 할 직책이므로 관심을 갖지 않을 수 없었는데, 다행히 대대장을 동기생들보다 6개월 빨리 마치고 운 좋게 사단 작전참모로 가게 되었다. 1987년 6월 24일, 대대장 지휘권을 육사 ○○기 박모 중령에게 넘기고 정들었던 부하들과 작별하게 되었다.

돌이켜보면 나의 군 생활 가운데 대대장 시절이 가장 아쉬움을 많이 갖게 한다. 전술 기본제대 지휘관으로서 원칙과 본질에 충실했으나 유연하지 못한 복무 자세가 때로는 부하들을 압박했고 그들의 여가를 뺏기도 했다. 그런가 하면 뜻하지 않았던 폭설로 부하가 목숨을 잃기도 했다. 과유불급(過猶不及)이라 했듯이 지나침이 부족함만 못함을 느꼈다. 임무가 우선이라는 평면적 사고(思考)보다 임무를 수행하는 동반자가 부하이고 이들의 호응이 더 소중함을 알았어야 했으며 철저함과 완벽함을 추구하기 앞서서 나도 틀릴 수 있음을 생각했어야 했는데 부족했다. 그래서 아쉬움을 많이 갖게 한다.

운 좋게 받은 작전참모 보직

사단장은 권모 중령 후임의 작전참모를 찾고 있었지만, 사단 내에는 적임자가 없다고 생각한 것 같았다. 왜냐하면 사단 내 작전 직능을 가진 적임자가 나를 포함하여 두 사람 뿐이었고 모두 대대장을 하고 있었기 때문이었다. 또한, 작전참모는 통상 육사 출신이 하는데 사단 내에서 작전 직능의 육사 출신 대대장은 나 혼자였다. 나는 그해 12월에 대대장 보직이 만료될 예정이었으므로 시기적으로 적절한 대상자가 아니었다. 하지만 사단장을 보좌하는 참모장과 참모들은 될 수 있으면 사단 내에서 적임자를 찾아 보직하는 것이 대대장들에 대한 배려이고 애대심을 고양시키는 길임을 사단장에게 건의했다. 건의를 받은 사단장은 사단 내 적임자가 누구냐고 물었다. 사단장도 가능하면 사단 내에서 발탁하고 싶었지만, 조건에 맞는 사람이 없는 것 같아 타 부대에 요청하여 데려오려고 했는데 참모들의 건의가 있자 대상자를 묻게 된 것이다. 사단장이 사단 내 적임자를 물음에 따라 인사담당자는 ○○연대 2대대장 이성출 중령이 육사 출신

인데다가 업무능력도 탁월하므로 작전참모 직책을 수행하는 데 적격자가 될 수 있다고 했다. 그러면서 그의 대대장 보직이 6개월 남았지만, 대대장을 마칠 때까지 이중보직을 갖고 작전참모 업무를 수행하면 된다고 하면서 나를 작전참모로 건의했다. 사단장은 인사담당자 의견을 듣고 그렇게 해도 문제가 없다면 나를 작전참모로 내정하도록 지시했다. 그렇게 해서 작전참모 보직을 받게 되었다. 작전참모는 필수 보직이고 중요한 경력이라서 꼭 해보고 싶었지만, 시기적으로 맞지 않아 크게 기대를 걸고 있지 않았는데 뜻밖에 그 자리에 보직을 받을 수 있게 되었다.

대대장 임기가 남아 있다는 제한사항도 있었고, 4개월 전에 폭설로 조난사고가 발생했을 때 대처능력을 높이 평가받았지만 사고로 인해 사단장을 포함한 윗분들께 누를 끼쳤기에 작전참모라는 중책에 발탁되리라 예상하지 못했다. 작전참모로 앉게되어 기쁘고 감사했으며, 최선을 다해 사단발전에 기여하겠다는 각오를 다졌다. 인접 사단 작전참모들이 28기와 27기들이었으므로 2~3년 후배인 30기가 벌써 작전참모를 하게 됨에 따라 나의 작전참모 보직 결정은 주목을 받았을 뿐만 아니라 동기생 가운데서도 사단 작전참모 직책에 맨 처음 들어가게 되는 영광도 갖게 되었다.

군의 고유기능이 작전이고 교육훈련은 작전기능을 강화해주는 평시 활동이다. 작전참모는 작전과 교육훈련 업무에 대한 책임을 갖고 사단장을 보좌하는 직책이다. 작전은 평시 대침투작전과 전시 작계 5027의 시행이며, 작전계획은 전시 전투력 운용에 대한 용병방안을 구체적으로 작성한 문서이다. 작전계획에는 적 상황과 능력 등을 고려하여 아군의 임무달성 방안이 수록되어 있으며 이를 평시에 숙달하는 것이 교육훈련이다. 작전참모는 사단의 주무참모이고 업무 전반을 아우르는 핵심직위일 뿐 아니라 대내외적으로 사단을 대표하는 기능을 수행한다. 그 밖에도 각종 보고와 브리핑, 회의 등을 주도하고 조직편성을 발전시킨다. 따라서 작전참모 역량은 단순히 개인에 한정되는 것이 아니고 사단의 임무수행 척도가 되므로 그 직위에 유능한 인재를 골라 앉히고자 한 것이었다.

대대장을 마치고 운이 좋으면 작전참모를 할 수 있으리라 생각했는데 갑자기 보직을 받게 되었으니 기쁨이 컸지만 중책을 맡음에 따라 중압감이 어깨를 눌렀다. 한편 산적한 업무를 매끄럽게 처리하고 사단장 지휘특성과 의도를 순발력있게 알아차릴 수 있도록 신속히 업무를 파악해야 했으므로 이른 아침에 출근하여 늦은 밤까지 긴장을 늦추지 않았다. 이렇게 하루하루 업무에만 집중한 가운데 해가 바뀌자 사단장이 교체되게 되었다. 1988년 1월 4일, 고모 사단장이 떠나고 후임 사단장이 부임했다. 새로 부임한 사단장은 육사 ○○기 박모 소장으로 작전 분야에 정통하신 분이었으며 성격이 간명하고 합리적이었다. 내공이 많은 분이었으며 업무의 질을 평가할 수 있는 안목을 가지신 분이라서 나의 업무수행 능력을 쉽게 알아보고 신뢰해주었다. 사단장이 바뀌고 작전참모에게 힘이 실리는 분위기로 전환되자, 주무참모로서 역할을 하는 데 한결 용이해졌다. 내 발언이 먹히고 참모장을 포함하여 일반참모, 직할대장들이 사단장 의도를 파악하는 데 나에게 의존하는 형국이 되었다.

그러나 호사다마라 했듯이 사단장의 신뢰를 받고 위치가 굳어지자 이번에는 주변으로부터 시샘을 받게 되었다. 선배와 동기생이 인접참모 직위에 있었고 그 외 3사 출신 장교들이 일반참모로서 함께 복무하고 있었다. 이런 가운데 사단장이 작전참모에게 각별한 믿음을 준 분위기에서 평정 시기가 가까워지자 선배 참모는 나를 경쟁자로 생각하고 견제를 한 것 같았다. 사단장만 바뀌었지 그대로였고 업무에만 집중하는 자세도 불변이었으나, 주변에서 나를 대하고 보는 시각이 180도 달라진 것이었다.

　군인은 매년 3월, 전년도 업무실적과 업무수행 태도 등을 종합적으로 평가받고 그 결과가 평정표로 작성되어 보존되며 차후 진급과 보직에 반영된다. 따라서 그해 진급심사에 들어갈 선배 참모 입장에서는 당 해년도 평정을 잘 받아야 경쟁력을 가질 수 있었다. 나는 그가 평정서열에 지대하게 관심을 갖지 않을 수 없음을 충분히 이해할 수 있었다. 그러나 평정에서 누구에게 상(上)을 줄 것인가는 지휘관의 고유권한인데 나를 2번으로 하고 선배 참모에게 1번을 주도록 사단장께 말씀드리는 것은 상식적으로 맞지 않았다. 그는 그해 진급심사 대상자라서 평정서열에 예민했고 내가 사단장한테 신뢰를 받고 있어 과도하게 신경을 쓴 것 같았다. 몇몇 참모는 그에게 동조까지 했다. 그 참모는 성격이 넉넉하지 못했지만 남다른 집념과 열정을 지닌 선배였으며 그 후 준장까지 진출하고 전역하였다.

　한편 육사출신이 인접참모로 있었지만 절친한 사이가 되지 못했다. 업무에 정통하려는 노력이 부족한 것 같았고 성격이 맞지 않았기 때문이었다. 그가 담당한 업무는 작전과 유기적인 협조뿐만 아니라 긴밀한 소통이 필요한 영역이었다. 작전참모는 적에 대한 정확하고 적시적인 정보가 선행되어야 대응책을 발전시키고 이길 수 있는 방책을 만들어 낼 수 있다. 반면 정보가 적시성을 상실하거나 정확성이 미흡하게 되면 작전은 전투력을 낭비하게 되고 승리할 방책과 기회를 만들 수 없는 것이다.

　그해 여름, 을지포커스렌즈 연습이 있었고 사단급 제대까지 참가대상이 되어 약 2주 동안 워 게임 방식으로 진행되었다. 연습은 각 사단에서 게이머(gamer)를 대전 워크스테이션에 파견하고 그들에게 작전참모는 사단장 의도와 시행에 대해 지시하면 게이머가 플레이어(player) 역할을 했다. 연습기간 중에는 매일 아침과 저녁시간에 작전상황을 분석하여 사단장께 보고 드리고 지침을 받는 시간을 가졌다. 이 시간에 언급된 주요 내용이 그날 워크스테이션에 내릴 지시사항의 핵심이었다. 아침 8시, 사단장이 야전에 마련된 박스카 지휘소에 착석하면 훈련 상황 브리핑이 시작되므로 각 참모부 장교들은 새벽 5시경부터 사단장께 보고드릴 내용을 준비하면서 상황을 업데이트하고 도상에 표지했다. 보고자는 그 내용을 숙지하고 사단장께 보고했다. 보고는 정보참모에 이어 작전참모 순으로 했고 특이한 사항이 있을 경우 인사와 군수참모도 담당 분야에 대해 브리핑을 했다. 사단장께 보고 드리기 위해서 아침 7시 30분까지는 대전 워크스테이션에 파견된 게이머와 소통하여 진행 상황에 대해 업데이트를 마쳐야 보고자는 자료에 혼란을 느끼지 않고 보고할 수 있었다. 그러나 그는 보고시간이 임박하여 데이터를 수정하고 상황을 변경시키는 경우가 허다했다. 상황이 바뀌면 나의 보고 내용도 변화를 주어야 하는데 심지어 보고 5분 전에도 데이터를 바꾸는 경우가 있게 됨으로써 짜증 나게 했고 혼선을 불러일으키게 했다. 참모는 실무자들이 준비해놓은 내용을 보고하기 1시간 전에는 검토하고 30분 전에는 확인을 마쳐야 하는데 그는 보고시간이 임박해서 내용을 변경하는 업무태도를 가졌고, 이런 경우가 누적되어 그는 나한테 좋은 인상을 받을 수 없었다.

신임 사단장은 작전을 전반적으로 이해하는 지식을 갖고 있었기에 지침이 명확하고 군더더기가 없었다. 핵심 위주 업무수행을 강조함으로써 일이 효율적으로 처리되었다. 상급자가 부대 방문 시 보고용 슬라이드를 준비할 때도 순서와 내용에 대해 복안을 말씀해주고 참모의 창의적 방법을 인정해주었기 때문에 짜임새 있는 보고로 좋은 성과도 얻을 수 있었다. 어느덧 사단장이 부임하고 2개월이 지나자 상급지휘관에게 업무보고를 드릴 날짜가 잡혔다. 참모장은 작전참모를 중심으로 업무보고 준비 팀을 꾸리도록 지시하면서 참모들의 적극적인 협조와 지원을 강조했다. 사단장 업무보고는 사단장으로 부임 후 부대를 진단하여 강약점을 식별하고, 재임기간 싸워 이길 수 있는 부대를 만들기 위해 중점과제와 실천방안을 제시하는 것이다. 따라서 사단장이 직접 작성해야 하지만 통상 작전참모가 초안을 작성하여 사단장께 보고하고 지침을 받아 완성하는 형식이 일반적 현상이었다.

나는 사단장의 지휘 중점을 정리하고 보고내용에 맞는 슬라이드와 시나리오를 작성해 놓은 상태에서 순시가 예정된 날까지 긴장을 늦추지 않았다. 순시 하루 전날은 기밀실에서 사단장이 시나리오를 읽고 실제대로 예행연습까지 마무리했다. 사단장이 시나리오를 읽으면 이에 맞춰 한 장 한 장 유리판 슬라이드를 환등기에 깔고 포인터가 시나리오를 따라 내용을 짚어야 했으므로, 시나리오를 읽는 사단장과 슬라이드를 미는 사람, 포인터를 짚는 사람이 3위 일체가 되어 조화롭게 행동을 해야 했다. 약 20여 일간 업무보고 준비에 녹초가 된 상태에서 보고 받을 지휘관이 탑승한 헬기가 예정된 날짜의 오후 2시, 사단사령부 헬기장에 착륙하자 사단장은 그 분을 영접하여 집무실로 모시고 들어가 차담시간을 가졌다. 곧이어 사단장의 안내를 받은 그 분이 기밀실에 들어와 착석하자 사단장은 단상에 올라 인사 말씀을 드린 후 준비한 복무계획을 브리핑하기 시작했다. 그런데 이게 무슨 일인가? 사단장이 시나리오를 읽기 시작하고 슬라이드가 3장도 넘어가지 않았는데 그 분은 의자 등받이에 머리를 대고 눈을 감았다. 잠깐 졸음을 이기지 못하는가 보다 하였지만, 좀처럼 그 분은 눈을 뜨지 않았다. 나는 그 분의 모습에 충격을 받았고 크게 실망하지 않을 수 없었다. 사단장은 그 분의 태도에 아랑곳하지 않고 시나리오를 계속 읽었으며 보고는 그렇게 종료되었다. 그 분에게 보고드리기 위해 10여 명이 20여 일 동안 늦은 밤까지 야근하면서 준비를 했는데, 슬라이드를 몇장 넘기니 오수에 빠져버린 행태는 고급간부의 리더십을 의심하게 했다. 그뿐만 아니라 연대장을 포함한 중견간부들은 그 분의 말 한마디도 놓치지 않으려고 숨을 죽이면서 긴장하고 있었는데, 그 분은 아랫사람들의 인격을 무시한 태도를 보였다. 부하가 침묵하더라도 부하의 눈과 귀는 상관을 어항 속 금붕어처럼 살피고 있음을 인식해야 하고 부하를 어려워할 줄 알아야 한다. 특히 지위와 계급이 높을수록 모범을 보여야 하며 책임의 엄중함을 느껴야 할 것이다.

부대가 훈련이나 연습을 하게 되면 작전참모는 브리핑을 자주 하게 되는데 나의 브리핑 실력은 작전참모 시절에도 어김없이 빛을 발휘했다. 그해 을지포커스렌즈 연습은 8월 하순에 있었으며 그 때는 내가 작전참모로 부임하고 약 2개월이 지난 때였다. 상급부대 연습 일정대로 1부는 방어작전을, 2부는 공격작전을 연습하였으며 작전계획 5027에 의한 사단 임무와 작전형태에 따른 연습이 진행되었다. 1부 연습 3일째 되는 날, 군단장 이모 중장의 예하부대 현장 순시가 있을 예정이었기 때문에 나는 훈련 상황을 보고할 수 있도록 내용과 현황을 업데이트하고 브리핑 준비를 했다. 군단장은 계획대로 도착하여 사단장의 영접을 받고 상황실로 들어와 착석했으며 이어서 나는 브리핑을 시작했다. 보고순서를 짚으면서 연습내용에 따른 도상의 전술상황을 약 30분간에 걸쳐 차례대로 보고드리고 이어서 군단장의 지침을 받고자 했다.

군단장은 보고를 받고 흡족한 표정을 짓더니 갑자기 보고자인 나에게 "작전참모, 자네 보직을 받은 지 얼마 되었는가?" 하고 물은 것이었다. 내가 작전참모를 시작한 지 얼마 되지 않은 사실을 알고 있는 것 같았지만 "네, 1개월 반 되었습니다."라고 대답하자 군단장은 나에게 2년 넘게 작전참모를 하는 타 사단 작전참모보다 훨씬 브리핑을 잘한다고 칭찬해주었다. 군단장은 우리 사단을 방문하기 전에 전방 ○○사단과 ○○사단에 들러 보고를 받았으므로 사단 작전참모 브리핑 능력을 쉽게 비교할 수 있었던 것 같았다. 그쪽 사단은 나보다 2~3년 빠른 선배 기수가 작전참모를 하고 있었기에 그런 말씀을 했다. 까다롭고 칭찬에 인색하기로 소문난 군단장 이모 장군께서 이런 칭찬을 하였으니, 모두 눈이 두 배로 커지면서 놀라운 표정을 지었다. 군단장으로부터 호평을 들었으니 사단장을 포함한 주변 사람들의 격려가 쏟아졌다. 훈련이 주는 피로도 일거에 사라진 것 같았다. 초급장교 시절부터 브리핑에서 좋은 평가를 받곤 했는데, 사단 작전참모하면서도 상급부대 지휘관으로부터 큰 칭찬을 받은 것이 나에겐 영광스런 일이었다.

1987년 11월 29일 중동에서 서울로 오던 대한항공 여객기가 미얀마 상공에서 갑자기 사라진 사건이 발생했다. 테러범에 의해 승객과 승무원 115명이 사망하는 항공기 폭파 사건이었다. 진상조사 결과 김현희라는 북한 공작원이 범인이었고 그녀는 한국으로 압송되어 여러 차례 재판을 받다가 사면되었으며 그 후 결혼까지 했다는 뉴스를 들었다. 사건이 발생함과 동시 전군에 비상 대기령이 내리고 긴장된 상태가 지속되었으며 북한군의 동향과 활동에 특이 사항은 없었지만, 군은 만일의 사태에 대비해야 하기 때문에 경계태세를 강화했다. 1980년대에 한국이 빠르게 산업발전을 이루게 되면서 북한과 국력 차가 크게 넓혀지게 되었고 군사력 격차도 점점 좁혀지고 있어 북한의 간헐적 도발을 예상했지만, 항공기를 폭파하는 테러 활동까지 북한이 자행하였으니 우리 국민은 큰 충격을 받지 않을 수 없었다.

당시 북한은 군사분계선에서 총격과 지상 및 해안침투 등 수많은 도발을 감행했다, 이에 따라 군은 평시에 대침투작전 계획을 수립하여 주기적인 훈련과 점검을 하고 있었다. 하지만 항공기 테러는 예상하지 못했던 위협양상이었으므로 모든 가능성을 열어놓고 대비해야 함을 새롭게 깨달았다. 북한의 비대칭 위협이 날로 증대되고 있어 민. 관. 군의 통합된 방위태세가 요구된다. 안전에는 예외가 없다는 명확한 인식을 모든 국민이 가져야 한다. 항공기, 선박, 지하철, 열차, 버스, 극장, 운동 경기장, 공연장, 백화점 등 사람이 밀집하고 취약한 곳에는 최첨단 경보시스템과 예방수단을 강구해야 한다. 특히 우리 국민은 안전의식이 선진국에 비해 뒤떨어지고, 안전사고가 비교적 자주 발생한 국가이면서 북한 위협까지 도사리고 있으므로 포괄적 안보역량 강화가 필요하다고 본다.

작전참모로 재임 중 있었던 '과제에 의한 훈련' 전군 시범과 팀스피릿 훈련, 88올림픽 성화 봉송로 경계 작전도 기억 속에 남아 있다. 육군은 임무형 교육훈련을 모토로 병과별, 부대별 특성에 부합된 훈련을 하게 되어 있었으나 야전부대의 훈련이 학교교육 방식을 답습하고 있어 실전적 훈련이 되지 못했다. 이런 문제점을 개선하고자 '과제에 의한 훈련'으로 전환하게 되었다. 육군은 새로운 훈련방식에 대해 이론과 기본 틀을 만들어 야전에 적용할 수 있도록 시범식 교육을 하게 되었는데, 우리 사단이 시범부대로 지정되었다. 육군본부에서 우리 사단을 시범부대로 지정한 배경은 군단 예비사단이라는 특성과 사단장의 역량을 고려한 것으로 보였다. 사단은 시범을 부여받았으므로 세부적 과제와 행동을 준비할 수 있도록 예하 연대장 중 한 사람에게 시범책임을 부여해야 했다. 나는 주무참모로서 ○○연대장 이모 대령이 직능은 군수였지만 타 연대장과 비교하여 의욕이 강했고 부대지휘도 성공적으로 하고 있는 점 등을 고려하여 ○○연대를 시범책임부대로 선정하여 사단장에게 건의했다. 이모 대령은 강력한 추진력을 바탕으로 시범준비에 올－인하였고, 논리적으로 부대유형별 과제를 도출하여 훈련방법을 제시했다. 나는 이모 대령과 함께 시범내용과 진행, 팸플릿 제작 등을 협의하고 상급부대에서 지원해줄 사항을 찾아 적극적으로 도와주었다. 시범은 계획대로 참모총장을 모시고 여단장급 이상 각급 부대 지휘관들이 참석한 가운데 도촌리 사격장에서 진행되었으며 성공적으로 마쳤다. 시범을 준비하고 시행하는 과정에서 교육훈련에 대한 깊은 지식과 경험을 쌓았으며 훗날 연대장 직책과 3군사령부 교육과장 직책을 수행하는 데 큰 밑거름이 되었다.

그러나 과제에 의한 훈련은 소부대까지 세부적인 과제도출 절차가 요구됨에 따라 행정적 소요가 많게 되어 현실적 제도로서 정착되지 못했다. 교육훈련은 어느 분야보다 지휘관 의지가 중요하므로 평시 부대 운용 중점을 교육훈련에 두어야 한다. 또한 부대임무와 특성에 부합된 훈련방법을 창안하여 싸워 이길 수 있는 부대를 육성해야 한다. 이를 위해 개인 전기를 숙달시키고 분대와 소대단위 팀 전술을 반복적으로 완성해야 하며 중대급 이상의 전술훈련은 훈련 시기를 특정하여 주기별 일정한 훈련장에서 숙달하도록 계획하고 시행해야 할 것이다. 미군이 이라크 전쟁에서 승리한 후 참전병사들은 인터뷰에서 "훈련한대로 싸웠더니 이기게 되었음"을 강조했다. 강한 전투력의 요체는 '교육훈련'에 있음을 알 수 있다.

나는 4회에 걸쳐 한·미 연합훈련인 팀스피릿 훈련에 참가한 경험이 있다. 연대작전과장, 대대장 2회, 사단작전참모 직책에서 참가함으로써 나만큼 팀스피릿 훈련 경험이 많은 군인도 드물 것이다. 훈련 지역이었던 양평과 홍천. 여주. 이천 일대의 지명을 지금까지 잘 기억하고 있다. 작전참모 시절에도 사단이 팀스피릿 훈련을 하게 되었다. ○○군단이 황군사령부 역할을 함에 따라 평시 지휘계선의 상급부대이고 군단사령부가 지역적으로 멀지 않아 각종 교육, 회의 참가에 많은 시간을 도로에서 보내지 않아도 되었다. 팀스피릿 훈련처럼 대규모훈련을 하게 되면 훈련 준비과정에서 많은 에너지를 소비하게 만들지만, 그해 팀스피릿 훈련은 준비과정에서 군단장 의도를 구현하기 위해 군단과 협의하는 데, 시간을 효과적으로 쓸 수 있었다.

한편, 사단의 주요직위자 가운데 사단장을 제외하고는 팀스피릿 훈련 경험을 가진 간부가 많지 않았으므로 이들에 대한 교육은 내 몫이었다. 또한, 훈련 간 상급부대 지휘관 방문에 맞춰 브리핑할 보고 자료를 사전에 준비하여 출동함으로써 훈련장에서 우왕좌왕하거나 쓸데없는 노력을 하지 않았다. 경험이 많다는 것은 백문이 불여일견이라는 말이 이를 증명하듯 군인은 어떠한 지식도 경험에 견줄 수 없음을 철저히 인식해야 할 것이다. 군인에게 소중한 것은 말이 아닌 행동으로 쌓은 경험이다.

올림픽은 스포츠를 통해 페어플레이 정신을 고양하고 세계가 이웃이 되는 지구촌의 잔치이다. 이런 점에서 88올림픽은 현대사에서 한국이 세계로 도약하고 세계가 한국을 알게 된 가장 큰 메가 이벤트였다. 작전참모로 양구에 있을 때 지구촌 축제인 서울 올림픽이 열렸다. 군이 올림픽을 성공적으로 치를 수 있게끔 역량을 투입한 부분이 안전 분야였다. 올림픽 행사가 진행되는 과정에서 북한의 방해공작이 예상된 가운데 불의의 사고가 발생할 수 있으므로 철통 경계가 요구되었다. 서울에서 멀리 떨어져 있는 양구에서도 올림픽에 공헌한 분야가 있었으며 그것은 성화 봉송로 경계였다. 성화 봉송로가 인제에서 소양강 뱃길로 춘천까지 이어짐에 따라 이 구간을 우리 사단이 성화 봉송 경계를 맡았다. 성화가 이동하는 도로와 뱃길을 정찰하고 예상되는 위험을 사전에 차단할 수 있는 주요 목을 선정하였으며, 이러한 목에는 분대 규모의 병력과 통신수단을 배치하여 성화가 안전하게 이송되도록 했다. 성화가 이동하는 날, 상황실에 대기하면서 감제고지에 배치된 통신수단을 이용하여 상황을 모니터링 했다. 우리 모든 국민이 하나 되어 올림픽은 성공적으로 개최되었고 국가 위상이 세계에 솟구쳤으니 격 오지 양구에서도 국민의 한 사람으로서 자부심을 느꼈다.

작전참모 시절, 11시 45분이면 오전 과업이 종료되고 그 후 13시까지 점심식사 시간이었다. 이때는 사단장을 중심으로 헤드테이블에 앉아 식사를 했다. 사단장은 11시 50분경에 장교식당에 왔으므로 참모들은 사단장보다 미리 자리에 앉아 있는 것이 예의라고 생각하여 11시 45분쯤에 식당에 갔다. 사단장이 도착하여 착석하면 식당 근무병의 서빙을 받고 식사를 시작했는데 식사하면서 대화는 사단장과 부사단장이 주로 나누게 되고 일반 참모들은 이에 호응하는 분위기였다. 대화 내용은 가끔 업무 관련 얘기도 있었지만, 사단장 스타일이 식사 자리에서 업무 얘기를 좋아하지 않았으므로 그런 경우는 흔하지 않았다. 그러나 통상 약 20분이면 마칠 수 있었던 식사자리가 사단장의 이런저런 얘기로 길어지면서 12시 50분까지 자리에 앉아 있어야 했다. 따라서 식사를 마친 참모들도 사단장이 이석할 때까지 앉아 있어야 했다. 밥을 다 먹고 약 40분간을 사단장의 사적 얘기를 포함하여 부사단장과 나눈 대화를 매일 들어야 했으므로 여간 지루하지 않을 수 없었다. 사단장은 아랫사람의 애환을 잘 살펴주는 분이었으나 유독 점심시간을 오래 끄는 습관을 가지고 있었다. 늘 야근하고 업무에 스트레스가 많아 점심을 일찍 먹고 잠깐이라도 사무실 의자에 앉아 눈을 붙이면 오후 일정 소화에 한결 가벼울 터인데 사단장은 점심시간을 12시 50분까지 채웠으니 말로 표현할 수 없는 불편함을 가졌다. 지휘관이 개방적 태도로 사적 얘기를 부하들에게 들려주는 것은 친밀감을 더해주기도 하지만, 시간적. 공간적 살핌이 있어야 할 것이다. 이때 겪은 고충으로 인해 나는 사단장과 군단장, 연합사부사령관을 역임하면서 부하들과 함께 갖는 점심시간을 가급적 12시 30분이 넘지 않도록 각별히 신경을 썼다.

어느덧 1989년 가을이 오자 작전참모를 시작한 지 벌써 28개월이 지나고 있었다. 일이 많고 힘든 직책이라서 남들은 1년 하기도 버거운데 2년을 훨씬 넘기고 있었던 것이다. 육군에서 28개월 동안 사단 작전참모 직책을 수행한 사람은 나 외(外)에 찾아보기 어려울 것이다. 담배를 애초에 피우지 않았기에 작전참모를 2년 넘게 하면서도 담배를 가까이하지 않았다. 하지만 작전참모로 일하면 대부분 장교들은 스트레스 해소 수단으로 담배를 피우게 되었다. 그만큼 애쓰고 긴장해야 하는 직책이었다. 나는 작전참모를 시작할 때 현 직책에서 대령 진급심사를 받게 될 것으로 판단했다. 양구에서 오랜 기간 작전참모를 한 것은 대령 진급을 여기서 하겠다는 생각 때문이었다. 그러나 육군본부 인력운영 조정에 따라 그해 30기가 대령 진급 대상자에서 제외되었다. 그 다음 해까지 작전참모를 하게 되면 40여 개월이 되어 불가피 보직을 옮겨야 했는데 이왕 옮길바에는 정책부서인 육군본부 작전참모부나 합참 작전부가 좋겠다는 생각을 가졌다. 하지만 이것은 언감생심이었다. 사단장도 내가 보직을 옮겨야 한다는 데 동의하였지만 내 보직을 알선할 만큼 인맥이 두텁지 않았으므로 내 스스로 여기저기 알아볼 수밖에 없었다. 그러던 중 육군본부에 근무하고 있는 동기생 A 중령으로부터 전화가 왔다. 그는 올해 대령 진급심사 대상에 우리 30기가 포함되지 않게 되면 자기와 보직을 맞바꾸자는 제의를 이미 해온 바 있었기에 육본방침이 진급 대상에서 우리 기수를 제외한다고 확정되었으므로 본인과 보직 교대를 하자는 전화였다. 당시 A 중령이 근무하고 있던 부서는 육군본부 부대 계획과였으며 편성업무를 담당하는 곳이었다. A 중령 전화를 받고 사단장께 A 중령과 보직을 맞바꾸는 것에 대해서 상의하자, 사단장은 A 중령의 보직으로 가겠다면 그를 내 후임 작전참모로 쓰겠다고 했다. 다만, 그 자리에 가면 첫해 진급이 쉽지 않을 것이라는 말을 덧붙였다. 사단장은 자신이 사단장으로 부임하기 전에 처장으로 일했던 곳이라서 A 중령이 근무한 보직의 업무와 특성을 잘 알고 있었다. 그러나 나는 어디 가서든 최선을 다하면 좋은 결과가 올 것이라는 확신이 있었기에 A 중령과 자리를 맞바꾸기로 하고 사단장께 보고 드렸다. 사단장은 A 중령을 육본에서 데리고 있었으므로 그를 알고 있었지만 나와 보직을 맞바꾼다니 부득이 그를 작전참모로 받은 것 같았다. 나는 마땅하고 흡족한 보직이 아니었지만 희망과 기대를 갖고 1989년 10월 28일부, 육군본부 작전참모부 부대계획과 부대계획장교로 전속 명령을 받았다. 사명산에 나뭇잎들이 예쁘게 가을옷으로 물들 무렵, 정들었던 5년여의 양구 생활을 마감하게 되었다.

1980년대에 양구는 군인들의 선호지역이 아니었다. 서울에서 멀었고 도로 사정도 비포장에 굴곡이 심했으며 겨울 추위는 뼛속까지 시리게 만들었다. 거기다 생활여건도 불비했으며 병원시설도 열악했다. 그러나 나는 ○○사단에서 연대작전과장, 대대장, 사단 작전참모를 마쳤고 5년여 기간을 양구에서 보냈다. 그뿐만 아니라 수민이, 수환이가 양구에서 초등학교에 다니기 시작함으로써 양구는 군 생활과 행복한 가정생활이 공존했던 곳이다. 우리 가족이 거주했던 구암리 관사와 남면 관사, 달동네 관사는 연탄 아궁이에 노후화된 집이었지만 궁전만큼 좋았고 따뜻한 보금자리였다. 힘 있고 배경이 든든한 장교들에게는 유배지처럼 선호하지 않은 지역이었지만, 나는 양구에서 소중한 필수 경력을 쌓았으며 과분할 만큼 큰 경험과 성과를 얻었다. 또한 경쟁력을 배양하고 승승장구할 수 있는 기틀을 마련할 수 있었다. 지휘관과 참모로서 다양한 업무를 익혔으며 업무처리 수준을 높일 수 있는 역량을 키웠다. 한편 부하를 잃은 아픔도 겪었고, 지휘관의 책임과 그 책임 뒤에 숨어있는 차가운 고독을 체험하기도 했다.

육군본부에 입성

　육사를 졸업하고 군인이 되어 15년이 지난 1989년, 어느 가을날, 육군본부에 보직신고를 했다. 몸으로 부딪치고 행동으로 실천하는 야전을 벗어나 이제부터는 정책부서에서 머리로 군의 미래를 고민하고 설계하는 업무를 수행하게 된 것이다. 한 차원 넓은 시야와 한 단계 높은 안목이 요구될 것으로 보였다. 작전참모부장 이모 소장과 전발처장 오모 준장께 순차적으로 전입신고를 하고 부대계획과 부대계획 장교로 업무를 시작했다. 과장은 ○○기 전모 대령이었고 과원은 현역 5명, 군무원 5명이었다. 야전에서는 만나기 어려운 군무원이 유난히 많은 조직이었다. 이분들은 나보다 나이도 훨씬 많았고 부대계획 업무 경험도 풍부했다. 부서업무가 역사성을 갖는 성격이 많아서 노하우가 있는 군무원의 역할이 중요했다. 군무원 5명이 과의 분위기를 이끌고 있었는데, 그들은 내가 부임하자 전통적으로 내려온 관행을 포함하여 업무협조, 처리에 대한 절차 등을 가르쳐주었다. 현역과 군무원이 혼합 편성되어 있고 노장이 함께 일을 함에 따라 인접 과보다 화기애애한 문화가 살아 숨 쉬고 있었다. 한편, 우리 가족은 양구에서 대전 서구에 있는 가수원 은하아파트에 전세를 얻어 이주했다. 부대관사를 신청했으나 대기자가 많아 오래 기다려야 했기 때문에 군인 아파트보다 비용이 더 들어가지만, 아이들 학교 문제를 우선 해결하기 위해 민간아파트를 구했다. 아이들을 가수원 초등학교에 전학시키고 민간아파트로 서둘러 이사했다. 아울러 자가용으로 출퇴근하는 마이카 시대에 편승하여 생애 처음으로 액셀 자동차를 구입했다. 소령 때 학군단에 근무하면서 획득한 1종 자동차 운전 면허증을 8년 만에 활용하게 되었다.

부대계획이란 부대 창설과 증편, 감편, 해체에 관한 총체적인 계획을 말하며 장기 부대계획과 중기, 당해년도 부대계획으로 구분한다. 장기란 5년 이후부터 20년까지이며, 중기는 5년, 당 해년은 계획이 수립된 이듬해를 말한다. 창설부대에 대한 부대계획은 임무수행에 필요한 구조와 인력, 장비, 시설, 예산 등을 도출하여 계획에 포함하고 이를 관련 참모부에 넘기면 해당 참모부는 부대계획을 토대로 업무를 추진하게 된다. 인사참모부는 인력을 충원하고, 군수참모부는 장비와 시설을 보충하며, 기획참모부는 중장기 기획. 계획문서에 반영하여 예산을 태우고, 작전참모부는 편제표를 완성하게 된다.

증편은 병력과 장비, 시설 등을 늘리는 부대계획이며 반면 감편은 부대인력과 장비를 줄이는 계획을, 해체는 불필요한 부대의 인력과 장비를 타 부대로 전환하고 모체부대를 부대 목록에서 삭제하는 것을 말한다. 군에서 부대계획은 종합예술이고 오케스트라 지휘자와 같다. 계획을 수립하기 전에 현실성, 합리성, 가용성, 미래성 등 수 많은 요소를 펼쳐 놓고 실현 가능한 계획을 만들어야 했다. 하나의 부대를 창설하는 것은 여러 분야가 모여 작품을 완성하는 종합예술이다. 이를 완성하는 과정의 지휘자가 부대계획이라고 말할 수 있다. 나는 부대계획이 참으로 중요하고 수준 높은 업무임을 시간이 지날수록 강하게 느꼈다.

아래 내용은 부대계획장교 시절에 작성하여 대대장급 이상 지휘관과 참모에게 하달한 것으로 '행정요원 감소로 실질적 전투병력 제고'라는 제목의 참모총장 명의 지휘서신이다(1990.12.3.).

친애하는 각급제대 지휘관 및 참모 여러분!

본인은 먼저 전후방 각급 부대에서 모든 어려움을 극복하면서 묵묵히 부여된 전쟁 억제와 국가 보위의 사명완수에 진력하고 있는 지휘관 및 참모 여러분의 높은 충성심과 헌신적 노고를 충심으로 치하하는 바입니다. 주지하는 바와 같이 오늘날 국제정세는 동서냉전체제의 청산이라는 급격한 변혁의 와중에서 개별 국가들의 안보 책임이 가중되고 있는 가운데 민족주의가 심화되고 경제적 실리 우선주의가 팽배하고 있어 국가 간 대립과 마찰이 빈번하고 있으며 최근 쿠웨이트 사태가 보여주듯이 화해에도 불구하고 국지 분쟁 발발 가능성이 오히려 증대하고 있습니다. 한편 북괴는 무력적화 통일정책을 변함없이 견지하면서 국제적 개방과 개혁의 추세를 체제 유지에 대한 위협으로 인식하고 있으며 대내외의 개방 압력과 자체적 모순으로 체제 유지가 한계에 이르게 될 경우 최후 선택으로 대남도발을 감행할 가능성이 매우 농후합니다.

이와 같은 시점에서 전 장병은 적과 싸워 반드시 승리하는 야전성이 충만된 군인으로서 오로지 군본연의 사명에 충실하고 임무 위주 육군 건설에 총력을 기울여 첫째도 임무, 둘째도 임무, 셋째도 임무, 임무를 완수하지 못한 자는 존재할 가치조차 없다는 비장한 각오로 전투력 창조에 전력투구하여 완벽한 전쟁 억제와 자유민주주의 체제수호, 그리고 국가 위상에 부응하는 정예육군을 건설하는 데 매진해 나가야 할 것입니다.

이를 위해 본인은 한국방위의 한국화를 요구하는 전환기적 취약시기에 병력의 낭비 요소를 제거하고 행정 요원을 감소하여 실질적인 전투병력 수준 제고를 지시하니 각급 부대 지휘관은 확고한 공동인식하에 적극적인 실천과 최선의 노력을 경주해주기 바랍니다. 첫째, 전력증강 소요병력 염출 곤란에 대한 올바른 이해입니다. 우리 민족의 생존함수는 국방, 경제발전과 이를 기초로 한 정치, 사회 안정으로서 정부 예산편성의 기본방침도 이를 지원하기 위한 통합재정수지흑자와 국민복지증대에 있으며 우리 군 또한 억제전력을 조기에 확보하기 위하여 투자비를 최대한 보장해야 하고 인력 유지비는 투자비 배분에 맞춰 최대한 절감해야 할 절박한 현실에 처해 있습니다.

그 때문에 1974년부터 1989년까지 전력증간사업에 소요되는 병력 약 22만 명 중 86%에 해당되는 19만 명을 육군 자체조정으로 염출하여 충당함으로써 전력증강소요병력에 대한 조치능력은 이제 한계점에 도달했으며 그 결과 효율적 부대구조발전을 저해하고 기능 필수직위 부족으로 기존전력을 발휘하는데 제한을 초래하고 있어 전략 환경 및 국방예산 압박 등 제한사항을 고려한 가운데 예산 소요를 최소화하면서 전력증강을 추진해야 하므로 전원증원은 희박한 실태입니다.

따라서 전력구조와 부대구조를 혁신하여 단위 인력당 전투력을 강화시켜 인력 중심의 전력을 과학기술전력 위주로 바꾸고 지금까지 인력과 장비의 증강만이 곧 전력증강이라는 인식을 전환하여 전력의 체질과 구조개선 즉 질적 증강개념에 더욱 깊은 관심을 가져 주기바랍니다. 둘째, 병과 별, 부대별 경쟁적 소요제기 억제입니다. 육군에서 매년 12월 하달하는 부대계획은 육군전략목표기획과 전력 수요를 충족시키기 위하여 부대창설, 증편, 감편, 해체 등을 가용자원 범위 내에서 수립, 시행하는 계획이며 부대 증·창설 소요는 예하부대 및 관련 부서의 건의와 국방중기계획에 의해 결정됩니다.

그러므로 예하부대 및 관련 부서에 의해 건의되는 수시 정책 소요는 그 필요성과 운용개념을 명확히 정립하여 X-1~4월까지 작전참모부에 건의하고 이에 따른 소요병력은 소요제기 부대 자체에서 조정, 충당함을 원칙으로 하나 부대 창설과 개편 후 1년 이내는 부대개편을 건의할 수 없습니다.

그러나 대부분의 지휘관은 국방정책이나 육군정원운영에 대한 깊은 지식 없이 진취적 의욕만을 가지고 전력증강을 위한 부대 증편과 편제 인원

증가에 따른 소요제기를 병과 별, 부대별 경쟁적으로 건의함으로써 부대계획업무에 근무하는 장교들이 이를 검토하는데 많은 시간과 노력을 낭비하고 있을 뿐 아니라 전력의 균형발전과 장기적 전력증강사업을 추진하는데 막대한 지장을 초래하고 있으므로 각급 제대 지휘관은 육군이 당면하고 있는 시대적 사명감을 갖고 정원과 부대계획의 관계를 재인식하여 율곡계획에 의한 소요 이외의 부대구조 보강 및 정책소요는 최대한 억제해 주기 바랍니다. 셋째 획기적인 행정 요원 감소입니다.

육군에서는 그동안 병력증가 억제 하에 전력증강은 지속적으로 추진하면서 전투병력 구성비율을 향상시키고 전투효율을 극대화시켰으며 1982년 군 구조개선을 비롯하여 수차례 행정지원 병력을 전투병력으로 전환시킨 바 있습니다. 아울러 사무자동화를 위한 PC설치 및 운용 요원 양성을 확대하고 제도적 개선으로 행정 간소화 정착을 도모하고 있을 뿐 아니라 행정. 군수지원기관 중 가능한 분야의 민영화를 단계적으로 추진함으로써 행정병 감소 하에서도 부대 임무 수행의 능률을 증대시킬 수 있는 기반을 조성하고 있습니다.

그러나 아직은 단위 인력 당 전력지수는 북괴군보다 떨어져 있을 뿐 아니라 지휘관의 인식 부족으로 행정병 조수제도 등 비편제직위를 과다하게 운용함으로써 각급 부대의 병력 수준이 저하되어 부대별 병력 운용 압박이 가중되고 있는 실태입니다. 따라서 차제에 참모총장실을 포함하여 사단장급 이상 지휘관실 당번병과 행정업무 중 간부가 직접담당 가능한 분야의 행정병을 과감히 감소시키고 유사기능 수행 행정병을 통합하여 비전투요원을 전투병력으로 전환함으로써 병력 운용의 효율성을 극대화 시켜야 하겠으며 군악대도 지역 단위로 통합 편성하여 운용하도록 할 것입니다.

친애하는 각급 제대 지휘관 및 참모 여러분! 우리 육군은 숱한 역경과 도전을 극복하면서도 전력증강을 거듭해옴으로써 북괴 대비 양적 격차를 크게 해소해온 괄목할 발전을 이룩하였습니다. 그러나 아직도 행정병과 편의시설 관리 요원 등 비전투요원의 편성과 운용이 여러 곳에 과다하게 산재되어 있음을 각급 제대 지휘관 및 참모 여러분은 솔직히 인식하고 이 기회에 병력 낭비요소를 완전히 제거한다는 비장한 각오와 강력한 실천 의지를 갖고 행정요원 감소를 통해 전투병력 수준을 제고시켜 줄 것을 당부합니다.

끝으로 어려운 여건 하에서 묵묵히 맡은바 임무완수에 최선을 다하고 있는 각급 제대 지휘관 및 참모 여러분의 노고를 다시 한번 치하하며 각 부대의 무궁한 발전을 기원합니다.

육군본부에서 내가 담당한 업무는 크게 2개 분야였다. 하나는 과원들이 병과 별, 기능별 작성한 자료를 종합하여 장기, 중기, 당 해년도 부대 계획을 수립하는 것이었다. 또 하나는 과 총괄장교로서 각종 회의 참석을 포함하여 과를 대표하는 역할이었다. 한편 부임 후 막상 업무를 파악하고 시작해보니 일의 중요성과 난이도가 높은 수준임을 알게 되었다.

그런데도 이렇게 중요한 업무를 하는 자리에서 1차 진급자가 잘 나오지 않은 점을 이해할 수 없었다. 당시 작전참모부에 들어온 장교들은 야전 업무와 연속성을 갖는 현행작전 부서를 선호했다. 그중 인맥과 배경이 있는 장교들은 작전과에 보직을 희망하였으므로 작전과는 매년 1차 진급자를 배출하고 있었다. 업무 난이도가 높지 않은 작전과에서는 1차 진급자가 나오는 반면, 중장기적 업무를 수행하는 부서이면서 군 조직과 구조를 다루는 부대계획과는 진급에 뒤처져 있었다.

나는 이러한 현상과 잘못된 관행을 깨고 싶었다. 그러기 위해 몇 가지 주안점을 갖고 일했다. 무엇보다 업무의 전문성을 높이고자 했다. 전문가란 특정 분야의 지식이 타의 추종을 불허할 만큼 독보적 존재가 됨을 말하는데 부대계획은 단순한 업무가 아니라서 숙지하고 암기해야 할 각종 데이터가 많았다. 예를 들면 육군의 인력구조를 사병과 부사관, 준사관, 위관장교, 영관장교, 장성급장교, 군무원으로 구분하여 숫자를 알아야 하고 필요하면 장교는 계급별 구분하여 숙지하고 있어야 했다. 그뿐만 만 아니라 병과 별 부대수와 병력 수는 물론 중요한 부대의 임무와 창설연도, 위치까지도 알아야 했다. 각급 부대에 편제된 장비와 국방예산 규모, 육군 예산 규모, 경상비와 투자비 등도 늘 업데이트하여 숙지해야 했다. 나는 이러한 현황을 빠짐없이 숙지하고 각종 회의와 토의 시 명확한 자료를 토대로 현황을 제시하여 전문성을 인정받으려 노력했다.

두 번째는 관련 참모부와 협조에 개방적이고 적극적인 태도를 보이고자 했다. 협조란 업무를 주무하는 과정에서 타 부서의 협력을 끌어내는 노력을 말함과 동시에 다른 부서에서 주도하는 업무를 지원해주는 행동을 말한다. 특히, 부대계획과는 육군업무의 최상위 문서를 작성하고 업무 기준을 제시하는 일이 많기 때문에 역사적으로 소중하고 귀중한 자료가 문서 보관함에 가득했다. 이를 타부서에서 열람을 요청하고 협조를 구하는 경우가 많았다. 나는 인접 관련 부서 실무자가 사무실을 방문하거나 전화로 자료를 요청하면 알고 있는 내용은 찾아서 건네주었고 잘 모른 자료는 문서 보관함을 활짝 열어주고 찾도록 도와줬다. 내가 부임하기 전에는 문서 보관함을 열어주는 경우가 별로 없었고, 이른바 '갑'의 위치에 앉아 협조에 인색했던 것 같았다. 나의 개방적이고 적극적인 태도는 시간이 지나면서 소문으로 퍼지기 시작했다. 부대계획과에 이성출 중령이 오더니 비협조적인 과 분위기가 확 바뀌어 협조를 잘해주는 부서로 이미지가 개선되었다는 평이 들렸다. 그야말로 비용 드리지 않고 친절하다는 평판을 얻었으며, 이에 더해 능력까지 인정받기 시작했다.

셋째는 업무를 광범위하게 접근하고 문서는 간명하면서 논리적으로 작성하고자 노력했다. 야전 업무는 문서가 최소화되고 행동이 최대화되는 방향으로 수행되어야 하지만, 정책부서는 문서에 의해 보고되고 존안되기 때문에 문서작성이 업무수행의 핵심이라고 볼 수 있었다. 그러나 지금까지 야전에서 행동 위주로 임무 수행을 함에 따라 문서작성 수준이 정책부서에 적합할 만큼 되지 못했으므로 주간에는 당면과제 위주로 업무를 수행하고 야근을 통해 국방 정책서를 포함하여 기획, 계획서를 섭렵했다. 또한 장관과 총장한테 보고되는 타부서의 문서도 빠짐없이 접해 보고 내용도 숙지하면서 문서작성에 눈높이를 높였다. 이렇게 약 3개월쯤 업무를 익히고 노력한 결과 전문성도 갖추게 되고 나름 능력을 인정받을 수 있었다. 나에 대한 우호적 여론과 호평도 들을 수 있었다.

육군본부에 보직을 받고 주변을 살펴보니 각 부서마다 동기생들이 주요 직책에 앉아 다음 해 진급을 바라보고 있었다. 내가 소속된 작전참모부에도 기획처, 작전처, 교훈처, 포기처, 전발처 등이 있었는데, 각처를 대표하는 주자에 동기생들이 보직되어 있었다. 이들은 나보다 일찍 육군본부에 들어와 업무와 인간관계를 넓히고 있었다. 시간이 지나 해가 바뀌어 1990년 연초가 되었다. 그해 장군 인사에서 우리 처장이었던 오모 장군이 공수여단장으로 가고 후임 처장으로 ○○기 정모 준장이 부임했다. 정모 장군은 성품이 온화하였고 실무자 의견을 많이 들어주는 분이었지만 부대계획 업무에는 밝은 편이 아니었다.

봄이 되자 정기 평정 시기가 도래하였고 각 부서는 3월 말까지 평정표를 작성하여 육본 인사 담당 부서에 제출하게 되어 있었으므로 연초부터 평정에 대한 얘기가 돌기 시작했다. 평정이 진급과 직결되므로 평정 서열을 1번으로 받지 못하면 그해 진급이 어렵다는 것이 공통된 의견이었다. 따라서 작전참모부의 연례적 대령 진급자 수가 7~8명 선이었으므로 진급이 되려면 처장이 주는 평정에서 최상위 서열을 받아야 했다. 평정을 잘 받기 위한 경쟁이 몹시 치열했으며 평정 관련 진급 경쟁자들의 주장은 육본에 들어와 장기간 근무하고 있는 사람이 우수하게 평가되고 서열을 잘 받아야 한다는 것이었다. 하지만 나는 육본에 들어온 지 겨우 5개월 된 시점이라 상대적으로 근무기간이 짧았다.

그들의 견해는 야전은 업무가 단순하여 짧은 기간에 숙달할 수 있지만, 정책부서인 육군본부는 실무자가 업무를 익히는 데 적어도 1년여 기간이 걸리므로 1년 만에 진급하려고 한다면 업무에 적응도 못 한 상태에서 과욕을 부리는 모양이 된다는 것이었다. 적어도 2년 정도 근무해야 업무성과를 만들어 낼 수 있고 그 성과를 토대로 진급이 되어야 한다는 논리였다. 이들의 견해가 옳고 그르냐를 떠나 나로서는 육군본부 근무 기간이 짧았으므로 신경 쓰지 않고 묵묵히 업무수행에만 몰입했다. 나에 대한 평정은 과장인 대령이 1차 평가를 하고 2차는 처장이 하게 되어 있기 때문에 처장에게 능력을 인정받는 것이 급선무였다. 다행히 내가 맡은 부대계획 업무는 문서를 작성하여 처장께 보고드릴 기회가 많았으므로 짧은 기간이었지만 처장을 자주 뵙고 내 능력을 보여드릴 수 있었다.

한편, 과 진급심사 대상자는 3사 출신 2명을 포함하여 3명이었으나 나는 이들보다 자력이 우수하여 과장의 평정에서는 최상위에 올라갈 수 있었다. 그러나 처장이 서열을 매기는 평정 집단에는 대상자가 26명이나 되었다. 동기생을 포함하여 수많은 경쟁자가 있었던 것이다. 이런 상황에서 작전참모부 인사행정을 담당하는 송모 서기관이 가끔 나에게 진급 관련 정보를 주었다. 그는 나의 평정과 교육성적, 상훈 등 진급에 직접적으로 영향을 미치는 점수가 최상위 그룹에 속하기 때문에 처장도 진급이 될 만한 사람을 밀어주게 될 것이라고 말했다. 그의 정보는 기쁜 소식이고 고무적인 정보였지만, 처장께서 그렇게 하리라 확신할 수 있는 상황은 아니었다. 나는 성격적으로 남에게 신상에 관한 부탁을 해보지 않았기에 조용히 평정결과를 기다리고 있었다. 특히 평정은 비밀리에 작성되고 제출되어야 하므로 자주 언급한 것이 바람직하지 않다고 생각했다. 평정이 종료된 3월이 지나고 4월 중순이 되면서 평정결과가 입에서 입으로 퍼지기 시작했다. 각처별 평정 1번을 받은 사람이 회자되기 시작하였으며, 전발처는 내가 1/26번으로 올라갔다고 전해들을 수 있었다.

부임하고 5개월 밖에 지나지 않았는데 1번을 받았으니 더 많은 기간 고생하고 애쓴 동료 장교들에게 미안함을 감출 수 없었다. 하지만 처장이 올바른 결정을 했다고 생각했으며 감사한 마음을 가졌다. 단순히 물리적 시간이 길다고 업적을 높게 쌓고 업무를 유능하게 수행했다고 볼 수 없을 것이다. 능력과 태도, 도덕성, 가치관 등이 올바르게 정립된 장교가 우수하게 평가받는 것이 당연하다. 처장이신 정모 장군을 약 1년 넘게 모시면서 그분의 큰 장점을 몇 가지 발견하고 배웠다. 이분은 공사(公私)가 분명하신 분이었다. 임관 구분, 출신 지역과 출신 고교 등을 배제하고 업무에 정통한 장교를 높이 평가했다. 삼천포에서 농고를 졸업하고 육사에 들어와서 장군이 되었으니 입지전적인 인물이었다. 훗날 4성 장군까지 되는 데 이러한 공직자 태도가 주효했을 것이라고 생각한다. 또한, 이분은 아랫사람들의 업무 관련 의견을 경청하고, 존중해줌으로써 부하들이 처장과 허심탄회한 대화를 나눌 수 있었다. 우리 군에는 전문적 지식과 경험도 없으면서 계급만 앞세워 이것저것 얘기하고 비생산적 지시를 하는 분이 많은데 이분은 그렇지 않았다.

그해 여름은 더위를 느낄 만큼 몸과 마음이 한가하지 못했다. 가을이 오면 진급자 발표가 있게 되고 연말에는 우리 과가 818 군 구조 개혁에 의거 육본본부 조직에서 해체되는 운명에 놓여 있어 마음이 착잡했다. 1차로 진급해야 장군으로 진급할 가능성이 높아지기도 하지만 만약 진급하지 못하면 또 보직을 찾아 철새와 같은 신세가 될 것이라는 생각이 들어 입술이 트고 마음이 무거웠다.

그해 늦은 여름, 을지포커스렌즈 연습이 끝나고 9월이 시작되자 본격적으로 진급 시즌이 도래했다. 소령, 중령 진급에 이어 대령 진급자 발표가 다가오고 있었다. 진급은 출신 구분에 따라 공석이 주어지고 육사 출신은 기수별 진급자 수가 달랐다. 그해 우리 기수는 처음으로 대령 진급

심사에 들어가게 되어 우리 기수에게 진급 공석이 많이 할당되지 않으리라 생각했다. 예년 같으면 육사 기수의 1차 대령 진급자는 소수라서 먼저 사조직 장교들이 차지하고 나면 겨우 3~4석이 공정한 경쟁으로 진급할 수 있었으므로 1차 진급 가능성이 희박할 수밖에 없었다.

그러나 우리 기수는 전년도 진급 대상자에 들어가지 않고 한 해를 건너뛰었기 때문에 29기에 비해 1차 진급자가 늘어나 진급을 기대할 수 있게 진급 공석이 책정되었다. 1차 진급 공석이 많아짐으로써 사조직이 일정수를 차지하더라도 진급될 수 있는 여지가 있어 보였던 것이다. 공석이 늘어났다고 해서 최종 진급자 명단에 들어가게끔 보장받은 것이 아니어서 걱정을 떨칠 수는 없었지만, 경쟁자에 비해 자력이 우수했기에 흔들림 없이 진급을 기대하고 있었다. 나는 임관 후 당시까지 16번의 평정을 받았는데 소령 진급예정자 때를 제외하고 15번이나 평정에 상(上)을 받았다. 중대장, 대대장, 사단참모 시절에 선배 기수와 동일 평정 집단에 속해 있었지만 그들한테 밀리지 않고 상(上)을 받았으며 능력과 업무성과로 당당하게 좋은 평가를 받았다. 진급심사를 준비하는 인사담당자들이 진급 대상자를 분석하는 과정에서 나의 우수성을 발견하였고 부족함이 없는 자력을 갖췄다고 했다.

그뿐만 아니라 이미 봄에 평정을 받을 때 처장이 최상위 서열을 주었으므로 진급 가능성이 충분하다는 얘기를 들었다. 대령 진급심사가 시작되자 심사위원이 구성되고 심사위원들의 인적사항이 공개되었는데, 운 좋게 심사위원 15명 중 8명이나 인연 있는 분들이었다. 나를 아는 분들이 들어가더라도 그분들이 나를 어떻게 평가하느냐는 별도의 다른 문제지만, 심사위원 8명은 나를 평가하는 데 부정적 성향을 갖지 않은 분들이라고 생각했다. 심사위원 한 분은 내가 ○○군사령관의 전속부관 때 나를 매우 호평한 분이었으며, 또 한 분은 사단 작전참모 때 우리 사단 부사단장이었으니 나를 속속들이 아는 분이었다. 대령 진급자 발표가 임박해지고 내일이면 발표가 있게 되어 마지막 결재권자인 장관 보고가 다음 날 11시에 잡혔다. 나는 장관실에 부탁하면 진급 결과를 빨리 알 수 있을 것 같아 오래전에 알고 있었던 장관실 여비서에게 전화를 걸기로 했다. 그 여비서는 나이가 나보다 위였고 장관실 근무 기간이 20년이 넘은 베테랑이었다. ○○군사령관의 전속부관 시절, 군사령관을 수행하고 장관실에 들를 때마다 그 여비서로부터 차 대접을 받았었다. 이런 연유로 여비서는 내 이름을 기억하고 있었다.

　오전 9시쯤 전화를 걸자 무척 오래전이었는데도 여비서는 나를 기억하고 반갑게 응대해 주었다. 오늘 대령 진급자가 발표되는데 몹시 기다리고 있으니 장관님 결재가 나면 진급자 명단에 포함되어 있는지를 알려 달라고 하자 여비서는 흔쾌히 그렇게 해주겠다고 했다. 장관 보고가 있고 최종적으로 장관 결재가 나면 가장 먼저 장관실에서 명단이 공개되므로 인사계통을 통해 받아보는 것보다 빠른 방법이 될 수 있었다. 초조하게 기다리고 있는 가운데 11시가 넘어 내 책상에 놓여 있는 전화기의 벨소리가 울렸다. 번개만큼 빠르게 수화기를 들었더니 장관실 여비서였으며, 진급이 되었다는 그녀의 목소리가 내 귀를 파고 들었다. 감사하고 고맙다는 말로 그분에 대한 사례를 대신하고 수화기를 놓자, 사무실에 앉아 있던 과원들 모두 박수를 치고 축하해 주었다. 나는 진급 결과를 장관 여비서를 통해 다른 사람들보다 10여 분 빠르게 들었으며 그때 느꼈던 감격스럽고 감동적인 행복감과 여비서의 고마운 전화를 잊을 수 없다. 사조직 멤버들은 대부분 진급자 명단에 들어 있었고 나를 포함한 동기생 00명이 1차 대령 진급자가 되었다. 특정 지역 출신이 많았고 경남 서부지역 모 고교출신은 대상자 중 80%가 1차 진급자로 선발되기도 했는데 우연이라고 하기에는 석연치 않음을 느꼈다. 그 당시 육사 출신들은 중령계급까지 단일대오로 진급을 하였고 실질적인 경쟁은 대령 진급 때부터였다.

육사출신들은 기수별로 능력과 인품 등을 고려하여 1차와 2차, 3차로 차등화하여 대령 진급을 시켰으며, 마지막 차수인 3차에까지 발탁되지 못하면 특별한 구제 케이스를 제외하고 중령으로 군 생활을 마치게 되어 있었다. 그해 내가 대령으로 진급함으로써 부대계획업무를 담당하는 장교도 1차로 진급이 될 수 있음을 보여주었다. 육군본부에 일찍 들어와 있다는 것만으로 진급된 것이 아니라 군 생활하면서 오랜 기간 쌓은 업적과 자력에 의해 진급이 된다는 것을 입증해 주었다. 또한, 보직 된 지 5개월밖에 안 되었는데도 능력과 자질을 발견하여 평정에 최상위 서열을 주신 정모 장군의 공정한 식견과 태도가 나에게 귀감이 되었다. 그분께 거듭 존경의 말씀을 드린다.

입술이 타고 밥맛이 없을 만큼 걱정과 우려 속에 대령 진급을 하였지만 일하고 있는 부대계획과가 연말에 해체될 예정이었으므로 새로운 보직을 찾아야만 했다. 전방에서 업무가 많은 작전참모를 28개월 수행한데다가 육본에 와서 업무뿐만 아니라 평정과 진급 등 계속된 긴장 속에서 몸과 마음이 지쳐있는 상태에 있었기 때문에 쉬고 싶어 국방대학교에 지원하고자 했다. 당시는 통상 대령 진급 예정자들이 국방대학교 안보과정을 가는 경향이 많았다. 그래서 들어갈 수 있을 것으로 생각하고 지원서를 접수했다. 그러나 그해 국방대학교 입교자 선발에 대령 진급 예정자를 제외한다는 방침에 따라 불가피 국방대학교 지원을 포기하고 다른 보직을 찾아보았다. 하지만 놀랍고 실망스러운 것은 국방대학교 입교자에 나와 같은 동기생 대령 진급 예정자가 4명이나 포함되어 있었고 4명 중 3명이 사조직과 특정 지역 출신이었다. 국방대학교 선발 기준을 무시하고 방침을 예외적으로 적용한 이유가 궁금했으며, 인사가 공정하지 못한 단면을 본 것 같아 실망하지 않을 수 없었다.

나의 군 생활에서 진급으로 인해 스트레스를 가장 많이 받았던 시기가 중령에서 대령을 바라보던 때였다. 내가 담당한 업무는 중요했으나 선호하고 주목받는 보직이 아닌 데다가 사조직과 지연, 학연이 능력보다 앞선 시기였기에 그랬다. 진급하지 못하면 또 새로운 보직을 찾아 나서야 하고 이사와 아이들을 전학시켜야 했으니 입술이 터지고 밤잠을 설쳤다. 힘들고 고통스러웠다. 늦은 밤에 퇴근하여 아내와 아이들을 보면서 이들에게 미안함과 애절함을 수없이 느꼈다. 누구와 진급을 상의하고 부탁할 인맥도 없어 답답함이 숨을 막았다. 오로지 믿고 의지한 것은 나의 경쟁력과 이를 바탕으로 형성된 신념뿐이었다. 그런 가운데 간헐적으로 들려온 정보와 호평은 나를 흔들리지 않게 붙잡아 주었으니 그것을 전달해준 분들에게 고마움을 잊을 수 없다. 그해 대령 진급은 나에게 장군을 보장해주는 어음과 같았다.

첫 서울 생활과 관사

국방대학교를 지원했지만 공정하지 못한 선발로 인해 새로운 보직을 찾던 중 818군 구조 개혁의 후속 조치를 위해 합참에 신설된 군 구조 추진단으로부터 전입 요청을 받았다. 818군 구조 개혁은 창군 이래 모호했던 합참의 기능과 역할을 명확히 설정하고 합참을 명실상부한 합동군사령부로 재창설하는 획기적 계획이었다. 합참이 군령계선에서 장관을 보좌하면서 각 군 전력을 통합하여 합동성을 발휘하는 데 중심사령부가 되도록 하는 것이었다. 합참과 상부 지휘구조가 변화됨에 따라 각 군의 군 구조 개선 소요를 도출하고 추진하는 후속 조치가 필요하게 되었다. 이러한 업무를 수행하기 위해 시한부로 합참 818군 구조 추진단이 편성되었다. 신설 조직이라서 구성 멤버를 새로 충원하게 됨으로써 나를 포함하여 육사 30기 대령 진급 예정자 5명이 합류했다.

1991년 2월, 추진단장 육사 ○○기 예모 준장께 보직신고를 하고 업무파악에 들어갔다. 사무실을 포함하여 집기류 등이 일할 수 있게끔 갖취지지 않았고 업무수행 방법과 절차가 정립되지 않은 상태였지만 인적 자원이 보충됨에 따라 조급하게 군별, 기능별 담당관을 임명하고 이를 통합. 조정 통제하는 총괄과가 편성되었다. 담당관실은 실무 장교 1~2명과 담당관 대령 장교로 구성되었다. 동기생들은 각각 담당관에 보직되었고 전체업무를 총괄하는 총괄과는 육사 ○○기 강모 대령이 맡았다. 나는 총괄과장 밑에 총괄장교로 일하게 되었다. 똑같은 대령 진급 예정자였으나 다른 동기생들은 과장급에 앉고 나만 실무자급에 업무를 담당하게 되었다. 총괄과장 강모 대령은 내가 육본에 근무할 때 인접부서 과장을 지낸 분이었는데, 그때 나의 능력과 업무태도를 잘 알고 높이 평가해주었던 분이었다. 그분은 그 해가 마지막 장군 진급에 해당하는 해였기 때문에 818군 구조 추진단에서 기회를 잡아보고자 추진단장 예모 장군과 한 팀이 되어 의욕을 갖고 일을 시작했다.

모든 업무를 실질적으로 관장하고 통제하여 결과를 도출해내는 역할이 총괄과에 있었으므로 강모 대령은 자기를 보좌할 수 있는 유능한 사람이 필요하여 나를 총괄장교로 선택했다. 강모 대령은 올해가 자기에게 중요한 시기이니 도와 달라고 간청했다. 이에 따라 나는 흔쾌히 받아드리고 함께 일했다. 업무를 시작하면서 각과 별 업무분장과 직무 할당이 시급했으므로 직책과 직무를 도표로 만들어 구성원들에게 숙지시키고 업무수행 관련 내규를 만들어 업무 성격별 방법과 절차를 규정화했다. 더 나아가 일하는 방식을 통일하고 보고서 양식에 대한 표준을 만들어 배포했다. 이러한 업무를 어렵지 않게 할 수 있었던 것은 육군본부 부대 계획장교 직책을 수행하면서 전문적 지식을 습득할 수 있었기에 가능했다. 강모 대령과 예모 장군은 나의 의견과 내가 만든 보고서에 많은 부분을 의존하였으며 담당관에 보직된 동기생들은 이른 시간에 퇴근하더라도 나는 선배인 강모 대령을 위해 시간과 노력을 아끼지 않았다.

가끔 늦은 밤 퇴근길에 강모 대령과 둘이서 삼각지 양곱창집에 들러 허기진 배도 채우고 깊은 정담도 나누었다. 통상 진급 예정자가 되면 여유를 갖고 재정비하는 시간을 갖게 되지만, 나는 대령 진급을 하였음에도 불구하고 실무자 위치에서 조직과 상관을 위해 한결같이 일했고 책임을 완수했다. 강모 대령은 그해 연말에 준장으로 진급하고 군단 참모장으로 영전하였으며, 나 또한 한시적 업무를 수행하고 해체된 조직을 떠나게 되었다. 그러나 강모 대령께서는 나와 헤어지고 얼마 되지 않아 군단 참모장으로 재직하면서 뇌혈관 계통의 질병으로 장기간 투병하다가 돌아가셨다. 성격이 급했던 분이었으나 그래도 장점이 많았던 선배였다. 제주도 시골 태생으로 순수한 분이었는데 다시 뵐 수 없게 되어 아쉽고 안타깝다. 삼가 고인의 명복을 빈다.

818군 구조 추진단에 보직을 받음으로써 육사를 졸업 후 첫 서울 생활을 하게 되었다. 수민이, 수환이를 대전에서 서울로 전학시키고 15평 크기의 관사인 동빙고 아파트로 이사했다. 아파트 구조는 방 2개에 자그마한 거실과 주방이 따로 있었다. 보일러 난방 시스템이었으므로 우리 4식구 거주하기에 부족함을 느끼지 못했다. 수민이가 초등학교 6학년, 수환이는 4학년으로 서빙고초등학교에 전학했는데, 양구에서 초등학교에 입학하여 친구를 사귀다가 대전으로 전학하였고 다시 1년 반 만에 서울로 온 것이다. 수민이는 4번째, 수환이는 3번째 전학이었으므로 정신적 스트레스를 많이 받았을 것 같아 부모로서 짠하고 가슴이 아프다.

나는 농경사회의 섬에서 어린 시절을 보내 전학을 해보거나 낯선 친구를 만나보지 않았기 때문에 우리 아들들이 받은 스트레스를 생각하지 못했던 것 같다. 부모로서 아버지로서 사죄하고 싶은 마음이다. 임관하고 처음으로 서울 사람이 되었지만, 양구와 대전에 있을 때보다 생활비와 과외비 등이 더 들어간 것 같아 경제적 어려움을 느꼈다. 외식을 자주 하거나 문화생활을 하여 소비가 늘어난 것도 아니었는데, 쪼들린 생활이었으므로 결혼 때 끼었던 금반지라도 팔고 싶었지만, 그것도 이미 처분한 지 오래되어 아무리 찾아도 현금을 만들 거리가 없었다.

어느 일요일 오후, 낮잠을 자려고 안방에 누웠는데 벽에 걸려있는 그림 한 점이 눈에 들어왔다. 순간 그 그림이 돈이 되겠다고 생각했다. 원주에서 군사령관 심부름으로 목포에 갔을 때 고인이 되신 남농 선생께서 직접 그려주신 그림이었다. 그분이 돌아가신 지 6~7년 지났으니 그림값이 어느 정도 형성되었으리라 생각하고 표구된 그림을 벽에서 떼어내 아내와 인사동 갤러리를 찾아 나섰다. 차례대로 3곳의 갤러리에 들러서 그림값을 알아보니 처음 집은 가짜라고 하여 어처구니가 없었다. 두 번째 집에 들렸더니 거기서는 진품인데 가격을 ○○만 원 주겠다는 것이었다. 혹 모르니 한집 더 들려보자고 아내에게 말하고 3번째 집에 들렸더니 거기서는 가격을 ○○만 원으로 말하기에 그림을 넘겨주고 현금 ○○만 원을 받았다.

그 당시 어디에 돈이 필요했고 그렇다고 소중한 그림을 왜 팔았는지 잘 모르겠지만 어리석은 짓을 한 것이다. 지금 그 그림 값이 얼마쯤 될까 물어보니 ○천만 원은 받을 수 있다고 하여 후회되지만, 그것도 내 삶의 일부였음을 부인하고 싶지 않다.

818군 구조 추진단은 한시적 조직이었으므로 1년 만에 업무를 종결하고 해체되었다. 나는 또 새로운 보직을 찾아야 했다. 나를 제외한 동기생 4명은 각각 군단참모를 포함하여 대령 직위 자리에 보직 명령을 받고 떠났다. 이들은 인맥을 통해 사전에 갈 곳을 결정해 놓고 있었으니 나만 남게 되었다. 이처럼 내가 무보직 상태가 되었던 때가 1991년 1월이었다. 보직이 없는 상태라서 출근하여 군 구조 추진단이 해체되기 전 사용했던 사무실 한 칸에 책상을 여러 개 모아 놓고 창고 방으로 쓰던 곳에 앉아 시간을 보냈다. 상관도 없었고 부하도 없었으며 할 일도 없었다. 출근하면 오늘은 무엇을 하고 보내야 할지 따분한 마음으로 책상에 앉아 있곤 했다. 먼지가 하얗게 쌓인 책상에 걸터앉아 피우지 않았던 담배도 입에 물어보고 이른 시간에 퇴근도 해보면서 업무가 책상을 덮는 것이 먼지가 책상을 덮는 것보다 훨씬 행복하다는 것을 뼈저리게 느꼈다.

이렇게 소일하고 있던 그해 1월 하순, 육군본부 대령과장의 전화를 받았다. 그는 ○○사단 참모장 자리가 공석이 되어 나와 동기생 A 대령을 사단장한테 추천하려고 하는데 괜찮겠냐는 것이었다. 내 입장에서 보직의 호불호를 따져볼 여유가 없었고 하루빨리 보직없는 상태를 벗어나고 싶어 그렇게 하라고 했다. 며칠 후 대령과장은 ○○사단 참모장에 나와 A 대령을 추천하였으나, 사단장이 A 대령을 참모장으로 쓰기로 했다는 연락을 주었다. 참모장이라도 했으면 했는데 보직이 막혀 아쉬웠지만, 한편으로는 잘 됐다는 생각이 들었다. 당시 ○○사단장은 ○○○ 소장이었으며, 이분은 내가 군사령관의 전속부관을 마치고 야전에 나와서 작전과장할 때 나의 연대장이었다. 보안부대 출신이었고 테니스를 무척 좋아했다. 보안부대라는 권력기관에 있다가 연대장을 나왔으니 주말이면 외부인사가 자주 찾아왔고 의전과 안전관리에 예민했다. 팀스피릿 훈련과 연대전투단 평가 등 주요훈련을 통해 연대가 좋은 평가를 받아 연대장을 끝내고 군단 작전참모로 영전하였으나 그분과 함께 약 10개월 일하면서 연대장의 전술 지식과 문제해결 능력에 높은 점수를 주어본 적이 없었다. 업무 성격과 본질에 맞는 지침이 되어야 하고 간섭하는 지휘권 남발이 없어야 하는데 사소한 것에 관심을 보인 경우가 많았다. 간부가 술을 마시고 문제를 일으켰다는 것 때문에 중대장급 이상 장교 20여 명을 연대장실에 꿇어 앉히고 일일이 주량을 물어본 지휘관이었으니 세련된 지휘력을 보여주었다고 할 수 없었다. 그러나 모두가 선망한 군단 작전참모 직책으로 영전하였는데, 그 이면에는 작전과장이었던 나의 업적과 역량이 크게 작용하였음을 주변은 알고 있었다. 본인 능력보다 부대원들이 열심히 노력한 덕이 더 컸던 것처럼 들렸다. 이런 근무연이 있어 팔이 안으로 굽는다는 아전인수격 생각을 하고 나를 참모장으로 선택하지 않을까 했는데 나는 들러리에 불과했으며 그분은 그 수준의 장군이었음을 다시 확인할 수 있었다.

창군 이래 우리 군은 개혁의 중요성을 알고 있었으나 군 수뇌부의 인식이 부족하고 의지가 미약하여 아무런 변화를 가져오지 못했다. 이런 가운데 그나마 818군 구조 개혁을 추진할 수 있었던 것은 다행이었다. 818군 구조 개혁은 평시 작전권이 합참에 전환되는 시기를 고려하여 육. 해. 공군본부에 나누어져 있던 작전지휘 기능을 합참에 통합하여 일원화한 지휘구조의 변화였다. 군은 앞으로도 전작권 전환에 대비하여 작전지휘의 효율성이 보장되도록 합동 작전사령부와 전략사령부를 편성하는 제2의 818 군구조 개혁을 추진해야 할 것이다.

무기체계와 시험평가

　　예상하지 못했던 무보직 상태가 약 1개월 지속되고 있던 상황에서 합참전략본부가 818 계획에 따라 무기체계 소요제기 권한을 각 군 본부에 넘겨주고 합참은 소요 결정 권한과 시험평가 기능만 갖게 되었다. 이에 따라 기존에 있던 무기 체계과를 육·해·공군 전력과에 통합하고 무기체계 시험 평가과를 신설했다. 합참에 조직이 새로 만들어졌으므로 대령급 장교를 과장에 보직해야 하는데 마땅한 사람이 없어 나에게 그 자리에서 일할 의향이 있는지 문의가 들어왔다. 일반적으로 합참의 과장 보직은 연대장을 마치고 앉는 자리인데 연대장 나가기 전에 그 자리에서 경력을 쌓게 되면 그만큼 프리미엄이 있을 것 같았다. 아울러 작전 직능을 가진 장교로서 작전과 교육 훈련, 편성업무를 경험해보았기 때문에 지금부터 새롭게 무기체계 업무를 다뤄본다면 금상첨화가 될 것 같아 나는 기꺼이 제의를 수락했다.

　　1992년 2월 중순, 합참에 신설된 무기체계 평가과장으로 부임했다.

내가 맡은 조직은 합참전략기획본부 전력평가부에 소속되어 있었으며 본부장은 천모 중장, 부장은 해군 김모 제독이었다. 과원은 육·해·공군 중령급 장교와 군무원 등 총 9명으로 구성되었고, 사무실은 별관 조립막사에 있었다. 내가 연대장을 마치지 않은 대령이어서 과원들과 군 생활 격차가 크지 않아 상호 편안한 분위기 속에서 일 할 수 있었지만, 과장이 타 과장보다 3~4년 늦은 후배라 과를 대표하는 데 불리한 경우가 발생하지 않을까 우려도 가졌다.

818군 구조 개편에 따라 각 군이 무기체계를 시험평가 하고 그 결과에 대한 최종 판정을 합참이 하게 됨에 따라 우리 과는 각 군의 시험평가 조직을 통제하는 역할을 하게 되었다. 업무를 시작하면서 합참과 각 군의 기능, 책임, 권한을 새롭게 정립하는 업무 분담 목록을 작성하여 혼선을 방지했다. 주기적인 회의와 토의를 통해 문제점을 해소하면서 업무 효율성을 높이고자 했다. 과원과 허심탄회하게 대화하고 의사소통에 장벽이 없도록 하였으며, 문서작성을 포함한 문제해결은 원스톱(One－Stop) 개념의 일 처리가 되도록 했다. 그러면서 일과 휴식이 조화되게끔 수요일 오후 전투체육 시간에는 지금의 대법원 자리에 있었던 서초 테니스코트에서 과원들과 함께 테니스를 즐기고 운동 후에는 소주도 한 잔씩 나누었다.

무기체계가 야전에 배치되어 사용자 손에 들어가려면 소요제기로부터 전력화에 이르기까지 수많은 의사결정과정을 거치게 된다. 전력소요가 제기되면 거기에 적합한 무기체계를 획득하게 된다. 획득하는 방법은 우리나라 업체에서 연구개발하거나 해외에서 직구매하는 것이었다. 시험평가는 획득방법이 결정되어 시제품이 만들어지면 이것을 야전에서 실제 운용해보고 테스트하는 것이다. 시험평가 항목은 무기체계 성격에 따라 구분되지만, 그 기준은 소요 제기할 때 명시된 작전운용성능(ROC, Required Operational Capability)을 따르게 된다. 일반적으로 기동장비와 화력장비는 실제 운용하면서 성능의 충족 여부를 확인하고 평가하지만, 일부 제품은 시뮬레이션 방법으로 평가하는 때도 있었다. 대상 무기와 장비는 복수로 선정되어 경쟁이 이루어지고 시험평가 결과와 가격 등을 비교하여 최종 의사결정에 의해 단수로 제품을 채택하게 되어 있었다.

무기체계가 전력화되는 과정에서 말도 많고 변수도 많은 것이 시험평가였다. 시험평가는 무기체계 성능을 검증하는 과정이므로 이 과정에서 불합격되면 다른 어떤 조건이 타사 제품보다 우수해도 채택될 수 없으므로 업체의 관심과 주목을 받게 된다. 따라서 엄격한 기준과 조건, 담당자의 높은 도덕성이 요구되었다. 각 군은 시험평가를 실시하고 결과를 합참 우리 과에 보고하면 나는 각 군 보고내용을 세부적으로 검토, 분석하고 필요하면 현장을 방문하여 추가 확인하는 방식으로 객관적이고 합리적 결론을 도출하였다. 아울러 이를 바탕으로 최종 판정을 하게 되므로 어떠한 경우에도 잡음이 발생하지 않도록 하면서 판정결과에 엄격히 책임을 지는 풍토를 만들고자 했다. 무기체계 기종을 여러 개 선정하여 시험평가를 하게 되면 제품제작 회사가 사활을 걸고 경쟁함에 따라, 상급자의 압력과 제작사의 직간접적인 물질적 공세도 예상되었다. 이를 극복하고 차단하기 위해 논리적이고 도덕적인 직무역량이 필수적이었다. 경쟁이 치열한 무기체계의 시험평가는 관심이 많다보니 시험평가를 하고나서 최종문서를 작성하여 상급자에게 보고하고 결재받기가 많이 까다로웠다. 보고서의 5배가 넘는 각종 자료가 뒷받침되어야 했고 어떠한 질문에도 객관적 자료를 활용한 답이 되어야 했다.

육군의 ○○장비가 그런 경우였다. 어느 날, 본부장에게 그 장비의 시험평가 결과 보고서를 들고 결재를 받으러 본부장실에 들어갔다. 보고 테이블에 실무자와 나란히 앉아 본부장께 준비된 보고를 드리고자 입을 뗐다. 그 순간, 본부장은 보고서 제목을 보더니 이 장비에 대한 소문이 나쁘게 돌고 있다고 했다. 그러면서 보고를 받으면 자신이 책임지게 될 것이므로 보고를 받지 않겠다는 것이었다. 나는 업무를 책임지는 과장으로서 난감하고 당황하지 않을 수 없어 숨을 가다듬고 차분한 목소리로 본부장께 말씀드렸다.

　　"본부장님, 물론 사안에 대한 책임이 본부장님께도 있습니다만 크고 강한 책임은 과장인 제가 지게 될 것입니다. 이 보고서에는 저의 개인적인 사사로움이 조금도 들어있지 않기 때문에 저는 책임을 두려워하지 않습니다. 저는 이 18쪽 보고서를 작성하고 자료를 만드는 데 우리 과원 7명과 6일 동안 밤늦은 시간까지 야근을 했습니다. 제가 오늘 본부장님 결재를 얻지 못하고 결재란을 공백 상태로 남긴 채 과원들에게 돌아가면 그들은 저의 업무능력에 대해 불신하게 될 것이며, 과장으로서의 권위를 훼손당하게 될 것입니다. 본부장님, 보고를 받아보신 후 저를 믿고 결재해주십시오"

　　이렇게 말씀드렸더니 본부장은 눈을 크게 뜨시고, "아, 이x 봐라. 그래 알았다"라고 하시고 보고를 받았다. 결국 대령인 과장이 3성 장군인 본부장에게 당돌하게 말씀드리고 결재를 받았던 것이다. 그 후 그 장비는 시험평가 결과에 아무런 하자와 문제점이 발견되지 않았고 계획대로 전력화되어 야전에서 효과적으로 운용되었다. 나의 보고를 받으시고 부하를 믿고 결재해주신 본부장은 빈틈없기로 소문난 윤모 장군이었다. YS

정부 들어 하나회 척결과 동시에 ○○군사령관으로 영전했으며, 이어서 육군총장과 합참의장을 역임했다.

그 후 나는 본부장이었던 윤모 장군을 존경하게 되었고 남들이 호랑이 같다고 어려워했지만, 나에게는 따뜻한 느낌으로 사랑을 주었다. 무기체계 평가과장에 재직 중, 연대장 보직의 부대 분류가 있은 후 본부장을 뵐 기회가 있었다. 그 자리에서 ○○사단 ○○연대장을 7월에 나가게 되었다고 말씀드렸더니 ○○연대장은 아무나 할 수 없는 연대임을 강조하시면서 격려해주었다. 본인이 연대장을 했던 부대라서 ○○연대에 각별한 애정을 갖고 있었다. 주관이나 소신은 군인에게 중요한 자산이다. 누구든 가지고 있지만 충분한 지식을 밑바탕으로 올바르게 소신을 펴야 한다. 그러나 그러지 못하고 불평으로 대체하는 사람이 많다. 합리적 소신을 갖고 불편부당한 논리로 무장한다면 상대를 설득하는 데 어떤 장애물도 극복할 수 있고 당당하게 처신할 수 있음을 깨달았다.

무기체계 전력화는 합참과 각 군이 기능과 업무를 분장하여 맡게 되어 있었기 때문에 각 군은 자군 사업을 추진하면서 전력화추진 평가회의를 주기적으로 개최했다. 이 가운데 육군은 참모차장 주관하에 분기마다 회의를 하면서 국방부, 합참, 국방과학연구소(ADD) 등 대외기관 관계자에게 참석을 요청했다. 회의는 무기체계별 전력화 단계를 살펴보고 정상적으로 진행되지 않는 부분의 문제점을 찾아 관련 기관과 처부에서 해결책을 제시하고 마지막에 질의 응답 순으로 진행되었다. 나는 합참을 대표하여 회의에 참석하곤 했다. 이 때 육군에서 자군 전력증강을 위한 문제 가운데 합참 관련 사항을 제기하면 연대장을 마치지 않은 대령이었지만 업무 지식을 바탕으로 명쾌하게 답변을 했다.

아울러 질의시간에도 질문을 통해 업무능력을 대외에 알리고자 했다. 전략본부 자체 회의나 토의 시에도 진급 대상자인 선배들은 눈치 보느라 본부장께 애로사항을 건의 드리지 못했지만, 막내 과장으로서 그들을 대변하는 역할까지 했다. 부임 후 비록 짧은 기간이었지만 해박한 업무 지식을 갖추게 됨에 따라 합참은 물론, 육군을 포함한 대외기관 선배들이 내 능력을 인정해주었고 이를 토대로 기반을 공고히 할 수 있었다.

나는 군 생활하면서 회의나 토의, 초빙 강의 시간 등 다수가 모이는 자리에 참석할 때는 목적과 주제에 관련된 자료를 토대로 질문요지를 사전 정리하여 발언을 했다. 이를 통해 핵심을 잡아내는 능력을 알릴 수 있었으며, 군사지식을 간접적으로 과시할 수 있었다. 물론 가끔 윗사람 견해와 상이한 발언으로 콧대 높은 사람의 심기를 불편하게 만들기도 하였지만, 지도자는 어떤 자리에서든 주제 관련 자기 의견을 말할 수 있어야 한다고 생각했다. 때로는 침묵이 무능력의 표시가 될 수 있음을 알았다.

무기체계평가과장을 하면서 지방 출장을 가끔 갔었는데 한번은 육군본부 전력화추진 평가회의를 마치고 창원에 있는 몇몇 방산업체에 들러 무기체계 개발현황을 살펴보았다. 창원에 가는 편은 열차를 이용하고 서울로 복귀 시에는 항공편을 이용하기로 했다. 업체를 방문하여 의견을 나눈 후 비행기 시간을 맞춰 김해공항에 도착했다. 비행기 탑승을 위해 수속을 밟는 과정에서 군인 신분이었고 군복을 입었으므로 김해공항에 파견된 보안부대에 들어가 가방의 서류를 점검받고 보안위규 여부를 검색받았다. 그런데 뜻밖에 내 가방 속에 들어있는 육군본부 회의서류가 비밀문서이므로 반출승인이 난 증명서가 있어야 한다는 것이 보안부대 담당자 말이었다. 나는 전혀 예상하지 못한 사안이었다. 육본 회의에 참석하여 그 자리에서 직접 받은 서류이므로 반출승인이 굳이 필요하지 않았음을 소상히 설명했다.

그러나 보안부대원은 막무가내 고집을 피웠다. 항공기 이륙을 20분 늦추면서까지 이야기 했으나 해결되지 않아 서류를 보안부대에 남겨 놓고 서울로 돌아왔다. 그런데 며칠 후 전략본부 행정실에서 연락이왔다. 내가 보안 위규자로 적발되었으므로 징계처리하고, 그 결과를 보안부대에 통보해야 한다는 것이었다. 어처구니없고 어이없는 일이라서 그 즉시 국방부 보안부대장 윤모 장군을 찾아갔다. 그분은 ○○군사령관 전속 부관 시절에 ○○군단 보안부대장을 했으므로 군사령관이 ○○군단 순시할 때마다 나는 그분을 만났고 군단 예하 사단의 방문 시에는 같은 헬기에 함께 탈 때도 많았다. 나는 사무실로 찾아가 사안을 말씀드리고 징계 처리를 취소해달라고 요청했다. 그분은 내 요청을 긍정적으로 받아주었다. 그렇게 하여 사건은 종결되었다. 군인에게 징계는 사안을 불문하고 불명예이다. 징계를 받게 되면 군 생활을 정상적으로 하지 못하고 중도에 군복을 벗게 될 수도 있어 엄중히 대처해야 했다. 일반적으로 문서보안에서 당사자가 소지하게 된 서류를 정당한 사유 없이 반출하거나 분실했을 경우에는 보안위규에 저촉된다. 반면 나는 정당하고 합법적으로 문서를 소지하게 되었고 가방에 넣어 보관하고 있었는데 이것을 보안위규로 지적하여 징계하라는 요청은 적절한 것이 아니었다.

무기체계 시험 평가과 과장을 하면서 잊지 못할 두 분의 상관을 기억해내고 싶다. 한 분은 육사 18기 故 박준호 무기체계 조정관이고 또 한 분은 해군제독이신 故 김홍렬 전력평가부장이다. 故 박준호 선배는 방공병과 대령 출신으로 전역 후 합참에서 군무원으로 일하고 있었으며, 박사학위까지 소지한 석학이셨다. 워낙 무기체계 분야에 오랜 기간을 종사하셨는지라 산증인이었고 역사였다. 난해한 문제가 발생하거나 사건이 터졌을 때 그분을 찾아가서 상의하고 의견을 들으면 정답을 찾을 수 있었다. 성품도 온화하시고 합리적이어서 형식이나 가식적 태도를 싫어하셨다. 나는 그분을 형처럼 따랐고 일산에 자택까지 가서 차담을 나눈 적도 있었다. 골프를 좋아하시고 잘 치셨으며 나를 골프에 입문시켜주셨다. 소위 머리를 올려주신 분이었다. 그러나 인간이란 유한한 생명을 가졌기에 언젠가 죽음을 맞이하게 되지만, 좋아하고 따르는 후배들을 남겨놓고 안타깝게도 일찍 홀로 유명을 달리하셨다. 너무 슬프고 마음이 미어지는 아픔을 느낀다.

한편 故 김홍렬 제독께서는 무기체계 평가과가 속한 전력평가부 부장이셨다. 해군사관학교를 수석으로 졸업하고 승승장구하신 해군 제독이셨다. 성품이 목회자처럼 부드럽고 곧은 분이었으며 신앙심도 두터우신 분이었다. 합참이 818 계획에 따라 확대 개편되면서 부장으로 부임하였는데 본인 능력과 인품에 비해 초라한 보직이었지만 보고와 결재를 받으러 사무실에 들어가면 차담 시간을 만들어 타군 사항을 듣고자 노력하셨다. 故人께서 동해 ○○함대사령관 재직 시에 내 동생이 그분 밑에서 근무하였고, 나까지 부하가 되었으니 우리 형제들과 큰 인연을 맺었다. YS 정부가 군 인사를 쇄신하면서 해군총장으로 발탁되셨는데, 참으로 잘된 인사였고 역대 누구보다도 해군총장을 훌륭하게 하실 분이라 생각했다. 고인께서는 해군 중장으로 진급 후 1년 만에 해군 대장이 되셨다. 군에서 전역하고 한때 정치권에 들어가 일하시고자 도전해보셨는데 뜻대로 되지 못해 정신적, 경제적으로 어려움을 겪었다고 들었다. 그런 연유 때문이었는지 건강하신 분이 점점 쇠약해지셨고, 급기야는 세상을 떠나시고 말았으니 참으로 가슴이 아프다. 故 박준호 선배님과 故 김홍렬 제독님의 명복을 빈다.

나는 골프를 좋아하고 골프를 즐기기도 하지만 그렇다고 내가 골프를 아주 잘 치는 사람은 아니다. 그저 보기플레이 정도 핸디캡을 유지하면서 군 골프장에서는 언더보기도 치고 싱글 핸디캡을 기록할 때도 있다. 내가 골프를 시작한 것은 1992년 5월쯤이었으며 합참 무기체계 평가과장으로 일하면서 무기체계 조정관이셨던 故 박모 선배님의 권유를 따라 배우기 시작했다. 골프클럽 구입에 ○○만 원을 투자하고 기초를 배우기 위해 이태원 청화아파트 옥상에 있는 골프 연습장을 찾았다. 한 달 코치비용이 ○○만 원이어서 경제적 여력도 없었고 비싸기도 하여 故 박모 선배님께서 주신 비디오를 몇 번 돌려보고 클럽을 휘둘러보았다. 드라이버로 공을 때려보기도 했고 아이언으로 공을 쳐보면서 어떻든 공을 맞혔으며 이렇게 골프클럽을 갖게 된 지 보름 만에 필드에 나갔다. 1992년 봄, 토요일 오후 故 박모 선배님을 따라 수원 비행장 체력단련장에서 머리를 올렸다. 처음 필드에 나가면 초보자들이 대게 그렇듯이 나도 그날 내가 공을 어떻게 쳤는지 단 1타도 생각나지 않았다. 그 후 주말마다 필드에 나갔고 어느 날 나도 모르게 감이 오기 시작했다. 골프가 재미있다 보니 가끔 저녁 늦은 시간에 몇 개의 골프클럽을 들고 동빙고 아파트 정원 잔디밭에서 클럽을 휘둘러보면서 골프스윙을 연습했다. 골프스윙 소리를 듣고 동기생 부인이 아내에게 수민이 아빠가 정원에 나오면 금방 알 수 있다고 얘기하기도 했다. 그뿐 아니라 여름에는 새벽 5시쯤에 일어나 아직 문을 열지 않은 이태원 청화아파트 상가 옥상 연습장에 달려가 10여 분간 빠르게 연습 공 몇 개를 치고 올 때도 있었다. 누워서 천장을 보면 골프 그린이 보일 정도로 재미를 붙이고 있을 즈음, 서울을 떠나 연대장을 나가게 되었다. 이때 나의 라운드 타수는 100 정도였다.

육사 출신 장교들은 각기별 동기회가 있고 회장이 있으며 통상 1년 단위로 회장을 선출한다. 내가 대령 진급을 하고 1992년, 서울에 근무하고 있을 때 동기회장은 구모 동기가 맡았다. 그는 육군본부 인사참모부 행정과장 겸 장군인사실장으로 인사참모부장을 모시고 있었다. 구모 대령은 인사부장과 동향이라서 진급과 보직에 상당한 파워를 가진 것 같았다. 당시 노태우 정부 시절이라 인맥 권력이 군을 좌지우지할 때이므로 특정인의 영향력이 지대할 수 있었다. 구모 대령은 동기회장에 임명되고 나서 부회장 인선을 하면서 회장인 본인이 대전 계룡대에 있으니 서울에 있는 나에게 부회장을 맡아달라고 요청했다. 나는 그때까지 구모 대령과 특별한 인연이 있거나 절친한 사이는 아니었지만, 동기회 부회장을 맡는다면 그와 육군의 인재육성을 포함한 발전 방향 등을 큰 틀에서 얘기할 수 있겠다는 생각이 들어 동기회 회장단에 참여하게 되었다. 그 후 구모 대령이 업무차 서울을 자주 옴에 따라 대화를 나눌 기회가 많게 되었고 그러는 동안 절친한 사이로 발전했다. 구모 대령이 취급하는 인사업무가 장군들 진급과 보직에 관련된 사안이었다. 이에 따라 장군인사에 대한 정보도 접하고 그해 동기생 진급 관련하여 대화도 나누고 의견을 교환했다. 30기 동기생이 1차와 2차까지 대령으로 이미 진급하였고 이제 마지막 3차 대령 진급자가 그해에 선발되어야 하므로 진급공석과 대상자에 대한 얘기를 자주 나누었다. 대령 진급공석 배분에서 30기가 최대한 많이 할당받아야 함을 상호 공통적으로 중요하게 생각했다. 육사 출신은 대령 진급률이 기수별 평균 ○○%였다. 이를 기준으로 판단해보면 금년도 30기 3차 진급자는 ○○명 내외밖에 되지 않을 것으로 보였다. 이렇게 진급대상자 중에서 진급자를 선발하기가 쉬워 보이지 않았기에 진급 공석이 많아야 했다. 나는 구모 대령에게 진급 공석이 우리 기수에 많이 할당되도록 노력해 줄 것을 당부했고 몇몇 대상자에 대해서는 진급 당위성을 얘기했다. 특히 적정 대상자를 생각하고 호남 출신 동기생 명단을 우선적으로 머릿속에 정리해 보았다. 어느 날, 구모 대령과 마주 앉아 허심탄회하게 대화를 나눴다. 그 자리에서 나는 그에게 동기생들이 많이 진급하게 되면 그 자체가 업적이고 30기 자랑이니 우리기에 공석이 유리하게 배정되도록 각별히 노력해 줄 것을 당부했다. 그러면서 진급발표가 나면 애쓴 만큼 동기생들에게 구모 대령의 공적을 얘기하겠다고 강조했다. 구모 대령은 성품이 헌신적이었고 나의 말에 공감했다. 그리고 결과를 그렇게 만들었다.

결국 ○○명이 30기에 배정되게 하여 동기생 대령 진급률을 ○○%로 만들었다. 각 기별 평균을 넘게 했으며 내가 말한 호남 출신 몇몇 동기생을 포함하여 다수가 진급되었다. 나는 그 이후 3차에 대령 진급을 한 몇몇 동기생들에게 이 사실을 알렸다. 구모 대령이 아니었다면 대령 진급을 못 하고 군 생활을 접어야 할 동기생이 부지기수였을 것이라고 부연해줬다. 그러나 은혜와 배려를 받았으면 액면 그대로 수긍하고 감사의 마음과 겸손을 잊지 않아야 하는데 그렇지 못한 사람이 대부분이어서 크게 실망했다. 구모 대령에게 감사할 줄 모르는 자들 그리고 나에게 애절하게 진급을 부탁했던 사람들이 본인의 실력으로 진급 된 것처럼 기고만장한 것을 볼 때면 씁쓸한 감정을 감출 수 없었다. 많은 사람이 배려를 권리로 착각하는 것 같아 유감스러웠다. 옳고 그름을 떠나 30기 동기생들은 구모 대령의 공덕비라도 세워야 할 것이다.

인간에게 집이란 단순한 거주 시설만이 아니다. 한국 사회는 집이 부와 계층을 대변해주고 재테크 수단이 된 지 오래다. 대가족이 핵가족으로 분화되면서 주택 수요가 폭발함에 따라 우리 사회는 아파트 공화국이 되었다. 나도 집을 갖고자 했다. 서울에 들어와 생활하면서 남들이 소유하고 있는 아파트를 갖고 싶었다. 더군다나 내년이면 연대장으로 나가게 되는데 또 강원도로 가족들을 데리고 갈 수 없어 아파트를 사고자 여기저기 정보도 알아보고 가격을 저울질 해보았다. 그러나 내가 가지고 있던 자금으로 좋은 아파트를 구입하기에 넉넉하지 못했다. 그래서 자금 범위를 고려하여 적절한 곳을 찾게 되었다. 어느 날 도봉구 쌍문동에 27평 아파트가 매물로 나왔다는 말을 듣고 주말에 시간을 내서 현장을 찾아갔다. 방이 3개에 거실이 확장되어 엄청 넓게 보였다. 군 생활하면서 이제까지 15평 이상 되는 관사에서 살아보지 못하였기에 베란다까지 거실로 넓혀놓은 아파트가 운동장만큼 넓게 보였다. 그 아파트는 모 일간신문사 직원 주택조합으로 건축되었으며, 개인별 약 1,500여만 원의 장기융자가 들어있었다. 융자금을 안고 보유한 자금으로 구입할 수 있을 것 같아 집주인과 다음 주에 계약하기로 약속하고 돌아왔다. 위치는 도봉구 쌍문동의 아파트 단지들이 집중된 곳이었다. 초등학교와 중학교도 가까운 곳에 있었으며, 강북에서 괜찮은 선덕고등학교가 근처에 있었다. 다만 교통이 다소 불편할 것 같았다. 전철을 타기 위해서 마을버스로 15분 정도 가야 쌍문역이 있었다. 또한, 의정부에서 혜화역에 이르는 간선도로도 교통 체증이 심한 편이었고 시 외곽으로 나가는 데 시간이 많이 소요된 곳이었다. 그러나 가격대비 평수가 넓었고 연대장을 하게 될 철원과 가까워 외박을 나오거나 아내가 주말에 다니는 데 편할 것 같아 계약을 했다. 잔금을 치르고 아파트 소유주가 되자 서울에 집을 마련했다는 행복감을 느꼈다. 생도 시절 서울에 친인척이 없어 외출외박 때 갈 곳이 없었는데 내가 서울 사람이 되었으니 기쁘기 짝이 없었다. 집을 구입한 상태에서도 세입자가 살고 있어 비록 입주하지는 못했지만 집을 가졌다는 기쁨에 주말이면 아내와 함께 그 주변을 둘러보고 오기도 했다. 연대장을 나가면서 16번째 이사는 내 집으로 하였고 아들들의 전학도 마지막이 되었다. 1992년부터 2001년까지 10년간 쌍문동 주민으로 살았다. 이곳에서 아이들이 대학까지 진학했고 나는 장군으로 진급했다. 하지만 동빙고에서 반포대교 하나만 건너면 반포라는 강남의 중심지역인데 그때 가까운 남쪽으로 가지 않고 왜 멀고 먼 쌍문동으로 갔는지 나도 알 수 없다. 물론 자금이 모자라 그랬지만 융자를 활용하면 충분히 반포에 소형 아파트를 구입할 수 있었다. 아쉬움이 남는다. 그때 나는 은행에서 융자를 받아 집을 살 수 있다는 방법을 알지 못했고 경제를 몰랐다. 주머니 속 자금만 생각했으니 강남으로 방향을 잡지 못했다. 만약 강남으로 이사 갔다면 아들들의 학업여건도 좋아졌을 것이고 지금보다 훨씬 경제적으로 여유를 갖는 삶이 되었을 것이다. 그러나 다른 한편, 돈에 여유가 많게 되었다면 오직 한 길인 군인의 길을 본질만 추구하면서 걸을 수 있었을까 반문해본다. 결국, 역술가 말대로 나는 군인이 천직이었고, 전투복이 나에게 맞는 옷이었다고 본다. 어느 동네에서 사느냐와 어느 아파트를 소유하고 있느냐가 한국 사회에서 신분의 높낮이를 판단하게 될 줄을 몰랐다. 강북과 강남의 학력차가 그렇게 큰 줄 몰랐다. 아파트 가격이 두 배, 세 배 차이가 날 것으로 생각해보지 않았다. 사는 곳에 따라 계층이 형성된 사회가 아니라 능력과 인격에 따라 인정받는 세상으로 바뀌어야 진정한 공정사회가 될 것이다.

보직을 받지 못해 약 1개월 상관(上官)도 없고 부하도 없고 일도 없는 사무실로 출근했으나 전화위복이 되어 연대장으로 나가기 전에 합참에서 과장 직책을 수행했고 무기체계 업무를 담당했다. 그때 무기체계 업무를 수행하면서 터득한 군사력 건설 관련 전반적 지식은 나의 역량을 넓히는 기폭제가 되었다. 오늘날 과학기술 발전은 군의 무기체계를 첨단화하고 무인화한 가운데 기술이 작전과 전장 운영을 선도하고 있다. 과거에는 교리, 즉 싸우는 방식을 먼저 정립하고 이에 적합한 무기를 개발하였으나 지금은 기술이 첨단 무기를 개발하면 이를 활용한 새로운 전장 운영 개념이 정립되어 전장을 주도하게 되므로 무기가 교리를 선도한다. 그러므로 군의 고급지휘관과 핵심 직위 참모는 무기체계의 전력화 과정을 알아야 하고 전력과 국방예산의 상호관계를 융합하여 가용자원으로 최상의 전력이 건설되도록 의사결정을 할 수 있어야 한다. 그러나 아쉽게도 우리의 현실은 특정 분야의 기능적, 기술적 능력을 지닌 사람이 고위직을 맡는 경우가 많은 실정이다. 우수한 개별 악기 연주자도 육성되어야 하지만 오케스트라 지휘자처럼 기획과 철학적 능력을 갖춘 인재가 고위직에 발탁되고 활용되어야 할 것이다.

철원에서 얻은 선물

보병대령으로 진급하면 연대장은 필수 보직이므로 연대장을 나가야
할 사람들은 연대장을 어느 부대에서 하게 될지 큰 관심을 두지 않을 수
없었다. 나는 소대장, 중대장, 대대장을 강원도에서 하였기에 연대장을
경기도에서 할 것으로 기대하고 내심 ○○사단과 ○○사단에서 복무했으
면 좋겠다는 생각을 가졌다. 그러나 연대장 보직 발표를 접해보니 철원
에 있는 ○○사단 ○○연대였다. 다행히 이 연대는 전통 있는 부대였다.
하지만 이번에도 강원도를 벗어나지 못했다는 것이 아쉬움으로 남았다.

　내가 ○○연대장으로 부임한 날이 1993년 7월 10일이었다, 그날은
아침부터 비가 내렸고 날씨가 취임식을 도와주지 않을 것 같아 취임식
행사가 실내에서 거행되지 않을까 걱정을 하게 했다. 오전 9시, 용인에
가서 군사령관께 보직신고를 하고, 포천 ○○군단사령부로 달려가 11시
에 군단장께 신고 후 점심은 아내와 함께 이동 근처에서 먹었다. 오후 2
시에 연대장 이취임식이 있을 예정이었고 이에 앞서 사단장께 보직신고

를 드리게 되어 시간 맞춰 연대 정문을 들어서니 연병장에는 행사병력이 우의를 입고 비를 맞으면서 예행연습을 하고 있었다. 사단장은 육사 ○○기 A 소장으로 이분께 신고하고 사단장, 전임 연대장과 함께 차담을 나눈 후 행사장으로 이동했다. 다행히 행사가 시작될 무렵 비가 그친 상태에서 열병과 사단장 훈시, 이임사, 취임사가 순서대로 진행되었다. 병사들은 비를 맞지 않고 행사를 마칠 수 있었다. 부임하는 연대장으로서 비를 맞고 행사가 거행되었으면 부임 첫날부터 병사들을 고생시키게 되어 미안했을 것인데 날씨가 도와주니 연대장하는 동안 좋은 일이 많을 것 같은 예감이 들었다.

연대장으로 취임 후 부대 현황을 파악하고 강약점을 분석해보니 부대가 GOP 경계를 담당하지 않은 사단예비연대였기 때문에 임무 수행이 비교적 단순했다. 또한, 예하 대대가 광범위한 지역에 산재되어 있어 현장을 방문하는 데 시간이 많이 소요되었으나, 대대별 집결된 부대라서 병력을 장악하는 데 어려움이 없었다. 한편 연대 예하 4개 대대 중 1개 대대가 사단 신병 교육을 담당하는 신병교육대 역할을 하고 있어 교육훈련에 지휘역량을 집중하면서 사고 예방 활동도 강화해야 할 것 같았다. 이에 따라 개인 전기전술을 숙달시키고 소부대 전술훈련까지 반기 단위로 완성하는 훈련주기를 만들어 반복했다. 참모들은 주 1회 지휘통제기구훈련을 통해 작전계획을 숙지하고 참모임무수행 절차를 숙달했다. 보병연대는 필요할 때 사단으로부터 포병과 토우, 공병, 화학부대등으로 증강되어 임무를 수행하므로 이들에 대한 능력과 특성도 주기적으로 교육했다. 사고 예방을 위한 위험예지 훈련과 사고 유형별 예방 매뉴얼 작성, 취약지역과 취약시간에 순찰을 강화하는 등 빈틈없는 노력을 기울였다. 그 결과 우리 연대는 나의 연대장 재임 기간에 연대전투단 훈련평가 1위, 군단선봉연대, 인명사고 없는 무사고 부대라는 놀라운 성과를 달성하고 최강의 전투력을 과시했다.

연대장에 부임하고 4개월이 지난 1993년 11월, 휴일이고 날씨도 청명하여 3대대 소대장들과 저녁 식사를 함께하기로 했다. 식사비용을 3대대에 지급해주고 3대대장에게 대대 간부식당에 회식 자리를 마련하도록 지시했다. 이는 연대장과 초급 간부의 칸막이를 없애고 원활한 의사소통 분위기를 조성하고자 대대별 순회하면서 갖기로 한 회식 자리였다. 그날도 나와 소대장 14명은 대대 간부식당에 모여 삼겹살 요리에 반주를 곁들어 화기애애한 분위기 속에서 식사를 하였을 뿐 아니라 회식을 마치고 소대장 2명이 관사까지 따라와 관사에서도 이들과 맥주 몇 잔을 더해 취기가 제법 오르기도 했다. 밤이 깊어지자 소대장 2명을 복귀시키고 1시쯤 침대에 누워 깊은 잠에 빠졌다. 그런데 새벽 6시, 관사 당번이 잠든 나를 깨웠다. 그는 사단에 비상이 걸렸으며 육군본부 검열 단원이 우리 연대에 와 있다고 말하는 것이었다. 1993년 봄, YS 대통령은 군내 사조직인 하나회를 척결하고 군 수뇌부 인사를 전격 단행했다. 이때 하나회 멤버인 참모총장 김모 대장이 해임되고 그분과 육사 동기생이면서 연합사 부사령관인 김모 대장이 참모총장으로 임명되었다. 그 바람에 합참에서 모셨던 전략본부장 윤모 중장이 3군사령관으로 승진하였고, 해군 김모 제독이 해군 총장으로 가게 되었다.

신임 총장은 복무 기강을 바로잡고 전투 준비태세를 강화하여 육군의 분위기를 쇄신하고자 했다. 그 일환으로 불시 준비태세 검열단을 편성하여 사전 통보 없이 부대를 지명하고 점검하겠다는 방침을 세웠다.

총장의 이러한 지휘방침은 예하부대에 즉시 전파되었고 어느 사단이 첫 번째로 불시검열을 받게 될지 촉각을 세우고 있었다. 그런데 내가 속해 있는 ○○사단이 첫 타자가 된 것이다. 사단은 A 소장이 그해 가을 인사발령에서 국방부로 영전하고 ○○기 B 소장이 부임한 지 2개월쯤 된 시기였다. 나를 포함한 사단 구성원들은 사단장이 부임한 지 얼마 되지 않았으므로 우리 사단이 첫 검열대상이 되리라 생각하지 않았지만 보기 좋게 예상은 빗나갔고 발등에 불이 떨어졌다. 어제 밤늦은 시간까지 소대장들과 얘기를 나누고 반주까지 하였으니 머리도 맑지 않았지만, 새벽 6시, 비상이 걸렸다는 당번의 말을 듣고 침대에서 벌떡 일어나 지프차에 올랐다. 연대에 도착하니 이미 검열관이 메시지를 던져주고 간 상태였으며 작전과장은 상황실에서 바쁘게 상황을 조치하고 있었다. 작전과장으로부터 진행상황을 보고받고 임무를 분석해보니 작계 지역에 신속히 전개하여 전투준비태세를 갖춰야 했다. 이에 따라 오전 9시까지 출동 준비를 완료하도록 예하부대에 명령을 하달했다. 또한, 병력이동에 앞서 치중대를 이동시키고 본대와 병행하여 탄약을 포함한 각종 물자를 작전계획 거점으로 옮기는 데 각자 전시임무카드대로 행동하고 임무 수행에 차질이 없도록 강조했다. 우리 연대 임무는 ○○사단의 작전 통제를 받아 연천군 백의리 근처 영평천 일대의 ○○선에 배치되어 연천축선에서 ○○군단 후방에 이르는 접근로를 통제하고 방어함으로써 ○○군단을 절단하고자 하는 적의 기도를 분쇄하는 것이었다. 연대장 명령대로 예하 대대는 철원 동송에서 연천 백의리까지 약 30km를 도보로 이동하여 작계 지역에 도착했다. 나는 ○○사단장께 작전통제 신고를 한 후 전투준비에 들어갔다. 한편 탄약과 식량, 장벽 자재 등 전투물자를 쌀 한 톨, 실탄한 발 남기지 않고 가용차량을 이용하여 주둔지 창고에서 작계 지역 거점으로 옮겼다. 하지만 임무카드에 적혀 있는 예상시간을 훨씬 초과함으로써 전투준비 완료 시간이 지체되었다. 더구나 옮겨놓은 탄약과 식량이 노상에 쌓아진 상태에서 그날 밤, 비가 내려 전투준비에 어려움이 가중되었다.

지금까지 한 번도 시행해보지 않았던 방식으로 실전 상황과 똑같이 훈련해보니 평소 훈련 때 발견하지 못했던 현상이 여기저기서 노정되고 많은 문제점이 쏟아졌다. 주둔지에서 탄약 등 전투물자를 거점까지 옮기는 데 임무카드에 기재된 시간보다 2배 이상이 소요되었다. 철조망을 현장에 설치하는 문제, 편제 장비를 누가 어떤 용도로 사용해야 하는지 정립되지 않은 사항들이 부지기수였다. 이러한 문제점들로 인해 전투준비 태세 완료 시간이 작계에 명시된 것보다 2배 이상 길어짐으로써 임무 수행에 중대한 결함이 노출되었다. 그뿐만 아니라 장비와 물자는 종류와 수량에 따른 적합한 용도가 있어야 하고 사용자가 명시되어 있어야 했는데 그렇지 못해 우왕좌왕하는 꼴이 되었다. 나 또한 연대장 지프차에 트레일러가 부착된다는 것을 몰랐다. 거기에 어떤 물자를 적재하고 출동해야 하는지 알지 못한 상태에서 설상가상으로 비까지 내려 지휘에 애를 먹었다. 더불어 악천후에서 실전과 같은 훈련을 해봄으로써 기상이 작전에 미치는 영향을 실감했다. 보병연대에 이렇게 많은 물자가 평소 창고에 보관되고 있었는지도 몰랐다. 4박 5일 불시점검훈련을 마치고 마지막 날에 있었던 강평은 사단 신병교육대 강당에서 사단장과 연대장, 대대장 등 약 100여 명의 사단 간부들이 참석한 가운데 육본 검열 단장이었던 작전참모부장 김모 소장의 주관하에 진행되었다.

예고 없이 첫 타자로 육군본부 불시 전투준비태세 점검을 받았으므로 문제점과 과오가 봇물 터지듯 쏟아져 많은 질책이 있으리라 생각했다. 그러나 검열 단장은 결과의 잘잘못이 중요한 사안이 아니고 무엇이 문제인가를 식별하고 보완을 어떻게 할 것인가에 주안을 두어야 한다고 강조했다. 합당한 말씀이었고 100% 동감했다. 육본 검열단 발표가 있고 난 뒤 직책별 지정된 사람들이 소감을 얘기하는 순서가 있었다. 마지막으로 검열 단장은 객석 참석자들에게 질문을 유도했다. 나는 손을 들고 일어나 내가 드릴 말씀은 질문이 아니고 이번 불시점검을 통해 느낀 부끄러운 단면을 고백하겠다면서 훈련 간 발견한 문제점을 조목조목 얘기했다. 검열 단장 김모 장군은 훈련 중 우리 연대를 방문하여 지도해주었고 지프차에 트레일러가 부착되어 있음을 가르쳐준 바 있었다. 약 3분간에 걸친 나의 용기 있는 고백성 발언이 육본 검열 단원에게 강한 인상을 남겼다. 사단에 근무하는 간부들에게도 우리의 현주소를 알게 만드는 데 일조했다. 고생 끝에 낙(樂)이 있듯이 불시검열을 통해 전투준비태세 실상을 확인할 수 있었던 것은 다행이었다. 점검을 통해 나는 계획보다 실행과 행동이 실제상황에 부합되어야 함을 인식하게 되었다. 아울러 작전참모부장 김모 장군께 나에 대해 좋은 인상을 갖게 한 기회가 되기도 했다. 그 후 약 4개월이 지나 검열 단장이었던 김모 장군께서 공교롭게도 우리 ○○군단 군단장으로 부임하였다.

동계혹한기훈련은 야전에서 겨울철에 가장 관심을 갖는 훈련이다. 1994년 1월, 1대대장 서모 중령이 대대장에 부임하고 빠르게 업무를 익히고 있는 가운데 훈련주기에 따라 그의 대대가 동계혹한기 훈련을 나가게 되었다. 그런데 월요일 아침 기상이 영하 15도를 기록하는 맹추위가 찾아왔다. 정상적 날씨라면 이른 아침에 훈련지역으로 출발하게 되어 있었으나 이날은 기온이 너무 낮아 일단 출발을 미뤄놓고 있었다. 오후가 되니 기상이 다소 풀렸지만, 밤이 되면 기온이 더 떨어질 것으로 예상되었기에 1대대장은 출동 준비를 갖춘 상태에서 연대장의 지시만 기다리고 있었다. 내가 훈련을 강행하라고 명령하면 훈련지역으로 부대를 이동시킬 태세였다.

나는 해야 할 임무를 거르는 행위를 싫어했으므로 가급적 계획대로 훈련을 시키고 싶어 날씨 변화를 관찰하다가 오후 4시쯤 훈련을 강행하기로 결심하고 1대대장에게 훈련지역으로 이동하도록 명령했다. 그러나 1대대를 훈련지역으로 이동시켜 놓고 밤이 되자 기온이 내려가면서 눈도 산발적으로 내렸기 때문에 현장 상황과 1대대 부하들 상태를 확인하고 싶었다. 훈련지역은 먼 곳이 아니었지만, 숙영준비가 잘 되고 있는지 걱정되었다. 특히 대대장 때 혹한기 훈련 첫날 폭설로 인해 부하 목숨을 잃었던 적이 있어 관사에 앉아 있을 수 없었다. TV를 보면서 기상변화를 체크하다가 밤 10시쯤 현장 확인 차 1대대 훈련장으로 달려갔다. 병사들 텐트 속의 추위 강도를 가늠해보니 야전잠바를 입고 모포를 덮으면 견딜 수 있을 것 같다는 판단이 들었다. 날씨가 혹한이고 추위가 심한 상태였지만 하게끔 되어 있는 일을 했다 치고 하는 형식적 태도를 지양했으므로 1대대를 훈련장에서 철수시키지 않고 훈련을 강행하도록 조치하고 관사로 돌아왔다.

그러나 잠을 청했지만, 대대장 시절의 혹한기훈련에 트라우마가 남아 있어 왠지 마음이 편치 않았다. 만약 기온이 급강하하여 1대대 부하들에게 회복할 수 없는 동상사고라도 발생하게 되면 어떻게 하지? 하면서 스스로 던진 질문들이 꼬리를 물고 이어졌다. 밤늦은 시간까지 걱정하다가 당번에게 새벽 5시에 깨우도록 지시하고 잠자리에 들었다. 그러나 깊은 잠을 잘 수 없어 당번이 깨우지 않았는데도 이른 새벽에 일어나 지프차에 몸을 싣고 쏜살같이 1대대 훈련장으로 다시 달려갔다. 훈련장에 도착하여 병사들이 자는 텐트를 열고 확인해보니 그들은 모두 밤새 안녕했다. 이튿날부터 기온이 조금씩 올라감에 따라 아무런 사고 없이 훈련을 계획대로 마쳤다. 중차대한 결심을 할 때 지휘관이 고독하다는 것을 느꼈다. 결심에 따른 결과는 책임이 되어 돌아오므로 누구에게 전가할 수 없음을 깊이 인식했다. 나와 함께했던 대대장들을 포함하여 연대 전우들은 연대장이 합리적 성품을 가졌다고 생각하면서도, 예외를 인정하지 않은 연대장의 지휘 스타일을 따르느라 고생을 많이 했다.

연대장을 하면서 서열로 상대평가를 받게 되는 경우가 딱 한 번 있는데 연대전투단 훈련(RCT)이 그것이었다. 그 훈련은 출동 준비태세로부터 공격, 방어 전술에 이르기까지 일주일 동안 쌍방훈련으로 진행되었다. 부대원들의 전투력과 연대장 및 참모들의 임무수행능력을 합산하여 서열을 매기고 그 결과가 고과에 반영되므로 연대장 18개월 재임 기간에 역량을 집중하여 준비하고 대비해야 했다. 군단에서 통제 및 평가단을 구성하고 훈련 상태를 밀착 관찰하면서 평가하기 때문에 최선의 노력을 다하여 우수한 점수를 받고자 했다. 우리 연대는 ○○사단 ○○연대와 쌍방훈련으로 평가받도록 결정되어 양 개 사단 지역의 작계 거점에서 훈련하게 되었다. 연대전투단 훈련평가에서 하이라이트는 사단 명령을 수령 후 연대장이 계획지침을 하달하고 이를 바탕으로 참모들에 의한 참모판단과 최선의 방책을 건의하는 과정이다. 이때는 군단장을 포함한 평가관이 연대지휘소에 와서 연대장과 참모들이 활동하는 현장을 직접 관찰하고 평가하게 되어 있었다.

나는 평소 참모판단 절차를 숙달하기 위해 주 1회 연대지휘통제기구 훈련을 실시하면서 참모들과 팀워크(Team Work)를 다졌기에 평가관의 좋은 반응을 얻을 수 있을 것으로 믿고 평가에 임했다. 평가관과 군단장이 지휘소에 들어온 후 지휘 및 참모 활동이 시작되었다. 연대장인 나는 사단으로부터 받은 임무를 재진술하고 개략적인 부대 운용방안을 제시하는 계획지침을 하달했다. 종이에 쓰거나 암기해서 하는 것이 아니라 머리에 정리된 군사 지식을 토대로 도상에 도식하면서 대화식으로 차분하게 계획지침을 하달하고 참모들의 이해 여부를 확인했다. 계획지침은 지휘관의 복안이므로 지휘관이 판단하고 구상해야 하며 참모가 작성해 준 내용을 그대로 읽는 형식이 되어서는 안 된다. 또한, 종이에 시나리오를 써서 읽어서도 안 되고 지도를 활용하지 않고 말로만 하달해서도 안 되며 도상에 임무와 개략적 방책을 도식하면서 설명하고 참모들의 숙지 여부를 확인해야 한다. 나는 고등군사반과 육대교육을 통해 교리를 충실히 습득하였으므로, 이를 응용하고 활용할 수 있었다. 특히 교육기관의 실습 과정에서 발표기회를 자주 가졌던 경험이 있어 연대장으로서 전술복안을 상황에 부합되게 구술할 수 있었다. 연대장의 계획지침이 하달되고 이어서 정보과장부터 참모들이 순서에 의해 참모판단을 했다. 작전과장이 마지막 최선의 방책을 건의함에 따라 이를 승인해 주면서 추가로 공격계획을 작성할 때 착안할 사항을 참모들에게 강조했다. 군단장과 평가단은 나와 참모들이 평소 연습한 대로 행동하고 숙의하는 모습을 관찰한 후 돌아갔으며 연대전투단 훈련은 일정대로 진행되었고 사고 없이 무사히 잘 마쳤다. 그해 연말이 되자 군단에서는 선봉연대와 연대전투단 훈련 최우수 부대를 선발하는 절차에 들어갔다. 군단 참모장 주관 하에 각 참모가 제시한 점수를 합하여 서열을 매겼다.

결과는 우리 연대가 3번째 서열이 되어 군단장 결재에 올라갔고, 군단장은 부대별 점수와 서열을 유심히 들여다보게 되었다. 그러나 7개 연대가 전투단 훈련평가를 받았고 군단장이 현장을 모두 가보았지만, 연대장이 참모들에게 하달해야 할 계획지침을 종이에 써서 읽지 않고 도상에 도식하면서 설명식으로 하달하는 연대장은 ○○연대장 이성출 대령밖에 없었는데, 그의 연대가 3번이라니 잘못되었음을 지적하고 3번째 서열을 1번째로 올려 결재를 했다. 전술 상황에서 계획지침을 스스로 착안하고 구상하여 참모들에게 실전 방식대로 하달한 연대장은 내가 유일했다. 군단장의 올바른 평가에 따라 우리 연대가 그해 연대전투단 훈련평가 최우수 부대가 되었고, 선봉연대의 영예를 안았다. 군단장이셨던 김모 장군께서는 작전을 아는 분이었고 핵심을 짚음으로써 지휘에 군덕이가 없었다. 지침이 간단명료하여 부하들로부터 존경받는 분이었다. 육사 출신이 아닌 마이너였지만 훌륭하신 분으로 그분의 올바른 부대 지휘가 항상 귀감이 되었다. 훗날 그분께서 지휘했던 ○○군단장을 하면서 오찬을 성의껏 준비하여 모신 적이 있었지만 김모 장군께서는 불행하게도 일찍 타계하셨다.

실전과 같은 훈련이 전투력의 요체임을 우리는 잘 알고 있으면서도 우리나라 군대는 연대전투단 훈련평가에서 불합격한 장교가 장군이 되고 고급제대 지휘관을 하는 사례가 많은 게 현실이다. 미군을 포함한 선진국 군대에서는 있을 수 없는 일이다. 우리 군도 당사자가 스스로 상위 계급의 진급을 포기하는 기풍이 정착되어야 할 것이다. 훌륭한 인재를 발굴하기 위해서는 사관학교 품행과 보수교육 성적, 지휘관 때 전술훈련 평가를 장군 진급 선발 시에 참고해야 할 것이며, 아울러 전술훈련 평가의 공정성 보장을 위한 획기적 대책도 마련되어야 할 것이다.

　　연대는 사단 예비였으므로 GOP연대에 비해 임무가 사단장의 관심에서 후 순위에 들어갈 수밖에 없었다. 사단장은 대적 상황에 우선적으로 관심을 두었고 지휘 노력을 여기에 집중함에 따라 나는 예비연대 연대장으로서 사단장께 지휘 부담을 드리지 않으려고 부대 안전에 각별히 힘썼다. 인명사고가 발생하면 상급지휘관께 누를 끼치는 결과가 될 뿐만 아니라 부대 장악이 쉬운 환경에서 사고를 예방하지 못함에 따른 불명예를 안게 될 것이므로 이를 방지하기 위해 현장을 발로 뛰었다. 야전에서 사고 유형은 다양하지만, 부대별 특성에 따라 반복된 사고가 있다. 우리 연대의 가능성이 큰 사고는 탈영과 자살 사건이었다. 예비연대라서 후방으로 빠져나갈 교통편이 용이하고 훈련이 많아 이등병이 적응하는 데 몇 개월간 힘들 것으로 보았다. 사고 예방을 위해 이등병과 취약사병을 특별 관리하는 시스템은 어느 부대든 잘 구축되어 있으나 이것을 실천하는 수준은 천차만별이었다. 나는 하급제대가 착안하지 못한 활동을 상급제대가 보완해 준다면 효과적일 것으로 생각했다.

　　그 일환으로 신병 관리에 대한 나만의 노하우를 개발하여 실천했다. 사단 신병교육대와 논산훈련소를 수료하고 연대에 전입하는 신병은 2주에 한 번씩 약 15명 내외였으며 이들이 도착하기 하루 또는 이틀 전에 인사과장이 개인별 신상명세서를 작성하여 연대장에게 제공했다. 나는 이들의 신상명세서를 읽어보고 개인별 특성과 연계하여 이름을 기억했다가 신병이 전입하면 신고를 받고 회의용 테이블에 앉힌 상태에서 이들과 커피를 함께 마시면서 신상명세서에 적힌 내용을 토대로 대화를 나누곤 했다. 아울러 이름을 머리에 담았다. 일반적으로 병사들 특성은 개인의 신체, 가정, 학력, 특기 등에서 식별되었는데, 어떤 신병은 편모슬하이고 어떤 신병은 ○○대학교를 나왔고 어떤 신병은 제과 기술을 소지하고 있는 등 다양했다. 이런 특성과 연계하여 이름을 기억하였다가 연대장이 이름을 불러주면 신병 관점에서 부대에 좋은 감정을 갖게 되리라 생각했다. 연대장 신고를 마치면 신병들은 각 대대와 직할대로 분류되어 자대에 배치되고 이들이 전입한 지 약 50여 일 지난 시기가 되면, 나는 내가 적어놓은 신병 리스트에 따라 주중에 이들과 전화미팅을 했다. 퇴근 후 관사에 앉아 저녁 9시경, 연대 통신 교환병에게 ○○대대 ○○중대 ○○이등병을 포함하여 통화하고자 하는 병사들을 차례대로 불러주면 교환병은 이들을 전화로 불러내 나와 통화하도록 연결해주었다.

내가 저녁 9시경을 이용한 것은 이 시간이 일석점호를 준비하는 시간이라 모두 내무반에 있게 되기 때문이었다. 나는 전화미팅에서 이런 형식으로 얘기하곤 했다. '○○ 이병이지? 나 연대장이야. 생활에 어려움 없니? 네 엄마 혼자 생계를 꾸려나가신다고 했는데 엄마 생각이 많이 나겠구나. 엄마께 효도하는 길이 군 생활 건강하게 잘하는 것이야'라고 하면 ○○ 이등병은 엄마에 대한 그리움을 솔직히 얘기하고 연대장이 전화했다는 것과 엄마 혼자 살고 계신다는 가정환경을 연대장이 알고 있다는 것에 위안을 크게 느끼는 것 같았다. 어느 날은 전화미팅에 이런 일이 있었다. 3대대 9중대 ○○ 이등병이었는데 통화 중 네가 지금 먹고 싶은 것이 무엇이냐고 물었더니 의외로 거침없이 콜라를 마시고 싶다는 것이었다. 나는 그 이등병과 통화를 마치고 연대 상황장교에게 연대 정문 앞 가게에 가서 콜라 한 박스를 구입하여 즉시 9중대 ○○ 이등병에게 갖다 주라고 지시했다. 내 지시대로 콜라는 그 이등병에게 전달되었고 나의 자상한 배려가 이튿날 예하부대에 퍼지기 시작했다. 이러한 조치가 1년 반 재임 기간 동안 우리 연대를 무사고 연대로 만드는 엔진이 되었다. 연대장 부하가 1,700여 명이었지만 1년 6개월 동안 사망사고는 물론 단 한 명도 손가락 하나 부상을 당하지 않았다. 15,000원 콜라 한 박스 비용 이 육군 대장으로 오르는 종잣돈(Seed Money)이 된 것이다.

"사람의 얼굴 또는 행동을 보면 그 사람의 운명을 알게 된다는 것이 믿어질까?"라고 묻는다면 나는 "No"라고 대답할 것이다. 그러나 이 질문 에 대한 답변이 항상 "No"라고 해서는 안 되는 사실을 연대장 때 체험했 다. 1994년 초여름, 철원의 실록은 아름다움을 뽐내고 있었다. 그날은 주 말 토요일이었고 사단장과 연대장들이 저녁 식사를 함께했다. 식사를 마 치고 연대장들이 사단장 공관에서 나온 후 각자 자기 관사로 가려고 했 으나 보안부대장이 ○○연대장 관사에 가서 차 한 잔 더하고 가자는 제 의가 뒤따라 모두 기다렸다는 듯이 내 관사로 차를 몰고 와 커피를 마시 면서 얘기를 나누고 있었다. 그때 ○○연대 ○○대대장과 스님 한 분이 자기 연대장을 만나러 내 관사에 와서 연대장들과 합류하게 되었다. 스 님은 지관이라고 했다. 연대장들은 내 관사에서 약 30분간 머물고 각자 집으로 향했는데 함께 현관문 밖으로 나선 스님이 나에게 다가오더니 내 일 관사에 한 번 더 와서 나와 대화를 나누고 싶다며 시간을 내줄 수 있 느냐 물었다. 나는 내일이 일요일이고 오전 10시에 교회를 다녀오면 시 간이 있을 것 같아 흔쾌히 11시 30분에 오라고 했다. 스님은 약속대로 이튿날 찾아왔고 차 한 잔 마시면서 얘기가 시작되었다.

그는 나에게 어제 6명이 함께한 자리에서 내가 단연 우뚝 선 인물로 보였다고 했다. 범상하지 않은 인물 같으므로 크게 성공할 수 있도록 지관 관점에서 관사와 사무실 집기류 배치를 봐 드리겠다는 것이었다. 나는 평소 미신적 언행에 관심을 두지 않았지만, 휴일 오후라서 시간도 있기에 밑져야 본전이라는 생각으로 스님의 제의에 응했다. 스님은 관사 내부에 TV와 소파, 침대가 놓여있는 상태를 살펴보더니 각각 위치와 방향을 새롭게 정해주면서 몇 월, 몇일, 몇 시에 집기류 배치를 본인이 그려준 대로 조정하라는 것이었다. 이어서 사무실 집기류 배치도 살펴보고 싶다 하여 연대장실에 안내했더니 그는 건물 앞뒤 산과 들을 살펴본 후 사무실에 들어와서 내 집무실 집기류(책상, 회의용 테이블, 책장, 소파 등)의 위치와 방향을 자기가 정해준 대로 몇 월, 몇일, 몇 시에 바꿔놓으라고 했다. 스님의 말에 크게 관심을 두고 싶지 않았지만, 그렇다고 그냥 거부하고 싶지도 않아 관사는 내 사적 공간이므로 그냥 놓아두고 사무실만 스님 말대로 집기류 위치와 방향을 바꾸기로 했다. 스님이 택해 준 그 날을 외박 날짜로 잡아 놓고 주임원사에게 스님이 얘기한 그 시간에 집기류 배치를 조정하라고 했다. 주임원사는 내 지시대로 따랐으며, 나는 외박을 다녀와서 그날부터 책상 위치와 방향이 바뀐 자리에서 근무하게 되었다.

그 후 시간이 지나 연대장을 마치게 되고 재임 기간을 결산해보니 연대전투단 훈련평가 최우수, 선봉연대, 1년 6개월 재임 기간 완전 무사고 등 현실적으로 실현하기 어려운 업적과 성과를 얻게 되었다. 무엇이 이런 결과를 만들었을까? 자문해보니 스님의 가르침도 일조가 되었음을 부인하고 싶지 않았다. 고마운 분이었지만 유감스럽게도 그분에 관해 관심을 두지 않았으니 그분의 성함도 모르고 그분이 어디에 거주하는지도 모르고 있다. 내가 육군 대장까지 될 줄을 그분은 그때 이미 알고 있었던 것 같아 놀라운 직관력에 감탄이 절로 나온다. 생존해 계시길 바라고 얼굴을 다시 뵐 기회가 있으면 좋겠다.

연대장 시절의 추억에서 잊을 수 없는 것이 몇 개 더 있다. 나는 가끔 병사들과 동숙 일정을 잡아 예하부대를 방문했다. 저녁 9시 20분쯤 점호 준비할 때 특정 내무반에 찾아가 그 내무반 병사들과 준비해간 음료수를 마시면서 대화를 나누고 하룻밤을 잔 후 이튿날 병사들이 일어나기 전에 관사로 돌아오곤 했다. 동숙하는 날, 병사들과 마주 앉아 그들의 입대 전 사회생활을 포함한 다양한 얘기를 나누었고, 때로는 병사들로부터 노래한 곡 하라는 제의를 받기도 했는데 그때마다 나의 인간성과 진정성을 그들에게 보여 주려고 노력했다. 그들로부터 노래 요청을 받았지만 유감스럽게 나는 노래를 잘 부르지 못했고 소질도 없었다. 겨우 조용필의 '허공'을 악보 없이 부를 수 있는 정도였다.

병사들로부터 한 곡 불러 달라는 청을 받고 그냥 지나가면 분위기가 어색해질 것 같아 '허공'을 성의껏 불러 그들로부터 박수를 받았지만, 젊은이들에게 유행하는 노래가 아니라서 그들의 반응은 뜨겁지 않았다. 이런 일이 있고 나서 노래를 잘 부르지 못하지만, 곡은 신세대들이 선호하는 것으로 부르고 싶어 당번병에게 요즘 너희들이 좋아하는 노래가 뭐냐고 물었다. 그가 안재욱의 '친구'라는 곡이 히트를 치고 있다 함에 따라 그 노래와 대중의 애창곡이었던 김수희의 '애모'가 들어있는 테이프를 구입하여 퇴근 후 관사에 앉아 열심히 따라 불렀다. 어느 정도 부를 수 있겠다는 자신감이 생긴 가운데 이번에는 다른 부대에 가서 동숙을 하게 되었고 나는 그 자리에서 자원하여 노래한 곡 하겠다 했다. 나의 이런 행동에 모두 눈을 크게 뜨고 놀란 빛을 보였다. 계급 높은 연대장이 요청을 받은 것도 아닌데 스스로 노래를 하겠다고 하였으므로 의외라고 생각한 것 같았다. 나는 반주도 없고 마이크도 없이 '친구'를 불렀고 우레와 같은 박수를 받았다. 그들은 연대장에게 신뢰를 주었고 나는 그들을 믿었으며 모두 훌륭히 병역의무를 마쳤다. 그 후 안재욱의 '친구'는 나의 애창곡이 되었으며 부하들 덕분에 지금은 꽤 수준 높게 부를 수 있게 되었다. 지휘관은 부하의 눈높이를 공감하고 부하에게 자기의 진면목을 가식 없이 보여줘야 부하의 마음을 사로잡을 수 있다는 것을 깨달아야 할 것이다.

두 번째 얘기는 어느 날 1대대 내무반에서 동숙 할 때였다. 병사들과 대화를 나누고 밤 10시, 내무반 불침번이 소등함에 따라 병사들 틈에 끼어 잠을 청하려 하는데 어떤 병사가 누워있는 나의 곁에 오더니 귓속말로 손을 펴보라는 것이었다. 그가 시키는 대로 오른손을 폈더니 그는 내 손에 알 수 없는 조그마한 것을 쥐여 주었다. 자기 아버지가 네가 군 생활하면서 가장 존경한 분한테 이것을 드리라고 해서 나에게 준다는 것이었다. 아침에 일어나 확인해보니 그것은 '부적'이었다. 나는 군 생활하면서 그 '부적'을 버리지 않았고 늘 지갑 속에 꼭 넣고 다녔다. 이것이 나를 4성 장군으로 만들었을까? 자문해보면서 이름도 잊어버린 그 병사가 지금은 어디에서 무엇을 하고 사는지 궁금하다. 부디 행복하길 빈다.

세 번째 얘기는 수색중대장과 중고 자동차이다. 인간의 삶에서 일상은 경제활동이라고 말할 수 있을 것이다. 어떤 사람은 회사원이 되고 어떤 사람은 군인이 되어 생활하지만 그들의 노동 대가는 경제적 재화로 보상을 받는다. 자본주의 국가에서 재화, 즉 돈의 가치는 매우 소중함을 부인할 수 없다. 그래서 마키아벨리는 일찍이 인간은 부모의 죽음은 쉽게 잊으나 경제적 손실은 잊지 못한다고 했다.

　나도 연대장 시절 부하의 속임을 당해 경제적 피해가 있었기에 잊을 수 없다. 여름 어느 토요일 오후, 테니스 코트에서 참모장교들과 테니스를 하면서 주말을 보내고 있는데 수색중대장 김모 대위가 나를 찾아와서 오늘 서울에 있는 형이 자동차를 보내온다는 것이었다. 그는 자기 형이 서울에서 중고 자동차 매매업을 하고 있어 중고차를 구매하고자 하면 자기가 저렴한 가격으로 살 수 있도록 해드리겠다고 나에게 말한 바 있었다. 나는 연대장을 하면서도 중령 때 구매했던 소형 엑셀 자동차를 소유하고 있었다. 주말이나 휴일에 부대를 출입할 때 엑셀 승용차를 몰고 다닌 것을 부하 장교들이 보았고, 그때마다 부하 장교들과 그들의 가족들은 나에게 연대장 직책에 맞는 중형 승용차를 타라고 여러 차례 권유했다. 부하 장교들의 얘기도 있었으나 나 역시 연대장을 마치고 다음 자리에 가게 될 때는 중형차를 사겠다는 생각을 가졌다. 그러나 신차를 구매하기에는 경제적 여유가 없었지만 중고 중형차는 가능하리라 판단했다. 이런 상황에서 수색중대장이 자기 형에게 부탁하여 좋은 중고차를 저렴하게 사도록 해주겠다는 말은 나의 귀를 솔깃하게 했다. 더군다나 수색중대장은 직할 중대장이고 수색 중대는 전. 평시 임무의 중요성이 높아 연대장인 나의 관심이 많은 부대였다. 수색중대장은 체형이 크고 평소말이 많았으나 나는 직할 중대장이고 특수임무를 맡는 중대장이라서 그의 제안을 아무런 의심 없이 받아드렸다. 이런 배경으로 그날 테니스장 옆 도로에 소나타 중고 승용차 한 대가 주차하였고, 수색중대장은 자기 형이 보낸 중고차라고 나에게 소개했다. 나와 부하 장교 그리고 가족들은 테니스 게임을 중단하고 그 차를 보았으나 중고차라서 나를 제외한 사람들은 큰 관심 표명을 하지 않았다. 나는 비록 중고차지만 내가 타고 다닌 엑셀보다 훨씬 크고 색깔도 마음에 들었다. 차 열쇠를 받고 찻값으로 수백만 원을 지불해줬다.

그러나 이 중고차가 폐차 수준의 엄청난 사고로 인해 정비과정에서 앞부분 엔진과 뼈대가 교체되었음을 알게 된 때가 그 후 1년이 지난 시점이었다. 용인에서 ○○군 사령부 교육과장으로 근무하면서 주말이면 서울 자가에 올라가곤 했는데 그날도 서울로 가는 중, 용인 근교교차로에서 신호대기를 하고 있었다. 순간 쿵 하는 충격이 있었다. 누군가가 운전을 하다가 내 차 뒷부분에 충돌한 것이었다. 차에 앉아 핸들을 잡고 있던 나는 다행히 손에 약간의 찰과상을 입었으나 크게 다치지 않았다. 안전띠를 풀고 차 밖으로 나와 상황을 살펴보니 젊은 사람이 운전한 SUV가 내 차를 들이받았다. 100% 뒤 차의 과실임에 따라 나는 사고자가 불러준 택시를 타고 서울 자가로 왔으며 내 차는 사고자 측 보험회사가 지정한 수원의 정비공장에 입고 되었다. 주말을 서울에서 보내고 새로운 주가 시작되자 내 차가 어느 정비공장에 있으며 언제 정비가 완료되는지 궁금하였고 찾아가서 정비를 잘해 달라는 부탁도 하고 싶었다. 그래서 화요일 일과 후 수원 정비공장에 갔다. 정비공에게 차 번호를 말하자 정비내용을 설명하기 전 그는 나에게 이 자동차를 언제 누구한테 얼마의 금액에 구매했느냐고 묻는 것이었다. 나는 정비에 필요한 배경이 아닌 사항을 질문하기에 의아심이 들었으나 별다른 생각 없이 자초지종 얘기해줬다. 내 얘기가 끝나자 그는 나에게 차를 속아 샀다고 하면서 이차는 엄청난 큰 사고로 앞부분이 거의 교체된 중고차라고 했다. 정비공의 얘기를 듣는 순간 수색중대장 김모 대위가 떠올랐고 그가 나를 속였든지 아니면 그의 형이 나를 속였음을 알게 되었다. 부하를 믿었던 결과가 마음의 상처가 되었으니 배신감이 클 수밖에 없었다. 인생에서 남에게 속을 수 있으나 생사고락을 함께한 부하한테 속았으니 내가 어리석은 사람 같아 속이 많이 상했다. 나를 속인 수색중대장은 내가 연대장을 마치고 떠나온 후 지금까지 단 한 번도 소식을 듣거나 만나보지 못했다. 그는 내가 군 생활 40여 년을 하는 동안 나에게 크게 실망을 준 부하였다. 한편 그날 사고 후 택시를 타고 서울로 올라가는 길에 택시운전사는 나에게 손에 찰과상을 입었고 목도 조금 아픈데 왜 병원에 가 눕지 않았느냐고 했다. 병원에 누워있으면 보험회사에서 합의가 들어오고 그때 적절히 합의하면 상당한 금액을 받게 된다는 것이었다. 그의 말을 듣고 나는 신뢰가 사회 자본인데 정직하지 못한 우리 사회의 단면을 보는 것 같아 씁쓸했다. 국민 의식 선진화를 강조하고 싶었다.

한편 희로애락을 함께했던 대대장과 연대참모 그리고 부사관들도 잊을 수 없다. 1대대장 서모 중령, 2대대장 두모 중령, 4대대장 김모 중령, 인사과장 이모 소령, 정보과장 이모, 최모 소령, 군수과장 정모 소령, 김모 주임원사, 군수과 조모 상사, 작전과 모중사 등 모두가 원 팀이었고 성실한 전사였다. 최고의 전투력으로 화려한 역사와 전통을 만들었다. 이들과 가끔 만나 골프도 하고 그 시절을 안주삼아 막걸리도 마시고 있다. 모두 건강하고 오래오래 행복하길 바란다.

마지막으로 김일성 사망과 관련된 골프 얘기이다. 1994년 7월 8일,

이날이 토요일이었고 나는 7월 6일부터 2박 3일 외박을 받아 서울에 있었다. 이틀간은 집에서 가사를 정리하고 마지막 날인 8일에는 오전과 오후 2차례 골프를 하고 철원부대로 복귀하고자 일정을 잡았다. 이른 아침에 남수원CC에서 친구들과 라운드를 했으며, 오후에는 태릉CC에서 합참에 근무하는 동기생과 운동하기로 하고 13시쯤 태릉에 도착했다. 점심을 먹으러 육사 후문 근처 식당에 들어가 메뉴를 주문하고 운전병과 식사를 하려는데 운전병이 화장실에 다녀오더니 "연대장님, 김일성이 죽었다고 합니다"라고 하는 것이었다. 나는 믿어지지 않아 "무슨 말이니, 거짓말 아니야"라고 응대한 후 확인차 마루에 나가 TV 화면을 보니 주먹만큼 큰 글씨의 자막으로 김일성 사망이라는 뉴스가 떴다. 순간 부대에 들어가야겠다고 생각했지만, 골프에 흥미를 갖고 있던 시기라서 라운드를 하고 들어가고 싶기도 했다. 미련을 버리지 못하고 합참 동기생에게 전화했더니 상황이 골프할 처지가 되지 못하여 곧바로 부대로 복귀할 수밖에 없었다. 철원으로 발걸음을 옮기면서 김일성의 죽음이 국익에 나쁜 것은 아니었지만 내가 골프를 할 수 있도록 그가 하루 늦게 죽었으면 좋았으리라 생각도 해보았다.

철원에서 연대장 18개월은 나에게 참으로 큰 보람을 갖게 한 기간이었다. 우리 연대는 선봉연대가 되었고 전술훈련 평가에서 최우수 부대가 되었다. 그뿐만 아니라 나와 인연을 쌓은 부하 가운데 단 한명도 사고로 인해 불행을 당하지 않았다. 이것은 기적이었으며 철원이 나에게 준 최고의 선물이었다. 연대장은 장군으로 진급하는데 중요한 길목이다. 그 길목에서 나는 임무와 부하만 생각하면서 뛰었다.

1994년 가을, 철원의 황금들판에 추수기가 찾아왔다. 농부들의 일손이 바빠지고 추수가 끝나면 겨울 철새들이 보금자리를 찾아와 하늘을 무대로 곡예를 자랑하게 된다. 철원은 군사적 요충지이면서 역사가 숨 쉬는 곳이며, 태봉국 궁예의 발자취가 남아 있고 6·25전쟁의 상흔이 지워지지 않은 지역이다. 풍부한 물과 한탄강의 아름다운 경관, 도피안사의 고적한 자태, 오대 쌀의 진미는 철원이라는 이름을 예쁘게 색칠해 준다. 반면, 철원의 겨울은 몹시 춥고 눈과 바람이 매서웠다. 그해 혹독한 추위가 철원을 삼키려 할 무렵 나는 연대장 보직이 종료됨에 따라 또다시 보직을 찾아 나서야 했다. 자력이 우수했지만, 경쟁력 있는 자리에 불러주는 사람이 없었으므로 고민 끝에 잠시 쉬어 보고 싶다는 생각을 갖고 국방대학교 안보과정에 지원했다.

그러나 지원서를 제출 후 입교를 기다리던 중 군사령부 보임과장 조모 대령으로부터 전화를 받았다. 그는 군사령부 교육과장 자리가 비었는데 나에게 의사가 있는지를 물었다. 나는 그의 제의대로 따르겠다고 답변했다. 소령 시절 ○○군사령관 전속부관을 하면서 유심히 관찰해보니 교육과장이 군사령관과 업무 관련 대화를 자주 나눈 것을 보았으므로 교육과장 직책에서 나의 능력을 발휘한다면 군사령관한테 인정받을 기회가 올 것으로 판단했다. 보임과장은 교육과장 보직에 나를 포함하여 3명을 복수로 군사령관에게 추천했고 군사령관은 나를 낙점했다. 당시 군사령관은 내가 합참 무기체계평가과장을 할 때 합참 전략본부장을 하셨던 분이었으며 그분은 나의 능력을 인정해주신 분이었다.

군계일학(群鷄一鶴)

그해 12월 23일, 연대장을 마치는 이임식을 하고 12월 28일 ○○군사령부 교육과장으로 부임했다. 군사령관 A 대장에게 보직신고를 하고 업무를 시작하자마자 연말 장군 인사이동에 따라 A 대장은 육군 참모총장으로 옮기고 B 대장이 군사령관으로 부임했다. 전임 과장은 ○○기 송모 대령이었는데, 그가 ○○군단 작전참모로 보직을 옮김에 따라 내가 그 자리에 앉게 되었다. 과원은 35기 김모 중령, 36기 김모 중령 등 현역 4명과 군무원 1명으로 구성되어 있었고, 이 가운데 김모 중령은 ○○사단에서 함께 근무한 적이 있는 후배였다. 연말연시에 과장으로 부임하였기에 당면업무가 많지 않아 교육과 분위기는 한산하였으며, 과원들 의욕도 넘쳐 보이지 않았다. 책상에 앉아 벽에 걸린 역대 과장들의 명단을 보니 몇몇 선배들이 눈에 띄었다. 이 중 ○○기 박모 중장과 ○○기 오모 대장 등이 거쳐 간 보직임을 알게 되어 이분들을 롤모델로 삼아 좋은 결과를 얻겠다고 다짐했다.

교육 훈련은 개인과 부대가 전기 전술을 숙달하고 전시 작계임무를 수행할 전투력을 배양하는 군의 기본 활동이다. 평시 군은 교육 훈련 중심으로 부대가 운용되어야 하고 지휘관에게 부여된 중요한 책무가 교육 훈련이다. 하지만 교육 훈련은 지휘관의 의지에 따라 부대별 시행 강도가 다르다. 신임 군사령관은 교육 훈련 지상주의를 표방하고 '소부대 전투력 극대화'를 그해 교육 훈련 목표로 설정했다. 군에서 소부대를 전투력의 창끝이라고 말한다. 이는 적과 접촉하고 초기에 전투국면을 유리하게 조성하는 역할을 소부대가 담당하기 때문이다.

나는 교육 훈련을 담당하는 과장으로서 군사령관 의도에 부합되도록 소부대 전투력 극대화 개념과 시행방안을 정립하여 예하부대에 하달했다. '소부대 전투력 극대화' 의미는 각개 병사의 개인 전기와 중대급까지의 전술이 완성되는 것을 말한다. 이를 달성하기 위한 핵심은 개인 전기로부터 중대전술까지 숙달하는 기간을 1주기로 하여 연간 3주기가 반복되도록 교육 훈련 주기를 치밀하게 작성하라는 것이었다. 아울러 교육 훈련은 특성상 현장에서 행동으로 이루지는 과업임을 감안하여 나는 주기적으로 예하부대를 방문하여 지역별, 부대별 교육 담당 실무자, 참모들과 현안을 토의하면서 군사령관 교육 훈련 지침의 실천을 강조하고 부대별 이행 수준을 평가했다. 또한, 반기 단위 교육 훈련 평가 지휘관 회의에서 다루어야 할 과제를 발췌하고 우수부대와 유공자 선발 관련 정보도 획득했다.

우리 군은 교육 훈련의 중요성을 누구나 잘 알고 있으나 훈련 방법과 훈련 여건을 개선하는 데 지휘 노력이 미흡하다. 야전에서 창설부대 또는 학교 교육 방식으로 교육 훈련이 이루어지고 있어 임무와 특성에 부합된 훈련이 되지 못하고 있다. 그뿐만 아니라 부대 관리와 교육 훈련을 동시에 수행하는 부대 운용이 되다 보니 교육 훈련 효과도 크게 나타나지 못하고 있는 실정이다. 그러므로 야전부대 교육 훈련에 획기적 변화가 있어야 한다. 중대 단위로 훈련 주기와 부대 관리 주기, 휴가 주기를 구분하여 부대가 운용되어야 할 것이다. 초병을 포함한 작업 등 교육 훈련과 무관한 활동을 인접 중대에서 담당하고 훈련 주기인 중대는 열외 없이 전원 교육 훈련에 전념하도록 해야 한다. A 중대가 훈련 주기일 때 B 중대는 중대원 전체휴가, C 중대는 부대 관리 및 정비 주기로 구분하여 주기에 충실한 부대 활동이 되어야 한다. 또한, 훈련은 현지 지형에서 실시되어야 하므로 훈련장과 실습 교보재 등이 잘 갖춰져야 하며 이러한 활동과 준비는 대대 단위로 이루어지고 시행되어야 한다.

매년 8월부터 11월 말까지 육군에서는 계급별 진급 심사가 진행되었으며 소령 진급자 선발에 이어 중령, 대령, 장군 순으로 심사가 이루어졌다. 그해 을지포커스렌즈 훈련이 시작되고 더위가 기승을 부릴 때 나는 소령 진급자를 심사하는 심사위원으로 들어갔다. 교육훈련과장은 을지포커스렌즈 연습에서 중요한 역할을 하지 않은 직책이라 진급 심사위원으로 선발되었던 것이다. 육군의 심사제도는 3심제였다. '갑', '을', '병'반으로 구분하여 반별 위원장과 위원 4명으로 편성된 심사위원들이 대상자의 자력을 토대로 약 1주일 동안 심사하고 그 결과를 제출하면 3개 반 위원장과 각반에서 위원 1명이 최종적으로 토의와 심의를 하여 진급자를 선발하게 되었다. 나는 '갑'반 위원으로 임명되어 위원장 남모 준장 통제하에 심사를 했다. 심사는 대상자 한 사람 한 사람에 대한 자력과 참고자료 등을 검토하고 평가하여 우열을 가린 후 반 전체 토의에서 심의했다.

각 심사위원은 자기가 선발한 대상자를 반 토의에서 합리적 당위성을 설명하고 다른 심의위원을 설득해야 했다. 대체로 심사위원들의 기준과 관점이 같아 만장일치로 결정되지만 때로는 심사위원별 의견이 다르게 나온 특정한 경우도 있었다. 그때는 위원장 주도하에 일치된 견해가 도출될 때까지 열띤 토의를 갖거나 그래도 합의가 되지 않을 때는 투표로 다수결 원칙을 존중하게 되었다. 심사위원으로 임명받고 군사령관께 출발 신고를 하자 군사령관은 2명을 특정하여 관심을 표명하고 살펴보라고 부탁했다. 하지만 결국 심사가 공정하게 이루어짐으로써 진급 심사장에서 그들의 자력표를 놓고 경쟁자들과 비교해보니 우수한 점을 찾기 어려워 진급 대상자로 선발할 수 없었다. 복귀하여 군사령관께 비선 이유를 설명해드렸다.

　나는 그 후에도 대령 진급 심사위원과 부사관 진급 심사 위원장, 사단장 선발심의위원 등으로 임명되어 심의해보았으며 또한 연대장과 여단장 보직 분류 심의위원으로도 참여해보았다. 이런 과정에서 외부압력이 작용하고 특정한 권력이 영향을 미치는 경우는 발견하지 못했지만, 여단장과 연대장 보직 심의에서 불합리한 점을 발견하고 의견을 관철한 적이 있다. 당시 보직 심의는 통상 인사담당자가 추천한 안을 그대로 승인해주는 형식이었기에 이를 올바르게 시정하는 데 앞장섰다. 수도기계화 사단은 기계화 부대로 충정 부대이면서 부대 임무와 관리가 보병사단보다 비교적 단순하고 용이했다. 따라서 연대장을 앞둔 사람들은 이 부대를 선호했고, 관행적으로 육사 출신 장교들이 그 자리에 앉는 경우가 많았다. 육본 전략기획처장 시절 연대장 보직 심의위원으로 선발되어 수도기계화사단 기갑여단장 보직에 들어갈 적임자를 심의했다. 관례대로 인사담당자가 추천한 사람을 심의위원들이 심의하고 의견을 제시하게 되었다. 이때 나를 제외한 심의위원들은 인사담당자가 추천한 사람이 적임자라고 동의했으나 나는 의견을 달리했다. 인사에서 추천한 장교보다 기계화사단에서 여단장을 할 수 있는 더 적합한 사람이 있는데 비육사 출신이라서 추천되지 못한 것 같았다. 나는 수도기계화사단은 꼭 육사 출신이 들어가야만 하는지 보직 분류 담당 처장에게 물었다. 그의 답변은 그렇지 않다고 했다. 그럼 비육사 출신이 육사 출신보다 더 적합한 자력을 갖는 장교가 있으므로 그에게 수도기계화사단 기갑여단의 여단장을 할 수 있도록 기회를 주는 것이 어떤지를 논리적으로 설명했다. 내 의견이 설득력 있게 들림으로써 심의위원들이 동의한 결과, 비육사 출신 장교가 처음으로 수도기계화사단 기갑여단장을 하는 새로운 기록이 만들어졌다. 유사한 사례지만 육본에서 지휘통신참모 부장으로 있을 때 공병여단장 보직 심의 위원장을 맡은 바 있었다. 이 때 역시 인사담당자 추천은 선호지역과 선호부대에는 육사 출신, 비 선호부대에는 비육사 출신이 가게 되어 출신 구분이 적격 기준이 된 것 같았다. 나는 대상자 모두의 자력을 놓고 부대별 적임자 분류를 원점에서 심의하자고 제의했다. 그러면서 여러 심의위원과 의견을 나눠 인사담당자 추천이 잘못되었음을 지적하고 시정 조치했다. 그 결과 비육사 출신이 선호 부대에 보직을 받을 수 있었다.

군인에게는 전방 오지에서 묵묵히 근무하는 것이 미덕이지만, 생활 여건이 편한 수도권 가까운 지역을 선호하는 것도 인지상정일 것이다. 정치적 배경과 인맥을 갖춘 장교는 서울 가까운 곳에서 군 생활을 많이 하지만, 나는 군 생활의 1/2을 강원도 철원, 양구, 고성 등지에서 했다.

그래서 나는 내가 맡은 역할에서 이러한 불공정을 시정하고 싶었다. 군 보직은 적재적소가 생명이지 출신과 지연, 학연, 근무연이 적재적소보다 높은 기준이 될 수 없는 것이다. 과거 한때는 이런 나쁜 관행이 군의 단결을 저해하고 군인사가 공정하지 못하다는 이미지를 갖게 만들었다. 군은 국가의 최후 보루이고 생명을 담보하는 조직이므로 공정과 정의가 올바로 서지 않는다면 강군이 될 수 없을 것이다. 인사가 만사라고 했다. 강한 군이 되기 위해서는 군 인사가 정치 권력으로부터 독립되고 군 최고 인사권자는 높은 도덕성과 사명감을 견지해야 할 것이다.

　　○○군사령부에서 1년여 교육훈련과장을 마치게 되자 군사령관은 나에게 작전처 계획편성과장을 맡도록 지시했다. 나는 그 자리가 과거부터 선호직책이었고 사조직 출신들이 일했던 보직이면서 장군 진급이 잘 되는 자리이므로 군사령관의 제의가 싫지 않았다. 계획편성과장은 작전계획을 만들고 전술 토의를 주도하며 편성 관련하여 야전군을 대표한다. 그 뿐만 아니라 VIP를 포함한 대내외 행사에서 부대 소개와 업무보고 등을 전담하는 자리라서 군사령관으로부터 능력을 인정받은 사람이 그 직책에 앉게 되어 있었다. 나는 군사령관한테 역량을 검증받아 탁월하다는 평가를 받았기에 군사령관이 그 자리를 나에게 제의한 것 같았다. 한편 군사령관이 계획편성과장으로 쓰겠다는 결정이 떨어진 후 육군본부 전력계획처장 A 준장한테 전화를 받았다. 그는 나에게 육본 전력계획과장을 하겠느냐고 하면서 내가 30기에서 적임자이므로 함께 근무하고 싶다는 것이었다. 육본 전력계획과장은 군사력건설 과정에 무기와 장비를 획득하기 위해 예산과 결부시켜 5개년 중기계획을 수립하는 직책으로 업무의 중요성이 있는 자리였다. 그러나 나의 입장에서 군사령관이 계획편성

과장을 하라고 했는데 육본으로 가겠다고 말할 수 없어 A 준장에게 군사령관께 직접 말씀을 드려서 허락을 받아달라고 했다. 그와 군사령관은 서울 K 고등학교 동문이니 서로 잘 아는 사이일 것으로 생각했다. 그러나 군사령관은 A 준장의 전화를 받고 이성출이는 ○○군사령부에서 1년 더 일해야 한다면서 일언지하에 거절했다. A 준장은 먼 훗날 장관이 되어 나를 합참의장에서 탈락시킨 사람이다. 이때 그가 오라고 한 것을 거절함으로써 노여움을 갖게 되었는지도 모르겠다.

계획편성과는 교육과보다 업무가 다양하면서 일이 많았다. 과원은 정모 중령과 신모 중령 등 현역 5명, 군무원 1명이었으며 이들은 비교적 업무능력이 우수한 장교들이었다. 인접 사무실에서 교육과장을 하면서 계획편성과 분위기도 대략 알고 있었기에 업무를 파악하고 장악하는 데 어려움이 없었다. 계획편성과의 핵심 업무는 작전계획을 발전시키고 각종 전술 토의를 주관하는 것이었다. 과장으로서 무엇보다 작계 5027을 통달하고 도상과 실 지형에서 작계를 브리핑할 수 있어야 했으며, 예하부대의 작전계획 발전을 감독하고 지도할 수 있는 능력과 전술 교리에 대한 지식을 갖춰야 했다.

1996년, 연합사령관에 틸러리 장군이 부임했다. 틸러리 장군은 부임과 동시에 작전계획 5027을 업그레이드하여 작계 5027-98로 새롭게 작성하는 과업을 추진했다. 이에 따라 작전계획을 발전시키고 수정하는 데 0단계로부터 5단계까지 매 단계별 지휘관 의도에 부합된 작전계획이 발전되고 있는지를 확인하는 전술 토의가 연합사에서 있었다. 0단계에서 4단계까지는 연합사 정책 차장 김모 준장이 주도했으며 마지막 5단계는 작전계획이 완성된 상태에서 연합사령관에게 각 작전사령관이 백-브리핑하는 형식으로 진행되었다. 연합사 지휘소인 서울CC 벙커에 육군의 3개 군사령부와 해군 작전사, 공군 작전사, 연합 특전사, 연합 해병사 사령관들이 참석하고, 각 작전사를 대표하여 계획편성과장 또는 작전과장이 소속부대 작전계획을 브리핑했다. ○○군사령부 계획편성과장이 순서대로 단상에 올라 보고를 마치자 이어서 ○○군사령부를 대표하여 내가 단상에 올라 준비된 내용을 슬라이드로 보고했다. 보고에는 작전계획 내용과 슬라이드가 주는 시각적 효과가 중요했다. 각 작전사별 보고가 끝나면 그때마다 질의 응답시간이 있었다. ○○군사령관 A 대장, ○○군사령관 B 대장, ○○군사령관 C 대장이 육사 ○○기 동기생이면서 함께 자리하여 자기 부대 작전계획 관련 질문을 받았다.

일반적으로 브리핑 후 질문을 받으면 보고자가 답변한 후 보충 답변차원에서 지휘관이 추가하는 경우가 많으나 이날은 각 군사령관의 성격과 군사 지식에 따라 달랐다. ○○군사령관 A 대장은 보고자 답변을 보완하는 선에서 코멘트를 간단히 하였고, ○○군사령관 B 대장은 평소 달변이고 말씀하기를 좋아하신 분이라서 아예 보고자는 함구토록 하고 본인이 직접 모든 질문에 답변하였는데, 이는 ○○군사령부 계획편성과장이 군사령관의 수준을 충족하기에 능력이 부족하다고 생각한 부분도 있는 것처럼 보였다. 반면 내가 모시고 있던 ○○군사령관 C 대장은 보고자에게 맡기고 본인은 함구하는 스타일이라서 모든 답변을 내가 할 수밖에 없었다. 3명의 군사령관 특성과 행동을 비교하여 리더십의 우열을 가릴 수 없었지만, 지휘관은 부하의 능력을 신뢰하고 자율성을 보장하는 리더십을 발휘해야 할 것이다.

작계 5027−98을 포함하여 작전계획을 발전시키는 과정에서 군사령부 자체 전술 토의를 여러 차례 하였는데, 이때는 군사령관을 포함하여 각 처장과 대령급 과장들이 참석했다. 나는 전술 토의에 앞서 발표할 내용을 관련 처장들에게 보고하고 그들의 의견을 들었다. 특히 정보처장 이모 준장과는 정보가 작전을 선도하는 측면도 있지만, 그분의 군사적 식견이 탁월하였기에 많은 의견을 나누었다. 이런 가운데 이모 장군은 나의 업무능력을 알게 되었다. 군사령관도 정보처장 이모 장군의 의견과 아이디어가 늘 훌륭하였기에 타 처장보다 이모 장군을 높게 신임하고 있었다. 하지만 이모 장군이 사조직 출신 장군이고 다소 독선적이면서 호불호가 명확한 성격이라서 그를 좋아하지 않은 장교들도 많았다.

어느 날, 이모 장군이 나에 대한 호평이 있었음을 군사령부 보안반장을 통해 알게 되었다. 그 내용은 이모 장군이 군사령관을 포함한 장군단 회식 자리에서 3군사령부에 약 ○○여명의 대령급 과장들이 있지만, 그중 딱 한 사람만 뛰어난 역량을 갖추었고 나머지는 칭찬할 만큼 우수하지 못하다면서 바로 군계일학(群鷄一鶴) 같은 과장이 계획편성과장 이성출이라고 군사령관에게 말씀을 드렸다는 것이었다. 이모 장군을 ○○군사령부 들어오기 전에는 일면식도 없었기에 그분이 나에 대해 선입견을 품고 평가할 만한 아무런 이유가 없었는데 호평을 받은 것이다. 나의 업무수행이 대내외적으로 좋은 평가와 반응을 얻음에 따라 군사령관은 내가 보고하는 문서에 결재를 미루거나 수정하는 경우가 없었다. 군사령관의 신임을 바탕으로 나는 작전처장 A 준장과 군사령관의 업무 스타일이 맞지 않아 상호 관계가 원활하지 못한 것 같았기에 이를 해소하고자 노력도 했다.

을지포커스렌즈 연습은 전쟁을 대비하기 위해 정부와 군이 행동으로 숙달하는 국가급 연습이다. 그러나 내가 계획편성과장으로 앉은 그해 실시된 을지포커스렌즈 연습에서 현행작전 위주의 워 게임으로 훈련이 진행됨에 따라 작전과가 주도하여 대응하고 계획편성과는 훈련에 큰 기여를 못하는 것처럼 될 상황이었다. 군대 조직에서 전시에 임무가 가볍다면 평시에도 크게 주목받는 조직이 될 수 없다. 군사령부는 엄연히 장차 작전을 계획하고 발전시켜 현행작전을 선도하는 작전 구상이 되어야 하는데 계획편성과가 이러한 기능을 살리지 못하고 있는 것 같아 이를 개선하고 싶었다. 야전군은 72시간 前 작전을 예상하고 시간 흐름에 따라 지속적으로 업데이트를 하여 현행작전에 넘겨주는 과정이 중요하였으나 그렇게 해본 적이 없었던 것이다.

나는 과장으로 부임하여 장차 작전반을 편성, 운용하고 매일 오전 10시에 72시간 前 장차작전판단을 실시했다. 장차 작전판단은 72시간 후 예상되는 상황에 대비하기 위한 작전 판단이다. 군사령관과 장군처장들이 참석한 가운데 작전을 전망하고 방책을 구상하여 전투력운용과 할당을 건의하는 보고를 매일 아침마다 했다. 지금까지 없었던 장차작전판단이 지휘관 PDE(Plan Decision Execution) Cycle, 다시 말해 지휘관이 작전을 계획하고 결심하고 시행하는 주기에 들어감에 따라 훈련 간 장차 작전반 업무와 활동을 주목하게 되었다. 군사령관을 포함한 처장들도 나의 판단에 호응해 주었다. 조직에서 업무성과는 창의와 자발적 노력이 있을 때 달성되므로 기존방식을 답습하거나 보이는 것만 수행하는 자세는 바람직하지 않다. 바꿔야 할 것이다.

육군총장과 연합사령관, 합참의장, 국방부 장관이 부대를 순시하러 군사령부에 오게 되면 군사령관과 환담을 나누고 기밀실에서 부대 현황을 보고 받는다. 이때 개편과장이 보고하며 사용되는 슬라이드와 시나리오는 항상 업데이트하여 유지하고 언제든지 보고할 수 있게끔 준비하고 있어야 한다. 아울러 환담 자료는 환담 대상의 특성과 당면업무, 날씨 등을 고려하여 작성하게 된다. 1996년 어느 날, 틸러리 연합사령관이 부임후 처음으로 군사령부를 방문하겠다는 연락을 받고 브리핑 준비와 대담 자료를 만들게 되었다. 브리핑 내용은 평소 한·영으로 준비되어 있어 최신 현황을 추가하고 보고자에게 리허설을 시키면 되었으나, 대담자료를 작성하는 데는 군사령관의 세부적인 지침을 이행해야 했다. 당시 군사령관은 대담자료를 국면과 상황에 따라 본인의 행동요령과 그때 무슨 말씀을 할 것인지에 답을 포함하도록 요구했다. 이에 따라 헬기장에서 첫 악수하면서 언급하실 말씀, 헬기장에서 의장대 사열을 받기 위해 사열대까지 함께 걸어오면서 하실 말씀, 의장대 사열 차에 올라 함께 사열하면서 하실 말씀, 사열이 끝나고 기념사진 촬영할 때 하실 말씀, 기념사진을 촬영하고 군사령관 집무실로 걸어가면서 하실 말씀, 집무실에서 둘이 앉아서 하실 말씀, 브리핑받으러 기밀실로 걸어오면서 하실 말씀, 브리핑 끝나고 하실 말씀, 환송을 위해 헬기장까지 걸어가면서 하실 말씀, 마지막 송별 악수하면서 하실 말씀과 행동을 함께 써드렸다. 대담에서 하실 말씀의 소재는 날씨, 상호 간의 취미와 가족, 한·미 간 현안, 군사령부 역사와 건물, 미담 등에서 찾고 발굴하여 적어드렸다. 마치 영화배우가 촬영장에서 장면마다 연기하면서 거기에 맞는 대사를 말한 것과 똑같은 형식이었다.

　군사령관은 만들어드린 대담자료를 보고 필요한 것은 머릿속에 담아 유용하게 활용하지만, 그것을 작성해드린 내 생각은 좀 달랐다. 군사령부를 방문한 사람은 누구든지 부대 특성 등 대화의 소재가 될 수 있는 사안을 군사령관만큼 알고 있지 않을 것이다. 그렇다면 군사령관은 누구에게든 대화 소재를 주도적으로 꺼내 말할 수 있을 것이고 설령 그것이 팩트와 약간의 차이가 있다 하여도 하등 문제가 될 것이 없기 때문에 대담자료 없이 충분히 환담을 할 수 있을 것으로 보았다. 그런데 대담자료를 영화 대본 쓰는 것처럼 작성했어야 했으니 노력과 시간의 낭비뿐만 아니라, 상관의 능력에 대한 불신을 갖게 했다. 군에서 평소 야근을 많이 하고 휴일도 반납하는 현상이 비일비재한데 이는 해야 할 일보다 하고 싶은 일에 비중을 두는 지휘관이 많기 때문이라고 생각한다.

대령이 되어 중요 직책에 앉아보니 군 업무가 가끔 부실하게 되는 원인을 발견할 때가 있었다. 그럴 때 나는 상급 부대의 잘못을 소신 있게 지적하기도 했다. 1996년 9월 18일, 강원도 동해, 삼척 일대에 무장공비가 침투하여 약 50일간 작전이 전개되었다. 그 결과 침투한 무장공비 15명 중 13명을 사살하고 1명은 생포하였으나, 1명은 북한으로 도주한 사건이 발생하였다. 군은 작전 간 많은 인명피해가 났으며, 해안 경계에 심각한 문제점이 노정되었다. 육군본부는 작전지원 측면에서 작전에 필요한 장비와 무기체계를 긴급히 도입하고자 소요를 파악하여 합참에 보고하게 되었다. 육군본부 전력기획부는 각 군사령부에 해안 경계력 보강장비와 시설의 소요를 판단하고 그것을 육본회의에 참석하여 보고하라는 전문을 팩스로 예하부대에 보냈다.

회의는 이튿날 10시였고 전문을 받아본 것은 그날 오후 4시쯤이었다. 전력 소요는 야전군사령부가 전문성을 갖고 수행하기에 벅찰 뿐만 아니라 자료도 빈곤한 처지인데 이것을 오후 4시에 내려주고 다음 날 10

시에 회의라니 도무지 이해되지 않았다. 그러나 상급 부대 지시이므로 충실히 준비하겠다는 생각을 갖고 긴급히 처장과 군사령관께 보고 후 내용정리에 들어갔다. 우리 과원 5명이 밤을 꼬박 새워 요구되는 무기. 장비의 소요를 파악하고 운용개념과 소요량을 보고양식에 맞게 정리하여 보고서를 만들었다. 뜬눈으로 밤을 새우고 보고서를 준비하여 아침 8시, 군사령관 출근과 동시에 보고드리고 대전으로 달렸다. 회의는 10시에 예정대로 개최되었다. ○○군이 무장공비소탕에 전투력을 집중 투입하고 작전을 지휘하고 있어 많은 준비를 해 왔다. 이어서 나와 ○○군사령부 담당과장의 보고가 있었고 보고는 순서대로 진행되었다.

그러나 보고내용이 육군본부가 요망한 수준에 이르지 못했는지 회의를 주관한 전력부장 A 소장께서 갑자기 짜증을 내며 내용이 부실하다고 보고자들을 질책한 것이었다. 나는 A 소장의 태도가 적절하지 못하다는 생각을 갖고 한 말씀 드리겠다면서 말문을 열었다. 부장님이 언급한 대로 보고내용이 부실하다는 점을 충분히 수긍하지만, 구조적으로 야전군사령부가 이런 업무에 전문성이 빈약할 수밖에 없는 데다가 어제 오후 4시에 지시를 내리고 오늘 10시에 회의를 하면서 수준 높은 보고를 기대하는 것이 잘못되었다고 말했다. 아울러 나를 포함한 과원 5명이 어제, 밤을 꼬박 새면서 보고서를 만들었는데, 이렇게 비합리적이고 비효율적 업무를 상급 부대에서 지시한 것에 대해서는 책임이 없는지 묻고 싶다고 했다. A 소장의 눈은 커졌고 목소리는 더 높아갔다. 나 또한 이왕 말을 시작했으니 물러날 수 없었다. 이 업무는 성격상 육군본부에서 충분히 할 수 있고 해야 하는 업무인데 전문성이 떨어진 야전군에게 넘긴 것이 옳지 않았음을 분명히 하고 논쟁을 종결했다. 그 후 나도 상급 부대에서 상급자가 되어 예하부대에 특정 임무를 부여할 때가 많았지만, 반드시 시간 요소를 고려했다. 군 간부들의 야근이 일상화되어 있는 이면에는 예하부대 여건을 충분히 감안하지 않은 상급부대와 상급자의 일방적이고 강압적인 지시문화가 깊숙이 자리 잡고 있음을 반성해야 할 것이다.

군에서는 때에 따라 업무와 과제가 특정조직에 집중적으로 내려오는 경우가 있는데, 이때는 관심을 갖고 모두가 협력하여 효율적으로 업무를 처리해야 한다. 업무는 일반적으로 보고서 작성이다. 업무 성격에 따라 담당자가 지정되어 보텀업(Bottom-Up) 형식으로 수행된다. 군사령부에서는 상급자의 지침에 따라 담당자인 실무자가 정리해오면 과장이 검토하여 처장, 군사령관께 보고하는 형태였으며 이런 방식의 업무수행은 상급자의 지침이 명확하고 하급자의 업무수행 능력과 시간 가용성이 갖추어졌을 때 양질의 좋은 평가를 받을 수 있었다. 그러나 상급자가 지침을 구체적으로 하달하는 경우도 드물고 시간이 촉박할 때가 많은 것이 군의 환경이다. 이에 따라 나는 업무수행의 효율성과 효과성을 달성하기 위해 원스톱(One-Stop) 방식을 적용했다. 이는 시간을 단축시키고 하급자에게 업무로드를 최소화하는 데 유효했다. 과에 일이 떨어지면 일단 내가 가지고 있는 관련 지식과 정보를 토대로 담당 실무자에게 지침을 하달하고 시간과 최종상태를 명시해줌으로써 실무담당자가 일을 계획성 있게 하도록 했다. 그러면서 담당 실무자와 동시에 나도 동일 업무를 요망하는 상태로 만들기 위해 초안을 잡고 업데이트해 나갔다. 업무를 종결해야 할 2일을 남겨두고 담당 실무자와 관계자들이 참석한 자리에서 내가 작성한 내용과 담당 실무자가 작성한 내용을 함께 놓고 토의하여 상호 일치된 내용을 중심으로 문서를 작성하면 최선의 보고서가 완성될 수 있었다. 하급자가 만들어 온 문서는 상급자가 첫 검토과정에서 만족할 수준이 될 수 없는 경우가 태반이다. 그럴 경우 또다시 상급자 지침이 하달되고 하급자는 이를 보완하는 데 며칠간 시간을 소모하게 된다. 담당 실무자는 최종상태로 만들어 상급자에게 보고하더라도 상급자는 100% 수준이 아님을 말하고 또 다시 보완지시를 내린다. 실무자가 이런 식으로 수없는 야근과 스트레스에 묻혀 기진맥진하게 되었을 때 업무가 종결되니 얼마나 소모적이고 비효율적 업무수행인가? 반문하지 않을 수 없었다. 나의 경우 상·하급자가 동시에 고민하고 작성하여 한 자리에서 함께 검토하고 최종안을 만들었으니 실무자 노고의 절약은 물론 일 속도도 빠르면서 문서의 질도 높았다. 그 결과 조직구성원들로부터 당연히 호평을 받게 되었다. 중요 과제에 대한 보고서 작성은 상급자일수록 경험과 노하우가 많아서 실무자에게만 맡겨놓아서는 안 된다. 실무자에게 수준 높은 업무를 가르치는 측면에서도 원스톱 업무처리 방식으로 진행되어야 할 것이다.

계획편성 과장을 1년여 하고 나니 장군 진급이 가까워진 시기가 되었다. 다음 보직에서 장군이 되어야 하므로 이번에는 비중 있는 자리로 옮겨가야 했다. 군사령부 내에서는 통상 매년 2~3명의 장군이 배출되었는데 그중 선호하는 직책이 감찰참모였다. ○○군사령부에서 2년 동안 교육과장과 계획편성과장을 역임하면서 업적도 많이 쌓았고 군사령관을 포함한 주변으로부터 유능하다는 평가를 받고 있어 좋은 보직을 기대할 수 있었다. 내가 가고 싶은 자리는 감찰참모였으며 다행히 군사령관은 내 희망을 살펴주는 것 같이 나를 감찰참모로 보직하라고 인사처장 신모 준장에게 지시했다. 하나의 보직을 마치고 다음 자리를 찾아갈 때마다 걱정이 많았으나 다행히 이번에는 바라는 직책으로 옮길 수 있게 되어

내 사기는 충천했다.

　그런데 행운이 불행으로 변할 수 있는 조짐이 보이기 시작한 것은 시기적으로 예상하지 못한 군 수뇌부 인사때문이었다. 육군총장 A 대장이 합참의장에 임명되고 그 자리에 ○○군사령관이자 나를 높이 인정해준 B 대장이 가게 됨에 따라 직속상관이 바뀌게 되었다. 따라서 누가 ○○ 군사령관에 오게 될지 관심을 끌었으나 결과는 내게 비우호적인 인물이 나의 상관으로 오게 되었다. 군 인사에 지연은 악마 같은 것인데 이를 탈피하지 못하고 C 중장이 ○○군사령관에 내정되었다. 정치적 영향력이 작용한 군 인사라고 생각했다. 정치권이 군 인사에 개입하는 현상을 벗어나려는 군 내부의 노력이 보이지 않아 아쉽고 속상했다. 내가 근무하고 있는 제○○야전군은 세계에서 가장 큰 규모이고 담당 임무가 막중하기 짝이 없는 부대인데 역량이 의심되는 사람을 군사령관에 보임하는 것은 적재적소 원칙에 어긋난 인사이자 지연(地緣)이 크게 작용한 인사인 것 같았다. C 중장은 작전 분야에 경험이 적었고 전략, 전술에 해박한 지식을 가진 것처럼 보이지 않았으므로 ○○군사령관을 역임하기에 경력이 충분하다고 볼 수 없었다. 그가 YS정부에서 ○○지역 출신이 아니었다면 ○○군사령관으로 보직될 가능성이 크지 않았을 것이다. 적격자라고 볼 수 없었으나 지연이 이를 덮어버리고 10월 중순, C 중장은 대장으로 진급과 동시에 군사령관에 취임했다. 부임 후 신임 군사령관은 새롭게 진용을 짜고자 나를 포함한 대령급 과장들의 보직을 대대적으로 조정했다. 나는 전임 군사령관이 감찰참모로 자리를 지정해놓았기에 후임 군사령관도 응당 그렇게 할 것으로 생각했다.

　그러나 그게 아니었음을 인사처장 A 장군을 통해 들었다. 그해 10월 어느 날, 인사처장은 나에게 군사령관이 다른 과장들의 보직 조정은 승인하였으나 나의 감찰참모 보직은 결재해주지 않고 있다는 것이었다. A 장군도 왜 그러는지 이유를 알 수 없지만 내가 호남 출신이라서 군사령관 개인참모인 감찰참모에 적임자가 아닌 것처럼 군사령관이 의중을 표명하고 있다는 언급이었다. 군에서 개인참모라는 것이 안방에서 시중드는 것과 같은 직책도 아닌데 출신 지역이 본인과 다르다고 승인하지 않은 행태를 4성 장군이 보이고 있으니 참으로 개탄스러웠지만, 설마 나를 감찰참모에 보직하지 않으리라 생각하지는 않았다. 때마침 10월 말부터 1주일간 미국 워싱턴 주 타코마에 주둔하고 있는 미 ○○군단이 지휘소 연습을 워 게임으로 실시하게 되어 있어 ○○군사령부에서 화력처장과 나, 정보과장 등 5명이 참관하게 되었다. 미 ○○군단은 전시 미증원군의 일부로 한반도에 전개하여 한국군 ○○군의 작전통제 하에 작전계획 5027 임무를 수행하게 되어 있었다.

내일이면 미국출장을 떠나야 했기에 머리를 깎으려고 이발소 의자에 앉았더니 이발소 아저씨가 인사처장 전화라면서 수화기를 내게 건네주었다. 전화를 받자 인사처장은 군사령관이 감찰참모에 다른 장교를 쓰겠다고 결심하였으니 나에게 보직을 찾아서 타 부대로 가라는 것이었다. 순간 가슴이 미어지고 숨이 막힐 것 같았다. 오랜만에 보직이 잘 풀릴 것으로 기대했는데 그렇게 되지 못해 실망이 얼마나 컸는지 헤아릴 수 없는 지경이었다. 어디로 가야할까? 갈 곳은 있는가? 자문자답해보았지만 아무것도 잡히지 않았다. 육군본부 인사관리처장인 A 준장에게 물어보면 실마리라도 찾을 수 있을까 하고 전화를 걸었다. A 준장과는 육대에서 한국전쟁사 교관 자리를 인계하고 인수한 인연이 있어 도움을 요청하고 싶었다. 하지만 그가 나를 위해 자리를 보아둔 것도 아니라서 동정 어린 말만 듣고 수화기를 내려놓았다. 내일 미국으로 출발하는데 보직도 정해지지 않은 상태에서 떠나야 하니 마음이 우울할 수밖에 없었다. 미국을 처음 가는 길이라서 흥분된 마음에 여행의 즐거움을 가질 수 있을 것으로 기대했는데 비행기에 탑승하고도 마음이 편치 않았다. 미국에 도착하여 선진국 군대의 훈련 모습을 보고 배운 것도 많았지만, 돌아오더라도 보직이 정해지지 않았으니 착잡한 나날이 되었다.

이렇게 미국에서 4일째를 보내고 있을 때, 과원인 신모 중령이 해외 전화를 걸어왔다. 그는 내가 11월 10일부로 교육사에 가게 되었음을 알려주었다. 희망하지 않은 부대로 가게 되어 실망이 컸지만, 보직 명령을 내리기 前에 당사자한테 의견을 물어야 함은 당연한 절차인데도 일언반구도 없었던 것에 무시당한 것 같아 마음이 미어졌다. 교육사가 어디 있는지는 알았지만, 업무와 부대 특성 등을 모른 상태라서 이래저래 답답한 마음을 가눌 수 없었다. 내가 가고자 했던 감찰참모 자리에는 누가 오느냐고 신모 중령에게 물어보았다. 그의 답변이 나의 동기생 A 대령이라고 했다. 동기생한테 밀려난 꼴이 되어 더욱 속이 상하지 않을 수 없었으며 A 대령이 나보다 더 적격이라면 그것은 군사령관과 동향인 특정 지역 출신이라는 것일 텐데 지연이 능력을 이기는 군대가 싸워 이길 수 있을까 생각해보았다. 미 ○○군단의 지휘소 연습 참관을 마치고 미국에서 그 주 목요일에 들어온 후 일정은 토요일에 군사령부 전출신고, 다음 주 월요일이 교육사에 전입신고 하는 날로 잡혔다. 나의 능력과 업적이 그동안 높은 평가를 받았고 도덕적으로도 비난 받지 않았는데, 마치 쫓겨나는 것처럼 날짜가 잡혔다. 시간이 없어 과원들과 전출 회식 자리도 갖지 못하고 그간 노고에 감사했다는 말도 차분하게 던지지 못하고 떠나야 했다. 여독이 풀리지 않은 상태였지만 용인에 내려가서 장교숙소(BOQ)와 사무실 짐을 정리하여 자동차 트렁크에 실었다. 토요일 전출신고 후 과원들에게 점심식사를 대접하고 수고했다는 말을 던졌다. 울분이 솟구쳐 군복을 벗고 싶은 마음이었다. 고속도로를 달려 교육사로 내려가는 길이 형장으로 가는 길 같았고, 한직으로 밀려 쫓겨남에 따라 희망과 꿈이 산산조각 되어 무너진 것처럼 앞이 캄캄하고 어두웠다. 잠시 후 마음을 정리하고 앞을 보니 교육사 부대 간판이 보이고 자동차는 교육사 장교숙소(BOQ) 앞에 섰다.

○○군사령부 2년은 능력을 발휘할 수 있는 무대가 펼쳐진 기간이었다. 교육 훈련 지침을 새롭게 다듬었고 현장을 누비면서 ○○군 관할지역의 지형을 익혔다. 작전계획을 정비하고 전시 장차작전 판단 모델을 정립하였으며, 전술 토의를 활성화했다. 군사령관은 나의 능력을 인정했고 주변으로부터 많은 호평을 받았다. 선봉대 골프장에서 골프 핸디도 낮출 수 있었다. 조직을 이끄는 리더로서 업무를 효율적으로 완수하기 위한 원스톱 방식의 업무수행은 나와 함께 일했던 후배들에게 귀감이 되었다. 비록 A 대장의 잘못된 의식과 편견으로 적재적소를 져버린 인사가 나를 밀어내고 쫓아냈지만, 닭의 모가지를 비틀어도 새벽이 온다는 어느 정치인의 말처럼 반드시 우뚝 솟아 정의가 승리하는 군의 모습을 구현하겠다고 어금니를 깨물었다.

한직(閑職)에서 와신상담(臥薪嘗膽)

예상하지 못한 보직을 받고 대전으로 내려와 보니 긴 터널 속에 들어온 것처럼 마음이 우울했다. 짐을 정리하고 주변을 둘러보았으나 이 부대에서 장군으로 진급할 수 있는 가망한 불빛을 찾기 어려워 보였다. 그러나 비록 군 생활의 꽃을 피울 시기에 황무지를 걸어야 했지만, 체념과 절망은 하지 않았다. 숨 쉬고 있고 나의 상품 진가가 유효기간을 다하지 않았음을 이곳에서 증명하고자 했다. 다시 시작하자고 아내와 손을 잡았으며 이틀 밤을 자고 월요일 오전 9시에 교육사령관 A 중장에게 전입신고를 했다. A 중장은 내가 중령 시절 육군본부 작전참모부 부대계획장교를 할 때 작전참모부 기획처장을 하였기에 나의 직무수행 능력을 알고 있었으며 내가 자기 부하가 되자 만족한 것 같았다. 하지만 당시 교육사는 인재들이 선호하는 부대가 아니었기 때문에 자긍심을 갖기에 부족했고, 역량을 갖춘 장교들이 기피한 부대였다.

교육사는 육군의 전력과 군 구조, 부대훈련, 학교교육, 군사교리를 발전시키고 전투력을 창출하는 조직이다. 각 병과학교의 교육목표와 방침을 수립하는 임무도 수행한다. 육군이 현대전은 물론, 미래전도 능동적으로 대비해야 한다. 그러기 위해서는 교육사에 인재가 모이고 창조적인 조직이 되어야 하는데 실상은 멀었다. 내가 담당하게 된 군 구조발전 역시 매우 중요한 미래대비 업무였으나 조직의 업무수행은 역동적이지 못했다. 군 구조는 군 조직을 설계하고 임무와 기능에 적합한 부대유형을 만들어 내는 업무였다. 이는 성격에 따라 부대구조, 지휘구조, 인력구조 등으로 구분되고 부대구조는 보병사단구조가 핵심이다. 지휘구조는 지휘 계층의 단순화가 중점적으로 다루어지며 인력구조는 신분별, 계급별 인력구성비가 관심 분야다.

특히, 보병사단이 미군 편제를 모방했던 형태에서 한국형 보병사단 구조인 웅비사단으로 바꾸기 위해 ○○사단을 시험부대로 지정하여 발전시키고 있었다. 웅비사단 특징은 보병연대에 화력을 보강하고, 사단에 전투근무지원단을 편성하여 기능별 분산된 근무지원 부대를 통합함으로써 단일 지휘관 통제하에 두는 것이었다. 사단의 보급, 수송, 병기 등의 전투근무지원체계를 새롭게 설계하고 보병연대를 4각 대대 편성에서 3각 대대 구조로 바꾸어 보병연대에 화력을 보강할 수 있도록 105밀리 곡사포를 연대에 편제하는 방안을 검토했다. 아울러 웅비사단의 근본 취지가 인력은 줄이면서 전투지수를 높이고자 하는데 있었기 때문에 포병 화력을 155밀리 자주포로 교체하게끔 설계했다. 군이 빠르게 변화하는 작전환경에 능동적으로 대처하기 위해서는 군 구조 개선과 첨단 무기체계 전력화가 뒷받침되어야 했다. 이런 업무를 깊이 있게 연구하고 발전방안을 제시하는 역할이 교육사에 있다. 따라서 업무가 활성화되고 인재가 모여들어야 했으나 그렇지 못했다. 설령 열심히 일하고 창의적 발상을 하더라도 주목하고 관심 가져주는 분위기가 아니었다. 전력부장은 사단장을 마친 분이 맡고 있었지만, 그분 역시 군 구조와 무기체계 분야에 남다른 지식을 갖지 못함으로써 업무에 대한 미래지향적 지침을 줄 수 없었다. 군 구조발전 업무가 연구업무 성격이 강하다 보니 시간적 압박은 물론 업무성과에 크게 관심을 두지 않는 분위기였다.

정신적 스트레스가 건강을 해치는 경험을 교육사에서 해보았다. 밀리고 쫓겨나는 모습이 되어 교육사로 내려왔으니 의욕이 좀처럼 살아나지 않아 의기소침한 가운데 담당 업무도 주목받지 못한 상태가 지속되었다. 이런 생활을 한 달여 하다 보니 머리도 아프고 어깨관절에 염증이 생겨 일명 오십견이라는 병을 얻게 되었다. 그러나 교육사는 자체적 의무시설이 없어 육군본부 병원까지 가야 했으며 매일 병원에 가서 물리치료를 받고 회복에 노력했다. 왼손을 쓰지 못하고 오른손만으로 세수하고 옷 단추도 잠가야 했으니 여간 고통스럽지 않았으며 약 3개월 치료를 받고 호전되었다. 하지만 근본적으로 완치가 되지 않아 지금도 어깨를 뒤로 젖히면 근육에 통증이 온다. 의욕이 떨어지고 건강까지 좋지 않은 상태에서 사령관의 무심한 태도는 나에게 더 큰 실망을 주었다.

점심식사 식탁에 앉아 식사할 때와 회의 등에서 사령관의 말씀을 들을 때가 많았다. 이때마다 사령관의 눈은 그가 편애하는 대령급 장교 1~2명에게 고착되어 있었다. 사람의 눈은 마음이 투영되는 거울이라고 하는데 특정한 한 두 사람만 쳐다보며 얘기를 하니 나를 포함한 많은 사람은 동료계급이지만 차별을 받는 것 같아 소외감을 느끼지 않을 수 없었다. 리더는 포용력이 있어야 하고 편견이나 편애를 갖지 않아야 한다.

부하를 동등하게 대해주고 애정을 주었을 때 부하가 상관에게 충성하고 헌신하는 법이다. 고급 제대 지휘관일수록 공평무사한 태도를 보여야 하는데 그렇지 못한 그때의 교육사령관이 군 생활에 반면교사가 되었다. 나는 고급 제대 지휘관 시절 식탁에 앉아 대화할 때나 회의를 할 때 부하들의 얼굴과 눈을 돌아가면서 마주치는 습관을 길렀다. 어느 때 어느 장소든 여러 부하와 마주할 때 교육사에서 내가 느꼈던 소외감을 그들이 갖지 않도록 각별히 유념했다.

큰 업적을 남기지 못하고 교육사에서 12개월을 보낸 가운데 1997년 연말이 되자 대령급 장교에 대한 교육사 내부 보직 조정이 단행되었다. 모두가 희망하고 지원한 대로 보직을 받을 수 없었지만 대부분 동료 장교들은 자리를 옮기고 새로운 보직을 받았다. 그러나 교육사령관은 나의 보직에 대해 아무런 언급이 없었고 내가 가고 싶은 자리에는 A 대령을 앉히겠다는 복안을 갖고 있었다. 교육사에서는 매년 1~2명의 장군 진급자를 배출하였으며 장군이 될 수 있는 보직은 부대훈련처장과 학교교육처장 자리였다. 나는 예비사단에서 작전참모를 역임했고 야전군 교육과장을 마쳤으므로 부대훈련처장에 적합할 것 같아 그 자리를 희망했다.

그러나 내부적으로 내가 부대훈련처장에 적격자라고 볼 수 있었지만, 교육사령관 ○○○ 중장은 육대 공격학처장인 A 대령을 데려오겠다고 뜻을 굽히지 않은 것으로 들렸다. 보직이 결정되지 않은 가운데 어느 날, 교육사 인사처장 B 대령과 목욕탕에 앉아 대화를 나누게 되었다. 그는 내가 더 적임자임이 분명한데 사령관이 써주지 않으니 공관으로 찾아가 보직 부탁을 해보라는 것이었다. 공관에 찾아가라는 의견은 물질적 선물을 갖다 드리라는 우회적 표현같았다. 나는 그렇게 할 수 없고 해서도 안 된다고 생각했으며 하고싶지도 않았다. A 대령은 교육사령관이 ○○군단장 재직 시 작전참모로 함께 근무한 인연을 갖고 있었다. 하지만 A 대령이 부대훈련처장에 적절하지 않다는 것은 그가 자질과 능력이 부족하다는 점보다, 육대 공격학 처장에 보직되어 24개월 근무하게 되어 있는 규정을 어기고 6개월 만에 보직을 옮기게 된다는 점이었다. 나는 사령부 내에 적임자가 있음에도 굳이 근무연(勤務緣)을 내세워 무리하게 외부에서 데려와야 하는지 이해할 수 없었다. 그러나 군은 지휘관 중심으로 뭉치고 결과에 대한 책임이 지휘관에게 있으므로 지휘관이 갖는 인사권 행사를 불법이라고 할 수 없고 막을 수 없는 것이다. 결국 부대훈련 처장에 A 대령이 결정되었고 나는 보직 변동 없이 군 구조 처장으로 2년 차를 이어가게 되었으니 보직에서 또다시 동기생한테 밀려나는 신세가 되었다. 낙담하지 않겠다고 마음을 가다듬었지만, 가슴이 답답하고 속이 상했으며 군 생활을 접어야 할 것 같은 어둠이 엄습해와 고심 끝에 국방대학교 안보과정을 가야겠다고 결심했다.

국방대학교 안보과정은 일반적으로 대령 계급 초기 때 들어가는데 나는 야전에서 경력 관리를 하다 보니 기회를 얻지 못했다. 국방대학교에 들어가기로 마음을 굳히고 그해 11월 어느 날, 나의 상관인 전력 발전부 차장 이모 장군과 차담을 가졌다. 그분은 사조직 출신이라서 교육사 한직에 와 계셨고 나는 동기생한테 밀려서 이곳에 왔으니 동병상련의 이심전심 대화가 될 수 있었다. 그분은 ○○군사령부에서 정보처장으로 있을 때 나를 높게 평가해주었고 내 신상 문제에 관심을 많이 가져주었다. 답답한 마음을 갖고 이모 장군께 보직이 풀리지 않으므로 국방대학교 안보과정을 들어가겠다고 말씀드렸더니 그분은 나의 능력을 아까워하면서 전혀 예상하지 못한 조언을 해주었다.

이모 장군은 자존심 상한 나의 심적 상태를 충분히 이해하고 위로해 줄 수 있지만, 세상이 어떻게 바뀔지 모르니 일단 현 보직에 그대로 있어 보라고 하면서 국방대학교 지원을 취소하라는 것이었다. 아울러 그해 12월 대선에 대해서도 언급하면서 DJ가 될 수도 있으므로 그렇게 되면 내가 지역 때문에 불이익은 당하지 않을 것이라는 점도 강조했다. 내가 국방대학교 학생 신분이 되면 운신의 폭이 줄어들어 시대가 바뀐 후, 나를 중요한 부서에 뽑아 쓰고 싶어도 어려울 것이므로 지금 보직에서 기다리고 있으면 발탁될 기회가 올 수도 있다는 것이었다. 그날 이모 장군 조언에 따라 나는 국방대학교 지원을 포기하고 강태공이 시대를 낚는 것처럼 연말까지 상황을 지켜보기로 했다.

이모 장군과 지연이나 학연 등에서 연고가 겹치지 않았지만 ○○군 사령부에서 서로 능력을 인정하고 인정받았던 관계였으며 교육사에 내려와서도 대화를 지속하다 보니 더 가까운 관계로 발전하게 되었다. 훗날, 사단장으로 재직 시 첫 초빙 강사로 그분을 모셔 말씀을 들었다. 오찬을 함께하고 강사료를 기준 금액보다 조금 더 보태서 ○○만원을 드렸다. 하지만 생도 시절 축구부 주장도 하였고 건강하였는데 그때 뵈니 안색이 좋지 않아 건강을 여쭙고 우려를 표명했었다. 그 후 약 3개월이 지나 그분께서 유명을 달리하였다는 소식을 듣고 그때 더 많은 금액을 강사료로 드렸어야 했는데 그렇게 하지 못했던 것이 인간적으로 아쉬움을 갖게 했다. 군사 지식을 포함하여 사리에 밝으신 분이었는데 일찍 돌아가셨으니 슬픈 일이 아닐 수 없다. 거듭 고인의 명복을 빈다.

그해 대통령 선거에서 DJ가 대통령이 될 가능성은 크지 않았을 뿐만 아니라 설령 된다고 하더라도 나는 인맥과 정치적 기반이 전무한 상태였으므로 나에게 어두운 터널을 빠져나올 환경이 갖추어지리라 기대할 수 없었다. DJ와 지역이 같다는 것 외 아무런 인적 연고가 없었으며 DJ 측근을 한 사람도 알지 못했다. 나는 군 인사에 정치적 영향력을 끌어드리는 정치군인을 싫어했고 군은 정치군인을 조기에 퇴출해야 한다는 견해를 갖고 있었다. 그 때문에 DJ가 대통령이 되더라도 정치인을 통해 신상을 돌보고 싶지 않았다. 다만 출신 지역 때문에 보직에서 밀리거나 능력을 바르게 평가받지 못한 불공정에서 벗어날 수 있을 것으로 생각했다. 1997년 12월 18일, 예상과 달리 DJ가 이회창 후보를 누르고 대한민국 15대 대통령에 당선됨으로써 헌정사상 처음으로 호남 출신 대통령이 배출되었다. 호남은 개발 시대의 지역 차별로 인한 경제적 불평등을 겪었고, 호남 땅에 탯줄을 묻었다는 것만으로 공직에서 차별을 받았으며 5·18광주 민주화운동의 상처는 치유되지 않고 있었다. DJ의 대통령 당선은 한국 현대사에서 호남이 겪은 차별과 아픔을 해소하고 호남의 자존심을 복원시켜줄 것으로 기대했다. 망국적 지역감정이 우리 주변에서 사라지고 누구나 공정한 경쟁의 틀에서 기회가 평등하게 주어지는 사회가 도래하길 희망하고 기다렸다.

군 개혁의 횃불

　　DJ가 대통령에 당선되고 국방장관으로 천모 예비역 중장이 발탁되었다. 천모 장군께서 전략본부장을 할 때 나는 전략본부 무기체계 시험평가과장을 했었지만, 그분에 대해서는 깊은 인상을 갖지 못했다. DJ정부는 출범과 동시에 국정 개혁과제를 만들어 각 분야 개혁을 대대적으로 추진하고자 부서별 TF를 조직했다. 그 일환으로 국방부가 국방개혁 TF를 구성함에 따라 이에 맞춰 각 군 본부도 국방개혁 TF를 편성하게 되었다.

　　1998년 4월, 육군 개혁위원회가 위원장 참모차장 박모 중장, 부위원장 이모 소장, 간사 한모 준장과 대령급 장교 6명, 중령급 실무자 20여명으로 구성되어 출범했다. 나는 군 구조 분과장으로 임명되어 부대구조와 지휘구조 등 군의 골격을 개혁하고 변화시키는 중책을 담당하게 되었다. 교육사에서 함께 근무한 처원 3명을 개혁위원회에 파견받아 조직을 구성하고 업무를 시작했다. TF는 7월 말까지 개혁과제를 도출하고 과제별 추진 계획을 완성해야 했으므로 시한부 업무수행을 할 수밖에 없었다. 개혁이란 일상적 범위를 뛰어넘어 획기적이고 창조적 발상이 전제되어야 하는 명제이므로 고심하고 창안하여 결과물을 만들어 내야 했다. 하지만, 과제를 선정하는 데 접근이 쉽지 않았다. 여기저기 자료를 참고하여 지혜와 아이디어를 모으고 밤을 낮처럼 활용하면서 주말과 주중이 구별되지 않은 노력으로 일을 했다. 출범 후 일주일쯤 지나 개혁과제를 개략적으로 적어보니 약 20여 개가 도출되었다. 육군본부의 개편, 1.3군을 통합하여 육군 작전사 창설, 항작사 창설, 화생방사 창설, 체육부대 해체, 여군단 해체, 학군단 통합, 중앙수사단 창설, 간호 사관학교 해체 등 굵직하고 주목받을만한 과제를 리스트로 만들어 토의에 임할 수 있었다.

토의는 개혁위원회 자체 토의와 육군본부 처장급 토의, 부장급 토의로 구분하여 사안에 따라 토의 수준을 결정하고 단계화했다. 또한 군 구조 개혁과제는 군에 미치는 파장이 지대하고 병과 인력운용에 영향을 미치므로 과제 하나하나에 대해 큰 관심을 두지 않을 수 없었다. 토의 과정을 거쳐 대체적 공감대가 형성되면 구체적 추진 계획을 작성했다. 육군본부 개편의 핵심은 관리참모부를 해체하고 지휘통신참모부의 신편, 정작참모부의 인력과 조직을 줄이는 것이었다. 불확실하고 유동적인 전장에서 주도권은 승패의 관건이므로 적보다 먼저 보고(先見), 먼저 결심하고(先決), 먼저 타격(先打)할 수 있는 수단을 갖춰야 했다.

지휘통신참모부는 육군이 이러한 능력을 갖추게끔 기능적 역할을 하는 조직이기에 신편을 반대하는 사람이 없었다. 1.3군을 통합에 대한 표면적 반대는 작전지역이 광범위하게 되고 지휘 폭이 확대됨으로써 효과적인 작전지휘가 불가능하게 될 가능성을 우려하는 데 있었지만, 내면적으로는 4성 장군을 포함한 장군 수의 감소에 대한 저항도 만만치 않았다. 정보와 지휘통제 수단이 발달하고 전장에서 합동전력 효용성이 날로 증대되고 있어 야전군의 단일화는 필요하다고 보았다. 또한, 지구사와 야전군의 기능이 중복되고 옥상옥의 지휘구조임에 따라 이를 단순화하는 것이 효율적이라고 생각했다. 항공 전력이 단순히 수송기능만 수행하는 시대는 지났으며 화력과 빠른 기동을 동시에 갖춘 특수부대 형태의 항작사를 창설해야 한다고 주장했다.

북한의 비대칭전력 가운데 화학전과 생물학전 능력은 심각한 수준에 이르고 있지만, 한국군은 이에 대비한 전문조직이 없는 실태였으므로 규모는 크지 않더라도 전문 인력과 장비가 갖춰진 화생방사령부를 창설하여 점점 확대하고 고도의 능력을 갖추게 만들어야 했다. 체육이 국위를 선양하는 시대는 지났고 군이 체육 전사를 양성하고 관리하는 것은 예산과 인력 낭비라고 보았다. 개발시대 때 운용된 체육부대가 21세기 우리 군에 그대로 남아 있어야 한다는 타당성을 면밀히 재고해야 할 것으로 보았다. 여군이 특수화된 신분으로 남아야 한다면 여군단이 필요하지만, 이제는 모든 병과에서 남성과 당당하게 경쟁하고 있으며 향후 점진적으로 여군이 증가하게 되는 추세를 고려해 볼 때 여군을 특수 개념으로 묶어서는 안 된다고 보았다. 학군단이 학군장교를 육성하여 군에 초급장교를 보충하는 중요한 역할을 하고 있지만, 전국 4년제 대학에 학군단이 산재되어 있어 교육의 표준화와 효율화를 달성하지 못하고 있음을 고려, 지역별 학군대를 만들어 통합하고 학군단을 그룹화함으로써 적은 인력과 예산으로 양질의 후보생을 뽑아 초급장교로 양성할 수 있다고 생각했다. 헌병은 전시 후방지역 안정과 전장 질서 확립에 큰 역할을 하는 병과이고 전투력이다. 그런데 평시 본연의 기능을 연마하기 위한 노력보다 인적 정보수집과 수사에 비중을 두는 실태이므로 전투 기능에 병과 인력을 집중투입하고 평시 수사를 전담하는 조직을 별도로 만들어 전문성을 강화해야 한다고 보았다. 우리나라의 간호 인력은 풍부하고 군 병원과 민간병원에서 간호 인력이 담당하는 임무와 역할이 대동소이하다. 그렇다면 군이 많은 예산을 투입하여 간호 인력을 별도 양성하는 것보다 민간 인력을 아웃소싱 활용하는 방안을 검토해야 한다고 주장했다.

여러 과제를 놓고 열띠게 토의도 하고 보고서 작성하느라 늦은 밤까지 땀을 흘렸다. 개혁위원회에서 일하는 동안 군 구조 개혁과제가 가장 관심을 끄는 토의 의제가 되었기에 나는 늘 중심적 위치에서 도출한 개혁과제의 필요성과 타당성을 논리적으로 설명하여 공감을 이끌어냈다. 군 구조 분야는 높은 수준의 군사지식이 요구되는 영역이기 때문에 군 생활에 오랜 경험을 가진 분들이라도 나의 견해에 대해 쉽게 반론을 제기할 수 없었다. 몇 마디 질문하더라도 깊이 있는 질문이 되지 못했다. 몇 개월 동안 연구하고 검토하여 전문성을 갖추게 됨에 따라 나는 토의 참석자들로부터 능력과 권위를 인정받을 수 있었다. 그때 내가 선정한 과제는 그 후 국방개혁의 주요 정책으로 채택되어 시행되었거나 진행 중인 것도 있고 어떤 과제는 사장된 것도 있다.

우리나라는 대통령이 바뀌고 신정부가 들어서면 어김없이 국방개혁을 추진하였으나 개혁의 성과는 크지 않았다. 개혁이 정부 임기와 수명을 함께함으로써 연속성도 단절되고 일관성도 없는 실태이다. 국방개혁의 방향은 군이 빠르게 변화하는 국방환경에 능동적으로 대처하면서 전투 효율성을 극대화하는 것이다. 따라서 군사전략을 선제적 개념으로 변화시키고 무기와 장비는 첨단화하되 국방기술 발전에 집중적 투자가 이루어져야 할 것이다. 동시에 인력감축이 불가피하므로 작고 강한 군대를 만드는 데 초점을 두고 정비해나가야 한다. 모병제가 논의될 수 있지만 아직은 시기상조라고 보며 징병제를 골간으로 유지하되 지원병제도를 확대하여 전문성을 강화해야 한다. 부사관을 확대하여 군의 간부화를 촉진하고 전투근무지원병과의 인력과 기능을 아웃소싱으로 충당하는 방안을 적극적으로 추진해야 한다. 특히, 전장의 유동성과 불확실성을 최소화할 수 있는 정보 전력과 지휘통제통신 시스템의 진화에 충분한 재원을 투자해야 하며 국방기술과 상용기술의 호환성 확대에도 국가적 지원이 뒤따라야 한다. 사관학교 교육도 시대와 기술 발전을 이끌 수 있는 인재 양성을 위해 학위 중심에서 인성과 리더십 중심으로 바꾸고 외국어와 토론, 발표력, 인문 소양, 국방과학기술, 체력 등에 해박하고 탁월한 전사를 만들어 내야 한다.

아울러 공정한 인사가 강군을 만들므로 인사제도에 개혁이 이루어져야 한다. 유능한 인재가 양성되어도 적재적소에 운영하지 못하면 아무 소용이 없을 것이다. 능력이 없는 사람을 지연과 학연, 근무연(勤務緣) 등에 의해 진급을 시킨 경우가 비일비재하다. 이를 척결하지 않는다면 군 개혁은 구호에 불과할 것이다. 아울러 정치권은 군의 전문성을 존중해주고 정치 권력을 이용하여 군 인사에 개입하는 행태도 근절해야 할 것이다.

장군이 된 섬 소년

    1998년 11월, 개혁위원회 업무가 종결되고 어느덧 깊은 가을 정취가 계룡산을 감싸고 있었다. 군인에게 가을은 잔인한 계절이라고 하는데 이는 진급 심사가 이때 이루어지기 때문이다. 9월부터 11월까지 계급별 진급 심사가 이루어지는 과정에서 하늘의 별이라는 장군 진급 심사가 임박하자 온갖 소문이 돌고 예측이 난무했다. 하지만 자력이 앞서 있었고 업무수행 능력을 인정받았으며 도덕성에서 하자가 없었기에 나는 장군 진급을 크게 걱정하지 않았다. DJ정부가 들어서고 첫 장군 진급 심사이므로 공정하게 이루어지리라 믿었고, 호남 출신이라는 것이 더는 핸디캡으로 작용하지 않을 것으로 생각 했었기 때문에 차분히 심사 결과를 기다리고 있었다. 그해 11월 초순, 드디어 장군 진급 예정자가 발표되었다. 나를 포함하여 육사 30기 ○○명이 처음으로 장군이 되었다. 동기생 가운데 호남 출신은 유일하게 나 혼자였다. 영남 출신이 5명이나 되었는데 진급이란 단기간의 경력과 업무성과에 의해 결정되는 것이 아니고 다년간 쌓은 업적의 결과물이기에 호남 출신 동기생의 숫자가 적을 수밖에 없었다. 축하와 격려전화, 전보 등을 받으면서 흥분된 마음을 감출 수 없었다. 하나님과 국가 그리고 가족, 지금까지 나와 함께 했던 모든 전우께 감사드리고 조용히 나를 되돌아보았다.

외딴 섬 오지에서 군인이 될 팔자를 타고났기에 고교담임 선생님의 만류를 뿌리치고 사관학교에 진학하여 육사를 졸업 후 군인으로서 국가에 충성한 지난 24년 8개월의 세월이 파노라마처럼 펼쳐졌다. '화학병과를 보병병과로 바꿔 지원하도록 지도해주신 생도시절 훈육관의 따뜻한 애정, 초급장교 시절 동해안에서 있었던 박격포 사격과 오토바이 사고, 고등군사반 교육을 마치고 ○○사단 복도에서 사관학교 시절 훈육관을 만나게 된 사연, 공무원 특별채용을 거절했던 결단력, 학군단에 있을 때 적시에 바뀌게 된 육대선발제도, 양구에서 부하를 잃게 된 조난사고와 심마니의 도움, 교육사 이모 장군께서 국방대학교 지원을 재고하라는 조언'은 나를 시험해보고 행운을 준 운명의 선물이었다. '사관학교 시절 외출 외박에 다녀올 곳이 없어 주말에도 내무반을 지켰던 나, 보직을 마치고 다음 자리를 찾지 못해 먼지 쌓인 빈 사무실로 출근했던 나, 경제적 어려움으로 벽에 걸린 그림을 인사동에 들고 가서 팔았던 나, 용인에서 동기생한테 밀려 예약된 보직에 앉지 못하고 교육사로 쫓겨났던 나, 경쟁력을 갖추고도 경쟁에서 밀린 내가' 아픔을 딛고 오늘 장군이 된 것이다.

그러나 행운과 아픔이 나를 장군으로 만들어 준 선물의 전부가 아니었다. 더 좋은 선물이 내게 있었다. 상품은 바로 나였다. 나는 인성적으로 착했다. 사관생도로서, 장교로서 규정과 윤리, 도덕을 지키고 모범을 보였다. 부여된 임무를 성실하게 수행했으며 그 과정에서 입술이 터졌다 아물고 또다시 터지곤 했다. 그러다보니 터진 입술을 조기에 아물게 하는 치료약이 테라마이신 연고임을 알게 되었다. 본질과 원칙에 충실했으며 무엇이 옳은가, 본질에 무엇이 더 적합한가를 먼저 생각했다. 결심하기 어려울 땐 돌아가지 않고 원칙을 선택하여 일관된 태도를 보였다. 참고 인내하면서 기다렸다. 매사는 사필귀정이고 세상은 노력을 보상해준다고 확고하게 믿었다. 주어진 책임을 부하에게 넘기거나 변명해보지 않았으며, 해야 할 일을 거르거나 요령 피우지 않았다. 나는 논리적 사고를 가졌고 보고서 작성과 브리핑에서 비교우위에 있었으며, 업무성과와 호평이 반드시 뒤따르게 일을 했다. 실망과 한숨, 눈물은 흘려보았지만 좌절하거나 포기하지 않았다. 일희일비하거나 흔들리지 않고 내가 선택한 운명을 굳게 믿었다. 힘겨운 경쟁 속에서도 상관이나 권력자에게 단 한 번도 진급이나 보직을 부탁해보지 않았다. 당당하게 자존심을 지켰으며 사악과 불의 앞에 비겁하지 않았다. 이런 특성이 나를 장군으로 진급시켜준 중심(center of gravity)이라고 생각했다. 낙도오지에서 태어났지만, 세상을 믿고 역경에 좌절하지 않음으로써 사다리에 올라탈 수 있게 되었다.

  장군으로 진급은 우리 가족 모두에게 기쁨을 주고 아빠의 가정 태만 죄를 용서받는 계기가 되었다. 셀 수 없는 이사와 전방 산골 오지 생활을 거뜬히 이겨낸 아내, 초등학교만 서너 차례 전학하면서도 잘 적응하고 성장해준 아들들에게 아빠의 존재가 자랑스럽게 되었으니 이보다 더 큰 보람이 어디 있겠는가? 가장으로서 가족들을 보살피고 그들과 함께 여유로운 시간을 가져본 적이 거의 없었다. 늘 주말도 쉬지 않고 부대에 출근하였고 머릿속에는 부대 업무가 우선순위의 맨 꼭대기에 있었다. 가정과 가족을 부대업무보다 후순위에 놓고 살았다. 이런 가운데 내가 용기를 잃고 물러서거나 실패하면 우리 가족이 불행의 늪에 빠질 수밖에 없다는 절박감을 잠시도 잊어보지 않았다. 우리 가족은 땀 흘리고 입술이 터진 나를 믿었고 응원해주었으며 나는 그 성원에 보답한 것이다. 그러나 나는 여기서 만족하지 않을 것이며 더 영예스러운 자리에 오르겠다는 무언의 약속을 하고 군화 끈을 힘껏 조여 맸다.

한편 장군으로 진급은 끝이 아니라 새로운 시작의 입구에 들어섰음을 인식하고 장군의 도를 생각해보았다. 군생활의 근본이 달라질 수 없지만, 장군이 되었으니 지금보다 선각적인 모습을 보여야 할 것으로 생각했다. 장군은 국가관이 투철하고 강한 애국심을 가져야 하며 헌법을 준수하고 자유민주주의 가치를 소중히 여기면서 국가에 헌신해야 한다. 장군은 문제해결 능력이 탁월해야 하므로 사유와 경험을 통해 지혜를 함양하고 이를 현장에 활용하는 지적능력과 실천력이 있어야 한다. 장군은 부하에게 명확하고 구체적 지침을 줄 수 있어야 하며 부하와 책임의 동반자임을 인식해야 한다. 장군은 포용력과 공감능력을 가져야 하며 부하에 대한 무한사랑을 갖고 부하가 어려움으로 힘들어 할 때 함께해야 한다. 장군은 공과 사를 엄격히 구분하고 법규를 지키는데 솔선해야 한다. 장군은 사적 감정과 관계가 공정한 룰을 침해하지 않아야 하고, 자기 자신을 다스리는 데 엄격해야 하며 공평무사해야 하고 편견과 편애를 갖지 않아야 한다. 장군은 철학과 소신이 있어야 하며 상황적 논리에 근거하여 맞고 틀린다는 개념보다 보편적 진리의 개념으로 옳고 그름에 대한 가치를 소중히 생각해야 한다. 장군은 언행이 일치해야 하고 말보다 행동이 앞서야 한다. 부대 지휘는 책상에서 하는 것이 아니고 현장 중심으로 해야 한다. 무신불립(無信不立)이라고 했듯이 장군은 부하로부터 신뢰를 받지 못하면 군령이 확립될 수 없음을 알아야 한다. 이렇게 무겁고 엄중한 생각을 갖고 영예와 영광보다 임무와 책임을 앞세우면서 정진하고자 다짐했다.

장군 계급장을 달고 약 11년 동안 군 생활을 하면서 내가 생각한 장군의 도를 실천하고 이에 걸맞은 업적을 남기려고 애썼다. 그러나 돌이켜 보면 부끄럽고 아쉽고 후회스러움을 고백하지 않을 수 없다. 부하에게 존경받는 장군, 동료로부터 사랑받는 장군, 상관으로부터 신뢰받는 장군, 국가에 헌신하고 애국하는 장군이 되어야 했으나 부족함이 많았던 것 같다. 장군이 만능이 될 수 없지만 공부하고 덕망을 쌓아 마음을 늘 맑게 해야 했는데 때로는 욕심 앞에 주저앉기도 했다. 사(私)가 공(公)을 덮쳐 공정하게 처사하지 못할 때도 있었던 것 같다. 권력은 유한한 것인데 평생 장군 지위를 누릴 것처럼 생각하지 않았는지 되돌아본다. 권위는 지위가 아니고 지식과 책임으로부터 나온다고 했는데 이를 망각하지 않았는지 반성하고자 한다. 상품에는 리콜제도가 있다. 이처럼 군대에도 리콜제도가 있어 장군으로 다시 복무한다면 이순신 장군보다 더 훌륭한 무인(武人)이 되어 역사적 인물로 명성을 남길 수 있겠다는 허무맹랑한 생각을 해본다. 바다를 찾아 흘러가는 강물이 되돌아갈 수 없듯이 인간의 삶도 지나간 시간을 거슬러 갈 수 없다. 엄연하고 냉혹한 진리 앞에 겸허히 머리를 숙인다.

수도권 부대에 첫 경험

　장군 진급 발표 후 개혁위원회 전우들과 기쁨을 나누고 3박 4일 일정으로 국방대학교 장군 진급반 교육에 들어갔다. 모두 장군진급예정자들이라서 개선장군처럼 의기양양한 모습으로 서로에게 안부를 묻고 교육에 임했다. 초빙교수 강의와 국방정책 소개 등이 일정대로 진행되고 일과 후에는 사적 모임을 가지면서 분주하게 보냈다. 장군반 교육을 마치고 3일간 휴가에 이어 그해 11월 18일, 서부지역 ○○사단 부사단장에 부임했다. 지금까지 의정부에서 포천에 이르는 국도 43번 이서지역인 수도권에서 야전 근무 경험을 해보지 않았기에 수도권 부대에 대해 호기심을 갖고 업무를 시작했다. 작전지역을 포함하여 지형을 세세하게 알고자 했다. 과거 충정사단이라는 특수성을 갖는 부대라서 부대 분위기와 특성도 살펴보고 싶었다.

　부사단장 임무는 사단장의 부대 지휘를 보좌하고 사단장이 부재 시 대리 역할을 하는 것이지만, 한국군에게 부사단장은 자리나 지키고 있으면서 없는 것처럼 존재감을 낮추는 것이 불문율처럼 되어 있었다. 나는 부사단장의 경험과 역량을 적극 활용하지 않는 것이 잘못된 관행이라고 생각했다. 그러나 군 문화와 인식을 바꾸기가 쉽지 않음을 잘 알고 있었 기에 중령 시절 사단 작전참모를 할 때 부사단장이 참모들에게 어떻게 해주는 것이 좋았던가를 생각했다. 그것을 기억하고 조심스럽게 행동하 고자 했다. 부사단장은 책임에서 벗어난 위치이므로 자기 견해를 강요해 서 안 된다. 신중하게 의견을 피력하되 저변에 형성된 여론을 사단장에 게 알리고 스스로 깨우치도록 애쓰는 것이 바람직하다고 보았다.

나는 부사단장으로 있으면서 현장을 많이 알고자 했다. 예하부대 위 치도 파악하고 훈련장과 강안 경계의 실태도 살펴보고 싶었다. 오전에는 상황 보고와 참모들 결재를 처리하고, 오후엔 주요 부대가 활동하는 현 장으로 달려갔다. 사단 여건은 도시 지역으로 형성된 곳이 많아 훈련장 사정도 좋지 않았고, 병력 관리에도 어려움이 있어 보였다. 나는 책상에 앉아 신문이나 보면서 하루를 보내고 싶지 않아, 예하부대를 수시로 찾 아가 연대장과 대대장의 지휘를 관찰하고 그들과 대화를 나누면서 내 경 험담도 들려주었다. 그런데 뜻밖에 예하부대 반응은 내가 의도한 바와 전혀 다른 양상으로 나타났다. 어느 날 점심을 먹고 사단 보안부대장 김 모 중령이 사무실에 들어와 차담을 나눈 가운데 그가 불쑥 꺼낸 말은 예 하부대 지휘관들이 부사단장에 대한 불평이 많다는 것이었다. 순간 의아 하게 생각했다. 그들한테 폐 끼친 것이 없고, 내 의견을 강요하거나 부대 지휘를 간섭한 것도 없는데 무슨 내막인지 궁금했다.

보안부대장 말은 내가 예하부대 방문을 자주 하니 그들이 부담스럽 게 느끼고 있다는 것이었다. 부사단장이 나타난 그 자체에 대해 거부반응을 보였던 것이다. 아무리 좋은 약이라도 받아드리는 환자의 마음에 따라 효과가 다르다고 했듯이 선한 의도였지만, 그런 과정에서 그들에게 불편을 주었다면 재고해야 할 것 같았다. 그렇다고 하루 종일 사무실에 앉아 신문과 싸울 수 없어 횟수는 줄이더라도 본연의 임무는 게을리하지 않겠다고 생각을 했다. 그 후 빈도수를 줄이면서 예하부대 현장을 찾아갔다. 그랬더니 이번에는 예하부대 현장 지도를 사단장이 싫어한다는 말을 보안부대장과 헌병대장이 들려주는 것이었다. 지휘권을 침해하는 것도 아니고 오히려 본인이 모르는 지식을 후배들에게 가르쳐주고 지도했는데 사단장이 만류하니 도대체 내가 설 자리가 어디인지 알 수 없었다. 수도권 부대의 전통이 동부지역 부대보다 순수성에 대한 강도가 낮음을 알 수 있었다. 동부지역 부대는 상급자의 지도를 고맙게 생각하고, 적극 이행하고자 하는 데 비해 서부지역은 자존심이 강하고 배타적 태도가 배어있음을 발견할 수 있었다. 옳다고 생각하는 활동이었지만 지휘책임이 나에게 있는 것도 아닌데다가 예하부대 지휘관과 사단장이 호평해 주지 않음에 따라 더 이상 현장 방문을 강행하지 않기로 했다.

그 후 공식적 회의와 계획된 업무 외의 활동은 가급적 자제하고 17시가 되면 어김없이 퇴근하여 책을 읽거나 골프공을 때렸다. 관사에는 내 앞에 거주했던 분이 골프 연습을 하기 위해 설치해 놓은 네트와 매트가 있었고 먼지 낀 골프 연습공 200여 개가 바구니에 담겨 있어 당번병 김모 상병에게 골프공을 닦아 놓고 네트와 매트를 정비하도록 했다. 닭장 같은 골프 연습장에서 매일 200여 개의 공을 때리다 보니 스트레스도 풀리고 골프 기량도 향상되었음은 불문가지였다. 부사단장을 마치고 육군본부 전략기획처장으로 들어가서 부장이 주관하는 환영 라운드를 하였는데, 그때 스코어 카드에 80타를 기록할 수 있었다. ○○사단 사단장과 예하지휘관들 덕분에 만들 수 있었던 기록이었다.

○○사단 부사단장으로 있으면서 얼마나 호기심을 갖고 열정적으로 지형을 살피러 돌아다녔는지 1999년 3월 어느 날, 나는 거동 수상자가 되었다. 그날은 휴일이었고 날씨도 화창했다. 이른 봄 따뜻한 햇살이 창문을 뚫고 거실에 들어왔다. 나는 그냥 관사에 앉아 있을 수 없어, 아침 식사 후 운전병을 불러 강화도 지역 지형정찰을 가고자 차량을 준비시켰다. 오전 9시쯤 케주얼 복장으로 지프차에 올라 강화도를 향해 달렸다. 강화대교를 넘어 방향을 남쪽으로 돌리니 초지진과 광성보 등 역사적 유적지가 눈에 들어왔다. 지도를 펴놓고 도상과 비교하면서 남쪽으로 내려갔다. 도로는 잘 발달되어 있지 않았지만, 지프차는 힘차게 달렸고 옆으로 보이는 바다 전경이 아름다웠다. 동검도도 들려보고 여기저기 살펴보다가 11시 40분쯤 석모도가 바라보인 곳에 해병사단 소초가 눈에 들어왔다. 경계 실태와 해병병사들의 내무생활을 둘러보고 싶어 소초 앞에 차를 세우고 막사 안으로 들어갔다. 마침 그 시간이 오전 시간대라서 병사들은 취침하고 있었으며, 소초 상황병만 상황실에서 근무하고 취사병들은 점심 준비에 바빴다. 상황병에게 신분을 밝히고 컴컴한 내무반과 취사장을 둘러보고 나왔지만, 시간대가 적합하지 않아 해병사단의 내무반과 병사들을 자세히 살펴보지 못했다.

계획한 코스대로 지형정찰을 마치고 오후 5시쯤 관사에 들어오자 뜻밖에 당번병이 허겁지겁 뛰어나와 사단 상황장교와 작전참모가 부사단장이 어디 갔으며, 지금 어디 계시느냐고 여러 번 물어왔다는 것이었다. 당시는 휴대폰과 같은 실시간 연락 수단이 없었기에 사단 상황실에서는 나와 접촉할 수 없었고, 그사이 예상하지 못한 상황이 전개되었다. 해병사단 소초 상황병은 내가 소초를 다녀간 후 ○○사단 부사단장이라는 사람이 사복을 입고 소초를 방문하였는데 거동이 수상하다고 중대에 보고하였으며, 중대는 이를 상급 부대에 보고함에 따라 결국 합참까지 거동수상자 출현으로 보고되어 강화도 일대에 진돗개가 발령될 상황까지 이르게 된 것이었다. 관사 전화벨이 울리고 수화기를 드니 작전참모 목소리가 들렸다. 그는 나의 행적을 묻고 해병사단 ○○소초를 11시 30분쯤 방문했냐고 묻는 것이었다. 그렇다고 대답하면서 잘못된 것이 있느냐고 묻자 그는 거동수상자 출현으로 부대가 왈칵 뒤집힐 뻔했다는 것이다. 휴일을 이용하여 지형을 숙지하고자 했는데, 거동수상자로 오인됨으로써 부대원들에게 누를 끼쳐 미안한 생각을 지울 수 없었다.

장군이 되어 지휘관으로 부임하면 몸가짐을 바르게 하고 24시간 그가 있는 곳을 부대에서 알 수 있도록 해야 한다. 아울러 전속부관이 신변을 보호해 주는 조력자이지만 그가 가까이서 감시하고 있다는 불편한 진실도 알아야 한다. 00사단에서 부사단장으로 복무할 때 사단장은 부대업무를 포함하여 매사를 개방적으로 처리하는 스타일이 아니었다. 비밀이 많은 것 같았고 나에게는 부자연스러운 태도에 벽이 높아 보였다. 더구나 사단장으로서 군사지식이 풍부하지 못한 것 같아 부대관련 사항에 대해 깊은 대화를 나눠보지 못했다. 하루는 보안부대장이 내 사무실에 들어와 하소연한 것을 들어보니 사단장은 퇴근 후 공관에 있다가 늦은 밤에 외출을 자주하는데 본인이 직접 승용차를 운전하여 나가면서 위병소 근무병에게 사단장이 밖에 나가는 것을 기록하지 말도록 지시한다는 것이었다.

출입일지에 출타시간과 복귀시간을 기록하는 것이 원칙이고 이를 근거로 지휘관 동선을 파악하게 되는데 기록하지 말라고 했으니 의심을 받게 됨은 당연하다고 할 것이다. 보안부대장은 ○○사단장이 수도권에 위치한 충정부대 지휘관이라서 정기적으로 사단장 위치를 파악하여 상급부대에 보고해야 하는데 가끔 늦은 밤에 혼자 밖에 나가니 소재를 파악할 수 없어 힘들고 괴롭다는 것이었다. 인간은 법과 도덕, 윤리라는 질서와 기준을 지키면서 공동체의 일원으로 삶을 산다. 이러한 기준을 벗어나게 되면 공동체로부터 비난을 받게 되고 심한 경우 강제적 구금상태까지 당하게 된다. 사단장한테는 운전병이 있고 전속부관이 있는데 왜 그들 몰래 공관 밖으로 나가는지 삼척동자도 알 수 있을 것이다. 지휘관을 어항속 금붕어라고 말하기도 한다. 이는 지휘관의 일거수일투족은 숨기려 해도 숨길 수 없고 알려지기 때문이다. 거짓과 탈선은 감추려 해도 감출 수 없고 감춰지지 않는다. 지휘관은 자기 것을 내려 놓아야 하고 탐욕을 버려야 한다. 강한 절제력이 있어야 각종 유혹으로부터 자유로울 수 있다. 수도권에 위치한 부대는 각종 인허가 등을 포함하여 민간영역과 겹치는 사안들이 많아 지휘관이 비리에 연루될 개연성을 갖고 있다. 따라서 이러한 부대의 지휘관을 임명할 때는 각별히 도덕성을 살펴야 할 것이다.

○○사단 부사단장은 나에게 첫 서부지역 야전 경험이었고 부지휘관 직책을 처음 수행해본 소중한 기회였다. 하지만 장군이 되어 의욕적으로 부대발전과 간부교육에 기여하고자 하였으나 수도권 부대의 문화와 사단장의 리더십에 실망하지 않을 수 없었다. 부지휘관이 상훈과 평정, 징계 등을 포함하여 아무런 권한을 갖지 못함에 따라 유명무실한 직책으로

인식되는 것 같았다. 제도적 문제점을 개선해야 할 것이다. 부사지휘관 약 5개월 기간, 이렇다할 업적도 이루지 못하고 나의 의지와 무관하게 무위도식한 것 같아 아쉬웠지만 국가와 군을 위해 분골쇄신하겠다는 각오를 다지면서 새로운 보직을 찾아 대전으로 향했다.

우리 군이 부지휘관의 역할과 책임에 대한 인식을 바꿔야 한다. 그가 지휘관을 대리한다고 하지만 지휘관 부재 시 대리권 행사의 범위가 모호하므로 대리의 영역과 한계 등을 명확히 규정해야 한다. 부지휘관은 지휘관보다 통상적으로 한 계급 또는 두 계급이 낮으므로 지휘관이 부지휘관에게 업무를 지시하는 데 장애요소가 없다. 따라서 수시로 임무를 부여하여 권한을 살려줘야 함에도 우리 군은 부지휘관이 부지런히 활동하면 마치 지휘관 영역을 침범하는 것처럼 인식하고 있다. 특히 지휘관이 자기보다 우수한 부지휘관을 선호하지 않은 경향이 많은데 잘못된 관행이다. 전시 불확실하고 유동적 상황에서 지휘관의 역량만으로 전장을 주도하기 어렵다. 그래서 미군은 작전 부지휘관과 행정 부지휘관을 각각 두고 이들에게 해당 분야의 전권을 준다. 지휘관의 지침을 받아 감독하고 이행하고 결과에 대해서도 부지휘관이 책임을 진다. 아울러 지휘관으로 임명되기 전에 반드시 부지휘관 경력을 쌓도록 하여 사전에 해당 제대의 업무를 파악함으로써 그가 지휘관에 부임하게 되면 쉽게 부대를 장악할 수 있게 한다. 그야말로 준비된 지휘관을 양성하는 시스템이다. 우리도 미군 제도를 벤치마킹하여 우수한 인적자원이 한시적 보직에서도 충분히 역량 발휘를 할 수 있도록 보장해야 할 것이다.

군 구조와 군사력 설계

　　○○사단에서 부사단장을 6개월하고 육군본부 기획관리참모부 전략기획처장으로 부임했다. 1999년 4월 16일, 부장께 신고하고 과장들과 면알식을 가졌다. 처 구성은 4개 과였고 과장들은 전략기획과장 탁모 대령, 전력1과장 박모 대령, 전력2과장 기모 대령, 무기과장 김모 대령 등 모두 육사 출신이 보직되어 있었다. 나와 이들은 사관학교 기수 차이가 적어 상호 간 개인적 특성을 포함하여 잘 알고 있는 사이였다. 과별 업무보고가 이어졌고 당면업무를 파악하면서 업무수행 복안을 강조했다. 업무 중요성에 따른 자긍심을 갖고 자기 역할은 100% 본인이 완수하자고 얘기했다. 사안의 경중을 막론, 다양한 의견 수렴과 충분한 검토를 거치도록 강조하고 일은 주먹구구식이 아닌 체계적이면서 계획성 있게 접근해야 결과를 예측할 수 있음을 주지시켰다. 또한, 업무 성격상 높은 도덕성과 정직한 태도, 공정하고 균형적 사고가 요구됨을 잊지 말자고 하였을 뿐 아니라, 인간관계의 기본은 상대방에 대한 배려와 양보임을 깊이 인식하

고 겸손한 태도를 견지하여 굳게 단결하자고 강조했다.

육군본부 전략기획처는 육군의 군 구조와 전력발전 소요를 창출하여 제기하고 무기체계 발전업무를 주도하는 조직이다. 업무량이 많고 업무 범위가 넓을 뿐만 아니라 업무의 중요성이 높아 각별한 노력이 요구되었다. 나는 교육사에서 군 구조 발전업무를 담당하였고, 육군개혁위원회 군구조분과장을 하면서 육군 군 구조 개선 분야를 충분히 숙지하고 있었으므로 업무 파악과 조직을 장악하는 데 어려움을 갖지 않았다.

한편, 전력 소요와 무기체계는 합참 무기체계평가과장을 역임하였기에 소요제기 시스템과 절차를 알고 있었다. 그러나 구체적 내용을 파악하기 위한 별도의 노력이 필요했다. 육군의 전력발전은 군구조 분야와 전력증간분야로 나누어지고 이에 대한 소요는 중기와 장기로 구분하여 제기된다. 군 구조발전 소요는 주로 부대구조와 지휘구조의 발전과제를 포함하는데 이와 같은 과제가 도출되면 먼저 장기 부대계획에 반영한다. 장기는 5년 후 부터 20년까지 설정된 기간을 말하고 중기는 과제가 도출되는 이듬해 부터 5년까지 기간이다. 장기에 들어간 과제가 시간이 흘러 중기시점에 도달하면 국방 중기 부대계획에 포함되고 이때부터 예산까지 배정하게 된다. 전력소요도 마찬가지이다. 무기체계의 신규 도입 또는 성능개선 등의 소요를 창출하여 합참 합동 전략기획서(JSOP)에 반영한다. 중기로 전환되면 국방중기계획에 예산이 책정되고 전력화 연도에 맞춰 무기체계가 도입되어 야전에 배치되게 된다. 군 구조와 무기체계를 개선하고자 할 때 개선소요를 장기문서에 반영하고 중기로 이어지는 것이 정상적 절차이다. 하지만 긴급히 요구되는 경우 당해 연도 예산편성 계획 또는, 중기계획에 반영하여 전력화가 이루어질 수도 있다.

군 구조 개선과 전력 소요제기는 중장기 문서작성과 연계되어야 하므로 평소 소요창출 활동이 활발하게 이루어져야 하고 그 결과를 시기에 맞춰 반영해야 했다. 국방예산은 경상비와 투자비로 구분되었으며 경상비는 군 운영에 필요한 인건비, 군수 유지비 등을 말하고 투자비는 군사력을 증강하는 데 배정된 예산이다. 투자비가 국방비의 약 30% 내외임을 감안하면 각 군의 소요에 따른 군별 배정이 충분치 못한 실태였다. 소요제기 부서는 소요를 부단히 창출하여 우선순위에 따라 합참과 국방부에 제기해야 하므로 평소 선진국의 신형 무기체계 개발 동향과 국방과학기술 발전, 교육사 연구, 업체 자체개발 상황 등을 면밀히 살펴보고 수집. 분석하여 적합성을 판별해 내야 했다. 그러나 전장 기능별, 병과별 군구조 개선과 무기체계 전력화 소요가 일정한 마스터플랜 없이 제기되고 있어 장기 발전 방향 정립이 필요했다. 이에 따라 소총과 공용화기, 박격포 등이 포함된 소부대 전력 발전 방향을 정립하고 포병전력, 기갑전력, 정보전력 등의 장기 발전 방향도 수립하였으며 이를 토대로 매년 군 구조와 무기체계 소요를 판단하고 제기함으로써 일관되게 육군의 장기 모습을 만들어갈 수 있었다.

또한 전력 소요를 창출하는 데 민군의 정보공유가 중요하다고 느꼈으며 민군 복합기술과 업체개발 현황을 파악하고 참고하는 것이 필요했다. 업체는 기술을 발전시키고자 투자 방향을 결정하지만 향후 군이 요구하는 능력과 기술을 모른 가운데 투자함으로써 수익을 창출하지 못하고 실패하는 경우가 많아 리스크를 두려워하고 있었다.

반면 군은 소요를 창출하고자 해도 새로운 무기와 기술에 관한 정보를 얻지 못해 소요제기의 빈약성을 보임에 따라 이러한 문제점을 개선하고자 육군전력 발전 방향 설명회를 개최하기로 했다. 2정문 강당에 업체를 포함하여 연구소 등 관련자들을 초청하고 이 자리에서 육군이 정립해 놓은 전장 기능별, 병과별 전력발전 내용을 토대로 군사력 건설 방향을 공개적으로 설명했다. 아울러 업체에는 자기 회사가 투자하여 개발한 기술과 제품을 설명할 기회를 함께 제공함으로써 예상 밖의 반응이 쏟아졌으며 이들로부터 큰 호응을 얻게 되어 매년 1회씩 정기적으로 설명회를 개최했다. 민간기업과 군이 상호 정보를 교환하는 자리가 되었고 군 실무자가 최신자료를 획득할 유익한 기회가 되었다. 내가 창안하여 그때 시작했던 전력발전 방향 설명회를 모체로 삼아 오늘날 국내외 다수 업체가 참가하는 방산 전시회가 되었으며 육군 페스티벌로 확대하여 매년 개최되고 있다.

이렇게 창의적이고 적극적으로 업무를 수행하고 있는 가운데 참모총장이 바뀌었으며 A 대장이 떠나고 B 대장이 부임했다. 신임 참모총장 B 대장께서 ○○군 인사처 보임과장을 할 때 내가 군사령관의 전속부관이었으므로 그분의 대령 시절 능력과 성격을 조금은 알고 있었다.

신임 총장이 부임하고 약 1개월이 지난 어느 날, 총장은 본인의 지휘방향을 직접 설명하고자 기밀실에 장군들을 모았고 장군들은 그 자리에 참석하여 총장의 말 한마디 한마디를 새기면서 들었다. 하지만 시대가 빠르게 변화하고 국방 환경이 달라지고 있는데 이에 부응할만한 획기적 발전 과제는 눈에 띄지 않았다. 그런 가운데 총장은 현실태를 진단하는 과정에서 육군의 전력 소요 창출이 활발하지 못하여 국방예산 배분이 해군과 공군에 치중되고 있음을 언급하고 전력소요 제기를 담당하는 부서의 업무수행을 지적했다.

총장이 언급한 내용은 내가 담당하는 업무가 부진함을 말한 것이었으므로 내 입장에서 불명예라고 생각하지 않을 수 없었다. 따라서 총장의 현실진단이 적절하였는지 그리고 본인이 육군참모차장을 할 때 현상은 어떠했는지 파헤쳐보고 싶었다. 총장은 부임하기 전 이런 내용을 국방부 이모 장군한테 듣고 공개석상에서 언급한 것으로 보여 총장이 지적한 내용에 대해 이튿날 오모 기획관리참모부장과 의견을 나눴다. 이 자리에서 왜곡된 견해를 듣고 총장이 이를 문제로 파악함에 따라 육군의 전력증강 소요제기 실태를 분석하여 총장한테 보고드림으로써 총장의 잘못된 인식을 바로잡아야 할 것 같다고 부장에게 얘기했다. 나는 많은 자료를 참고하고 과거 문서들을 뒤져 정확한 현황을 정리했으며 총장이 참모차장으로 재직할 때 소요제기 업무의 실태도 확인했다.

보고서를 작성해 놓고 총장께 보고드리고자 가용날짜를 알아보니 총장은 대전보다 서울 집무실에 계실 때가 많아 부장과 함께 헬기를 타고 서울 사무실로 갔다. 일반적으로 총장한테 보고드릴 때 대령급 과장이 보고하고 장군은 배석하지만, 사안의 중요성을 감안하여 과장을 데리고 가지 않고 내가 직접 보고하기로 하고 부장만 배석하도록 했다. 총장 앞에 앉아 보고서를 넘기면서 그래프로 표시된 현상을 설명하고, 최근 1~2년 타군에 비해 소요제기 건수가 뒤처지지 않았음을 말씀드림과 동시에 총장이 참모차장으로 재직할 때 소요제기가 활발하지 못한 현황도 언급했다.

또한, 해군과 공군에 투자비 비중이 점점 높아지고 있는 현상은 그동안 국방전력증강이 지상군 위주로 추진되었으나 전략 환경이 변화되고 전장에서 해. 공군 역할이 증대됨에 따라 불가피한 추세임을 조리 있게 설명했다. 보고가 끝나자 총장은 우리 부서가 업무를 소홀히 한다는 차원에서 얘기한 것이 아니고 관심을 높게 두겠다는 의지 표현이었음을 이해해 달라고 했지만 개운한 마음을 갖기에 부족했다. 총장으로서 자군 중심의 군사력 건설을 추구하는 것이 당연하지만 참모총장 위치에서는 기능적, 기술적 수준을 뛰어넘는 가치와 철학을 갖고 국가적. 전략적 판단을 할 수 있는 눈높이도 가져야 할 것이다.

전력 증강은 복잡하므로 유관부서와 협조는 물론 폭넓은 지식과 의견 교환이 요구되는 업무이다. 그러므로 작전 직능을 가진 장교들은 현행작전을 다루는 부서를 선호하고 전력증강 관련 부서를 기피하는 경향이 많아 초창기 율곡 사업이 태동할 때부터 전력증강 분야는 비육사 출신들이 전문성을 키웠으며 그중 대표적인 분이 A 장군이다. 갑종 출신 장군으로 입지전적인 인물임이 틀림없는 분이며 합참의장과 장관까지 하였으니 이분의 능력이 낮다고 말할 수 없을 것이다. 그런데 이분의 성격이 독특하고 독선적이라서 접근하기 쉽지 않았다. 이분은 선입견이 강하여 근무연(勤務緣)이 있고 호감이 가는 사람이면 따뜻하게 지도해주지만 자기와 근무연(勤務緣)이 없는 사람이면 그의 보고가 아무리 훌륭한 내용이라도 혹독한 비판을 감수해야 했다. 이분이 전력증강 분야에 다년간 근무함으로써 이분과 근무연을 가진 육사 출신 장교가 기수마다 1~2명 있었는데, 그런 사람을 제치고 본인과 근무연을 갖지 않은 사람이 전력증강 분야에 근무하면 개념 없고 적격자가 아니라는 평가를 했다.

1998년 여름, 육군개혁위원회에 있을 때 개혁과제를 보고드리기 위해 ○○군사령부에 간 적이 있었다. 군사령관이었던 이분에게 보고하는 과정에서 너희들이 뭘 안다고 개혁과제 운운하느냐면서 핀잔을 주기에 민망하기 짝이 없었다. 본인이 관여하지 않았고 본인 밑에 근무한 사람이 담당하고 있지 않았으며 본인 의견이 반영되지 않았기에 수고했다는 말 한마디에도 인색한 모습이었다.

그러나 전력증강업무는 합참에서 최종 소요를 결정하기 때문에 육군의 전력증강 업무를 책임지고 있는 전략기획처장으로서 이분과 대면하지 않을 수 없었으며 의장에게 육군전력증강 발전 방향을 보고하는 것이 불가피했다. 나는 부임 후 병과 별, 기능별 육군 전력발전 방향을 정립하는 데 노력하였고 그 결과를 하나씩 순차적으로 의장에게 보고드리겠다는 복안을 가졌다. 합참과 협조하여 보고 일정이 잡히자 관련 과장, 부장을 포함하여 셋이 헬기를 타고 서울로 올라가 의장 앞에 앉았다. 이분의 성격을 간파하고 있었기에 동석한 과장한테 의장 말씀을 잘 받아 적도록 지시하고 보고는 내가 직접 드리기로 했다.

첫 페이지를 열고 보고를 이어가는데 의장은 관심 없는 표정으로 아무런 언급도 하지 않았지만 나는 계속 보고서를 넘겼으며 보고가 끝나자 의장은 눈길 한 번 주지 않고 개념도 없는 X들이 무엇을 안다고 그 자리에 앉았느냐고 질책하는 것이었다. 자기와 근무연이 없는 나와 오모 부장이 육군전력증강을 담당한 보직에 앉아 있는 데 대해 육군 인사가 잘못됐다고 비난하면서 얼음처럼 차갑게 대하는 것이었다. 의장은 내가 자기 밑에서 근무한 적이 없는 장군이고 부장인 오모 장군은 자기 사람인 이모 장군이 앉아야 할 자리를 가로챘다고 인식하면서 불편한 심기를 드러내 보인 듯했다. 어처구니없고 황당했지만 나는 오기가 발동하였으며 누가 업무에 유능한지를 판단하도록 해드리겠다는 생각을 갖고 약 1개월 후에는 다른 건으로 의장실에 보고 날짜를 잡았다. 의장실에 들어가 기갑전력 발전 방향을 보고드리겠다고 보고서를 펼치자 의장은 이전보다는 조금 밝은 표정으로 눈길을 몇 차례 주었지만, 여전히 우호적인 언급은 없었다. 지난번 보다 좋아진 분위기를 감지할 수 있었으므로 한 번만 더 기회를 잡으면 의장한테 인정을 받을 수 있겠다는 자신감을 갖게 되어 또 한 번 날짜를 잡아 의장실에 보고하러 들어갔다. 의장에게 인사를 드리자 웬일인지 의장은 나를 반겨주었으며 그 자리에서 포병전력 발전 방향을 보고드리자 의장은 자상하게 지침을 주고 미소를 지으면서 눈길도 주었다.

결국 3차례 보고를 드린 가운데 의장은 나의 보고 내용과 업무 지식을 시험하였고 나는 의장으로부터 인정받게 되었다. 전문가이고 능력이 풍부한 분이었지만 근무연을 앞세운 태도는 모범이 되지 못했다. 나는 그 후 의장에게 육군 전력증강 관련하여 보고드릴 기회를 자주 가졌고 그때마다 호평을 받았으며 의장이 퇴임하고 쉬고 있을 때 사단장하면서 첫 외박을 받아 저녁식사도 대접했다. 그날 저녁식사 자리에 있었던 대화도 소개하지 않을 수 없다. 그때가 2002년 12월 중순, 노무현 후보와 이회창 후보가 대선에서 피 튀기는 싸움을 하고 있을 때였다. 나는 외박을 받아 서울에 와서 의장이 사단장할 때 군수참모였던 동기생 김모 예비역 대령과 함께 셋이 방배동 모 음식점에 자리했다. 가볍게 반주도 곁들어 식사하면서 대화를 나누었는데 화제가 대선으로 옮겨가자 의장은 노무현 후보에 대해 입에 담을 수 없는 비난을 쏟아내기 시작했다. 노무현이는 ○○이 같은 사람이고 군을 망가지게 할 후보라는 등 격렬한 언급을 하기에 예비역대장의 한사람으로서 군을 걱정한 나머지 그런 말씀을 하리라 관대하게 생각하고 그날 밤에 부대로 복귀했다. 그 후 노무현 후보가 대통령에 당선되고 며칠 뒤 조각 발표가 이어졌으며 국방부 장관에 ○○○ 전 합참의장이라는 글자가 선명하게 TV 자막에 떴다. 엊그제 방배동 음식점에서 의장이 던졌던 말을 새기면서 정치적 견해와 가치관이 인간에게 무엇이고 이것이 출세 앞에 깃털보다 가벼운 것인지 현자에게 묻고 싶었다.

을지포커스렌즈 연습은 8월 하순에 실시하는 연합연습이며 연합사령관이 주도하여 워 게임으로 진행한다. 육군본부는 작전지휘 사령부가 아니고 작전 지원 임무를 수행하는 조직이므로 연습에 올인하는 분위기가 아니었으며 일부 부서는 대응반만 편성하여 참가하고 평소와 다름없이 일반 업무를 수행하기도 했다. 육본에 부임한 첫해는 기획관리참모부도 대응반만 운용하여 연습에 소극적으로 참여함에 따라 나는 전시 필요한 조직이 아니라면 평시에 군무원과 같은 민간조직이 경제적이고 효율적일 수 있을 것이므로 조직의 전시 임무 중요성을 부각시킬 수 있어야 한다고 생각했다.

따라서 기획관리참모부도 내년부터 연습에 적극적으로 참여해야 하는 당위성을 강조하고 작전사령부가 장차 작전을 판단하듯이 육군본부도 장차 작전 지원을 판단하여 연합사 작전을 지원해야 함을 주장했다. 나의 의도대로 이듬해 연습 때는 육군본부 내에 처음으로 기획관리참모부가 주도하여 장차작전지원반을 편성하고 연습에 적극적인 역할을 하였으며 지휘관 PDE주기에 맞춰 장차 작전 지원반 베틀리듬을 창안하고 업무수행을 체계화했다. 아울러 장차작전지원반에서 만든 산물이 작전 지원에 유용한 점을 총장에게 인식시키고자 장차지원반 활동과 주요 지원과제를 심층 깊게 검토하여 그 결과를 매일 아침 상황 보고와 병행하여 보고드렸다. 장차작전지원의 핵심 내용은 작전 진행에 따라 육군 예하부대의 무기와 주요 장비 손실을 예상하고 획득 방법을 검토 후 적정 시기에 조달하는 방법을 검토 발전시키는 것이었다. 육군본부 기획관리참모부가 전시 임무를 도출하여 연습에 적극적으로 참여한 것이 큰 수확이었으며 이는 본연의 임무를 창의적으로 발전시키고자 하는 조직 구성원의 업무수행 태도에서 나올 수 있었다.

일반적으로 장군이 참모 직위에 앉으면 1~2년 단위로 보직을 바꿔 경력을 쌓게 되지만 나는 육군본부 전략기획처장으로 만3년을 복무했다. 육군본부에 들어와 1년 6개월쯤 되었을 때 직능이 작전이므로 직능에 부합한 오리지널 직책을 맡고 싶었다. 마치 그해 장군 인사에 ○○군사령부 작전처장 자리가 비게 되어 ○○군사령관이 나를 그 자리에 요청해주면 좋겠다는 생각을 가져보았는데, 이는 ○○군사령관을 대대장 시절에 연대장으로 모신 인연이 있었기 때문이었다. 그러나 결과는 동기생 A 장군이 가게 되어 의아하게 생각했다. 그의 직능은 작전이 아니고 작전 분야 경험이 많지 않은 장군인데 작전처장으로 내정됨에 따라 전혀 예상하지 못한 인사였다. 나는 그곳 ○○군사령부에서 교육과장과 계획편성과장을 역임했으며 ○○군 예하사단에서 연대장을 했기에 객관적으로 판단하더라도 적격자임을 알 수 있었으나 A 장군이 발탁되었으니 의아하게 여기지 않을 수 없었다. ○○군사령관이 나를 잘 알고 있었지만 A 장군을 선택한 것을 보면 상급자와 관계는 업무뿐만 아니라 업무 외적인 요소가 오히려 더 강하게 영향을 미치는 것 같기도 했다. 조직의 본질은 일(Task)이며 일에 따라 구성원에게는 직무를 주고 구성원 능력이 성과를 창출하게 되므로 적재적소 인사가 되어야 조직발전을 가져올 수 있을 것이다.

　장군이 되면 매년 무궁화 회의에 참석하게 되며 무궁화 회의는 일종의 장군단 워크숍으로 합참에서 주관하고 국방정책과 주요 현안을 공유하는 시간이었다. 회의는 국방부, 합참, 각 군 본부 담당자가 주요 정책과 현안을 강의식으로 설명하고 주제에 대해 조별 토의와 전체 토의를 진행하는 형식이었다. 장군이 되고 무궁화 회의에 처음 참석한 것은 1999년 5월, 육본 전략기획처장으로 복무하고 있을 때였으며 그해는 무궁화 회의를 합참에서 주관하지 않고 각 군 본부에 위임함에 따라 육군은 전 장군을 3개기로 나누어 매기 2박 3일간 육군대학에 소집하여 실시했다. 무궁화 회의가 장군들에 대한 소집교육이라서 그 기간에는 부대업무를 벗어나 편한 마음으로 여유를 가질 수 있었다. 나는 입교 명령을 받고 육대에 도착하여 선배들께 안부를 여쭈고 교육이 시작되자 회의가 생산적이고 유익하게 진행되기를 바라면서 한편으로 고급인력을 소집하여 구태의연하게 시간 떼이기 교육이 되지 않을까 우려도 해보았다.

　주제에 따라 육군본부 각 참모부 담당과장 또는 처장들이 육군정책과 주요 현안을 강의하고 조별 토의가 진행되었다. 그날 오후 첫째 시간 토의주제가 '병영생활 정상화'였다. 나는 비록 주제가 참신하지 못했지만, 참석자들이 획기적인 의견제시를 하게 될 것으로 기대하고 토의장에 들어갔다. 하지만 무궁화 회의가 장군들 워크숍이므로 장군 수준에 맞는 의견이 제시되어야 하고 내용도 진부하지 않아야 했으나 아쉽게도 결과는 큰 실망을 하게 했다. 계획대로 전체 강의에 이어서 조별 토의가 진행되었으며 조별 토의에 조장은 A 중장이었고 조원은 소장, 준장 등 20여 명으로 편성되었다. 조장이 병영생활 정상화 주제에 대해 토의하자고 서두를 꺼내자 순서에 따라 사단장인 소장급 장군들부터 자기 의견을 발표하였으며 그들은 각자 문서 형식의 서류를 꺼내놓고 거기에 적힌 내용을 말했다. 사단장이면 병영생활 정상화에 대한 경험과 견해가 있을 텐데 제3자가 종이에 적어준 내용을 자기 의견이라고 제시하는 것이었다. 나는 무궁화 회의에 처음 참석한 장군으로서 실망한 나머지 손을 들어 조장께 발언 승인을 요청하였고 조장은 나에게 발언 기회를 주었다. 나는 지금 두 분께서 발표한 내용은 사단장 부하인 대위, 소령들이 작성한 내용이지 장군 의견이 아님을 지적하고 장군단 워크숍 토의는 장군들의 아이디어를 듣기 위한 것이므로 장군 머리에서 나온 견해를 얘기해야지 대위, 소령이 작성해준 것을 의견으로 말해서 되겠느냐고 했다. 내가 사단 작전참모 할 때 사단장이 무궁화 회의 과제를 참모부별로 나누어주기에 의견을 달아드린 적이 있었으며 사단장은 그것을 가지고 무궁화 회의에 갔었는데 이런 식의 토의를 위한 준비였음을 알게 되었다고 목청을 높였다.

특히 병영생활 정상화는 누구나 잘 알고 있는 일상화된 주제인데 장군들이 대위, 소령이 작성해준 것을 의견으로 제시하는 게 적절한지 의심스럽다고 했다. 일반적으로 군에서 참모조직을 갖는 제대 지휘관이나 장군은 본인이 발표하고 언급할 내용을 참모와 아랫사람에게 시켜서 작성하는 것이 비일비재할 뿐만 아니라 고위급 간부가 문제의식과 해결방안을 고민하지 않고 있어 군의 개혁과 변화가 이루어지지 못하고 있는 실정임을 말했다. 또한 장군과 고급 제대 지휘관이 자기 경험과 가치관, 지식을 토대로 자기 생각을 정립해야 하는 데 노력을 게을리함으로써 남의 것을 자기 것인 양 말하고 있음을 거침없이 비판했다. 그러다 보니 부하가 자기 고유 업무에 시간과 노력을 쏟지 못하고 상관이 해야 할 업무까지 맡음으로써 야근을 하거나 본연의 업무를 소홀히 하게 되는 실정이라고 강조했다.

내 발언이 끝나자 토의장이 고요함을 넘어 숨소리도 들리지 않을 만큼 적막해졌고 조장은 불쾌한 표정을 지으면서 내가 제기한 문제에 대해 한마디 언급도 하지 않고 토의를 계속 진행했다. 나는 옳은 말을 했고 내가 말한 것이 시정되어야 무궁화 회의 성과가 나타날 것으로 생각했으며 지도자는 문제와 사안에 대한 자기 생각을 가져야 하고 토의와 토론을 잘할 줄 알아야 한다고 보았다. 자기 생각이 소신이고 소신을 피력하는 기술이 토의와 토론이며 토론 없이 바뀐 세상이 없다는 경구를 새겨보아야 할 것이다. 그해 무궁화 회의를 마치고 2년이 지난 후 그때 나의 발언을 불쾌하게 생각했던 조장 A 장군이 육군참모총장으로 부임하였고 나는 그분 밑에서 처장으로 근무했다. 2년 전 무궁화 회의 때 나의 발언이 신임 참모총장의 심기를 불편하게 하였으니 주변 사람들은 내가 6개월 후에 있을 소장 진급에서 탈락할 것으로 보았으며 사단장으로 승진할 수 없을 것으로 전망했다.

내가 맡은 전략기획처는 문서작성이 많은 부서이고 방산 관련 대외 업무가 많았다. 업무는 대대장을 마친 중령급 장교들이 각 병과별, 기능별로 구분하여 담당하였으며, 업무성과는 개인 능력에 따라 차이가 컸다. 업무수행은 국방부와 합참, 참모총장으로부터 과제를 부여받게 되면 업무 성격에 따라 담당 실무자를 지정하여 그 업무가 종결될 때까지 일 처리를 맡겼다. 이때 상급자의 지침은 명확하고 구체적이어야 하며 실무자가 이해할 수 있는 수준이 되어야 하므로 추진 일정과 착안 사항 등을 메모지에 기록하여 충실한 지침을 주고자 노력했다. 그러나 실무 장교의 능력이 천차만별이라서 그들이 초안을 작성하고 과장이 검토하여 나에게 보고하는 과정에서 문서가 수준을 충족하지 못함에 따라 재작성하거나 보완하는 경우가 있게 되었다. 따라서 개인 능력이 부족한 장교는 여러 차례 보완내용을 언급해주어도 만족스럽게 구현하지 못하다 보니 그 일을 처리하는 과정에서 그에게 꾸중을 하게 되고 때로는 짜증을 내게 되어 질책을 받은 부하와 질책을 하게 된 나의 관계가 불편하게 됨을 느꼈다. 이런 현상을 방지하기 위해 일처리의 효율성과 속도를 보장하고 개인 능력에 따른 맞춤형 업무수행을 하고자 했다. 첫 지침에 의한 문서가 미흡하면 한 번 더 추가 지침을 주어 보완하도록 하고 여기서 만족이 되면 최종상태로 처리를 하였지만 두 번째 지침에도 수준을 충족시키지 못하면 담당 실무자에게 현재까지 작성된 내용을 나에게 넘기고 이 과제는 내가 추가로 보완하여 종결할 것이므로 더 이상 관여하지 말고 네가 부여받은 다른 업무에 집중하라고 하였다. 처장인 내가 그 시간부터 그 과제에 대한 문서작성을 보완하여 완료하고 최종 처리를 함으로써 시간도 단축할 수 있었고 업무효율도 증대되었으며, 그 부하와 일로 인해 서로 불편한 관계를 갖지 않아도 되었다. 실무 장교의 일을 행동으로 도와주는 실질적인 역할이 필요하다 보고 이를 실천했다. 그 결과 부하들은 나의 능력을 신뢰했지만, 한편으로는 내가 너무 꼼꼼하고 빈틈이 없으며 깐깐하다는 평도 들었다.

이렇게 업무를 추진하면서 중령급 실무 장교들을 평가하여 매년 봄에 평정표를 작성하게 되었는데 대상자 수가 약 35명이나 되고 병과와 출신 구분이 동일하지 않아 등급을 매기기가 쉽지 않았다. 평정 과정은 과장이 1차 평정을 하면 그것을 받아 처장이 2차 평정을 하게 되어 있었다. 실무 장교에 대한 과장의 평가 기준과 안목이 처장인 나와 같을 수 없었지만, 크게 다르지 않았으므로 과장과 의논하여 능력 있는 장교가 명실공히 완벽하게 좋은 평가를 받도록 조정할 때도 있었다. 평정에서 우수한 서열을 받지 못하면 그해 진급이 불가능하므로 진급 대상자에게는 평정이 진급에 이르는 1차 관문인 셈이었다. 어느 날 저녁, 퇴근하고 숙소에서 9시 뉴스를 시청하고 있는데 누군가 현관문을 노크하기에 문을 열고 나가보니 ○○과에 근무하는 모 중령이었다. 그는 나에게 상의드릴 사안이 있어 왔다고 했으며 손에는 조그마한 종이 가방이 들려있었다. 그가 일을 성실히 하는 장교였으므로 네가 웬일이냐고 물으면서 들어오도록 하여 차 한 잔을 주고 얘기를 들어보니 본인이 올해에 진급 대상자인데 꼭 진급을 하고 싶다는 것이었다. 나는 그의 진급 가능성이 어떤지 모른 상태였지만 네가 열심히 업무를 하고 있으므로 지금까지 자력을 잘 쌓았다면 진급이 되지 않겠냐고 격려해주었다. 그는 나의 격려성 말을 듣고 돌아가면서 종이 가방을 남겼고 나는 그가 남긴 종이 가방이 궁금하여 펼쳐보았다. 설마가 사람 잡는다고 했듯이 우려한 대로 그 안에는 꽤 많은 액수의 현금이 들어 있었다. 군 생활하면서 이런 행위를 해보지도 않았지만, 부하로부터 조그마한 선물도 경계했었기에 순간 몹시 당황스러웠다. 그러면서 이 장교가 나를 이런 뇌물을 주면 통할 사람으로 본 것 같아 불쾌한 마음을 갖지 않을 수 없었고 한편으로는 치열한 진급 전선에서 살아남기 위한 몸부림이라고 여겨지기도 했다.

나는 이것을 어떻게 처리할까 고심한 나머지 수사기관에 제출하여 그를 구속하는 방안도 생각해보았지만, 그가 마이너 출신 장교로서 갖은 고생을 다 하고 중령 계급까지 달았는데 감옥에 보낸다는 것은 인간적으로 가혹하고 매몰찬 조치라고 생각되어 내일 이것을 그에게 돌려주되 그가 상처받지 않게끔 진정성을 갖고 위로해주고자 했다. 이튿날 출근하여 그를 내 사무실로 불러 그가 가져왔던 그대로 돌려주면서 오죽했으면 이런 행동을 했겠는가? 그의 입장과 상황을 공감하고 연민해주었다. 부하 한 사람을 잃지 않겠다는 마음으로 계란 다루듯이 조심스럽게 처리했다. 그러나 불행하게도 그는 그해에 진급하지 못하고 타 부대로 전출 갔으며 끝내 대령 계급장을 달지 못했다. 이 일 때문인지 그가 타 부대로 전출 간 이후 지금까지 그의 안부를 들어보지 못했으며 우려한 대로 부하 한 사람을 영영 잃고 말았다.

육군본부에 근무하였으니 골프 얘기를 하지 않을 수 없다. 내가 골프 클럽을 들기 시작한 게 1992년도였으니 30년이 되었으며 대령 때는 초보 실력이었지만, ○○사단 부사단장을 하면서 매일 200여 개의 공을 때렸던 것이 큰 효과를 얻어 육군본부 입성 첫 라운드에서 80타를 쳤다. 동반자도 놀랐고 나는 더 놀랐으며 전혀 예상하지 못한 기량이 쌓였으니 그럴 수밖에 없었다. 육군본부는 골프 운동하기에 적합한 환경이었다. 연습장 시설이 좋았고 골프장도 새로 조성되어 페어웨이와 그린이 최상이었으며 주변 경관도 계룡산의 수려한 산세가 병풍처럼 둘러있어 환상적이었다. 업무가 많아 핸디를 줄이기 위해 연습장에 나갈 시간은 없었지만, 훈련과 비상 상황, 국민적 관심사건. 사고 등 특별히 일상에 제한을 주는 경우를 제외하고는 주말과 휴일을 이용하여 필드에서 라운드를 할 수 있었다. 봄, 여름, 가을에는 평균 한 달에 5회 정도 골프 운동을 했다. 라운드 동반자는 우리 처의 과장, 육사 동기생, 부장, 인접 처장 등 다양하였고 가끔 약간의 내기 골프도 함으로써 골프가 있어 주말이 즐거웠고 가족과 떨어져 있었지만 외로움을 이길 수 있었다. 혹자는 골프가 일하는 분위기를 해친다고 하였지만, 나에게는 활력을 불어넣어 주고 스트레스를 해소해주면서 정신적 건강을 지켜주었기에 나는 이 말에 동의할 수 없었다. 즐겁게 주말을 보냈으니 오히려 주중에는 열심히 일하는 문화가 정착될 수 있었으며 할 땐 하고 놀 땐 논다는 워라밸, 일과 삶의 균형이 유지된다고 보았다. 육군본부는 사기를 북돋우려고 매년 봄, 가을 2차례 장군단 골프대회를 하고 저녁에는 총장공관에서 만찬 자리도 가졌다. 나는 2001년 봄 대회에서 74타를 기록하여 메달리스트가 되었고 이 기록은 지금까지 나의 베스트 스코어이다. 골프의 단점이 너무 재미있다는 것인데 그렇다고 골프에 빠져 허우적거리고 업무를 소홀히 하는 장군이 있다면 그는 어리석은 장군이며 이런 사람을 장군으로 선발한 자는 더 어리석은 사람이라고 본다. 골프 애호가는 아니지만, 골프가 주말에 휴식과 스트레스 해소에 도움을 준다는 긍정적 측면을 부정하고 싶지 않다.

육사 출신 장교들은 각 기별로 동기회를 만들어 친목을 도모하고 동기생 소식을 주고 받는다. 졸업과 동시에 동기회가 구성되고 매년 동기회장을 선출하여 1년 동안 동기생을 대표하게 하고 각종 행사 개최와 공동 관심 사항에 대한 의견 수렴 등을 주도하게 한다. 동기회장은 대체적으로 중임과 연임이 허용되지 않으며 지금까지 회장을 하지 않은 동기생 중에서 적합한 인물을 선출하므로 현역 때는 진급에 앞선 사람이 동기회장을 하게 되고 예비역이 되면 사회적, 경제적 조건을 고려하여 적임자를 뽑는다. 동기회장에게 실질적인 명예와 혜택은 없으며 동기생을 위한 봉사 차원의 명에만 주어진다. 내가 육사 30기 동기회장으로 선출된 것은 2000년 2월이었고 장군에 진급하여 육군본부 전략기획처장 자리에 있을 때였다. 육군본부의 중책에 앉아 있어 적합하다고 판단했던 것 같다. 나는 입교 30주년이 되는 해에 동기회장을 맡았으므로 남다른 의미를 갖고 봉사해보겠다는 생각을 가졌다. 동기회장이 되고 나서 곧바로 주요 사안을 함께 의논하고 행정을 담당할 총무에 누가 적격일까 알아보았다. 그 결과 성격이 활발하고 매사에 적극적이면서 재주가 많은 육본 지휘통신참모부 이모 대령이 적합할 것 같아 그에게 총무를 맡아달라고 요청하자 흔쾌히 받아주었다. 나는 그와 동기회 운영방안을 협의하였으며 동기들의 화합과 단결, 애경사 참여, 미망인 돕기 등 활동을 지속하되 특색 있는 사업을 추진하고자 입교 30주년 행사를 오랫동안 기억에 남을 수 있게 치러보고 싶었다. 일반적으로 육사 기별동기회가 임관 30주년은 기념행사를 거행하고 의미를 새기지만 입교 30주년은 별도 행사를 하지 않았다. 행사 기획에 참고할만한 자료가 많지 않았지만 나름대로 짜임새 있게 구상하고 총무와 함께 준비에 들어갔다. 무엇보다 행사를 준비하는 데 만찬비용, 선물비용, 게임 상품 등에 드는 자금이 필요함에 따라 구체적 방침을 세워 기존 동기회비는 가급적 사용하지 않으면서 재력 있는 동기생과 지인들에게 찬조금 지원을 받았다. 또한, 동기생 전원에게 줄 선물과 게임 상품은 협찬으로 충당하도록 했다. 모든 비용과 물품은 내가 섭외하기로 하고 총무에게는 행사 진행 각본을 맡겼다. 다행히 자금도 충분히 찬조받아 행사 비용을 충당하고 남게 되어 동기회비로 전환할 수 있었고 선물과 상품도 수준 높게 준비할 수 있었다. 그해 5월 모교를 찾아 30년 전을 회고 해보는 시간을 가졌으며 저녁에는 생도식당 홀에서 만찬과 여흥을 즐겼다. 부부 동반 450여 명이 모여 육사 출신의 정체성을 확인하고 동기생 우의를 다졌으며 무에서 유를 만들어내듯이 여건이 녹록지 않았지만, 짜임새 있고 품격 있는 행사가 된 것 같아 흡족했다. 아울러 동기회장으로서 故 임모 동기가 투병하고 있는 병상을 찾아 가족에게 적은 금액이었지만 치료비를 드리고 위로하였는데 얼마 후 그가 생을 마감하였으니 인생무상을 느끼지 않을 수 없었다. 그는 키도 크고 미남이었으며 정의감이 투철하고 의리가 있었던 꿈 많은 청년 사관이었다. 생도 시절 절친했기에 그의 고향 부여 본가에 가서 부모님도 뵙고 후한 대접을 받았었는데 안타깝게 되어 비통한 마음으로 고인의 명복을 빈다.

임관 30주년 기념행사에서 동기회장으로서 내가 드린 인사 말씀이다.

'공사다망하심에도 불구하고 오늘 이 자리에 참석해주신 동기생 여러분께 깊은 감사를 드립니다. 아울러 오늘이 있기까지 내조에 노고를 아끼지 않으신 동기생 가족 여러분께도 경의를 표합니다.

여러분께서 잘 아시는 바와 같이 금 년은 우리가 육사에 입교한 지 30주년이 되는 해이며, 이 자리는 지난 30년을 회상해보면서 입교 30주년을 자축하고 동기 애를 더욱 공고히 하고자 마련되었습니다.

돌이켜보면 우리가 육사의 장엄한 청백 대열에 합류한 1970년 2월 8일이 엊그제 같은데 강산이 3차례나 바뀔 만큼 많은 세월이 흘렀습니다. 아직도 우리에게 젊음과 뜨거운 열정, 그리고 아름다운 꿈이 많은 것 같은데 벌써 지천명의 나이에 접어들었습니다. 시간의 흐름 속에 우리도 예외일 수 없음을 다시 한번 느껴봅니다.

하지만 지난 30년은 우리 30기가 사회와 군에서 중추적 역할을 할 수 있게끔 성장의 밑거름을 제공해주었고 가정에서는 훌륭한 남편과 아버지가 되도록 만들어 주었습니다.

따라서 이제는 우리 30기 어깨에 무겁고 엄중한 짐이 얹히게 되어 군과 사회발전에 앞장서야 할 것이며 동기생의 소중함을 마음속 깊이 새겨야 할 때입니다.

우리는 이곳 화랑대에서 정직과 명예는 무엇과도 바꿀 수 없음을 터득했고 실천했습니다. 또 한 공을 사보다 먼저 생각하고 이에 따른 희생정신을 길렀습니다.

이러한 육사 정신은 우리에게 동기 애의 소중함을 심어주었고 동기생 상호 간 열린마음을 갖게 해주었습니다.

주먹을 꼭 쥐고 있는 사람과는 악수할 수 없다고 합니다. 적자생존의 정글의 법칙보다 너도 이기고 나도 이기는 win-win 정신으로 우리의 우정을 한 단계 높여나가길 희망합니다.

아울러 30여 년 전, 우리와 생사고락을 함께했던 동기생 중에서 고인이 되신 분도 있고, 건강과 경제적 어려움으로 힘들게 사는 동기생도 있습니다. 이들에 대한 우리의 애정과 따뜻한 손길이 필요합니다. 적극적인 관심으로 많은 도움을 주시기 바랍니다.

끝으로 행사 준비와 진행이 다소 미흡한 점이 있더라도 널리 양해 부탁

드리며, 이 행사를 위해 물심양면으로 지원해주신 몇몇 동기생들께 거듭

감사 말씀을 드립니다.

동기생 여러분의 건승과 가정에 행복이 함께 하길 기원합니다.

2000. 5. 7.

동기회장 이 성 출

육본에서 전략기획처장 3년은 장군으로 갖춰야 할 업무 지식과 경험, 철학적 소양, 덕성 등을 한 단계 높인 기회였고 시간이었다. 육군 발전 방향을 정립하여 미래 육군 모습을 그렸고 군사력 건설과 국방예산에 대한 깊은 지식을 쌓았다. 병과별, 전장 기능별 핵심 전력을 식별하고 운용 개념과 소요를 판단하였으며 전시 무기와 장비의 보충 소요에 대한 획득 방법을 구상하여 국내업체가 유사시 생산체계를 구비하도록 민군복합과 호환의 틀을 마련하였다. 아울러 민간기술이 군의 소요와 요구에 부합되게 발전할 수 있도록 육군이 가고자 하는 군사력 건설 방향을 민간기업에 소개하는 정보공유 설명회를 주기적으로 개최함으로써 방위산업발전에도 이바지할 수 있었다. 전략기획처장을 3년간 역임한 장군은 내가 유일했으며 그만큼 업무성과가 컸음을 자랑스럽게 말할 수 있었다.

장군의 무덤에서 전화위복(轉禍爲福)

참모총장이 바뀌고 겨울이 지났다. 봄이 오면 만물이 생동하지만 장군 승진과 보직 인사가 있을 예정이라서 대상자들은 정보수집에 계절 변화도 느끼지 못하고 있었다. 장군 인사의 최종 결심 자는 참모총장이고 장관이므로 총장실에서 흘러나오는 소식에 귀를 기울이지 않을 수 없었다. 참모총장 비서실장 A 준장은 가끔 내 방에 와서 정보를 흘리기도 하고 내가 소장으로 승진하여 사단장으로 나가면 내 자리에 본인이 앉고 싶어 했다. 한편, 그는 내가 승진하여 사단장으로 나가길 바라지만, 총장의 표정과 언행이 그렇지 않은 것처럼 보인다고 걱정하기도 했다. A 장군이 가끔 총장 의중을 말해주곤 했지만 중요한 직책에서 3년 동안 고생했고 업무성과도 많은데 총장이 왜 나를 좋게 생각하지 않는지 알 수 없었다. 지연과 근무연이 닿지 않아서 그럴까 짚어보았지만, DJ정부라서 호남을 우대하지는 못하더라도 차별은 줄 수 없을 것으로 생각하고 이유를 찾아보니 1999년 무궁화 회의 때 나의 발언이 총장의 심기를 많이 불편하게 만들었던 것으로 생각되었다.

　그때 나의 소신 발언이 조장을 불쾌하게 만들었고 그 조장이 총장 자리에 앉았으므로 내게 우호적 환경이 되지 못했던 것이다. 그러나 나는 A 장군이 던져주는 정보에 흔들리지 않았다. 과거 같으면 총장이 영남 출신이고 내가 호남 출신이므로 불이익을 받을 수도 있지만, 지금은 정치 권력이 바뀌어서 그렇게 되지 않으리라 믿었다. 또한, 자력과 업무실적, 도덕성, 인품, 가족사항 등에서 뒤떨어지지 않는다고 자부했기에 30기가 2명만 소장으로 진급되어도 낄 수 있다는 자신감을 갖고 있었다.

　그러나 마음속으로 승진의 당위성을 단단히 믿고 있었지만, 불안을 100% 떨쳐버릴 수 없다. 소장 진급 발표일이 다가오자 아침부터 들려오는 소식들이 온통 진급 관련 뉴스였다. 오후가 되자 청와대 대통령 결재 시간이 지나고 소장 진급자가 발표되었다. 내 이름이 명단에 들어있었다. 나는 소장으로 진급하게 되었고 사단장을 나가게 된 것이다.

　소장 진급자가 발표되고 여러 사람으로부터 축하 전화와 전보 등을 받았다. 곧이어서 사단장 보직 발표가 있을 예정이었다. 장군 진급은 대통령 결재 사안이지만 보직 명령은 총장 권한이다. 소장 진급자가 발표된 후에 어느 사단으로 사단장을 나가게 될 것인가는 총장이 결정하고 발표하게 되어 있었다. 그날 오후 4시쯤 사단장 보직 명단이 나왔고, 나를 ○○사단장에 보임하는 인사명령이 발표되었다. 주변에서는 또 강원도로 가느냐고 했다. 나는 소대장부터 연대장까지 강원도에서 역임했다. 소대장, 중대장, 대대장, 사단작전참모를 ○○군에서 했으므로 육군의 보직 방침이 군별, 지역별 균등하게 근무지를 고려하게 되어 있었기에 사단장을 ○○군 예하 경기도 지역에서 하게 될 것으로 생각했다.

그런데 이번에도 강원도로 가게 되었다. 그것도 가장 힘들고, 말도 많고, 장군의 무덤으로 알려진 ○○사단으로 보직을 받았다. 육군본부에서 가장 멀리 떨어진 곳으로 가게 된 배경을 짐작해보니 참모총장과 관계가 좋지 않았던 것이 원인이었다. 참모총장은 나의 소장 진급을 막지 못했지만 본인 권한인 보직 명령으로 나에게 불이익을 주었던 것이다. 그러나 나는 총장에 대한 섭섭한 감정을 묻어두고 임관 후 첫 부임지이자 중대장까지 했던 곳이라 애정을 갖고 더 좋은 앞날을 기약하면서 동해안으로 떠날 채비를 했다.

2002년 4월 15일, ○○사단장으로 취임했다. 동해안을 떠났던 해가 1979년이었으니 23년의 세월을 흘려보내고 어깨에 2개의 별을 붙인 육군 소장이 되어 이곳에 다시 왔다. 동해안에서 보냈던 초급장교 시절 정신적, 육체적 고통이 컸기에 오고 싶지 않았던 것이 솔직한 심정이었는데 다시 오게 된 것이다. 동해와 설악산은 의구하였으며 어촌마을의 평화로움도 여전했다.

사단장에 부임한 날, 나는 취임사에서 북한 도발을 사전에 억제하고 유사시 적과 싸워 이길 수 있는 군대를 만들자고 했으며, 이를 위해 우리 모두 확고한 대적관을 확립한 가운데 전투 임무 위주 부대 운영과 실전적 교육훈련을 강화하여 전투준비태세 수준을 높이자고 강조했다. 설레는 마음으로 하룻밤을 자고 일어나 창밖을 보니 세찬 바람이 이른 아침부터 창문을 심하게 때리고 현관 앞 소나무를 몹시 흔들어대고 있었다. 양간지풍(襄杆之風)이라 했듯이 내 눈에 바람 세기가 보이는 것 같았다. 이렇게 강하게 부는 바람이 산불과 만났을 때 재앙을 낳게 될 것으로 생각했다. 별 2개의 성판을 부착한 승용차에 몸을 싣고 첫 출근길에 올랐지만, 강풍 때문에 마음이 편치 않았다.

한편 내가 사단장으로 부임했던 2002년 4월과 5월은 월드컵 분위기가 온 나라를 뜨겁게 달구고 남북화해 협력 분위기가 고조되고 있어 자칫 군 본연의 임무 수행 자세가 흐트러질 수 있었다. 더군다나 ○○사단은 골 때리는 부대이고 사건. 사고가 쉴 새 없이 발생함에 따라 운이 없으면 보직해임을 당하게 되어 장군의 무덤이라는 어두운 이미지를 안고 있는 부대였다. 첫걸음부터 남다른 각오 없이는 사단장을 성공적으로 마칠 수 없을 것 같았다. 재임 기간 자신의 안위를 내려놓고 오로지 북쪽만 주시하면서 복무하겠다는 각오를 다지고 군화 끈을 단단히 조여 맸다.

나는 사단이 근본적으로 타 부대와 달리 취약한 특성이 있음을 파악했다. 작전 지역이 휴전선 최동북단 수복지역임에 따라 북한과 지리적, 심리적 거리가 가까웠다. 명파리와 대진리 마을은 북한 어로 구역과 근거리에 있어 수시로 북한 어민들이 어로작업에 사용한 도구가 해안에서 발견되곤 했다. 또한, 작전환경이 악조건이라서 강풍과 태풍, 폭우, 폭설, 산불 등 지구상 인간이 자연으로부터 받을 수 있는 모든 재난과 재해를 껴안고 있었다. 그 뿐만 아니라 타 사단은 대적 경계를 함에 있어 GOP 철책 경계만을 담당하는 단일 임무를 수행한 데 비해, 우리 사단은 GOP 경계와 해안 56km를 동시에 물 샐 틈 없이 경계해야 하는 전군 유일의 사단이었다. 이에 따라 예비대가 없어 부대원의 피로도가 높을 수밖에 없었다. 아울러 통일 전망대와 주변에 산재되어 있는 해수욕장, 관광시설인 콘도, 리조트 등은 민간인과 부대원의 접촉 빈도를 높게 만들어 병사들에게 비전투적 정서를 조성하는 측면이 많았다. 이처럼 어렵고 힘든 여건과 환경임에는 틀림없지만 그렇다고 불명예스러운 일이 발생했을 경우 책임을 벗어날 수 있는 것이 아니라서 부대 특성과 상황을 엄중하게 인식하고 차별화된 노력을 기울이겠다는 각오를 다졌다.

지휘관은 부대의 주인이고 얼굴일 뿐만 아니라 부대 지휘 성패에 대한 책임을 지며 어떠한 경우도 책임을 남에게 전가할 수 없다. 따라서 지휘관은 계급과 명예가 책임의 대가임을 깊이 인식하고 자기 책무에 대한 지적 능력과 실천력을 갖추는 데 진력해야 한다. 한시라도 본연의 임무에서 눈을 떼면 안 된다. 이러한 인식을 바탕으로 책임의 무한함과 엄중함을 느끼면서 부대 지휘에 몇 가지 방향을 설정하고 이행하고자 했다.

첫째는 본질과 원칙에 충실한 지휘를 하고자 했다. 군대는 적과 싸워 이기는 것이 본질이며 법규와 윤리, 도덕이 원칙적 덕목이므로 지휘관으로서 결심하고 결정하기 어려울 때는 본질에 적합한지, 원칙에 어긋나지 않는지를 판단의 중심적 가치로 삼고자 했다. 둘째는 말보다 행동을 앞세우는 지휘를 하고자 했다. 군인은 육체적 행동을 수반하여 임무를 수행하므로 힘들고 피로하고 지칠 때가 많다. 이럴 때일수록 지휘관이 행동으로 솔선수범하고 동참하는 것이 부하의 사기를 진작시키고 동기를 유발하는 지름길로 확신했으며, 이를 스스로 보여주고자 했다. 셋째는 합리적이고 예측 가능한 지휘를 하고자 했다. 군에서 장관급 지휘관은 절대적 권한을 가지고 있어 이를 남발하거나 오용할 수 있으므로 무모한 독단과 고집, 돌발적 행동, 억지 주장 등을 자제하고 무리를 배제하고자 했다. 넷째는 공명정대하고 공평무사한 부대 지휘를 하고자 했다. 공과 사를 명확히 구분하여 사소한 것에도 불평불만이 없도록 하고 부하를 편애하거나 부하에 대한 편견을 갖지 않으려 했다. 마지막으로 인간애가 넘치는 지휘를 하고자 했다. 군대는 사람의 밀도가 높은 집단이므로 사람을 좋아하는 인성이 필수적이다. 부하가 힘들게 해도 귀찮다는 생각을 갖지 않으려 했으며 부하 앞에 찡그린 표정을 짓지 않겠다고 했다.

우리나라 육군의 경우 연대급 이상 보병부대는 일반 명칭과 통상 명칭을 갖고 있으며 이는 각종 문서를 포함하여 공식적 기록과 명령, 지시 등에 사용된다. 한편, 보안을 유지하고 국민에게 친근감을 주기 위해 부대마다 애칭을 별도로 가지고 있는데 내가 지휘했던 ○○사단도 뇌종(雷鐘) 부대를 애칭으로 불렸다. 이승만 대통령이 부대창설과 동시에 지어준 명칭이라고 했다. 뇌종이라는 의미가 우레와 같은 종소리이니 나쁘지 않은 것 같았으나, 이름이 의미도 가져야 하지만 부르고 들었을 때 어감도 좋아야 하는데 뇌종이라는 발음이 우레처럼 쏟아지는 에너지가 아니라 뇌종양이라는 그늘진 이미지를 갖게 하는 것이 아쉬웠다.

나는 신병교육대에서 신병들이 수료 전에 이들을 대상으로 사단장과 대화시간을 가졌다. 이때 그들로부터 어려움이나 고충을 듣고 허심탄회하게 얘기를 나누었는데 이 자리에서 신병들은 이구동성으로 뇌종 부대에 배치 명령을 받고서 부대 애칭으로 인해 어두운 부대 상(像)을 느꼈다고 말했다. 이름이 나쁘면 액운이 따른다는 것이 동양사상에서 널리 알려진 보편적 인식이므로 부대 이름 때문에 사건과 사고가 끊임없이 발생한 요인이 될 수 있을 것 같다는 생각을 하게 되었다. 고심을 거듭하다가 부대 애칭을 바꾸고자 부대원들 의견을 청취하고 외부적으로는 역대 사단장들의 견해를 듣고자 서신을 보냈다. 예상했던 대로 내부 의견은 대다수가 찬성하였지만 역대 지휘관들은 반대가 많았다.

그러나 부대 주인은 전투복 어깨에 부대 마크를 달고 불철주야 임무완수에 매진하고 있는 현역들이지 예비역들이 아니라고 생각했다. 지휘관의 결심은 고독한 환경에서 외롭게 탄생되는지라 장고 끝에 부대애칭을 바꾸기로 했다. 나의 결심을 정훈참모 박모 소령에게 말해주고 부대 애칭 변경을 추진하도록 지시했다. 하지만 이름을 새로 지어 바꾸는 것이 의지만으로 쉽게 되지 않았고 세상에 좋은 이름이 별도로 있는 것도 아니었다. 밤 낮없이 머릿속에 좋은 이름을 찾는 데 골몰하다가 율곡 선생을 떠올려보았다. 율곡 선생이 무인(武人)은 아니었지만, 동해안 강릉에서 태어났고 나라가 휘청거릴 때 10만 양병설을 주장하여 유비무환 태세를 갖춰야 한다고 했다. 또한, 그분의 성함이 이이(李珥)였으니 22와 인연이 닿을 것 같았다. 이러한 배경 아래에 '율곡'으로 잠정 결정하고 부대원들의 여론을 들어보니 역사적 인물이고 성리학의 대가라서 대부분 찬성했다. 이에 따라 덕수 이씨 종친회와 율곡 학회의 허락을 받기 위해 박모 소령을 보냈다.

그러나 의외로 종친회와 학회의 저항이 심했다. 그 이유는 군이 율곡 사업을 추진하였지만, 그것이 비리의 온상처럼 알려지게 되어 율곡 선생께 오점을 남겼다는 것이었다. 박모 소령에게 다시 찾아가서 거듭 간청하도록 하고 율곡 선생의 위업을 계승하게 될 것임을 약속했다. 이런 노력과 의지가 결집되어 결국 이름 사용을 허락받았다. 2003년 4월 21일 사단 창설기념일에 부대 애칭 선포식을 가졌다. 나는 부대애칭 선포식 행사에서 우리 사단은 10만 양병설을 주창하신 율곡 선생의 유비무환 정신을 이어받아 상시 군사 대비 태세를 확고히 하는 부대로 거듭나자고 힘주어 강조했다. 돌이켜보면 부대 애칭을 바꿔 악성 사건. 사고의 연결고리를 영원히 끊고 싶었으나 나에게만 유효했던 것 같았다. 내가 사단장할 때는 탈도 많았던 ○○사단은 장군의 무덤이 아니었다. 세칭 골 때리는 부대도 아니었으며 새로운 전통과 명예가 고양된 부대였다.

2002년 6월 6일은 조기를 달고 순국선열께 경의와 애도를 표하는 현충일이었다. 사단장으로 부임하여 50여 일을 보내면서 부대 현황 파악에 노심초사하다 보니 머리가 무겁고 개운하지 않은 상태였다. 이른 아침에 눈을 뜨자 부관이 방문을 노크하는 소리가 들렸고 그는 서울 목동 형한테 전화가 왔다는 것이었다. 시계를 쳐다보니 아침 5시였다. 이른 시간이라서 순간 불길한 예감이 들었다. 새벽에 전화가 왔으므로 좋은 소식은 아닐 것 같았고 형의 전화였으니 가족 관련 사항일 것으로 판단하고 수화기를 들었다. 전화기는 형의 목소리를 전해주었고 그 목소리는 어머니께서 돌아가셨다는 슬픈 소식을 담고 있었다. 나는 믿어지지 않았고 꿈인지 현실인지 분간이 어려웠다. 불과 50여 일 전, 아들이 사단장에 취임한다니 섬에서 여기까지 다녀가셨다. 당신의 건강으로 인해 자식들에게 걱정을 끼치신 적이 없으셨는데 청천벽력 같은 소식을 접하게 된 것이다. 허겁지겁 사무실에 들어가 참모장에게 사실을 알리고 아내와 함께 목포로 달려가면서 어머니 삶을 새겨보니 온통 헌신과 희생이었다. 모진 시어머니를 모시고 살면서 구박도 많이 받으셨으며 성격이 곧은 아버지한테도 철저하게 순종하셨다. 7남매를 낳아 아들 한 명은 일찍 하늘나라에 보내고 6남매를 기르셨지만, 자식들에게 욕 한번 해본 적이 없으셨다. 마을 사람들과 언성을 높여 말다툼도 해본 적도 없으셨다. 무학이었지만, 성격이 온순하시고 머리가 좋으셨고, 자상하셨다. 옳고 그름에 대한 사리 판단이 명확하셔서 동네 아주머니들끼리 싸움을 하게 되면 어머니가 심판관이 되곤 하셨는데 이렇게 훌륭한 어머니가 76세 나이에 돌아가신 것이다.

부모님께 효도는 살아 계실 때 해야 하고 부모와 언젠가는 이별하게 된다는 진리를 알고 있었지만, 우리 어머니는 오래 사실 것이라 믿었는데 자식들 곁을 떠나셨다. 슬프고 애통한 마음을 가누지 못한 상태에서 목포에 도착하여 평온한 모습으로 영원히 잠들고 계신 어머니를 보니 오열과 회개가 눈물이 되어 쏟아졌다. 장례식은 많은 분들께서 수고해주시고 위로해주신 덕분에 잘 치르고 어머니를 시골 양지바른 곳에 모셨다. 우리 어머니는 편안히 영면하실 것이며, 하늘나라에서는 고생하지 않고 행복하시리라 굳게 믿고 있다.

한편 아버님은 내가 연합사 부사령관에 부임한 지 얼마되지 않아 영면하셨다. 2009년 7월 2일 23:47에 용인효자병원 중환자실에서 별세한 것이다. 나는 곧바로 지인에게 연락하여 아산병원 영안실을 예약하였고 3일 02:00에 아버님 시신을 아산병원에 안치하였다. 아산병원 20호에 빈소를 마련하고 조문객을 접견하였으며 3일 14:00에 입관을 마쳤다. 발인을 4일 23:30에 하고 목포로 출발하였으며 5일 07:40에 비금에 도착했다. 시골집에서 조문객, 마을주민, 종친들과 아버님에 대한 덕담을 나누고 그날 10시, 선영에 어머님과 합장했다. 7월 6일 08:00에 묘소에 참배하고 목포를 경유 서울로 복귀했다. 아버님은 강인하셨고 남에게 사정하거나 어렵더라도 부탁을 하지 않은 성품이셨다. 성격은 때로 급하셨지만 이해심이 많으셨으며 요령이나 요행을 바라지 않으셨다. 2002년 어머님께서 타계하시고 홀로 계셨으니 외로움 때문인지 몰라도 대장암 진단을 받으신 것이었다. 광주 전남대병원에서 치료하시다가 상태가 악화되어 일산 암센터의 김모 박사에게 의뢰하여 치료를 담당하게 했다. 수술을 하면 몇 년간 생존이 가능하다는 담당 의사의 견해를 아버님께서도 동의하시고 수술을 받으셨다. 그러나 연로하신 노인께서 수술하신 후 기력을 회복하지 못하시고 병원에서 약 1년 6개월 만에 돌아가시고 말았다. 수술 후 고향에 한 번만이라도 가보고 싶어 하셨는데 소원을 이루지 못하시고 눈을 감으셨으니 가슴이 미어진다. 훗날 득문한 의학상식이지만 노인은 암 진행이 느리다고 한다. 차라리 수술을 하지 않고 고향에서 2~3년이라도 살다가 돌아가셨으면 더 나았을 것인데 잘못된 결정이었음을 알고 후회했다. 일산 암센터와 요양원에 계시다가 장기간 병원에 입원환자로 계셔야 했기에 보건복지부 진모 본부장에게 부탁하여 용인 효자병원에서 치료를 받으셨다. 그러나 좋은 등급의 요양병원일지라도 환자 상태가 회복하기 어렵다는 것을 알기 때문에 현실적으로 흡족한 치료환경이 되지 못했다. 일주일에 한 번꼴로 병문안을 갔었지만, 대화도 힘들었고 마음만 아픈 시간이 되었다. 어머님과 아버님을 보내고 나니 나이를 먹었지만 고아가 되었다는 엄연한 사실에 슬픔을 감출 수 없었다. 부모님이 곁에 오랫동안 계실 줄 알았지만, 세월은 이별을 만들고 나도 이제 그 나이가 되어가니 어머니, 아버지 마음을 알 것 같다. 누워 계시고 아파 계시더라도 부모님이 숨 쉬고 이 세상에 계셨으면 좋겠다고 생각해본다. 7월 3~4일 이틀간 1,500여 명의 조문객과 150여 개의 조화가 고인의 명복을 빌어주었고 나를 포함한 유가족에게 위로를 해주었다. 특히, 익숙하지 않은 한국 장례문화였지만 샤프 사령관 내외분과 주한미군 장성들이 빈소를 찾아와 조문해주었고 중앙 일간지가 그분들의 조문을 대대적으로 보도했다. 거듭 감사를 드린다.

사단을 지휘하는 데 가장 큰 어려움은 강풍과 태풍, 폭설, 폭우, 산불, 해일 등 수없이 닥쳐온 재해, 재난이었다. 2002년 8월 31일 토요일,

사단 예하 2개 대대의 부대훈련시험을 마치고 사단 교회에서 강평을 주관했다. 통제 단장인 부사단장이 순서에 따라 강평을 진행했는데 오전 10시경부터 비가 내리기 시작했다. 빗줄기는 점점 굵어지면서 폭우로 변해 가고 있었다. 태풍 루사가 동해안에 비를 뿌리기 시작한 것이다. 나는 빗줄기가 굵어짐에 따라 좀처럼 마음을 놓을 수가 없었다. 그날 강평 후 훈련에 수고한 2개 대대 간부들의 노고를 위로해주고자 간부 식당에 오찬을 준비해 놓았지만, 오찬을 취소한 채 훈련부대 간부들에게 신속히 부대에 복귀하도록 지시하고 폭우에 철저히 대비한 부대 관리를 당부했다. 점심을 서둘러 먹고 지휘통제실에 들러 상황을 점검 후 예하 부대에 폭우피해가 없도록 거듭 강조했다. 비는 하늘이 구멍 난 것처럼 끊임없이 쏟아지고 있었다.

오후 2시쯤이 되자 퇴근을 준비하겠다는 부관의 보고가 인터폰을 통해 들려왔으나 나는 비가 많이 내리니 오늘은 사무실에 더 머물러 기상을 살펴보고 퇴근하자 했다. 사무실에 앉아 빗줄기가 약해지기를 바라고 있는데 오후 4시쯤 되었을 때 김모 예비역 소장으로부터 전화가 왔다. 김모 장군은 지금 대관령을 넘어 속초로 향하고 있다는 것이었다. 김모 장군은 육사 ○○기이며 우리 사단 16대 사단장을 역임한 분이다. 내가 ○○사단 작전참모 시절 ○○군단 작전참모를 한 분이라서 나는 그분을 잘 알고 있었다. 김모 장군으로부터 동해안에 부인과 함께 휴가를 오겠다고 연락을 받은 때가 약 보름 전이었고 그분께서 오겠다는 날짜가 오늘이며 저녁 약속도 잡혀 있었다. 여전히 비는 잠시도 쉬지 않고 내렸으며 장대같은 빗줄기가 쏟아진 가운데 김 장군과 약속 시간은 가까워지고 있었다. 폭우로 나는 수심이 깊어졌고 이 마당에 그분과 저녁을 먹게 되면 반주도 한잔하게 될 것인데 그러기에는 기상 상황이 예사롭지 않음을 인식했다. 저녁식사를 함께할 수 없다는 생각을 굳히고 참모장에게 나를 대신하여 그분을 접대하도록 18시까지 청간정 휴양소로 오라고 연락했다. 폭우가 내리지만, 선배 사단장이므로 예우 차원에서 동석하여 음식 대접을 해드리는 것이 도리였으나, 기상이 점점 악화되고 있어 양해를 구하고 예하 부대를 점검하러 현장으로 가는 것이 맞을 것 같아 참모장을 오게 했다.

나는 사단장으로서 본질에 충실한 행동이 어떤 것일까? 를 고민했다. 선배 사단장과 대화하면서 유익한 말씀을 듣는 것도 결코 나쁜 것은 아니지만 범상치 않은 폭우가 쏟아지고 있으므로 취약지역을 확인하고 부대를 통제하여 피해를 방지하도록 독려하는 것이 사단장의 본질적 임무에 더 가까운 것이라고 판단했다. 이렇게 결심하고 군복차림으로 시간 맞춰 약속장소에 나갔더니 김모 장군은 이미 도착하였고 참모장도 함께 있었다. 준비된 선물을 김모 장군한테 드리고 폭우가 쏟아지고 있어 현장에 가봐야 할 것 같으니 참모장과 대화 나누시면서 저녁을 맛있게 드시라고 양해를 구한 후 해일이 칠 때 위험할 것으로 판단된 청간정 소초와 공현진 소초로 달려갔다. 현장에 가보니 소초 병력은 대피하기 위해 개인별 더블백에 짐을 꾸리고 있었으며, 인근 학교시설을 협조하여 그곳에 대피할 수 있도록 조치가 되어 있었다. 이어서 예하 부대 몇 군데를 더 돌아보고 사단 지휘통제실에 들어온 시간이 21시 10분경이었다. 이때까지 식사를 하지 못한 상태였지만 부대 안전이 걱정되어 배고픔을 느낄 겨를이 없었다. 상황실에서 전화를 이용하여 예하 부대 상황을 점검하던 중 21시 30분경에 학야리 교량이 끊기었다는 보고가 들어왔다. 사단사령부에 들어오는 유일한 길목 교량이 두절되었으므로 그 시간부터 예하 부대에 나가볼 수도 없게 되었고 외부에서 사단사령부에 들어올 수도 없게 되어 버렸다. 교량이 절단되어 김모 장군과 식사를 함께 했던 참모장은 이튿날까지도 부대에 들어오지 못했다. 나도 김모 장군과 함께 청간정 휴양소에서 저녁식사를 했었다면 그 시간에 다리가 끊겨 사단사령부로 들어오지 못했을 것이고 사단 지휘통제실에 정위치 하지도 못했을 것이다. 위기 상황에서 부대를 장악하고 통제하는 역할을 하지 못하여 스스로 사단장 지휘권을 내려놓았어야 할 상황을 맞을 뻔했던 것이다.

본질에 충실하지 않았다면 폭우를 예사롭지 않게 생각할 수 있었고 잘 아는 선배 사단장과 오랜만에 자리를 갖게 되었으므로 사단의 취약점에 대해 깊은 생각 없이 저녁식사와 반주에 도취했을 것이다. 지휘관은 판단하고 결심하는 자리에 있는 바 엄중한 기준 없이 행동하면 신뢰를 얻을 수 없다. 따라서 매번 결심하기 어려울 때 나는 본질과 원칙을 따랐다. 그때마다 나의 판단이 맞았고 옳았음을 확인할 수 있었다.

태풍 루사로 인해 시간당 100mm라는 기록적인 폭우를 퍼붓는 가운데 지휘통제실에서 전화기를 붙들고 폭우피해를 파악하던 인사참모로부터 헌병대에 취사병이 매몰되었다는 사고 소식을 들었을 때가 9월 1일, 심야 1시경이었다. 유동 병력을 철저히 단속하고 내무반을 벗어나지 않도록 지시했건만, 취사병이 밖으로 나와 야전 부식고를 확인하다가 흙더미가 무너져 그 안에 묻혀버린 사고였다. 그대로 놓아두면 금방 죽을 것으로 보였으나 쏟아지는 폭우에 칠흑 같은 어둠이라서 구조가 불가능한 상태였다. 병력을 투입하여 구조하려다가 더 큰 사고가 날 우려도 있어 발을 동동 구르면서 날이 밝아지길 기다릴 수밖에 없었다. 새벽 2시쯤에는 통신선도 단절되고 예하 부대와 실시간 통화도 불가능한 상태가 되었다. 하늘이 무심하고 속이 답답하여 지휘통제실 밖으로 나와 비를 맞아 보니 시간당 100mm의 강수가 양동이에 들어있는 물을 흠뻑 뒤집어쓴 것과 유사한 물줄기임을 느꼈다. 빗줄기는 뺨을 때리는 것 같았고 길바닥은 발목까지 잠겨 물바다가 되었지만, 부하의 생명이 위태로운 상황이라서 그 길로 헌병대 취사병이 묻혀있는 현장을 가고자 했다. 빗속을 헤치며 전속부관 조모 중위와 사단사령부 연병장을 지나 자그마한 개천에 이르렀다. 헌병대 막사에 가기 위해서는 이 개천 위에 놓인 다리를 지나야 했으나, 다리는 이미 주저앉았고 실개천에는 한강처럼 도도한 물줄기가 흐르고 있었다. 군인에게 책임은 엄중하고 생명만큼 소중한 것인데 부하 목숨을 구할 수 없는 나의 모습이 한없이 초라하고 무능해 보였다.

헌병대 사고 현장을 가겠다는 의도를 갖고 개천을 건너고자 군화를 벗으려는데 부관이 '사단장님, 물살이 세고 웅덩이처럼 파여서 깊을 것 같습니다. 위험하니 건너시면 안 되겠습니다'라고 말하는 것이었다. 캄캄한 밤이라서 현상을 가늠할 수 없었기에 부관은 나의 행동을 위험하다고 보았던 것이다. 나도 부관의 말을 듣고 물줄기가 예사롭지 않음을 인식하게 되어 건너겠다는 생각을 접고 지휘통제실로 다시 돌아와 의자에 앉았다. 잠깐 졸고 있는 사이에 이번에는 통신대 통신 차량이 방금 내가 건너려고 했던 개천에 빠져 떠내려갔는데 다행히 간부 1명과 병사 3명 모두 생명은 무사하다는 것이었다. 호떡집에 불난 것처럼 여기저기서 사고 소식이 들려오고 있어 걱정이 태산처럼 쌓여갔으며 헌병대 취사병은 여전히 묻혀있는 상태로 생사 불명이었다. 뜬눈으로 밤을 새우고 새벽 4시경 그 개천에 다시 가서 건너볼까 했지만 물은 더 불어났고 후레쉬 불빛에 웅덩이는 더 깊어 보였다. 밤새 시도했지만 사고 현장을 가보지 못하고 날이 새면서 구조작업은 시작되었다. 약 2시간 만에 생명을 건져 병원으로 후송했다. 그는 죽지 않았고 약 1개월 치료 후 군 생활을 정상적으로 마칠 수 있었다. 하늘이 도운 것이다. 하루 동안 741mm 비가 내려 막사와 포진지, 창고 등 수많은 병영시설이 무너지고 파손되었으나, 단 한 명의 인명 손실이 발생하지 않았다. 물이 흐르는 곳은 강이 되었고 교량은 끊기었으며 둑을 만들어 농경지를 개척한 들은 넓은 바다가 되었다. 자연의 힘이 인간에게 경고한 것 같았다. 그 경고는 원래 자연 모습대로 복원하고 인위적으로 훼손하지 말라는 것이었다.

아래 내용은 태풍 루사가 사단을 초토화한 그 날, 나를 곁에서 지켜보았던 전속부관 조모중위가 보직을 마치고 사단을 떠나면서 사단장인 나에게 보낸 서신이다.

존경하는 사단장님께,

2002.4.22. 사단장님께 신고를 드리고 약간의 긴장과 설레임을 갖고 전속부관 임무를 수행하게 되었습니다. 어느새 14개월이란 짧지 않은 시간이 흘렀습니다.

중위로 진급한 지 한 달이 조금 지난 시점이라 전속부관이란 직책이 어색하고 어떤 자세로 임해야 할지 고민도 많았습니다. 그래서 전속부관 임무를 수행한 선배 장교들로부터 경험담도 들어보면서 나름대로 복무

자세를 정립하고 생활했지만 돌이켜보면 부족하고 미숙한 점이 많았기에 죄송스러운 마음 금할 수 없습니다. 사단장님을 모시는 동안 항상 부대와 부하를 생각하시고 지휘관으로서 사명을 다하시는 모습에서 앞으로 저의 군 생활 방향을 설정하는 소중한 지표를 얻을 수 있었습니다. 진심으로 감사드립니다.

사단장님을 모시는 동안 정말 많은 일이 있었습니다. 먼저 태풍 루사로 부대가 어려움에 직면했던 기억이 생생합니다. 그날 사단장님께서는 이상한 예감이 드셨는지 선배장군님과 식사 약속을 취소하고 해일로부터 위험한 소초를 둘러보신 후 부대로 발걸음을 재촉하셨습니다. 그로부터 얼마 시간이 지나지 않아 학야리 다리가 끊기고 통신까지 두절 되어 예하 부대 상황을 보고받을 수 없게 되었습니다. 조금이라도 늦었다면 사단사령부에 들어오지 못하셨을 것입니다. 그뿐만 아니라 헌병대 병사 한 명이 무너진 흙더미에 매몰되었을 때 사단장님께서는 안타까운 마음에 범람하여 거세게 흐르는 개천을 건너시려 하셨습니다. 또 한 통신대 차량이 전복되어 탑승한 병사들의 생존이 불명확한 상황이 되자 밤잠을 설치면서 걱정하신 모습이 지금도 생생하게 떠오릅니다. 부하를 얼마나 사랑하고 계시는지 저는 마음속 깊이 느낄 수 있었습니다.

폭우가 그치자 피해 상황이 접수되고 복구가 시작되었습니다. 침착하게 중심을 잡으시고 수해복구를 지휘하시는 사단장님 모습을 가까이서 지켜보는 제게는 매일 감동의 연속이었습니다.

사단장님의 진두지휘는 부대를 단기간에 본래의 모습으로 만들었고 병사들의 표정도 밝아지게 하였습니다.

GOP 순찰로를 밤새도록 직접 걸으시면서 병사들과 대화를 나누시는 모습은 제 마음 한구석에 아주 오래된 흑백사진처럼 아름답게 저장되어 있습니다.

지휘통제기구훈련과 전투지휘훈련 간에도 사단장님께서 지침을 주시고 전술 토의하시는 모습을 보면서 전문가가 되기 위해서는 부단한 노력이 필요함을 알았으며 가장 멋있는 장군님을 모실 수 있어 영광이었습니다.

이제 율곡부대에서 소대장과 전속부관을 마치고 정든 동해안을 떠나게 되었습니다. 부족한 저를 돌봐주시고 사랑해주신 데 대해 거듭 감사를 드립니다.

앞으로 6개월 동안 열심히 공부하여 풍부한 군사지식을 함양하도록 노력하겠습니다.

항상 국가와 군을 생각하시고 낮이나 밤이나 부하를 생각하시는 사단장님을 모시면서 저는 무엇과도 바꿀 수 없는 재산을 얻었다고 생각합니다. 그것은 바로 군 생활을 하는 동안 진정으로 떳떳하고 명예로운 군인이 되기 위해서는 책임 앞에 두려움을 갖지 않고 북쪽과 부하만을 바라보면서 복무해야 한다는 것입니다.

비록 사단장님 곁을 떠납니다만 마음속으로 항상 사단장님께서 지휘하시는 율곡부대가 최고의 사단이 될 수 있도록 응원하겠습니다. 사단장님, 그리고 사모님, 오래오래 건강하시고 행복하시길 기도하겠습니다. 안녕히 계십시오.

2003.6.28.

중위 조 ○○ 올림

태풍 루사가 남긴 후유증은 내가 넋을 잃을 만큼 컸다. 내무반이 침수되고 연병장이 물에 잠겼다. 그뿐 아니라 GOP 철책이 무너지고 전술도로가 유실되었으며 전투진지도 산사태로 흙에 묻혔다. 그러나 무엇보다 큰 고통과 아픔을 준 것은 태풍이 지나고 약 3개월 후에 일어난 차량 전복 사고였다. 갑자기 내린 폭우였지만 완벽한 대비를 통해 인명피해가 없었는데 수개월이 지나고 휴가병을 태운 트럭이 태풍으로 유실된 도로에 굴러 떨어져 3명이 사망한 사고가 발생했다. 위험지역을 표시하고 차량 운전에 각별한 주의를 하도록 하였으나 무위였으니 몹시 안타깝고 속이 상했다.

태풍 루사는 사단을 초토화하고 그해 9월 1일 늦은 오후에 사라졌다. 비가 멈추자 마치 동굴 속에 개미들이 밖으로 나온 것처럼 병사들은 각자 위치에서 복구 작업에 돌입했다. 사단 참모들은 기능별 피해 현황을 파악하고 종합하여 상급 부대에 보고하기 위해 눈코 뜰 새 없이 분주하게 움직였다. 나는 복구 우선순위를 예하 부대에 하달하고 현장을 찾아 부대원들을 격려하면서 복구에 전념하되 대적 경계에도 소홀함이 없도록 지휘 노력을 집중했다. 그때 하달했던 복구 지침은 첫째 GP, GOP,

해안 경계에 문제가 없도록 무너진 철책을 복구하는데, 병력을 집중 투입하는 것이었다. 둘째는 병영생활이 정상화되도록 내무반, 취사장, 연병장 등을 복구하고, 셋째는 주 보급로를 포함한 도로와 전투진지 등을 복구하도록 하는 것이었다. 모든 부대가 피해를 봄으로써 복구에 많은 시간이 요구되었으며 자재와 중장비 등은 상급 부대에 지원을 긴급하게 요청했다.

태풍 루사로 인한 피해가 우리 사단만 발생함에 따라 상급 부대의 집중적인 지원이 뒤따랐다. 철책복구용 철조망이 보급되었고 막사 보수와 축대벽 등 전투 시설 복구에 필요한 예산도 적기에 지원되었다. 피해복구에 가속도가 붙어 매진하고 있을 무렵인 9월 초순, 참모총장이 수해복구 현장을 순시하고자 오겠다는 연락을 받았다. 참모총장이 도착하면 지휘통제실에서 피해 현황을 브리핑한 후 복구가 진행되고 있는 현장을 보시도록 안내할 계획을 세웠다. 참모총장은 예정된 날짜에 사단을 방문했다. 계획대로 지휘통제실에 모시고 피해 현황과 복구상태를 보고드린 후 현장에 나가 2곳을 보도록 안내했다. 참모총장은 약 2시간 순시를 마치고 다음 목적지로 향했는데, 그분은 나와 부대원들에게 큰 실망을 주고 떠났다.

참모총장은 무더위에 만신창이가 되어 복구 작업하느라 땀으로 범벅이 된 병사들과 이들을 지휘하고 있는 사단장에게 따뜻한 위로 말 한마디 없이 왔다 감으로써 무슨 목적을 갖고 폭우 피해복구 현장을 찾아왔는지 알 수 없었다. 참모총장은 사단장에 대한 사적 감정이 좋지 않았더라도 부대원들에게는 격려가 있어야 옳았다. 참모총장의 부족한 공인정신(公人精神)은 조선 시대 인품과 학문에 타의 추종을 불허했던 영의정이원익이 인조반정으로 왕이 된 인조에게 말하기를 '私가 없는 공정한 처사로 상대를 감복시키라고 했다'는 경구를 생각나게 했다. 공직자는 공과 사를 명확히 구분할 줄 알아야 한다.

태풍 루사가 남기고 간 피해복구에 전념하고 있는 가운데 2002년 9월 18일 11시, 분단 50년 만에 남·북 간 혈맥을 잇고자 금강산 도로. 철도 연결 기공식이 있었다. 구름 한 점 없는 화창한 날씨 속에 통일부 장관, 건설교통부 장관, 강원도 지사 등 주요 정부인사와 1군사령관을 비롯한 군 관계자가 참석한 가운데 행사가 거행되었다. 식전 행사에 이어 경과보고와 도지사의 축사, 건설교통부 장관의 국무총리 치사 대독, 발파식 순으로 진행되었다. 이날 참석한 인사들은 남북관계 발전의 역사적 현장에서 한결같이 엄숙한 표정으로 통일에 큰 기대를 하고 남과 북이 남·북 장관회담과 남북교류 협력 추진위원회를 통해 합의한 남북철도. 도로 연결, 개성공단 건설, 이산가족문제의 제도적 해결 등으로 남북화해 협력을 지속시키면서 한반도 평화공존의 틀을 강화해나갈 것으로 전망했다. 특히, 남북철도, 도로 연결은 민족의 동맥을 잇는다는 상징적 의미와 함께 교류 협력을 본격적으로 추진해 나갈 수 있는 물적 인프라를 구축한다는 큰 의미를 갖게 될 것으로 보였다. 그뿐만 아니라 남·북 간 철도와 도로를 연결하여 교류 협력이 활성화된다면 군사적 긴장도 완화될 것으로 생각했다.

남·북철도, 도로 연결 공사에 우리 사단의 임무는 공사 지역에 묻혀 있는 지뢰를 제거하고 공사인부와 장비를 북한 무력도발로부터 보호하는 것이었다. 이를 위해 지뢰 제거를 전담하는 건설단이 창설되어 사단에 작전통제 되었으며 전담 상황실을 별도 편성하여 운용했다. GOP와 해안을 동시 경계하는 임무에 태풍 루사로 엄청난 피해까지 입었는데, 여기에다 철도, 도로 연결사업을 맡게 되어 사단장으로서 임무가 벅차지 않을 수 없었다. 경계 작전도 독려해야 하고 태풍피해 복구에 여념이 없는 부하들에게 힘을 불어넣어야 했으며, 철도 도로공사 현장에 가서 지뢰 제거 안전 수칙을 강조해야 했다. 거기다가 국가적 사업이다 보니 정부 고위관계자와 군 인사, 언론인 등의 방문이 잦음에 따라 이들과 함께 시간을 갖고 대화도 나눠야 했다. 입술이 터지고 몸이 녹초가 되었지만, 지휘관에게 주어진 책임이기에 쓰러지는 한이 있더라도 성공적으로 완수하겠다는 의지를 다졌다. 어떤 일이 있어도 적 도발은 용납하지 않을 것이며, 병사의 손가락 하나 다치지 않고 지뢰 제거를 마칠 수 있도록 완벽한 태세를 갖추고자 동분서주했다.

남과 북의 초병이 군사분계선(MDL. Military Demarcation Line)을 중앙에 놓고 2m 이격되어 마주 보며 서 있는 현장에서 머리카락이 솟는 긴장감도 느꼈다. 북한 병사는 눈을 아래로 깔고 있었으며 몸은 몹시 왜소해 보였다. 그는 나를 알아본 것 같은 몸짓도 하였지만, 계급장 없이 마주하였으니 느낌만 들었을 것이다. 내가 짊어진 책임 가운데 무엇보다 지뢰 제거가 불안했는데 이는 공사지역이 미확인 지뢰지대였고 불발탄도 많아 곳곳에 위험이 도사리고 있었기 때문이었다. 나는 속도보다 안전이 우선임을 강조했다. 10,000여 평 면적에 약 500여 발의 지뢰가 매설된 것으로 판단하고 하루 평균 100여 명을 투입하여 지뢰 제거작업을 했다. 처음에는 인력에 의한 재래식 방법이었지만, MK-4와 리노장비가 들어오면서 안전이 강화되고 개척 속도를 증가시킬 수 있었다.

한편 군의 절체절명 사명이 철통경계임을 명심한 가운데 철저한 군사대비 태세를 유지하고 장병 정신교육에도 힘썼다. 철책이 뚫리고 철도, 도로가 이어짐으로써 적개심이 이완될 수 있어 자유민주주의 우월성과 북한 주민의 생활상 등을 수시로 교육했다. 원활한 남북협력과 교류도 강한 국방력이 뒷받침되어야 이루어 질 수 있음을 강조했다. 단 한 명도 다치지 않고 지뢰 제거가 성공적으로 완료된 것은 공사가 시작되고 약 50여 일 후였다. 도로가 뚫리고 사전답사가 이루어진 것은 2003년 2월 5일이었다. 정몽헌 회장을 포함한 87명이 버스 10대를 타고 휴전협정이 체결된 이후 금강산 육로관광 사전답사 차 최초로 동해선 임시도로를 따라 북한으로 들어갔다. 국민의 한 사람으로서, 군인의 한 사람으로서 남북이 평화롭게 왕래하고 교류하여 공동번영을 이루었으면 하는 바람을 가졌다.

우리 부대는 그해 가을 내내 폭우가 휩쓸고 간 흔적을 지우기 위해 피해복구에 구슬땀을 흘리다 보니 어느덧 겨울을 맞았다. 엎친 데 덮친 격으로 12월 7일, 그해 겨울 첫눈이 175cm의 강설량을 보였다. 통고지설(通高之雪)이란 말이 명불허전(名不虛傳)임을 실감할 수 있었다. 시야에 보이는 것은 모두 하얀 눈으로 색칠되어 버렸으며 절경이란 이런 모습을 말한 것 같았다. 여름에는 폭우가 힘들고, 고생하게 했는데 겨울이 되니 폭설이 고통스럽고 마음을 우울하게 했다. 야전부대에서는 도로에 쌓인 눈을 치워야 전방부대에 보급이 이루어지고 인적 왕래가 될 수 있을 뿐 아니라 위급한 상황에 대처할 수 있으므로 전 부대원이 추운 날씨임에도 불구하고 제설작업에 투입되었다.

사단의 보급로 중 46번 도로에서 건봉산에 이르는 보급로는 ○○연대 GOP부대의 생명 줄이었다. 이 도로를 이용하여 주부식과 응급환자

후송이 이루어지고 GOP 부대를 방문 할 수 있었다. 눈을 치워 보급로를 뚫기 위해 장신리에 주둔하고 있는 부대원들은 새벽 6시에 일어나 아침식사를 하고 3시간 이동하여 하루 종일 추위 속에서 제설작업을 한 후 부대에 복귀하면 저녁 8시경이 되었다. 새벽별을 보고 나갔다가 초저녁별을 보고 들어오는 일과가 계속되었다. 동해안의 추위는 병사들의 손과 뺨을 땡땡 얼게 했으므로 이른 아침부터 늦은 저녁까지 밖에서 추위와 싸우며 제설작업을 한 병사들의 고통은 이만저만 아니었다. 추운 겨울 어느 날, 제설작업 현장에 갔다. 내가 그들 곁에 갔을 때 부대에서 추진해온 점심밥을 병사들이 식판에 배식하여 먹고 있었는데 병사들의 밥은 물론, 국도 얼었으며 그들의 몸과 마음도 얼어 있었다. 숟가락을 들고 있는 병사의 손을 잡아 보았더니 돌처럼 단단하게 얼어 있어 그 순간 나의 눈에서는 왈칵 눈물이 쏟아졌다. 이들이 왜 이렇게 숱한 고생을 해야 하는지 사단장인 내 탓만 같았다. 그해 겨울에 24차례의 대설경보와 13차례의 대설 특보에 총 적설량이 580cm가 되는 눈이 내렸다. 겨우내 눈이 내리고 제설작업이 이루어졌으며 병사들은 매일 같이 꽁꽁 언 손을 호호 불어야 했다.

어느 날 저녁 시간이었다. 제설작업장에 다녀와 관사 거실 소파에 주저앉아 곰곰이 생각에 잠겼다. 옛날 임금들은 가뭄으로 흉년이 들 때면 기우제를 지내고 백성들에게 사죄했다는데 내가 부임한 이후 폭우와 폭설로 부대원들이 많은 고생을 하고 있으니 사단장을 그만둔다면 이들의 고통이 줄어들 것 같다는 생각도 해보았다. 몸과 마음이 지쳤고 스트레스가 쌓여 그만두고 싶었지만, 이튿날 아침이 되자 또다시 출근길에 올랐다. 상황실에 들어가니 오늘도 눈이 내린다는 정보참모 보고가 귀를 때렸고 머리를 아프게 했다. 이렇게 눈에 파묻혀 하루하루를 보내기가 힘들어 잠시라도 쉬고 싶어 어느 날, 외박을 받아 서울에 갔다. 그런데 서울 집에 와 앉자마자 군사령관의 전화가 나를 쫓아왔다. 군사령관은 내가 외박 나온 줄 알고 있을 것인데 전화를 하였으니 언짢은 마음도 들었다. 전화를 받자 군사령관은 눈이 얼마 내렸냐고 물으면서 제설작업을 독려했다. 나는 그만 얼떨결에 현장에서 제설작업을 지휘하고 있는 것처럼 대답하고 외박 나와 있다고 말하지 못했다. 전화를 끊었지만 현장에 있는 것처럼 통화를 하였으므로 집에 앉아 있을 수 없어 그길로 다시 부대에 복귀하고 말았다. 외박을 취소하고 돌아왔으니 스트레스는 더 쌓이고 마음은 상할 만큼 상했다. 하늘이 원망스러웠지만 그렇다고 주저앉을 수 없었다. 시련을 좌절로 만들고 싶지 않았다.

그해 겨울이 가고 봄이 오면서 우리 부대는 부대 애칭도 바뀌고 활기를 찾기 시작했다. 강풍도 여전하고 산불 걱정에 노심초사하였지만, 폭우와 폭설이 주는 재해를 탈 없이 극복함으로써 자신감이 솟는 부대로 바뀌었다. 5월에는 군 지휘검열에서 우수한 평가를 받았다. 군 지휘검열은 사단장 재임 기간에 사단의 전투준비태세를 평가하는 것이므로 유종의 미를 거두기 위해 지휘 노력을 기울이었다. 아래 내용은 사단 지휘검열을 마치고 부대원들에게 내렸던 지휘서신 내용의 일부이다.

친애하는 율곡 부대 장병과 군무원 여러분!

사단장은 먼저 어려운 악조건 속에서도 지난 5월 12일부터 19일까지 군

전투 지휘검열을 성공적으로 완수해준 여러분의 노고에 대해 진심으로 치하와 격려를 보냅니다. 아울러 훈련기간 동안 감시초소(GP), 일반전초(GOP), 해안에서 완벽한 경계 작전으로 안정된 수검이 되도록 해준 장병 여러분에게 고마운 마음을 전하는 바입니다.

이번 평가를 통해 우리 사단은 지금 당장 전투하여도 승리할 수 있는 부대라고 최고의 평가를 받았습니다. 이러한 결과는 사단이 율곡 부대로 새롭게 거듭난 후 처음으로 수검 받은 지휘검열에서 부대의 전통과 명예를 빛내기 위한 장병 여러분의 투철한 애대심과 헌신적 노력이 있었기에 가능했음을 잘 알고 있습니다. 우리는 이번 지휘검열을 준비하는 기간에는 한마음 한뜻으로 인화 단결하여 철저히 준비하였고 실제 훈련 시에는 고도의 전투준비태세가 완비된 가운데 주어진 임무를 실전과 같이 수행함으로써 사단의 전투력을 유감없이 발휘하였습니다.

또한, 전 장병이 전투 프로로서 기능별 조직적이고 통합된 전투력을 발휘하여 침투 및 국지도발 작전, 정규전을 작전계획에 의거 최상의 수준으로 수행하였습니다. 특히 야간 적 해상침투 세력 섬멸작전에서 죽변산을 비롯한 명우산, 오봉산, 고성산 일대의 실전을 방불케 한 탐색 격멸 작전, 화생방 방호태세의 완벽한 구축을 통한 전투력 보존과 생존확률 확보, 신 지휘소를 불과 1시간 30분만에 개소시켰던 저력은 우리 율곡 부대의 새로운 역사와 전통을 수립하는 데 부족함이 없었습니다.

이 밖에도 간부 시험과 지뢰매설 및 철조망 설치 실기평가에서 놀라운

성적을 거두었습니다. 또한, 주야를 가리지 않고 실시한 수차례 부대이동, 많은 병력과 장비가 동원되었음에도 단 한 건의 안전사고 없이 수검하게 된 것은 우리 율곡 부대가 평소 전투 위주로 부대 운영이 되고 있음을 증명해주었습니다.

아울러 사단장인 나에게도 이번 검열을 통해 여러분과 함께라면 언제, 어디서, 어떠한 악조건 아래에서도 적과 싸워 이길 수 있다는 확신을 갖게 했습니다. 사단의 작전환경은 험준한 지형과 불규칙한 기상으로 타 부대보다 제한사항과 극복할 장애 요소가 많아 매 일정마다 차질을 빚어왔기에 이번 훈련기간에도 기상을 걱정하였습니다만 다행히 양호하였습니다. 이는 한결같이 너와 내가 아니고 우리라는 공동체 의식으로 혼연일체가 되어 훈련에 임한 결과임과 동시에 훈련장에서 전역을 맞은 강○○ 병장처럼 부대를 위해 헌신해준 여러분의 노력 덕분이었습니다….

2003년 7월 18일 새벽 3시쯤, 전방 56연대 일반전초(GOP)에서 해안을 따라 내려오는 귀순자를 전방초소 초병이 발견하여 유도하고 있다는 긴급 상황 보고를 받았다. 그 즉시 지휘통제실로 달려가 상황을 파악해보니 도보와 수영을 반복하면서 죽음을 각오한 사투 끝에 북한 주민 박모(37, 원산 거주)씨가 그날 4시 40분에 자유대한 품으로 들어왔다. 비가 심하게 내린 그 날, 야간투시경을 쓰고 있었지만, 폭우로 물체가 잘 보이지 않는데도 통일전망대 부근 초소 전방 60m 지점에서 흐릿한 움직임이 경계근무 중인 유모 일병에게 포착되었다. 유 일병은 직감적으로 무엇인가 있다는 것을 느끼고 함께 근무서고 있던 2명의 병사와 소리 나는 방향을 주시하면서 경고사격 1발을 발사했다. 총소리가 나자 위협을 느낀 귀순자는 곧바로 "쏘지 마라, 귀순이다."라고 다급한 목소리를 내면서 두 손을 머리 위로 흔들었다.

유 일병 등은 각자 역할에 따라 귀순자를 유도하였고 작전은 성공적으로 종료되었다. 이들 병사 3명과 대대장, 중대장, 소대장에게 상급 부대 표창과 함께 포상금이 지급되었고, 사단장은 병사 3명에게 20일간의 포상휴가를 보내주었다. 귀순자를 최초 발견한 유 일병은 투입 전 소대장으로부터 오전에 중부전선에서 총격전이 있었으므로, 우리 부대 전방에서도 북한군 도발 행위가 있을 수 있어 각자 경계근무에 온 힘을 다하라는 교육을 받고 평소보다 긴장을 더한 상태에서 근무했다고 한다. 비가 내리고 시계가 제한된 캄캄한 밤, 취약한 새벽 시간대에 60m 전방의 물체가 움직이는 것을 발견한 병사의 책임감은 놀랍도록 투철했다. 평소 교육받고 훈련한 대로 유도한 그들의 행동에서 율곡 부대의 전투준비태세를 읽을 수 있었다. 뚫리고 발견하지 못하여 군이 질책받는 요즈음 상황을 보면 안타까운 마음을 지울 수 없다. 문제는 현장에 있고 답도 현장에 있으며 그것을 해결할 수 있는 열쇠는 사람에게 있고 핵심은 지휘관이다. 지휘관이 24시간 임무에 눈을 떼지 않고 행동으로 지휘한다면 그 부대는 비가 오고 눈이 내려도 철책이 뚫리지 않을 것이며, 대적 경계를 완벽히 수행하여 국민을 안심하게 만들 것이다.

10월 1일은 국군의 날이다. 이날은 우리 군의 위용을 대외적으로 과시하고 국민으로부터 군에 대한 신뢰를 얻기 위해 각종 행사를 개최한다. 야전부대 지휘관은 국군의 날 우수부대로 선발되어 대통령으로부터 부대기에 수치를 달고 표창장을 받는 영광스러운 자리에 서고 싶어 한다. 우리 사단은 대통령 부대표창을 10년 전에 받고 지금까지 건너뛰고 있었다. 사건. 사고가 끊이지 않았고 사단장이 보직해임 당하는 횟수도 많았으니 그럴 수밖에 없었다. 하지만 내가 부임한 이후는 상황이 반전되어 전 부대원이 할 수 있다는 자신감을 가졌고, 실질적으로 경계 작전에 소홀함이 없었으며 사건·사고도 없었다. 어려운 작전환경에서도 강인한 정신력과 하면 된다는 끈질긴 노력으로 완벽한 전투준비태세를 갖추었다. 군 지휘검열과 군단 전투지휘훈련(BCTP, Battle Command Training Program) 등을 통해 지금 당장 전투해 승리할 수 있는 부대로 평가받았다.

그해 7월 18일에는 자유를 찾아 귀순한 북한 주민을 안전하게 유도하여 대한민국 품에 안기게 함으로써 전군에서 가장 경계 작전을 잘 수행하고 있는 부대임을 입증하였다. 우리는 인명 중시 의식을 생활화하여 규정과 원칙을 준수하면서 안정적 부대 관리에 역량을 집중한 결과, 단 한 명의 인명 손실도 없이 무사고 부대라는 새로운 전통을 수립하였다. 이런 성과를 토대로 우리 사단도 당당히 대통령 부대표창을 받을 수 있게 되었음을 만방에 과시하고 싶었다. 그 결과 건군 55주년 국군의 날 기념 대통령 부대표창을 수상하게 되었다. 기념식장에서 부대기에 대통령께서 수치를 달아주셨는데, 이는 11년 만에 일궈낸 쾌거였다. 나는 대통령 부대표창 수상이 애대심을 바탕으로 굳게 뭉친 전 장병의 땀과 노력이 나은 결실이라고 생각했으며 이 수상의 기쁨과 영예를 우리 부대원 모두에게 나누어주고자 했다. 대통령 부대표창 수상을 계기로 군사적 요충지인 이곳 휴전선 최북단에서 드높은 긍지와 자부심을 품고 국가가 우리에게 부여한 막중한 소명을 한 치의 오차도 없이 완벽하게 수행하자고 다짐했다.

부대애칭을 율곡 부대로 변경하면서 강릉 오죽헌에 본부를 둔 율곡 학회와 자매결연을 했다. 율곡 학회는 최승순 이사장님을 비롯한 이사진과 율곡 연구원 원장 등으로 구성되어 있었으며, 강원도 유명인사들께서 참여하고 있었다. 율곡 부대로 애칭을 바꾸면서 율곡 선생의 사상을 바탕으로 부국강병의 이념을 계승하고 신사임당의 신지식인 사고를 본받아 안보태세 확립은 물론, 인격적 수양도 한 단계 높일 수 있는 계기를 갖고자 했다. 율곡 학회에 율곡 명칭을 부대 이름으로 사용하도록 허락해주신 데 대해 감사의 뜻으로 학회 관계자분들과 첫 상견례를 갖고 만찬을 대접하겠다는 나의 의도에 따라 식사 날짜를 잡았다.

2003년 7월 하순 어느 날, 율곡 학회 관계자들이 버스를 타고 강릉에서 출발하여 약속된 장소로 오고 있다는 보고를 받고 전속부관에게 약속 시간에 늦지 않도록 출발 준비를 지시했다. 그런데 지시를 내리고 책상에 앉아 책장을 넘기다 창밖을 쳐다보니 갑자기 해무가 끼면서 캄캄하게 밀려왔다. 여름 날씨라서 저녁 무렵 낮은 해수면의 온도와 높은 지상 기온이 교차하면서 심한 차이로 인해 해무가 발생한 것이었다. 약속장소로 가기 위해 사무실을 나와 승용차에 몸을 실었지만, 해무가 경계 작전에 미칠 영향을 생각하니 마음이 편치 못했다. 내가 탄 승용차는 약속장소로 가기 위해 7번 국도에 올랐지만, 해무가 더 짙어지면서 앞을 가렸고 보이는 시야를 덮고 있었다. 달리는 차 안에 앉아 이렇게 짙은 안개가 끼면 적 침투가 용이하여 초병을 증가 배치해야 하므로 병사들 경계근무에 피로도가 높게 될 것인데 사단장이 저녁식사 자리에 한가하게 앉아 있는 것이 본질에 맞는 것인지 자문해보았다. 그 결과 율곡 학회 회원들과 첫 상견례이고 저녁식사 자리인지라 반주라도 하게 되면 시간이 길어질 것 같아 현장에 도착 후 인사 말씀만 드리고 나오겠다는 마음을 굳혔다. 저녁 장소에 도착하니 율곡 학회 간부 약 15명과 참모장을 포함한 참모들이 앉아 있었다. 내가 도착하자 모두 박수로 환영해주었다. 나는 참석한 분들에게 율곡 명칭을 부대애칭으로 사용하게끔 허락해주신 데 대해 감사를 드렸으며, 이어서 술잔에 술을 따르도록 권유하고 여기 계신 분들의 건강을 위하여 건배 제의를 한 후 말문을 계속에 이어 갔다. "지금 창밖에 해무가 잔뜩 끼었는데 이런 기상은 북한군이 침투하기 쉬운 조건이 되므로 이를 막기 위해 초병을 증가 배치해야 하고 병사들은 밤을 꼬박 새워 경계근무를 해야 합니다. 그러니 사단장이 여기 앉아서 저녁식사와 반주를 하고 있으면 병사들에게 미안할 것 같으므로 해안과 일반 전초(GOP) 순찰을 돌면서 근무자를 격려하고 경계근무에 소홀함이 없도록 하는 것이 제가 해야 할 바람직한 행동이라고 봅니다. 귀하신 분들께서 오셨는데 불가피한 점을 양해주시고 참모장을 포함한 참모들과 유익한 대화 나누시면서 즐겁게 식사하십시오"라고 말한 후 나는 밖으로 나왔다. 이때 율곡학회 최승순 이사장님께서 따라 나오시더니 "참으로 훌륭하십니다. 사단장님 같은 분이 있어 국민이 편안한 일상을 보내고 있다"면서 극찬을 해주는 것이었다. 나는 최 이사장님께 감사하다는 말씀을 드리고 곧장 해안으로 달려가 경계 작전 지도에 나섰다.

　내가 있을 곳이 어디일까? 지휘관은 매 순간 가장 적재적소에 있어야 하며 군인은 임무가 본질이기 때문에 임무에 우선을 두어야 한다. 더구나 적 침투가 용이한 기상인데 사단장이 저녁식사하면서 약주를 즐긴다는 것이 직업윤리에 부합할 수 없음을 생각했다. 그날 오신 율곡학회 관계자분들은 내가 보인 투철한 책임감과 행동에 감동하고 그 후 나의 홍보맨들이 되어 주었다. 특히 최승순 이사장님은 강원대학교 단과대학 학장을 역임하고 겸손이 몸에 밴 인격자였다. 그분과 지속적으로 안부를 여쭙고 연합사부사령관이었을 때는 서울로 초청하여 식사대접도 하였지만 수년 전에 유명을 달리하셨다. 인간에게 시간은 두려운 것이라서 세월은 나이를 먹게 하고 늙음과 죽음을 가져오게 한다. 삼가 故 최승순 이사장님의 명복을 거듭 빈다.

나는 재임 기간에 사단이 갖고 있는 나쁜 이미지를 개선하고자 힘썼다. 그 일환으로 부대 애칭을 바꾸고 악성 사고 방지를 위해 신병 교육, 사고 예방 토론회, 분대건제유지 생활화, 부대 활동 전 위험예지 훈련, 기상변화에 따른 매뉴얼 작성활용, 현장 중심 부대 지휘 등을 주도하고 시행했다. 한편, 주말이면 관사에 앉아 친필로 편지를 써서 간부들에게 서신형식으로 보내기도 했다. 아랫글은 사단 이미지 개선을 위해 내가 작성한 친필서신 내용 중 일부이다.

친애하는 김 대위에게

아침에 일어나 공관 정원 감나무를 쳐다보니 나뭇잎과 열매가 어느새 노랗게 변해버렸구나. 엊그제까지만 해도 푸른 옷을 입고 더위와 맞서던 모습이었는데 계절의 변화에 어쩔 수 없이 겨울 준비를 하게 된 것 같다. 요즈음 조석으로 기온이 제법 쌀쌀한데 건강은 어떤지 궁금하구나. 병사들이 감기라도 걸리지 않았는지 걱정도 되고 태풍 루사 피해복구에 고생이 많은 데 사단장이 따뜻한 위로 말 한마디 건네주지 못해 대단히 미안하구나.

그러나 김 대위는 누구보다도 투철한 사명감과 책임감을 갖고 주어진 임무수행에 최선을 다하고 있음을 사단장이 잘 알고 있으니 염려하지 말아라. 열정을 쏟고 있는 모습에 박수를 보낸다. 우리는 누가 우리를 어떻게 평가해주느냐보다 우리 스스로 우리를 어떻게 평가하고 만족하고 있느냐가 더 중요하다고 생각해야 한다. 김 대위가 잘 알다시피 우리 사단은 험준한 지형과 극심한 기상이변, 다양한 임무 등 타 부대에 비해 극복해야 할 난제들이 산적해 있는 부대이다.

그러다 보니 우리 사단이 외부에 비추어진 부대 이미지는 어둡고 비호감적인 측면이 강한 것같다. 골 때리는 부대, 악성사고가 많이 나는 부대, 대형재해재난이 많은 부대 등은 우리 사단에게 부정적 이미지를 주고 있음을 김 대위도 잘 알고 있을 것이다. 물론 백두대간 동쪽에 위치함으로써 서울에서 멀리 떨어져 있고 교통이 불편하는 등 생활 여건이 좋지 않은 점도 있다고 생각한다. 하지만 임무가 다양하고 지형이 험준하고 서울에서 먼 곳에 있으니 대형 사고가 자주 발생한다는 논리에 동의할 수 없다고 본다. 군 생활은 군의 특성상 육체적. 정신적 고통이 어느 정도 수반될 수밖에 없고 군에 있는 모든 사람은 공통으로 느끼고 있는 사실인데 왜 유독 우리 사단만 고생이 더 된다고 하는지 깊이 생각해봐야 할 것같다.

최근 3년간 사고 현황을 보면 우리 사단은 다른 부대보다 사고가 적었는데 왜 사고가 많은 부대로 알려져 있는지? 우리는 이번 태풍 루사 수해 때도 단 한 명의 인명 손실도 없었고 복구 간에도 우리들의 결집된 노력으로 빠르게 정상적 부대 기능을 회복시키고 있는데 말이다. 1996년, 파주, 연천, 철원 지역의 집중호우로 수많은 부대가 피해를 입었고 귀중한 인명이 큰 손실을 당했는데 이에 비해 우리의 대처가 완벽했다고 하지 않을 수 없다. 자연이 주는 재난과 재해를 피할 수 없지만 우리는 평소 빈틈없이 준비하고 대비하였으며, 일사불란하게 위기를 관리함으로써 우리 사단의 저력을 유감없이 발휘했다고 본다. 아무리 기상이변이 심해도 우리 사단은 끄떡없는 부대이고 기반이 단단한 부대임을 입증하였다고 생각한다. 이렇게 큰 천재지변에도 사고가 없는 부대인데 왜 사고가 많은 부대로 알려져 있는지 궁금하다. 아마 과거 오래 전 한두 건의 악성 사고로 인한 편견 때문인 것 같은데 우리가 앞장서서 개선해야 할 것 같다. 산불 내지 않도록 조심하고 부대 관리 잘하여 고생도 줄이고 사고 없는 부대로 만들어 사단이 가지고 있는 부정적 이미지를 바꾸어 보자. 특히 우리 스스로 골 때리는 부대라고 비하 섞인 용어를 사용하지 않도록 강조하고 싶다. 최근 우리 부대는 금강산 육로 개설사업을 순조롭게 추진하고 있으며 반세기 동안 막힌 혈맥을 잇는 역사적 현장에서 우리 사단이 당당히 주인공 역할을 담당하고 있어 얼마나 자랑스러운지 모르겠다.

우리가 군사대비태세를 굳건히 다지고 물샐틈없이 경계 작전을 수행함으로써 우리 지역에 통일로 가는 길목이 열리고 있으니 우리 사단의 영광이요 우리 율곡 부대 자랑이라고 본다. 우리만이 느끼고 가질 수 있는 보람이 아닐까? 우리는 이러한 부대에서 근무하고 있음을 기쁘게 생각해야 하지 않겠니?

이제 선배들이 이룩해놓은 전통과 명예를 우리가 더욱 계승 발전시키고 내일의 후배들에게 멋진 무대를 넘겨주도록 하자. 그러기 위해 우리 스스로 긍정적 사고를 통해 지금까지 잔존하고 있는 우리 사단의 잘못된 나쁜 이미지를 개선하는 데 김 대위가 앞장서주면 고맙겠다.

동해안에서 26개월을 보낸 후 말도 많고 탈도 많은 ○○사단장을 무사히 마쳤다. 사단장 보직은 24개월을 넘지 않게 되어 있었으나 내가 사단장을 마칠 무렵에 노무현 대통령이 탄핵을 당하여 직무가 정지된 상태였기에 내 임기는 약 2개월 더 연장되었다. 사건·사고가 많고 산불 발생이 우려되는 봄철이었기에 정말 하루가 삼추같이 길고 무거웠으며, 불안을 떨칠 수 없었다. 사단장을 하는 동안 부대 애칭을 바꿨고 대통령 부대표창을 11년 만에 수상했으며, 경계에 실패만 하던 부대가 북한 귀순자를 안전하게 유도하여 자유 대한민국의 품에 안기게 했다. 금강산 관광도로와 철도 공사에 지뢰 제거, 적 도발 방지 등 군의 임무를 훌륭하게 수행하여 단 한 건의 불미스러운 사고도 없이 역사적 과업을 완수하는데 크게 이바지했다. 이런 업적이 쌓여서 ○○사단장 출신으로 처음 4

성 장군이 되었지만, 감당하기 어려울 만큼 정신적으로 힘들었고 육체적으로 고통스러울 때가 많았다. 부하가 고생한 현장에서 눈물도 흘려보았고 사단장을 그만두고 싶을 때도 있었으나 나를 지탱해준 것은 군인의 본질이었다. 임무와 책임은 누구에게 넘겨줄 수 없었고 뒤로 미룰 수도 없었다. 내 몸이 다할 때까지 본분에 맞는 현장을 지키겠다고 다짐했고 또 다짐했던 것이다.

나는 ○○사단장을 하면서 사적 영역을 희생하는 데 주저하지 않았다. 골 때리는 부대이니 퇴근 후 또는 주말에 여가를 즐기고 주변 관광지를 구경 다니면서 한가롭게 사단장을 할 수 없을 것으로 판단, 속초 시내를 나가보지 않았으며 화진포 휴양소, 김일성 별장, 이승만 별장 등 관광명소를 단 한번도 들러보지 않았다. 여름 휴가철에 유명인사가 화진포 휴양소를 다녀가더라도 신경 쓰지 않았으며, 꽃 바구니를 사 들고 인사하러 찾아가는 관행도 없애버렸다. 비서실에 지시하여 화진포 휴양소에 누가 오든 파악하지 말고 나한테 보고하지 말라고 했다. 그곳에 찾아갈 시간과 여력이 있다면 GOP, 해안 경계의 지도 방문을 더할 수 있다고 생각했다. 사단사령부에서 가까운 곳에 유명한 해수사우나 시설이 있어 ○○연대와 ○○연대 전방 장병들도 이곳까지 내려와 해수 사우나 시설에서 목욕을 할 정도였다. 목욕하는 것이 잘못되었다고 생각하지 않았으나, 최전선을 지키는 간부가 자기 부대 위수지역을 이탈하여 먼 곳까지 오는 것이 문제라고 생각했다. 잘못된 관행이었지만 이들에게 삼가라고 강제적 지시를 하면 사단장한테 불평·불만을 갖게 될 것 같아 스스로 26개월 동안 해수사우나를 하지 않았으며 그곳에 가보지 않았다.

사단장이 가지 않고 솔선하는 행동을 보임에 따라 전방부대 간부가 해수사우나 하러 내려오는 잘못을 바로잡을 수 있었다. 사단의 본질에 어긋난 관행은 그것뿐 아니었다. 겨울철이 되니 진부령 스키장에서 스키장 이용권 500매를 사단에 보내주었다. 인사참모는 매년 받은 것이라고 했으며 사단장도 이용하고 각 부대에 배분하여 겨울철에 스키 배우러 다녔다고 했다. 나도 스키를 배우고 싶었지만, 사단 주요 간부와 전방 수색대대 병사들이 주말이면 스키장에 있다는 것이 정위치가 아니라고 생각했다. 우리 사단은 GOP 경계를 담당하므로 불시에 상황이 발생하면 긴급히 대응해야 하는데 신속한 대응이 불가능할 줄 알면서도 스키장을 이용한다면 군인으로서 용서받을 수 없는 행위라고 보았다. 인사참모에게 스키장 이용권을 반납하도록 하고 예하 부대에 사단장 의도를 올바로 전달하라고 했다.

현장 위주 부대 지휘를 했다. 부대 특성과 환경이 타 부대보다 어려운 곳이니 사무실이 아닌 현장에서 더 많은 시간을 보내야 했다. 격물치지(格物致知)라 했듯이 모든 문제의 실체는 현장에 있고 이를 해결하는 데 필요한 답도 현장에 있다는 것이 세상 이치임을 알고 실행했다. 야전부대는 행정을 하는 조직이 아니고 행동으로 전투를 준비하는 집단이므로 종이와 문서에 의한 임무 수행을 지양하고 책상에 앉아 있는 시간을 최소화하고자 했다. 현장을 알아야 상황에 대응하고 조치하는 데 적합한 지침과 명령을 내릴 수 있으며, 지휘관의 지침과 지시는 무엇을 어떻게 하라는 것인데 이것이 현장에 적합하지 않으면 백해무익하고 작전에 실패하게 될 것임이 명약관화하다고 생각했다. 그래서 하루 일과 중 1/2을 감시초소(GP), 일반전초(GOP), 해안, 훈련장, 제설작업 등이 이루어진 곳에서 부하들과 함께 시간을 가졌다. 문제를 찾고 문제를 해결하는 데 현장 중심의 부대 지휘가 만병통치약임을 지휘 철학으로 삼게 되었다. 나의 현장중심 부대지휘는 '의사결정권자가 현장에 격리되는 순간 위험해지고 모든 문제의 답은 책상 위가 아닌 현장에 있다'. 는 확고한 생각에서 출발했다. 이를 통해 문제진단과 대책, 아이디어의 효율성을 재고하고 전투력 향상과 부대 안전을 도모했다. 반면, 현장중심 부대지휘에서 유의하고 금지해야 할 사항도 잊지 않았다. 전시성 위주의 부대순시, 형식적 의견청취와 대화를 삼가고 현장을 주마간산식으로 돌아보거나 청취보다 지시 위주가 되지 않도록 했다. 지휘관 순시에 따른 예하 부대의 과도한 준비와 의전을 막았으며 현장의 합리적 의견을 반영하지 않는 수동적 태도를 보이지 않으려 했다. '안 봐도 다 안다', '시키는 대로만 해라'는 식의 만능주의 태도를 지양하고 자신의 경험에만 의존하거나 과거 예찬론에 빠지지 않으려 애썼다. 전승불복(戰勝不復)이라고 했듯이 빛바랜 노하우와 구시대의 패러다임을 경계했다.

지휘관은 문제가 발생하면 해결 능력을 보여줘야 한다. 이를 위해서는 전반적 상황을 토대로 문제의 핵심과 실체를 구상할 줄 아는 개념 능력 즉 통찰력이 있어야 하고 여기에 현장 지식과 논리적 사고가 뒷받침되어야 한다. 나는 사건. 사고가 발생하면 지휘통제실에 앉아서도 현장의 지형과 병력배치, 장비, 시설 등을 손바닥 보듯이 알고 개념 능력을 바탕으로 원격 조종하듯이 지침과 지시를 내릴 수 있어야 한다고 생각했다. 참모보다 전반적 상황을 더 잘 알고자 했다. 사단장을 마치고 육본 감찰감으로 있을 때였다. 동해안을 떠난 지 약 2개월밖에 되지 않은 8월 24일, ○○사단 ○○연대 GOP 소초에서 무장 탈영병이 발생했다는 사건 보고가 육본에 접수되자 내가 그 사단에서 사단장을 했으니 참모차장은 나를 급히 육본 상황실로 오라는 것이었다. 참모차장의 호출을 받고 이른 새벽에 일어나 상황실에 갔더니 참모총장을 포함하여 모두 수심이 가득한 표정으로 앉아 있었다. 나는 상황을 파악하고 ○○연대장 이모 대령과 직접 통화하여 연대장에게 사고 현장 지형을 얘기하면서 몇 군데 도로망 차단을 확인하고 일등병이 철책으로 넘어가지는 않았을 것 같으니 그 소초 뒤에 울창한 숲이 있는 급경사 지역을 수색해보라고 조언해줬다. 연대장은 내 말대로 병력을 풀어 그곳을 샅샅이 뒤졌고 거기에 숨어 있는 탈영병을 붙잡을 수 있었다. 지휘관은 현장을 알아야 하고 현장에 적합한 지침을 내려야 함을 실증적으로 보여준 사례였다.

지휘관이 가지고 있는 유무형 가용자원인 물질과 시간, 노력은 무한한 것이 아니므로 선택과 집중이라는 지혜를 활용하여 부대를 지휘했다. 적과 가까운 부대, 취약한 지역에 있는 부대, 심야와 새벽 시간대에 부대 방문 활동과 관심을 집중했으며 감시초소(GP)는 주 1회 일반 전초(GOP)는 주 2회, 해안은 주 1회씩 주기를 설정하고 찾아가 병사들과 얼굴을 마주 보며 대화하고 애로사항 등을 들었다. 27km의 GOP 철책선을 2차례나 야간도보순찰을 하였으며, 탄약고도 열어보고 위장망도 흔들어보았다. 하급자가 착안하지 못한 부분을 보완해주고자 했으며 일반전초(GOP)부대 소초에서 동숙하면서 24시간 병사들과 일과를 함께하고 그들과 친숙해지려고 노력했다. 위험한 곳에서 적을 찾아 수색 정찰하는 부대에 진급과 포상을 우선했으며 추운 겨울 제설 작업하는 병사의 손을 만져보고 눈물을 흘렸을 때 부하는 나의 진정성을 알아주었다.

기상변화에 민감하게 대응했다. 작전환경의 변화가 많아 예민하고 즉각적인 행동이 요구되었으므로 출퇴근 시 지휘통제실에 들러서 부대 활동을 확인하고 상황을 업데이트하여 파악했다. 기상변화에 즉각 대응하도록 매뉴얼을 작성하여 숙달했으며, 기상예보를 감각적으로 받아들이는 습관을 갖고자 했다. 상황을 장악하고 즉각 대응할 수 있도록 주말이나 휴일에도 관광지와 외부 출타를 자제하고 현장, 사무실, 관사에 위치하려고 했다. 태풍 루사의 폭우가 내릴 때 선배 사단장과 저녁식사를 하지 않고 현장으로 달려갔던 행동과 율곡 학회와 상견례 때 해무로 인한 기상변화에 민감하게 행동한 것은 기상변화에 무감각하지 않고 준비하고 대응하는 습관 덕분이었다. 습관이 운명을 바꾼다고 했다. 임무에 우선하는 습관을 갖고 부대를 지휘함에 따라 성공적으로 사단장을 마칠 수 있었다.

투명한 사생활로 임무 우선주의를 실천했다. 지휘관은 어항 속 금붕어라고 했는데 이는 수천 명의 부하 눈이 지휘관을 보고 있어 모범적 사생활이 요구됨을 말한 것이다. 사단장 재임 기간을 금욕기간으로 인식했으며 나의 안위를 돌보지 않고 내려놓겠다는 생각을 잊어보지 않았다. 지역 내 관광지가 산재해 있었고 유명 편의시설이 많았으나 단 한 번도 그곳에 발길을 들여놓지 않았다. 눈은 북쪽에 적을 보았으며 외부인사 접촉을 의도적으로 회피하고 본질적으로 부대 업무와 임무에 무관한 사안은 신경을 쓰지 않으려 했다. 내가 거처하는 공관에 본부대장 외 지휘관, 참모의 접근을 막았으며 간부들과 회식도 가급적 영내 시설을 이용하거나 가까운 시골마을 막국수로 단출하게 하고 병사들보다 호의호식하지 않으려 했다. 욕망이 인간을 타락시킨다고 했으므로 공직자는 욕망을 줄이고 다스려야 함을 잠시도 잊어서는 안 될 것이다.

인간은 자기와 같거나 비슷한 처지, 환경에 있는 사람에게 호감이 가게 되므로 공감과 연민을 행동으로 보이고자 노력했다. 병사들은 일체감을 느끼지 않는 동료와 상관에게는 위험을 함께 하려고 하지 않으므로 부하들 마음을 움직이게 하려는 지휘 노력을 게을리하지 않았다. 간부들 이름을 외우고 불러주려고 애썼으며 부하의 건강과 애경사 등에 잊지 않고 관심을 표명해주었다. 심지어 부하가 건의한 애로사항이 거짓말인 줄 알면서도 들어줬으며 계급 고하를 막론하고 부하와 약속은 반드시 지키려고 애썼다.

아래 내용은 전역을 앞둔 병사가 사단장인 내게 보내온 서신이다.

존경하는 사단장님께!

2002년 4월 16일 102보충대를 거쳐 02-09기로 22사단 신병교육대에 입소하여 동기들과 함께 힘든 훈련을 받았던 것이 엊그제 같은데 어느덧 2년이라는 시간이 흘러 내일이면 군인이라는 신분에서 민간인으로 전역을 하게 되었습니다.

2년여 동안 군 생활을 하며 02-09기와 사단장님은 인연이 깊은 것 같습니다. 저희가 22사단 신병교육대로 입소하던 날 사단장님 역시 저희 22사단장으로 오신 날이었습니다. 6주간의 신교대 교육을 받으며 사단장님 교육시간에 사단장님은 저희에게 말씀하셨지요. "저희 02-09기와 나는 동기이다. 언젠가 군 생활 동안에 모두 다시 만날 기회를 꼭 한 번 갖자." 라고 말씀하셨습니다. 이 말씀을 듣고 저는 생각했습니다. '아~ 그냥 우리에게 듣기 좋으라고 하시는 말이구나.. 설마 약속을 지키시겠어?

하지만 사단장님은 다르셨습니다. 어떠한 교육이나 부대방문 시 항상 다른 기수들보다 저희 02-09기를 기억해주시고 생각해주셨습니다. 특히 4월에 있었던 02-09기와 사단장님과 만남... 저는 그때 정말 사단장님께 감사드렸습니다. 저 뿐만 아니라 02-09기 전원이 그랬을 것입니다. 너무나 오랜만에 만난 동기들과 사단장님.. 추억으로 간직하려 사진을 마지막으로 찍고 헤어졌는데 사단장님과 동기들의 뒷모습을 보니 헤어지기 싫어 발걸음이 한없이 무겁게 느껴졌습니다.

저희 02-09기를 여러모로 신경 써주시고 생각해주신 사단장님. 사단장님과 저흰 너무나 큰 계급 차이가 있지만.. 이 계급 차이를 뛰어넘는 동기애가 있어 전 사단장님을 영원한 02-09기 동기로 생각할 것입니다.

제가 사단장님보다 먼저 22사단을 떠납니다만 곧 22사단을 떠나실 사단장님 앞에 무궁한 발전과 안녕이 함께 하길 기도하겠습니다.

2년여 동안에 22사단에서의 군 생활. 02-09기 동기들 그리고 사단장님을 영원히 가슴 속에 기억할 것입니다.

건강하십시오. 충성

2002.3.21.

280대대 2포대

병장 서 ○○ 올림

아울러 먹는 것과 입는 것을 병사들 눈높이에 맞추고자 부대에서 먹는 점심식사를 간부식(幹部食)에서 병식(兵食)으로 바꿨다. 간부식사를 하다 보니 메뉴 작성과 식비 결산, 식자재 구입, 비인가 요리병 운용 등 많은 문제점을 안고 있어 개선이 요구되었을 뿐 아니라 식사를 전. 평시 일원화하는 것이 전투적 사고와 행동에 부합될 것으로 생각했다. 여론을 들어보니 반반이었지만 야전성을 제고하고 군의 본질에 맞아 병식을 결심했다. 영내 통신대대 취사장에서 병사들이 먹는 식사를 용기에 담아 간부식당으로 옮겨 놓고 간부들이 식당에 들어가면서 스스로 배식하여 먹도록 했다. 그 결과 편제에 의한 병력운용이 되었으며 여러 문제점을 없애고 간편하게 식사할 수 있었을 뿐 아니라 외부에서 방문한 인사들도 사단장이 호식하는 줄 알았는데 소박한 음식을 드신다면서 호평을 해줌으로써 일거양득이었다. 전군에서 사단장이 처음으로 병식을 하게 됨에 따라 중앙일간지에 보도되기도 했다.

"사병의 사병화(私兵化)의 대표적 사례로 꼽혔던 군 간부식당 취사병 제도를 육군의 한 사단에서 없애 화제다. 동부전선의 율곡 부대는 그동안 사단 간부식당에서 근무하던 취사병을 모두 일선 부대로 돌려보냈다며 지난 5월부터 단계적으로 실시해 이제 정착단계에 들어섰다고 밝혔다. 사단 간부식당에 취사병이 없어짐에 따라 자연히 예하 부대도 간부식당 취사병이 사라졌다. 군 간부식당 취사병은 정식 군 편제 인원이 아니지만 관례적으로 부대 전투병 가운데 뽑아 대대급 이상 군 간부식당에서 장교들의 식사를 뒷바라지해왔다. 심지어 일부 군 간부들은 야외 훈련할 때도 사병들에게 자신의 식사를 따로 요구해 눈살을 찌푸리게 했던 경우까지 있었다. 이 부대 참모장 강 대령은 사단 간부식당에서도 사병식당에서 가져온 사병식사를 그대로 이용하고 있다며 사단장인 장군과 이등병이 매일 똑같은 식사를 하고 있어 부대의 일체감 형성에 도움이 된다고 말했다."

나는 전투복과 군화, 요대도 장군용이 아닌 일반 장교들과 같은 것을 착용했다. 장군이 되면 전투복을 맞춰 입지만 사단장 재임 기간에는 일반장교들과 동일한 것을 입었다. 부하를 진급시키기 위해 진급추천서를 작성하는 데, 열흘 동안 썼다가 읽어보고 스스로 감동이 느껴지지 않으면 지우고 다시 썼다. 진급자가 발표되고 박 소령이 진급된 날, 알지 못한 심사위원 한 분이 전화를 주었다. 박 소령 진급은 사단장님 추천서 때문에 되었다는 것을 그의 목소리에서 들을 수 있었다. 자상하고 감동적으로 부하 추천서를 써준 사단장에게 심사위원 모두가 박수를 보냈다고 했다. 하지만 나는 내가 할 일에 정성을 들인 것뿐인데 과분한 칭찬을 받은 것 같았다. 또한 혹한과 기상이 악조건일 때면 순찰을 돌고 병사들의 고충을 이해하려고 했으며 제설 작업하느라 추위에 노출되어 있는 병사들을 찾아가 손을 잡아주곤 했다.

모든 길은 로마로 통한다고 했듯이 부대의 성패 책임은 지휘관에게 있다. 자연재해가 아닌 경계 작전 실패와 사고는 사람의 눈과 귀가 현장에서 제대로 작동하지 않을 때 발생하므로 이를 방지하는 노력은 지휘관의 몫이다. 지휘관의 책임은 무한하므로 지휘관은 책임완수에 필요한 지적능력과 실천력을 가져야 한다. 책임완수, 규정과 원칙을 지키는 데 솔선수범하여야 하며 지휘관이 끊임없이 노력하고 부하에 대한 애정을 가질 때 탈도 없고 사고도 없게 된다. 부하 노력으로 나의 무능을 덮고 싶지 않았으며 땀 흘리지 않고 소득을 얻겠다는 마음을 갖지 않았다. 진정성을 갖고 열과 성을 다했으며 고생한 부하의 꽁꽁 언 손을 붙잡고 눈물을 흘려보았다. 인간은 사람을 속이지만 하늘은 인간을 속이지 않는다고 믿었으며 운명은 선택이고 내가 만들어 간다고 확신했다.

아래 내용은 나의 지휘 노력에 대한 언론보도이다(2003. 8. 4. 국방일보).

해야 할 것은 반드시 하고 하지 말아야 할 것은 어떠한 경우에도 하지 말아야 합니다. 병사든, 간부든, 자신의 위치를 명확히 인식하고 해야 할 일과 해서는 안 될 일을 엄격히 구분해 임무를 수행한다면 병영 사고는 자연히 근절되게 마련입니다." '하루의 절반'을 전방 현장에서 장병들과 함께 보내는 육군 율곡부대 부대장 이성출(李成出, 육사 30기) 소장은 이 같은 분명한 소신과 지휘 철학으로 사고 없는 부대를 완성해 나가고 있다. 초급지휘자인 소대장 시절부터 장성반열에 올라선 지금까지 군 생활 전부를 강원도에서 보낸 특이한 경력을 가진 이 부대장의 강점은 말보다 행동이 먼저고 무엇이든지 솔선수범한다는 것이다.

현장 위주의 지휘 철학은 올해 들어서만도 벌써 GP, GOP부대를 포함 125회에 걸쳐 예하 부대를 순시해 정신교육을 시행한 것에서 쉽게 확인된다. 단순히 부대 순시 차원을 넘어 '최근의 안보 환경 변화와 우리 군의 자세' 등 최전방 군인으로서 지녀야 할 필수 정신교육을 실시, 장병들의 관심과 호응을 끌면서 사고 예방의 단단한 토대를 구축해 오고 있다. 특히 필요하다고 판단하면 장병들과 숙식을 함께하면서 토의식 간담회를 가져 파격적이라는 평가도 듣는다. 지난해 취임 후 이 같은 지휘습관은 단 한 번도 변한 적이 없다는 게 예하 부대 지휘관들의 한결같은 반응이다. 부대장에 대한 장병들의 전폭적인 지지와 성원은 작은 배려에서 피어오르고 있다. 순시한 부대의 말단 계층인 병사들과 악수를 한 뒤 반드시 해당 병사의 이름을 기억하고 다시 찾았을 때 이름을 불러줘 소위 장병들에게 기댈 곳을 표시해주고 있다. 이 장군은 부임 후 지금까지 기수마다 2시간씩 신병정신교육을 단 한 번도 거르지 않고 실시, 전입신병들에게 부대에 대한 신뢰와 믿음을 더해 주면서 이를 사고 없는 부대육성의 또 다른 계기로 삼고 있다. 비원칙 파견, 소위 비파를 없앤 것도 독특한 지휘 철학에 속한다. 보직에 맞지 않는 일을 수행함으로써 오는 확인되지 않은 사기 저하 등을 고려, 전투편성대로 병력을 운용하겠다는 의지를 구현해 행정적 일 처리를 대폭 줄였다.

"행정적 일 처리도 중요하지만, 최전방 부대로서 장병들은 항상 전투 일선에 서 있어야 합니다. 본연의 국토방위 임무에 전념할 때 사고는 일어날 수 없으니까요." 이 장군은 "장교단부터 정신 혁명해야 한다는 기조가 바로 서야 부대가 제 가치를 발휘할 수 있다는 점을 늘 주문하고 있다"라며 "원칙과 규정을 준수하는 가운데 솔선수범하는 것만이 모든 사고를 미연에 막을 수 있는 지름길"이라고 강조했다.

나는 임관 후 사단장을 마칠 때까지 강원도에서 소대장, 중대장, 대대장, 연대장을 했고 사단장도 강원도에서 했다. 나의 군 생활을 언론에서 보도한 기사이다.(2004.6.2.연합뉴스)

〈화제〉소대장에서 사단장까지 강원도와 인연

군 생활의 절반 이상을 강원도에서 보내며 소대장에서부터 사단장에 이르는 주요보직을 모두 역임한 지휘관이 있어 화제가 되고 있다.

이야기의 주인공은 최근 단행된 군 인사에서 육군본부로 자리를 옮기게 된 육군 율곡부대의 이성출 부대장.

오는 3일 이임식을 가질 그는 군 생활 30년의 절반이 넘는 17년을 강원도에서 보낸, 강원도와는 각별한 인연을 갖고 있으며 특히 소대장과 중대장을 양양 하조대 인근 부대에서 역임한 것을 시작으로 대대장은 양구에서, 연대장은 철원에서 보내고 사단장 역시 고성에서 역임하는 등 소대장에서 사단장에 이르는 주요지휘관 모두를 강원도 지역의 부대에서 보내는 진기록(?)을 세워 눈길을 끌고 있다.

한 지역에서 이렇게 오래 군 생활을 한 것도 이야깃거리지만 소대장과 중대장, 대대장, 연대장, 사단장에 이르는 지휘관직책을 강원도에서 역임한 것은 극히 이례적인 사례로 꼽힌다.

이렇다 보니 강원도를 생각하는 그의 마음도 남달랐다.

율곡부대장으로 부임하던 그해 태풍 '루사'가 영동지방을 덮쳤을 때는 부대의 표준 일과까지 바꿔가며 적극적인 대민지원을 펼쳤으며 혼자 사는 노인들을 대상으로 무료진료 활동을 분기마다 펼쳐 큰 호응을 얻기도 했다.

또 한 청정 강원도의 자연환경보존을 위해 '21세기 친환경을 선도하는 대한민국 최고의 녹색 부대'라는 부대 정신을 정립하고 '자연호수 살리기 운동'을 비롯한 해안 정화 활동, 야생동물 보호 활동 등을 활발히 전개했다. 특히 반세기 만에 열리는 동해선 철도, 도로 연결공사장의 안전사고 방지에 노력하고, 금강산 육로 관광도 원활히 진행할 수 있도록 지원을 아끼지 않았다.

이 부대장은 "강원도와 뗄 수 없는 인연을 맺은 것 같다"며 "군 생활 절반을 강원도에서 성공적으로 할 수 있도록 도와주신 강원도민께 감사드린다"고 말했다.

강원도는 이임을 앞둔 2일 강원도를 떠나는 이 부대장에게 감사패를 전달하고 그동안의 노고에 고마움을 표시했다.

2004년 6월 3일 사단장을 마치게 된 날, 만감이 교차하고 지난 2년 2개월이 머리에 펼쳐졌다, 완벽한 경계 작전과 실전적 교육훈련, 안정적 부대 관리를 성공적으로 달성하고 유종의 미를 거두었다. 그동안 사단장 의도를 적극적으로 실천해주고 묵묵히 임무 수행에 전념해준 우리 사단 지휘관, 참모 그리고 모든 장병에게 한없는 감사와 고마움을 보냈다. 그들이 나에게 보여준 충성심은 영원히 기억될 것이며 그들에게 사단의 명예와 전통을 고양하는 데 진력해 달라고 당부했다. 참모장 유모 대령과 강모 대령, 주임원사 안모, 53연대장 노모 대령과 정모 대령, 55연대장 정모 대령과 이모 대령, 56연대장 서모 대령과 이모 대령, 포병연대장 박모 대령과 임모 대령, 인사참모 김모 중령, 정보참모 노모 중령과 유모 중령, 작전참모 성모 중령과 박모 중령, 군수참모 박모 중령과 김모 중령, 교훈참모 정모 중령과 김모 중령, 경리참모 김모 중령, 감찰참모 안모 중령, 정훈참모 박모 소령 등은 나의 조력자였고 동반자였으며 영원한 전우이다. 이들의 건강과 가정의 행복을 빌며 아울러 ○○연대장을 했던 서모 대령과 이모 대령은 고인이 되었는데 거듭 이들의 명복을 빈다.

사단장을 마치면 경력과 전문성을 감안하여 보직이 주어지리라 생각하고 육군본부 기획관리참모부장을 맡아 육군의 개혁과 군사력 건설 방향을 재정립해보고 싶었다. 그런데 그 직책에 있던 김모 장군이 국방부 정책기획관으로 옮기고 양모 장군이 뒤를 이어 들어감에 따라 마땅한 보직자리가 없는 가운데 사단장을 마치게 되었다. 육군본부 감찰감과 육군대학 총장, 보병학교장 등이 갈 수 있는 자리였지만 어느 것도 전문성이 요구되는 자리가 아니라서 고민되었다. 3성 장군으로 진급하여 군단장을 나가려면 업무성과를 낼 수 있는 보직을 맡아야 하는데 적합한 보직이 없었다. 이런 가운데 후임 사단장이 결정되고 나의 다음 보직 명령이 내려왔다. 나는 육군본부 감찰감으로 가게 되었다.

2004년 6월 3일, ○○사단장에서 이임하고 대관령을 넘었다. 2년 2개월 동안 육군본부에서 단위대장 회의가 4차례 있었지만, 기상이 나빠 헬기 타고 회의 참석을 한 번밖에 못 했다. 3차례는 자동차를 타고 대관령을 넘었으며 그때마다 왕복 8시간을 도로에서 보냈다. 26개월 동안 영광과 기쁨이 많았지만, 대관령을 넘으면서 스스로 약속을 하나 했다. 그것은 군복 입고 군인 신분으로는 결코 영동지역에 오지 않겠다는 것이었다. 사단장 하면서 정신적 고뇌가 많았고 육체적으로도 정말 힘들었다. 오죽했으면 사단장을 그만두고 싶어 했겠는가? 물론 고진감래가 되어 역대 어느 사단장도 이루지 못한 업적과 공로를 인정받았지만 다시는 동해안에 오고 싶지 않은 불편한 속내를 감추고 싶지 않았다. 나는 그 후 군단장을 중부전선에서 했고 4성 장군이 되어 연합사부사령관에 보직됨으로써 현역 시절에 동해안을 오지 않겠다던 자신과의 약속을 지켰다. 동해안에 오지 않겠다는 상념을 갖고 대관령을 넘자마자 내가 탄 승용차에 고장이 발생했다. 아마 내 몸은 서울로 가고 있었지만 내가 쏟은 열정을 잊지 못한 나의 영혼이 나를 동해안에 더 붙들고 싶어 했던 것 같았다. 만감이 교차하고 미운 정 고운 정이 머릿속에 맴돌았다.

나의 사단장 이임사이다.

> 존경하는 군단장님, 바쁘신 중에도 자리를 빛내주신 내외귀빈, 그리고 사랑하는 율곡부대 장병 여러분!

본인은 오늘 명에 의해 여러분들과 아쉬운 석별의 정을 나누게 되었습니다.

먼저 재임 기간 중 본인에게 부여된 소임을 다할 수 있도록 아낌없는 성원과 애정을 보내주신 군단장님과 인접 부대장님, 그리고 지역 기관장님들께 진심으로 감사의 말씀을 드립니다.

아울러 지난 2년여 동안 매우 어려운 여건 속에서도 한결같은 충성심으로 본인의 지휘 의도를 '말보다 행동'으로 실천해준 우리 율곡부대 지휘관 및 참모 여러분과 모든 장병에게 따뜻한 격려와 깊은 감사의 마음을 전하며 묵묵히 내조에 힘써준 아내에게도 고마운 마음을 표하고자 합니다.

한 편 재임 기간 중 사고로 인해 유명을 달리한 전우의 명복을 삼가 머리 숙여 빌며 이들을 지켜주지 못한 죄책감을 잊을 수 없습니다.

자랑스러운 율곡부대 장병 여러분!

돌이켜보면 지난 25개월은 여러분과 함께 동고동락하면서 우리 사단을 '싸우면 반드시 이기는 부대'로 만들기 위해 온 힘을 쏟았던 보람찬 기간이었습니다.

특히 본인은 "지휘관은 명예가 아니라 고행임을 인식하고 그 책임과 의무를 완수하겠다"는 다짐 하에 셀 수 없는 땀과 눈물을 쏟았으며 이러한 노력은 제 인생에 소중한 추억으로 영원히 남게 될 것입니다.

우리 사단은 전군에서 유일하게 GOP와 해안을 동시에 경계하는 부대이므로 항상 고도의 전투준비태세를 유지한 가운데 적의 어떠한 도발도 허용하지 않았으며 지난해 7월 18일에는 휴전선을 넘어 귀순하는 북한 동포를 성공적으로 유도하여 대한민국의 품으로 안기게 함으로써 전군 최고의 경계작전 우수부대임을 입증하였습니다.

적과 싸워 이길 수 있는 정신력과 전투기술은 교육훈련을 통해 배양됨으로 우리는 실전적이고 강인한 교육훈련에 매진하였습니다.

그 결과 전투지휘검열과 전투지휘훈련, 호국훈련 등에서 휴전선 최북단을 수호하는 데 단 한치도 부족함이 없는 최상의 부대로 평가를 받았습니다.

원칙과 기본에 충실한 가운데 합리적 부대 운영과 활발한 의사소통으로 각종 사고를 예방하여 인명손실이 발생하지 않도록 노력한 결과 그 어느 때보다도 탄탄하고 안정된 부대로 정착할 수 있었습니다.

반세기 동안 끊어진 민족의 혈맥을 다시 잇는 금강산 철도. 도로 연결공사가 착공된 이래 완벽한 군사대비태세를 유지하여 적의 도발을 억제함으로써 공사가 순조롭게 추진 되고 있어 우리가 지키는 이곳은 평화 통일의 길목이 될 것입니다.

부대의 역사를 새롭게 창조한다는 일념으로 부대 애칭을 '뇌종부대'에서 '율곡부대'로 개칭하고 부대 전통을 계승. 발전시킬 3대 부대 정신을 정립하여 이를 한마음 한목소리로 적극적으로 실천하였습니다.

이러한 우리의 노력과 부대사랑 정신으로 우리 사단이 지난해, 건군 55주년을 맞아 참여정부 첫 국군의 날 기념식장에서 대통령 부대표창을 수상하게 되었던 것입니다.

반면 우리 부대가 위치한 이곳의 지형적 특성과 극심한 기상변화는 우리에게 감내하기 어려운 역경과 시련을 안겨주기도 했습니다.

태풍 '루사'가 741mm의 장대 같은 폭우를 쏟아놓고 지나가던 날, 우리는 자연이 준 재앙 앞에 힘없이 주저앉고 말았습니다.

그날 밤, 저는 초토화된 병영 속에서 부대원의 안전을 위해 오직 기도밖에 할 수 없었으며 다행히 하나님의 가호로 소중한 전우의 생명을 지킬 수 있었습니다.

태풍 '루사'로 인해 우리가 겪었던 정신적. 육체적 고통과 어려움은 말로 다 형용할 수 없었습니다.

이것뿐만이 아니었습니다. 그해 겨울에는 24차례의 대설주의보와 13차례의 대설경보가 내렸고 적설량이 6m를 넘었습니다.

망연자실했고 주저앉고 싶었으며 사단장 직책을 내려놓고 싶었습니다. 혹한 속에서 제설 작업하느라 새까맣게 그을려버린 부하의 얼굴을 보면서, 그리고 거북이 등처럼 굳어버린 부하의 손등을 어루만지면서 흘렸던 눈물은 지금도 가슴이 미어지는 아픔으로 되살아납니다. 지칠대로 지쳐버린 부대와 전우 여러분의 모습을 보면서 지휘관의 고행을 생생하게 체험했습니다.

하지만 우리는 다시 일어났습니다. 여러분은 절망의 늪에 빠져있던 우리 부대를 일으켜 세운 용기의 화신이었습니다. 어려웠던 순간순간의 역경과 고비를 외면하거나 회피하지 않고 정면으로 마주하면서 슬기롭게 돌파해준 율곡부대 전우 여러분의 충정에 감사의 마음을 거듭 표합니다.

사랑하는 율곡부대 장병 여러분!

이제 본인은 놀라운 열정과 인내로 우리가 함께 이룩했던 일들의 더 큰 전진과 발전을 과제로 남겨두고 정들었던 여러분 곁을 떠납니다.

아쉽고 서운한 마음 금할 수 없습니다만 군사적 식견과 덕망이 높은 임○○장군에게 지휘권을 넘기게 되어 다행스럽게 생각합니다. 후임 사단장을 중심으로 더욱 일치단결하여 사단의 명예와 전통을 한층 더 빛내줄 것을 당부합니다.

저도 비록 이 자리를 떠나더라도 우리가 아침, 저녁으로 "다시 찾자 금강산, 다시 보자 두만강"을 외쳤듯이 휴전선 최동북단을 수호하는 조국 통일의 선봉 부대로서 그 역할을 다하는 날까지 응원할 것입니다.

그동안 저와 함께 사단발전을 위해 헌신적으로 힘써준 부사단장과 참모장, 사단 참모 그리고 예하 부대 지휘관 여러분, 또 한 음지에서 묵묵히 임무 수행에 최선을 다해준 사단 주임원사를 비롯한 부사관과 군무원 여러분, 그리고 율곡부대 전우 여러분! 진심으로 사랑하고 감사합니다.

훌륭하고 충성스러운 여러분과 함께 사단장의 소임을 완수하게 된 것을 한없이 자랑스럽고 영예스럽게 생각합니다.

끝으로 식전을 주관해주신 군단장님과 이 자리를 빛내주신 내외 귀빈 여러분께 거듭 감사을 드리며 율곡부대 전우 여러분의 건승을 기원하고 또 기원합니다.

여러분! 안녕히 계십시오.

수신제가(修身齊家)와 감찰

사단장을 마치고 육군본부 감찰감으로 부임한 날짜가 2004년 6월 7일이었다. 그 자리에 동기생 A 장군이 있다가 그는 정작부장으로 옮기고 내가 들어갔다. A 장군은 나와 함께 소장으로 진급했고 사단장도 같은 시기에 나갔지만 나보다 6개월 앞당겨 조기에 사단장을 마치고 감찰감을 했다. 사단장이나 군단장을 하다가 임기를 채우기 전에 나오는 경우는 전문성이 요구되는 자리가 비었을 때이다. 그런 자리는 공석이 발생하더라도 누구나 할 수 없는 보직이므로 특정인이 적합하다고 평가되면 지휘관 임기를 미리 끝내고 그 자리에 앉는 경우가 종종 있었다. 그러나 감찰감은 전문직위도 아니고 특별한 자격이 요구된 자리도 아닌데 사단장 임기가 끝나지 않은 사람을 6개월 앞당겨 보직하였는지 알 수 없었다. 더군다나 그는 감찰감을 하다가 정작부장으로 옮겼으니 보이지 않은 손에 의해 보직 혜택을 받은 것 같았다.

참모총장한테 보직 신고를 하고 업무를 시작하기 위해 책상에 앉았다. 감찰감은 참모총장 개인참모이므로 참모총장으로부터 신임을 받아야 하는 자리였는데 나는 참모총장 남모 대장과 별다른 인연이 없었다. 굳이 찾아보면 수 년 전 소령 진급 심사위원으로 임명되어 '갑'반 위원이었을 때 '갑'반 위원장이었던 것이 전부였다. 내가 감찰감으로 임명된 배경은 참모총장이 내건 육군 장교단 정신혁명을 야전에서 솔선하여 구현하고 사단장 임무를 성공적으로 수행했기 때문에 참모총장이 발탁했다는 인사참모부장 윤모 장군의 전언이었다. 나의 노고를 알아준 것은 고마웠지만 감찰감 업무가 새로운 제도와 정책을 개발하고 발전시키는 영역이 아니라서 만족스러운 직책은 아니었다. 6월 9일 18시 30분에 참모총장 주관 환영 만찬이 있었다. 그 자리에서 사단장 재임 기간 자상한 지도와 따뜻한 격려를 보내주신 총장에게 감사드리며 감찰감으로 복무하면서 전투적 사고를 견지하고 도덕성을 확립하는 데 앞장서겠다고 건배 제의를 했다.

여기서 남모 참모총장에 대한 나의 개인적 인물평과 그의 리더십을 언급하고자 한다. 남모 총장은 호불호가 명확한 분이었으며 주관과 소신이 확실한 분이었다. 사조직으로부터 견제를 받고 어렵게 막차에 장군 진급을 했으며, 그 후 하나회 대체 세력이 군을 주도하는 환경이 되면서 승승장구하게 되었다. 이 때문에 하나회에 대한 구원(舊怨)이 많은 것 같았다. 참모총장으로서 도덕성과 개인 관리가 모범적이었다. 이것을 강점으로 삼아 장교단 정신혁명을 추진하여 육군의 나쁜 관행을 척결하는 데 큰 성과를 달성하고 육군문화를 맑게 만들었다. 남모 총장만이 이룩할 수 있었던 업적이며 누구도 흉내 낼 수 없는 치적이라고 본다. 그러나 성격이 강하다보니 좋은 의도와 의견이 독선적 지시로 비춰질 때가 많았고 주장이 강하다보니 예하지휘관, 참모와 의사소통이 원활하지 못했으며 포용적 지휘력이 풍부하지 못한 것처럼 들렸다.

그 결과 모 군사령관이 총장을 총장 혹은 총장님과 같이 직책을 호칭하지 않고 총장 이름을 부르는 것을 목격할 수 있었다. 또한 참모총장은 육군의 얼굴이며 대표이므로 정치. 사회적으로 육군을 알리고 보호하는 역할이 활발히 이루어져야 했음에도 대외적 활동이 미흡하다는 평가를 받았으며, 이념적 성향이 지나치게 강한 것처럼 보였다.

감찰업무는 크게 3가지였다. 하나는 군단급 부대의 지휘검열을 통해 부대의 임무 수행 능력을 확인하는 것이며, 다른 하나는 업무 부조리와 부정부패를 예방하고 발본색원하여 깨끗한 육군을 만드는 것이고, 마지막 하나는 참모총장 하명사항을 조사하여 직접 보고한 것이었다. 이러한 업무를 수행하기 위해서는 나와 조직원에게 각별한 상황인식과 행동규범이 요구되었다. 무엇보다 군 운영의 투명성 제고에 대한 정부와 사회의 요구가 높음을 인식해야 했다. 아울러 군 부패현장을 국회와 언론, 시민단체 등이 매섭게 감시하고 있어 구조적 잔존 부조리를 척결하는 데, 전 방위적 노력이 필요하다고 보았다.

특히, 정보 전파 수단이 발달하고 국민 알권리가 커지고 있어 군이 더 이상 성역화될 수 없었다. 부정비리 고발성 민원이 폭증함에 따라 올바른 의식이 정착된 가운데 규정을 엄격히 준수하는 행동적 솔선수범이 뒤따라야 했다. 또한 정부의 부패 방지 위원회 청렴도 측정 결과 군이 최하위에 머물러 있어 국방업무의 신뢰 회복을 급선무로 인식해야 했다. 깨끗하고 올바른 군대문화 정착에 앞장서기 위해 감찰관의 정직한 사고와 생활 자세 확립도 요구되었다. 그야말로 전투적 사고와 야전성을 견지한 가운데 자기 정화를 선행하고 절제된 생활이 되어야 했다. 나는 부정비리 척결활동을 강화하고 감동을 주는 민원업무처리로 신뢰받는 감찰 관상을 확립하겠다고 생각했다. 이러한 내용을 담아 그해 7월 13일 참모총장께 복무계획을 보고했다. 총장은 나에게 비리와 부패사건의 예방을 위한 주기적 활동을 강화하고, 민원업무에 초기 단계부터 친절과 정성을 다하도록 강조했다.

감찰감으로 재임 중 군단 지휘검열은 4개 부대를 대상으로 실시했다. 이들 부대는 ○○군 예하 2개 군단과 ○○군 예하 1개 군단 그리고 육본 직할 ○○사령부였다. 군단 지휘검열 일정은 연간 검열계획에 반영하여 연초에 각급 부대에 하달된다. 검열관들은 이에 따라 해당 부대의 작계를 포함하여 현황을 파악하면서 검열 준비를 하게 된다. 한편 지휘검열이 시작되면 검열 하루 전에 검열관들은 통합하여 군 전용버스로 피검열 부대로 이동하고 숙소는 부대 복지회관을 활용한다. 부대에 도착하면 1일 차에는 지휘관 접견, 일반현황 청취와 토의가 이루어지고 2일 차부터 8일 차까지 방어준비태세 발령 후 작전계획 임무 수행 태세 점검, 예하 부대 방문 등이 진행되었다. 9일 차에는 검열관들의 보고서 작성과 자체 토의를 하고 마지막 날 강평으로 이어졌다. 지휘관 접견 시에는 부대의 애로사항과 건의 사항을 직접 듣고 복귀 후 참모총장께 선별하여 보고드렸다. 또한, 참모총장 하명 사항과 장교단 정신혁명, 안보상황에 대한 올바른 인식을 총장을 대리하여 지휘관에게 강조했다. 일반현황 청취는 기밀실에서 부대 역사와 작계, 당면업무 등을 보고형식으로 듣고 간단한 질문과 토의가 이루어졌다. 이어서 다음날 새벽 방어준비태세(DEFCON)를 3단계(Round House), 2단계(Fast Face), 1단계(Coked Pistol)로 변경하여 상황을 조성하고 준비태세를 점검했다. 부대가 작전계획 임무 수행에 들어가면 예하 부대를 방문하여 지휘관과 환담하고 일반현황을 청취후 현장에 나가 훈련 상태를 점검했다. 7일간에 걸쳐 작계훈련을 하고 8일 차에는 검열관들이 확인, 발견한 내용을 토대로 보고서 작성과 강평준비가 진행되었으며, 마지막 날은 예하 부대 지휘관과 참모들이 참석한 가운데 강평이 이루어졌다. 강평 시 검열단장이었던 나는 총장을 대리하여 총평하고 검열 결과에 대한 최종적 합격과 불합격 판정을 하였으며, 검열에 수고해 준 장병들을 격려하고 감찰관들의 활동에 불편 없도록 배려해준 데 대해 감사를 드렸다. 아울러 부대진단 결과 참모총장 지휘 의도를 구현하고 군단장을 중심으로 단결되어 있음을 확인하였다는 언급도 잊지 않았으며 검열관들이 제시한 보완시킬 사항은 시급히 개선을 당부하고 검열 결과 ○○군단은 우수부대로 평가되었다고 말했다.

내가 검열단장이 되어 지휘 검열했던 부대의 지휘관은 ○○군단 김모 중장, ○○사령부 김모 중장, ○○군단 김모 중장, ○○군단 박모 중장이었다. 10일 동안 부대를 관찰하고 간부들과 접촉해 본 결과 지휘관의 리더십 가운데 의사소통이 원활한 부대는 ○○군단이었으며, 임무에 대한 전문지식이 풍부한 지휘관은 ○○부대 지휘관이었다. 한편, 군단 지휘검열을 하면서 군단 전투지휘훈련(BCTP)과 군단 지휘검열을 통합하는 것이 필요하다고 느꼈다. 물론 군수사와 같은 기능사령부는 별도 지휘검열이 있어야 하겠지만 야전군단은 2가지를 통합함으로써 내실 있게 점검을 하면서 예하부대 부담을 감소시켜줄 수 있다고 보았다. 지휘관이나 참모가 원팀이 되어 임무 수행 능력을 배양하는 전투지휘훈련(BCTP)을 실시하면서 전술 상황에 부합되게 몇 개 부대를 실기동하여 지휘소연습(CPX.

Command Post Exercise)과 실기동훈련(FTX. Field Training Exercise)를 동시에 진행되게 한다면 더 효과적인 결과를 얻을 수 있을 것이라는 점이다. 이때 감찰관실 검열단과 전투지휘훈련(BCTP) 평가관들이 각각 맡은 영역을 함께 점검하면 훌륭한 점검 결과를 도출해낼 수 있을 것이다.

감찰감으로 재직 중 윤모 국방부 장관이 계룡대에 내려와서 육해공군 전 장군을 대상으로 훈시한 내용이 인상 깊게 남아 있다. 윤모 장관은 노무현 정부의 2번째 국방수장을 맡았으며 예비역 해군 3성 출신 제독이었다. 노무현 대통령 출신학교인 부산상고의 선배로 알려져 있었다. 윤모 장관이 육군 출신이 아니었고 노무현 정부의 진보성 이념과 장군에 대한 편견 등으로 인해 예비역 장군들 특히 육군 출신 예비역 장군들로부터 대통령이 비난받고 있을 때라서 윤모 장관에 대한 육군의 분위기는 우호적이지 않았다. 거기다가 남모 육군총장의 강직한 성품 등으로 육군과 국방부 간 마찰이 발생하는 경우가 종종 있는 것처럼 들렸다.

윤모 장관은 2004년 8월 9일, 여름 한복판에 계룡대를 방문했다. 의장대 행사와 육해공군 총장으로부터 간략히 업무보고를 받고 11시 30분에 육군본부 기밀실에서 계룡대의 육해공군 장군들을 대상으로 훈시를 시작했다. 윤모 장관은 먼저 군은 문민화가 되어야 하고 그 핵심은 군과 정부 관계에서 문민통제를 군이 받아야 함을 언급했다. 민주국가에서 군은 정치의 수단이고 정치의 하위개념임을 말한 것이었다. 우리는 병영과 군사정책 관리가 과거 환경과 다르고 새로운 패러다임으로 전환되고 있어 민주국가 군대를 국민이 요구하고 있음을 인식해야 한다고 하였으며 지휘통솔방식의 획기적 변화를 촉구했다. 폐쇄된 군대에서 개방되고 투명한 군대로 변화되어야 하고 국민과 함께하는 군대를 강조했다.

아울러 국방관리의 전문성도 언급했다. 군이 새로운 요구를 적극적으로 찾아서 변화하는 환경에 부응해야 하며 군대는 국방정책에 참여하면서 복종하는 풍조를 만들어야 한다고 했다. 군복을 입고 있는 동안에는 정부 정책에 불만을 표출해서는 안 되며 군은 정치적 중립을 지켜야 하고 정치적 언행을 삼가야 한다고 했다. 예비역 단체와 장군들이 군을 선동하거나 이용하려는 태도는 매우 유감스러운 현상이며 군은 이들이 군 내에서 저지른 정치적 발언과 통수권 훼손 행위에 대해 강력히 저지해야 한다고 언급했다. 특히 윤모 장관은 정치. 사회가 변화하여도 명령과 복종의 군인정신은 군 존재의 중심이므로 약화되어서는 안 되며 군 기강 확립을 강조했다. 지휘통솔이 구태의연한 방식이 아니라 선진화된 기법으로 이루어져야 하며 진급을 포함한 군의 인사관리가 공정하고 투명해야 한다고도 했다. 대화와 토론을 통한 의사결정이 되도록 지휘관은 참모 의견을 경청하고 인권을 존중하는 고급 지휘관의 리더십을 개발하라고 당부했다.

아울러 윤모 장관은 현안에 대해서도 언급했다. 이라크 파병에 최선의 노력을 기울이고 일반전초(GOP), 영공, 북방한계선(NLL. Northern Limit Line)을 철저히 수호하라고 했다. 군 인사법 개정을 재검토하겠다고 했으며 국방예산을 GDP 3.2%까지 상향할 것임을 약속했다. 남·북 군사력의 객관적 평가를 통해 군사력 건설 방향을 설정하고 군의 정치적 발언을 지양해 줄 것을 거듭 당부했다. 예스맨 조직에서 탈피하여 허심탄회하게 의견을 교환하는 군대문화를 만들고 일선 장병의 복지와 사기 향상에 각별한 관심을 표명했다. 본인은 군과 정부의 가교역할을 충실히 하겠다고 다짐했다. 합참의장이 안보 장관 상임위원으로서 연 2회 대통령께 직접 보고할 기회를 만들겠으며, 군 수뇌부 의회 출석을 점진적으로 확대하고 각 군 총장과 대통령의 주기적 면담을 추진하겠다고 했다. 또한 3군 균형발전으로 미래전 대비 통합전력을 건설하고 상부 조직과 하부조직에 대한 보직을 순환하여 근무하게 함으로써 경험이 축적된 고급 간부가 육성되도록 해야 한다고 했다. 윤모 장관의 훈시는 시의적절했으며 공감이 가는 내용이었다. 본인이 현역 생활하면서 느꼈던 육군 위주 국방 운영을 지적한 것과 사회변화에 따라가지 못한 군의 지휘통솔 방식을 언급한 것도 일리 있는 지적이었다.

안보 환경은 우리에게 북한위협뿐 아니라 주변국 위협과 포괄적 안보 영역까지 대비하도록 변화되고 있으며, 전쟁방식이 지상군 중심의 기동전에서 공중과 해상을 포함한 다정면 동시 전투개념으로 전환되고 있다. 이러한 변화는 우리의 획일적 의식과 생각, 평면적 사고로 대처할 수 없으며 군 운용 전반에 대한 혁신이 요구됨을 인식해야 할 것이다. 아울러 정보화 사회 도래와 군사과학기술 발전, 군사 운영 여건 변화에 부합된 합리적이며 과학적 사고로 실사구시 정신을 실천해야 할 것이다.

군복을 입고 외국 출장을 몇 차례 가본 적이 있다. 대령 때 파리 무기체계 전시회와 전략기획처장 시절 프랑스와 독일, 스웨덴을 가보았다. 모두 방위산업 관련 업체의 장비와 기술개발 현장을 둘러보는 것이었다. 특히, 대령 시절 파리에 첫 출장을 가서 늦은 밤 위험한 상황에 부닥쳐 본 적이 있는데 지금도 오싹한 느낌을 느끼게 한다. 그날 프랑스 주재 군수무관과 함께 우리 일행은 야간에 늦은 시간까지 교외에서 저녁식사를 하고 전통문화 쇼를 관람 후 심야시간에 호텔로 오기 위해 지하철에 올랐다. 지하철 좌석이 우리나라 지하철 전동차와 달리 버스 좌석처럼 앞뒤로 배치되어 있어 일행 셋이 앞 좌석에 앉고 나는 뒷좌석에 앉았다. 열차가 호텔 근처 역사에 닿자 앞에 있던 일행 셋이 먼저 출입문 밖으로 나가고 나는 그들을 뒤따라 나가고 있었다. 그런데 일행 셋이 나가자마자 몸집이 큰 흑인 2명이 양팔을 벌려 전동차 문을 막고 나를 못 나가게 하는 것이었다. 순간 당황했다. 일행은 전동차 밖으로 나가버렸으니 나를 도와줄 수 없는 형편이었다. 소리를 지른다고 하여도 소용이 없게 되었으며, 열차가 문을 닫고 출발해버리면 나는 갇히게 되어 소름끼치는 국면에 빠지게 될 것이 분명한 상황이었다. 이때 나는 주저하지 않고 꽉 쥔 주먹으로 이판사판 온 힘을 다해 2명이 벌리고 있는 팔을 힘껏 내리쳤다. 내 주먹을 맞고 그들의 팔이 아래로 내려가자 쏜살처럼 몸을 전동차 밖으로 던졌다. 순발력을 발휘하여 무사히 위기 상황을 극복했지만 나는 큰 교훈을 얻었다. 외국에 나가서 밤 10시 이후 돌아다니는 것이 매우 위험하다는 것을 알았던 것이다. 우리나라처럼 치안이 안전한 국가가 없음을 알게 되었다.

한편, 미국과 유럽지역을 몇 차례 다녀온 경험을 갖고 있던 차에 감찰감이 되어 이번에는 회의 참석차 인도에 출장을 가게 되었다. 2004년 9월 6일부터 10일까지 뉴델리에서 미국 태평양사령부 육군사령관 주관으로 태평양 국가의 육군회의가 열렸기 때문이다. 나는 대한민국 육군참모총장을 대신하여 참석했다. 9월 5일, 19시 25분 아시아나항공 편으로 뉴델리에 갔다. 회의는 환영 리셉션과 미(美) 태평양 육군사령부 소개, 세미나, 관광 등으로 이루어졌다. 첫날 인도 주재 한국대사와 오찬, 이튿날 한국대사관 국방무관과 만찬을 하면서 주재국 관련 대화를 나누었다. 세미나는 세션(session)별 주제가 선정되고 그 주제를 소조 단위로 나누어 토의하였으며 이어서 전체 토의가 진행되었다. 토의주제는 태평양 지역의 전략 환경 변화를 예측하고 위협에 대한 각국의 대응과 협력방안을 논의했다. 태평양사령부의 전력배치에 관한 내용도 언급되었다. 세미나 진행 간 인도 장교들의 해박하고 논리적인 군사 지식과 당당한 태도가 돋보였으며 몽골 대령의 적극적 발언도 인상 깊었다. 한편 살인적 더위와 지저분한 환경, 원시적 길거리 모습 등에서 인도가 선진국으로 오르기 위해서는 많은 시간이 요구될 것으로 느껴졌다.

반면, 호텔은 선진국 못지않게 잘 꾸며지고 세련되었다. 카스트제도가 존재하는 계급사회라서 군인들이 갖는 위상과 품위는 부족함이 없는 것처럼 보였다. 인도 육군이 자신감 넘치고 우수한 인재들로 충원된 것같아 중국과 국경분쟁을 포함한 군사적 대결에서 패배하지 않을 것으로 생각되었다. 회의를 마치고 관광 시간도 가졌으며 세계적 명소인 타지마할을 방문한 날은 9월 8일이었다. 아침에 뉴델리에서 특별열차로 약 2시간 이동하여 현지에 도착했다. 인도가 특별열차를 운행하여 우리를 환대해준 것을 보면서 자국군에 대한 지원과 배려가 대단함을 느끼고 부러운 감정을 가졌다. 타지마할은 소문 그대로 손색이 없는 중세 이슬람 건축의 걸작이었으며 세계유산으로 시공을 초월한 아름다움의 극치였다. 무굴제국 샤자한이라는 왕이 끔찍하게 사랑했던 왕비의 죽음을 추모하기 위해 만든 무덤이라니 절대 권력자의 위세를 만나볼 수 있었다. 인도뿐만 아니라 멀리 프랑스, 이탈리아 건축가까지 동원하여 설계되고 보석과 대리석 등 자재를 중국, 미얀마 등에서 수입하여 기능공 2만여 명이 22년간 공사를 하였다고 한다. 남녀의 사랑이 세상을 바꾼 역사가 많음을 우리는 알고 있는데 타지마할이라는 인류의 걸작도 남녀 사랑에서 만들어졌으니 인간에게 사랑만큼 소중한 가치가 없는 것 같다. 건축물의 형태와 규모, 빛깔, 색채, 대리석 등에 대해 감탄사를 입에서 연발하지 않을 수 없었다. 참으로 귀한 여행이었으며 두 번 가기 어려운 곳이라서 오랫동안 기억하고 싶은 곳이 되었다.

감찰감으로 참모총장의 개인참모 역할을 하면서 매일 20~30건의 민원 제보를 받았다. 하지만 허위사실과 왜곡된 내용이 적지 않아 이것을 처리하는 데 신경이 많이 쓰였다. 민원 처리는 실무자가 내용을 정리하여 과장 선에서 검토하고 과장이 나에게 보고하면 사건이 조사에 들어가는 경우가 많았다. 민원은 주로 야전과 학교 기관 등의 부적절한 부대 운영비 사용, 공사 관련 비리, 개인 생활 문제, 성 군기 문란 등이었다. 특히, 부대 운영비를 개인이 착복하는 제보가 많아 지휘검열을 나가게 될 때 지휘관들에게 교육하고 강조했으며 단위부대 감찰 참모들에게 예방 활동을 강화하라는 지시도 게을리하지 않았다. 참모총장이 연일 장교단 정신혁명을 외치고 있었지만 하급부대 실상은 비리척결에 대한 인식도가 높지 않은 것 같았다. 때로는 이와 같은 비리 문제를 확인하라는 총장 하명사항을 받을 때도 있어 현장에 감찰관을 보내 조사해보면 정도의 차이는 있었으나, 당사자의 문제를 발견할 수 있었다. 조사 결과는 사안의 중요도와 계급에 따라 총장께 보고드릴 때도 있었지만, 가급적 예하 지휘관에게 처리를 위임하고 결과를 받아 종결했다. 특히 성 군기 문란으로 성추행과 성폭행에 대한 민원이 가끔 접수되었으나 그 당시는 지금보다 사회적 개방성이 낮은데다가 계급의 압박감이 엄격하게 느껴졌기에 피해자가 외부에 알리지 못해 심각한 군내문제가 되지 못했다.

감찰감의 역할은 비정상을 발본하고 색원하여 정상으로 환원하고 비리와 범죄행위가 발생하지 않도록 사전에 예방해야 하는 것이었다. 그러나 비리와 비정상이 눈에 보이지 않고 위장되기 때문에 이를 척결하여 성과를 얻는 데는 한계가 있었다. 다만 참모총장이 솔선하여 도덕성을 실천하고 부하로부터 선물을 포함한 향응을 단절함에 따라 분위기는 확연하게 달라지게 되었음을 느낄 수 있었다. 군의 비리와 부패, 성폭행 등은 상급자로부터 솔선하면서 끊임없이 교육하고 감찰직위장교에 의한 회계감사와 검열 등을 통해 뿌리 뽑아야 할 것이다. 아울러 성폭행과 성추행은 각종 시설과 근무환경을 전반적으로 재점검하여 시각적, 장소적 문제점을 제거해야 할 것이며 학교 기관에서 정규과목으로 교육되어야 할 것이다. 한편, 내가 감찰감으로 재직 중에 참여정부의 부패 방지 노력을 군이 강력히 실천하겠다는 의지 표명 차원에서 육군본부 감찰감을 소장 직위에서 중장 직위로 격상시켰다.

5개월이라는 짧은 기간 육군본부 감찰감을 하면서 육군의 준비태세와 기강, 부정부패 등을 살피고 때로는 현장에서 실태를 점검하여 취약점을 개선하기도 했다. 이런 과정에서 지휘관의 명성과 달리 외화내빈인 부대가 많은 것을 목격했다. 거기에는 지휘관의 오만이 자리 잡고 있었다. 성실성과 책임감, 덕성이 부족함에도 학연과 지연, 근무연(勤務緣) 등을 엮어 유능한 것처럼 포장된 장군 지휘관이 많았다. 지휘관은 부대의 거울이다. 능력과 인품으로 지휘하는 지휘관이 높게 평가받아야 군이 깨끗해지고 건강해질 것이다.

선견, 선결, 선타(先見, 先決, 先打)
시스템 구축

감찰감이 3성 장군으로 격상됨에 따라 ○○기 유모 중장에게 자리를 넘겨주고 2004년 11월 10일, 육군본부 지휘통신참모부장으로 옮겼다. 육군본부 지휘통신참모부는 대령 시절 육군개혁위원회에서 일할 때 육군본부 개편을 개혁과제로 선정하여 추진한 결과 만들어진 조직이다. 육군본부 개편의 핵심이었는데 내가 부장을 맡게 되었으니 감개무량했다. 그 당시 기존 관리참모부를 없애고 지휘통신참모부를 만든 배경은 육군본부가 작전환경 변화에 능동적으로 대처하는 조직으로 탈바꿈해야 한다는 당위성 때문이었다. 미래전은 작전 속도가 빠르고 전장의 유동성이 커짐으로써 통합전장 관리의 중요성이 증대될 것인 바, 이를 위해 전장을 한눈에 보고 신속한 판단과 결심, 실시간 정보 공유를 가능하게 할 수 있는 전술지휘자동화체계(C4I, Command, Control, Communication, Computer & Intelligence) 구축이 필수적이라고 생각했던 것이다. 육군본부는 정보화 기술을 활용하여 전술C4I체계를 발전시키고 운용, 관리하는 주무부서가 필요했으며 이 역할을 지휘통신참모부가 하게 된 것이다. 아울러 첨단기술과 무기라도 전장 환경에서 유용하게 사용할 수 없다면 무용지물이 될 것이므로, 이를 주무하는 담당자가 작전과 전술, 전투의 흐름을 간파할 수 있어야 했다. 그러나 유감스럽게도 지휘통신참모부 구성 요원의 대부분이 통신장교임에 따라 기술과 전장을 접목시키는 군사지식이 부족했다. 심지어는 통신병과 장군이 부장을 함으로써 업무영역이 병과 수준을 넘지 못한 아쉬움이 많았다.

나는 부임과 동시 조직문화도 바꾸고 부서 역할의 중요성을 일깨워 구성원들이 자긍심을 갖도록 하고자 했다. 육군의 정보화를 선도하는 부서이므로 자부심을 견지한 가운데 임무 위주 사고를 당부했다. 또한 인간이 사회적 동물임은 조직의 일원이면서 일로 인해 상호관계가 형성되기 때문인 바, 업무를 잘하는 사람이 조직에서 인정받아야 함을 강조했다. 특히 통신병과에 갇힌 폐쇄적 의식으로 병과 이기주의가 작용해서는 안 되며 광범위한 군사 지식을 함양한 가운데 활발한 의사소통으로 육군의 정보화를 선도하는 전사가 되자고 강조했다.

과학기술 발전은 군 훈련 방법의 변화를 가져오게 하여 육군에서는 과학화 훈련단(Korea Combat Training Center)을 창설했다. 이에 따라 마일즈(MILES, Multiple Integrate Laser Engagement System) 장비를 활용하여 소부대단위 실전과 같은 훈련을 하게 되었다. 마일즈 장비는 레이저 발사기와 감지기를 이용하여 사격효과를 나타나게 함으로써, 실제 교전과 같은 군사훈련이 가능하게 하는 장비이다. 레이저 발사기를 장착한 화기로 공포탄을 발사하면 발사기에서 레이저가 나가 이것이 레이저 감지기를 착용하고 있는 병력과 장비에 명중되어 사망 또는 부상 등의 판정이 나오게끔 되어 있다. 마일즈 장비를 활용한 훈련에서는 인명 및 장비 피해 없이 실전 상황을 모의할 수 있으며, 가상 적군인 대항군을 운용하여 훈련의 실전감을 제고해 준다. 내가 지휘통신참모부장으로 부임했을 때 육군은 과학화 훈련을 점진적으로 연대급 규모까지 확대하고자 훈련장에 중앙통제시스템을 구축하는 사업을 추진하고 있었다. 중앙통제 시스템은 보병연대에 편제된 화기와 화력, 장애물, 장비 등을 활용하여 전장 상황에서 교전하게 되면 승패에 관한 결과를 종합적으로 데이터에 의해 분석하고 판정할 뿐 아니라 교전 상황을 실시간 모니터링할 수 있는 장치였다. 따라서 훈련 종료 후 강평과 판정 시 과학적 데이터를 활용함으로써 훈련부대의 전투력을 객관적으로 확인할 수 있게 되었다. 그런데 과학화 훈련장의 중앙통제 시스템을 ○○정보통신업체에서 계약 후 구축하다가 사업이 중단된 상태에서 내가 지휘통신참모부장에 앉게 되었다. 이 회사는 시스템 구축 능력을 구비한 기업이었으나, 체계규격서에 대한 회사와 군의 이견, 회사자금 사정 악화에 따른 지체 보상금 문제로 몇 개월간 사업이 멈춰 있었다. 나는 이 사업이 육군의 훈련방법을 개선하기 위해 반드시 성공적으로 마무리되어야 한다는 인식을 갖고, 실태를 파악하고자 회사 담당전무와 사장을 차례대로 불러 회사 측 의견을 경청해 보았다. 두 분의 의견을 들어보니 회사가 사업을 마무리할 수 있는 의지와 기술은 보유하고 있음을 확인할 수 있었으나, 회사 경영 문제로 인해 자금사정이 좋지 않았다. 이에 따라 지체보상금에 대한 부담이 컸고 사업 기간 연장이 필요했다.

참모총장에게 업체 면담 결과를 보고하고 조달본부를 포함한 관련

기관과 협의하고자 관계관 회의를 소집했다. 과학화 훈련은 육군 현대화의 상징이고 전투력 향상에 필수적인 육군의 숙원사업이므로 큰 문제만 없다면, 기 계약업체인 ○○정보통신 회사가 사업을 종료하도록 하되 지체 보상금을 감액해주는 방안을 모색해보자고 의견을 피력했다. 토의는 각 부서별 의견이 백가쟁명이었다. 결국 나는 지체 보상금을 줄여준 대신, 지체 보상금에 대한 보증회사를 선정하도록 ○○정보통신회사에 지시하고 국방부에 수정 계약을 요청하기로 결론을 맺었다. 내가 책임지고 이렇게 결정한 것은 지체 보상금을 줄이는 것이 사업을 재계약한 것보다 국가 경제 손실이 적을 뿐 아니라, 재계약을 거쳐 사업 착수까지 장기간 소요되는 점을 고려해보면 기회비용이 감당할 수 없을 만큼 클 것으로 생각했기 때문이었다. 또한, 과학화 훈련단에서 지금까지 구축된 체계에 대해 품질시험을 해본 결과 보완 소요가 발생하였지만, 동계기간 중 시정이 가능하고 조만간 운용평가시험도 착수할 수 있다는 점을 감안했던 것이다. 만약 그때 계약을 파기하고 지체 보상금을 기준대로 부과하는 방향으로 나의 결심이 섰다면, 시스템 구축이 10년 정도 늦게 되었을 것이며 회사는 지급 불능상태가 되어 수많은 직원이 직장을 잃게 되었을 것이다. 나의 결심은 오늘날 육군이 첨단 시스템으로 구축된 선진국 수준의 과학화 훈련장을 보유하게 되는 데 결정적 계기가 되었던 던 것이다. 포괄적 군사 지식과 책임감을 갖고 기업경영관리까지 고려했던 나의 결심이 옳았던 것이다.

KCTC 중앙통제시스템 구축 사업보다 내가 해결해야 할 더 어렵고 고민되는 사업이 또 있었는데, 그것은 말도 많았던 전술지휘자동화(C4I)체계 사업이었다. 육군은 1990년대부터 통합전장관리의 필요성을 인식하고 전술지휘자동화(C4I)체계 전력화를 전담하는 전술지휘자동화(C4I)체계 개발사업단을 창설하여 이를 추진했다. 현대전은 다양한 작전 요소가 입체적 공간에 전개하여 피아 공히 첨단 무기체계를 운용함으로써 주도권 확보와 선제적 타격이 전승의 결정적 요체가 되고 있다. 따라서 전장을 한눈에 보고 먼저 결심할 수 있는 지휘통제수단이 요구되어 전술지휘자동화(C4I)체계의 구축을 추진하게 되었다. 그러나 사업 초기에 개념설정과 체계 규격서, 사업관리 등이 미흡하고 충분한 예산지원이 되지 못해 추진이 미진했다. 그러다가 우리나라의 정보통신 기술이 선진화됨으로써 1990년대 후반부터 본격적으로 사업추진에 속도를 내게 되었다. 내가 지휘통신참모부장으로 부임했을 때는 체계개발을 완료하고 시험평가까지 마친 상태였다. 하지만 시험평가 결과 불합격 판정이 됨으로써 사업에 대한 전면적 재검토가 필요한 시점이었으며 사업추진이 중단될 위기에 놓여 있었다. 시험평가단은 개발된 체계가 체계 규격서에 명시된 작전운용 요구 성능(ROC. Requirement Operation Capability)의 기준과 조건을 충족하는지를 평가하는 조직이므로 엄격한 시험평가를 할 수밖에 없었다. 반면, 전술지휘자동화(C4I)체계 개발단과 개발업체(LG CNS)는 평가가 과도한 조건에서 이루어져 사소한 것까지도 문제점을 제기하여 불합격되었다는 상반된 견해를 밝히고 있었다. 참모총장은 육군의 숙원사업이므로 난제를 해결, 사업추진을 지속하고 싶어 했지만, 뾰쪽한 방안을 찾지 못한 채, 관련 부서에 적극적인 해결책을 강조하고 있었다.

그렇다면 육군본부 주무부서인 지휘통신참모부에서 책임감을 갖고 올바른 방향으로 정책 결정을 해줘야 했는데 그렇게 하지 못했다. 더욱이 시험평가단과 전술지휘자동화(C4I)체계 개발단, 체계개발 업체의 견해에 대해 심판과 조정역할을 해야 함에도 골치 아픈 문제에 끼어들지 않겠다는 책임 회피성 입장을 견지하고 있는 것 같았다. 적극적이고 긍정적인 대안 모색보다는 시험평가 결과가 불합격으로 판정됨에 따라 사업을 보류 또는 중단할 수밖에 없다는 입장을 갖고 있었다. 이런 상태에서 나는 부임과 동시 전술지휘자동화(C4I)체계 사업 관련 문제의 실체를 파악하는 데 집중했다. 참모부 담당자와 전술지휘자동화(C4I)체계 개발단, 시험평가단으로부터 상세한 현황을 보고 받고 전반적 사업내용을 파악하면서 주요쟁점을 식별했다. 먼저 사업관리가 부실함을 발견할 수 있었다. 개발 목표와 개발전략, 개발 진행 간 중간평가가 부실하였는바 개발시험(DT. Development Test)과 운용시험(OT. Operation Test)를 개발단에서 실시함으로써 체계 규격서를 임의로 변경하기도 하였지만 반면 적시에 변경하지 못한 것도 있었고, 사업관리 책임자의 빈번한 교체로 관계자의 전문성에도 문제가 많았다. 또한, 개발전략에 오류도 많았다. 공통소프트웨어(Software), 장비, 응용소프트웨어가 개발되면서 하드웨어(H/W)와 소프트웨어(S/W)가 연계되어야 하는데 이를 충족하지 못했다. 특히, 과도한 데이터베이스(D/B) 구축으로 육군의 전술통신체계(SPIDER)와 조화되지 못하고 암호장비도 5개 종류가 되어 설치가 과다했다. 이러한 문제점을 인식하고 DSMT(디지털 다기능 비화단말기, Digital Security Multi−role Terminal)구간 데이터 유통량을 과감히 감소시켰다. 야전에서 사용자가 불편하지 않게끔 방어준비태세 변경 등 불필요한 데이터를 감소시켜 제대별 작전과 전투에 필요한 사항만 반영하고자 했다.

아울러 주요쟁점에 대해 기관별 첨예한 의견 대립을 조정하고 상호 반대편에서 역지사지할 기회를 갖고자 공개토론회를 개최했다.

2004년 12월 1일, C4I 개발단, 시험평가단, 시험부대(○군단), 국방과학연구소, 업체, 지휘통신참모부 실무자와 과장 등 관련자 150여 명을 통신학교 회의실에 모았다. 나의 주관 하에 공개토론은 그날 아침 9시부터 이튿날 심야 2시까지 장장 15시간 진행되었다. 나는 비장한 각오로 오늘 이 자리에서 모든 문제점을 허심탄회하게 공개하고 이에 대한 의견을 제시하여 사업의 지속여부를 결정하자고 강조했다. 사안의 중대성 때문인지 이날 토론회에서 나를 포함하여 참석자 대부분은 점심과 저녁식사 시간 외 화장실도 가지 않고 자리를 지켰으며 진지하게 토론이 이루어졌다. 토론은 시험평가단이 항목별로 하나하나 시험평가 기준과 조건, 결과를 상세하게 설명하면, 이에 대해 C4I개발단과 업체, 관련 기관 등에서 반박하는 의견을 제시하고, 타 기관에서 제3자 입장의 의견을 발언하는 순으로 진행되었다. 100여 개의 시험평가 항목대로 한 항목에 대해 시험평가 결과를 발표하고 반론과 객관적 의견 등이 제시되어 종결되면, 다음 항목으로 넘어가는 형식이었으므로 시간에 구애받지 않고 참석자가 자유롭게 의견을 말할 수 있었던 유익한 기회가 되었다. 토론회에서 제기된 주된 의견은 소대장이 휴대한 음성 및 데이터장비인 PRE와 중대장이 휴대한 무전기 P-999K의 연동제한으로 음성과 데이터의 동시 통신이 곤란한 점, PRE 용량에 비해 데이터 저장 요구가 과다한 점, 적지종심 작전팀, 무인정찰기(UAV: Unmanned Aerial Vehicle), 대박격포레이다(TPQ-36/37)와 포병대대 전술지휘체계(BTCS: Battalion Tactical Computer System) 간 정보 유통율이 저조한 점, 상황도시 현황이 불일치하고 이를 변경하는 데 시간이 과다하게 소요된 점, 시스템 이중화가 미흡하여 고장 시 재구동에 과다한 시간이 요구된 점 등이었다. 결국 기능별 데이터 정보를 C4I체계에 담아놓고 이를 각급 제대와 부서가 요구할 때 상황도와 컴퓨터 창에 도시되어야 하나 정보를 전송하는 네트워크의 용량에 비해 데이터가 과도하게 실려있는 실태임을 알게 되었다. 육군이 사용하고 있는 SPIDER(전술통신체계) 통신망의 용량에 비해 데이터 용량이 과다하여 원활한 흐름이 보장되지 않음을 발견할 수 있었다. SPIDER 통신망에 맞는 C4I체계가 구축되어야 하는데 그렇게 되지 못한 것이었다.

나는 시험평가가 불합격되었지만 C4I체계를 구축하지 않고는 현대전 수행이 불가능하다고 보았다. 아울러 한미연합작전을 수행하는 작전환경에서 C4I체계의 필요성이 더욱 중시되고 있음을 인식하고 초기 단계에서는 다소 미흡하고 완전한 자동화 체계가 아니더라도 반드시 구축이 필요하다고 생각했다. 내 생각을 육군의 C4I체계 추진전략으로 구체화하고 향후 사업추진 방향으로 결정하고자 했다. 추진전략의 골자는 다음과 같다.

① 결함 사항을 보완하여 사업을 계속 추진한다.
② 추진 절차는 원칙대로 법규를 준수하고 사업을 지속하되 국방부와 긴밀히 협의하여 보완 후 재시험을 한다.
③ 현행 육군 전술통신체계(SPIDER) 환경에 부합된 C4I체계가 되도록 작전요구성능(ROC)과 체계규격서를 수정한다.
④ 정보통신 기술의 진화적 방법을 적용하여 향후 성능개선을 추진하고 아울러 SPIDER체계도 성능개량을 병행한다.

이러한 추진전략에 따라 심플한 C4I체계가 되도록 자동화 개념을 줄이고 상황도의 검문소, 목진지, 차단선 등과 함께 탄약과 유류, 총기류 현황 외 군수기능의 데이터를 과감히 삭제했다. 작전 수행의 핵심인 적 지종심작전부대 표시와 PRE 기능은 위치 체계만 가능하게 함으로써 대대급 부대 위치 도식, 상황도 도식, 화력 요청에 필요한 정보유통만 원활히 되게끔 보완하여 사업을 지속하고자 했다.

따라서 시범부대인 ○○군단에는 나의 복안대로 현재 진행하고 있는 체계의 일부 ROC와 체계 규격서를 수정하여 추진하고, 추후 전력화할 부대는 SPIDER 전송능력 개선과 연계하여 단계별, 진화적 개념을 적용하기로 했다. 이렇게 복안을 갖고 추진할 수 있었던 배경은 현재 상황에서 사업을 중단할 것인가 아니면 사업을 지속할 것인가를 조속히 결정해 줘야 했고, 사업지속 당위성과 필요성, 정보통신 기술의 진화 속도, SPIDER체계 특성 등을 고려해 볼 때 확신을 갖고 추진할 자신감이 생겼던 데 있었다. 조직에서 참모는 결정권을 가지지 않고 건의하고 조언하는 위치이지만, 이 사업은 전문지식이 필요한 사안이라서 참모총장이 구체적 지침을 줄 수 있는 능력을 갖추고 있지 않았기에 참모가 결정한 대로 지휘관이 승인하는 형태가 될 수밖에 없었다. 나는 참모총장에게 C4I체계 사업에 대해 3개월 이내에 추진 여부와 전략을 결정하여 건의드릴 테니 승인해 달라고 요청했다. 이에 따라 추진전략과 체계규격서 수정, 보완 등을 위해 수차례 정책회의를 거듭하면서 최종적으로 내가 세운 계획대로 추진하기로 결정했다. 이어서 추진전략과 보완계획에 대한 신뢰성과 권위를 높이고자 국방부 장관에게 보고드리고 승인을 받고자 했다.

2005년 1월 초순, 국방부 장관에게 보고하기 위해 서울로 올라가 장관과 마주 앉아 보고서를 펴들자 장관은 이 사업이 말도 많고 탈도 많은 것이라서 보고 받고 싶지 않다는 말씀을 하시는 것이었다. 그러나 나는 장관님의 우려를 충분히 알고 있으므로 일단 저의 복안을 들어보시고 지침을 주신다면 시행하겠다고 주저 없이 말씀드렸다. 장관은 나의 얼굴을 쳐다보더니 그럼 보고해보라는 것이었다. 결국, 나의 보고를 끝까지 받은 장관은 나의 복안대로 이 사업이 추진되어야겠다고 화답을 주었으며, 보고서 표지에 굵직한 사인펜으로 서명을 해주었다. 장관은 해군 출신이었지만 육군의 C4I체계사업에 관심이 많았고 이해도가 높았다. 이어서 나는 차후 감사원 감사에 대비하여 의사결정의 책임자로서 감사원 담당 국장에게도 장관한테 보고드린 내용을 그대로 설명해주고 공감을 얻었다. 돌이켜 보면 육군의 C4I체계 사업이 위기에 놓였을 때 전장편성, 작전계획과 작전운용, 전력증강 등에 경험과 지식뿐 아니라 전략적이고 개혁적 마인드를 구비한 내가 지휘통신참모부장을 했기에 사업이 추진될 수 있었다. 그 후 정보통신기술 진화에 맞춰 보완, 개선되고 개량되어 오늘날 손색없는 통합전장관리체계로 발전된 것이다. 책임을 지는데 용기가 중요한 것이 아니라, 합리적 사고와 과학적 판단이 뒷받침 되는 것이 중요했다. 단순히 의욕만 가지고 접근했다면 미래지향적이면서 실용적인 전략이 구상되지 못했을 것이다.

KCTC 중앙통제시스템 사업과 육군 C4I체계 사업을 정상적으로 추진하게끔 만들어 놓자, 우리 부서 실무 장교들을 포함하여 주변에서 나의 업무추진과 문제해결 능력을 높이 평가했다. 그런 가운데 2005년 2월 하순 어느 날, 참모총장에게 현안 관련 보고를 하기 위해 관련 과장과 집무실에 들어가 준비한 내용을 보고한 후 총장실을 나오려는데 총장이 나에게 다시 앉으라는 것이었다. 평소 총장이 나에게 이렇게 한 경우가 없었는데 무슨 말씀을 하려고 그러는지 궁금증을 갖고 의자에 앉았다. 총장은 본인이 난제로 여겼던 사업들을 내가 잘 추진되도록 정상궤도에 올려놓은 것에 대해 칭찬해주었다. 그리고나서 이번 3월 장군 인사에 30기는 나와 A 장군을 3성 장군으로 진급시켜 군단장을 내보내겠다고 말씀하신 것이었다. 전혀 예상하지 못한 뜻밖의 말씀을 듣는 순간이었다.참모 총장 성격상 이런 말씀을 하지 않을 분인데 내가 잘못 들은 것은 아닌지 반신반의하면서 감사하다는 말씀을 드렸다. 총장은 30기 구도를 염두에 두고 육군본부에서는 나를 군단장으로 내보내겠다는 의도를 가지고 있었던 것이다. 당시 육군본부에는 육사 30기로 나와 B 장군이 복무하고 있었으며 그의 보직이 정작부장이고 대통령 고향 출신이라는 정치공학적 강점을 지니고 있었다. 나는 그렇게 생각하고 있지 않았지만, 일반적 평가는 내가 그와 경쟁하기에 열세라고 한 것 같았는데 총장이 이런 언급을 하였으니 고무될 수밖에 없었다. 능력을 기준으로 인재를 발탁하는 공정한 인사원칙이라면 총장의 결심은 당연히 맞는 것이었다. 나는 그 시간부터 표정 관리에 들어갔고 조심스러운 행보를 보였다.

2005년 2월 중순, 육군본부가 청와대, 국방부와 군 인사에 대한 의사소통이 원활하지 못해 청와대 지시에 의거 국방부 검찰이 육군본부 인사참모부를 압수 수색한다는 소문이 돌았다. 육군본부 인사 파동이 시작된 것이다. 참여정부와 참모 총장 간에 불편한 관계가 있다는 것을 여러 차례 듣고 알았지만, 검찰까지 동원하여 압박을 가한 상황이라서 총장의 신상에 변화가 올 수 있다는 얘기도 들렸다. 사건은 창군 이래 최초로 육군본부에 압수수색이 이루어지고 인사참모부 관련 처장과 실무자 1명이 구속기소가 되는 상황으로 전개되었다. 그 배경은 육군인사에 정치적 개입을 참모 총장이 수용하지 않고 정치권의 인사 청탁을 배제하는 데 있었으며 그러다 보니 마치 정치 권력으로부터 괘씸죄에 걸려들게 된 것 같았다. 육군본부에는 총장을 제외하고 중장으로부터 준장에 이르기까지 약 ○○여명의 장군이 있었는데 이들은 공정한 인사를 보장하기 위한 총장의 결연한 의지에 공감했다. 그러나 총장을 보호하려는 장군은 눈에 보이지 않았다. 괜히 나서서 유탄을 맞고 싶지 않다는 태도를 보인 것 같았다. 그러나 나는 몇몇 장군들과 의논하여 구속기소 된 두 사람의 변호사 비용을 마련하고자 실명을 밝히지 않은 채 자발적 성금 형식으로 모금을 유도했다. 변호사는 태평양로펌으로 정했다. 로펌이 결정되자 담당 변호사는 상황을 파악하고 문제를 진단하고자 나에게 면담을 요청했다. 나는 후배 이모장군과 함께 역삼동 태평양로펌에 가서 ○○변호사를 만나 약 2시간에 걸쳐 구속기소의 부당성과 변론 중점을 얘기하고 돌아왔다. 결국 이렇게 전개된 인사 파동은 참모총장 경질까지 이르게 되어 남모 총장은 그해 4월 7일 총장직에서 물러나고 군복을 벗었다.

육군본부 인사 파동은 2가지 측면에서 되씹어 보아야 할 것이다. 첫째는 정치권의 군 인사개입이다. 국방의 문민화는 민간(Civilian)이 군(Military)을 통제하는 개념이다. 다시 말하면 군은 정치의 수단이며, 정치는 원칙적으로 군의 상위에 있다는 것이다. 그렇다면 참모총장은 모든 군사(軍事)에 대해 정치적 영향을 받아야 하는가에 의문이 제기된다. 정치권력자는 참모총장을 임명하고 그에게 인사권을 부여하였으면 그가 올바르게 인사권을 행사하고 있는지를 감독하고 잘못되었을 경우 그에게 책임을 묻는 것이 법률이 정한 문민화 개념이라고 본다. 그런데 청와대라는 권력의 본산에서 군 인사에 대해 간섭과 청탁이 이루어진다면 당연히 참모총장은 거절하고 공정하게 인사권을 행사함이 맞다고 본다. 따라서 정치권은 총장을 임명할 때 이념과 지역, 당파성 등 정치적 성향을 고려하지 않아야 하며, 그가 국가와 군을 위해 헌신할 자질을 가졌는지, 그가 사심을 배제하고 공정하고 정의롭게 군 인사권을 행사할 수 있는 덕성을 가졌는지를 검증하고 또 검증하여 능력 있고 올바른 사람이 참모총장에 보임되도록 해야 한다. 둘째는 참모총장이 유연하지 못하고 타협을 거부하는 성격을 가졌다면 관련 참모가 이를 보완할 수 있도록 역할을 해야 했다. 현실적으로 정치권의 인사개입을 완벽하게 차단하기 어려울 수 있다고 본다. 그렇다면 관련 참모부장은 정치권의 인사개입을 최소화하는 노력을 해야 하고, 총장의 부족한 대외적 협상력을 보완해야 했다. 그러나 그도 총장과 같은 태도로 일관하다 보니 결국 벼룩 한 마리 잡기 위해 초가삼간을 태우는 우를 범하게 되었던 것이다. 당시 관련 참모부장의 폭넓지 못한 사고와 유연하지 못한 태도가 아쉽게 느껴지는 대목이다.

육군본부에 검찰이 압수수색을 하고 총장과 집권 세력 간 대립하는 현상이 발생함으로써 군 역사에 오점을 남기게 되었다. 그 결과 참모총장이 바뀌게 되어 2005년 4월 7일, A 대장이 물러나고 B 대장이 총장에 취임했다. 불행한 일이 발생하면 그 일로 인해 누군가는 피해자가 되지만 반면, 누군가는 이득을 얻고 심지어 행운을 갖게 되는 것이 세상 이치인 것 같았다. 인사 파동으로 A 총장은 임기를 채우지 못하고 물러났지만, B 대장은 행운을 붙잡게 된 것이었다. 나는 새로 부임한 총장과 호남이라는 지역 연고는 있었지만 근무연도 없었고 서로 알고 있는 사이가 아니었다. B 대장은 하나회가 제거되고 새로운 군 인맥이 형성되는 과정에서 출세 가도를 달려온 분이었다. B 대장이 연합사부사령관을 역임하고 참모총장으로 부임하였기에 육군 업무를 파악하고 조직을 장악하는 데 시간이 필요할 것 같았으며, 복무계획을 구상하는 데도 많은 고민이 있어야 할 것으로 여겨졌다. 총장이 새로 부임하면 향후 육군을 발전시킬 방향을 설정하고, 이것을 구체적 복안으로 만든 것이 복무방침이다. 복무방침은 당사자의 비전과 목표, 과제, 실천계획 등을 담아야 하므로 참모총장의 구체적 지침을 받아 주무참모가 만들게 되는 것이 일반적 관행이었다. 총장 부임 후 이틀이 지난날, 총장 비서실장으로부터 전화를 받았다. 그는 나에게 총장 복무방침을 만드는데 TF장을 맡아 달라는 것이었다. 참모총장의 성격과 특성, 리더십 등을 모르는 내 입장에서 선뜻 맡겠다는 대답을 할 수 없어 참모총장 비서실장을 만나 의견을 나눴다. 총장비서실장 황모 대령은 내가 육군본부 기획관리참모부 전략기획처장 시절 참모부 행정과장을 하였기에 나의 개혁성과 업무능력을 잘 알고 있었다. 그는 육군본부에 나만큼 능력을 갖춘 부장이 없으므로 TF장을 맡아줘야 한다면서, 총장지침은 별도 있을 것임을 언급하였다. 나는 곧바로 TF구성을 위한 멤버 선발에 착수했다. 20여 명을 선발하여 분야별 분과장에 준장급 장군을 임명하고 대령, 중령을 실무진으로 편성했다. 약 1개월 야간 근무까지 하면서 과제를 선정하고 실천계획을 만들어 토의했다. 노력 끝에 복무방침을 완성하고 참모총장에게 보고드림으로써 업무를 종결할 수 있었다. 그러나 참모총장 복무방침을 작성하면서 아쉬웠던 사실은 총장과 대면하여 지침을 받아보거나 총장과 중간에 토의 한번 해보지 않고 복무방침을 만들었다는 것이다. 총장은 당연히 지침을 주었어야 했고 중간에 적어도 한두 번 토의를 통해 본인의 복안을 밝혀 주었어야 했으나, 그렇게 하지 않음으로써 나를 포함한 TF구성원이 만든 내용이 참모총장 지휘방향의 근간이 되어 전 육군에 하달되었으니 육군의 리더십이 몸은 있지만, 머리가 없는 것처럼 느껴졌다.

총장이 새로 취임하였고 곧 장군 인사가 단행될 시기가 임박해졌다. 전임 총장이 자리에 있었으면 나는 승진을 걱정하지 않아도 되었다. 그분이 나를 군단장으로 승진시키겠다고 약속했기 때문이었다. 걱정하지 않아도 되었는데 총장이 바뀌고 상황이 변하게 되자 새로 부임한 총장과 인맥이 형성된 동기생들 이름이 하마평에 올랐다. 신임 총장이 연합사부사령관을 하다가 총장으로 왔기에 지역 연고와 근무연이 겹친 A 장군이 유리한 위치에 있다는 소문도 들렸다. 당시 진급 대상자를 선발할 때, 출신 지역과 부대별 안배를 고려하는 경향이 많았기에 지역이 같은 A 장군은 나의 경쟁자가 될 수밖에 없었다. 또한 육군본부에 B 장군은 나와 동일한 직위인 참모부장이었지만 그의 보직이 나의 보직보다 선호도가 높은데다가 특정 지역 출신이라서 나는 사면초가에 처한 입장이 되어 버린 것 같았다.

그러나 나는 이들한테 밀려서 중장 승진에 빠질 것 같은 불안감을 느끼지 않았다. 동기생 A 장군의 강점과 약점을 잘 알고 있었고, B 장군 역시 내가 갖지 못한 정치적 배경을 가졌지만, 육군본부에서 그가 나가고 내가 따라가는 것이 아니고, 내가 나가고 그가 따라올 것이라 확신이 들었다. 이 무렵 국정원 활동관과 기무부대 요원들이 가끔 내 방에 들어오곤 했으며 그들은 진급 관련 정보를 들려주고 나에게 관심 표명을 해주었다. 누구는 어떤 것 때문에 배제되었다는 등 수 많은 얘기들을 흘려주었다. 진급은 총장의 인사권에 의해 결정되지만 그렇다고 총장이 개인적 판단으로 결정할 수 없다. 여론과 각종 정보를 취합하여 최적의 대상자를 선발해야 했다. 여론이 나에게 유리하게 전개되고 있음을 감지할 수 있었다. 총장도 여러 경로와 정보를 통해 나의 능력과 인품을 파악했음을 알게 되었다. 그해 4월 29일, 진급 발표가 되었고 나는 중장으로 진급했다. 나와 함께 고생한 부하들의 노고와 나를 중장으로 진급시켜준 우리 군에 무한한 감사를 드렸다. 사랑하는 가족에게도 영광을 돌리고 싶었다.

그런데 진급 발표 후 몇 시간이 지나고 군단장 보직 명령이 나올 시점에 나를 놀라게 하는 소문이 들렸다. 소문의 실체는 내가 경상남도 창녕에 있는 ○○군단장으로 갈 것이라는 것이었다. 적절하지 못한 보직인 사라서 진급의 기쁨이 사라지고 실망을 감출 수 없었다. 정보 파악 차여기저기 접촉해보다가 총장 비서실장에게 전화를 걸었다. 나는 그에게 ○○군단장으로 적합하지 않은 점을 구체적으로 얘기하면서, 나를 ○○군단장으로 보내줘야 한다고 설득했다. 고향도 영남지역이 아니고 ○○군단에서 근무해본 경험도 없으므로 ○○군을 잘 아는 사람이 맡아야 한다고 그에게 말했다. 특히, ○○군 지역 군단장은 지역 연고가 있어야 향방 작전 시 관내 기관장과 협조가 원활하고 지역주민의 친군화(親軍化)를 조성할 수 있는데, 거기에 내가 적합하지 않음을 강조했다. 반면, 나는 ○○군단에서 연대장을 했고 그 군단이 육군 숙원사업인 C4I체계 시범부대이므로 지휘통신참모부장인 내가 적격자임을 설파했다. 이런 진통을 겪고 극복하면서 나는 ○○군단장으로 부임하게 되었다.

짧은 기간이었지만 지휘통신참모부장 직책을 수행하면서 우리군의 과학화, 정보화에 크게 기여할 수 있었다. 과학화훈련장(KCTC)의 중앙통제 시스템을 명실공히 미군의 국립훈련센터(NTC national training center) 수준으로 확장하고 업그레드 시켰다. 또한 방향을 잃고 전력화 시기를 예측할 수 없었던 C4I시스템 사업을 정상화하여 먼저 보고 먼저 결심하여 먼저 타격할 수 있는 능력을 우리군이 갖게 했다. 이러한 나의 업적은 단순히 의지에 의해서만 이루어진 것이 아니고 종합적인 군사 지식과 경험을 토대로 미래전에 대비하는 혜안과 사명감이 있었기에 가능했다고 본다.

내가 육군본부에서 감찰감과 지휘통신참모부장을 할 때가 노무현 정부 시절이었고 국방부 장관도 해군 출신이 하고 있었다. 노무현 대통령은 역대 대통령 가운데 헌법에 명시된 병역 의무를 특권 없이 말단에서 이행한 최초의 대통령이었고 그것도 사병으로 GOP 경계를 담당하는 육군의 최전방 부대에서 복무했다. 그러다 보니 군의 생리와 잘못된 관행을 기억하고 있는 것 같았으며 여기에는 장군들에 대한 부정적 선입견도 들어 있었다. 이처럼 대통령이 육군 장군들에 대한 인식이 비우호적인데다가 장관까지 해군 출신이 하고 있어 육군의 예비역 장군들은 노무현 정부를 좌파 정부라고 비난했다. 노무현 대통령의 화법은 도전적이었고 때로는 직설적이었다. 전작권 전환을 언급하면서 군 장성들에게 호의호식하면서 자존심이 없다고 질책했다. 대통령의 질타가 본질적인 측면에서 맞더라도 형식도 살폈어야 했는데 그렇지 못했다. 대통령은 군 최고 통수권자이고 군은 사기가 높아야 승리하는 집단이다. 대통령이 군을 꾸중하려고 작심했다면 조심스럽고 비공개적으로 해야 하고 북한군이 모르게 해야 할 것이다.

군 과학화 선도

그해 5월 4일, ○○군단장으로 취임하게 되어 처음으로 경기도 소재 부대에서 지휘관을 맡게 되었다. 소대장, 중대장, 대대장, 연대장, 사단장을 강원도에서 마쳤으므로 경기도 지역이 생소할 것 같았으나, 군단사령부 외 주력부대가 강원도 철원지역에 있어 이곳에서 연대장을 했던 경험을 가지고 있었으므로 낯설지 않았다. 취임식장에서 군사령관이 지휘관 견장을 달아주고 전임자로부터 부대기를 받아 후임자인 나에게 넘겨주는 지휘권 인계인수가 거행되었으며, 지휘권을 인수한 나는 준비한 취임사를 낭독하면서 나의 지휘목표와 방향을 제시했다.

존경하는 군사령관님, 이 자리를 빛내주신 인접부대 지휘관 및 내외 귀빈 여러분, 그리고 친애하는 승진부대 장병 여러분!

본인은 오늘 명에 의해 야전 군단의 표상인 제5군단의 지휘권을 인수하게 되어 무한히 영광스럽게 생각하면서 한편으로는 선배 전우들이 이룩해놓으신 빛나는 역사와 전통을 계승 발전시켜야 할 막중한 책임을 지게 되었습니다. 먼저 이 자리를 빌려 지난 2년 동안 싸우면 반드시 승리하는 부대를 육성하는데 혼신의 노력을 경주하고 떠나시는 김모 장군께 부대 전 장병과 함께 경의를 표합니다. 아울러 지금, 이 순간에도 GP, GOP 및 훈련장에서 경계 작전과 전투력 향상을 위해 묵묵히 땀 흘리고 있는 승진부대 장병 여러분에게 따뜻한 격려를 보냅니다. 오늘 본인은 철의 삼각지대를 담당하고 있는 제5군단의 지휘권을 인수함에 있어 선배 군단장들께서 이룩한 업적과 전통을 계승, 발전시킴과 동시에 위로는 군사령관님의 지휘 의도를 받들어 군단 전 장병과 함께 소임완수에 진력할 것을 엄숙히 다짐하는 바입니다.

자랑스러운 승진부대 장병 여러분!

오늘날 우리의 안보 상황은 불안정과 불확실성이 증대되고 있는 가운데 북한의 핵개발과 주변국의 군사력 증강으로 인해 우리에게 자주적 방위역량을 요구하고 있습니다. 또한 과학기술의 눈부신 발전으로 지식. 정보사회가 도래함에 따라 전쟁 수행방식은 물론 우리의 일상생활까지 놀라운 변화가 불가피하게 됨으로써 우리는 변화와 혁신을 도외시하고는 새로운 질서를 주도할 수 없습니다. 따라서 우리는 적과 싸워 이길 수 있는 강한 군대가 되어야 하며 이를 위해 평소 전투 임무 위주로 부대를 운영하고 정신력, 체력, 전투기술이 적보다 월등히 우수한 전사로 거듭나야 합니다. 우리는 의식과 사고, 일하는 방식, 리더십을 바꾸고 선진화하여 시대변화에 부응할 수 있는 군대를 만들어야 합니다. 우리는 화합 단결하고 자율적이며 활력이 넘치는 선진병영을 육성하여 우리 부대와 우리가 입고 있는 군복을 스스로 한없이 자랑스러워해야 합니다. 우리는 상하 격의 없이 의사를 소통해야 하고 하급자의 인격을 존중해야 합니다. 아울러 이들에 대한 인간적 배려를 게을리해서는 안 되며 불합리한 관행과 형식을 과감히 척결하는 데도 앞장서야 합니다.

용맹스러운 ○○군단 장병 여러분!

본인은 우리 군단이 적과 싸워 이길 수 있고 자율적이며 창의적이고 화합 단결된 부대가 되도록 최선의 노력을 다할 것입니다. 무엇보다 본인에게 맡은 소임과 책무를 수행하는 데 있어 자정의 노력과 함께 성찰을 게을리하지 않을 것이며 원칙과 본질에 충실하고 말보다 행동과 인격으로 여러분을 지휘할 것입니다. 편견을 갖지 않고 편애하지 않을 것입니다. 올바른 판단으로 공명정대하고 공평무사하게 지휘할 것입니다. 과욕에 사로잡히지 않고 무리하지 않을 것이며 합리적 판단으로 순리를 쫓는 지휘관이 될 것입니다. 본인은 여러분을 신뢰하고 사랑하면서 군사대비태세를 최상으로 유지하고 군단의 명예와 전통을 더 높게 고양하는데 열정을 쏟을 것입니다. 우리 모두 통일의 중심축이 될 이곳 중부 전선에서 조국 대한민국의 평화와 번영을 뒷받침하는 데 혼신의 노력을 다해 나갑시다.

끝으로 오늘 이 자리를 주관해주신 군사령관님과 내외귀빈 여러분께 다시 한번 감사드리며 큰 업적을 남기고 영전하시는 김모 장군님과 가정에 행운이 함께 하기를 기원합니다. 감사합니다.

내가 군단장으로 부임한 ○○군단의 부대 특성은 북한군의 주력부대가 공격할 것으로 예상되는 중부 전선의 철원축선을 방어하는 부대다. 군단 예하 보병사단은 6·25전쟁 전에 창설된 ○○사단, ○○사단, ○○사단으로 구성되어 있다. 이들 부대의 일반 명칭이 모두 한 자리 숫자임에 따라 부대 역사와 전통이 타 부대의 추종을 불허한다. 또한, ○○군단은 작전지역이 강원도와 경기도를 동시 포함하고 있으며, 지형 형태가 강원도의 산악과 경기도의 평야로 명확히 구분되어 있고 155마일 휴전선 중앙에 있으며 서울로부터 거리가 가깝지도 않고 멀지도 않은 곳에 있다. 아울러 군단 작전지역 내에 읍, 면 소재지의 촌락만 형성되어 있을 뿐, 군과 시 단위 행정관서가 없는 유일한 군단이므로 적과 임무, 지형, 위치 등이 군 본연에 표준이 되는 특성을 갖고 있어 부대원들은 야전부대에서 최고라는 자부심을 갖고 있었다.

군단은 편제상 부대 형태가 편조부대이므로 예하 사단은 군단에 예속이 아니고 배속되어 있다. 예속은 영구적이지만 배속은 임무와 작전 성격에 따라 소속이 달라질 수 있다. 따라서 군단 예하 5개 사단은 타 군단으로 소속이 변경될 수 있지만, 군단 직할 부대인 기갑, 공병, 통신여단과 특공연대 등은 군단 예속부대이므로 타 부대로 전환될 수 없다. 군단장의 예하사단에 대한 지휘권은 작전지휘에 한정되며, 예하사단 간부들의 인사권을 군단장이 관여할 수 없는 것이 원칙이다. 다만, 편의상 군단장에게 예하사단의 부대관리에 대해 관여할 수 있도록 지휘권 범위를 넓혀주고 있다.

내가 군단장으로 부임했을 때 군단의 당면업무는 GOP 경계를 완벽하게 수행하는 것과 C4I 체계를 차질 없이 전력화하고 운용기준을 만들어내는 것이었다. 아울러 ○○사단 GP 총격 사건으로 인해 사고방지를 위한 부대관리에도 지휘노력이 요구되었다. 예하 사·여단장은 ○○사단장에 김모 소장, ○○사단장에 임모 소장, ○○사단장 최모 소장, ○○사단장 이모 준장, ○○사단장 조모 준장, 포병여단장 최모 준장, 기갑여단장 박모 대령, 공병여단장 이모 대령, 통신여단장 황모 대령, 서모 대령, 특공여단장 명모 대령으로 구성되어 있었다. 이들에게 경계 작전과 부대관리를 위해 현장 중심으로 부대를 지휘하고 취약지역과 격오지 부대에 집중적인 관심을 두도록 각별히 강조했다. 상비사단인 3개 사단 사단장 모두가 육사 ○○기 동기생들이었으나, 이들의 성격과 지휘 스타일이 대조적이고 사단 이미지와 사단장 특성이 닮았다는 점을 발견할 수 있었다. 백골부대 ○○사단은 부대 애칭처럼 거칠고 야전적이며 강인한 이미지를 주는 사단이었는데, ○○○ 장군의 언행과 업무추진 스타일이 사단 특성과 비슷했다. 청성부대 ○○사단은 정적이고 안정적이면서 야전성보다는 정치성이 다소 강해 보이는 것 같았다. ○○○ 장군 역시 풍부한 유머와 함께 포용적 성격에 대인관계가 원만했다. 예비사단인 오뚜기부대 ○○사단은 흐르는 물처럼 유연하면서 강한 7전 8기 근성을 가진 것 같았는데 ○○○ 장군의 묵직하면서 내실 있는 성격과 닮았다고 보았다.

한편 군단참모 진용은 참모장 이모 준장, 박모 준장, 인사참모 조모 대령, 정보참모 박모 대령, 김모 대령, 작전참모 신모 대령, 김모 대령, 군수참모 박모 대령, 주임원사 오모 원사 등으로 짜여 있었다. 이들에게는 C4I체계 전력화와 운용을 위한 발전방안 도출에 진력할 것을 독려했다. 다행스럽게 군단장 시절 나와 함께 복무했던 직할대장과 참모들은 어느 한 사람 부족함이 없이 유능하고 책임감이 투철했다. 이들 중 대령급 직할 부대장들은 모두 장군이 되어 병과의 최고 자리에서 헌신하고 군문을 나왔다. 참모장과 참모들 역시 한 사람도 빠짐없이 준장으로부터 중장에 이르기까지 진급하여 사단장, 군단장을 역임하고 전역했다. 지금도 이들과 골프모임을 비롯하여 주기적으로 만나 돈독한 전우애를 나누고 있다.

지휘관이 되면 누구나 의욕을 갖고 성공적으로 임무를 수행하고자 한다. 이러한 자기의 복안을 복무계획으로 만들어 상급 지휘관에게 보고할 기회를 갖는다. 복무계획은 지휘목표와 방향을 설정하고 추진과제에 대한 세부적 내용을 담은 것으로 재임 기간에 중점을 갖고 실천하겠다는 복안이다. 따라서 복무계획은 지휘관 본인이 부대를 진단하고 강약점을 도출하여 계획을 수립해야 한다. 하지만 대부분 관행적으로 참모가 작성하는 경향이 많았다. 복무계획을 지휘관 스스로 작성하지 않고 남이 작성하다 보니 상급자에게 보고용으로 사용하고 사장시켜버린 경우가 많았다. 이러한 폐단을 없애기 위해 나는 복무계획을 직접 수립하고자 군단의 강점과 약점을 비롯하여 당면과제, 상급지휘관 의도 등을 종합적으로 검토했다. 약 1개월간 골몰한 끝에 지휘목표를 싸워 이기는 정예군단 육성에 두고 올바른 가치관 확립, 내실화되고 행동화된 전투준비태세 유지, 실전적 교육훈련 정착, 화합. 단결된 선진 병영육성, 국가시책과 국민지원 적극 시행을 지휘 중점으로 설정했다. 군의 존재 목적은 유사시 적과 싸워 이기는 데 있다. 적의 도발과 공격에 대비하지 못하고 전투에서 패한 군대가 된다면 평소 많은 예산을 사용하면서 군을 유지할 필요가 없는 것이다. 우리 군단에 부여된 임무는 100% 수행할 수 있도록 능력을 갖추고 준비되어야 한다고 생각했으며, 지휘목표를 달성하기 위해 무엇보다 부대원 특히, 간부들에게 올바른 가치관을 갖도록 하고자 했다.

가치관이란 한 인간이 삶과 세계에 대한 평가 기준이다. 군인으로서 삶에 대한 태도, 국가와 공동체에 대한 애정, 군대의 본질에 대한 관점 등이 바르고 바람직해야 한다. 이를 위해 공명정대하게 사고하고 공과 사를 구별할 줄 알아야 하며, 성찰을 게을리해서는 안 된다. 전투준비태세는 24시간 빈틈없이 유지되어야 하고, GP와 GOP 경계는 적의 움직임을 놓치지 않아야 한다. 지휘관은 적으로부터 가까운 부대에 집중적 지휘관심을 가져야 한다고 생각했다. 또한, 작전계획을 시행하는데 개인별 임무를 숙지하고 주기적으로 절차를 점검하고 전술토의를 활성화하고자 했다. 교육훈련은 말이 아닌 행동으로 가급적 현지 또는 유사지역에서 반복훈련이 되도록 하고 간부교육을 주기적으로 시행하고자 했다. 또한 인화단결은 업무성과를 달성하는 데 시너지를 가져오므로 초급간부의 인성교육에 각별한 노력을 경주해야 했다. 한편, 군관민의 협력과 협조는 국가발전을 촉진하고 민생을 안정시키는 데 긴요한 요소이므로 상호 마찰이 없도록 구조적인 시스템을 구축하고자 했다. 이렇게 복무계획을 구상하고 초안을 잡아 어느 날 작전참모 신모 대령을 불러 군단을 약 1개월간 관찰하고 업무를 파악하면서 복무계획을 작성했으니 내용이 현저하게 실행 불가능하거나 현실에 부합되지 않은 것이 있으면 나에게 건의하되 일단 내가 작성한 초안대로 보고서를 워드 글씨로 작업하여 3일 후 나와 토의하자고 했다. 그는 군단장이 부임하고 시간이 많이 지났는데도 주무참모인 자기에게 복무계획 작성에 대해 언급이 없어 궁금하기도 하고 불안하기도 하였다고 했다. 작전참모는 지시대로 복무계획을 워드 글씨로 작성해왔다. 그와 내용을 상호 검토했으나, 이견이 많지 않아 이를 약 1개월 후 군사령관과 참모총장에게 보고했다. 작전참모는 내가 복무계획을 직접 작성함에 따라 본인의 역할이 없었던 점을 아쉬워하면서도, 자기가 할 일을 부하에게 넘기지 않는 나의 행동에 대해 존경을 표하기도 했다. 그 후에도 나는 보고서와 훈시문 등을 포함하여 내가 보고하고 말할 내용은 부하에게 미루지 않고 가급적 직접 준비하는 것을 원칙으로 삼았다.

육군본부에서 C4I체계 사업을 정상적 궤도에 진입시키느라 애를 많이 썼지만 군단장을 나와 보니 갈 길이 멀어 보였다. 평소 C4I체계를 업무수행 수단으로 활용하고 자료를 업데이트해야 하는데 전시 대비 훈련에만 국한하여 사용함으로써 시험과 운용이 실질적으로 되지 못하고 있었다. 간단한 예로 매일 아침 상황 보고에서도 별도 수작업에 의한 상황도시가 아닌 C4I체계에 탑재된 지도와 도식을 이용한다면 업무 효율은 물론, C4I체계 운용능력을 향상시킬 수 있을 것으로 보였으나, 그러지 못했다. 또한, 인접참모와 협조 사항을 공유하고 지휘관 지시에 대한 응신도 C4I체계의 메시지 기능을 활용한다면 시간적 노력을 줄일 수 있을 것으로 생각하고 C4I체계의 24시간 활용을 생활화하자고 했다. 이후 C4I체계를 평소 업무에 활용, 일상화함으로써 실질적이고 생산적인 보완 소요를 도출할 수 있었다. 실무자를 포함한 모든 간부의 C4I체계 운용기술을 숙달하는 데도 효과를 낼 수 있었다. 이러한 노력을 기울인 상태에서 그해 UFG 연습은 C4I체계를 전시 작전에 활용해볼 수 있는 좋은 기회가 되었다. 전력화를 위한 실효성을 검증하고, 약 1년 동안 시험 운용하면서 보완하고 정비한 끝에 2006년 6월 26일 육군은 디지털 군으로 전환하는 선포식을 가졌다. 비록 모든 정보가 실시간으로 유통되고 도시되는 완전 자동화 수준은 달성하지 못했지만, 정보전과 네트워크 중심전을 수행할 수 있는 기반이 구축되어 육군이 오늘날 선진국 수준의 C4I체계를 갖게 되었으며 전쟁 수행개념을 변화시키는 수단을 갖추게된 것이다. 군단장으로 재임하는 동안 대통령을 제외하고 국무총리, 정부 각료, 국회의원, 군 고위 장성, 방산 업체 대표, 외국군 등 수많은 인사들을 만났으며, C4I체계 시연 현장에서 이분들과 깊은 대화도 나눌 수 있었다. 그중에는 군단을 방문하여 개발 장비를 둘러 본 말레이시아 군 총사령관인 안와르 해군대장도 있었다. 그는 군단지휘소에 구축된 C4I체계를 통해 무인항공기(UAV)에서 전송된 전장영상과 이를 토대로 표적을 실시간 타격하는 시범을 관람했다. 이후 2006년 9월 27일에는, 참모총장을 비롯한 야전부대 지휘관과 관계자가 참석한 가운데 지상전술C4I체계 개발종료에 따른 최종보고회를 가짐으로써 육군은 본격적으로 C4I체계의 전력화 단계에 돌입했다.

미래전장은 적보다 먼저 보고 먼저 결심하고 먼저 타격할 수 있도록 전장 요소들을 통합하는 능력이 갖춰져야 하며 이를 통해 전장 주도권을 장악할 수 있다. 따라서 실시간대에 첩보와 정보를 공유할 수 있는 지상전술C4I체계를 구축함으로써 작전수행방식의 변화는 물론, 군의 리더십과 작전계획을 획기적으로 발전시키는 계기가 되었다고 생각했다.

2006년 4월, 군단급 야외기동훈련이 여주와 이천지역에서 실시되었다. 실 병력과 장비가 출동함으로써 훈련의 본질에 맞는 것 못지않게 각종 민원을 포함한 안전사고도 방지해야 했다. 아울러 훈련을 준비하면서 군단이 육군 최초 디지털 군단이 되었기 때문에 전술C4I체계를 활용하여 전쟁수행방식의 변화를 선도하고 전투지휘소 운영을 새롭게 발전시킬 필요성을 인식했다. 이에 따라 C4I체계 활용을 통해 PDE와 베틀리듬의 활동 과업을 식별하고 작전목표 달성에 순기능적으로 작전 진행이 되고 있는지를 부단히 분석·평가하면서 문제점과 제한사항. 대응방안을 도출하는 데 노력을 게을리하지 않도록 참모들에게 강조했다. 또한, 표적 처리 위주 상황 조치와 정기 또는 수시 국면별 협조회의를 통해 주도권이 유지되도록 참모활동을 강화했다. 전투의 승패는 소부대 전투결과에 의해 좌우된다는 점을 인식하고 철저한 전술적 행동과 전장군기를 유지하도록 당부도 잊지 않았다. 한편, 훈련준비 단계부터 최종 마무리 단계에 이르기까지 안전사고 및 대민피해 예방대책을 강구하도록 장병들에 대한 교육을 강화하였으며, 관련 기관과의 사전협조를 통해 훈련장애요인을 철저히 차단했다. C4I체계를 활용하여 군단급 FTX를 마치고 느낀 소감을 아래와 같이 국방일보에 기고문으로 게재했다.

훈련은 본질적으로 전승의 기초이며 전투준비태세를 향상시키고 유지하는 데 필수적 과업이다. 또한 군의 존재 목적에 충실하기 위한 노력의 시작과 끝이며 지휘관에게 부여된 기본적 임무이다. 이러한 차원에서 우리 군은 매년 대규모 부대가 참가한 가운데 군단급 FTX를 실시해오고 있다. 올해는 지난 4월6일부터 12일까지 쌍방 자유기동 하에 군단급 전투 수행 능력을 향상하는 데 목적을 두고 실시했다. 훈련에 참여한 우리 군단은 이번 훈련을 통해 전술상황하에서 임무수행능력을 향상하는 데 매우 실질적이고 유익한 기회를 가질 수 있었다. 특히 창군 이래 최초로 군단급 이하 전제대가 전술C4I체계(ATCIS)를 활용하여 전장을 가시화하고 정보를 공유하는 전장 디지털화 환경에서 전투지휘를 함으로써 우리 군의 역사를 새롭게 썼다는 자부심을 느꼈다. 군단은 이번 훈련을 준비하면서 수준 높은 전술 토의와 간부교육을 하였으며 이러한 기회를 통해 군단장의 전술관을 인식시키고 신교리에 대한 지식을 함양하였으며 C4I체계 활용에 따라 제대 별 전투수행체계와 지휘소 편성, 내부 배치 등을 과감히 개선해 전투지휘의 효율성을 보장토록 했다.

결심형 전투지휘체계(DP-CCIR.Decision Point-Commander's Critical Information Requirement)기법과 전술C4I체계를 활용하여 기존의 기능별 상황 보고 위주에서 통합적인 분석-평가-토의 중심의 활동으로 개선하였다. 이런 활동을 통해 과업 수행 중 제한사항에 대한 적시 조치가 이루어지도록 했다. 아울러 훈련작전계획에 대한 충분한 리허설(Rock-Drill)을 통해 전투 참모단의 팀워크를 강화하고 전술, 전기, 절차(TTP's)에 숙달하였다. 한편 훈련 간에는 실제와 유사한 전술 상황에서 실제 병력이 기동함으로써 임무수행능력을 극대화했을 뿐 아니라 적의 약점을 찾아 적에게 비선형 전투를 강요하고 상대적 전투력우세를 달성해 주도권을 장악하는 전술구사능력을 향상하였다.

기동과 결정적 작전을 수행하기 전에는 반드시 정보감시정찰(ISR, Intelligence Surveillance Reconnaissance)자산과 화력을 연계하여 화력전 개념의 여건조성작전을 선행함으로써 포병과 CAS, 육군항공, 전자전 등을 통합하여 운용하는 능력을 배양할 수 있었다. 그러나 전장의 속성인 불확실성과 끊임없이 발생하는 마찰 요소는 지휘관의 판단과 결심을 어렵게 하고 스트레스를 가중했으며 지휘관으로서 고독함을 경험하게 만들었다. 전장에서 결단력은 고급 지휘관이 구비해야 할 중요한 자질임을 교훈으로 터득하였다. 작전 조건이 지휘관의 의도대로 조성되지 않아 쉽게 결심할 수 있는 상황으로 진행되지 않았다. 그때마다 결정적 요소만 충족되면 과감히 결심함으로써 작전속도가 매우 빠르게 진행되는 현대전에서 호기를 놓치는 실수를 방지할 수 있었다. 이번 훈련에서 전술C4I체계를 활용하여 작전지휘를 해본 결과 지휘관이 상황을 파악하고 결심하는 데 불확실성을 감소시킬 수 있었으며 계획발전과 주요 국면에 대해 지휘관과 참모가 시공간적으로 동시에 판단하고 조치도 할 수 있었다. 지휘소 내부 환경도 과거와 달리 복잡하고 불필요한 행정소요가 사라지고 조용한 가운데 각 기능별 컴퓨터에 입력된 자료가 시시각각 최신정보로 업데이트되어 종합되는 디지털 전쟁이라는 새로운 패러다임이 도래하였음을 실감할 수 있었다. 길지 않은 기간이었지만 철야 훈련을 하면서 군단장의 전투지휘를 보좌하느라 눈이 충혈되고 식사와 세면도 제때 못한 전투 참모단 요원들의 모습이 한없이 자랑스러웠다. 실전과 같은 훈련을 통해서 소중하고 값진 전우애를 얻을 수 있었으며, 나는 그들에게 무한한 신뢰와 사랑을 보내게 되었다.

군단장 재임 기간에 전군을 대표하여 통합화력 시범과 근접 항공 지원(CAS. Close Air Support)운용 시범을 보였다. 통합화력 시범은 2006년 10월 20일 오후 2시부터 약 2시간 동안 승진훈련장에서 건군 58주년 국군의 날을 맞아 육군의 디펜스 아시아(Defence Asia) 2006행사 일환으로 진행되었다. 이날 화력시범에는 국무총리와 육군참모총장, 국방차관 등 군 주요 인사, 디펜스아시아에 참가한 독일과 스웨덴 등 34개국 군 관계자를 비롯하여 안보 관련 시민단체와 지역주민 등 2,000여 명이 참관했다. 시범에는 1개 전차대대, 2개 헬기대대, 공군 3개 비행편대 등 총 24개 부대 2,800여 명의 장병들이 참가했으며, 전차, 장갑차, 자주포, 견인포, 헬기 등 총 20여 종 262대의 장비가 동원되었다. 시범은 적이 막대한 피해를 입고 공격력을 상실한 채 방어태세로 전환, 급편방어진지를 구축하고 있으며, 전방 고지에 적 기계화 보병과 전차중대가 배치되어있다는 가상시나리오 상황으로부터 진행되었다. 무인항공기(UAV)로부터 적진의 중요 표적 위치를 확인한 아군은 코브라 헬기를 진입시킨 뒤 포병 8개 대대, 발칸, K-4, 4.2인치 박격포 등 지상화기가 적진을 향해 포탄 2,500발을 쏟아부었다. 상공에서 정찰 중인 무인항공기가 동시사격에 따른 피해를 확인한 결과 일부 적들이 남아 있는 것으로 영상을 보내오자 지상화기의 2차 사격이 시행되었다. 이어 전차 3개 중대와 기계화 보병 1개 중대가 적의 공격으로 파괴된 교량을 복구하고 지뢰지대를 개척하면서 고지점령을 위해 기동을 시작했다. 이들은 한때 적 탱크중대의 강력한 저항에 부딪히기도 했지만, 포병과 코브라 헬기의 지원사격으로 적 저항을 무력화시키고 제압한 뒤 기계화 보병이 투입되어 목표를 확보했다. 한 치의 오차도 없이 이러한 시나리오에 따라 시범이 진행되도록 준비하고 연습하는 데 포병여단장 최모 장군의 노고가 많았다.

그는 약 1개월 동안 퇴근도 마다치 않고 현장에서 숙식하였으며 23종류의 화력을 통합하여 시너지가 발휘되도록 오케스트라 지휘자 역할을 했다. 이날 시범은 1부와 2부로 나누어 진행되었다.

1부 위력사격 시간에는 방산무기 화력 시범이 있었다. 여기에는 105mm 견인포 사격을 시작으로 K-4고속유탄발사기, 러시아제 METIS-M 대전차미사일, 4.2인치 박격포, K1A1전차, K-55자주포, K-9자주포, 130mm 다련장, 대공화기인 발칸과 비호, 육군항공 500MD헬기, AH-1S 코브라 헬기 등 23종의 주요무기와 신형보병전투장갑차(KIFV), 70mm 차량 탑재 다련장 로켓 등 개발 중인 무기가 참가하여 막강한 화력을 과시하였다.

2부 입체고속 기동시범에서는 코브라 헬기와 전차, 장갑차 등 지상과 공중화력을 통합 운용하여 기계화 부대가 신속하게 적의 중심을 무력화시키는 전술을 시연했다. 입체 고속기동전은 공지전투 개념에 지휘통제 자동화 시스템과 정보감시정찰을 통합, 융합하여 최신 C4ISR (Command Control Communication Computer-ISR)개념으로써 북한군의 중심기동

전술에 효과적으로 대응할 수 있게 창안한 전술이다. 시범이 끝난 후 국무총리는 북한의 핵실험 이후 안보 불안이 고조되고 있는 상황에서 이번 방산무기 화력시범은 시의적절한 군의 대응이었다고 치하했다. 훈련장 부근에서 살고 있는 인근 주민들도 대규모 화력시범 참관은 처음이라며 북한의 핵실험으로 나라가 어수선하였는데 오늘 군의 모습을 보니 걱정 안 해도 될 것 같다고 언급했다. 이날 시범에 앞서 내외귀빈께 드렸던 나의 인사 말씀이다.

존경하는 국무총리님, 대한민국을 방문해주신 외국 귀빈, 그리고 이 자리에 함께해주신 내빈 여러분!

오늘 이곳 중부전선 승진훈련장에서 여러분을 모시고 육군 화력시범을 갖게 된 것을 무한한 영광으로 생각합니다. 최근 북한은 우리 정부와 국제사회의 거듭된 경고에도 불구하고 핵실험을 단행하여 한반도는 물론 동북아의 평화와 안정을 위협하고 있습니다. 이러한 안보 위기 상황에서 우리에게는 무엇보다 완벽한 군사대비태세와 튼튼한 국방력이 우선적으로 요구되고 있습니다. 따라서 우리 군은 강인한 정신력과 고도의 전투 기술을 연마하여 전투준비태세를 완비하는 데 매진하고 있으며 아울러 우리나라 방위산업도 세계적 군사력 발전추세에 맞추어 각종 무기체계를 개발하는 등 국방력을 강화하는 데 괄목할만한 성과를 거두고 있습니다. 오늘 이 자리는 우리 육군이 보유하고 있는 각종 무기를 직접사격하고 기동해 보임으로써 국민 여러분께 더욱 강해진 육군의 모습을 선보이고 우방국에는 우리의 자주국방 역량을 새롭게 인식시키는 매우 뜻깊은 기회가 되리라 생각합니다. 국민 여러분의 뜨거운 사랑과 격려를 당부드리며 유익한 시간이 되기를 바랍니다.

감사합니다.

한편, 시범 종료 후 아래와 같이 국무총리도 인사말을 했다.

안녕하십니까? 반갑습니다.

오늘 내외귀빈 여러분과 함께 방산무기 화력시범을 참관한 것을 매우 뜻깊게 생각합니다. 우수한 장비와 화기를 동원하여 이처럼 큰 시범을 성공적으로 실시해주신 육군참모총장을 비롯한 관계관 여러분의 노고에 대해 진심으로 감사드립니다. 이번에 육군에서 시행한 방산무기 화력시범은 우리가 보유하고 있는 무기체계의 우수성과 통합 화력의 위력을 유감없이 발휘한 매우 훌륭한 행사였습니다. 오늘 시범은 핵무기 실험으로 국민이 안보에 대해 불안감을 가지는 중에 실시한 것이라 더욱 의미가 있습니다. 우리 국방력에 대한 국민의 신뢰를 더욱 굳건히 다지는 계기가 될 것으로 확신합니다. 오늘 행사에는 일반 시민들께서도 많이 참석해주셨는데 시범을 참관하시고 우리 군의 능력에 대해 아주 든든한 마음이 생겼으리라 믿습니다. 군 관계관 여러분 또한 미래 우리 군의 비전을 담은 '국방개혁2020'이 성공적으로 추진될 수 있도록 국방전력 강화에 최선을 다해 줄 것을 당부드립니다. 정부도 정예화된 선진 강군을 육성하기 위해 최대한 군을 지원할 것입니다. 아울러 이 자리에는 세계 각국의 군 수뇌부들이 많이 참관하고 있습니다. 이 자리를 통해 우리 방산 장비의 우수성을 이해하고 우리 군과 군사 교류를 더욱 활성화하는 계기가 되기를 바랍니다. 다시 한번 화력 시범을 성공적으로 실행해준 관계관 여러분의 노고에 감사드리며 이 자리에 계신 모든 분의 건승을 기원합니다.

감사합니다.

방산무기 화력시범은 군 위상 제고와 방산무기 수출 확대를 목적으로 시행하였는 바, 한반도 안보상황에 시기적절한 시범이었을 뿐 아니라 튼튼한 방위태세를 국민에게 인식시켜준 기회가 되었다. 동원된 각종 화기 사격제원과 특성을 충분히 확인하고 제 기능이 효과적으로 발휘할 수 있는 시험장이었을 뿐 아니라, 각 화기의 위력을 과시할 수 있었다. 모든 화기가 가담한 동시 집중사격은 실제 전장 상황을 방불케 하는 한 편의 드라마 같았다. 시범을 준비하는 과정에서 시범 수준 향상은 자신감에서부터 나오며 자신감은 충분한 시간 투자와 피나는 노력에서 기인함을 새삼 느낄 수 있었다. 초기에 서툴고 미숙했던 행동이 지속적인 절차훈련을 통해 향상되었으며, 그 결과 시범 당일 긴장하지 않고 조건반사적으로 행동할 수 있었다. 시범 목적을 달성하기 위해 일사불란하게 행동하는 부하들을 목도하였으며, 고민하고 애쓴 만큼 시행착오를 최소화할 수 있었다. 2006년 방산무기 화력시범은 시작에서 종료 시까지 한 치의 오차도 없는 성공적 시범이었다. 국민에게 튼튼한 국가안보와 군의 참모습을 보여주는 계기가 되었다. 아울러 시범을 통해 세계 각국 군 수뇌부들에게 우리나라 방산무기의 우수성을 인식시키고 나아가 우리의 방산무기 수출을 확대할 수 있는 기반을 만들어 국내 방위산업을 한 단계 발전시키는 기회가 되었다.

근접항공 지원(CAS, Close Air Support)은 지상군이 작전을 성공적으로 이끄는 데 매우 중요하고 긴요한 화력이다. 오늘날 과학기술 발전에 따라 가공할 무기체계가 개발됨으로써 전장의 영역이 지상뿐만 아니라 해상. 공중, 심지어는 우주까지 확장되고 입체화되어 가고 있다. 전쟁 양상의 변화와 다정면 동시 전투 상황에서 스텔스 기능과 막강한 화력, 기동력을 갖춘 공군전력의 활용이 필수적이다. 이러한 공군전력을 지상 작전에서 효과적으로 활용하고 운용하는 방법과 요령을 습득하기 위해 시범을 하게 되었다. 시범은 2006년 1월 25일, 합참의장 주관으로 개최되었으며 합참, 연합사, 육군본부, 교육사, 사. 여단장급 이상 지휘관, 관련 참모 등이 참석했다. 이날 시범에서 현행 근접항공지원(CAS)운용 시스템을 진단하여 문제점을 개선하고 효율적인 근접항공지원(CAS)운용과 지휘관의 통합화력 운용능력 향상방안을 제시했다. 시범 진행은 포병여단장이 근접항공지원(CAS)발전추세와 계획수립절차, 운용실태를 분석하고 개선방안을 제시한 후, 근접항공지원(CAS)운용 동영상을 시청하였으며, 이어서 참석자들의 열띤 토의가 있었다. 또한, 미군의 전술항공 통제반(Tactical Air Control Party) 운용 장비와 근접항공지원(CAS)항공기 무장장비도 함께 전시하여 참석자들의 이해를 돕도록 했다. 시범을 통해 참석자들은 근접항공지원(CAS)이 강력한 연합. 합동화력으로써 그 중요성이 날로 증대되고 있다는 데 공감대를 형성할 수 있었다. 아울러 근접항공지원(CAS)전력의 적극적 운용과 시스템을 발전시켜 나감으로써 지상전의 승리를 보장해나갈 것을 다짐하는 시간이 되었다.

군 조직은 구성원의 학력, 나이, 출신 지역, 가정 등이 다양하고 격차가 큰 것이 특정이다. 하지만 군의 본질은 전쟁에서 승리하는 데 있으므로 정신적, 육체적 고통을 극복하고 어떠한 희생도 감수해야 한다. 전쟁에서 이기기 위해 지휘관은 목표와 비전을 제시하고 구성원들의 노력을 통합하여 요망하는 방향으로 이들을 이끌고 가야한다. 그러므로 지휘관은 바람직한 리더십을 갖고 구성원들과 일심동체가 되어야 하지만 군 특성과 본질로 인해 합리적 리더십 발휘가 쉽지 않다는 점도 부인할 수 없다. 이러한 군의 생태적 환경을 인식하고 있던 차, 인접부대 감시초소(GP. Guard Post)에서 충격적인 총기 사건이 발생했다. 이에 나는 간부 리더십 배양의 중요성을 깨닫고 2가지 측면에서 노력했다. 하나는 하급제대 초급지휘자 리더십이 부하들의 각종 사고 발생과 깊은 연관성을 갖고 있으므로 감시초소(GP)와 일반전초(GOP. General Outpost), 격오지부대를 지휘하는 초급 간부의 인성과 리더십을 개선하기 위해 집중적으로 교육하고자 했다. 이에 따라 '신세대 새로운 병영을 우리가 이끌어 나갑니다.'라는 슬로건하에 혁신적인 병영문화 개선과 시대변화에 부응하는 인간 존중의 뉴리더를 양성하고자 인성교육대에 HEAD(Human, Esteem, Attitude, Development) 코스를 신설, 대상자를 주기적으로 소집하여 교육했다. 부하의 개성과 인권을 중시하고, 계급을 초월하여 상호 교감할 수 있는 관계로 바뀌어야 시대적 상황에 부응하면서 새로운 환경에 부합되는 간부가 될 수 있을 것으로 판단했던 것이다.

HEAD 코스는 인간 존중 마음을 계발하는 과정이었다. 지휘자가 스스로 인간 존중의 인성이 바로 선 가운데 요령이 아닌 가슴으로 지휘하는 감동적 리더십을 배양하자는 의미를 담은 명칭이다. 산정호수 주변에 있는 군단 휴양소에서 3박 4일간 한 기수 30명 단위로 교육하였다. 교육은 1단계 '자아발견과 진단', 2단계 '존중과 배려'의 두 과정으로 구분하여 훈육교관과 군종장교 등으로 과목별 전담 교관을 편성하고 외부 초빙교육도 곁들어 교육의 질을 높였다. 총 10개기 300여 명을 교육했다. 그 결과 군단장 재임 기간에 감시초소(GP)와 일반전초(GOP) 등 초급간부가 지휘하는 격 오지에서 단 한 건의 사고도 발생하지 않아 그 효과가 입증되었다. 무기체계와 전략. 전술이 발전하여도 이를 운용하는 주체가 사람이므로 인간중심의 선진화된 리더십이 발휘되지 않으면 전쟁에서 승리할 수 없음을 깨달아야 할 것이다. 또 하나는 영관급 이상 간부들에게 선진화되고 창의적인 리더십을 개발할 수 있는 계기를 마련하고자 외부기관에 위탁하여 리더십 교육을 했다. 국민은행의 협찬과 서울 인간개발연구원 주관으로 부대 내에 'KB 승진아카데미'를 개설하고 2006년 4월부터 영관급 장교 150여 명을 대상으로 16주간 일정으로 진행했다. 인간개발연구원은 사회 각계각층 전문가로 구성된 교관을 보유하고 있었으므로 이들을 초빙하여 간부 리더십 향상에 도움을 받을 수 있었다. 교육효과도 컸지만, 간부들이 민간 전문가들과 소통함으로써 지식 정보화 사회에 부합하는 자질과 능력을 새롭게 개발하는 계기가 되었다. 아울러 새로운 시각으로 접근하여 자기계발의 동기를 부여하고 혁신적 병영문화를 조성하는 방안을 생각해볼 수 있는 유익한 기회였다.

국가발전과 경제성장으로 삶의 질이 향상되고 개인 재산권 보호를 위한 법률적, 사회적 인식이 달라짐으로써 군 주둔 환경에 변화가 생기게 되었다. 과거에는 전방 지역 군부대가 군사 활동을 하는 데 제약요소가 거의 없어 훈련장과 사격장을 주민들의 협조와 양해를 받지 않고도 사용 가능하거나 전차가 기동하여 도로를 훼손하여도 민원문제가 발생하지 않았었다. 그러나 2000년도 이후 접경지역 개발이 활발해지고 지가가 상승하면서 군사 활동에 대한 민원이 급격히 증가했다. 이에 나는 민관군의 긴밀한 협력과 의사소통이 필요하다고 판단, 전군 최초로 군단에 민관군 합동 갈등관리위원회를 설치했다. 갈등관리 위원회는 군사훈련과 군사시설보호법 적용 등에서 발생한 군사 관련 각종 민원을 해결하기 위해 민관군이 공동으로 협력해나간다는 취지에서 발족했다. 위원장을 군단 참모장으로 하고 위원은 포천시장을 포함 지역 내 기관장과 주민들로 구성했다. 매년 3월과 9월에 상임위원회를 개최하되, 실무위원회는 매월 개최하기로 했다. 갈등관리위원회를 만들어 민원에 대처하고자 했던 직접적 배경은 군단장 부임 후 얼마 지나지 않은 시점에 승진훈련장을 사용한 부대들이 쓰레기와 오염물질을 무단투기하여 포천지역 관광자원인 산정호수를 오염시킴으로써 주민들이 훈련장을 봉쇄하고 거센 항의가 있었기 때문이었다. 이를 해결하는 과정에서 민관군 공동 기구가 필요함을 느끼게 되었던 것이다. 위원회 발족으로 민관군이 함께 갈등 요소를 신속하게 해결함으로써 군 작전과 훈련의 효율성을 보장하고 지역주민의 재산권 침해를 최소화해 국민에게 신뢰받는 군으로 성장하는 데 크게 이바지했다. 민원 해결사 역할을 한 갈등관리위원회는 군보다 국민의 입장에서 적극적으로 생각하고 문제해결 실마리를 찾으려고 했다. 갈등관리 위원회 심의과정에 민원인을 참여시켜 군의 설명을 듣게 하고 충분한 의견을 나눔으로써 일방적 결정을 지양했다. 그 결과 민원인이 자기의사를 관철하지 못하는 상황에서도 종전처럼 항의하지 않고 민군이 모두 윈윈하는 결과를 낳게 되었다. 민원 접수부터 해결하는 전 과정을 투명하게 공개함으로써 일체의 의혹이 없도록 하였으며, 군이 국민의 편익을 보장하는 데 앞장서게 했다. 지역 내 소도시인 운천과 동송, 갈말지역에 아파트 층고 제한이 경제적 현실성을 벗어나게 통제됨으로써 지역발전을 저해하고 있는 것을 알게 되었다. 따라서 갈등관리 위원회에서 허심탄회한 토의와 심의를 거쳐 층높이 제한을 대폭 완화했다. 그동안 군이 층고제한을 한 것은 거점과 일부 전투진지 등 군사시설의 기능발휘를 제한하는 문제 때문이었다. 그러나 무기체계와 싸우는 방법의 변화로 우리 군이 이러한 제한을 극복할 수 있다고 판단했던 것이다. 10층 이하 건물만 신축 가능한 것을 25층까지 높일 수 있게 층고 제한을 완화했다. 주민들은 크게 환영했다. 군이 국민 감동 서비스를 실천하는 첫걸음이 되었던 것이다.

군의 의료체계는 각 제대 별 의료 인력과 시설을 구비하고 조직적이면서 체계적으로 환자를 치료하게 설계되어 있다. 대대급에는 의무지대가 있어 초기 응급조치 위주로 대응하고 연대급에는 의무대와 전문의가 편성되어 응급조치와 병행하여 간단한 외상을 치료할 수 있다. 사단급에는 의무대와 다수의 군의관이 응급환자를 치료하고 입원까지 시킬 수 있는 시설이 구비되어 있다. 군단급에는 후송병원이 설치되어 웬만한 환자는 이곳에서 치료할 수 있으며 불가피할 경우 군 야전병원과 국군병원으로 후송하여 치료한다. 그런데 2006년 봄, 군단 후송병원인 일동병원에서 척추수술을 받던 병사가 사망하는 사건이 발생했다. 때마침 논산훈련소에서 군의관의 불찰로 훈련병이 수술 중 사망함으로써 노무현 대통령까지 군의 의료시스템을 비난하고 담당 군의관이 구속되는 초유의 사건이 발생했다. 환자를 소홀히 취급하여 사망하게 되면 군의관을 구속하라는 지시가 있을 만큼 예민한 시기에 일동병원에서 사건이 발생했던 것이다. 나는 헌병의 사고조사 결과를 보고 받았다. 헌병대장은 군의관의 과실이었고 군의관을 구속해야 한다는 의견이었다. 이에 따라 구속영장을 발부해야하므로 법무참모는 관할관인 나에게 구속 승인을 요청했다. 이런 경우 일반적으로 관할관은 헌병대장과 법무참모의 건의대로 따라가는 것이 관례였다. 그러나 나는 이 사건을 처리하는 과정에서 단순하게 판단할 수 없는 몇 가지 사항을 생각하게 되었다. 우선 피의자를 구속하는 것은 그가 도주와 증거인멸 우려가 있어야 하는데 그럴 가능성이 없다는 점과 군의관이 환자를 치료하다가 예기치 못한 사고로 구속된다면 제대별 구축되어 있는 군 의료체계가 붕괴될 수도 있음을 우려했다. 연대급 의무대에서 치료할 수 있는 환자를 사단과 군단으로 보내고, 사단급에서 해결할 환자를 군단이나 군 야전병원으로 보낸다면 상급 제대 병원에만 환자가 몰리게 될 것인 바, 하급제대 군의관은 뒷짐을 지게 될 것이 명약관화할 것으로 보였다. 군의관이 사고를 두려워하게 되면 환자 상태에 적합한 치료보다 자기 신상과 안전에만 관심을 가질 것이라고 보았던 것이다. 아울러 고의사고가 아니라면 6년 동안 의술을 공부하고 5년 동안 수련의 과정을 밟은 의사가 인생 낙오자로 전락하게 될 것이므로 결코 가볍게 접근할 수 있는 사안이 아니었다. 법무참모의 구속영장 승인 요청서류를 책상 서랍 속에 넣어 놓고 20여 일 동안 연일 고민하면서 군사령관, 변호사, 종교 성직자, 참모들을 포함하여 여러 사람에게 묻고 의견을 들었다. 법무참모와 헌병대장은 대통령까지 관심을 갖는 사안이므로 가급적 엄하게 처리하는 것이 내 신상에도 좋을 것 같다고 압박했다. 그러나 나는 흔들리지 않았다. 그들 의견대로 쫓지 않았다. 나는 구속영장을 기각하고 불구속 수사하도록 조치했다. 그 결과 군의관은 소액 벌금형을 받았고 정상적으로 복무 후 전역했다. 그때 나의 판단과 결심이 옳았다. 그 후 법무참모와 헌병대장은 나의 결단력에 찬사를 아끼지 않았다. 권한을 소심하게 행사해서도 안 되지만 남용하거나 오용해서는 더더욱 나쁜 결과를 가져오게 됨을 공직자로서 깊이 인식했다. 한편, 이 사건을 처리하고 인간적으로 솔직히 섭섭함도 느꼈다. 사건처리 과정에서 많은 고민을 했고 군의 의료체계를 건강하게 유지할 수 있도록 처리하는 데 초점을 두었지만 한 사람의 의사가 의료과실로 인해 구속되는 것을 막았다. 당사자는 구속을 피할 수 있었다. 크나큰 은혜를 입고 그는 군을 전역했다. 전역하면서 어려운 결심을 한 나에게 고맙다는 말 한마디라도 전해줄 것으로 생각했는데 그는 그렇지 않았다. 그를 의도적으로 살펴주려고 했던 것은 아니었지만, 그래도 그는 인간적으로 감사하다는 말 한마디는 해야 했다고 본다.

조직에서 의사소통이란 정보와 지식을 상호 교류하고 전달하는 과정을 말한다. 인체의 동맥과 같다. 그러므로 개방적 의사소통은 구성원의 아이디어가 원활히 흐르도록 만들어 준다. 또한 일의 성과와 효율성을 증대시키고 강한 목표의식을 갖게 해준다. 군에서 의사소통의 대표적 형태가 회의와 병행된 토의이다. 이때 참석자들은 주제에 대해 공감대를 형성하고 지휘관의 의도를 파악하게 된다. 따라서 회의를 주관하는 지휘관이 개방적 태도를 보이고 참석자와 허심탄회하게 논의할 수 있도록 해야 한다. 그래야만 회의 성과를 달성할 수 있다. 반면, 형식에 치우치고 폐쇄적 태도로 회의를 진행하게 되면 참석자의 창의적 의견이 사장되고 만다. 또한 일정한 시간 내에 결론을 내려는 강박감을 갖고 충분한 토의가 이루어지지 못하면 원활한 의사소통이 이루어지지 않는다. 개방적 태도의 핵심은 의견을 개진하는 당사자가 시간이나 틀에 얽매이지 않고 자유롭게 얘기할 수 있는 환경을 조성하는 데 있기 때문에 나는 각종 회의를 주제할 때마다 시간에 구애받지 않고 열띤 토의를 병행했다. 회의는 주제에 대한 설명이 끝나면 참석자가 의견을 제시하는 형식으로 진행되는 것이 일반적 형태였으나, 나는 주제의 핵심을 이해시키고 가급적 참석자의 다양한 의견을 듣는 데 주력했다. 주제에 따라 그 분야의 경험과 지식을 가진 참석자가 아이디어를 얘기하다 보면 시간이 길어지는 경우가 많았다. 그러나 시간 때문에 의견 발표자의 말꼬리를 자르지 않았다. 설령 11시 50분까지 회의를 마쳐야 하는 스케줄이더라도 점심시간을 늦추고 발표자의 얘기를 인내하면서 들어줬다. 듣고 싶은 것만 듣겠다는 생각이 아니라 들리는 것은 가리지 않고 듣겠다는 생각으로 회의를 주제했다. 점심을 11시 50분에 먹지 않고 12시 30분에 먹더라도 임무수행과 부대 운영에 문제가 없으므로 의견 발표자가 시간을 넘기더라도 끝까지 들어주었다. 시간과 형식에 구애 없이 토의가 진행되어야 건설적이고 생산적인 의견이 나올 수 있을 것으로 보았다. 군단 포병여단장 최모 장군은 회의 때마다 본인 견해를 길게 피력하곤 하였으나, 나는 그가 말한 내용이 창의적이든 구태의연한 것이든 중단시키지 않고 들어주었다. 주변에서는 나에게 인내심이 대단하다고 하였으나, 부하의 얘기를 끝까지 들어주는 것이 그를 인정해주는 것이고 충성스러운 부하로 만드는 것으로 생각했다. 그는 나에게 업무성과로 보답했다. 그는 군단이 육군을 대표하여 방산장비 화력시범을 보일 때 주도적인 역할을 했다. 말하는 것은 지식의 영역이지만, 듣는 것은 지혜의 영역임을 지도자는 깨달아야 할 것이다.

군단장에 부임하고 약 3개월쯤 경과했을 무렵, 인접 ○○사단 GP에서 총격사건으로 인해 많은 인명피해가 발생했다. GP와 GOP 경계를 맡고 있는 우리 군단에서도 유사한 사건이 발생할 수 있겠다는 개연성을 갖고 각별히 사고방지 노력을 하지 않을 수 없었다. 지휘관 순찰을 강화하고 초급간부 인성교육대를 만들어 이들의 부하관리 능력을 향상시켰다. 탄약과 폭발물 관리와 취약사병 관리체계도 대대적으로 정비했다. 평시 지휘관에게 부여된 임무는 경계 작전과 안정된 부대 관리이다. 이 둘은 어느 한쪽도 소홀하게 할 수 없다. 두 바퀴를 함께 돌려야 강한 전투력을 구비할 수 있다. 인명사고가 없어야 부대가 건강해지고 완벽한 경계 작전도 수행할 수 있으며, 튼튼한 국방이 보장될 수 있는 것이다. ○○사단에서 GP사고가 발생함에 따라 부대별 사고예방 노력을 강구하고 있는 가운데 방지대책을 논의하고자 합참의장 주관 하에 작전지휘관 회의가 개최되었다. 군단장급 이상 지휘관 약 30여 명이 육군본부 기밀실에 모였다. 합참의장 A 대장이 서울에서 계룡대로 내려와 회의를 주관했다. 그는 약 30분간에 걸쳐 평시 작전 최고지휘관으로서 GP와 GOP 경계 작전 관련 지휘의도를 강조했다. 이번 발생한 ○○사단 사고에 대해 근본적 대책보다 현행 경계수칙을 예외 없이 준수하는 데 주안을 두었다.

나는 의장의 의도를 듣고 의장으로서 그렇게 견해를 밝히는 것이 적절하지 않다고 할 수 없었으나, 경계 작전과 부대관리를 동시에 짊어지고 있는 야전부대 지휘관 입장에서 어느 한쪽만 중하게 생각할 수 없었다. 또한 합참의장이 사고예방에 대한 인식이 미약한 것은 군의 지휘체계가 군령과 군정으로 이원화되어 있는 데 있다고 보았다. 장관은 작전에 해당하는 군령권을 합참의장에게 주어 행사하도록 하고, 부대관리에 해당하는 군정권을 각군 참모총장에게 부여하고 있어 경계작전에 중점을 둔 합참의장의 강조사항은 당연하다고 볼 수 있었다. 그렇지만 군단장은 합참의장의 명령과 지시도 받아야 하고 참모총장의 명령과 지시도 받고 이행해야 하는 입장에 있다. 조직에서 상관이 두 사람이라는 지극히 나쁜 형태의 구조가 우리 군의 지휘체계에 상존하고 있는 것이다. 일찍이 나폴레옹은 1인의 우장(愚將)이 2인의 명장(名將)보다 낫다고 갈파하면서 지휘권 통일을 강조했다.

○○사단 사고에 대한 합참의장과 참모총장의 관점과 견해가 다르게 나온 것 같아 그것을 따라야 하는 예하 지휘관 입장에서 혼란을 겪을 수밖에 없었다. 나는 합참의장과 참모총장은 역지사지하고 균형 잡힌 사고를 바탕으로 후속대책을 강구해야 한다고 생각했는데, 그날 합참의장은 본인 시각에서만 사건을 바라보고 대책을 강조한 것 같았다. 합참의장 얘기가 끝나고 참석자들의 토의가 있었다. 의장은 참석자들에게 의견을 제시하라고 독려하였으나, 아무도 입을 열지 않았다. 나는 군단장에 부임한 지 3개월밖에 안 되었으므로 업무 파악도 충분치 못하여 가급적 들

기만 하겠다고 생각했지만, 군 생활하면서 회의와 토의 등 여러 사람이 모여 의견을 나누는 곳에 참석할 때는 주제에 부합된 내 생각을 정리해 가는 습관을 가지고 있었기 때문에 그날도 토의가 있게 되면 대략 이런 내용을 말하겠다는 준비를 하고 있었다. 나보다 군단장을 먼저 시작한 사람들도 한결같이 함구하고 있었다. 이들은 합참의장이 엘리트 의식이 강하고 자기와 생각이 다른 사람을 포용하는 데 인색한 성격임을 간파하고 있었던 것 같았다. 잠시 침묵이 흐르고 누구도 선뜻 의견을 말하지 않아 나는 손을 가볍게 들고 합참의장을 쳐다보면서 한 말씀 드리겠다고 입을 뗐다. 합참의장은 얘기해보라고 말하였지만, 내가 자기 의도와 다른 말을 하리라 짐작했는지 기분 좋은 표정은 아니었다. 합참의장은 수년 전 그가 육군본부 전력계획처장 시절 대침투작전 장비 관련 긴급소요 제기 토의 때 내가 육군본부 전력부장에게 바른 얘기한 것을 기억했을 것이다. 또한 본인이 나에게 전력계획과장을 제의하였으나, 내가 자의 반 타의 반으로 인해 거절한 것도 잊지 않고 있었으리라 생각했다. 그 당시 나는 솔직히 합참의장의 인격을 높게 평가하고 있지 않았는데 그 배경은 육본 감찰감으로 ○○군단 지휘검열을 나가면서 ○○군사령부에 들러 당시 군사령관이었던 그를 뵈었던 기억 때문이었다. 나의 예방 목적은 ○○군사령부 예하부대 검열을 나왔으니 군사령관으로부터 검열에 참고할 의견을 듣고자 하는 것이었지만, 놀랍고 실망스럽게 군사령관인 그는 참모총장을 호칭할 때 단 한 번도 참모총장이라는 단어를 쓰지 않고 참모총장의 이름을 부르는 것이었다. 상관에 대해 불평하고 불만을 가질 수 있으나, 공식적 자리이고 더구나 군 후배에게 직속상관의 이름을 부르면서 비난한 것은 군 특성상 있을 수 없는 태도라고 보았다. 의장이 발언권을 주자 나는 자리에서 일어나 미리 준비한 대로 차분하게 정리된 의견을 말했다. 의장 말씀에 공감하고 따르겠지만 군단장은 경계 작전과 부대관리를 동시에 문제없도록 지휘해야 하는 위치임을 이해해 달라고 하면서 경계병 하나하나에 대한 경계근무수칙을 합참차원에서 통제하지 말고 군단장급 이상 지휘관들에게 재량권을 부여해달라고 얘기했다. 그 이유는 개개병사들을 살펴보면 때로는 특정인에게 경계 작전과 부대관리가 충돌하여 마찰을 일으킬 수 있는데, 이때 경계 작전에 우선을 둘 것인지 아니면 부대관리에 우선을 둘 것인지의 결정을 군단장급 이상 지휘관이 판단할 수 있도록 해 달라는 것이 나의 논리였다. 합참의장의 지시는 획일적이고 강제성이 다분했는데, 재량권과 융통성을 부여해달라는 것이 나의 발언 요지였다. 나의 발언은 합참의장 견해와 맥락이 달랐기에 콧대 높은 합참의장의 심기를 건드린 것 같았다. 합참의장은 나를 바라보면서 잔소리 말고 따라오라는 눈빛을 보이고 지시대로 일사불란한 이행을 거듭 강조했다.

군은 상하 계급구조가 명확함에 따라 일방적 지시형의 의사소통이 보편화된 경향이 많다. 그러나 나는 이것을 깨지 않고는 창의와 자발성을 기대할 수 없다고 본다. 군인을 양성하는 사관학교 교육부터 침묵이 금이 아님을 알게 해야 한다. 자유로운 의견 제시를 통해 자기 생각을 표명하는 태도를 길러야 하며, 상호 차이를 인정하고 수용하는 리더를 양성해야 할 것이다. 군 지도자는 문제가 발생하면 현상 유지는 곧 퇴보라는 인식하에 문제의 본질을 찾고자 고민하고, 과거의 관행에서 탈피하여 새로운 시각으로 접근하려는 적극적인 마음가짐을 가져야 한다. 소극적 태도와 구태의연한 타성 및 고정관념에 집착하여 변화를 회피하고 현실에 안주하려는 고급간부가 많은데 자기가 속한 조직은 문제가 없다고 생각하는 이기적 태도부터 과감히 바꿔야 한다고 본다. 상급자는 규정에 따른 합리적 업무수행보다 자기 지시에 맹종하고 소신 없는 부하를 키우고 있지 않은지 깊이 반성해보아야 한다. 내 생각이 최선이며 내가 아니면 안 된다고 생각하는 독선적 자기 제일주의를 시급히 버려야 한다. 성과와 내용보다는 형식을 중시하고 건전한 문제제기를 불평불만으로 왜곡하는 속 좁은 군사 지도자를 길러내서는 안 된다고 본다. ○○사단 사고의 본질적 문제는 군 기강문란도 아니고 안보태세 허점과 정부의 안보관 혼란 등이 아니라 그 안보태세를 유지하기 위해 군기가 강요하는 갖가지 규제와 억압, 열악한 생활환경을 최전방 GP에서 복무하는 어린 병사들이 현실적으로 더 이상 견디지 못하고 있다는 것이었다. 군기를 앞세운 규제와 억압을 감당하지 못한데서 비롯된 사고를 놓고 군 기강 확립과 경계규정 준수를 논하는 것은 본질적 접근이 아니다. ○○사단 GP 총격사건은 오랜 세월 쌓인 군 내부의 위기를 군 지도자와 사회가 진정으로 돌보지 않는 것을 하급 말단 부대가 자포자기 형태로 고발했다고 말할 수 있을 것이다. 범행한 사병이 어떤 문제를 안고 있었는지, 희생된 선임병들이 그에게 무엇을 강요하였는지, 지휘 감독하는 장교들이 문제에 대해 제대로 예방적 대처를 하였는지 등은 지엽적인 것이며 본질이 아님을 군 지도자는 인식해야 할 것이다.

군단장으로 부임하여 주말에도 가급적 공관에 위치하여 독서와 TV 시청을 하거나 가족들과 함께 시간을 보냈다. 그때 내가 흥미를 느끼면서 시청했던 드라마 프로가 KBS에서 방영한 주말 연속극 '불멸의 이순신'이었다. 이순신이라는 역사적 인물에 대한 호감도 있었지만, 마찰과 불확실성이 상존하는 전장에서 장수가 고민하고 행동하는 모습을 리얼하게 묘사하여 전달해주는 것이 흥미를 느끼게 해주었다. 어느 날은 이순신 장군이 원균 등의 모함으로 수군통제사직을 박탈당하고 서울로 압송되기 전에 수하 장병들을 모아놓고 간곡히 당부하는 장면이 보였다. 이순신 장군은 내가 비록 떠나더라도 여러분은 '조선의 수군으로 하나임을 자랑스러워하라'는 말을 남기고 돌아서면서 눈물을 닦는 그 모습이 내 눈에 들어왔다. 나는 그 순간 드라마에 나오는 대사를 응용하여 군단 지휘에 활용할 수 있겠다는 아이디어를 얻었다. 곧바로 메모지에 '우리는 제○○군단의 이름으로 하나임을 자랑스러워하자' 라고 썼다. 이튿날 점심시간에 참모장을 포함하여 참모들과 둘러앉은 자리에서 메모지를 꺼내 들고 어젯밤 보았던 드라마 얘기를 하면서 거기서 힌트를 얻어 기록한 문구를 읽어주었더니 모두 이구동성으로 군단 단결 활동이나 구호 제창 시 사용하면 좋겠다고 호응해주었다. 이 문구는 그 후 각종 회식 자리가 마련될 때마다 건배 제의 구호로 사용되었다. 건배를 제의하는 사람이 '우리는 제○○군단의 이름으로 하나임을 자랑스러워하자'라고 선창하면 참석자들은 '하자' '하자' '하자'라고 후창을 했다. 구호가 주는 의미도 좋았고 화기를 돈독하게 돋우는 효과가 있었기에 지금도 포천 ○○군단 사령부 정문에 이 문구가 새겨져 있다. 그곳을 지날 때면 흐뭇한 감정과 함께 세월의 야속함을 느끼곤 한다. 그뿐만 아니라 전역 후에도 가끔 군단 전우들과 모임을 가질 때도 이 구호로 건배 제의를 하고 있다.

지휘관을 나가면 여러 가지 관례와 관행에 대해 주변으로부터 말을 듣게 된다. 그것은 선배 지휘관이 자주 갔던 음식점, 지휘관들과 기관장 간의 교류, 방문자에 대한 선물 증정, 역대 군단장 생일 축하선물 등을 포함하여 관례화된 정보들에 관한 것이다. 관례와 관행은 앞서 거쳐 간 지휘관들이 토착화시켜놓은 전통의 일종이지만 개중에는 지휘관마다 생각과 성격, 취향이 달라 받아드리기 어려운 것도 있었다. 예를 들어 군단 사령부가 이동에 위치함으로써 손님이 오면 메뉴를 이동갈비로 대접하는 경우가 많았는데, 이때마다 역대 군단장들이 ○○식당을 이용했다. 나도 관례대로 그 식당을 찾게 되었다. 부산 아주머니께서 주인이셨는데 음식도 좋았고 위생 상태도 좋았다. 주인도 친절했기에 외식을 하게 될 경우 가끔 들리곤 했다. 반면, 골프에 대한 내 생각은 달랐고 관례를 따르지 않았다. 골프를 좋아했고, 즐겼지만 지휘관 시절엔 외박과 휴가 외 시간에 골프채를 잡지 않았다. 일과 휴식이 조화되는 삶의 질 추구가 건전한 사고라서 장려해야 하겠지만, 지휘관 생활 2년 동안은 골프를 유보하고 내려놓겠다는 생각을 가졌다. 그런데 골퍼들이 라운드하고 싶어 하는 유명 골프장을 지척에 두고 한 번도 가보지 못한 상태로 군단장을 마치게 되면 아쉬움이 많이 남을 것 같아 어느 날, 내 스스로 금기를 한 번쯤 깨고 싶은 생각을 하게 되었다. 기무부대장, 그를 통해 알게 된 지인과 함께 산정호수 근처 몽베르CC에서 라운드하기로 약속하고 날짜를 주말로 잡았다.

어느 이른 휴일 아침, 기무부대장이 공관에 와서 나를 픽업하여 골프장으로 갔다. 통상 이맘때는 공관 거실에 앉아 TV 시청을 할 시간인데, 골프장을 찾게 되어 기분 좋은 하루가 될 것 같았고, 스스로 정한 룰을 깨게 된 파격도 싫지 않은 느낌이었다. 골프장에 도착하여 카운터에서 락카 키를 받아 옷장을 열고 골프복으로 갈아입고자 와이셔츠 맨 위 단추를 풀려는 순간, 주머니 속에 있는 핸드폰의 벨소리가 났다. 핸드폰을 꺼내 받아보니 상황장교 전화였으며 내용은 ○○사단 부사관 한 명이 새벽에 음주운전 사고로 사망했다는 것이었다. 최전방에서 발생한 대적 상황도 아니고 부사관이 자기 과실로 사망했으므로, 바로 복귀하더라도 특별히 조치할 것이 없었지만 다른 한편, 부하의 사망 사고가 발생했는데 태연하게 골프장에서 라운드하는 것이 적절한 행동인지 반문하게 되었다. 옳고 그름을 논할 상황은 아니었지만, 어느 것이 맞고 어느 것이 틀리냐에 기준을 두고 골프를 할 것인지 부대로 복귀해야 할 것인지를 결정해야 했다. 언제나 이런 때 내 생각과 판단은 본질에 충실한 결론을 쫓았으므로 전화를 받고 아쉽지만 부대로 복귀하자고 결정을 내릴 때까지 약 30초의 시간이 소요되었다. 기무부대장에게 상황을 말해주고 나 없이 셋이서 라운드 즐겁게 하라는 말을 남기고 부대로 곧장 복귀했다. 세상을 살면서 원칙을 쫓고 본질에 충실한 행동을 하고자 할 때 나에게는 예외가 인색함을 여러 차례 느꼈다. 요행은 나와 벽을 쌓고 있음을 수 없이 경험했다. 학교 수업을 착실하게 듣다가 출석호명이 없을것으로 믿고 딱 한 번 수업 시간에 빠져보았는데 그 시간에는 출석 호명을 하여 적발된 적이 있었으며, 복권도 사보았고 아파트 청약도 몇 차례 해보았으나 무위였던 적도 있다. 전임 군단장은 주말이면 수시로 골프장에 나가서 라운드를 즐겼음에도 그가 골프장에 나가는 날에 사고가 없었을 것인데, 나는 재임기간 중 딱 한 번 골프를 하려는 때 인명사고가 났으니 우연이라고만 얘기할 수 없는 것 같았다. 나는 인생에서 플러스 알파라는 것을 크게 추구하지 않는다. 내 능력과 실력, 내 노력만큼만 얻고 결과에 만족하는 태도를 어린 시절부터 가졌다. 그래서 희망적 사고(wishful thinking)대로 되지 않아도 크게 실망하지 않으면서 살아왔고 지금도 그런 태도로 살고 있다.

나는 사단장 시절부터 조깅과 마라톤을 시작하여 아침, 저녁 그리고 주말에 시간이 난 대로 뛰었다. 군단장이 되고 나서도 뛰는 운동을 멈추지 않았다. 아침에는 산길을 걸어서 사무실로 출근하고 퇴근 시에는 연병장을 몇 바퀴 뛰고 관사에 들어갔다. 특히 주말이면 참모들과 가까운 산에 오르거나 마라톤을 함께 하면서 즐거운 시간을 보냈다. 백운산, 명성산, 운학산, 가리산, 각흘봉, 사향산, 관음산 등 군단사령부 주변 고지를 도보로 올라가 보았다. 이때 내가 올라본 산 중에서 가장 남자답고 거칠면서 아름다운 산은 운학산이었다. 당도 높은 운학산 포도와 바위가 주는 절경, 가파른 능선, 사계절 야생화가 아름다웠다. 산은 오르기 위해 있는 것임을 자주 느꼈으며 등산 애호가는 아니지만, 산이 가진 매력을 알고 있다.

한편, 뛰는 것만큼 건강에 좋은 운동이 없는 것 같아 매일 5km 정도를 뛰고 주말에는 10km 마라톤을 꾸준히 했다. 열심히 뛰다 보니 올림픽 마라톤 풀코스인 42.195km를 완주하고 싶은 욕심이 생겨 어느 날 포천시에서 마라톤 대회를 개최한다는 소식을 듣고 출전해보고 싶었다. 풀코스와 하프코스, 단거리 등으로 코스를 나누어 체력에 맞는 선택을 하게 되어 있었다. 나는 군단사령부 연병장에서 약 20km를 뛰어 보았으므로 풀코스에 도전하더라도 문제없을 것으로 생각하고 전속부관과 인사참모에게 의향을 말해주었다. 그러나 이들이 군단병원 의료진에게 자문을 구해 나에게 건의한 것은 내 나이에 장거리 마라톤을 하게 되면 건강을 해치게 될 우려가 크다는 것이었다. 나는 부하 건의를 긍정적으로 받아들이는 태도를 가졌기에 무리하지 않겠다는 생각으로 내 의지를 관철하지 못했지만, 돌이켜보면 그때 마라톤 풀코스 주파 기록을 인생에 남겪어야 했는데 아쉬움이 남는다. 나는 그 후 합참에 복무하면서는 이른 아침에 국방부 헬스장 트레드밀(Treadmill)을 이용하여 뛰었고 연합사에 있을 때는 헬스장을 이용하거나 한강 고수부지에서 5km~10km를 주기적으로 뛰었다. 뛰면 머리가 맑아지고 잡음이 없어지며 상쾌해진다는 것을 마라톤 마니아들은 알고 있기에 그들은 마라톤에 중독되기도 하는 것 같았다. 나도 약 15년간 뛰고 또 뛰었다. 그 덕분에 전역 후 건강한 삶을 사는 것 같다.

군단장 시절 일화 하나를 소개하고자 한다. 2005년 6월 17일, 육군 페스티벌 축제 하나로 지역 내 ○○사단 청성OP에서 사설 연구소 주관 안보현장 방문 겸 안보학술대회가 있었다. 나에게도 시간이 되면 참석해 달라고 연락이 와서 잠깐 들렸다. 토론은 국방 문민화를 주제로 진행되었으며 깊은 논의가 있었다. 토론이 끝나자 예고 없이 나에게 인사말을 하라고 사회자가 부탁하기에 조심스러운 주제라서 망설이다가 짧게 한 말씀만 드리겠다 하고 최근에 나에게 있었던 조그마한 일화를 소개하였다.

내가 잘 아는 지인이 자기 아들에게 주려고 나에게 군 건빵 열 봉지를 구해달라는 것이었습니다. 그것도 별 사탕이 꼭 들어있는 것으로 부탁하였습니다. 군단장이 가지고 있는 권한으로 이것을 구할 수 없다는 것을 현실적으로 이해하는 사람은 많지 않을 것입니다. 나는 지인의 부탁을 받고 고민하였습니다. 내가 열 봉지 건빵을 가로채게 되면 병사들 중 누군가는 자기 몫을 잃게 된다는 것을 생각하니 지인의 부탁을 들어줄 수 없없습니다. 그래서 부관에게 비용을 주고 군용 건빵과 비슷한 것을 구해오라고 하여 건네주었습니다. 이처럼 군은 권한 밖을 추구하는 행동을 하지 않고 있으며 이미 마음을 비웠고 문민화를 받아드릴 수 있는 태세를 갖추었습니다. 오직 북쪽만 바라보면서 대적경계와 작전에 진력하고 있지 정치적 욕심과 권력에는 관심이 없음을 분명히 말씀드릴 수 있습니다.

그 후 나의 짧은 인사말에 참석자 다수가 공감하고 인터넷 포탈 사이트(Portal Site)에 올려주었다. 사이트에는 내 모습의 사진과 함께 나의 인사말이 올려졌다.

해당 지역 군단장이십니다.

군은 마음을 비우셨다는 것을 건빵에 비유하여 재미있게 말씀해주신⋯ 남의 것을 탐내지 않는다는 원칙이 확고하신 분이었습니다. 친구분이 전화했더랍니다. 먹고 싶어 그러는데 건빵 열 봉지만 얻어달라고⋯

그것도 꼭 군용마트가 찍힌 걸로⋯

막막 하시더랍니다. 군단장님이 건빵 열 봉지 구하는 것은 무척 쉽겠지요. 하지만 그 건빵으로 요기할⋯

원래 임자를 생각하니 딱히 확답을 못 드렸답니다. 이런 분들이 한 분 두 분 늘어날 때에 군에 대한 신뢰는 깊어갈 것입니다. 그까짓 거 건빵

열 봉다리에 아직도 고민하신 별 셋의 군단장님…

혹, 이글을 보시면 제게 리플 부탁드립니다. 내년에 지상군 페스티벌이

열리면 제가 건빵 스무 봉지 사드리겠습니다.

물론 별사탕도 들어있는…

군용마크도 찍혀있는…

이분 말씀하신 건빵 열 봉지의 원래 주인…

그건 바로 옆집 아저씨의 군대 간 아들일 수도 있습니다.

군단장님 파이팅!"

사이트에 글이 올라간 후 큰 반향을 일으켰다. 군인으로서 내가 평소 사고하고 실천한 것을 말했는데 의외로 반응이 좋아 흐뭇했다.

군단지역 내에 산정호수가 있으며 산정호수 주변에는 각종 모임 행사를 할 수 있는 시설들이 많다. 2006년 이른 봄날, 이곳 산정호수 부근에서 양성이씨 청소년 학술대회가 열린다는 소식을 들었다. 양성이씨 27세손인 내가 지역 내에서 군단장을 하고 있으니 행사장에 와서 청소년들에게 격려사를 해달라는 부탁을 받았다. 아래 내용은 '미래는 준비하는 자의 몫'이라는 제목으로 청년 종친들에게 보낸 격려사이다.

청년 종친 여러분 안녕하십니까?

저는 27세손(世孫) 성출(成出)입니다. 희망찬 병술년(丙戌年) 새해를 맞

이하여 종친 청년회 여러분께 새해 인사를 드립니다. 특히 지난 연말, 최전방인 저의 부대를 방문해주신 데 대해 재삼 감사드리며 종친 여러분의 기대와 성원에 어긋나지 않도록 부여된 소임완수에 정진할 것을 다짐 드립니다. 청년회에서 2006년도 정기총회 및 학술세미나가 훌륭한 선조들의 위업을 되새기고 후손들로서 자긍심을 고취하는 뜻깊은 행사가 되기를 바라며 청년회 영희(玲熙) 회장을 비롯한 제(諸) 종친의 노고에 깊은 감사를 드립니다. 오늘 저는 제 소개와 함께 미래를 준비하는 여러분께 당부 말씀을 드리고자 합니다. 저는 전남 신안군 비금도(飛禽島)에서 태어나 1970년 육군사관학교에 입교하였으며, 36년 동안 군 생활을 통해 군단장으로서 국가방위의 일익을 담당하고 있습니다. 지금까지 군 생활을 해 오면서 군대의 엄격한 규율과 긴장 속에서도 직분에 충실하면서 정도를 걸어왔습니다. 오늘이 있기까지 저를 낳아 주시고 어려운 환경에서도 온갖 정성을 쏟으신 부모님과 제 뜻을 펼 수 있도록 해준 조국 대한민국에 늘 감사하고 있으며 은혜에 보답하기 위해 노력하고 있습니다.

양성 청년 여러분!

여러분이 잘 알고 있는 바와 같이 오늘날 우리는 지식정보화사회에서 살고 있습니다. 정보통신기술의 혁명적 발전은 문명의 패러다임을 산업문명에서 디지털, 컴퓨터, 네트워크로 대별되는 정보문명으로 변화시켰으며 우리의 생활과 사고방식, 의식구조를 근본적으로 변화시키고 있습니다. 이러한 새로운 시대의 주역이 되기 위해서는 현재보다 더 큰 사명감과 기본 소양을 갖춰야 하기에 몇 가지 말씀을 드리고자 합니다.

첫째 인간 중시의 가치관과 공동체 의식을 구비해야 합니다. 지식정보화 사회의 근간은 인간중심이며 더불어 사는 공동체입니다. 개인주의 풍조가 만연하고 인간성이 점점 상실되어 가는 이 시대에 자기가 속한 구성원들의 다양한 개성을 수용하면서도 민주시민으로 모두가 함께 잘 사는 사회를 만들기 위해 수신이 되고 올바른 인격이 구비되어야 합니다. 도산 안창호 선생은 "그대 나라를 사랑하는가? 먼저 건전한 인격체가 돼라!"라고 했습니다. 훌륭한 인격자가 되어야 국가를 소중히 생각하고 부모님 은혜에 보답할 줄 알며 이웃에 희생. 봉사하면서 타인을 존중하고 배려할 수 있는 기본예절을 지킬 수 있습니다. 이는 우리 사회가 아무리 변해도 모든 사람이 마땅히 지켜야 할 도리이며 여러분의 사회생활에 중요한 기초가 될 것입니다.

둘째, 창의성을 갖고 한 분야의 최고 전문가가 되기를 바랍니다. 여러분이 살아가는 이 시대는 창의성과 전문성이 요구되는 시대입니다. 미래사회에서는 창의성, 즉 아이디어를 가진 사람과 어느 분야든 그 분야에서 최고의 전문가가 시대발전을 주도하게 될 것입니다. 강철왕 앤드류 카네기는 "성공의 비결은 어떤 직업에 있든 간에 그 분야에서 제1인자가 되고자 하는 의지에 있다"라고 강조했습니다. 세계적으로 이름을 날리고 있는 축구의 박지성, 바둑의 이창호, 골프의 박세리처럼 여러분도 자기

적성에 맞는 분야를 찾아서 소질을 계발하고 열심히 노력한다면 누구나 한 분야의 최고 전문가가 될 수 있을 것입니다. 그러나 이는 결코 저절로 되는 것이 아니며 피나는 노력이 전제되어야 함을 잊지 말아야 할 것입니다.

마지막으로 여러분은 무한한 잠재력을 가진 젊은이로서 언젠가 자기 시대가 반드시 오리라는 믿음과 꿈을 갖고 평소에 꾸준히 준비하기 바랍니다. "나는 기회가 올 것에 대비하여 배우고 언제든지 일할 수 있는 준비를 갖추고 있었다."라는 링컨의 말처럼 미래에 나는 어떠한 인물이 되겠다는 큰 포부와 꿈을 갖고 그것을 성취하기 위해 잘 준비해야 합니다. 사람은 누구나 자신이 원하는 만큼 유능한 사람이 될 수 있다고 합니다. 재능이 부족함을 탓해서는 안 될 것입니다. 재능이란 선천적으로 타고난 능력이라기보다 얼마만큼의 시간과 노력을 투자하느냐에 더 좌우된다고 봅니다. 여러분이 새로운 시대의 주역이 되고 여러분 시대로 만들기 위해서는 하루하루 최선을 다해 준비해야 합니다. 미래와 기회는 누구에게나 똑같이 다가오지만 그것을 자기 것으로 만들 수 있는 사람은 오직 준비하는 사람 즉, '미래는 준비하는 자의 몫'이라는 엄연한 사실을 명심해야 할 것입니다. 여러분은 양성이씨 종친의 미래이며 희망입니다. 여러분은 틀림없이 이 시대의 주인공이 될 것이며 종친을 빛낼 큰 인물이 될 것으로 믿어 의심치 않습니다.

끝으로 2006년도 청년회 정기총회 및 학술 세미나 개최를 다시 한번 축하드리며 우리 모두 힘을 모아 조상의 얼을 되새기고 높이 받들어 후손에게 존경받는 종친들이 되어주길 바랍니다. 청년회 발전과 여러분 가정에 행복을 기원합니다.

양성 이씨 27세손 성출

어느덧 군단장을 18개월 넘게 하다 보니 마칠 때가 되었다. 역사와 전통이 빛나고 육군의 표준과 기준이 되는 ○○군단장을 역임함으로써 군 생활에 또 하나의 금자탑을 쌓게 되었다. 야전에서 북쪽의 적만 바라보면서 복무했고 본질에 충실했으며 육군 전술지휘통제시스템 운용을 정착시키는 과정을 주도함으로써 C4I체계 전력화를 단축하고 육군의 정보화를 촉진하는 업적을 이루었다. 안정적 부대 관리로 인명 손실을 막았으며, 간부 리더십 배양에도 획기적 발전을 가져왔다. 위기와 기회가 공존했던 안보 상황에서 흔들림 없이 임무를 완벽하게 수행하였으며, 민관군이 함께 하는 안보 현장을 만들었다. 2006년 12월 4일 추운 겨울날, 정들었던 ○○군단을 떠나면서 '우리는 제○○군단의 이름으로 하나임을 자랑스러워하자'라고 힘차게 외쳐 보았다. 군단장 이임식 행사에서 남긴 나의 이임사이다.

존경하는 군사령관님, 바쁘신 중에도 자리를 빛내주신 내외 귀빈 그리고 사랑하는 승진부대 장병 여러분!

본인은 오늘 명에 의해 여러분과 아쉬운 석별의 정을 나누게 되었습니다. 먼저 재임 기간 중 본인에게 부여된 소임을 다할 수 있도록 아낌없는 성원을 보내주신 군사령관님과 인접부대 지휘관님들, 그리고 지역 기관장님들과 주민 여러분께 이 자리를 빌려 진심으로 감사의 말씀을 드립니다. 아울러 지난 19개월 동안 매우 어려운 여건 속에서도 한결같은 충성심으로 본인의 지휘 의도를 말보다 행동으로 적극 실천해준 우리 승진부대 지휘관 및 참모, 그리고 장병 여러분에게도 따뜻한 격려와 깊은 감사의 마음을 전합니다.

자랑스러운 승진부대 장병 여러분! 우리 군단의 책임 지역인 이곳 철의삼각지대는 6·25 전쟁 당시 전투가 가장 치열했던 지역이며 어떠한 경우에도 반드시 지켜야 할 전략적 요충지이기에 우리는 철통같은 경계 작전태세와 완벽한 전투준비태세를 확립하여 승리할 수 있는 기반을 확고히 다졌습니다. 또한 적과 싸워 이길 수 있는 정신력과 전투기술이 교육훈련을 통해 배양되므로 군대 생활은 곧 교육훈련이라는 본질에 충실하였으며 그 결과 군단급 실기동훈련(FTX)과 전투지휘훈련(BCTP), 을지포커스렌즈(UFL)연습 등에서 최상의 전투력을 갖춘 부대로 평가받았습니다. 그뿐만 아니라 창군 이래 최초로 전장을 가시화하고 정보를 공유함으로써 먼저 보고 먼저 결심하여 먼저 타격할 수 있는 전술C4I체계를 전력화하고 이를 이용한 결심형 전투수행체계를 발전시켜 명실공히 전장의 디지털(Digital)화를 선도하는 첨단 군단의 위상을 정립하였습니다. 우리는 화합 단결된 선진병영을 육성하고자 벽이 없는 의사소통과 존중하고 배려하는 문화정착, 초급간부 인성교육, 품격 높이기 운동 등을 전개하여 크나큰 성과를 거두었습니다. 이러한 우리의 땀 흘린 노력은 우리를 제5군단의 이름으로 하나임을 무한히 자랑스럽게 만들었고 우리의 인연을 소중하게 해주었습니다. 한편 최근 북한의 핵실험은 6·25전쟁 이후 최대의 안보 위기 상황으로 치닫게 하고 있어 우리에게 더욱 높은 수준의 군사대비태세를 요구하고 있습니다. 이렇게 중요한 시기에 군단장을 마치게 되어 송구한 마음을 접을 수 없습니다만 우리 군단은 창설 이래 단 한 번도 적의 침투를 허용하지 않았다는 명예와 자부심을 지니고 있기에 적의 어떠한 도발에도 즉각 대응하여 분쇄할 수 있으리라 확신하며 앞으로도 완벽한 전투준비태세를 철저히 확립해주기를 바랍니다.

충용(忠勇)스러운 승진부대 장병 여러분!

그동안 우리는 지혜와 열정을 쏟아 육군의 표준이자 기준군단으로서 미래의 육군 모습을 선도해 왔으며 실제로 괄목할 만한 성과를 거두었습니다. 그러나 우리의 원대한 목표를 생각하면 이것은 이제 시작에 불과합니다. 군단 발전을 위한 큰 과업들을 남겨두고 떠나게 되어 아쉽고 미안하지만, 여러분의 뛰어난 역량과 충성심, 그리고 군단에 대한 무한한 사랑을 믿기에 가벼운 마음으로 떠나고자 합니다. 다행히 지략과 덕망이 높은 한○○ 장군에게 지휘권을 넘기게 되어 마음 든든하게 생각하며 아무쪼록 한 장군을 중심으로 일치단결하여 군단의 명예와 전통을 한층 빛내주라고 당부 드립니다. 본인 역시 이 자리를 떠나지만 새로운 임지에 가서도 우리가 제5군단의 이름으로 하나였음을 늘 자랑스러워할 것이며 항상 부대발전을 기원하면서 성원을 아끼지 않을 것입니다. 그동안 본인을 보좌하는데 많은 노력을 아끼지 않고 헌신적으로 최상의 전투력을 유지해준 사·여단장과 연대장 여러분! 그리고 각자 전문성을 바탕으로 최선을 다해준 직할대장과 참모 여러분! 또한, 음지의 구석구석을 살피면서 부대 버팀목 역할에 열과 성을 다해준 군단 주임원사를 비롯한 부사관단과 군무원 여러분! 그리고 승진부대 전우 여러분!

여러분과 함께했기에 너무나 큰 행복과 보람을 얻었으며 군단장을 대고(大過) 없이 마치게 되었습니다. 지역기관장 및 주민여러분! 그동안 저와 우리 ○○군단을 물심양면으로 성원해주신 데 대해 깊이 감사드립니다. 우리 군은 여러분의 사랑으로 발전함을 깊이 인식해주시고 앞으로도 변함없는 애정을 부탁드립니다. 끝으로 식전을 주관해주신 군사령관님과 내외 귀빈 여러분께 거듭 감사의 말씀을 드리며 신임 군단장 한모 장군과 승진부대 전우 여러분의 건승을 기원하고 또 기원합니다. 감사합니다. 여러분 안녕히 계십시오!

군 구조, 군사력 건설,
전시 작전 통제권 전환

군단장을 마칠 때가 되었으므로 다음에 맡게 될 보직 얘기가 들리기 시작했고 나도 궁금했다. 그런 가운데 동기생 4명이 1차로 군단장 보직을 맡았지만 나와 김모 장군이 육군본부 참모차장과 합참 작전본부장으로 옮기게 된다는 소문이 들렸다. 참모차장은 박모 장군이었고 합참작전본부장은 김모 장군이었다. 이들 중 박모 장군은 참모총장으로, 김모 장군은 군사령관으로 영전될 것이므로 그 2개 자리에 군단장을 하고 있는 나와 김모 장군을 앉힌다는 것이었다. 김모 장군은 합참 작전본부에 근무 경험이 많으므로 합참으로 보내고, 나는 육군본부에서 감찰감과 지휘통신부장을 하였고 부대계획 업무를 해본 경력이 있어 참모차장으로 적격이라는 소문이었다. 경력과 전문성을 고려해볼 때 잘못되었다고 생각하지 않았다. 여유를 갖고 군 생활을 할 수 있는 보직을 받을 것 같아 기대를 갖게 했다. 곧이어 육군 참모총장 김모 대장이 국방부 장관으로 임명된 후 후속 인사에서 김모 ○○군사령관이 합참의장이 되고 박모 육군 참모차장이 육군총장으로 발표되었다. 또한 며칠 지나 육군 인사이동에 이어 해군인사가 이루어져 합참 전략본부장을 하고 있던 송모 제독이 해군 참모총장으로 가게 됨에 따라 합참 전략본부장도 공석이 되었다. 합참에 작전본부장과 전략본부장, 육군본부 참모차장 등 3자리가 비게 됨에 따라 참모차장으로 가게 되었다는 소문과 다르게 신임 합참의장이 나를 합참 전략본부장으로 요구하고 있다는 소식도 들렸다. 신임 합참의장으로 가게 될 ○○군사령관 김모 장군과는 중령 때 ○○군에서 사단 작전참모를 하면서 알게 되었고, 그 후 장군이 되어 육본에서 기획관리참모부장과 처장, ○○군에서 군사령관과 군단장으로 몇 차례 상하관계에 있었기에 서로를 잘 알고 있었다. 그러나 합참 전략본부장보다 참모차장이 업무적으로 여유 있는 직책이고 차후 대장 진급을 내다보더라도 크게 나쁘지 않을 것 같아 나는 참모차장으로 가고 싶어 군사령관인 김모 장군에게 전화를 걸어 지금까지 업무가 많은 보직에서만 근무했는데 이번만큼은 나를 놓아달라고 하면서 합참 전략본부장에 다른 사람을 고려해 보라고 말했다.

그러나 김모 장군은 내가 아니면 전략본부장을 할 수 있는 사람이 없으니 나보고 합참으로 와야 한다는 것이었다. 참모차장은 전문성이 요구되는 보직이 아니지만 전략본부장은 전문성이 갖춰진 사람이 맡아야 한다고 했다. 그 말이 틀린 말은 아니었으나 나는 전략본부장보다 참모차장으로 가고 싶었다. 이틀 후 다시 김모 대장에게 전화를 걸어 동기생 김모 장군이 작전본부장으로 들어가고 나까지 합참에 근무하게 되면 대장 진급을 위해 선의의 경쟁이 불가피할 것인 바, 그렇게 되었을 때 상관인 합참의장도 불편을 느끼게 될 것이므로 제발 나를 놓아달라고 거듭 요청했다. 그러나 그는 역시 같은 말만 되풀이했다. 군대는 위계가 엄격하므로 그대로 따라야 하는 것이 기본이고 필수라서 가고 싶은 보직에 대한 마음을 접을 수밖에 없었다. 결국 장관과 합참의장, 육군 참모총장이 한자리에 앉아 나를 합참 전략본부장으로 결정했다는 최종 통보를 받았다. 김모 대장과 동일 조직에서 불가피하게 또다시 상하관계가 되고 말았던 것이다.

내가 합참 전략본부장으로 부임한 날짜는 2006년 12월 6일이었다. 군단장을 12월 4일 마치고 겨우 하루밖에 쉬지 못한데다가 희망 보직이 아니라서 이래저래 밝은 표정을 짓기 어려웠다. 합참의장에게 전입과 보직 신고를 하고 자리에 앉았으나 전임자도 없이 업무를 인수하게 되어 스스로 알아서 업무를 파악해야 했다. 합참 전략기획본부는 군사전략을 수립하고 군사외교를 관장하며 군사력 건설 방향과 소요를 결정하여 합동 전략목표기획서(JSOP, Joint Strategic Objective Plan)를 작성한다. 아울러 군 구조 발전과 소요를 판단하여 부대 기획서를 작성하고, 합동전장 운용개념을 정립하며 전력평가와 분석업무를 수행한다. 전략본부는 군사(軍事) 관련 목표와 방향을 설정하는 두뇌 역할의 핵심부서이다. 내가 부임할 당시 전략본부의 내부 구성은 전략기획부와 전력기획부, 전력발전부, 전력평가부로 되어 있었다. 각부서는 김모 해군 소장, 임모 육군 소장, 하모 육군 소장, 신모 예비역 육군 준장이 맡고 있었다. 업무의 중요성과 난이도를 인식한 가운데 각 부장으로부터 업무보고를 받았으며, 그들과 현안에 대한 의견을 나누고 추진 방향 등을 논의하였다. 업무 성격이 야전처럼 평면적이고 단순하지 않았다. 전력을 운용하는 작전부서가 아니라서 개념과 논리에 입각한 기획업무가 많았다. 또한 재원을 기반으로 군사력 구조와 수량을 최적화시켜야 했기 때문에 업무수행에 수준 높은 종합적 지식과 경험을 요구했다.

현안 가운데 우선적으로 관심을 갖고 노력을 기울여야 할 업무는 전시 작전통제권 전환이었다. 2006년 노무현 대통령의 제안으로 한·미는 한미연합사가 가지고 있는 전시 작전통제권을 한국 합참에 이양하기로 하고 상호 긴밀히 협의 나가기로 함에 따라 합참은 전시 작전통제권 전환을 추진하기 위한 기반을 시급히 구축해야 했다. 이에 따라 전시 작전통제권 전환업무를 전담할 TF 조직인 이행실무단을 전략본부장 직속으로 편성하여 발족시켰다. 이행실무단은 2012년을 전시 작전통제권이 전환되는 목표연도로 설정하고 이행실무단 운영에 관한 약정(TOR)을 한·미 간 체결했다. 또한 한·미 상호 협의를 위해 전략본부장과 주한미군 부사령관이 주기적으로 만나 추진내용을 검토할 수 있는 채널을 구축하였으며, 추진과업을 식별하고 로드맵(Road-Map)을 작성했다. 전시 작전통제권 전환의 최종상태는 ① 강력한 한·미동맹 관계가 유지되면서 북한 군사적 위협이 관리되고 ② 한국군의 전력구조가 병력 위주에서 첨단 전력 위주로 개선된 가운데 ③ 한국군의 전구작전수행 능력이 구비되어야 하고 ④ 우리의 국방재원이 이를 뒷받침할 수 있게 되는 것이었다. 한편 전시 작전통제권 전환과 동시에 유엔사가 맡은 정전책임을 한국군에 위임하는 방안을 미국 측이 제시했다. 이에 대해 유엔사의 기능은 단순히 군사적 판단만으로 될 성격이 아니고 정치적. 외교적 요소가 함께 논의되어야 할 사안임을 강조했다. 따라서 한반도에 평화 체제가 구축될 때까지 유엔사를 존속시키고 현행대로 기능 유지가 되어야 함을 미국 측에 제의했다.

아울러 연합사의 유엔사 지원기능을 한국 합참에서 수행하고, 남북공동관리구역의 관할권을 한국군에게 위임하도록 미국 측과 협의했다.

전시작전통제권 전환 이행실무단의 노력으로 2007년도에 한·미 간 전략적 전환계획(STP, Strategic Transfer Plan)이 만들어졌다. 이로써 전시 작전통제권 전환을 위한 골격이 완성되었으며 이를 토대로 2008년 연초에 한·미 국방부 장관은 전시 작전통제권 전환에 관해 최종적으로 합의하고 문서에 서명했다. 양국 국방부 장관이 합의한 전시 작전통제권 전환의 핵심 내용은 ① '전환 시기를 2012년 4월 17일로 한다. ② 현재 한미연합사가 가지고 있는 한국군에 대한 전시 작전통제권을 한국 합참으로 전환하고, 연합사는 해체한다. ③ 한·미는 각각 독립된 전투사령부를 편성하여 공동방위체제로 한반도 전구작전을 수행하며 이때 작전성격과 임무에 따라 주도-지원관계를 갖는다.'였다. 그 후 전시 작전통제권 전환은 한국의 정치를 보수 세력이 집권하면서 연기가 거듭되었고, 문재인 정부에서는 임기 내 추진을 목표로 삼았으나 달성하지 못했다.

참고로 노무현 정부 때 전시작전통제권 전환 날짜를 2012년 4월 17일로 결정한 배경은 6.25전쟁이 발발하자 이승만 대통령은 한국군 작전통제권을 맥아더에게 이양했는데 그 날짜가 1950년 7월 14일이었다. 따라서 넘겨준 전시작전통제권을 다시 환원하게 되므로 이양했던 날짜를 거꾸로 하여 4월 17일로 결정한 것이다.

아래 내용은 유엔사 참전국 대사들이 참석한 조찬(2007.1.31., 하얏트호텔) 자리에 초청되어 이들을 대상으로 전작권 전환 관련하여 "새로운 한·미동맹과 군 구조 개혁"이라는 제목으로 연설했던 나의 연설문이다.

안녕하십니까?

한국 합참 전략본부장 이성출 육군 중장입니다. 오늘 존경하는 유엔사 및 중감위 소속국의 여러 대사님을 모시고 새로운 한·미동맹 군사구조와 한국군의 군 구조 개혁에 대해 말씀드릴 기회를 얻게 되어 영광스럽게 생각합니다. 주제에 대해 말씀드리기 전에 먼저 저를 초청해주신 유엔사 부참모장이신 사아전트(Sargeant) 장군님과 유엔사 및 중감위 소속국의 정부와 국민 여러분께 감사의 말씀을 드리고 싶습니다. 저는 전략본부장으로 부임하기 전에 약 2년 동안 중부 전선에서 5군단장을 역임하면서 백마고지 등 한국전쟁 당시 치열한 전투가 있었던 지역들을 답사하였으며 이때 미국을 비롯한 참전 16개국의 헌신적인 희생이 없었다면 오늘날 우리가 구가하고 있는 번영과 발전을 이룩할 수 없었다는 점을 생생하게 체험할 수 있었습니다. 대한민국과 국민들은 한국전쟁 당시 여러 대사님들의 조국이 우리에게 준 도움과 희생을 영원히 간직할 것이며, 이 자리를 빌려 거듭 심심한 감사의 말씀을 전합니다.

그러면 지금부터 새로운 한·미동맹 군사구조와 한국군의 군 구조 개혁에 대하여 말씀드리겠습니다. 대사님들께서 잘 아신 바와 같이 한·미동맹은 50년 이상의 영속성을 가지고 있고 월남전, 걸프전, 아프간전, 이라크전 등 2차 대전 이후 주요 전쟁에서 함께 싸운 세계에서 가장 견고하고 모범적인 동맹이며 군사적 결속력으로 상징되는 연합방위체제 역시 가장 효율적인 체제로 평가받고 있습니다. 이러한 한·미동맹이 오늘날 우리 대한민국의 자유민주주의와 경제발전에 원동력이 되었고 나아가 동북아의 안정과 세계평화에 이바지하였다는 데에 여러분 모두 공감할 것입니다. 현대사에 있어서 한·미동맹이 이처럼 한반도 안보와 번영에 크게 기여할 수 있었던 것은 한·미동맹이 처음 모습에 안주하기보다는 안보환경에 능동적으로 대처하기 위해 늘 발전하고 진화하였기 때문이었습니다. 이런 맥락에서 최근 논의 되는 전작권 전환 문제는 새로운 한·미동맹 군사구조의 요체라고 할 수 있으며 이 문제 역시 미래지향적 동맹으로 발전하기 위한 진화적 과정이라고 봅니다. 한국군에 대한 작전통제권은 1950년 한국전쟁 당시에 유엔군 사령관에게 위임되었고 1978년 한미연합사가 창설되면서 한미가 공동으로 행사하고 있습니다. 1980년대 후반부터 한미간에 작전통제권 문제를 지속적으로 연구하고 협의하기 시작하였으며, 1994년에는 평시 작전통제권이 한국군에게 전환되었고 작년 11월, SCM에서 "늦어도 2012년 3월까지 전작권을 한국군에게 전환"하기로 합의하였습니다. 이는 세계 10대 경제대국으로 성장한 한국이 전작권 전환을 통해 자국 방위에 더 큰 역할을 수행하려는 의지입니다.

반면 일부에서는 "전작권 전환은 주한미군의 철수이며 한·미동맹의 해체 또는 약화다."라고 왜곡하여 안보 불안을 조장하기도 합니다. 그러나 분명한 것은 한·미 양측 공히 한·미동맹을 더욱 공고하게 그리고 건강하게 발전시키려 노력하고 있다는 것입니다. 현재 한·미 간에는 작년 11

월, SCM에서 마련한 새로운 동맹 군사구조 로드맵을 구현하기 위해 연합이행실무단을 구성하고 전작권 전환 이행계획을 수립하고 있습니다. 새로운 한·미동맹 군사구조는 1978년부터 적용하고 있는 연합방위체제로부터 한국 합참이 주도하고 주한미군이 지원하는 공동방위체제로 전환하는 것이며 한반도 전구사령부가 현재 연합사에서 한국 합참으로 바뀌게 되는 것을 의미합니다. 한·미동맹을 더욱 굳건히 한다는 큰 틀에서 추진하고 있으므로 공동방위체제로 전환된다고 하더라도 현재 SCM과 MCM 등 전략대화 체제는 그대로 유지할 것입니다. 그리고 주도와 지원의 공동방위체제를 확실하게 보장하기 위해서 한국 합참과 주한미군 사간의 군사협조본부, 한미작전사령부 차원의 작전협조반 등을 설치하여 긴밀한 협조체제를 구축할 것입니다. 특히 한반도 전구의 특성을 고려하여 한·미 정보공유체계를 더욱 공고히 하고 공중작전은 통합하여 수행할 수 있도록 발전시킬 것입니다. 그렇게 되면 현대전의 핵심 요소인 ISR, C4I, PGM이 통합되어 현 연합방위체제에 버금가는 전쟁 수행 능력을 발휘하게 될 것입니다. 또한 한국군 역시 전구작전수행이 가능하도록 합참조직을 개편하여 합동작전사령부 기능을 구비하고 작전지휘능력을 향상시킬 것입니다. 한·미 양국은 전작권 전환이 가장 안정적이면서 체계적으로 이행되어야 한다는 데 공감하고 있으며 함께 노력하고 있기 때문에 매우 원만하게 추진될 것입니다. 거듭 강조하여 말씀드릴 것은 전작권 전환은 한·미동맹을 보다 안정적이고 튼튼하게 발전시키고 진화시키면서 지속성을 보장하기 위해 추진한다는 것입니다. 즉, 한국방위에 한국의 주도적 역할을 확대하면서 미국의 확고한 방위공약의 이행이 보장되는 방향으로 나가고자 하는 것입니다.

앞서 언급한 바와 같이 일부에서는 전작권 전환을 한·미동맹의 약화로 보지만 이것은 매우 근시안적이고 진취적이지 못한 자의적 해석일 뿐입니다. 본인은 새로운 한·미동맹 군사구조가 다가오는 21세기에도 한반도에서 지속적인 억제와 방위 그리고 안정과 번영을 가져다줄 것이라 믿어 의심치 않습니다. 한·미동맹은 앞으로도 모범적이며 성공적인 동맹으로 발전할 것이라는 점을 강조해드리고 계속해서 한국군이 미래를 위해 추진하고 있는 군 구조 개혁 분야를 말씀드리겠습니다. 한국군은 참여정부 출범 이후 미래 전쟁에 효과적으로 대처하기 위해 국방개혁을 지속적으로 추진하고 있습니다. 국방개혁의 발전은 앞서 말씀드린 한·미동맹의 발전과 유기적으로 연계하여 미래 안보 상황과 전쟁 양상의 변화에 능동적으로 대처할 수 있도록 군 구조를 개선하고 전력체계를 확보하여 통합전투력을 발휘할 수 있는 첨단 정보과학군으로 변화시키는 것입니다. 오늘은 군 구조 개혁을 중점적으로 말씀드리겠으며 이 분야의 목표는 "병력위주의 양적 재래식 구조를 기술 위주의 첨단구조"로 발전시키는 것입니다. 개혁 추진 방향을 말씀드리면 지휘구조는 현재의 합동군체제를 유지하면서 합동성을 강화하고 병력 규모는 단계적으로 축소하되 전투 병력 위주로 정예화할 것입니다. 부대구조는 중간계층을 단축하고 부대 수를 축소하여 단위부대의 완전성을 보장할 것이며 전력구조는 전투효율이 높은 무기와 장비를 확보해 나갈 것입니다. 다시 말씀드리면 첨단전력을 증강하고 질적으로 정예화하여 과학기술 군대로 발전시키면서 68만 규모의 병력을 2020년까지 50만 명 수준으로 정비해 나갈 것입니다. 각 군의 구조를 좀 더 구체적으로 설명해 드리겠습니다. 먼저 육군은 4개 군단 20여 개 사단을 감축하되 단위부대의 전투력을 2~3배 강화할 수 있도록 재설계해 나갈 것입니다. 그리고 무인정찰기, 차기 전차와 장갑차, 화력 체계를 증강하고 지휘구조를 단순화하여 현대전 양상에 적합한 구조로 발전시킬 것입니다. 해군은 수중, 수상, 항공의 입체전력 능력을 강화하여 근해 방어형 전력구조에서 해상교통로와 해양자원 보호 등 전방위 국가이익을 적극적으로 수호할 수 있는 구조로 개선할 것입니다. 특히 잠수함사령부와 항공사령부, 기동전단을 보강하고 개편하여 기동형 부대구조로 발전시키고 상륙작전 능력도 현재의 대대급 규모에서 여단급 규모로 확대해 나갈 것입니다. 공군은 공중우세와 정밀타격에 적합한 구조로 발전시켜 나가겠습니다. 북부전투사령부를 창설하여 HIGH급과 LOW급의 전투기를 적절히 조화시키면서 공중급유기, 조기경보통제기 등을 보강함으로써 한반도 전역에 대한 작전능력을 확보할 것입니다. 이러한 공군구조 개혁을 통해 평시 적의 도발 징후를 감시하고 유사시 공중우세를 조기 달성하는 한편 표적을 정밀 타격하여 지상과 해상작전 수행 여건을 보장할 것입니다. 군 구조 개혁은 북한위협에 대한 군사

대비태세 유지, 전력화 기간, 예산 가용성, 출산율 등을 고려하여 3단계로 추진할 것입니다.

1단계는 2010년까지 상부구조 및 작전사 개편을 우선 추진하여 개혁기반을 조성하고 군단 및 사단 편성안에 대한 시험평가를 하게 될 것입니다. 2단계는 2015년까지 작전사 개편과 1개 군단을 감축하고 하부구조 개편과 부대배비를 조정하는 시험을 하게 될 것입니다. 3단계는 2020년까지 목표연도의 군 구조를 완성하도록 전력화와 부대개편, 배비조정 등을 마무리할 것입니다. 지금까지 전작권 전환을 중심으로 새로운 한·미동맹 군사구조와 한국군의 군 구조 개혁을 말씀드렸습니다. 제가 말씀드린 2가지 과제는 반드시 성공적으로 추진되어야 하고 그렇게 될 것으로 확신합니다. 한국군은 한반도와 동북아 그리고 세계적인 안보환경 변화에 발맞춰 한·미동맹과 국방력을 끊임없이 발전시키고 이를 통해 한반도는 물론 세계 평화유지에 적극 기여할 것입니다. 이러한 노력과 기여가 한국전쟁 시 우리를 도와준 참전 16개 국가와 중감위 국가는 물론 평화 애호 국가들에 진정한 보답이라고 생각합니다. 끝으로 한반도의 평화와 번영에 깊은 애정을 가지시고 노고를 아끼지 않는 여러 대사님과 오늘 소중하고도 영광스러운 자리를 마련해주신 사아전트(Sargeant) 유엔사 부참모장님께 다시 한번 감사 말씀을 드립니다. 앞으로도 유엔사와 중감위는 우리와 함께 한반도 전쟁억제와 평화유지에 크게 기여할 것이라고 확신하며 참석해주신 모든 분들의 건승과 가족의 행복을 기원하면서 제 말씀을 마치겠습니다.

감사합니다.

　현역 시절에 전시작전통제권 전환업무를 주무했던 예비역 장군의 한 사람으로서 우리 사회가 중차대한 안보문제를 이념과 진영에 따라 첨예하게 대립하고 상반된 견해를 보이는 것에 대해 참으로 안타까운 마음을 금할 수 없다. 전시작전 통제권 전환은 정치적 논리와 성격에 의해 이루어질 과제가 아니고 군사 안보적 차원에서 검토되고 다루어져야 한다고 본다. 또한 전시작전 통제권 전환은 한국 단독으로 결정하고 추진할 사안이 아니며 한·미 양국의 국익에 부합된 결론에 도달하여 상호 윈윈할 수 있는 상황에서 추진되어야 함에도 불구하고 정치권의 이해득실에 따라 일관성 없이 진행되고 있어 우려하지 않을 수 없다. 전시작전통제권 전환을 군사 자주권과 결부시키는 진보진영 논리에 대해 과도한 해석이라고 생각하며, 보수진영이 전작권 전환을 안보의 치명적 상처로 인식하는 점에 대해서도 동의할 수 없는 것이 나의 견해이다. 진보세력은 현재 전시작전통제권을 미국이 가지고 있다는 잘못된 배경을 토대로 군사 자주권을 주장하고 있다. 한·미는 1978년 한미연합사를 창설하고 한국군에 대한 작전통제권을 유엔사에서 한미연합사로 이관했다. 유엔사가 작전통제권을 보유하고 있을 때는 미국이 한국군에 대한 작전통제권을 가지고 있었다고 말할 수 있다. 왜냐하면 유엔사는 한국군과 연합형태가 아니었으므로 지금의 연합사와 성격이 근본적으로 달랐다. 그러나 한미연합사는 한국군과 미국군이 공동으로 구성되어 1:1편성 구조이며 작전과 부대 운용이 한쪽 국가의 일방적 결정만으로 되지 않고 한미가 합의하여 이루어지고 있다. 따라서 전시작전통제권이 한미연합사에 있다는 사실을 알아야 하며 미국이 가지고 있다는 왜곡된 해석을 하지 않아야 한다. 물론 한미연합사 사령관이 미군이기 때문에 상징적 의미에서 전시작전통제권이 미국에 있다고 말할 수 있으나 한·미상호방위조약과 전략지시 등을 통해 실질적 의미가 명확하게 규정되어 있다.

반면 보수 세력은 전시작전통제권이 전환되면 주한미군이 철수하게 되고 한·미동맹이 파탄에 이르게 될 것이며 궁극적으로 한반도에 전쟁이 일어나게 될 것이라는 극단적 전망을 내놓고 있다. 전시작전통제권이 전환되어도 한반도 전구작전을 주한미군과 공동으로 수행하게 될 것이며 북핵 제거작전과 북한지역 대규모 상륙작전 등은 미군이 주도하게 되어 작전계획에 따른 전투력 투사는 현재와 크게 달라지지 않을 것임을 알아야 한다. 또한 주일미군과 일본군은 연합방위체제가 아니고 공동방위체제이지만 지금까지 일본에서 미군이 철수할 수 있다는 뉴스를 들어본 적이 없으며 일본방위에 문제가 있다는 보도도 접해보지 못했다. 과도한 우려로 국민을 불안하게 만드는 안보만능주의도 국민통합에 결코 바람직한 것이 아님을 주장하고 싶다. 전작권이 한미연합사에서 한국 합참으로 전환되어야 하는 당위성을 부인해서는 안 된다. 그러나 전시작전통제권 전환은 현행방위체제를 변경하는 것이므로 안보상황이 안정적 상태에서 추진되어야 한다. 한·미동맹과 주한미군이 한국방위의 일익을 담당함으로써 우리는 북한의 도발과 침략을 막고 유사 이래 약 70년 동안 전쟁이 없는 평화 시대를 구가하고 있으며, 세계 10대 강국의 경제력을 건설하게 된 것이다. 이렇게 국가발전의 버팀목이 된 연합방위체제를 군이 바꾸게 될 때는 합당한 국익이 수반되어야 하고 튼튼한 안보가 뒷받침되어야 한다. 전시작전통제권 전환은 시기를 못 박는 것보다 동북아 질서와 한반도 안보상황을 고려하여 한반도 평화와 안정이 담보되고 보장될 때까지 기다려야 할 것이다. 한·미는 양국의 정권이나 정부 성격과 무관하게 꾸준히 준비하고 협의하여 필요시 즉각 최단기간 내에 전시작전통제권을 전환할 수 있는 태세를 갖추도록 노력해야 할 것이다. 일관되고 지속적인 준비가 이루어진다면 안보상황의 평가에 뒤따라 전시작전통제권 전환이 단기간에 혼란 없이 이루어질 수 있을 것이다. 전시작전통제권 전환은 생존과 직결되는 안보 영역이므로 살피고 또 살펴야 하며 명분이나 구호에 의해 추진되어서는 안 된다고 본다. 오직 국익과 실리를 앞에 두고 판단해야 한다. 안보는 국민의 생존을 지켜주는 국가기능이므로 소홀히 다루거나 함부로 결정될 사안이 아님을 국민 모두 깊이 인식해야 할 것이다.

전략본부장이 놓쳐서는 안 될 또 하나의 업무가 군사력 건설과 군 구조 개선이었다. 여기에 매년 10조 원이 넘는 국방예산이 투자비로 사용되어 전력증강이 이루어지고 있었다. 투자비의 사용은 자위적 방위역량을 확충하기 위해 핵심 전력을 확보하는 데 중점적으로 투자되어야 했으며 이러한 기조 하에 중장기 군사력 건설 방향을 설정하고자 했다. 무엇보다 북한 핵실험에 따른 전력소요를 보강하고자 했다. 고고도UAV, 레이저유도폭탄(GBU-24), GPS유도폭탄(JDAM), 합동원거리 공격탄(JASSM급) 등이 긴급 소요 전력으로 조기에 추진되도록 했다. 한편 중기 신규소요로 지하시설 파괴폭탄(GBU-28), 탄도유도탄 조기경보 레이더, 탄도유도탄 작전운용소(AMD-Cell), 방사능 탐지set 등을 포함, 전력건설소요 약

330건과 중기 부대기획소요에 134건 등을 중기신규소요로 반영하고 추진하기로 했다. 미래 군 구조 발전은 전시 작전통제권전환과 연계하여 추진되도록 로드맵(Road−Map)을 작성했다. 특히 새로운 형태의 구조로 전환하고자 할 때는 반드시 워게임을 통한 검증을 거치게 함으로써 군 구조 변화로 야기되는 혼란을 최소화하고자 하였다. 군 구조는 지휘구조와 부대구조, 인력구조, 전력구조로 나누어 발전시킬 과제를 도출했다. 지휘구조는 지휘 계층을 단순화하여 작전 반응시간을 단축하도록 했으며, 부대구조는 부대별 정보와 화력을 패키지(Package)화하여 편성되도록 방향을 설정했다. 특히 전술제대 구조를 네트워크 중심전(NCW. Network Centric Warfare) 개념 아래에서 작전수행이 가능하도록 C4ISR＋PGM (Precision−Guided Munition)체계로 설계 했다. 인력구조는 간부 중 부사관 편성 비율을 높여 전투효율성을 증대시키고 출산율 감소에 따른 병력 규모 감축에 대비하여 여군 인력과 지원병 제도를 점점 확충해나가도록 했다. 아울러 일부에서 모병제 조기 도입을 주장하였으나, 직업군인에 대한 국민의 인식과 선호도가 낮고 안보상황의 불확실성이 증대되고 있어 시기상조라고 판단했다. 또한, 과학기술 발전으로 무기체계 발전 업무규정(훈령과 획득 규정)의 개정이 필요했다. 지금까지 무기체계는 기계식, 단일 플랫폼(Platform)으로 획득되었다. 그러나 앞으로는 복합체계(System of System) 무기, 소프트웨어(Software), 정보통신 장비 등에 기술과 획득 절차(Process)가 달라지게 될 것이므로 체계통합과 진화적 개념을 적용하는 것이 중요하다고 판단했다. C4ISR＋PGM은 상호 운용성뿐 아니라 네트워크 중심전(NCW)과 네트워크 중심 작전환경(NCOE. Network Centric Operation Environment) 개념 하의 전장에서 통합 전투력을 발휘하고 합동성을 증대시킬 수 있도록 했다. 아울러 합동 전략목표기획서(JSOP)에 지금까지는 각 군별, 병과 별 전력 소요가 나열식으로 반영되어 있었으나 전장 기능별로 기동과 화력, 정보, 대기동, 지원전력으로 구분하여 통합전투력과 합동성 발휘를 효과적으로 달성하게끔 했다. 3군 균형발전을 넘어 공군의 5세대 전투기, 해군의 수중전력이 대폭 증강되도록 했다.

　강력한 국방은 군을 작전환경에 부합되면서 장차전을 효과적으로 수행할 수 있게 설계하고 건설함으로써 달성될 것이다. 국방에 소요되는 국방비는 경상비와 투자비로 구분되지만 인력유지비가 포함된 경상비가 국방비의 약 70%를 차지하므로 실질적 군사력 건설에 쓰이는 투자비는 안보상황 변화에 능동적으로 대처할 수 있을 만큼 넉넉하지 못한 실정이다. 따라서 제한된 국방투자비로 백화점식 나열이 아니라 선택과 집중의 중장기 전력증강계획을 마련해야 한다. 위협에 부합하고 능동적으로 대응할 수 있는 전력을 건설해야 할 것이다. 우선, 실존적 위협인 북한의 핵과 미사일, 장사정포의 공격을 탐지하고 요격하고 방호할 수 있는 전력을 구비해야 하며 사전에 타격하여 무력화할 수 있는 전력도 확보해야 할 것이다. 주변국 위협에 대비하여 장거리 타격 능력과 정보전력, 원거리 전력 투사능력을 갖춰야 한다. 해군의 수중전력을 대폭 증강하고 공군의 차세대전투기를 조기에 확보해야 한다. 아울러 광역화, 입체화되는 전장을 지배할 수 있어야 할 것이며, 이를 위해 장거리 탐지능력, 방공능력, 신속한 기동력 등을 갖추고 합동성과 통합 전투력운용이 보장되도록 해야 할 것이다. 병력절약형 기술개발이 되어야 할 것이다. 병력자원의 감소는 비단 부대구조와 인력구조를 조정하는 것만으로 대처할 수 없다.

무기와 장비의 운용병을 최소화할 수 있도록 인공지능화를 서둘러야 할 것이다. 국방기술과 산업기술의 호환성을 증대시켜 유사시 전력을 신속하게 확충할 수 있게끔 범국가적 차원의 노력이 필요하다. 전략적 타격전력과 대응전력을 통제하고 운용할 수 있는 지휘기구가 편성되어야 할 것이다. 육군의 미사일부대와 공군의 방공부대, 특전사, 화방사 등을 통합 지휘할 수 있는 전략사령부 창설이 필요하다고 본다. 세계적 군사 강대국은 자국의 특성을 고려하여 전략사령부를 편성하고 비대칭 전력을 중점적으로 운용할 태세를 갖추고 있는게 현실이다.

합참에 근무하면서 아쉬웠던 것 중 하나가 UFG 연습에 합참 역할이 보이지 않았던 점이었다. 이는 주권국가의 최고사령부가 연합사 연습상황을 견학하는 것 같이 보였기 때문이다. 합참은 전·평시 한국군의 최고 작전사령부이면서 합동군 사령부이다. 합참의장은 미국 합참의장을 대리하는 연합사령관과 상설 군사위원회(MC. Military Committee)를 개최하여 연합사령관에게 전략지시도 내려야 한다. 또한 전구작전 상황을 24시간 모니터링하여 전구 작전회의 때는 필요한 지침도 주고 의견도 제시해야 한다. 상황에 따라 합참의장이 지휘하는 부대가 연합사령관의 전구작전을 지원할 요소가 무엇인지를 찾아내는 협조회의도 해야 할 것이다. 전시에 역할이 없다면 평시에 조직과 직책을 유지할 필요가 없을 것이므로 전시대비 훈련과 연습 때 편성의 적절성도 살펴봐야 한다. 합참의장은 물론 실무자에 이르기까지 전시 임무수행 과업과 절차를 평소 훈련과 연습을 통해 숙지하고 숙달해야 한다. 전략본부장으로 부임하고 첫 UFG 연습이 그해 8월에 실시되었다. 작전사령부의 연습진행은 PDE(Plan Decision Execution) 주기(Cycle)와 Battle Rhythm에 의해 이루어지므로 각 부서장은 지휘관 PDE에 맞춰 베틀리듬을 만들고 이를 이행하게 되어 있었다. 작전사령관 PDE 가운데 가장 중요한 활동은 아침 작전회의를 주관하고 저녁 시간의 전구 상황 보고에 참석하는 것이었다. 아침 작전회의는 오늘 예상되는 작전에 대해 주요한 지침을 하달하는 시간이며 비교적 간략하게 이루어졌다.

반면, 저녁 17시 전구작전회의는 미국 펜타곤을 포함하여 태평양 사령부, 한국 합참, 연합사, 작전사 등 연습에 참여하는 모든 작전사령부가 화상에 등장하여 지금까지의 작전을 분석, 평가하고 새로운 전략과 작전에 맞춰 전투력운용을 결정하는 시간이었다. 따라서 이 시간에는 화상에 등장한 작전사령관들이 자기 부대의 임무와 전투력, 작전중점, 제한사항 등을 발표하고 의견을 나누는 시간이었다. 그러나 한국 합참은 연습상황 가운데 전략적. 작전적 수준의 운영자로서 역할을 하여야 하는데 연합사 작전을 베껴 공유하면서 저녁 전구작전회의도 모니터링만 하는 수동적인 모습이었다. 특히 전구 상황 보고 회의 때는 상설 MC 결과에 따른 의견과 지침을 연합사령관에게 하달함으로써 의장권위도 세우고 한국군 최고사령관으로서 입지도 확고히 해야 하는데 그렇게 하지 못했다. 전시에 연합사령관이 갖는 권한이 한국 합참의장이 갖는 권한과 때로는 겹칠 경우도 있을 것이고 임무가 중복될 수도 있을 것이다. 연습은 이러한 문제점을 찾아내어 개선하고 발전시키는 데 목적을 갖게 되므로 당사자가 적극적이고 창의적 역할을 하지 않으면 성과를 달성할 수 없게 된다. 나는 이런 점을 안타깝게 생각하고, 전시에 한국 합참의 전략본부장으로서 해야 할 과업을 도출하고 베틀리듬에 반영하여 시도해보고자 했다. 이에 따라 장차전황을 예측해보고 한·미 간 전략차원에서 협조가 긴요한 사항, 군사전략 변화의 필요성과 방향, 주요 무기체계와 장비의 부족분을 획득하고 조달하는 방안 등을 모색하여 밤 21시에 의장에게 보고하고 토의하는 시간을 가졌다. 지금까지 UFG연습에서 전략본부는 연습 참여도가 낮았는데 내가 부임하여 새로운 활동을 하게 된 것이다. 이러한 활동을 함으로써 의장이 전구상황보고회의 때 한국 합참의장으로서 역할을 하는 데 도움을 드리고자 하였지만, 합참의장은 크게 관심이 없었기에 나의 기대를 충족시켜주지 못했다. 전시작전통제권이 연합사에 있고 수십 년 연합방위체제가 지속됨으로써, 한국군의 독자적 작전기획능력과 전장을 지배하고 꿰뚫어 보는 통찰력이 부족한 데 대해 아쉬움을 갖지 않을 수 없었다. 이런 현상을 바꾸기 위해서는 전시작전통제권을 우리 합참으로 하루빨리 가져와야 하는데, 안보상황은 이를 쉽게 결정할 수 없게끔 전개되고 있어 딜레마에 빠질 수 밖에 없는 것 같다. 이래저래 우리 안보는 난제가 많아 정답을 찾는 데 숙명적인 어려움을 겪고 있다.

합참과 국방부는 시간적, 공간적으로 밀접한 위치에서 업무를 수행하므로 상호 현안에 대한 공유가 요구되고 필요하다. A 장관은 전략대화라는 명칭으로 매일 아침 8시에 국방부 본부장급과 합참 본부장급 이상 직위자가 조찬을 함께하면서 의견을 나누는 시간을 정례화했다. 아침 일찍 조찬회의에 참석해야 했으므로 나는 관사가 아닌 송파 자가에서 새벽에 일어나 출근해야 했다. 합참에 본부장이 4명 있었지만 나만 관사에서 생활하지 않았다. 합참에 전입하자 국방부근무지원단장이 관사를 드릴 수 있는데 사용하시겠느냐 물었다. 그러면서 전임자는 관사 생활을 했으므로 사용하시겠다면 드릴 수 있다는 것이었다. 나는 근무지원단장에게 관사 사용에 관한 규정이 있느냐고 물었다. 나 스스로 거기에 합당한지를 알고 싶었다. 서울과 수도권에 자가가 있는 사람은 작전과 정보부서의 일부 장군을 제외하고 원칙적으로 관사를 배정받을 수 없다고 들었기 때문이었다. 그의 대답은 내가 알고 있는 내용 그대로였다. 나는 원칙과 규정을 벗어날 수 있겠냐고 반문하면서 관사배정을 거절했다. 관사생활의 편리함을 알고 있었고, 출퇴근 시간도 절약되고 경제적으로도 도움이 될 수 있음을 몰랐던 것은 아니었지만, 규정을 어기면서 그것을 추구하고 싶지 않았다. 불편하고 출퇴근 시간이 오래 걸리더라도 양심을 속일 수 없었다. 이른 새벽에 일어나 나를 태우러 와야 했던 운전병도 고생이 많았지만, 그와 매일 즐겁게 출퇴근 시간을 보냈다. 새벽 5시 30분에 일어나 5시 50분에 차에 오르면 운전병은 어김없이 나를 6시 20분에 국방회관 헬스장에 데려다주었다. 약 40분간 트레드 밀에 올라 땀을 흘리고 샤워 후 7시 10분쯤 사무실에 도착하여 책상에 놓인 조간신문과 각종 첩보 사항 등을 훑어보고 비망록에 기록해놓은 내용 중 보고할 것을 머릿속에 정리한 후 조찬회의에 참석했다.

조찬을 겸한 전략대화는 대형 원형 테이블에 합참과 국방부 본부장, 합참차장, 의장, 국방차관 등 약 13명이 8시 직전까지 각자 자기 좌석에 앉고 장관이 들어와 착석하면 식사가 시작되었다. 이어 본부장들이 자기 소관 업무에 대해 간략히 장관에게 보고하는 형식으로 진행되었다. 보고 순서는 합참에 이어 국방부가 뒤따랐으며 합참에서는 전략, 정보, 작전, 지원본부장 순이었다. 나는 매일 가장 먼저 장관의 말문을 열게 만드는 역할을 하다 보니 여간 신경을 쓰지 않을 수 없었다. 그날그날 장관 표정도 살펴야 했고 심지어 장관이 메고 온 넥타이 색깔을 보고 장관의 컨디션을 판단해보기도 했다. 장관이 기분 좋은 상태같으면 무거운 주제를 보고드려도 되지만 그렇지 않은 날은 설령 무거운 주제를 보고드리려고 했더라도 순발력을 발휘하여 가벼운 현안으로 바꿔 보고하는 재치도 필요했다.

또한 장관의 말문을 열게 되는 순간을 포착하는 것도 신경이 많이 쓰였다. 장관의 입안에 음식이 없을 때 보고가 시작되어야 결례하지 않을 것 같아 그 순간을 잡아 나는 '장관님!'하고 호칭하면서 일례로 "어제 전작권 전환 한·미 실무 회의를 하였는데 미국 측에서 우리가 준비한 전략적 전환계획이 잘 준비되었다고 하면서 다음 회의 때 미국 측이 준비한 내용과 비교하여 초안을 확정하자고 하였습니다."라고 보고드리는 것이었다.

이렇게 간략히 1~2건을 보고하게 되면 장관은 본인의 언행을 자연스럽게 식사모드에서 보고받는 모드로 전환했다. 내 뒤에 보고하는 사람들은 눈치 볼 필요 없이 쭉 순서대로 보고를 이어가는 형식이 되었다. 조찬 회의가 시작된 초기에는 장관과 밥을 먹으면서 보고까지 하게 되었기 때문에 부담도 느끼고 아침부터 스트레스를 받았지만, 점차 익숙해지면서 기대효과를 얻게 되었다. 다만 조찬회의 때 보고할 내용을 부하들에게 작성해오도록 강요하는 본부장들이 있음으로 해서 부서에 따라 실무과장들이 불평을 많이 한다는 얘기가 들려오곤 했다. 나는 조찬회의 보고내용을 부하들에게 준비해오라고 지시해 본적이 없었다. 평소 업무를 하면서 조찬회의 때 보고할 가치가 있다고 판단되는 사안을 비망록에 기록하고 별도 표시해놓았다가 들춰내어 보고용으로 활용했다. 본부장이 직접 준비하면 10분밖에 걸리지 않는데 부하에게 지시하여 준비해오라고 하면 그 부하는 보고서 한 장 만드느라 늦은 밤까지 야근하는 경우가 허다했다. 조찬회의 때 아침식사와 곁들어 정보를 공유함으로써 국방 전반에 관한 현안들을 인지하게 되었고 장관과 의장의 성격, 특성, 지식 등을 가까이서 관찰할 수 있었다.

조찬회의에서 이렇게 업무적인 효과를 얻었지만 가끔 장관의 사소한 말 한마디가 내게 스트레스를 주었던 때도 있었다. 나와 작전본부장 A 장군은 육사 동기이면서 나란히 선두로 진급하고 선의의 경쟁 관계에 있었다. A 장군과 나는 서로 인접부서 본부장에 보직된 상태에서 장관과 의장을 상관으로 모시고 있는 처지였으며, 현재 맡은 직책에서 대장 진급을 해야 했기에 합참이라는 조직 내에서 우열을 가려야 했다. 그 때문에 장관이나 의장이 공개석상인 조찬회의 자리에서 상대방에게 가볍게 던지는 말에도 신경을 쓰지 않을 수 없었다. 이는 비단 나뿐만이 아니고 A 장군도 마찬가지였을 것이다. 보고내용에 따라 상관은 보고자에게 칭찬과 격려의 말을 해줄 수 있고 꾸중과 질타를 할 수도 있다고 본다. 그러나 특정인에게 자주 칭찬한다거나 무관심한 태도를 보인다면, 고위급 지도자의 리더십이 훌륭하다고 볼 수 없을 것이다. 부하에게 공평무사한 태도야말로 리더십에 필수이다. A 장군은 장관과 근무연이 있는 사람이었지만 나는 그렇지 못했다. 장관이 의도적으로 A 장군을 편애한 것 같아 신경이 쓰였다. 조찬회의를 하면서 내가 보고한 사안에 대해 한 번도 칭찬을 하지 않은 장관이 A 장군의 보고에는 '굿 아이디어', 또는 '잘 조치했다'는 등 아낌없이 칭찬해주니 현실적으로 경쟁 관계에 있는 내 입장에서 스트레스를 받지 않을 수 없었던 것이다. 보고내용을 저울로 달아도 내가 보고드린 것이 훨씬 무겁고 중요한 것임에도 불구하고 A 장군에게만 격려해주었으니 기억에서 지워질 수 없게 된 것이다. 물론, A 장군도 나와 함께 대장 진급이 되었으므로 결론은 해피엔딩이었지만 받지 않아도 될 스트레스를 받게 되었던 것이다. 전역 후 어느 날 지인이 마련한 저녁식사 자리에 그 때 장관이었던 그분과 함께하게 되었다. 반주도 몇 잔 곁들인데다가 과거 현역 시절 겪었던 스트레스가 기억나 조찬회의에서 느꼈던 공평무사하지 않은 장관의 태도에 대해 섭섭했다고 얘기했더니 장관은 나에게 너는 워낙 우수한 장군이라서 본인의 칭찬이 없더라도 자생력이 충분한 사람이었다고 말하는 것이었다. 씁쓸했지만 웃으면서 넘어가고 말았다. 군에 과거부터 내려온 적폐 가운데 하나가 인맥이 진급과 보직에 절대적 영향을 주고 있다는 것이다. 정치권으로부터 군 인사의 독립성 보장도 중요하지만 이에 못지않게 공정한 인사관리를 하겠다는 군 지도자의 의지와 실천력이 더 중요하다.

전시작전통제권 전환을 위해 한국군이 전구작전수행 능력을 갖추는데 여러 분야의 노력이 강구되어야 함을 잘 알고 있었다. 북한 대비 절대 우위의 첨단전력도 건설해야 하고 북핵에 대응할 수 있는 전력도 시급히 갖춰야 했다. 글로벌 인재를 양성하여 전략 환경 변화에 능동적으로 대처해야 하며, 한·미 간 원활한 작전 수행이 되게끔 C4I체계의 연동성도 구비해야 한다. 그뿐만 아니라 전쟁과 작전수행은 평소 연습과 훈련을 통해 숙달하게 되므로 지금까지 미군에 의존했던 연습체계와 합동실험체계를 독자적으로 구축하는 것이 시급하다고 판단했다. 한국군의 불모지였던 워게임과 M&S(Modeling and Simulation)분야의 발전을 서둘러야 했으므로, 나는 전략본부장으로서 이 분야의 중요성을 부각하고 종합계획을 만들어 초기 예산까지 반드시 반영하겠다는 의지를 다졌다. 워게임은 한국군 독자적 워게임 체계의 운용능력을 확보하면서 장기발전 계획에 의한 합동연합연습 워게임 체계를 구축하는 데 목표를 두고 응용체계와 기반체계, 인력과 시설 분야로 나누어 종합계획(Master plan)을 마련했다. 응용체계에서는 대부대 연습용 모델인 '창공'과 '천자봉'을 개발하고 전구급 기능모델인 대화력전, 합동정보, 전투근무지원, 민군작전을 확보하도록 했다. 또한, 한·미 워게임 모델 간 연동이 보장되도록 하였으며 분석용 모델로서 합동작전, C4ISR, PGM, 전자전, 정보전을 분석할 수 있는 모델도 장기적으로 개발하도록 하였다. 아울러 워게임 전문 인력을 확보하고 전용시설의 건립도 계획했다. 한편 합동실험체계는 합리적 의사결정을 보좌하기 위해 2012년까지 독자적으로 단계화하여 추진하기로 하고 분야별 추진 중점을 설정했다. 합동실험체계를 정립하기 위해 합동실험 전담 조직을 편성하고 합동실험방법과 M&S체계 발전, 합동과제 선정과 예산확보 등을 추진하고자 했다. 분석용 M&S 분야에서는 분석기법 발전과 분석용 모델개발, 전문 운용인력 확보 등을 추진 중점으로 선정하였으며 연습/훈련용 M&S 분야는 합동/연합연습 워게임 체계와 합참지휘소 연습체계 구축, 워게임 기반체계를 조기에 구축하고자했다. 워게임과 M&S 분야는 전시작전 통제권 전환과 연계하여 준비되어야 하지만 전문가 시각에서 보아야 중요성과 필요성을 인식할 수 있는 내용이라서 관심이 소홀했었다. 이때 정립하고 수립해놓은 종합계획을 토대로 그 후 전담 시설이 건립되었고 전문 인력도 확충되었으며 각종 모델 개발도 활발히 이루어지고 있는 바, 보람을 느끼고 있다.

북한군은 그들의 전략 전술을 구현하기 위해 부대를 자주 개편하고 배치도 조정하므로 한·미는 이러한 북한군의 변화를 매년 분석. 평가하여 적 전투서열(OB)을 결정하게 된다. 2008년 연초 어느 날, 합참정보본부에서 최신 정보를 토대로 그해 적 전투서열을 작성하고 발표 겸 의견을 듣는 자리에 참석하게 되었다. 의장이 주관하고 합참 내 장군들과 관련 과장들이 참석한 자리였다. 정보본부 북한 정보부장인 김모 소장이 준비한 슬라이드를 이용하여 약 1시간 브리핑을 했다. 이어서 의견교환 시간을 가졌다. 정보 분야라서 나는 전문지식이 충분하지 못한 입장이고 타 참모부 소관 업무이므로 가급적 의견을 제시하고 싶지 않았다. 하지만 김모 장군의 설명 가운데 북한군 특수부대가 지금까지 약 10만 명이 었는데 이를 두 배로 늘려 20만 명 규모로 잡는 것에 의문이 들었다. 또한 이러한 특수부대가 육해공 침투수단을 이용하여 남한으로 들어올 때 그중 일부 부대가 자전거를 이용하여 산악으로 후방 내륙 깊숙이 침투할 수 있도록 자전거부대가 창설되었다는 것에 동의하기 어려웠다. 북한군 전략전술 중 빼놓을 수 없는 것이 배합전술이다. 배합전술은 개전 초 특수부대를 아군 후방지역에 침투시켜 전후방 동시전투를 강요하는 전법이다. 이를 실행하는 주력부대가 특수부대이다. 배합전은 전략적 배합과 작전적 배합, 전술적 배합으로 분류된다. 우리가 적 특작부대라고 명명했던 부대는 전략적, 작전적 수준의 배합전에 투입된 부대를 말해 왔었다. 그러나 김모 장군의 설명은 사단급 경보병대대까지 포함하여 특수부대로 분류하고 통합함으로써 숫자가 두 배로 늘어나게 된 것이다. 경보병대대는 전술적 배합전을 수행하기 위해 아군의 사단급 후방지역에 투입될 부대이므로 이 부대를 특수부대로 통합한 것은 무리가 있어 보였다. 나는 북한군 특수부대 현황에 대한 견해를 달리했지만, 자전거부대가 지상으로 침투해 들어온다는 설명에는 문제를 분명히 짚어 보고 싶었다. 설령 북한군이 자전거부대를 창설했다 하더라도 그 부대가 남한 경기도 이남 지역까지 자전거로 침투할 수 있는지 묻고 싶었다. 특수부대가 도로를 이용하여 침투하는 것은 쉽게 노출되므로 결국 산악으로 자전거를 타고 침투해서 후방지역까지 들어와야 하는데 이것이 과연 가능한지 묻고 싶었다. 나는 발표 자리를 주관하는 의장한테 한 말씀 드리겠다고 허락을 받은 후 자전거부대의 침투에 대해 불가능함을 설명하면서 정보에서 적을 과도하게 평가했음을 지적했다. 우리나라 지형은 산악이 70% 이상이며 북한은 험준하고 남한은 산림이 우거져 자전거를 타고 산악에서 기동할 수 없음을 김정일이 잘 알고 있을 것인데 자전거부대를 창설했다는 것은 잘못된 정보판단임을 조목조목 얘기했다. 그리고 적을 과소평가해서도 안 되지만 과대 평가하는 것 또한 올바른 판단이 아님을 힘주어 말했다. 대부분 참석자는 나의 견해에 공감하였으나 의장은 정보판단 내용이 적절하다고 생각하는 것 같았다. 약 2개월 후에 연합사 부사령관으로 부임하여 정보참모부장으로부터 업무보고를 받는 자리에서 정보참모부장은 본인이 합참 적 전투서열(OB) 발표 때 발언자의 녹취록을 읽어보았는데 나의 발언이 유일하게 적절한 내용이었음을 얘기해주는 것이었다. 특수부대가 두 배가 되었다는 것은 적 도발 능력이 증대되었음을 의미하고, 군의 대비태세 변화와 보강이 수반되어야 할 뿐만아니라 국민에게 안보 불안을 줄 수 있는 예민한 사안임에도 가볍게 취급하는 것 같아 당사자의 의도가 궁금했다. 군사 지도자는 냉철한 이성적 시각과 태도로 적을 직시해야 함을 잊어서는 안 될 것이다.

전략본부장으로 일하면서 외국 출장을 몇 차례 가보았다. 2007년은 미국이 이라크와 아프가니스탄에서 반테러 작전을 수행하는데 외교적, 군사적 노력을 집중하고 있는 시기였다. 미국은 자국과 함께 반테러 작전에 동참한 국가 군사 지도자들과 주기적인 국제회의를 개최했다. 2007년 봄에 카타르에서 회의가 있었고 그해 가을에는 한국에서 나와 미국 합참 전략본부장의 공동 주최로 열렸다. 한국에서 개최된 회의는 2박 3일 짧은 기간에 약 50여 명이 참석하였고 장소는 하얏트 호텔이었다. 카타르에서 개최된 회의에 나는 실무자 2명과 한국을 대표하여 참석했다. 처음으로 중동국가를 가볼 기회를 얻게 되었다. 항공기는 아랍에미리트 국적기였으며 두바이를 거쳐 카타르 수도 도하에 도착하여 살펴보니 열대지방이고 사막 지역이라서 특별히 관광할 곳은 많지 않았다. 회의 장소는 도하의 고급호텔이었다. 나를 포함한 일행의 숙소도 그 호텔에 배정해주어 일주일간 머무는 데 불편함이 없었다. 회의를 통해 미국의 군사작전에 대한 소개와 몇 개 국가에서 준비한 내용을 3일간에 걸쳐 브리핑으로 들었다.

이런 회의에 참석해보면 매번 공통으로 느낀 것이 있다. 형식은 거창한데 알맹이는 많지 않았다는 것이다. 그때 회의도 예외가 아닌 것 같아 나는 호기심을 갖고 몇 가지를 살펴보았다. TV 골프 중계를 즐겨보다가 유러피언 투어의 하나인 골프대회가 카타르 골프장에서 열리는 것을 보고 사막의 나라가 골프장을 건설하여 대회를 개최한다니 궁금하였으며, 현장을 가보고 싶었다. 도하에서 골프장까지는 그리 멀지 않았다. 현장에 가서 보니 18홀 골프장이 잘 다듬어져 있었고 몇몇 사람들이 골프를 즐기고 있었다. 이렇게 척박한 사막에도 골프장을 만든 인간의 집념과 지혜가 돋보인 현장이었다. 두 번째는 사막의 운반수단인 낙타를 타보고 싶어 도하 외곽에 나가 낙타 등에 올랐다. 그림과 영상에서 낙타의 몸집과 등 높이는 크게 높아 보이지 않았는데 막상 낙타 등에 올라보니 높이에 놀라움을 금할 수 없었다. 떨어지면 크게 다칠 것 같았고 심지어 무서움을 느꼈다. 낙타를 타고 원거리 이동하는 유목민들의 강인성을 짐작할 수 있었다. 세 번째는 중동국가에서는 귀빈을 접대할 때 새끼 낙타를 요리로 대접한다고 하여 낙타고기를 먹어보고 싶었다. 회의를 종료하고 마지막 일정을 보내는 저녁에 송별 파티가 카타르 총참모장 주관으로 열렸으며 넓은 텐트 속에 약 200명을 위한 만찬 자리가 마련되고 주요리는 낙타요리였다. 어미 낙타 배 속에 있는 새끼 낙타를 삶아 테이블 위에 놓아놓고 참석자들은 고무장갑을 낀 손으로 낙타고기를 뜯어 먹게 되어 있었다. 참으로 애처로운 낙타의 운명을 목도하면서 고기를 먹으려니 뱃속에서 다소 거부반응도 있었다. 고기는 부드럽고 맛이 좋았다. 낙타고기를 먹고 포만감에 젖어 호텔 방에 들어와 보니 뜻밖에 크나큰 트렁크 가방이 하나 놓여져 있었다. 나와 일행의 것이 아니라서 누군가 방을 잘못 알고 갖다 놓은 것으로 생각하여 호텔 측에 알려주었더니 호텔 측 답변은 카타르 총참모장이 회의에 참석한 각국 대표들에게 선물로 보내준 것이라고 했다. 일행 2명과 함께 가방을 열어보니 가방안에는 놀랍게도 시계와 만년필, 양주 등 제법 비싼 물건들이 들어 있었다. 다소 놀라움을 감출 수 없었지만 중동국가에서는 외국귀빈을 초청하면 이렇게 선물을 주어 환대하는 것이 그들의 문화라고 했다. 가방속에 들어있는 선물을 일행들에게도 나누어주고 시계는 내가 착용했다. 아무튼 카타르 총참모장 덕에 지금까지 차고 다닌 손목시계 중 가장 비싼 것이었는데, 아쉽게도 몇 년 후 잃어버렸으니 공짜는 오래 가지 못한다는 격언이 맞는 것 같았다. 카타르에서 한국으로 복귀하는 길에 두바이에서 하루를 묵으면서 두바이 개발 현장을 몇 군데 둘러보았다. 우리 삼성건설이 공사하고 있는 부르즈 칼리파 건축 현장을 가서 관계자로부터 설명을 듣고 높이가 828m라는 말에 기절할 뻔했었다. 세계에서 가장 높은 빌딩을 세우고 있는 우리 기업의 땀과 기술에 대해 무한한 감사와 더불어 자부심을 느꼈다.

한편, 한국과 가까운 위치에 있는 중국은 의장을 수행하여 다녀왔다. 수행자로써 방문하다 보니 여유를 갖고 살필 수 있었다. 북경에 도착하여 호텔에 여장을 풀고 잠깐 휴식을 취한 후, 주중 한국대사 초청 만찬에 참석했다. 이튿날 한·중 합참의장 회담에 배석했다. 우리 측과 중국 측이 마주 보고 앉았으며 양측 대표자인 합참의장과 중국군 총참모장이 각각 인사말을 한 후에 준비된 회담 내용을 구술식으로 발표하고 추가적 질문과 답변시간이 있었다. 하지만 특별한 질문은 없었다. 이런 회담은 형식에 치우치다 보니 정제된 용어와 외교적 수사까지 사용하여 상대국을 배려하게 됨으로써 실질적으로 깊이 있는 대화가 되는데 한계가 있는 것 같았다. 중국과 상호 논의된 핵심의제는 한반도 안정과 한·중 군사 교류 확대였다. 우리는 중국 측에게 북한이 국제사회 일원으로써 책임과 의무를 이행할 수 있도록 중국의 건설적인 역할을 요구했다. 특히 북한의 핵문제를 해결하고 한반도에 평화 체제를 구축하고자 출범한 6자회담의 수석대표 국가로서 북한의 핵개발을 저지하는 데 힘을 합쳐달라고 당부했다. 중국은 우리에게 한반도의 안정이 자국의 안정과 직결됨을 강조하였고 북핵 문제는 반드시 평화적으로 해결되어야 함을 언급했다. 아울러 중국은 한국과 군사 교류 확대를 요구했다. 그들은 상호 인적 교류는 물론 한국군 연습과 훈련을 참관하고 싶다는 의향을 표명했다. 외교적 자리이므로 중국의 요구를 거절하지 않고 긍정적으로 검토해보자는 답을 주고 회담을 마쳤다. 한국군 연습과 훈련을 참관하고자 하는 중국의 의도는 이를 통해 한·미 연합방위체제와 각종 교리, 지휘통제시스템 등을 확인하는 데 있으므로 우리 입장에서 수용해줄 수 없을 뿐 아니라 미국의 반대가 명약관화한 사안이었다. 회담을 마치고 그날 저녁 중국군 총참모장 초청 만찬이 어마어마하게 넓은 홀에서 개최되었다. 식탁과 음식, 밴드 등 규모와 숫자가 압도적이었으며 질(Quality)보다 양(Quantity)으로 과시하는 중국문화를 접해볼 수 있었다. 식탁에는 중국의 각종 고급술이 놓여 있었고 산해진미가 차례대로 서빙(Serving)되는 것을 보면서 중국은 역시 듣던 대로 술과 요리, 음식의 나라임을 느꼈다. 중국 술이 우리에게도 널리 알려졌지만, 우리가 흔히 접하는 저렴한 고량주가 아니라 마오타이를 포함하여 알코올 도수가 72도 되는 술도 있었다. 중국 군인들의 술 문화는 독특했고 술잔을 돌리는 데도 순서가 있었다. 그들은 이것을 외전(外戰)과 내전(內戰) 그리고 혼전(混戰) 순이라고 했다. 처음에는 마주 앉은 상대편에게 먼저 한 잔씩 권하고 이어서 자기 편에게 술잔을 권한 다음 상대편과 자기 편을 가리지 않고 권한다는 것이었다. 술을 마시면서도 전쟁 용어를 사용한 것을 보고 중국군의 속내에 불편함을 느꼈지만 흥미도 있었다. 중국 군인들은 외국 손님 가운데 한국군이 오는 것을 가장 좋아하고 기다려진다고 했다. 그 이유는 한국 사람들은 술을 잘 마시므로 함께 취하고 쉽게 친해질 수 있게 된다는 것이었다. 그러면서 가장 싫어하는 외국 손님은 일본 자위대 간부들이라고 했다. 일본 군인들은 동양 사람이면서 술을 싫어하고 설령 마시더라도 소량의 반주밖에 하지 않아 재미없다고 말했다. 틀린 말은 아니었지만 그들의 말속에서 중국과 일본 관계가 짙은 불신과 적대에 빠져있음을 읽을 수 있었다. 중국군에게 어떤 싸움이든 질 수 없다는 것이 한국군의 감정이라서 술 전쟁에서도 지지 않고자 그날 저녁 그야말로 엄청나게 마셨다. 다행히 의장과 나를 포함하여 일행들이 술을 잘 마시는 사람들이었는데, 마치 수행 인원을 선발할 때 음주량을 첫 번째 조건으로 고려한 것 같았다. 취기가 오르자 중국 군인들은 우리 일행을 술로 넘어뜨리겠다는 기세를 보였다. 총참모장은 나에게 술을 권하면서 자기 나이가 66세이고 내 나이가 59세이므로 나이 차만큼 술잔을 받아야 한다면서 내가 한잔을 권했더니 그는 나에게 7잔을 연거푸 권하는 것이었다. 독한 술이라서 이것을 다 받아 마셨다가는 죽을지도 모르겠다는 생각도 들었지만, 여기서 거절하면 중국군에게 패하는 것 같아 숨도 안 쉬고 7잔을 목으로 넘겼다. 술기운이 점점 올랐고 분위기는 고조 되었다. 이어서 중국 가무단의 엔터테인먼트가 진행되고 약 2시간 반의 만찬은 종료되었다. 아침에 일어나 조찬 자리에서 의장을 포함하여 일행들을 살펴보니 어젯밤 술전쟁에 승리하였다는 전승감에 젖어 모두 맑은 정신으로 새로운 여정에 들어갈 수 있었다. 관광은 베이징 천안문과 자금성을 둘러보았으며 칭다오에 들러 북해 함대를 살펴보았다. 자금성은 역시 세계에서 제일 큰 고대 건축물임을 유감없이 보여줬다. 15년이란 긴 세월에 걸쳐 완공되고 약 20만 명의 인력이 동원되었다고 하니 입이 벌어질 수밖에 없었다. 건축물은 황제가 대외적 정무를 하는 외조와 개인적 공간인 내정으로 구분되어 있었다. 입구에 발을 들여놓고 외조를 거쳐 내정으로 깊숙이 들어가면서 중국 황제의 위용을 느껴보았다. 조선 시대 우리나라 사신들이 황제를 접견하려면 입구에서부터 머리를 숙이고 건물 하나하나를 지나 내정에 이르렀을 것을 상상해보니 황제를 만나기 전에 이미 주눅이 들었으리라 생각되었다. 또한, 우리나라 광화문과 경복궁을 떠올려보면서 고

대로부터 근대에 중국과 우리의 문화적 차이가 매우 좁았다는 사실을 부인할 수 없었다. 하지만 오늘날 우리는 현대 국가로 발전하는 과정에서 중국으로부터 역사적, 문화적 종속을 벗고 중국보다 빠르게 산업화와 중공업을 선도했으며, 중국의 경제발전에도 도움을 주었다.

지휘관이 아닌 참모직책에 있는 사람은 상급자에게 문서보고를 수시로 하고 지침과 결심을 받게 된다. 장군이 되어 처장과 부장, 본부장 직책을 수행하면서 상관인 참모총장, 의장, 장관에게 대면 문서보고를 하게 될 때 대령급 과장이 보고자가 되고 통상 배석자로 보고자리에 앉았다. 군에서 대령급은 실무과장으로서 보고서의 작성 책임자이고 담당 분야 전문가이므로 상급 지휘관에게 보고할 때 보고자가 되는 것이다. 전략본부에는 대령급 과장 20여 명이 편성되어 있었다. 육해공군이 2:1:1 비율로 균형을 이루고 있었다. 우리 군에 행정이 많은 점을 개선해야 한다고 생각했지만, 상급자가 대부분 문서보고를 요구하므로 문서작성에 신경을 쓰지 않을 수 없었다. 문서보고는 지시사항을 복명하는 문서와 규정이나 방침에 따라 순기에 맞춰 작성해야 할 문서로 구분된다. 후자는 매년 일정한 주기로 작성되고 틀이 정형화되어 있어 실무자에 따라 문서의 질이 크게 차이가 나지 않는다. 반면, 전자는 상급자의 지시사항을 해석하는 방향에 따라 달라질 수 있고 수명자의 문서작성 능력에 따라 표현과 전개에 차이가 발생한다. 전략본부는 업무가 많고 비중이 높은 업무를 수행하다 보니 의장이나 장관실에 보고 차 배석할 기회가 많았다. 의장은 보고 진행 중에 본인 의견을 많이 언급한 편이었다. 반면, 장관은 거의 중간 코멘트가 없는 스타일이었다. 타 본부장은 중요한 업무라고 판단된 경우만 보고자리에 배석하였으나, 나는 다른 본부장에 비해 배석을 많이 했다. 부장이 들어가서 배석하고 과장이 보고하는 형식이 일반적이었으나, 전략본부는 본부장과 부장이 배석하고 과장이 보고하는 경우가 많았다. 내가 배석을 자주 했던 것은 두 가지 이유 때문이었다. 첫째는 의장과 대화를 많이 나눌 기회를 얻음으로써 전반적 업무에 대한 의장의 의도를 명찰하고자 한 것이며, 둘째는 실무과장이 보고하는 과정에서 의장 의도를 잘못 알았거나 보고내용을 의장이 못마땅한 수준으로 평가할 때 과장을 보호하기 위해서였다. 보고자리에서 후자 상황이 종종 발생하였고 나는 의장에게 가감 없이 나의 견해를 얘기했다. 과장의 보고내용을 의장이 트집 잡을 때 사안에 따라 나는 의장이 현실을 잘못 파악하고 있다고 했다. 때로는 의장 의도를 내 생각과 결부시켜 과장에게 지침을 주었는데 그것이 잘못되어 과장이 이런 보고서를 만들게 되었으므로 과장이 잘못한 것이 아니고 내가 잘못한 것이라고 하면서 과장을 보호하였다. 과장이 작성한 보고서에 본부장은 중간결재권자로서 결재를 하므로 결재가 중간이든 최종이든 결재에 대한 책임이 동일하다고 나는 생각했다. 내가 중간 결재자로 결재한 내용이 의장에게 만족을 드리지 못했다면 과장보다 결재한 나에게 더 큰 책임이 있다고 생각했다. 문서 행정에서 일반적으로 중간결재권자는 책임이 없다는 인식이 시정되어야 한다고 보았기 때문이었다.

한편 합참 본부장이 장관과 접촉은 자주 하지만 장관에게 보고하는 경우는 그리 많지 않았는데 어느 날 장관이 공군의 차세대전투기(F-X) 사업에 대해 보고를 받고 싶다고 했다. 장관 지시를 받고 해당 과장을 불러 지침을 주고 문서작성 완료 날짜를 특정했다. 과장이 문서를 작성 후 검토해보니 몇 군데만 수정하면 될 것 같아 장관실에 협조하여 보고 날짜를 잡았다. 장관실에 들어가 과장이 보고하도록 하고 나는 배석자리에 앉았다. 그런데 과장이 보고서를 펴고 보고를 시작하더니 2페이지도 넘기지 못한 상황에서 땀을 빗물처럼 쏟아내는 것이었다. 장관 앞이라서 긴장한 나머지 몸이 보인 반응이었다. 순간 나는 과장을 이대로 놓아두면 그를 바보로 만들 것 같았다. 더군다나 과장이 그해에 장군 진급을 바라보고 있는데 망칠 수 있을 것 같아 장관께 과장이 긴장하다 보니 땀을 많이 흘리고 있어 양해해주신다면 내가 보고를 드리겠다고 했다. 장관 역시 과장이 긴장한 것을 보고 본부장인 나에게 보고하도록 해주었다. 약 15페이지 문서를 보고드리고 장관의 몇 마디 언급을 들은 후 장관실을 나왔다. 배석자는 제3자 입장으로 자리에 앉지만 나는 당사자 입장을 갖고 배석하였으며, 부하의 부족한 능력을 상관이 채워주는 것이 상관의 책임임을 알고 실천했다. 장관 앞에서 땀 흘렸던 과장은 그해 장군 진급을 하였으며 그 후 소장까지 진급하고 전역하여 중앙부서의 중책을 수행하였다.

부대계획은 부대의 증창설과 감편, 해체에 관해 전반적인 사항을 망라하므로 부대가 창설되면 위치와 규모 등을 포함하고 부대가 이전할 경우에도 부대계획에 반영하여 추진하게 되어 있다. 부대계획은 장기와 중기, 당해 연도로 구분되며 장기는 F＋6부터 F＋20까지이고 중기는 F＋2부터 F＋5까지, 당해 연도는 F＋1인 다음 해의 부대계획을 말한다. 전략본부장으로 부임 후 얼마 지나지 않은 시점에 해군 작전사령부를 진해에서 부산으로 옮기려는 움직임이 나타났다. 해군총장으로 부임한 A 제독이 불을 지폈다. 그는 내 앞에 전략본부장을 했던 사람이었기 때문에 부대 이전이 어떤 절차를 밟아 이루어져야 하는지를 알고 있었다. A 제독은 2006년 12월, 총장 자리에 앉자마자 해군 작전사령부를 이전하겠다고 부대계획과로 공문을 보냈다. 그의 복안은 가급적 빠른 시일내에 해군 작전사령부를 진해에서 부산으로 이전하겠다는 것이었다. 마치 가정집 이사처럼 쉽게 생각하는 것 같았다. 나는 해군본부 공문에 대한 회신 답변을 보내 작전사령부 이전에 반대하지 않지만, 부대계획에 부합된 절차를 밟아야 함을 강조했다. 아울러 부대 이전은 총장 한 사람 뜻으로 결정될 사안이 아니라 다양한 의견을 들어보고 결정할 사안이므로 시간을 갖고 추진하는 것이 정상적임을 알려주었다. 더구나 진해는 조선 시대부터 해군의 보금자리였고 오랜 역사성을 가진 천혜의 요새지인데 여기를 헌신짝처럼 버리고 해군 작전사령부를 부산으로 이전한다니 이해할 수 없었다. 한편, 해군작전사령부를 부산으로 옮기는 데는 정치적 배경이 작용했다는 소문도 있었다. 한국의 제2도시인 부산이 노무현 대통령 연고인데 군수사령부도 대전으로 옮겨옴으로써 내세울 만한 군사기지가 없어 이를 보완해야 한다는 군사 외적인 힘이 작용했다고 들었다. 그렇다 하더라도 정상적 절차를 밟아 추진했을 때 무슨 문제점이 있는지 묻지 않을 수 없었으나, 해군총장인 A 제독은 밀어붙였다. 또한 내가 들었던 해군 작전사령부 이전의 또 다른 배경은 해군의 고질적 문화 때문이었다. 해군의 3성 장군은 4명이며 이들 직책은 참모차장과 해군 작전사령관, 해군사관학교 교장, 해군 교육사령관이었다. 이들 가운데 참모차장만 계룡대에 있고 나머지 세 사람은 근무지가 진해였다. 특별한 경우가 아니면 이들 4명 중 한 사람이 다음 총장으로 올라가게 되어 있었다. 그러다 보니 합참과 국방부, 계룡대에 근무하는 해군 장교들이 진해에 출장이라도 가게 되면 어느 특정 3성 장군에게만 인사드리고 돌아올 수 없는 분위기라고 했다. 만약 그가 돌아온 후 그 사실을 다른 3성 장군이 알게 되면 그에게 찍히게 되고, 설상가상으로 인사드리지 않았던 3성 장군이 다음 참모총장이 되면 그 장교는 진급을 못 하고 현재 계급에서 전역하게 될 확률이 높아지게 되는 나쁜 문화가 자리 잡고 있는 것처럼 들렸다. 진해라는 조그마한 도시에 3성 장군 셋이 가까이 있다 보니 음해도 많고 서로 상대의 구석진 곳을 파헤쳐 소문을 만들어낸다는 것이었다. 이러한 해군 내 분위기로 인해 3명 중 1명을 떼어놓겠다는 발상에서 해군 작전사령부 이전이 검토되었음을 많은 사람이 얘기했다. 나는 이유와 배경이 타당하다고 전제하면서도 충분한 공감대를 형성하고 절차를 밟아 이전해야 문제를 최소화할 수 있을 것으로 생각하였으며 내 소신을 굽히지 않았다. 해군총장 A 제독은 본인 고집대로 추진하고자 나에게 몇 차례 전화도 하였으나 그의 의견을 내가 받아주지 않음에 따라 급기야 의장에게 건의하여 전략본부가 아닌 작전본부에서 해군 작전사령부 이전업무를 다루어달라고 요청했다. 나도 모르게 이루어진 건의였고 결정이었다. 어느 날, 조찬회의에서 작전본부장이 해군 작전사령부 이전을 살펴보러 부산에 다녀왔다고 보고함에 따라 알게 되었으며 나는 놀라움을 금할 수 없었다. 해군총장보다 의장에게 더 실망하지 않을 수 없었다. 비록, 정치적 배경이 숨어있더라도 정무적 사안으로 다루어서는 마땅치 않다는 견해를 가졌어야 했고, 해군총장에게 폭넓은 의견을 들어보도록 조치했어야 했는데 전략본부장 소관 업무를 작전본부장한테 돌려 쉽게 처리하였으니, 의장이 직권을 남용한 것처럼 보였다. 한 가정의 이사도 1~2년 전에 계획하고 준비하는데 하물며 군의 작전사령부를 몇 개월 만에 옮긴다는 것은 상식적으로 이해할 수 없었다. 해군작전사령부 이전은 작전에 미치는 영향이 지대한 사안이므로 합동군사령관인 합참의장의 의견이 엄중하게 제기되었어야 했고 의장은 공청회를 개최하여 타당한 의견을 들었어야 했다. 해군 작전사의 부산이전은 배경과 절차가 적절하지 못했다고 본다. 근본적으로 입지적측면에서 평가하더라도 부산은 진해보다 더 나은 곳이 아니다. 따라서 나는 그때 군수뇌부의 결정이 잘못된 것이라고 생각한다.

전략본부장으로 보직을 받음으로써 서울 생활을 두 번째 하게 되었다. 1993년 7월에 연대장을 나가면서 서울을 떠난 후 2006년 말 서울에 입성함에 따라 다시 서울에 들어오는 데 13년이 걸렸다. 햇수 13년은 세기의 변화를 가져오게 만들어 20세기에 나갔다가 21세기에 들어오게 된 것이다. 직업군인은 초등학교로부터 사관학교의 교우, 군 생활 근무 동료 등을 제외하면, 다방면의 인사들과 교류 기회가 많지 않다. 야전에서 군 생활을 하기 때문에 교류 폭을 넓히기 어렵다. 직업 특성상 시간적, 경제적 여유도 넉넉한 편이 되지 못한다. 그렇다고 모두가 기회를 얻지 못한 것은 아니었다. 대령 계급 때 국방대학교 안보 과정에 들어가면 정부처 및 공공기관에서 입교한 인사들과 교류할 수 있어 대인관계를 넓힐 수 있었으나, 나는 안보 과정을 들어가지 못했다. 오랜 기간 야전 생활을 하고 서울에 다시 들어왔지만 시간적 여유를 갖고 사회인사들과 접촉하기가 쉽지 않았다. 업무량이 많아 야근도 해야하고 중요한 현안이 있게 되면 깊이 고심도 해야 했으나 중차대한 업무를 다루는 위치에 있으므로, 폭넓게 사회 전문가들과 유익한 대화를 나눌 수 있는 기회가 필요하다고 생각했다. 사회공동체와 교감하고 작용하면서 사회학적 상상력으로 사회현상에 대해 구조적인 문제점을 찾아낼 수 있어야 한다고 보았던 것이다. 이런 생각을 갖고 여러 사람들에게 조언을 들어본 결과 종합대학교 부설 최고경영자과정이 사회성을 넓히는 데 도움을 줄 수 있을 것 같아 3개 대학 최고경영자과정(AMP)을 놓고 어느 곳이 적절한지를 검토해보았다. A대는 출석 관리가 엄격하여 결석이 많으면 수료가 어렵다고 하였으며, B대는 분위기가 조용하고 교류 활동이 활발하지 않다고 했다. 반면 C대는 군 고위 장성이라는 특수성을 감안하여 비용도 면제해주고 출석에 신경 쓰지 않아도 수료에 문제가 없으며, 수업보다 친교시간이 많고 대외활동을 다양하게 한다는 것이었다. 바쁜 직책이라서 출석 관리가 까다롭지 않다는 C대학 최고경영자과정에 들어갔다. 전문직업인, 중소기업 경영자, 대기업 중견간부, 국책기관 임원 등 50여 명이 입학하였으며 6개월 동안 수업과 각종 활동을 통해 이들과 절친한 교우관계를 맺게 되었다. 교우들이 50대 전후의 연령층이라 군대 얘기를 싫어하지 않았고 각별히 따뜻한 우정을 주었다. 또한 저녁시간 수업이 끝나면 교우들과 학교 앞 선술집에서 막걸리도 마시고 주말이면 골프장에 나가서 교우들과 라운드도 가끔 즐겼다. 이들을 통해 경제, 언론, 문화, 재테크 등 다방면의 상식과 지식을 얻었으며, 나는 이들에게 안보 관련 이슈를 올바르게 인식하도록 설명해주곤 했다.

골프를 좋아하고 필드에 자주 나가는 사람이면 누구나 골프 관련 에피소드를 지니고 있을 것이다. 요즈음은 안보상황, 군내 돌발 사고, 국민 시선 등으로 인해 고위 장성들이 골프장을 자유롭게 드나들지 못하고 있지만 내가 현역 시절에는 주말을 이용하여 라운드를 즐겼다. 장관이나 의장과 라운드를 하거나 동료, 부하들과도 멤버를 편성하여 골프장에서 스트레스를 해소하곤 했다. 골프장은 남성대CC와 태릉CC을 이용하였으며 18홀 라운드 후 저녁식사도 함께 했다. 어느 쉬는 날, 장관이 합참 본부장들을 골프장으로 불렀다. 작전본부장은 위기관리 차원에서 대기하기 때문에 나와 정보본부장, 인군본부장이 장관과 함께 라운드를 하게 되었다. 남성대CC, 1번 홀에서 티샷을 하고 기분 좋게 출발하였으며, 매 홀마다 그런대로 스코어가 나오고 있었다. 장관이 흥미를 돋우기 위해 약간의 격려금을 준비해옴에 따라 그 격려금을 매 홀 위너(winner)가 일정금액씩 빼먹는 스킨스 게임(skins game)을 했다. 그런데 전반 9홀을 마치고 후반에 들어갈 때까지 장관이 한 홀도 스킨을 가져가지 못했다. 장관의 골프 실력이 본부장들보다 뒤지지 않았는데, 알 수 없는 현상이 발생한 것이다. 그러다가 어느 숏 홀에서 티샷을 하였고 장관이 위너가 될 가능성에 가까운 상황이 되었다. 일행 중 두 사람은 좋은 스코어를 만들지 못하고 홀 아웃을 하였으며 내 차례의 버팅만 들어가지 않으면 장관이 위너가 될 수 있었다. 내 공은 홀컵과 약 8m 거리에 있었고 나도 눈치가 있었으므로 넣겠다는 욕심보다 그저 가까이 붙여서 장관이 이번 홀은 승자가 되도록 해드리겠다는 의도를 갖고 버터로 공을 밀었다. 공은 홀컵 방향으로 굴러갔고 나는 그 공이 내가 의도한 대로 최종상태를 만들어 줄 것으로 생각했다. 그런데 공은 점점 홀컵 가까이 가더니 내가 바란 대로 가지 않을 기세였고, 결국 홀컵을 찾아 공이 들어가고 말았다. 순간 나는 당황하고 황당할 수밖에 없었다. 일행과 캐디는 내가 눈치껏 할 것으로 생각했을 것이며 장관은 본인이 이번 홀은 스킨을 가져갈 수 있겠다고 판단했을 터인데, 최종상태가 허망하게 되었으니 난리(?)가 났다. 캐디는 내 옆에 와서 눈치도 없이 그랬냐는 표정이었고 장관은 쓴웃음을 짓는 것 같았다. 그렇지 않아도 평소 장관에게 잘 보이지 않은 것 같았는데 골프장에서도 장관한테 점수 따는 행동을 하지 못했으니 더는 할 말이 없었다. 골프가 쉬운 운동도 아니지만 다른 운동경기보다 의외성이 많아서 즐겁고 재미있는 것 같다.

합참 전략기획본부장으로 복무한 16개월은 내가 경험한 직책 가운데 가장 많은 업무를 수행한 시기였다. 전략기획본부는 업무가 복잡하고 다양할 뿐 아니라 업무영역이 넓다 보니 리드 타임이 장시간 요구된 경우가 많았다. 전작권 전환, 군구조와 부대계획, 군사력 건설과 합동전략목표기획서 작성, 합동전장운영개념, 전력 평가와 분석, 워게임과 시뮬레이션 모델 발전, 군사외교 등 쉽지 않은 업무였다. 따라서 이를 관장하기 위한 충분한 지식과 경험이 필요했고 각종 회의와 토의를 포함한 공론화 과정도 거쳐야 했다. 특히 무기체계 소요를 결정하는 군사력 건설 분야와 군구조 분야는 3군(육·해·공군) 균형발전 명제에 충실하고 합당해야 했으며, 의사결정에 높은 도덕성과 투명성도 요구되었다. 육·해·공군의 부대 수와 인력 규모에 직접적 영향을 미치는 업무라서 군별 관심이 컸고 과정과 결과에 대한 반응도 예민했다. 한편 전작권 전환 업무는 미군과 협의하여 추진해야 했고 정치. 사회적 관심도 큰 과제라서 여간 신경 쓰지 않으면 안 되었다. 모든 업무가 야전과 달리 정책적이고 전략적, 작전적 수준이라서 고도의 전문성을 갖고 업무를 수행해야 했다.

대장(大將)이 된 검찰 공무원

　　합참 전략본부장을 15개월하고 있는 가운데 정치 상황이 바뀌었다. 노무현정부에서 MB정부로 정권이 이양되었다. 2008년 2월 25일 이명박 대통령이 취임했다. 새로운 정부가 들어섰으니 새 술은 새 부대라는 말처럼 군에도 대대적인 인사가 예고되었다. MB정부는 국방부 장관을 뽑기 위해 적절한 인물을 찾고 있었고 정보기관에서 여론을 들어보기 위해 적격자를 물어오기도 했다. 그런 가운데 사설 안보연구소를 운영하고 있던 군 출신 고교 선배로부터 전화를 받았다. 그분은 나에게 여론을 듣고자 정보기관에서 물어오면 예비역 A 장군이 적격자라고 말하라는 당부를 했다. 나는 그 선배가 말한 A장군은 오만과 편견이 심해 그를 인격적으로 훌륭하다고 생각하지 않았으므로 그 선배와 견해가 달랐지만, 얼마후 선배가 말한 A 장군이 국방부 장관으로 임명되었다. 장관 지명에 이어서 4성 장군 진급자와 의장, 참모총장 인사가 뒤따랐다. 군에서 3성 장군 이상의 계급은 소수이므로 그들의 업무성과, 능력, 인품, 도덕성 등이 널리 알려져 있다. 따라서 정권이 바뀌었지만, 누가 적격자임을 가늠할 수 있었다. 신임 장관이 자기 인맥을 넣으려 하지 않는다면, 대장 진급자를 예상해볼 수 있었다.

그러나 늘 그래왔듯이 장관이 근무연을 챙김으로써 의외의 인물이 4성 장군으로 진급하게 되었다는 소문이 들렸다. 진급 적격자로 생각했던 그 장군은 연합사에 근무 경험도 있고 중장 진급도 1차로 했으며, 경쟁력을 갖는 직책에 앉아 있었으므로 그에게 가능성을 높게 두었는데, 장관이 사적 근무연에 치우친 장군인사가 된 것처럼 알려져 그 장군이 비선 되지 않았을까 생각하게 했다. 2008년 3월 16일 일요일, 연합사 부사령관을 하고 있던 김모 대장으로부터 전화를 받았다. 평소 김모 대장과 사적으로 전화를 나눈 적이 없었기에 내용이 궁금했는데 그는 내가 자기 후임으로 연합사 부사령관을 맡게 되었다는 소식을 전해주면서 축하한다는 것이었다. 그가 신임 장관과 고교동문이고 가깝게 지내는 사이였으므로 장관이 그의 후임자에 대해 상의하자 진급된 동기생 3명 중 내가 연합사 부사령관에 적격자라고 했을 것 같았다. 대장으로 진급되리라 믿었지만, 연합사에 가게 될 거로는 생각해보지 않았으므로 좋은 소식임에도 왈칵 기쁨을 토로하기에 흡족하지 않았다. 연합사에 근무 경험도 없고 미군과 의사소통을 원활히 할 만큼 언어능력도 되지 못해 부담되었다. 이튿날 월요일, 군 고위급 장성 진급자와 보직변경 인사가 공식적으로 발표되었다. 그 내용은 합참의장 ○○기 A 대장, 육군참모총장 ○○기 B 대장, 연합사 부사령관 30기 이성출 대장, ○○군사령관 ○○기 C 대장, ○○군사령관 학군 ○기 D 대장, ○○군사령관 ○○기 E 대장이었다. 나는 대장진급자 명단을 보면서 인사의 공정성을 아쉬워했지만, 인사권자의 권한을 부정할 수 없어 논평을 삼갔다. 다만 MB정부의 국방부 장관을 포함한 첫 군고위 인사에 점수를 매긴다면 50점 수준이라고 생각했다. 나는 연합사 부사령관으로 보직을 받고 부임 날짜까지 시간적 여유가 있어 전임자인 김모 대장을 2차례나 찾아가 업무수행 관련 오리엔테이션을 들었다. 또한 역대 연합사 부사령관을 역임하신 3분의 선배를 찾아뵙고 조언과 귀한 의견을 들었다. 경험이 없다는 것은 생산적 지식이 부족하다고 볼 수 있었으므로 남다른 각오와 준비를 해야 했다.

4성 장군으로 발탁되어 군의 최고 계급을 달았으니 기쁘고 행복함을 느꼈지만 남다른 감회에 젖어 마음속으로 한없이 눈물을 흘리지 않을 수 없었다. 실오라기처럼 가늘었던 여정을 밟고 넘어 질듯 넘어 질듯하면서 정상 계급까지 올라온 것은 하늘의 도움이었다. 태생적으로 어려웠던 환경이라서 큰 꿈을 갖기에 무리였고, 기대난망이었지만 진인사대천명(盡人事待天命)했다. 어릴 적에는 배우고 공부하는 것만이 섬을 벗어날 수 있고 가난을 떨쳐버릴 수 있다고 믿고 또 믿었다. 상급학교 진학을 꿈꾸고 염원하고 하느님께 기도했다. 나이가 들면서 운명은 선택과 우연으로 점철된 궤적임을 알고 경계와 겸손을 잊지 않으려 했다. 검정고시 응시에 관심도 가져주지 않았던 선생님을 졸라 원서를 접수했던 집념, 검찰 공무원이 좋은 직업이므로 육사에 지원하지 말라는 고교 담임선생님의 조언을 무시해버린 고집, 아무런 배경도 없이 군 생활을 하면서 공무원 신분으로 갈아탈 수 있는 유신사무관을 걷어찼던 무모함, 보직과 진로를 염두에 두지 않고 학군단으로 옮겼던 무지가 모두 나를 더 큰 바다로 항해하게 만들었다. 타인들이 볼 때는 잘못된 선택 같았지만, 나의 결심은 옳았다. 그런가 하면 '화학 과목 성적이 좋다고 화학병과를 선택했을 때

보병 병과로 바꾸게끔 해주신 훈육관의 애정 어린 지도, 훈련단에 보직 명령을 받고 인사담당자를 찾고자 복도에서 두리번거리다가 마주치게 되어 보직을 바꾸게 해주신 사관학교 훈육관의 따뜻한 배려, 육대시험을 볼 수 없어 절망하고 있을 때 시험제도가 하루아침에 변경되어 육대에 들어갈 수 있었던 행운, 군 생활을 절망한 나머지 국방대학교에 가고자 하였으나, 옆에서 이를 말려준 이모 선배의 혜안과 조언, 장군의 무덤이라는 ○○사단장에 보직을 받았으나 전화위복이 되었던 아픔과 고통'은 보이지 않은 손이 되어 나를 4성 장군으로 이끌어 주었다. 군의 최고 계급장을 달았지만, 이것은 내 것이 아니고 국가와 군이 나를 쓰기 위해 빌려준 도구임을 인식하고 겸손한 자세로 사명과 책임완수에 진력하고자 다짐했다.

대장을 영어로 표현할 때 a four‑star general 또는 a full general이라고 한다. general이 일반적, 보편적, 전반적이라는 뜻을 내포하고 있어 직역하면 전반적인 것이 가득 찬 즉, 매사에 통달함을 의미한다고 볼 수 있다. 4성 장군은 군 최고 계급에 오른 국가동량(棟梁)이다. 그러므로 유능하고 탁월해야 한다. 그뿐만 아니라 불타는 애국심과 시대정신에 부합된 지성, 높은 도덕성을 갖고 선공후사(先公後私)하는 헌신적 태도를 보여야 한다. 대장 계급이 이렇게 엄중한 지위임을 자각하니 양어깨에 무거운 짐을 느끼지 않을 수 없었다.

한국군과 미군

내가 연합사 부사령관 겸 지상 구성군사령관으로 부임한 날이 2008년 3월 28일이었다. 취임식 행사는 많은 내외귀빈이 참석한 가운데 나이트 필드 연병장에서 거행되었다.

여기서 연합사와 지상 구성군사 연혁, 나이트 필드(Knight Field) 연병장을 간략히 소개하고자 한다.

한·미 연합군 사령부는 1978년 11월 7일 창설되었다. 한·미 각 군의 상비병력 약 700,000여만 명을 작전 통제하였다. 그 후 1994년 12월 1일, 한국군에 대한 평시 작통권을 한국 합참에 넘겨주고 연합사는 주한 미군과 한국군에 대한 전시작전통제권을 행사하고 있다. 적의 침략 시 연합사는 지상 구성군사령부, 해군 구성군사령부, 공군 구성군사령부, 연합해병 구성군사령부 그리고 연합특전사령부를 예하 부대로 하여 작전을 수행한다. 이 가운데 지상 구성군사령관과 연합특전 사령관은 한국군이 맡고 해군과 공군, 연합해병 구성군사령관은 미군이 사령관을 맡는다. 연합사령관은 주한미군 사령관, 유엔군 사령관, 주한미군 선임 장교 역할을 동시에 수행하므로 그의 권한과 책임은 매우 다양하고 복잡하다.

한편, 지상 구성군사령부는 1992년 창설되었는데, 그 이전에는 연합 사령관이 지상 구성군사령관을 겸임했다. 지상 구성군사령부가 창설되기 전, 의정부에 있었던 한미야전군사령부는 대한민국의 제3야전군 사령부 와 7군단 그리고 미2사단으로 구성되어 있었다. 제3야전군 예하의 수도 방위사령부는 수도인 서울을 지키는 독립적인 임무를 수행했다. 1990년 4월, 한국과 미국은 국제정세 변화에 대응하고 한국의 방위능력을 강화 하기 위해 한미야전군 사령부를 해체했다. 즉 1991년-1993에 걸쳐 연 합사와 별개인 지상 구성군사령부를 창설하고 사령관을 한국군 장군으 로 임명하기로 합의했다. 이에 따라 1991년에 있었던 제23차 한·미 연 례 안보회의 시 채택한 공동 합의서에 그 내용을 반영하고 연합사 부사 령관이 지상 구성군사령관을 겸직하게 되었다. 지상 구성군사령부는 예 하에 한국군 제1야전군 사령부, 제3야전군사령부, 미(美) 8군사령부, 한 국군 항공작전사령부를 전시에 작전 통제하고 미8군 사령관이 전시에 지 상 구성군사령부 부사령관을 겸임하게끔 되어 있다. 최근에는 한국군 지 휘구조가 제1야전군과 제3야전군을 통합하여 지상 작전사령부를 창설함 에 따라 전시 지상 구성군사령부 역할을 지상 작전사령부로 전환했다. 이러한 변화로 인해 연합사 부사령관이 맡았던 지상 구성군사령관 직책 을 한국군 지상 작전사령관이 담당하게 되었다.

연합사 연병장인 나이트 필드는 보병 제3사단 7연대 F중대 나이트 상병을 기리기 위해 명명되었다. 나이트 상병은 1951년 11월 23-24일 에 남다른 용맹성과 불굴의 용기로 고왕산 지역에서 적에 대항, 끝까지 임무를 완수하여 사후에 미(美) 최고훈장인 명예 대훈장에 추서되었다. 그는 적 진영에서 날아온 두 개의 직격탄으로 벙커가 파괴되고 부상을 입었으나 이러한 위협에도 굴하지 않고 사격하기 쉬운 구덩이로 자리를 옮겼다. 옮긴 지점에서도 효과적인 사격이 불가능함에 따라 적의 집중사격을 돌파하면서 적 진영에 사격을 가하여 큰 타격을 입힘으로써 적의 공격을 저지시켰다. 그 이후 적의 치열한 공격 중에도, 아군 진영으로 침투하는 적 분대를 발견, 역습을 가함으로써 적에게 큰 피해를 주었다. 그리고 마지막 실탄을 사용하여 단 한 발의 탄약도 없는 상황에서 3명의 적군이 폭탄을 가지고 아군 진영으로 진입하는 것을 발견했다. 그는 대담하게 앞으로 돌진하여 개머리판으로 2명의 적군을 저지시켰으나 나머지 한 명의 적군이 폭탄을 폭파하여 그는 치명적인 부상을 당했다. 나이트 상병이 최후에 보여준 자기 헌신과 크나큰 희생정신은 그 자신에게는 큰 명예를 갖게 했고 우리 군에는 경이로운 전통을 만들어 주었다.

나의 취임식이 열린 날은 꽃샘추위가 옷깃을 여미게 하고, 싸늘한 바람이 뺨을 때리는 이른 봄날이었다. 대장계급으로 함께 진급한 사람들은 야전군사령관에 보임되어 이미 취임했지만, 나는 전임자의 전역에 따른 준비기간을 고려하여 약 1주일 늦게 취임했다. 연합사령관이 주관하고 합참의장과 군 주요 인사들, 역대 부사령관, 가족, 친지 등 많은 분이 취임 행사에 참석하여 축하해주고 격려해주었다. 미군 군악대 연주에 맞춰 양국 국가(國歌)가 울려 퍼지고 사열 차에 연합사령관과 전임자, 내가 함께 올랐다. 3군 의장대를 사열하고 이어서 연합사령관의 훈시와 전임자의 전역사, 나의 취임사가 있었으며 의장대의 분열을 마지막으로 행사는 종료되었다. 나는 간략히 취임사를 낭독하면서 소임을 완수하는데 온갖 노력을 다하겠다고 내외귀빈들께 굳게 약속했다.

존경하는 벨 사령관님, 역대 부사령관님, 내외귀빈, 그리고 친애하는 한미연합군 사령부 장병 및 군무원 여러분!

오늘 이처럼 성대한 식전을 마련해주시고 따뜻한 축하와 격려를 보내주신 데 대해 진심으로 감사의 말씀을 드립니다. 본인은 먼저 대한민국의 평화와 안정에 중추적인 역할을 담당하고 있는 한미연합군 사령부 부사령관 겸 지상구성군 사령관으로 취임하게 된 것을 무한한 영광으로 생각하는 동시에 그 책임의 막중함을 통감하는 바입니다. 아울러 재임 기간 한 · 미 연합작전 수행 능력을 크게 향상함은 물론 한 · 미동맹을 더욱 굳건히 다지고 영예롭게 전역하시는 김〇〇 대장께 경의를 표합니다.

친애하는 한미연합군 사령부 장병 및 군무원 여러분!

주지하는 바와 같이 지금 우리는 미래지향적인 한 · 미동맹의 창조적 발전을 위한 새로운 전환점에 서 있습니다. 동맹의 공고한 가치와 정통성을 바탕으로 상호신뢰를 강화하고 현행 연합방위체제에 버금가는 독창적인 미래 공동방위체제를 구축해야 하는 역사적 과업을 부여받았습니다.

따라서 본인은 부사령관으로서 한미지휘구조 전환을 비롯한 한미연합군 사령부의 창조적 변화를 주도하는 데 앞장서겠습니다. 이와 동시에 강력한 연합방위체제를 유지하여 북한 위협을 효과적으로 억제하고 국민에게 한 · 미동맹에 대한 강한 믿음을 주고 비전을 제시할 수 있도록 모든 지혜와 역량을 결집해나가겠습니다. 또한 지상구성군 사령관으로서 지구사 작전계획 및 연합연습체계를 발전시켜 독립적인 구성군사령부로서 역할을 완벽하게 수행할 수 있도록 최선을 다하겠습니다. 올해는 한 · 미동맹 55주년이며 한미연합군창설 30주년이 되는 해로서 한 · 미동맹에 매우 큰 의미를 갖는 해입니다. 본인은 이처럼 중요한 시기에 한미연합군사령부 부사령관 겸 지구사령관으로 취임하게 되어 매우 기쁘게 생각하며 앞으로 연합사령관의 지휘의도를 받들어 부여된 소명을 완수하는데 혼신의 노력을 다할 것을 굳게 약속드립니다. 끝으로 이 자리를 빛내주신 모든 분께 다시 한번 감사드리며 40년간 군 생활을 명예롭게 마치고 군문을 떠나는 김 장군과 그 가정에 건강이 늘 함께하길 기원합니다. 같이 갑시다! 감사합니다.

한 편 연합사 부사령관 취임식 자리에서 내외귀빈에게 사회자가 낭독하고 소개한 나의 약력이다.

'오늘 취임하는 이성출 대장은 1949년 10월 22일(음), 전라남도 신안군 섬마을 비금도의 농가에서 4남 2녀 중 차남으로 태어나 부모님의 사랑과 엄격한 가정교육을 받으면서 자랐다. 경제적 여건상 상급학교 진학이 어려웠으나 배움을 포기하지 않고 주경야독을 통해 검정고시로 중등과정을 이수하였다. 장군은 대학 진학할 형편이 되지 않자 공무원시험에 응시하여 검찰사무직으로 광주지검 목포지청에서 근무하다 큰 뜻을 품고 1970년 육군사관학교에 입학, 1974년 3월 28일 졸업과 동시 보병 소위로 임관하였다.

장군은 군 생활의 대부분을 강원도지역에서 정도를 걸으면서 묵묵히 임무를 수행하였고 3형제가 육사, 해사, 공사 등 정규사관학교를 졸업함으로써 타군을 깊이 이해하고 존중하며 시골 태생으로 순수성과 정직성, 배려심 등이 몸에 배어 있다.

임관 이후 전북대학교 경영학 석사과정과 고려대학교 최고경영자과정 수료, 육군대학 한국전쟁사 교관을 역임한 바 있으며, 보병 제2사단 31연대 2대대장, 합참 무기체계 평가 과장, 보병 제6사단 19연대장, 제3야전군 계획편성 과장, 교육사 군구조 발전처장 등 다양한 직책을 두루 경험하였다. 1999년 7월 1일, 장군으로 진급하여 보병 제○○사단 부사단장, 육군본부 전략 기획처장으로 근무하였으며 2002년 4월 4일 소장으로 진급하여 보병 제○○사단장과 육군본부 감찰감, 지휘통신참모부장을 역임하였다.

장군은 2005년 5월 2일, 중장으로 진급하여 제○군단장, 합참 전략기획본부장으로 재직하면서 군사전략, 군구조, 군사력 건설, 작전/교육, C4I 등 군의 미래기획 및 현대전 수행의 핵심분야를 폭넓게 두루 섭렵하였으며, 책상에서 보고 받는 것보다는 현장 중심의 업무처리와 격식과 형식을 배제하고 내용을 중시하는 실사구시를 추구했다.

또 한 장군은 과거의 틀에 얽매이지 않고 미래를 내다보면서 변화와 혁신을 강조하고 강한 자기 절제력 및 투철한 도덕성을 겸비하였으며 부하의 인격을 존중하고 의사소통을 중시하는 열린 리더십을 실천함으로써 덕장으로 평가받고 있다.

장군은 국익과 군의 미래, 한·미동맹 등을 고려하여 전작권 전환 준비를 차질없이 진행하였으며 미래 전장 환경 변화에 부응할 수 있는 네트워크 중심전(NCW) 설계, 합동성 강화에 기반을 둔 군사력 건설 방향 정립에 큰 역할을 하였다.

장군은 군 복무 중 보국훈장 삼일장, 천수장, 대통령 표창 및 미(美) 육군장관 표창 등 다수의 훈. 표창을 수상하였다.

장군은 마라톤, 테니스, 골프 등을 좋아하는 스포츠맨이며 가족으로는 부인 박정신씨와 2남이 있다.'

취임식을 마치고 면알식에 앞서 연합사 내 한국군 주요간부를 살펴보니 부참모장에 김모 장군, 정보부장 윤모 장군, 작전 차장 최모 장군 등이었다. 이 가운데 부참모장은 육사 동기였다. 그는 내가 부임하고 약 1주일 후 떠나게 되어 있었고 전역을 앞두고 있었다. 그러나 내가 부임하고 다음 날, 그로부터 사정이 있으니 약 2주 동안 부참모장 직책에 더 있게 해 달라는 건의를 받았다. 그의 속내는 약 2주 후에 있을 딸 결혼식을 현직에서 치르고 싶어 한 것 같았다. 나는 그의 건의를 받고 군에서 인사 명령은 엄격한 것인데 개인적 사유로 명령을 어기는 것이 비상식적이라고 생각되어 이해하기 어려웠다. 더구나 후배 장군이 그의 후임으로 보직 (補職) 명령을 받고 대기 중이라서 그의 태도에 실망하지 않을 수 없었다. 그뿐 아니라 위계가 분명한 군 조직이지만 하급자가 육사 동기이니 나의 지휘 활동에 불편함이 따를 것 같아 그가 인사명령대로 떠났으면 좋겠다고 생각했다. 그러나 나는 대의명분보다 그가 육사 동기라는 점 때문에 그의 건의를 수용해 주었다. 지휘관으로서 인사명령을 엄격히 집행하여 명령대로 그를 보냈어야 했는데 그렇게 하지 못했다. 나의 공명정대하지 못한 결심으로 부참모장 보직(補職) 명령을 받고 뜻하지 않게 집에서 긴 휴가(?)를 보낸 후배 장군에게 미안했다.

취임 행사를 마치고 집무실 책상 의자에 앉아 국가로부터 부여받은 연합사 부사령관 책무를 수행하는 데 바탕이 될 한·미동맹의 본질에 대해 깊이 생각해 보았다.

한국과 미국은 지구의 반 바퀴 거리만큼인 약 13,000여km 떨어져 있어 지리적으로 결코 가까운 이웃 국가가 아니며, 문화와 언어가 다른 동양과 서양에 위치하고 있다. 또한, 한국은 단일민족 국가이지만 미국은 여러 민족이 통합되어 있고 연방을 만들어 국가체제를 유지하는 국가이다. 국토 면적도 한국은 미국의 약 55분의 1 정도로 작은 국가이다. 역사적으로 한국은 고대로부터 현대에 이르기까지 반만년의 오랜 역사를 갖고 있으며, 신화적 배경을 민족의 기원으로 인식하고 있는 반면, 미국은 국가의 형성이 이민과 개척의 역사에서 시작되었으며 짧은 기간 기독교 정신과 합리성을 기초로 발전을 이룩한 나라이다. 그런데 한·미동맹은 세계에서 가장 성공한 동맹이며, 한국에게 오늘날의 번영을 가져다준 원동력이면서 우리의 실질적인 후견자이다. 그렇다면 이렇게 공통적 특성보다는 이질적 요소가 많은 두 국가가 왜, 어떻게 성공적이며 모범적인 동맹으로 발전할 수 있었을까? 하는 의문을 갖지 않을 수 없었다. 여기에는 몇 가지 요인이 있음을 알았다.

첫째는 한국이 위치한 동북아의 잠재력이다. 한·미동맹에서 한국이 동북아에 있다는 지정학적 요소는 중요한 배경이다. 동북아는 세계인구 25%가 살고 있으며, 명목 GDP 기준 세계 경제 25%를 생산하고, 중국·러시아·북한 등 군사 강국이 위치하고 있는 막강한 지역이다. 중국과 러시아로 대표되는 대륙세력과 일본과 미국으로 대표되는 해양세력이 공존하면서 상호보완적 협력관계를 유지하고 있지만 때로는 대립적 경쟁관계를 이루고 있는 지역이다. 동북아는 18세기까지 중국의 지배 아래에 있음으로 해서 문화적 동질성이 강하여 국가 간 상호 이해도가 높지만, 역사왜곡으로 빈번히 갈등을 야기시켜 지역발전을 저해하고 있다. 동북아는 북한 핵개발과 남·북한 간 이념대립, 한·일 간 독도문제, 러·일 간 북방영토 문제, 중·일 간 센카쿠열도 문제, 한·중·일간 대륙붕 개발 문제 등 분쟁과 충돌요소가 산재되어 있는 지역이기도 하다. 동북아는 국가 간 협력을 통해 상생을 추구하고 있지만, 상호협력에 의한 통합보다는 힘의 균형을 파괴하여 지배하고자 하는 패권경쟁이 심화할 가능성이 많은 지역이다. 남·북한 간 이념대립은 물론 북·중·러 3개국과 한·미·일 3개국의 냉전적 대립 구도가 상존하고 있어, 미국의 국가이익에 사활이 걸려있는 지역이라고 볼 수 있다.

둘째는 중국의 영향력 확대라고 본다. 중국은 최근 약 20여 년간에 걸쳐 매년 10% 이상 경제성장과 매년 15% 이상 국방비를 증액하고 있는 국가이다. 그 결과 향후 20년 이내에 미국의 경제력을 추월하여 미국과 동등한 세계 최강국이 될 것이라고 일부 학자들은 예상하고 있다. 이러한 배경을 바탕으로 역사, 문화, 영토 등 동북아의 종주국으로서 위상을 되찾고자 중화권 건설을 외교정책의 전면에 내세우고 있다. 또한, 궁극적으로 태평양으로 세력을 확대하여 동북아의 명실상부한 지도국이 되고자 항모를 진수하고, 해양 방어선을 괌까지 연장하는 전략을 채택하고 있을 뿐만 아니라, 아세안 국가와 다자체제 구축은 물론 세계 각국의 개발도상국에 경제지원을 확대하면서 이들 국가와 자유무역협정(FTA)을 체결하고 있다. 이러한 중국의 행보는 중국 지도자가 표명한 대외정책에서 쉽게 읽을 수 있다. 덩샤오핑의 도광양회(韜光養晦)는 "힘을 기를 때까지 참고 기다린다는 것"이었지만, 그 후 지도자들은 화평굴기(和平屈起)를 대외정책 기조로 내세워 "평화롭게 우뚝 서되 국제사회에 적극적으로 책임을 수행 하겠다"라는 의지를 표명하였고, 2000년대 후반에는 유소작위(有所作爲)로 "적극적 참여는 물론, 하고 싶은 대로 하겠다"라는 공격적 의도를 내세우고 있다. 그러나 중국은 이러한 대외정책 기조 하에서 표면적으로는 주변국의 위협론(威脅論)을 불식시키는 노력과 함께 국제사회에서 역할을 확대하고, 특히 미국과 협력을 중시하는 정책을 추진하고 있으나, 잠재적으로 미국과의 갈등구조는 불가피하다고 생각한다.

셋째는 한반도의 전략적 가치이다. 중국의 영향력 확대와 미·중의 갈등으로 경쟁 구도가 치열한 동북아에서 한국이 갖는 전략적 가치는 크다고 본다. 우선 한반도는 동북아 내선에 위치함으로써 국제적 관심과 간섭을 받기 쉬워 900여 차례의 외침을 받았다. 국력이 약한 시기에는 주권을 상실한 경우가 많았다. 또한, 한반도는 반도 국가임에 따라 대륙과 해양으로 진출하는데 관문이자 교두보이며, 세력 확장에 있어서 우선적으로 장악해야 할 요충지이다. 그러므로 한반도는 역사적으로 강대국 세력 간의 각축장이 되는 경우가 많았으며 한반도가 어느 쪽에 기우느냐? 어느 쪽이 한반도를 차지하느냐? 에 따라 세력 판도가 바뀌게 되는 균형점이 되었다. 이에 따라 한반도는 동서가 균등하게 나눠 갖는 형식의 분단국으로 남아 있으며 주변 4강을 포함하여 국제사회는 한반도가 통일이라는 변화로 인해 야기될 수 있는 불안정보다 현재의 평화 상태가 지속되길 희망하고 있는 것 같다. 이러한 전략적 가치는 한·미 상호 간 국가이익에 크게 일치되는 요소이다.

즉, 미국 입장에서는 태평양 국가로서 한반도가 갖는 전략적 가치를 놓칠 수 없으며, 한국은 주변국으로부터 쉽게 점령당한 뼈아픈 역사적 경험하고 있기에 미국과 동맹 관계를 유지하고 발전시키는 것이 국가생존을 위해 최선의 전략임을 잘 인식하고 있다.

역사적으로 한국과 미국의 첫 만남은 우연히 그리고 불행한 사건으로 시작되었다. 서양 세력이 동양을 점령하던 제국주의 시대인 1866년, 미국의 상선 한 척(제너럴셔먼호)이 평양 근처 대동강 상류에서 조선군대에 의해 전소되는 사건이 발생했다. 당시 조선은 문호를 개방하지 않고 서양 문물의 유입을 차단하던 시기라서 미국 상선의 출현은 충격적 사건이었다. 이 사건이 발생하고 5년 후 미국은 함대와 해군 병력을 강화도에 상륙시키고 조선에 문호개방과 사과를 요구하였다. 그 과정에서 조선군대 600여 명이 전사하는 대사건이 발생하였는바, 이를 신미양요(辛未洋擾)라고 한다. 신미양요(辛未洋擾)는 조선이 쇄국정책을 더욱 강하게 추진하게 된 요인으로 작용했다. 서양 세력에게 문호개방을 반대하던 조선은 일본의 강압으로 1876년, 강화도 조약을 체결하고 쇄국정책을 포기하게 되었으며, 조선의 3개 항구를 개항하게 되었다. 그 후 조선은 청나라 중재로 미국과 통상수호조약을 체결함으로써 본격적으로 서양 문물을 받아들이게 되고 근대화의 길을 가게 되었다. 이 과정을 살펴보면 오늘날 상황과 유사하게 한반도 문제해결에는 중국의 역할이 크게 작용하였음을 역사적으로 보여주고 있다. 일본이 2차 대전에서 패하고 연합군이 승리함으로써 한반도는 일본의 식민지 지배를 벗고 주권을 회복하였으며, 세계 많은 나라들과 함께 미국의 도움을 받아 독립을 얻게 되었다. 그러나 북쪽은 소련군이 점령하여 통치하고, 남쪽은 미군이 진주하여 군정을 실시함으로써 열강의 힘으로 한반도는 분단의 아픔을 겪게 되었으며, 오늘까지도 냉전의 산물이 한반도에서 전쟁 위협을 낳게 하고 있다.

  제2차 세계대전이 끝나고 세계질서가 새롭게 정립되는 과정에서 일어난 한국전쟁은 공산주의 팽창정책과 한반도 내에서 남·북 간 힘의 균형이 파괴됨으로써 발생했다. 미·소가 각각 한반도에 주둔한 군대를 철수하였으나 북한은 소련 무기와 팔로군 출신의 전투 경험이 많은 병력으로 군대를 조직하고 중소의 지원을 받아 남침 준비를 차질 없이 진행했다. 하지만 남한은 미국의 지원으로 군대를 창설하였으나 경비대 수준이었고 치안유지에 중점을 두고 편성하였다. 전쟁은 중소의 지원을 받는 북한 의도대로 파죽지세 양상을 띠면서 개전 3일 만에 서울이 함락당하는 상태가 되었다.

  그러나 미국을 포함한 국제사회는 북한침략을 불법으로 규정하고 즉

각 철수할 것을 유엔안보리 결의(제82호)를 통해 북한에게 요구했다. 북한이 유엔결의를 받아들이지 않음으로써 미국이 주도한 유엔군이 한국전에 참전하여 1950년 7월 5일 북한군과 최초교전을 하게 되었다. 그 후 한국 대통령은 한국군의 열악한 전력과 경험 부족으로 인해 자체적 전투능력이 미흡함을 알고 한국군 작전 지휘권을 유엔군 사령관에게 넘겨주었다. 이것이 오늘날까지 한국군의 작전통제권을 한국군 단독으로 행사할 수 없게 된 배경이다. 한국전쟁은 3년 1개월 동안 상호 간 많은 인명피해를 내고 1953년 7월 한국이 불참한 가운데 북한과 미국, 중국에 의해 휴전협정이 조인됨으로써 정전에 이르게 되었다. 전쟁 과정에서 미군은 전혀 알지도 못하고 만나본 적도 없는 한국과 한국 국민을 위해 13만여 명의 인명피해를 입었다. 자유와 민주주의를 수호함으로써 자유는 그냥 얻을 수 없음을 교훈으로 남겼다. 수많은 젊은이의 죽음은 한·미동맹을 혈맹관계로 승화시키고, 한반도가 일본 방어는 물론 미국의 안전에 매우 중요한 지역임을 새롭게 인식하는 계기가 되었다. 미국은 오늘날 동북아에서 대륙 세력의 태평양진출을 저지하는데, 전초기지로 한반도를 활용하고 있다.

　　1953년 10월 1일 조인된 한·미상호방위조약은 한국방위를 위해 우리나라가 외국과 체결한 최초 군사조약이다. 휴전회담이 진행되는 과정에서 한국은 휴전 후 북한의 재침에 대비한 강력한 군사동맹을 미국에 요구했다. 미국은 한국에게 이를 약속하고 한·미상호방위조약을 체결함으로써 한국방위에 공동책임을 지게 되었다. 이 조약에 따라 미국은 육·해·공군·해병대를 한국영토에 주둔시킬 수 있는 법률적, 제도적 보장 받게 되었다. 지난 60년간 한반도에 주둔한 주한미군은 한국군과 연합방위체제를 구축하고 막강한 전쟁 수행 능력을 갖추고 있으며, 북한 무력도발을 억제함은 물론, 동북아의 안정에 지대한 영향력을 행사하고 있다. 한편, 한국은 미국과 자유를 위해 어깨를 나란히 함께 싸웠다. 베트남 전쟁은 미국에게 심각한 경제, 사회문제를 발생시키고 국제사회에서 미국의 지도력을 저하시키는 결과를 가져왔다. 전쟁 과정에서 한국은 초기에는 비전투부대위주의 군대를 파견하였으나, 미국 요청으로 연인원 30여만 명의 전투부대를 파병하고 미국을 도왔다. 한국은 21,000여 명 인명피해를 입고 미국에 혈맹으로서 모범적 역할을 보여주었다. 한국은 베트남 전쟁을 통해 경제발전과 군 현대화를 이루는 기반을 구축했다.

21세기 새로운 전쟁 양상인 미국 주도 테러와의 전쟁에서도 한국은 전비지원과 비전투부대, 전투부대를 파병하여 미국과 함께 글로벌 파트너십을 구축했다. 지금까지 지원을 받았던 국가에서 국제사회에 지원을 제공하는 국가로 발전하는 계기를 만들었다. 한국은 한·미동맹을 기반으로 국력 신장을 거듭한 결과 세계 10위권의 경제적 강국이 되었으며 군사력도 괄목할 만큼 성장하여 세계적 강군의 모습을 구비하게 되었다. 이는 한국전쟁에서 북한침공을 저지하고 전후 복구와 국가체제 구축과정에서 미국의 경제, 군사지원이 있었기에 가능했다.

오늘날 한·미 양국 간의 관계는 한국은 미국에게 5번째의 경제 교역국이다. 약 10만 명의 유학생을 미국에 보내 미국문화와 언어를 배우고 있다. 그뿐만 아니라 미국의 도움으로 제2차 세계대전 후 독립한 50여 개 국가 중 한국은 미국의 정치·경제 가치 기준에 가장 충실한 모범국가로 발전했다. 반면, 미국은 한국에게 2번째 큰 교역 국가이며 상호방위조약을 바탕으로 한국방위에 공동책임을 맡은 국가이다. 또한 지구상에서 유일한 동맹국이자 혈맹이다. 지난 60년 한·미동맹은 북한 무력도발을 억제하고 한반도에서 평화와 번영을 달성했다. 오늘날 한·미동맹은 상호신뢰를 바탕으로 돈독한 관계를 유지하고 있으며 동맹의 미래 또한 밝다고 생각한다. 그러나 동맹 발전에 촉진 요소도 많지만 도전 요소도 만만치 않음을 인식하고 미래를 준비해야 할 것이다. 동맹 관계를 촉진하는 요소는 무엇보다 국제질서와 동북아정세 변화 속에서 한반도가 차지하는 지정학적 중요성을 간과할 수 없는 점이다. 미국의 아시아 중시 정책 구현은 한반도에서 미국이 갖는 동맹가치가 지속적으로 유지될 때 가능할 것이다. 한국이 지난 60년간 이룩한 정치, 경제, 군사 발전은 국제사회에서 미국의 파트너가 될 수 있는 역량을 구비하는 데 큰 바탕이 되었다. 일본이 역사, 경제력, 리더십문제 등으로 아시아에서 영향력이 약화되고 있는 점은 한국의 역할이 상대적으로 더 많이 요구될 수 있는 가능성을 담보하고 있다고 할 것이다.

반면에 한·미동맹의 미래를 불확실하게 하는 요인 중 가장 큰 요소는 중국의 경제력과 군사력 등이 빠르게 성장하고 있다는 점이다. 동북아에서 중국이 갖는 역사, 문화, 지리적 특성은 중국이 주도권을 장악하는데 유리한 여건을 제공해주고 있으며, 여기에 중국의 경제력과 군사력 급성장은 한반도에 많은 영향을 미치게 될 것이다. 경제는 중국에, 안보는 미국에 중점을 두고 있는 한국 입장에서 현명한 대외정책을 마련하고 살펴야 할 것이다. 또한 북한 정권의 불안정은 주변국 안정에도 크게 영향을 주게 되고, 특히 북한의 핵무기 개발에 따른 세계평화 위협은 한반도 문제를 넘어 국제적 관심과 행동을 불러일으키게 될 것이다. 북핵 문제해결 과정에서 한·미 간 그리고 주변국과 갈등 발생 가능성을 충분히 고려하고 대비해야 할 것이다.

한·미동맹을 관리하는 데 있어 전시작전 통제권 전환은 지금까지 한국방위의 틀을 새롭게 정립하는 계기가 될 것이다. 그러나 전환에 대한 시기의 적절성과 준비상태 등이 충분치 못할 경우, 북한에게 오판을 줄수 있으며, 한국방위에 문제를 가져올 수 있을 것이다. 한국 내에 급진좌파 세력의 확장과 이들의 제도권 정치 진입은 반미감정을 확산시킬 수있으며, 한·미 간 정책 조율 과정에 영향을 미칠 수 있을 것이다. 이들이 주장하는 주한미군 철수는 북한의 제4세대 전쟁의 중간목표라고 할수 있다. 우리 국민의 결집된 노력으로 이들 세력의 반미활동 확장을 저지해야 할 것이다. 한·미동맹의 시작과 발전과정은 안보적 중요성에 기인하고 있다. 그러므로 안보 상황에서 동맹의 협력과 공조가 부족할 경우 동맹 관계에 크나큰 상처를 입게 될 것이다. 노무현 정부 시절 효순·미순 사건으로 반미감정이 촉발된 상태에서 전시 작전통제권 전환을 추진한 것은 한·미동맹에 많은 아쉬움을 주었다. 한·미는 우선적으로 안보동맹을 튼튼히 강화하고 북한 핵문제를 해결하는 데 공동노력을 아끼지 말아야 할 것이다. 이를 위해 양국에 영향을 주는 안보 정책은 상호 긴밀한 협의를 거쳐 시행하고, 전시 작전통제권 전환은 시기의 적절성을 재검토해야 할 것이다. 북한의 위협은 무력도발과 급변사태, 핵무기 개발, 사이버 공격 등으로 구분된다. 이 가운데 무력도발과 급변사태는 가능성에 따른 한·미 양국의 대응능력과 방법이 명확하고 충분한 효과를 얻을 수 있는 상태에 있다고 생각한다. 하지만 북핵 문제는 대화와 압박을 병행하여 해결을 시도하고 있지만 풀리지 않고 있다. 이는 지난 10년간에 걸친 6자회담과 남북대화, 북미대화를 통해 충분히 입증되었다. 따라서 한반도 통일을 조기에 이룩하는 것이 북핵문제 해결의 지름 길임을 국제사회가 인식할 필요가 있다. 이를 위해 한·미 공동협의체를 구성하여 통일 여건을 주기적으로 평가하고, 북핵 문제와 연계하여 통일 방안을 강구해야 할 것이다. 아울러 주변국의 이해와 협력을 얻기 위한 공동의 노력도 외교적 활동을 통해 활발히 추진해야 한다. 한국의 국력 신장은 한·미동맹이 군사동맹을 넘어 정치, 경제, 문화 등으로 확대되는 포괄적 동맹으로 발전을 요구하고 있다. 동북아는 물론, 세계평화와 번 영에 기여하는 동맹으로 성장을 기대하고 있다. 또한 한국이 갖는 국제 적 위상이 국력에 걸 맞는 상태가 되도록 동맹이 함께 노력할 필요가 있 다고 생각한다. 동맹은 어느 때든 어느 곳이든 함께 갈 수 있는 상태가 되어야 진정한 모습이라고 생각한다. 그래서 한·미동맹정신은 "같이 갑 시다"이다. 즉 "We go together"이다. 한·미는 상호이해를 바탕으로 신 뢰와 가치를 공유하고 공동이익을 추구하는 영원한 동반자가 되도록 공 동의 노력을 아끼지 말아야 할 것이다.

한편 한국방위에 노고를 아끼지 않고 있는 주한미군의 한반도 주둔 배경과 실체를 생각해보았다. 주한미군은 6·25전쟁 참전과 그 후 한·미 상호방위조약, 연합사 창설을 통해 위상과 역할의 변화를 겪게 되었으며 현재 주한미군은 지상군과 공군전력 위주로 한반도에 배치되어 있다. 지 상군이 약 14,000여 명, 공군이 약 9,000여 명이며 이들은 의정부, 동두 천, 평택, 오산 등에 위치하고 있다. 주한미군은 전투기 90여 대, 정찰, 감시 자산, 지대지 미사일과 다련장 로켓포 등을 주요자산으로 보유하고 있다. 미군에 의한 한국군의 작전통제는 6·25전쟁 시와 한·미상호방위 조약이 체결된 후로 비교하여 말할 수 있다. 6·25전쟁 때에는 법적 뒷받침에 의한 한국군의 작전통제권 이양이 아니라 한국군의 독자적 작전 수행 능력이 빈약하여 이승만 대통령이 개인 서신으로 당시 유엔군 사령관인 맥아더 장군에게 작전통제를 위탁한 형식이었다. 따라서 양국 간 협의 과정을 거치지 않고 이승만 대통령과 맥아더 장군의 개인적 신뢰를 바탕으로 이루어진 조치였다. 휴전이 되고 정전과 동시 한·미상호방위조약을 체결함으로써 양국은 미군이 한국에 주둔할 수 있는 법적, 제도적 보장 장치를 만들었다. 그 일환으로 '54년 경제와 군사지원에 관한 한미합의각서에 한국군에 대한 작전통제권을 유엔사가 갖도록 명시했다. 그후 1978년 한미연합사가 창설되고 한·미는 전략지시1호에 의거 한국군의 작전통제권을 유엔사에서 한미연합사로 전환하게 되었다. '94년 한·미는 전략지시2호를 양국군대에 하달하여 연합사가 가지고 있던 한국군 작전통제권 범위 중 평시 작전통제권을 한국 합참에 전환하고 전시작전통제권만 연합사가 행사하도록 하여 현재까지 이 상태를 유지하고 있다. 작전통제권에 대한 지휘관계가 정전부터 '54년 합의각서가 발효되기 전까지는 한국군에 대한 작전통제권을 아무런 근거 없이 미군이 행사했다. 우리 군은 관성적으로 미군 통제에 안주했다고 볼 수 있다. 현대사에서 우리 군에게 한미연합사만큼 크게 영향을 미친 조직이 없다고 본다. 1978년 연합사 창설은 '1970년 초 아시아에서 미군이 감축되고 북한 도발이 빈번한 상황에서 미군 철수를 막기 위해 한국이 제의하여 미국이 받아드린 결과였다. 연합사 창설은 한반도 안정과 평화는 물론, 동북아에 안정과 균형을 유지하는 데 크게 기여했다. 연합사령관은 양국 합참의장의 전략지시를 받아 연합사 예하부대를 지휘하며, 합참의장은 한·미 각국의 국가통수기구에서 하달한 훈령과 지침을 토대로 군사위원회에서 구체적 지침을 만들어 이를 연합사령관에게 전략지시로 하달한다. 다만, 평시작전통제권을 자군이 행사하므로 전시작전통제권에 한해 행사하며 전시는 한·미 군을 성격별 구성군으로 편성하여 지휘한다. 연합사령관은 주한미군 사령관과 유엔군 사령관을 겸직한다.

한국에 주둔하고 있는 미군은 3개의 사령부로 편성된 조직 중 하나 또는 두 개, 심지어는 세 개의 사령부 요원으로 임무를 수행한다. 즉, 한국방위에 대한 공동책임을 지는 연합사 요원, 미국 태평양사령부 예하 한국에 주둔하는 주한미군 사령부 요원, 한반도 정전관리 및 유지를 책임지는 유엔군 사령부 요원으로서 근무하며 이들은 필요에 따라 2~3개 사령부에 보직을 겸하고 있다. 주한미군은 주한미군사령부, 한·미 연합사, 유엔군사령부에 소속되어 있다. 이중 주한미군사령관이 평시 한국에 주둔하는 주한미군에 대해 태평양사령관의 지시를 받아 지휘한다. 따라서 주한미군사령관을 겸직한 연합사령관은 주한미군사령관 역할에 중점을 두게 되며 연합사령관으로서는 CODA에 명시된 범위에서 한국군을 통제한다. 유엔군사령관은 정전위원회와 중립국감독위원회를 통해 정전체제를 관리, 감독, 유지한다. 전시는 한국군과 증원된 다국적군을 포함하여 모든 군대를 연합사령관이 지휘하며, 주한미군사와 유엔군사는 연합사령관을 기능별로 지원과 협조를 하게 되어 있다. 연합작전은 한미가 공동으로 발전시킨 작전계획을 수행하는 것이다. 이와 관련된 문서는 상호방위조약, 전략지시1, 2호와 연합위기관리규정, 각종 협약 등이 있다. 평시 정전상태에서는 주로 정보자산 운용과 정보수집, 분석, 전파, 공유, 작계발전, 연합전쟁 연습, C4I 체계 상호운용성 발전 등이다. 평시 상황에서 위기가 발생하면 한·미는 공동위기관리조직을 구성하고, 워치콘과 데프콘 격상을 협의하며, 전쟁 억제를 위한 전력의 추가 배치, 양국국민과 주변국에 대한 메시지 등을 검토하고 발표하게 된다.

특히 이 과정에서 연합사령관의 권한과 합참의장의 권한이 상호 중첩되어 충돌 가능성이 있으므로 긴밀한 협의가 요구된다. 평시에 위기가 발생하면 연합사령관은 CODA에 의해 위기를 관리하지만, 그가 유엔군사령관을 겸하고 있어 위기가 정전체제를 파괴하지 않은 방향으로 관리하고자 할 것이다. 그러나 합참의장은 위기가 확대되더라도 이를 감수하고자 할 때 합참의장이 갖는 평시작전통제권과 연합사령관의 위기관리가 상충 되는 현상이 발생할 수 있는 것이다. 전시에는 작전목적과 최종상태는 물론, 제3자 개입차단 등을 협의하고 미군전력의 시차별 전개를 요청하며 전략 커뮤니케이션을 공동으로 결정하게 된다. 특히 개전 초부터 북한 장사정포와 핵무기 제압, 대량살상무기 타격, 김정은 체포/사살, 잠수함 세력제거, 특작부대 타격 등에 작전중점을 두게 되며, 이를 위한 한·미 간 C4I체계의 상호 운용성은 매우 중요한 수단이 되고 있다

한·미동맹과 주한미군에 대한 이러한 인식을 바탕으로 각 부처별 업무보고를 받고 관심을 집중해야 할 과제를 몇 가지 선정했다. 무엇보다 상호신뢰를 증진할 수 있도록 업무수행 문화를 바꾸고자 했다. 연합사의 미군과 한국군은 책상을 옆에 두고 side by side 형태로 근무한다. 긴밀한 관계를 갖고 있지만, 거리가 아무리 가까워도 무신불입(無信不立)이라 했듯이 상호신뢰하지 않으면 연합방위와 한·미동맹 발전에 기여할 수 없다고 보았기 때문이다. 상호신뢰는 성실하고 정직한 업무수행 태도가 우선되어야 하므로 일(Task)에 올-인하는 분위기를 조성하고, 공식문서나 구두보고에 객관성이 결여된 개인의 희망적 사고(wishful thinking)를 담아 내용을 호도하지 않도록 했다. 또한 '할 것처럼 보인다.'와 같은 애매하고 두루뭉술한 표현을 하지 않도록 했으며, '했다 치고 넘어가는' 형식적 일처리를 지양하도록 했다. 미군의 일처리는 형식적이지 않았으며, 두루뭉술하지도 않았고, 되는 것과 불가능한 것이 명확한 점을 우리도 배워야 했다.

아울러 한미유대강화를 위한 다채로운 친선활동을 장려했다. 연합사 한국군은 실무자로부터 부사령관에 이르기까지 파트너가 편성되어 있다. 공적은 물론, 사적 영역에서도 서로 관심 두고 배려하는 태도를 견지하도록 하였으며 팀워크를 향상시킬 수 있는 팀 강화(Team Building) 활동을 활성화했다. 한·미 친선행사는 한국문화 소개, 제주도 문화탐방, 단축마라톤 대회, 동계 친선스키 대회, 안면도 국제 꽃 박람회 관람, 예산 옛이야기 축제, 어려운 이웃돕기 등 다채로운 이벤트를 마련하여 한·미 간 우의를 증진했다. 한국문화 소개에 한국 민속촌과 남산 한옥마을을 관광하고 이천 도자기 마을에서 도자기 굽는 과정을 직접 체험해보는 기회를 만들었다. 전입된 미군들을 대상으로 가족 동반하여 매년 3회에 걸쳐 120여 명을 제주도 문화탐방 기회를 제공했다. 특히, 2008년 대통령 부대표창 기념으로 상금을 받아 유익하게 쓸 방법을 모색하던 중 불우이웃돕기에 사용하자는 나의 제안을 샤프 사령관이 흔쾌히 동의해줌으로써 2008년 12월 22일, 사령관과 함께 현장을 방문하여 위로금과 위문품을 전달하는 자리를 마련했다.

또한, 전시작전통제권 전환에 대비하여 인재양성과 한·미 워게임 연동체계 개선, 한·미 C4I체계의 상호 운용성 보장에 노력했다. 한국군은 6·25전쟁 이후 독자적 작전통제권을 갖지 못하고 유엔사를 통해 전시

작전통제권이 행사되다가, 1978년 연합사 창설 이후 연합방위체제 하에 한국군의 전시작전통제권을 연합사가 행사하고 있다. 미군에 의해 실질적으로 업무가 주도됨으로써 전쟁과 작전기획, 연습시나리오 구상능력 등이 한국군에게 부족하다고 보았기 때문이다. 이를 보완하기 위해 한국군의 연합사 근무 경험을 확대할 수 있도록 방안을 모색했다. 그 일환으로 연합사에 근무하고 있는 중·소령 가운데 매년 1/3을 합참으로 보내고, 합참의 중·소령 중 그 숫자만큼을 연합사로 보내 미군의 업무수행 방식과 기획력을 배우게끔 인사교류를 하는 것이었다. 그렇게 되면 한국군 능력향상에 큰 도움이 되리라 믿었지만, 우리 군 수뇌부의 인식 부족으로 한계에 부딪쳐 추진하지 못하고 말았다.

워게임 연동체계 성능개량은 지금까지 '美 주도(Supported) 韓 지원(Supporting)'으로 실시하던 연합 및 합동작전 연습을 2012년 전시작전통제권 전환 이후 한국군 주도로 연습이 이루어질 수 있도록 연합연습 기반체계를 구축하는 것이었다. 이를 추진하기 위해 2007년 제228차 합동참모회의에서 소요를 의결하도록 하였으며, 사업 착수 시기를 2010년에서 2009년으로 조정하여 1년 앞당겼다. 아울러 사업 착수가 되도록 착수금을 2009년도 예산에 반영하였고, 작전요구 성능(ROC)을 수정, 2008년 12월에는 선행연구를 종결했다. 이어서 사업제안 요청서를 작성하고 업체와 기술협상을 추진했다. 그 결과 방사청과 개발관리 협약서를 체결, 2012년 4월까지 전력화를 달성할 수 있도록 연합사가 개발관리를 담당했다.

한미 C4I체계 상호 운용성 보장을 위해 2009년 7월부터 9월까지 KJCCS와 CENTRIXS−K 간 연동체계인 KJCCS−C에 대해 데이터 처리

능력 증속과 전시 지휘소 네트워크 전송속도 향상 등의 성능개량을 추진하여 2009년 UFG연습 간에 적용하고 실시간으로 연동될 수 있도록 했다. 또한 KJCCS와 CENTRIX-K 간 지상, 해상, 공중, 정보, 특수전 공통 상황도(COP) 일치를 위해 메시지 포맷 검토 등 기술적 분석을 거쳐 단계적 개선방안을 발전시켰다. 특히, 해상 공통상황도(COP) 일치를 위해 TADIL-B방식을 적용하여 검토했다. 공중 COP 일치를 위해 단계적으로 1단계 JICC-2MCRC 연동, 2단계 JICC-AFCCS 연동, 3단계 창공-AFCCS 연동 등을 추진하고 2009년도 UFG연습 간 1단계를 적용하여 연합 C4I체계의 상호 운용성을 크게 향상시켰다. 이러한 노력 결과로 연합 C4I체계의 획기적 발전을 이룩하였으며 'Fight Tonight' 개념에 부합된 연합작전 수행 능력을 향상할 수 있었다.

한편, 미군과 함께 근무하면서 현안인 전시작전통제권 전환을 생각해 보지 않을 수 없었다. 우리 사회에서 전시작전통제권 전환만큼 이념과 진영에 따라 극단적으로 상이한 견해를 갖는 국가적 과제가 없을 것이다. 이는 애초 이 문제가 순수한 군사안보적 관점에서 제기되지 않고 정치적 관점에서 시작되었기 때문이다. 주권국가가 자국 군에 대한 작전통제권을 행사하는 것은 자연스럽고 당연한 권한이지만, 북한의 현실적 도발 가능성은 우리의 생존을 위협하고 있음을 부인할 수 없다. 따라서 전시작전통제권 전환은 국익 차원에서 군사, 안보적 접근으로 문제를 풀어야 할 사안이라고 본다. 진보는 찬성하고 보수는 반대하는 현상, 야당은 찬성하고 여당은 반대하는 태도, 기성세대는 반대하고 젊은 세대는 찬성하는 이념과 정파적 대립으로 접근하면, 잘못된 결과를 낳게 될 것이 분명하다. 찬성하는 세력의 주장처럼 군사주권을 크게 내세울 것도 아니며, 반대하는 세력의 주장처럼 미군이 금방 철수하는 것도 아니다. 우리는 스스로 작전통제권도 행사해야 하고 북한 도발도 효과적으로 억제해야 하기 때문에 실리적으로 접근해야 할 것이다. 보수는 군사주권을 가져오기 위한 로드맵을 제시해야 하고, 진보는 북한 도발을 억제하고 유사시 전쟁에서 승리할 수 있는 대안을 만들어내야 할 것이다. 전시작전통제권 전환의 의미는 연합사가 행사하는 한국군에 대한 전시작전통제권을 한국 합참이 행사하도록 전환하는 것을 말한다. 아울러 양국 군의 역할을 주도와 지원 관계로 구분하여 한국군 전투사령부와 미군전투사령부가 한국방위를 담당하는 형태를 말한다. 연합사는 전시작전통제권이 전환되면 그 기능이 상실되어 해체될 것이다. 전시작전통제권 전환은 참여정부 때 우리가 미국 측에 요구하여 양국 합의를 거쳐 2012년 4월 전환되도록 결정되었던 것이다. 미국 측 역시 해외 주둔군 재배치(GPR. Global Posture Review)의 일환으로 전략적 유연성 증대를 위해 주한미군의 재배치를 신중히 검토하고 있었기 때문에 양국의 이해관계가 맞아떨어져 합의하게 되었다. 그러나 참여정부에서 합의된 사항을 이명박 정부와 박근혜정부에서 각각 연기함으로써 현재는 조건을 기초로 전시작전통제권 전환 시기를 결정하게 되어 있어 사실상 무기한 연기 또는 논의 자체가 의미를 상실했다고 볼 수 있다. 이명박 정부에서 발전시킨 미래사령부는 전시작전통제권 전환의 실질적 의미를 달성할 수 없을 뿐 아니라 효율성 측면에서도 높게 평가할 수 없는 방안이라고 본다. 안보 위협을 감소시키기 위한 국가적 노력은 안보 역량 강화와 안보 환경 개선으로 나누어 볼 수 있는데, 전시작전통제권 전환이라는 국가적 과제가 이 두 가지 영역을 얼마큼 충족시킬 수 있느냐가 핵심이라고 본다.

당시 연합사령관이었던 샤프 대장이 역대 부사령관(2005.5.19.) 및 국회 국방위원회 의원들(2008.11)과 각각 오찬을 함께하면서 전시작전통제권 전환에 대해 질의응답 시간을 갖고 견해를 표명하였는바, 전작권 전환 문제가 대두되었던 초기의 미국 측 입장을 엿볼 수 있다. 먼저 역대 부사령관과의 간담회 내용이다.

■ 샤프 사령관: 전작권 전환을 통해 한·미동맹이 더욱 강력해지고 전쟁억제력이 강화될 것으로 믿는다. 금일 발표에서는 물론 전작권 전환을 왜 해야 하는지에 관련된 사항도 일부 포함되어 있지만, 그보다는 전작권 전환이란 진정 무엇을 의미하는가를 말씀드리고 이해를 도모하기 위해 노력하고자 합니다. 보고에 앞서 최근에 대포동2호 발사에 대한 한미의 대응에 대해 간략히 말씀드리겠습니다. 한미연합사에서는 발사 이전부터 긴밀히 협조하면서 대포동 2호뿐만 아니라 그 외 북한 내 징후들은 무엇이 있는지를 파악하기 위한 노력을 기울여 왔습니다.

이를 위해서는 특히 정보 관련 협조가 중요하였는데 이번 준비 및 대응을 통해 이제까지의 부족한 부분을 식별하여 앞으로는 전. 평시 실시간에 정보를 공유할 수 있는 체계를 구축할 수 있도록 노력이 시작되었습니다. 예컨대 이번 대응 준비 중 미국 국가급 체계에서 감지되는 발사 및 추적 관련 정보는 미국 측 단독으로만 전달되고 한국 측이지스함에서 감지한 정보는 한국 측 단독으로만 전달된다는 사실을 파악하였으며 사전협조 및 조율을 통해 이러한 정보까지 공유할 수 있는 토대를 마련하였습니다.

따라서 실제 발사 시에는 거의 실시간으로 약 1분 내로 발사체의 성격 및 궤도진입 여부 등에 대해 정보를 공유할 수 있었습니다. 그뿐만 아니라 이번 대응 준비는 군과 외교당국이 함께 긴밀히 협조했다는 점에서 큰 성과가 있었습니다. 미국 측에서는 국무부와 국방부, 한 · 미 간에는 외교부 장관과 주한미국대사가 긴밀히 공조하여 정보를 공유하고 각각의 기능 시나리오별로 필요한 대응책을 논의하면서 발사 이후 어떠한 메시지를 전달해야 하는지에 대한 의견을 교환했습니다. 이에 따라 과거보다 한 · 미동맹은 동일한 상황을 보고, 공유하며 조치(see, share, and act)할 수 있게 되어 전보다 더욱 공고하게 발전하였다고 말씀드릴 수 있습니다. 곧 있을 한미정상회담에 대한 기대가 큽니다. 개인적으로 사령관으로 취임하기 이전인 작년 4월 방미하신 이명박대통령을 한국전쟁 참전비에서 만나 뵐 기회가 있었으며 부임 이후에 수차례 예방할 수 있어 영광이었습니다. 특히 대통령께서는 만나 뵐 때마다 한 · 미 양국대통령을 위해 근무하는 장군이라고 말씀해주셔서 더욱 영예로 생각하고 있습니다.

■ 예비역 A 장군: 지휘의 통일성이라는 중요한 원칙을 고려해 볼 때 주도-지원 관계에 대해 질문하겠습니다. 현재 타국에서 두 개의 국가에

하나의 작전을 수행하면서 주도-지원 관계의 두 개 사령부를 설치하고 있는 경우가 있는지요?

■ 샤프 사령관: 이라크가 좋은 예라고 생각합니다. 다국적군이 참전하고 있는 이라크에서 지휘관계를 주도-지원 관계 하에 각각의 군은 자국군 책임 지역에 대한 책임을 지도록 되어 있었습니다. 한국의 자이툰 부대 같은 경우에도 한 개 전구 내에서 자국군 책임 지역의 작전을 수행하며 동일한 지휘관계를 적용받았습니다.

■ 예비역 A 장군: 앞서 발표 시 말씀하신 내용이 그렇다면 한국 합참의장이 미군전력을 통제한다는 말씀인지요?

■ 샤프 사령관: 그렇습니다. 작계를 발전시키는 과정에서 그렇게 동의하였으며 세부 내용을 현재 보완하고 있습니다.

■ 예비역 A 장군: 발표에 한국군의 능력이 이제 매우 뛰어나기 때문에 전작권 전환을 시행하기에 충분할 것이라고 언급하였습니다. 과거 벨 사령관도 샤프 사령관과 같은 언급을 했던 것으로 기억합니다. 이와 관련하여 과거에 나토에서 근무한 경험이 있는지 모르겠습니다. 개인적으로 과거 나토 근무 당시를 떠올려보면 20개 이상 국가가 참가하고 있는 나토군의 사령관은 항상 미국군 장교, 부사령관은 영국군이나 독일군 장교가 맡았습니다. 영국이나 독일군의 능력이 전혀 부족하지 않습니다. 따라서 능력이 뛰어난 것과 전작권 전환을 해야 하는지의 문제는 별개의 사안이라고 봅니다.

■ 샤프 사령관: 먼저 개인적으로 한국군은 독일군과 비교했을 때 열 배 이상 월등하다고 생각하며 비교할 여지가 없다고 생각합니다(농담조). 현재 한국군의 리더십은 매우 탁월하며 한국군의 과정절차, 조직 등도 훌륭하다고 확신합니다. 또한 전작권 전환까지는 아직도 2년 11개월이 남았기 때문에 그동안 이를 더욱 월등하게 발전시킬 수 있다고 생각합니다. 미국이 이라크 전쟁을 시작한 이후 이라크군이 자국 방어에 대한 책임을 맡아야 한다고 이야기하는 데에는 5~6년이 소요되었었습니다. 이에 비해 한국군은 50년 이상이 지났는데 그 기간 동안의 발전으로도 효과적인 작전을 수행할 능력이 부족하다는 것은 타당하지 않은 주장입니다. 만일 능력이 부족하다면 정확히 어떠한 부분이 부족한지를 말씀해주시면 그러한 부분을 더욱 향상하기 위한 노력을 할 것입니다. 예를 들어 합참의장의 리더십이 부족하다면 현재의 조직적인 구조로 인해 부족한 것인지 아니면 합참의장의 개인 능력이 부족하다는 것인지를 말씀해주시면 좋겠습니다. 그러나 본인이 판단할 때에 한국 합참의장뿐 아니라 한국군의 리더십은 매우 뛰어납니다.

■ 예비역 A 장군: 말씀드리고자 하는 바는 한국군의 능력과 전작권 전환은 별개의 문제라고 생각합니다. 한 개의 전구에서는 통일된 지휘통제를 행사하는 것이 중요하기 때문에 현재의 체계를 유지해야 한다고 봅니다.

- 샤프 사령관: 자국 방어를 위한 책임을 인수하기에 마땅한 시기가 별도로 정해져 있다고는 생각하지 않습니다. 그러나 한국은 이제 세계 13대 경제 대국, 6대 군사 강국으로 발전했다는 점을 고려해 볼 때 한국이 자국을 방어할 능력이 부족하다는 주장은 결코 설득력이 부족하다고 봅니다.

- 예비역 B 장군: 먼저 전작권 전환을 위해 많은 준비와 노력을 기울이고 있다는 점을 잘 이해하며 이에 감사하게 생각합니다. 브리핑 내용과 관련하여 몇 가지 질문을 드리겠습니다. 우선 가장 최선의 방책은 항상 전투하여 승리하는 것이 아닌 전쟁 발발 자체를 억제하는 것입니다. 현재 북한은 비대칭 전력을 포함하여 그 능력을 강화하고 있으며, 특히 2012년을 그들이 강성대국을 이룩하는 해라고 공표하였습니다. 나아가 선군정치 정책을 강화하고 있습니다. 이렇게 불확실하고 가변적인 상황에서 굳이 전작권 전환을 2012년에 시행한다고 할 필요가 있는지요? 한국군이 전작권을 전환 받아 자국 방어를 책임진다고 하더라도 전쟁을 억제하지 못한다면 그러한 군은 존재가치가 없다고 봅니다. 이와 관련하여 연합사 해체에 대해서도 말씀드리겠습니다. 연합사는 잘 아시다시피 세계에서 가장 강력하고 모범적인 연합조직입니다. 미국은 전작권을 전환하더라도 전력에 전혀 공백이 없도록 보완전력을 제공한다고 했지만 이를 완벽히 보장할 수 없습니다. 예를 들어 현대전에서 가장 중요한 요소 중 하나인 네트워크 중심전(NCW)

만 보더라도 한국군이 이러한 능력을 2012년까지 갖추려는 계획이 없으며 갖출 수도 없을 텐데 아마도 그러한 능력구비는 2020년 혹은 그 후에나 가능할 것입니다. 이러한 부분까지 보장할 수 있다고 기대하기 어렵습니다. 작계 5027은 북핵 보유 가능성을 배제한 채 재래식 전력의 위협만을 고려하여 계획이 작성되어 있습니다. 앞으로 공동작계를 발전시키면서 핵 관련된 내용도 포함될 것인지요? 그렇게 한다면 현재는 한·미 양국 모두 북한을 핵보유국으로 인정하지 않고 있는데 앞으로 북한을 핵보유국으로 인정한다는 뜻이 되는지요? 또한 앞선 발표에서 한국 합참이 작전적인 수준에서 지휘통제를 할 것이라고 언급했습니다.

현재 한국군 구조를 보면 군령은 합참이, 군정은 각 군 본부가 그 권한을 행사하게 되어 있습니다. 그러나 전작권 전환 이후에도 이렇게 유지될 것이라는 보장이 없습니다. 현재는 각 군 본부가 인력, 행정, 군수 등의 일반적인 지원만 하게 되어 있으나 이는 그들이 가진 능력을 허비하는 것으로 생각합니다. 나아가 필요하다면 합동사령부 창설의 가능성에 대한 논의도 있어야 할 것입니다. 이러한 부분을 결정하지 못한 채 전작권 전환 이후에도 한국 군구조가 동일할 것이라는 가정 하에 이를 추진하는 것은 잘못된 것은 아닌지요?

결론적으로 말씀드리자면 현재까지 전작권 전환 반대를 위한 800만 명의 서명을 받았습니다. 본인을 포함한 대다수의 한국 국민은 전작권 전환을 반대하고 있습니다. 특히 전작권 전환은 이전 정부에서 국회의 동의도 거치지 않고 추진한 것으로 헌법에도 반하는 것입니다. 이 자리에 모인 역대 부사령관 대부분도 본인과 의견을 같이하고 있습니다. 전역한 선배들의 이러한 반대가 단지 감정적이거나 보수적 이념에 따른 것으로 생각해서는 안 됩니다. 우리는 국가를 위하는 충정에서 이러한 말씀을 드리는 것입니다. 국가안보는 한번 허물어지면 재건하기란 너무나 어려운 일입니다. 따라서 진심으로 현재의 환경, 또 새로운 정부가 들어섰다는 사실을 고려해 볼 때 전작권 전환을 재검토해주기를 바랍니다. 이를 중단하거나 보류하거나 추진하기 위해서는 추가적으로 새로운 정치적 협의가 필요하다고 봅니다.

■ 샤프 사령관: 한국군은 강력한 능력을 보유하고 있으며 그렇게 능력을 보유하고 있다는 사실을 북한에 전달하는 것 자체가 매우 강력한 메시지로 작용할 것입니다. 2012년까지 북한이 강성대국을 달성한다는 것은 말이 안 되는 소리(bullshit)입니다. 물론 장거리 미사일과 핵 능력을 발전시키고 있지만, 그 외의 능력은 약화하거나 지금과 유사한 수준에 머물 것입니다. 이에 비해 한국군의 상대적인 능력은 월등하게 신장 될 것입니다. 그렇기 때문에 북한이 강성대국이 될까 봐 두려워서 전작권 전환을 할 수 없다는 것 역시 말이 안 된다고 생각합니다. 둘째 북한을 핵보유국으로 인정하는지에 대해 답변드리겠습니다. 작계 5027에는 핵 관련 사항이 포함되어 있지 않은 것이 사실입니다.

그러나 새로운 계획에는 북한의 잠재적인 핵물질 및 무기를 신속하게 탐지하고 제거하는 방안들이 포함될 것입니다. 잠재적이라도 가능성이 있다면 이에 어떻게 대응할지, 이는 어디에 있는지 등을 파악하고 계획을 수립하는 것은 군인의 당연한 의무라고 생각합니다. 북한이 핵 보유국가라고 공개적으로 천명하는 문제는 차치하더라도 핵보유국으로 인정하는지와 잠재적 가능성에 대응하기 위한 계획을 수립하고 능력을 개발하는 것은 전혀 다른 문제입니다. 마치 북한이 핵무기를 가지지 않았을 것이라고 믿고만 있으면서 무시하려는 것은 군인으로서 올바른 자세가 아닐 것입니다. 지난 키 리졸브 연습 간에는 대량살상무기 제거에 전문성을 갖추고 있는 ○○지원사가 전개하여 한국 전구 내 작전을 위해 필요한 그들의 계획 및 조직을 검증하였습니다. 이러한 노력은 계속될 것입니다. 북한을 핵보유국으로 인정할 것인지, 핵능력 가능국가(nuclear-capable), 핵 국가(nuclear state) 혹은 핵무기 보유국(nuclear-weapons state)로 부를지 등의 문제는 정치적으로 논의될 사안입니다. 그러나 이와 상관없이 군사적으로는 보유 가능성이 조금이라도 있다면 이를 제거하기 위한 능력을 준비하는 것은 당연한 일입니다. 셋째 한국 합참과 각 군 본부 관련하여 답변드리겠습니다. 합참은 현재 조직개편을 통해 지휘통제능력을 강화하고 올해 말까지 IOC를 선포하고, 2년 후까지는 전 평시에 전구 작전을 지휘할 수 있는 FOC를 갖추도록 준비하고 있습니다. 연합사령관으로서 드릴 수 있는 말씀은 여기까지로 한국 합참과 각 군 본부 간의 역할 및 책임에 조정이 필요하다면 그것은 한국 정부 및 군이 결심할 문제라고 생각합니다. 미국의 경우 각 군 본부는 장병의 훈련 및 준비태세를 위한 지원업무를 하고 있습니다. 지휘통제 관련 기능은 없는데 그것이 올바른 방향이 아니라고 한국군이 판단한다면 그에 따라 조직을 개편하는 것은 한국군 내부 문제입니다. 다음으로 넷째 800만 명의 서명에 대해 말씀드리겠습니다. 본인은 오늘 역대 부사령관들께 발표드린 것처럼 앞으로 예비역 장성 및 국회의원 등을 대상으로 전작권 전환이 실제로 무엇인지를 알리기 위한 공개적인 활동을 할 것입니다. 그렇게 하는 것은 본인과 한국 합참의장의 의무라고 생각합니다. 역대 부사령관들께서도 전작권 전환에 반대한다고만 말씀하실 것이 아니라 이것이 실제 무엇을 의미하는지를 이해하기 위해 노력해 주실 것을 부탁합니다. 만일 계획에 부족한 부분이 있다면 이에 대해 말씀해주셨을 때 경청하겠습니다. 계획이 맞는 것 같다면 부사령관들께서도 리더십을 발휘하여 다른 분들을 오히려 설득해주실 것을 부탁드립니다.

본인 역시도 지속적으로 이러한 자리를 마련하여 설득을 위한 노력을 계속할 것입니다. 800만 명 서명에 따라 본인도 소규모로 설문을 조사하여 실제 서명한 사람들이 누군지 만나 보았습니다. 이때 이들에게 전작권 전환에 대해 왜 반대하는지를 물었더니 모두 전작권 전환되면 미군이 모두 철수할 것이기 때문에 반대한다는 답변을 들었습니다. 그렇게 설명을 들었다면 본인도 서명할 것 같은 느낌이 듭니다. 이것만 보더라도 전작권 전환이 진정 무엇인지를 이해시키는 일의 중요성을 볼 수 있으며 서명이 800만 명 혹은 그 이상이라도 그 숫자는 중요하지 않다는 점을 알 수 있습니다. 역대 부사령관들께서도 언젠가는 전작권 전환을 위한 노력을 지원하셔야 하는 시점이 올 것입니다. 만일 2012년 4월 16일에 역대 부사령관들이 모여 내일 있을 전작권 전환에 반대한다고 선언하게 된다면 그것보다 심각한 문제는 없을 것입니다. 따라서 역대 부사령관들께서도 이렇게 말씀드리고 보고드리면 그 내용을 모두 무시하시지만 마시고 부족한 부분이 있다면 지적해주고 더욱 개선할 부분이 있다면 제언해 주시길 부탁드립니다.

- 예비역 C 장군: 연합사가 창설되기 이전에는 유엔사 구조에서 근무하고 이후 연합사 부사령관까지 역임한 만큼 연합사령부의 중요성에 대해서는 누구보다 잘 이해하고 있습니다. 또한 전작권 전환이 언젠가는 시행되어야 하는 일이라는 것을 잘 이해하고 있으며 적절한 시점이 된다면 누구보다도 먼저 앞장서서 사람들을 직접 설득할 것이라고 말씀드릴 수 있습니다. 그러나 연합사 해체에 대해서는 본인을 포함하여 많은 사람이 우려하고 있는 것이 사실입니다. 북한이 오판하고 공격을 감행했을 때 만일 연합사가 없다면 어떻게 될지에 대해 걱정하는 것입니다. 또 이때 연합사가 없으므로 미국의 지원이 약화하는

것이 아닌지 우려하고 있습니다. 앞서 북한 핵 및 미사일 능력 개발에 대해 말씀하셨습니다. 이와 관련하여 만일 북한이 핵탄두와 미(美) 본토를 공격할 수 있는 미사일을 성공적으로 개발한다고 가정해 본다면 물론 미국이 이를 MD 체계를 통해 요격할 수 있겠지만 이때도 여전히 한국에 대해 핵우산을 제공해 줄 수 있을지 우려됩니다. 전작권 전환과 연합사 해체는 궁극적으로 동일한 것입니다. 따라서 우리가 2012년까지 전작권을 전환하도록 충분한 준비가 되었는지를 생각해 볼 필요가 있다고 봅니다. 준비가 부족하다고 느끼는 것이 사실이며 그렇다면 이를 연기해야 할 것입니다. 물론 앞으로도 샤프 사령관처럼 한국과 한국의 안보 상황을 잘 이해하는 사령관이 한국에 온다면 그러한 우려가 조금 덜하겠지만 이후 주한미군 사령관은 샤프 사령관과 전혀 다른 생각을 하는 사람이 부임할 수도 있습니다. 또한 국제정세와 한·미 양국의 국내 정치 상황이 변화할 수 있습니다. 앞서 보고를 통해 큰 노력을 기울이고 있다는 점을 충분히 인식하였지만, 전작권 전환의 시기에 대해서는 재검토가 필요하다고 봅니다.

■ 샤프 사령관: 북한은 우리의 능력이 약하다고 생각했을 때 오판을 해서 공격할 것입니다. 그렇기 때문에 지난 UFG 연습 간에도 우리의 능력이 강력하다는 메시지를 공개적으로 수차례 언급하였으며 앞으로도 전작권 전환 이후 우리의 능력 및 준비태세가 더욱 공고하고 확고해질 것이라는 사실을 강조하는 것이 매우 중요합니다. 우리의 능력

및 계획이 공고하다는 메시지를 전달했을 때 북한이 이를 믿을 수도, 그렇지 않을 수도 있습니다. 억제는 매우 복잡한 문제이기 때문입니다. 그러나 오히려 우리의 능력이 충분하지 못해 전작권 전환을 할 수 없다는 인식을 주게 된다면 더욱 큰 문제가 발생할 수 있습니다. 그렇기 때문에 강력한 억제력을 위해서는 강력한 하나의 목소리를 내는 것이 중요합니다. 둘째 핵우산 제공에 대한 의지가 약화되는 일은 결코 없을 것입니다. 미국의 한국에 대한 지원은 변함없으며 2012년 이후에도 마찬가지일 것입니다. 이미 미(美) 대통령께서도 한국에 대한 핵우산 제공에는 변함이 없을 것이라고 몇 차례 강조한 바 있습니다. 그렇기 때문에 북한이 만일 미(美) 본토를 위협할 수 있는 상황이 된다고 하더라도 이에는 변함이 없을 것입니다. 그렇지 않다면 미군이 가족 동반 3년 근무를 추진할 이유가 없습니다. 셋째, 2012년까지 과연 준비할 수 있을지에 대해 말씀드리겠습니다. 우리는 구체적으로 전작권 전환을 위한 준비가 잘 추진되고 있는지를 검증할 수 있는 계획을 발전시키고 있습니다. 이는 한국 합참. 미한국사 수준에서 또 각 구성군사 수준에서 준비되고 있는 것으로 이렇게 발전된 첫 번째 체크리스트를 이번 UFG 연습 간 사용하고 그 결과를 오는 10월 SCM/MCM을 통해 한미국방부 장관에게 보고드릴 예정입니다. 전작권 전환 이전까지 매년 SCM/MCM에서 그렇게 하도록 하겠습니다. 특히 오는 6월 15~16일간 한미정상회담에서 분명히 미국의 한국에 대한 공약을 다시 한번 재 확언할 수 있을 것으로 기대하고 있습니다. 오바마 대통령은 부시 전 대통령과는 매우 달라서 더욱 큰 기대가 있습니다. 동북아시아가 미국의 전략적 이익에 지니는 중요성을 고려해 볼 때 결코 한국에 대한 지원이 약화하는 일은 없을 것이며 오히려 강화될 것입니다. 그것이 군사적으로 또 국가적으로도 미국에 역시 장기적으로 이익이 될 것이기 때문입니다.

다음은 샤프 사령관이 국회 국방위원회 의원들과 오찬을 겸해 간담회를 열고 질의 응답했던 내용이다.

▲ A 의원: 남북한이 분단되어 대립하고 있는 상황을 고려해 볼 때, 전작권 전환 계획 자체는 훌륭하게 들리나 현실적으로는 많은 위협이 존재하며 이를 통해 이제까지 유지해온 전쟁억제와 평화보장의 연합능력이 약화 될 것이라는 심각한 우려가 존재합니다. 이러한 점을 볼 때, 첫째, 한·미동맹은 전작권 전환에 따라 한국 합동사와 미(美) 한국사로 나누어지는데 현재 능력이 오히려 약해지는 것은 아닌지? 묻고 싶습니다.

▲ 샤프 사령관: 한·미동맹은 전작권 전환에 따라 오히려 강력한 메시지를 북한에 전달할 것입니다. 한국군은 매우 전문적이고 탁월한 군으로 발전하였으며 미국은 이를 고려하여 한국군이 주도하는 지휘체

계에 미국의 병력을 맡기고자 하는 것입니다. 이러한 발전은 한·미동맹이 발전해 나가는 과정에서 자연스러운 다음 단계라고 생각합니다. 미국의 한국에 대한 공약 이행은 변함이 없으며 오히려 주한 미군 복무 정상화, 기지 이전 등의 계획 시행을 통해 더욱 강화될 것입니다. 미국은 한국에 대한 보강전력 지원을 지속할 것입니다. 나아가 다수의 협조기구 및 연락단 운용 뿐만 아니라 연합공군 사령부와 같이 전쟁 초기 대화력전 수행에 있어 즉각 대응해야 하는 중요한 부문은 이에 맞춰 편성될 수 있도록 지금과 마찬가지인 연합 참모진에 의해 운용될 것입니다. 만일 전작권 전환 계획을 지금 취소하거나 변경하게 되면 오히려 북한은 그들의 의도에 따라 한·미동맹에 영향력을 행사할 수 있다고 받아들임으로써 잘못된 메시지를 전달하는 결과를 불러일으킬 것입니다. 전작권 전환 이후 한·미동맹은 강력하고 항구적인 동맹으로서 지금보다도 더욱 공고한 동맹이 될 것입니다.

▲ B 의원: 양국 간 단일 공동 작전계획을 발전시킨다고 했는데, 전작권 전환에 따라 연합사가 해체되고 구성군사가 분리되면 그 능력은 오히려 약화 될 것입니다. 단일 공동 작전계획을 만든다면 연합공군사령부처럼 야전군, 해병사, 특전사도 연합공군사령부처럼 편성되고 유지되어야 한다고 보는데 이에 대한 사령관 생각은 어떤지요? 아울러 전작권이 전환되면 위기 시 지금보다 미군 전력이 오히려 약화 되지 않는지요?

▲ 샤프 사령관: 현재 한·미 간에 단일 공동 작전계획을 발전시키고 있음에 따라 예하 구성군사와 작전사 수준까지 이러한 노력이 동시에 이루어지고 있습니다. 전작권 전환은 한·미 양국 국방부 장관과 대통령이 합의하고 추진하는 사안입니다. 이미 발전되고 있는 공동 작전계획은 지난 8월, UFG 연습을 통해 시험한 바 있으며 많은 교훈을 도출하여 추가로 보완 및 발전시키고 있습니다. 그뿐만 아니라 앞으로도 다양한 연합연습을 통해 2012년까지 변경 및 조정이 필요한 부분을 식별하고 계획을 수정 및 보완함으로써 전작권 전환 시점까지 완벽한 준비를 할 수 있을 것이라 확신합니다. 한반도 방어에 대한 미국의 공약에는 변함이 없습니다. 이에 따라 필요한 전력을 즉각적으로 제공하기 위한 노력이 지속 될 것입니다. 과거의 작전계획에 포함된 내용과는 다르게 현실적으로 전개 가능한 자산이 무엇인가를 식별하기 위한 노력이 진행되고 있습니다. 이라크와 아프가니스탄을 포함한 전 세계적 미군 배치의 현황과 한국군의 향상된 능력을 고려하여 한반도 전구에 적합하고 필요한 자산을 식별함으로써 미측의 변함없는 지원이 보장될 것입니다. 이때 어떠한 전력의 공백도 허용하지 않을 것입니다. 일례로 000대대가 철수하도록 결정되었지만 이를 대체하는 전력인 0-00이 전개한 이후에 철수하도록 조치하였습니다. 이러한 예는 원래 고려했던 0-00 대신 상황을 고려하여 0-00으로 변경했다는 사실에서도 볼 수 있듯이 현실적으로 전개 가능 자산을 고려

한다는 점을 말씀드립니다.

▲ C 의원: 최근 신임 미(美) 정보국장이 공식문건에 북한은 핵무기
(nuclear weapon)를 보유하고 있다는 점을 언급하였습니다. 지금까
지 고위관료가 이러한 내용을 언급할 때는 핵 도구(nuclear device)
와 같은 용어를 사용하였는데 이러한 변화가 미국이 북한을 핵보유국
으로 공식인정한다는 점을 드러내는 것인지? 아울러 핵보유국 인정으
로 잘못된 시그널을 줌으로써 6자회담과 대한민국 입지에 부정적 영
향을 미칠 것이라고 보지는 않은지요?

▲ 샤프 사령관: 핵무기가 되었건, 핵 도구가 되었건 핵보유국, 혹은 핵
국가 등 어떠한 단어를 사용한다 하더라도 문제가 되는 부분이 무엇
인지는 이해할 수 없습니다. 미국은 지금까지 북한이 핵을 보유하는
상황을 용납하지 않겠다고 반복하여 강경히 밝힌 바 있습니다. 또 한
잘못된 판단으로 도발을 감행할 경우 북한 정권이 생존하지 못할 것
이라는 강력한 메시지를 꾸준히 전달하고 있습니다. 일부 미국 정부
기관의 인터넷 웹사이트에서는 위와 같은 용어가 혼용되고 있지만 이
러한 용어들에 대해 이해가 부족한 결과이며 북한을 핵보유국으로 인
정하지 않겠다는 미국 정부의 공식적 입장에 아무런 변화가 없습니다.

▲ C 의원: 작전계획 5027 부록으로 위기 시 미군 전개자산에 대해 명시
되어 있습니다. 현재 새로운 작전계획을 발전시키면서 이와 마찬가지
로 미측의 지원자산과 전력에 관한 내용이 보강되어 명시될 것인지요?

▲ 샤프 사령관: 이미 그런 부분이 포함되어 있으며 지난 8월 UFG 연습 간 시험해보았습니다. 필요한 전력과 현실적으로 지원 가능한 전력이 무엇인지를 식별하고 주어진 상황과 환경에 맞는 전력이 포함될 수 있도록 관계 참모와 계획관들이 힘껏 노력하고 있습니다.

▲ C 의원: 향후 5-10년은 한반도 안보에 큰 위기가 올 것으로 예상합니다. 김정일 사망이나 이에 따라 이어질 권력 승계에 혼란 등이 발생할 수 있을 것이며 이는 잠재적인 내전이나 기타 심각한 위기로 발전할 수 있습니다. 안타깝게도 전작권 전환이 바로 이 시기에 계획되어 있는데 이를 사령관이 직접 상부에 건의하여 연기할 의도는 없으신지요?

▲ 샤프 사령관: 그러한 상황은 작전계획 5027이 아닌 5029에 의해 대비하도록 준비되어 있습니다. 현재 계획을 구성군사 수준까지 발전시키기 위해 박차를 가하고 있으며 특히 각 시나리오에 따른 한 · 미 양국군의 이 주도적 역할을 정립하여 누가 북한 영토에 진입하게 될 것인지, 임무 수행방식은 어떻게 이루어져야 하는지 등 구체적 내용을 발전시키고 있습니다. 작전계획 5029는 특히 작년도 김정일 건강 이상설 이후 더욱 실현 가능성을 인식하고 있으며 미(美) 국방부와 합참에서도 관심을 표명하고 있습니다. 흥미로운 것은 작전계획 5029를 시행할 경우 운용하기 적합한 지휘구조가 현재 전작권 전환 이후 공동작전계획에 명시된 지휘구조와 같다는 것입니다. 이는 미군이 주도적 역할을 하면서 북한 영토에 진입하게 되면 불가피 중국의 개입을 불러

일으킬 수 있어 더욱 그렇습니다. 이러한 판단은 급변사태 발생 시 한·미 양국뿐만 아니라 역내 국가들이 적극적으로 이를 해결하기 위해 참여해주어야 할 것이며 재건 노력도 국제사회 지원이 요구됨을 반영한 것입니다. 이를 위해 한미가 함께 노력을 지속해야 할 것입니다.

▲ 샤프 사령관: 첨가하여 주한미군 복무 정상화 계획을 말씀드리겠습니다. 주한미군 가족동반 3년 근무제도가 정착되면 다수의 미국 학생들이 한국에 와서 살게 될 것입니다. 주한미군이 평택기지로 이전하게 됨에 따라 학생들이 한 지역에 거주하게 될 것이므로 무엇보다도 교육시설이 확충되어야 하며 이를 해결하기 위해 많은 아이디어를 받아 논의하고 있습니다. 그중 하나는 한국정부 혹은 민간기업이 비용을 부담하여 학교시설을 마련하고, 미측은 교사를 제공하는 방안을 검토하고 있습니다. 이때 일정 수의 한국 학생을 입학시킴으로써 그들은 영어로 수업을 들으며 미국 학생들과 함께 교류하게 될 것입니다. 이러한 방안은 학생들이 친해짐에 따라 그 부모도 미국 부모와 가까워질 수 있을 것이며 아울러 어린 학생들이 한·미동맹에 대해 올바르게 인식하게 될 것입니다. 본 계획에 대해서는 이미 경기도 지사와 평택시장을 만나 논의한 바 있으며 가까운 시일 내에 교육부 장관과도 상의할 예정입니다. 그러나 이러한 계획은 한국의 현행 교육법에 위배 된다고 들었는데 주한미군 이전에 따른 기반시설, 특히 교육시설의 확충은 필수적이라는 점을 고려해 볼 때 국방위 의원님들의 지원

과 도움이 절대적으로 필요합니다.

▲ 국방 위원장: 현재 한국에서는 학생들이 영어를 배우기 위해 미국으로 나가고 있습니다. 한·미동맹의 발전을 위해서라도 본 사안은 여야를 막론하고 국방위원들이 전적으로 지원할 필요가 있다고 생각합니다. 이미 청와대에도 본 사안이 보고되었고 중앙정부와 지방정부 예산을 활용할 수 있는 방안을 검토하고 있다고 합니다. 그러나 이와 관련하여 현행법 위반뿐만 아니라 향후 해결해야 할 몇 가지 문제점들이 있다는 점도 알아야 하겠습니다. 첫째는 한국 학생 선발 기준에 관한 것으로 예컨대 학교가 경기도에 있으므로 경기도 학생들로 한정해야 한다는 주장이 있을 수 있습니다. 둘째는 학비와 관련하여 이를 저렴하게 함으로써 부유층 자제들로 한정되지 않고 모두에게 기회가 주어져야 하는 방안이 검토되어야 합니다. 셋째는 향후 평택뿐만 아니라 대구와 같은 지역에서도 이를 적용할 수 있는 방안을 검토해야 할 것입니다. 이미 사령관과 환담 중 진해와 같은 지역도 상대적으로 적은 수의 미군이 주둔하고 있지만 이러한 계획에 포함할 수 있는 내용을 논의한 바 있습니다. 정리해서 말씀드리자면 한국정부에서 긍정적으로 본 사안을 검토하고 있다는 것입니다.

▲ D 의원: 어린이 교육문제는 전 세계 어디라도 보편적 공감대를 형성할 수 있습니다. 이미 국방 위원장께서 본 계획이 시행되도록 국방위원들께 주도적 역할을 주문하셨습니다. 본인은 여기에 여당 지휘부

소속인 점을 활용하여 당정 간 협의, 혹은 청와대와 논의 간 노력할 것입니다. 나아가 지역구가 평택이므로 경기도 지사와도 긴밀히 협조하여 필요한 지원이 이루어지도록 노력하겠습니다.

아울러 2009년 6월 4일, 10시에 국회에서도 송○○ 의원 주관으로 전시작전권 전환, 무엇이 문제인가? 라는 전문가 초청 포럼이 열렸다. 이 때 패널로 참석한 "차○○ 박사(한국국방연구원)는 2007년 전작권 전환 결정은 정치적 고려에 의해 제기되었고 오늘날 남북관계 경색, 북한의 로켓발사, 북한 2차 핵실험 등의 변수가 새롭게 발생하였으므로 전작권 전환 시기 문제에 대한 탄력적인 접근이 필요하다고 주장했다. 구○○ 박사(한림대 교수)는 북한의 핵 보유라는 새로운 위협 하에서 전작권 전환 보류는 필수적이라고 주장하였으며 전작권 전환을 위한 필요충분조건을 제시하고 현재 상황은 이 조건을 제대로 충족하지 않았다며 전작권 전환 재협상을 강조했다. 이○○ 박사(세종연구소)는 전작권 전환 이후의 병렬 형 지휘체계가 현재의 한미연합사만큼 공고한 결속력과 응집력을 발휘할 수 없고 한국 국민의 안보 우려를 충분히 해결할 수 없는바, 전작권 전환 결정 당시 조건이었던 한반도 안보상황 평가와 전환 시기를 연계시키는 것이 바람직하다고 피력했다. 반면 진보적 인사인 오○○ 평화군축팀장(시민단체 평화의 통일을 여는 사람들)은 전작권 전환 이후에도 한·미 간 전략과 작전 차원의 협의기구가 강화됨에 따라 우리 군의 독자적 작전 수행이 불가능해지고 월등한 전력을 보유한 미군이 연합작전을 주도하게 될 우려가 있는바 전작권을 온전히 환수할 수 있도록 재협상하고 국회와 국민이 이를 감시해야 한다고 주장했다". 이처럼 같은 사안에 대해 학자가 가지고 있는 이념적 성향에 따라 해법을 180도 달리하는 우리 사회의 갈등 구조에 실망하지 않을 수 없었다.

연합사 부사령관으로 재직 중 가장 큰 안보 위기는 북한의 2차 핵실험이었다. 북한은 1960년대 중반 구소련으로부터 연구용 원자로를 도입하여 핵 연구기반을 갖추었고 1979년 자체 기술로 영변에 5메가와트 원자로 건설을 시작하여 1986년에는 원자로 가동을 시작했다. 그 후 북한은 2006년 10월 9일 첫 번째 핵실험을 했으며 2009년 5월 25일 2차 핵실험을 단행했다. 2차 핵실험이 있었던 그날 오전 9시 54분, 기상청 지질자원연구소에서 함경북도 길주를 진앙지로하여 강도 4.5의 인공지진을 감지했다. 10시 15분에 국가안전보장회의(NSC)가 소집되었다. 합참은 10시 18분에 지질연구소로부터 지진경보를 접수하였으며, 11시 47분에는 한·미 고위 군사 당국자 간 협의 채널이 가동되었다. 12시에 합참은 전군에 경계태세 강화 지시를 하였고 12시 3분에 북한은 핵실험 사실을 공개했다. 이어서 정치권은 12시 15분에 각 정당별 긴급 최고 위원회를 소집하였고 17시에 국회 국방위원회가 개최되었다. 한편, 2차 핵실험 당일 오후 7시 9분에 오바마 미국 대통령은 북한 핵실험을 비난하는 성명을 발표했다. 오바마 대통령은 "북한이 오늘 핵실험을 강행했으며 이는 국제법을 위반한 행위이다. 또한, 북한은 단거리 미사일 발사를 시도하였으며 이러한 행동들은 최근 북한의 발표 및 행동에 비춰 볼 때 놀랄만한 사건은 아니지만 모든 국가들에 심각한 문제를 안겨주고 있다. 북한의 핵무기 개발 시도 및 탄도미사일 프로그램은 국제평화와 안보에 큰 위협이 되고 있다. 북한은 유엔안보리에 명백한 도전행위를 강행하였으며 직접적이고 도발적 행위임이 명백하다. 북한의 행위는 동북아시아 안보를 위협하며 긴장감을 조성하고 이러한 도발 행위는 북한을 더욱 고립시키고 있다. 북한은 대량살상무기 및 운반체계 개발을 포기하지 않는 한 국제사회의 일원으로 용인받지 못할 것이다. 북한의 위협행위에 대해 국제사회의 공조된 조치가 요구되며 우리는 6자회담의 동맹 및 파트너 국가들과 유엔안보리의 협조를 지속적으로 강구할 것이다" 이렇게 국내외적으로 북한의 핵실험을 비난하고 한반도 안보상황이 풍전등화에 놓인 위기에서 우리가 갖추어야 할 전략과 무기는 국민의 단합된 국방 의지와 자강 능력이라고 생각했다.

참고로 국제법상 핵보유국으로 인정받는 국가는 미국, 영국, 프랑스, 러시아, 중국 등 5개 국가이다. 이들 국가는 핵확산 금지조약(NPT)에 가입하였고 국제원자력기구(IAEA)에 신고 없이 합법적으로 핵물질 생산과 보유, 군사적 사용을 할 수 있으며 국제원자력기구의 사찰도 받지 않는다. 한편 국제적으로 핵보유국으로 인정된 국가는 인도, 파키스탄, 이스라엘 등 3개 국가이며 이들 국가는 핵확산 금지조약에 가입하지 않고 핵관련 활동을 하는 국가이다.

연합사령관과 부사령관은 각각 미측과 한측을 대표하는 파트너면서 지휘관과 부지휘관이라는 위계 상 상하관계를 갖는다. 내가 부임했을 때 연합사령관은 버웰 벨 미(美) 육군 대장이었으며 그는 키가 크고 냉철했으며 야전적이고 강렬한 인상을 풍겼다. 직선적 성격으로 인해 때로는 우리 정부와 불편한 관계도 만들었지만, 군인다움이 많았다. 나는 부임 후 며칠이 지나 연합사령관 공관(Hill Top House)에 초대받아 사령관 내외와 저녁 식사를 함께했다. 벨 사령관은 그해 6월이면 연합사령관을 마치고 전역하게 되어 있었고 전임자 김모 장군과 그동안 팀워크(Team work)를 다졌기에 새로 부임한 나에게 크게 관심을 갖지 않으리라 생각했다. 그러나 사령관과 사령관 부인은 나와 아내를 환대해 주었으며 본인 가족을 포함한 자상한 얘기와 함께 고향인 테네시주에 전역 후 거주하게 될 것이므로 추후 미국에 오게 되면 들려달라고도 했다. 벨 사령관은 사령관 이임이 얼마 남지 않은 시기에 내가 부임함에 따라 각종 행사 등으로 나와 접촉 시간이 많지 않더라도 미국 측 참모들에게 현황소개를 상세히 해드리라고 했으니 조속히 업무를 파악하라고 일러주었다. 아울러 상의할 사안이 있을 시 주저하지 말고 사령관 집무실에 들어와 얘기를 나누자고 했다. 상황을 고려하여 상대방이 불편하지 않도록 배려해준 마음과 태도가 인상적이었으며 감사했다. 그러나 벨 사령관과는 개인적 유대가 쌓일 만큼 가깝게 지내보지 못하고 2008년 6월 초에 작별했다.

벨 사령관 후임으로 월터 샤프 미(美) 육군 대장이 연합사령관으로 부임했다. 그는 부친께서도 한국전에 참전하였고 본인도 한국에서 근무한 경험이 있는 군인이었다. 샤프 사령관은 나와 임관 동기이고 키도 나와 비슷하여 전임자인 벨 사령관보다 편하게 느껴졌다. 연합사에 내가 먼저 부임하여 부대 사정을 조금이라도 더 파악하고 있었기에 부담 없이 샤프 사령관을 대할 수 있었다. 샤프 사령관은 벨 사령관과 달리 사교적이었으며 정치적 감각도 몸에 배어 있었고 부지런했다. 나는 사령관과 공적 업무 자리에서는 상관의 권위를 존중하고 하급자로서 진중하게 대화를 나누었으며 사령관이 사안에 대한 견해를 물을 때는 명확히 생각을 정리하여 피력하곤 했다. 그뿐만 아니라 연합사령관은 한·미동맹의 핵심 인물이므로 그가 한국의 정치 상황을 올바르게 인식하도록 샤프 사령관에게 정무 감각을 갖고 일하게끔 조언도 했다. 샤프 사령관은 가끔 청와대에 들어가 대통령 또는 외교안보수석과 현안에 관한 대화 나눌 기회를 갖고 싶어 했다. 이에 따라 청와대 외교안보수석실과 접촉하여 일정을 잡아 주고 사령관에게 대통령께 드릴 말씀 요지를 여쭤보았다. 그때마다 사령관은 본인 생각을 말해주면서 내 의견을 물었고 나는 주제에 추가할 내용과 삭제할 내용을 국내 정치 상황 등을 고려하여 사령관에게 말해주었다. 예를 들면 '대통령께서 요즘 국내 정치 문제를 포함하여 국정에 어려움이 있는 상황에서 연합사령관이 대통령께 부담되는 현안을 보고드리면 대통령 머리를 복잡하게 만들게 될 것이므로 그 과제는 다음 보고 시에 포함하고 이번에는 조심스럽게 살펴야 하지 않겠느냐'고 했다. 샤프사령관은 나와 상의하여 준비한 내용을 대통령께 보고드리고 이튿날 만나면 조언해드린 상황판단이 적절했음을 고마워했다. 이런 사례들이 쌓이게 되자 업무는 물론, 인간관계에 상호신뢰가 두텁게 되었다. 또한, 미군 참모들이 한·미 공동 업무를 부사령관에게 보고하지 않고 사령관 결재를 받은 후 처리하는 경향이 많았는데 어느 날부터는 참모장을 포함하여 미국 측 참모들이 업무진행을 하면서 내 방에 들려 의견을 묻기 시작했다. 궁금하여 배경을 물어보았더니 사령관이 미국 측 참모들에게 이 장군(General Lee) 의견을 듣고 본인에게 결재를 요청하라고 강조했음을 알 수 있었다. 업무에 건설적이고 적절한 대안을 제시하는 나의 능력을 사령관이 인정함에 따라 달라진 태도였다.

그 뿐 아니라, 샤프 사령관과 개인적 유대를 증진하고 우정을 돈독히 하여 한국에 깊은 애정을 갖도록 하고자 했다. 주말이면 한강 고수부지에 나가 함께 마라톤도 하고 남산타워도 함께 올라가 보았으며 공관에 초대하여 만찬도 여러 차례 가졌다. 추석에는 공관에 주한미군 장성들을 초대하여 윷놀이도하고 할로윈 데이(Halloween day)에는 사령관이 마련해준 할로윈 복장으로 미국의 전통 취향을 느껴보기도 했다. 샤프 사령관은 슬하에 2남1여가 있었는데 딸이 맏이였고 사위는 웨스트포인트를 나온 현역 육군 중령이었다. 막내아들 캐빈은 샤프 사령관과 부인의 각별한 사랑을 받고 있었으며 그가 어느 날, 여자 친구를 동반하고 한국에 왔다. 사령관과 조앤 여사가 애지중지한 아들이 왔으므로 그를 환영할 기회를 갖고자 여의도 63빌딩 음식점에서 가족 동반하여 저녁식사를 함께 했다. 그날 자리에 사령관과 부인, 나와 부인, 사령관 아들과 여자 친구 이렇게 6명이 앉았으므로 짝이 맞춰진 것이었다. 반주도 몇 잔하였고 가족 모임이라 분위기도 좋아서 한국 술자리 문화(?) 하나를 소개하겠다고 얘기를 꺼냈다. 한국 사람들은 여자 파트너와 함께한 술자리에서 술잔을 돌리고 건배 제의를 할 때 1-2-3단계를 적용하여 술기운을 고조시키는데 내가 시범을 보이겠다고 했다. 1단계는 술을 마실 때 남녀가 팔을 걸고 눈을 보면서 술잔을 입에 대고 마시는 것이며, 2단계는 남녀가 서로 포옹하고 술잔을 비우게 된다면서 아내를 배역삼아 시범을 마쳤다. 여기까지 한번 해보자고 제의하여 사령관 가족들도 내가 하는 대로 따라 하였고 웃음과 즐거운 함성이 쏟아졌다. 그러자 아들이 나에게 재촉하길 3단계(Stage#3)를 빨리 보여 달라고 하는 것이었다. 가족 모임이라서 크게 문제될 것은 없었지만 다소 지나칠 것 같기도 하여 아들에게 3단계는 다음 올 때를 위해 남겨놓을 테니 그때 하자고 하면서 더는 나가지 않았는데 언젠가 그에게 3단계를 보여줄 기회가 왔으면 좋겠다. 한편 2009년 연초, 사령관 딸이 독일에서 출산하게 되어 사령관 부인이 출산을 도우려 독일을 가게 된다는 소식을 들었다. 출산 전후 약 2개월 딸을 돌보고 온다는 것이었다. 동서고금을 막론하고 여성의 출산을 돕는 것은 친정어머니 몫인 것 같았다. 미군들은 부인이 한국에 함께 거주하면 주말을 포함하여 퇴근 후 홀로 시간을 갖는 경우가 없었다. 피치 못할 사정이 있을 때는 부인의 허락을 받아야 약속을 잡을 수 있었다. 사령관에게 조앤여사가 딸 출산을 도우러 독일에 가니 혼자 있게 될 것이므로 둘이 술집에 한번 가도록 계획을 세워보겠다고 상의하자 사령관은 좋은 아이디어라고 흔쾌히 받아주었기에 D-day를 잡고 준비했다. 경호팀이 장소를 사전 답사하여 모든 준비를 마친 상태에서 사령관과 나는 날짜를 기다리고 있었는데 D-day를 2일 앞두고 북한이 장거리 미사일 시험발사를 해버림으로써 계획은 풍비박산(風飛雹散)되고 말았다. 사령관도 나의 전역 파티에서 북한 김정일 때문에 이 장군(General Lee)과 좋은 기회를 얻지 못했다고 아쉬움을 토로했다.

아울러 한국에 근무하고 있고 미군 장성들을 포함하여 대령급 장교들과도 식사자리를 자주 마련했다. 개인별로 1:1자리는 조찬으로, 2~3명과는 저녁식사 자리를 가졌다. 조찬 자리에서는 고국과 가족 곁을 떠나 이국 만 리 먼 곳에서 한국방위에 헌신한 노고를 위로하고 업무 관련 대화를 집중적으로 나눴다. 한국에 출장 온 미군 장성급에게도 빠짐없이 조찬을 대접하고 한·미동맹의 중요성을 강조했다. 그들로부터 새로운 정보를 획득하여 업무에 활용하면서 관계기관에 알려주기도 했다. 한편, 대령급 장교 2~3명을 묶어 저녁식사를 하고 노래방이나 음악 카페를 가기도 했으며, 반주(飯酒)로 발렌타인 30년을 준비해 권해보기도 했다. 미군들은 술을 좋아하거나 잘 마신 사람이 많지 않았으나, 자리를 만들어

준 배려에 감사한 마음으로 술잔을 거절한 사람은 없었다. 이들 중 많은 사람이 발렌타인 30년 고급 양주를 처음 마셔보았다고 말했는데, 한국이 영국의 고급 위스키의 큰 소비시장임을 확인할 수 있었다. 미군들은 규정상 야간 복귀시간(curfew)을 엄수해야 하므로 저녁자리를 가급적 24시가 넘지 않도록 하면서 한국에 대해 호감을 갖도록 힘썼다.

샤프 사령관을 포함한 미군들과 공·사석에서 거리감을 좁히고자 노력한 결과, 사령관은 업무협의 과정에서 한국 측 의견을 잘 수용해주었고 미군들만이 공유할 사안도 때로는 나에게 비밀보장을 전제로 알려주기도 했다. 내가 미국 출장 때 펜타곤 방문과 미셸 플러노이 국방차관, 카트라이트 합참차장 등 주요 인사를 만나도록 직접 전화하여 조치해 주었으며, 나의 미국 출장 기간에 휴가를 얻어 워싱턴 포토맥 강에서 나와 아내에게 그의 요트를 태워 줄 만큼 극진히 우리 내외를 환대해 주었다. 나의 전역을 아쉬워하면서 150여 명의 한·미동맹 인사들을 초청하여 성대한 환송 자리를 마련하고 그 자리에서 나와 1년 6개월 함께한 추억을 하나도 빠짐없이 기억하였다가 내외귀빈들에게 얘기하였는바 그의 기억력과 친절에 감탄하지 않을 수 없었다. 전역 후 미국 전략국제문제연구소(CSIS)에서 객원 연구원으로 연수 활동을 할 수 있게끔 살펴주었으며 미국 생활을 하면서 그의 전역식에 참석할 수 있어 행운이었고 기뻤다. 전역 후 지인의 부탁을 받아 샤프 사령관에게 한국 기업의 고문을 맡도록 알선해주었는바, 그가 베풀어준 후의에 조금이나마 답례를 한 것 같아 위안이 되었다. 샤프 사령관은 한국과 한국군을 지극히 사랑한 한국 국민의 친구였다. 그는 한반도 안보상황이 북한 핵실험으로 인해 요동칠 때 한반도에 평화와 안정이 유지되도록 탁월한 지략을 발휘하여 위기를 관리하였으며 한·미동맹을 위해 헌신한 참 군인이었다. 오랫동안 변함 없이 우정을 나누고 싶었지만, 여러 사정으로 만나지 못해 안타까움을 금할 수 없다. 샤프 사령관은 좋은 동료였고 훌륭한 상관이었으며, 그와 나눈 따뜻한 우정을 내 삶이 다하는 날까지 잊지 않을 것이다.

연합사령관은 평시 4개의 모자를 쓰고 있다. 이는 그가 연합사령관이 지만 주한 미국군 사령관이면서 유엔군사령관, 주한미군 선임자로서 미 국 합참의장을 대리하고 있음을 말한다. 연합사령관의 평시 임무는 연합 권한위임사항(CODA, Combined Delegated Authority)에 명시된 전쟁 억제와 방어 및 정전협정 준수를 위한 연합 위기관리, 작전계획 수립, 연 합합동교리 발전, 연합합동훈련 및 연습의 계획과 실시, 연합정보관리 등이다. 연합사령관이 평시에 북한 도발을 억제하고 한반도 평화와 안정 을 유지하는 임무를 맡고 있어 그가 연합권한위임사항(CODA)에 명시된 업무만을 중점적으로 수행할 것으로 생각하지만, 실제 그의 평시 활동 가운데 약 60%는 주한미군사령관 업무이고, 약 10%는 유엔군사령관, 그 리고 약 30%만이 연합권한위임사항(CODA)에 명시된 연합사령관 업무 라고 보면 된다. 연합사령관이 위임받은 권한 가운데 연합연습 및 훈련 은 연례적으로 3월에 키 리졸브/독수리연습(KE/FE), 8월에 을지포커스 가디언(UFG) 연습으로 이를 통해 한미연합군에게 연합작전 수행 능력을 향상시키고 있다. 연합연습은 작전계획을 바탕으로 연습시나리오를 작성 하고 이를 컴퓨터 모의에 의해 워게임 형식으로 진행된다. 연습에는 군 단급 이상 주요 작전사령부가 참가하며 상황 전개는 통상 위기관리로부 터 작전계획 3단계까지 진행하게 된다. 연합사령관은 연습통제와 실시자 (Player) 역할을 동시에 하게 되며 한국군의 지휘관 및 참모는 연합사령관의 훈련목표와 의도에 따라 상황 조치 훈련을 하게 된다. 연습 간 주요 지휘관은 계획－결심－실행주기(PDE Cycle)에 맞춰 작전을 지휘하며 각 참모부는 베틀리듬에 따라 지휘관의 결심을 돕게 된다. PDE주기 가운데 주요 지휘관들이 가장 관심 갖고 연합사령관의 작전평가와 지침을 받게 되는 활동이 전구작전 상황 보고 회의이다. 이 회의는 통상 매일 17시에 개최되며 각 작전사 지휘관들이 화상시스템을 이용하여 모습을 드러내고 정보와 상황을 공유하며 의견을 교환한다. 이 시간을 활용하여 전구작전 사령관인 연합사령관은 전반적인 작전을 평가하고 작전의도와 지침을 하달한다. 이렇게 진행되는 연습과 훈련에서 한국군과 미군의 차이를 발견하였는바 몇 가지만 기술하고자 한다.

첫째, 미군 지휘관은 의견과 지시할 내용을 메모는 하지만, 서술식으로 작성하지 않는다. 반면, 한국군은 토씨 하나 빠뜨리지 않고 서술식으로 작성하거나 반개조식으로 작성한다. 결국 같은 효과를 얻는 데 한국군이 두 배 이상의 노력을 투입하게 되는 것이다. 미군 지휘관은 의견과 지침을 자기 것으로 만들어 머릿속에 넣은 상태에서 말하고 하달하지만, 한국군 합참의장을 포함하여 작전사 지휘관들은 참모가 서술식으로 작성해준 것을 읽는 형식으로 하달하는 것처럼 보였다.

둘째, 미군은 지휘관이 특정 분야 관련 질문을 하면 그 분야에 계급이 높은 사람이 먼저 답변하고 이어서 낮은 계급순인데 한국군은 계급이 낮은 사람이 먼저 답변하고 답변이 부실하여 지휘관이 재차 물을 경우 그보다 계급이 높은 사람 순으로 답변하고 있었다. 미군은 연합사령관이 질문을 하면 장군인 담당 부장이 먼저 답변하고 부족한 부분을 대령급 과장에게 추가 답변하도록 하는데, 한국군은 합참의장이 질문하면 담당 대령급 과장이 먼저 일어나 답변하고 미진하면 이어서 장군인 부장, 본부장 순으로 답변을 하는 것이었다. 미군은 해당 분야에 장군이 가장 많이 알고 있는 반면, 한국군은 그렇지 못한 것 같았다.

그뿐만 아니라 연합사령관이 주관하는 회의와 토의 시 한국군 보다 대부분 미군들이 발언하고 의견을 제시하는 현상을 보면서 의사결정이 미군에 끌려가는 것 같은 느낌을 받았다. 부하가 써준 것을 읽는 지휘관, 노력하지 않고 부하 능력에 의존하여 성과를 얻고자 하는 지휘관, 답변을 부하에게 미루는 장군의 모습을 미군들한테 발견할 수 없었다. 이러한 현상을 보면서 의도와 지침을 스스로 머릿속에 구상하고 비망록에 기록은 하되 이것을 하달하고자 할 때는 한국군도 미군처럼 비망록을 보지 않고 구술할 만큼 내용을 숙지하려는 노력이 필요했다. 이런 점을 감안, 나는 한국군이 미군과 동등한 위치에서 업무를 주도하고 수행하는 문화를 만들고 싶었으며 미군과 함께 회의나 토의할 때 한국군이 적극적으로 발언하고 의견을 제시하는 분위기를 조성하고 싶었다. 이를 위해 장군이 되면 절필(絶筆)하는 한국군의 관행을 척결하려고 애썼다. 미군처럼 상관의 질문이나 현안에 대해 부하가 써준 내용이 아니고 장군 스스로 자기 생각을 정리하여 발언하도록 했다. 한편 각종 회의와 토의 시 미군보다 앞서 의견을 제시하고 답변하도록 했다. 한국군이 미군보다 지식과 정보를 더 많이 알고 있는 분야도 사령관 질문에 미군이 답변하는 모습이 자주 있었다. 예를 들면 한반도 지형과 기후는 한국군이 더 잘 알 수 있는 분야라서 한국군이 주도함이 마땅한데도 불구하고 그렇지 못한 경우가 많았다. 아울러 토의와 회의 때 한국군이 머뭇거리지 않고 마이크를 자주 잡을 수 있도록 만들고 싶었다. 부사령관인 나부터 발표자와 사령관의 의견에 대해 빠지지 않고 견해를 언급했으며, 설령 특별히 부연할 내용이 없더라도 의도적으로 마이크를 잡았다. 회의와 토의 시에는 통역을 통해 의사전달을 하므로 언어가 주는 제한은 문제 되지 않았다. 심지어 각종 파티에서 건배를 제의할 때 사용하는 구호도 1:1정신에 맞게 바꿔보고 싶었다. 부사령관으로 부임하자 사령관 주관 환영 만찬이 있었다. 이 자리에서 나는 지금까지 사용했던 건배사를 바꿔서 건배를 제의했다. 즉 건배 제의가 있게 되면 자리에 참석한 한국인과 미국인 모두가 똑같이 연합사 구호인 "We go together"를 영어로 제창했으나 나는 한국 사람은 'We go together', 미국 사람은 '같이 갑시다'로 바꿔 제창하자고 제의했다. 왜냐면 연합사 구호는 'We go together'임과 동시에 '같이 갑시다'이므로 파티 석상에서 함께 제창되어야 한다고 보았기 때문이다. 나의 제의에 모두 박수를 보냈고, 영원한 동반자이자 혈맹인 한미동맹에 적합한 구호라고 했다. 지금까지 그때 제의했던 구호가 전통이되어 한국 사람은 'We go together'로, 미국 사람은 '같이 갑시다'로 상호 교차하여 제창하고 있다.

미군과 긴밀한 관계를 갖고 1:1형태(Side by Side)로 연합사에 복무하면서 때로는 미군에 대한 비판적 시각도 가졌지만, 선진강국의 군대로서 장점이 많은 점을 느꼈다. 미군은 어떠한 사안이든 지휘관과 의견을 교환할 경우, 명확한 자기 생각으로 견해를 얘기하는 것이었다. 하급자가 써준 것을 말하거나 상급자 눈치와 의도에 맞추려고 애쓰는 한국군과 달랐다. 현안을 토의할 경우, 한국 측 간부들은 대부분 침묵하고 발언하지 않는 데 반해, 미군은 마이크 잡고 자기 견해를 피력하는 사람이 많은 것을 보고 단순히 국민성 차이라고 넘길 수 없었다. 개인보다 조직과 팀워크(Team Work)를 중요시하고 매뉴얼을 포함한 각종 절차와 시스템이 모든 업무의 정당성을 갖도록 만들어 주었다. 절차와 시스템대로 일하면 되기 때문에 오늘 보직에 부임한 사람도 생소하거나 어색함이 없이 업무를 수행하는 것을 볼 수 있었다. 한국군은 4성 장군의 전역식이나 이. 취임식 행사에 부관병과의 중령 또는 대령이 사회를 보지만, 미군은 여군 중사가 하는 것을 보고 우리는 왜 이렇게 못할까? 의문을 갖지 않을 수 없었다. 미군은 권위와 권한에 대한 무게를 알고 존중했다. 계급과 직책에 의해 상하가 구분되는 공적 자리에서는 엄격하게 위계가 확립되었다. 상관과 담배를 같이 물고 책상 모서리에 앉아 있는 영화 장면을 연상하였는데 이런 모습을 보지 못했다. 사령관의 의견과 지시, 결정에 엄중히 복종하며 이를 비판하는 사람을 찾아볼 수 없었다. 다만, 의견을 말하거나 대화할 때 경직된 자세와 상관에게 두려움을 갖지 않았으며, 사석에서는 뒷짐도 지고 자연스럽게 대화하는 것을 목격할 수 있었다. 상급자 역시 직권을 남용하지 않았으며 공정하고 합리적으로 일 처리를 했다. 특히, 상관의 직권남용이나 법규위반을 방지하기 위해 중요한 사안을 토의하고 결정하는 자리에 법무참모가 반드시 배석한 것이 인상적이었다. 미국 사회는 정직하지 않으면 공동체의 일원이 될 수 없는 문화인 것 같았다. 거짓말은 범죄행위처럼 취급하기 때문에 상관에게 첩보제공도 반드시 근거와 데이터를 함께 제시하였으며 우리처럼 지극히 주관적 판단으로 두루뭉술하게 표현하지 않았다. 상대방에 대한 배려와 격려도 형식적이지 않았으며, 진정성을 보여주었다. 동료가 타 부대로 전출을 가게 될 때 홀에 지휘관을 포함하여 전우들이 함께 모여서 전출자와 가족의 노고에 대해 격려해주고 환송해주는 모습이 참으로 감동적이었다. 미군은 가족을 위해 일하고 가족을 위해 사는 것 같았다. 일과가 끝나면 가정으로 복귀하는 것이 정형화되어 있었으며, 가족과 상의하지 않고 홀로 저녁 식사 약속을 잡은 사람이 없었다. 특히 주말에 가족 동반 없이 골프채 들고 골프장에 가는 사람은 가정을 포기했거나 이혼한 사람 아니면 거의 찾아보기 어려웠다. 미국 사람과 저녁 약속은 부부 동반이 되어야 하고, 부인의 취향에 맞는 식단이 고려되어야 함을 알았다. 여성 우선(Lady First) 문화가 철저했다.

연합사부사령관은 합참 합동참모회의에 의결권 없이 발언권만 갖는 옵서버로 참석한다. 합동참모회의는 합참의장과 각 군 총장이 위원이 되어 무기체계 소요결정과 작전요구 성능(ROC) 변경, 기종결정, 부대계획 등에 관련된 사안을 의결한 기구이다. 연합사 부사령관으로 재직하면서 몇 차례 합참의장이 주관하는 합동참모회의에 참석하여 의견도 개진해보고 회의 진행을 지켜보았다. 의장과 각 군 총장은 군의 지도자이고 군을 대표하므로 인격과 군사지식에 손색이 없어야 할 것이다. 합동참모회의에 상정되는 안건을 토의하고 결정하는 과정에 참여하기 위해서는 사안에 대한 자료와 본인의 군사지식을 토대로 자기 견해를 정립할 수 있어야 한다. 사안이 각 군에 미치는 영향과 합참 차원의 합동성 발휘에 미치게 되는 영향을 사전에 연구하고 검토 후 회의에 참석해야 하며, 머릿속에 정리된 자기 생각을 의견으로 제시해야 할 것이다. 그러나 의제에 대한 내용을 빠짐없이 짚고 논의해야 하는데 형식적 회의가 많았으며, 발표자의 의견도 본인 생각이 아니고 담당 참모가 써준 내용인 것 같아 생산적이지 못했다. 어느 날, 사이버사령부를 창설하는 안건이 합동참모회의에 상정되어 논의되었다. 창설 목적과 취지에 대한 이의는 없다고 하더라도 지휘체계는 쉽지 않았음에도 열띤 토의 없이 국방부 직할 부대로 결정되었다. 국방부 직할로 창설하는 방안, 합참 직할로 창설하는 방안, 그리고 기무사령부 기능을 확대하여 사이버 조직을 기무사에 통합하는 방안 등이 고려될 수 있었음에도 충분한 토의 없이 결정되는 것을 보고 아쉽게 생각했다. 훗날 사이버사령부가 정치적 이슈에 동원되어 댓글공작을 함으로써 군의 정치개입이라는 오명을 남겼는데 합동참모회의에서 지휘체계에 대한 논의가 충분히 이루어졌으면 이런 현상도 방지할 수 있는 아이디어가 제시될 수 있지 않았을까 하는 생각을 갖는다.

한편, 연합사 부사령관은 국방부 군무회의에 심의 위원으로 참석한다. 군무회의는 안건을 심의하는 기구이다. 주요 사안을 군무회의에 상정하여 여러 사람의 견해를 듣고 장관이 최종결심을 하게 되면 시행착오 뿐 아니라 정책의 오류를 최소화할 수 있을 것이다. 그러나 장관의 독단이 심해 군무회의를 거치는 안건이 거의 없는 실정이었다. 장관이 결심하고 결정하는 사안 가운데 어떤 것이 군무회의 안건으로 오르게 되는지를 분간하기 어려웠지만, 연합사 부사령관으로 재직하면서 한 차례 군무회의에 참석해보았다. 국방부 훈령에는 군무회의가 '주요 국방정책을 심의하는 국방부의 최고 심의회의'로 규정되어 있었지만, 장관의 재량에 따라 회의가 열리고 논의가 이루어지는 것 같아 유명무실한 기구로 보였다. 그날 내가 참석했던 군무회의 안건은 MB정부의 국방개혁안이었다. 국방부 회의실에 군무회의 위원들이 참석한 가운데 국방개혁안에 대한 브리핑을 듣고 의견을 제시하는 형식으로 진행되었으며, 그동안 국방 개혁실에서 준비하여 장관이 승인한 최종안을 군무회의에 상정하여 심의하는 자리였다. 국방 개혁실 담당관이 약 1시간에 걸쳐 준비된 내용을 파워포인트 화면을 띄어 보고하였으며, 그 후 의견 제시가 있었다. 순서에 따라 합참의장이 맨 먼저 의견을 제시하였으며, 이어서 육군총장, 해군총장, 공군총장이 차례대로 한결같이 종이에 적힌 내용을 읽는 형식으로 국방개혁안에 대한 의견을 내놓았다. 특히 합참의장과 여러 차례 연습하면서 상하관계를 갖고 토의와 회의를 함께 해보았다. 이때 합참의장과 연합사령관은 회의목적과 취지를 포함하여 서두에 인사말을 하고 회의를 마치면서 폐회사를 하게 돼 있었다. 그러나 연합사령관은 종이에 적힌 것을 말하는 것이 아니고 본인이 머릿속에 정리한 것을 얘기한 반면, 한국 합참의장은 참모가 준비하여 워드 글씨로 정리해준 내용을 읽는 형식으로 발언한 것을 여러 차례 보았다. 자기 생각과 개념이 아니라 참모의 생각을 말한 것이었으며, 그는 그날 군무회의에서도 종이에 적힌 아랫사람 견해를 말한 것 같았다.

물론, 의장뿐 아니라 각 군 총장도 크게 다르지 않았다. 이런 모습을 미군에게는 찾아볼 수 없었다. 미군은 부하가 작성해준 내용이 아니고 자기 생각을 정리하여 그것을 구술하고 의견을 제시했다. 공군총장까지 발언을 마치게 되자 내 차례가 되어 마이크를 켜고 입을 뗐다. 국방개혁안을 만드는 데 노력한 분들의 노고를 격려하고 이어서 2가지만 질문을 드리겠다고 장관을 주시하면서 말했다. 먼저 국방개혁과 전시작전통제권 전환 관계를 언급했다. 2015년도가 전시작전통제권 전환 목표연도이므로 국방개혁에 이를 뒷받침해줄 수 있는 내용이 구체적으로 포함되어야 함에도 방금 브리핑한 국방개혁안에서 이러한 내용을 찾아보기 어려운데 이점이 보완되었으면 좋겠다고 했다. 이어서 국방개혁은 평시 전력 규모와 전시 전력 규모를 구별하여 전시 확장되는 전력에 대한 창설과 증편 등을 알기 쉽게 도식하면 좋겠는데 그 점이 미흡한 것 같다고 언급했다. 동원인력 규모를 결정하는 데 기준이 되기 때문에 중요한 내용임에도 소홀한 것으로 보였다. 나의 의견은 군 생활하면서 여러 차례 개혁과제를 만들어보았고 부대계획과 전시작전 통제권 전환업무를 직접 다뤄본 경험에서 나온 것이었다. 앞서 의견을 말한 의장과 각 군 총장들은 국방개혁안이 잘 작성되었다는 칭찬 일색이었으나 나는 다른 방향으로 언급했다. 나의 의견에 대해 엘리트 의식이 강하고 독선적 성격을 가진 장관은 본인이 결재한 내용에 대해 미흡한 부분과 보완해야 할 분야를 얘기함에 따라 심기가 불편한 표정이었다. 그는 오만한 태도로 네가 무엇을 안다고 그러느냐면서 무시해버리고 넘어갔다. 여기에 합참의장은 한술 더 떠서 국방개혁과 전시작전통제권 전환은 별개의 사안이라고 허무맹랑한 말을 함에 따라 기가 찼다. 군 수뇌부의 이런 인식하에 국방개혁이 추진되었으니 성과를 기대하기 어려운 것은 불문가지였다. 그 결과 천안함 폭침과 연평도 포격 같은 북한 도발이 자행되었고 우리 군이 많은 희생을 치르게 된 것 같았다. 국방개혁은 매 정부 국정과제로 선정되어 추진되었지만, 일관성이 유지되지 못했다. 국방개혁 과제가 정부 성격에 따라 논란이 많았던 것은 이념과 정치적 성향을 탈피하여 군사안보적 차원에서 난상토론 과정을 거치지 않았고, 군과 국민의 공감대 형성이 미흡했기 때문이다. 예비역이 되어 국방연구원에서 주관하는 국방 관련 세미나에 참석해보았다. 이때마다 발제자와 패널들이 한결같이 특정 정파에 가까운 인사들이었다. 이들의 입에서 나온 의견은 문제점을 찾는 것보다 문제와 화합하는 발언들이었다. 나는 특정 이념성 학자들 뿐 아니라, 그 반대편 학자도 패널에 참석시켜 그쪽 의견도 들어보아야 한다고 주장했다. 토의는 다양성을 추구해야 하고 반대의견이 많아야 생산적 결론을 얻게 되는 것이다. 영국의 사회학자인 J.S 밀은 반론을 가진 자가 없다면 일부러라도 만들어 세워서 다수견해를 건강하고 생동하게 해야 한다는 '악마의 대변인(devils advocate)'을 주장했다. 회의나 토의 시 부하는 상관 취향에 맞는 얘기만 하고 상관은 듣고 싶은 얘기만 듣겠다는 군사문화가 척결되지 않고는 군의 의사소통이 원활히 이루어질 수 없다. 부하는 상관에게 할 말은 할 수 있어야 하며, 상관은 부하에게 탈권위적 이며 거슬리는 의견을 싫어하지 않고 들리는 얘기를 빠짐없이 듣고자 귀를 열어 놓아야 할 것이다.

연합사 부사령관은 상관인 장관과 자주 접촉하는 자리가 아니었다. 반면 연합사가 합참의장의 전략지시를 받아 임무를 수행하는 부대이므로 의장과는 긴밀한 관계가 요구되었다. 그러나 공교롭게도 내가 4성 장군으로 복무할 때 의장과 장관이 A고 출신들이었다. 이들의 성격과 업무 스타일은 상대 의견을 듣고 진지하게 논의하는 것보다 일방적 지시를 선호한 것 같았다. 그뿐만 아니라 연합사 근무 경험이 없어 연합사에 복무하는 장교들에 대해 빠다(버터)나 먹고 편한 보직에 있다고 홀대하는 인식이 깔려 있었다. 부임한 지 얼마 되지 않은 시점에 2008년도 UFG 연습 관련 토의장에서 의장의 태도에 실망한 나머지 그 후 특별한 안건이 아니면 가급적 의장과 토론형식의 대화는 삼가려고 했다. 연합사령관은 그해 UFG 연습 관련하여 연합사 부사령관에게 합동군 사령관 역할을 부여하고자 했다. 연습계획 수립과 준비, 시행을 주도하고 연습 전반에 대해 부사령관에게 책임과 권한을 부여하려고 하였으며 합참의장은 연습 진행을 감독하고 의장 역할에 충실하도록 하고자 했었다. 그러나 의장은 의장 역할도 버거운 상태에서 합동군 사령관 역할까지 본인이 하겠다는 견해를 주장함으로써 동의하기 어려웠다. 장관 역시 성격이 강하다 보니 포용력을 기대할 수 없었으며, 장관과 학연이나 근무연이 겹치지 않아 접근하기 어려웠다. 장관이 갖고 있는 연합사에 대한 인식을 바꿔보고자 매월 별도 보고 시간을 잡아 연합사 관련 사항을 정리해서 보고했다. 보고내용은 연합사령관 동정과 미군들한테 득문한 첩보, 연합사 한국군 활동 등을 정리한 것이었다. 장관이 관심을 가질 만한 내용이 많지는 않지만, 연합사내에서 한국군이 놀지 않고 활발히 활동하고 있음을 주지시켜드리고 싶었으며 차담도 나누고 개인적으로 거리를 좁혀보고 싶었다.

그러나 장관은 나와 칸막이 되어 있는 벽을 허물지 않았으며, 칭찬과 격려도 인색했다. 훌륭한 인격을 구비한 분은 아니라고 생각했지만 장관이라는 권위를 지니고 있어 그의 의도를 따를 수밖에 없었다. 한편, 권력자가 실권을 쥐게 되면 인맥과 정치적 성향에 따라 자기 사람이 아닌 특정인들을 정리하고자 권력을 남용하는 경향이 있었는데 장관도 그런 것 같았다. 어느 날, 국방부 인사기획관으로부터 전화를 받았다. 그는 내 밑에 있는 장군 참모 가운데 2명을 특정하여 이들을 타부대로 전출시키라고 장관이 지시했다는 것이었다. 장관은 일종의 블랙리스트를 만든 것 같았고 장관이 찍은 장군은 ○○기 김모 장군, ○○기 김모 장군이었다. 이들을 전임 장관 인맥으로 분류 한 것 같았다. 나는 이들이 누구 인맥이든 지금은 내 부하이고 나에게 인사권이 있는데 장관이 월권하는 것임을 그에게 말하고 수화기를 놓았다. 그들이 전출가야 할 아무런 잘못도 없고 보직 만료도 아닌데 단순히 전임자 인맥이라서 한직으로 보내는 것은 부하를 보호해야 할 내 입장에서 받아드리기 어려웠다. 장관 성격을 알고 있었지만 그대로 순응할 수 없었다. 이들에게는 다음 계급으로 진출할 기회를 잃게 만드는 사형선고와 다름없는 조치였기에 가벼운 사안이 아니었다. 나의 거절에 대해 장관의 반응이 어떠했으리라 짐작하는데 많은 시간이 소요되지 않았다. 이튿날 또다시 인사기획관으로부터 전화가 왔고 이번에는 그가 나한테 그들을 내보내지 않으면 나의 신상에 영향을 미치게 될 수 있으므로 장관 지시를 따르라는 것이었다. 나는 내가 그만두더라도 그렇게 할 수 없음을 다시 말하고 상황을 지켜보았다. 결국 직권을 남용한 장관과 그의 지시에 대해 거절한 나의 소신을 고려한 절충점을 찾아 2명 중 1명을 불가피하게 교육사로 보냈다. 우리 속담에 시집살이를 강하게 경험한 시어머니일수록 며느리에게 시집살이를 독하게 시킨다고 했다. 장관은 과거 사조직이 군 인사를 쥐락펴락할 때 강원도 전방에서 유배 생활 같은 복무도 해보았고, 사조직 때문에 어렵게 대령과 장군 진급을 했던 경험이 있음에도 불구하고, 공정하지 못한 사적 감정을 억제하지 못한 채 본인이 당했던 대로 권력을 남용한 것처럼 보였다. 한마디로 장관의 그릇이 큰 것 같지 않아 아쉬움이 많았다. 지도자는 용서와 관용이 도덕적 윤리관에서 나오고 진정한 포용력은 인격적 마음에서 우러나오게 됨을 알아야 한다. 겸손은 인품이 아니고 능력임을 깨달아야 하는 것이다.

연합사에 근무하면서 미국과 일본에 몇 차례 출장을 다녀왔다. 미국에서 펜타곤과 태평양사령부를 포함하여 주요 사령부를 방문하고 한·미 동맹과 주요 현안을 미국 군사지도자들과 논의했다. 일본에는 유엔사 후방 기지를 중점적으로 방문하여 한반도 유사시 증원전력이 활용하게 될 기지와 비축물자 등을 살펴보았다. 미국에 첫 방문 날짜는 2008년 9월

18일이었으며 25일까지 일주일간 태평양사령부와 합참, 육군본부, 교육사령부, 합동 전력사령부를 방문했다. 이 기간에 만난 인사는 태평양 사령부 사령관 해군 대장 키팅(Keating) 제독, 태평양 공군사령관 챈들러(Chandler) 대장, 태평양 함대사령관 윌러드(Willard) 제독, 태평양 육군사령관 믹슨(Mixon) 중장, 국방정보본부장 메이플(Maples) 육군중장, 육군교육 사령관 월러스(Wallace) 대장 등이었다. 태평양 사령관과 만찬, 태평양 육군 사령관과 오찬, 육군교육 사령관과 만찬, 합동 전력사 부사령관과 만찬도 함께했다. 태평양 사령관의 의장 행사와 환담, 만찬은 내가 군 생활하면서 받아본 가장 극진한 대접이었다. 키팅 제독은 온화한 성품에 해군신사였으며 따뜻함이 몸에 배어 있었다. 그는 게이츠(Gates) 장관이 말한 대로 군사적, 외교적 그리고 전문적 능력을 겸비하고 있었으며 중국, 대만, 북한 문제를 다루는 데 손색이 없어 보였다. 태평양사령부는 세계에서 가장 광범위한 작전지역을 담당하고 미국의 잠재 적대국 중국의 팽창을 저지하는 임무를 맡고 있어 미국의 최신예 핵심 전력으로 무장되어 있었다. 한국에 주둔하고 있는 주한미군이 태평양사령부 예하 전구사령부이며 전시 한반도에 증원하게 될 전력의 대부분이 태평양사령부 전력이므로 태평양사령부는 한반도 안보에 중심세력이다. 키팅 제독과 환담하면서 한반도와 동북아정세에 대해 의견을 나누었으며, 특히 중국의 군사력 증강에 깊은 우려를 함께 하고 동북아 안정과 평화를 증진시키기 위한 한·미동맹 발전에 대해 공감하는 시간을 가졌다. 키팅 제독의 초대 만찬에서 나는 하와이 전통 복장인 알로아 셔츠를 입고 한·미는 'Never fight alone'과 'We go together' 정신으로 동북아 평화와 안정의 보루가 되자고 건배제의를 했다. 태평양 사령부 해군과 공군은 한반도 위기 시 가장 먼저 투입되는 전력이면서 평시 억제의 일환으로 무력 시위 전력을 한반도에 전개하기도 한다.

연합사 부사령관으로 재임하면서 미군 전력 가운데 항공모함과 전투기를 탑승해보았다. 2008년 7월 2일, 항공모함 CTF-76 로널드 레이건호에 승선했다. 김해공항에서 항모 착륙 수송기를 타고 동해에 떠 있는 레이건호를 찾아 나섰다. 약 30분간 비행을 하니 항공모함 레이건호가 바다에 작은 섬처럼 보였다. 그 섬은 지속적으로 일정 방향과 속도를 유지한 채 움직이고 있었다. 항공모함 레이건호가 보이자 수송기 조종사는 요란한 착륙 준비 소리를 내면서 저공으로 진입하기 시작했다. 육지에 착륙하는 비행기처럼 금방 착륙할 것으로 알았는데 수송기는 항모를 아래에 두고 몇 바퀴 회전하면서 탑승자의 머리를 흔들어 놓았다. 멀미가 시작되었다. 섬에서 태어났지만, 신체적으로 유난히 뱃멀미를 심하게 하는 특성을 지니고 있어 그날 몹시 힘들었다. 수송기는 항모와 일치된 방향으로 낮게 진입하더니 항모 갑판에 짧은 순간 착륙했다. 항모에는 정찰기, 지휘기, 전투기, 수송기, 헬기 등 여러 종류의 항공기가 탑재되어 있었고 항모 밑바닥에서 조타실까지 높이는 약 20층 아파트만큼 높았다. 전투기는 정비, 대기, 운용으로 분류하여 1/3 전력이 작전에 투입되고 있었다. 조타실에 올라 브리핑을 듣고 항모 단장과 대화를 나누었으며 그는 해군 준장이었다. 항모 크기는 축구장 3개 정도였고, 항모 승조원은 5,000여 명이었으며 항모 작전반경이 약 1,000km라고 하였으니 미국이 보유한 11척의 항모 전력으로 세계 전역을 방어할 수 있는 막강한 위력이었다.

한편, 한·미 연합방위를 상징하는 의미에서 샤프 사령관과 함께 전투기를 타고 한반도 영공을 초계비행했다. 공군 전투기를 군산 미군기지에서 탑승하고 1.5시간 비행했다. 샤프 사령관은 한국공군 KF－16에, 나는 미 공군 F－16에 서로 교차하여 탑승하고 한반도 상공을 비행하면서 금수강산을 보았다. 전투기 탑승 전 조종사 복장을 착용한 상태에서 신체 적응 Test와 시뮬레이터 훈련, 안전교육 등이 이루어졌다. 짧은시간 전투기를 탑승해본 경험이었지만 비행 중 조종사 고충을 알 수 있었다. 빠르게 비행 궤도를 바꿀 때마다 몸에 느껴지는 기압이 달라 피가 거꾸로 솟는 압력을 느꼈다. 높은 압력에서도 조종사는 조종간과 무장 사격을 놓치지 않아야 했다. 좁은 콕핏(Cockpit)에서 무거운 조종 복장과 헬멧을 착용하고 수 시간 동안 임무 수행하는 데 강한 체력과 정신력이 요구되었다. 이런 조건의 비행을 매일 1~2회해야 하므로 공군 조종사에게 체력의 중요성이 강조됨을 이해할 수 있었다.

　　2번째 미국방문은 2009년 5월이었으며, 샤프 사령관이 휴가를 나의 출장 시기에 맞춰주었다. 첫 방문지인 워싱턴DC에서 한국전 참전비에 헌화하고 일정에 들어갔다. 첫날은 포토맥강에서 우리 부부와 샤프 사령관 내외는 보트를 타고 유람하는 시간을 가졌다. 샤프 사령관은 보트를 매제와 공동으로 구입하여 소유하고 있었다. 워싱턴DC 가까운 마리나에 정박해놓고 휴가 때 여가시간을 보트 타는 데 활용한다고 했다. 선상에는 자그마한 침실과 키친도구가 있어 먹고 자는 데 불편함이 없게 되어 있었다. 미국의 상류층은 자동차와 집을 갖게 된 다음 로망이 보트를 갖는 것이라고 하였는데, 샤프 사령관 생활이 부럽기도 했다. 보트에서 와인도 한잔하고 키를 잡고 보트 운전도 해보았다. 포토맥 강변 고급레스토랑에서 스테이크로 저녁식사를 하고 다시 보트를 이용하여 마리나로 돌아왔다. 포토맥강에서 보트를 타고 바라본 워싱턴DC 야경은 참으로 환상적이었다. 이튿날부터 펜타곤을 포함하여 주요 사령부를 방문하고 군사 지도자들을 만나 현안을 논의하였다. 이때 내가 만난 주요 인물은 합참차장 카트라이트(Cartwright) 해병대장, 국방정책차관 플러노이, 중부사령관 페트리어스(Petraeus) 육군 대장, 특수전 사령관 올슨(Olson) 해군 대장 등이었다.

이 가운데 플러노이 국방차관과는 북한 핵과 위협을 평가하고 대응 전략에 대해 의견을 나누었으며 주한미군 기지 이전, 전시작전통제권 전환에 대한 상호관심사를 교환했다. 플러노이 차관은 여성이지만 첫인상에서 카리스마를 느낄 수 있었다. 본인의 말은 아끼면서 나의 의견을 듣는데 치중한 것 같았다. 플러노이는 남중국해에서 중국의 전체 함대를 3일 내 침몰시킬 능력을 보유해야 하며 미국이 역내에서 중국군을 꺾을 수 있을 만큼 확고한 억지력을 가져 중국 지도부의 오판을 막아야 한다고 강조한 여성이다. 플러노이와 앉은 자리에서 샤프 사령관이 추진하고 있는 주한미군 3년 근무제(복무정상화 계획)를 미국 국방부가 적극적으로 예산을 지원하여 주한미군에게 안정적 복무환경을 조성해달라고 부탁했다. 주한미군 복무 정상화 계획은 주한미군 기지 이전과 동시 추진하여 1년 단위 근무를 3년까지 연장하고 가족 동반을 허용함으로써 삶의 질을 향상하는데 목적이 있었다. 1단계는 2010년까지 4,320명을, 2단계는 2016년까지 5,700명을, 3단계는 2020년까지 14,250명까지 가족 동반을 확대하는 계획이었다. 이를 시행하기 위해서는 학교와 주택, 병원, 복지시설 등이 대폭 늘어나야 하므로 미국 정부 차원의 예산지원이 요구되었던 것이다. 특히, 이 중에서 학교시설은 한국과 공동으로 부담하여 일정 수의 한국 학생들이 입학할 수 있게끔 추진하였으나 양국의 재정지원이 원만히 이루어지지 않아 현재 추진이 보류되고 있다. 페트리어스(Petraeus) 중부사령관은 미군 가운데 엘리트 장군으로 2007년 타임지가 선정한 세계에서 가장 영향력 있는 100인에 선정된 인물이었다. 샤프 사령관과 육사 동기로서 훗날 미국 중앙정보국(CIA) 국장을 역임했다. 그는 키도 크고 미남이었으며 말이 시원시원했다. 샤프 사령관이 각별히 부탁하여 나에게 시간을 할애해주었으며 나와 대화 중에도 핸드폰을 자주 꺼내 통화하는것을 보니 이라크와 아프가니스탄 작전지휘에 눈코 뜰 새 없이 분주한 것 같았다.

일본은 우리와 이웃 국가이지만 역사적 아픔으로 인해 가깝고도 먼 나라이다. 한·일관계는 체제의 동질성과 지리적 근접을 살리지 못하고 국민 감정을 포함하여 상호협력에 비우호적이다. 연합사 부사령관으로 일본을 방문한 목적은 한반도 유사시 증원전력이 재편성하고 무장하는 유엔사 후방기지를 살펴보기 위해서였다. 미국은 자마 육군기지, 요코스카 해군기지, 사세보 해군기지, 가데나 공군기지, 후텐마 해병기지 등에 38,000여 명의 주일미군 병력을 주둔시키고 있으며 이러한 기지는 한반도 유사시 유엔사 후방기지로 활용되고 있다. 한·미는 한반도에서 위기가 발생하면 징후목록에 의해 위기를 평가하고 그 결과에 따라 위기관리를 한국 합참에서 연합사령부로 넘겨주게 된다. 연합사령관은 CODA에 의해 합참으로부터 위기관리를 넘겨받고 간단없이 위기를 평가하여 위기 단계를 조정하게 되는데 위기가 점점 고조되면 방어준비태세 단계를 변경하면서 전쟁 억제와 병행하여 전면전에 대비하게 된다. 연합사령관은 위기관리를 하면서 D-3단계로 방어준비태세를 변경하고 신속억제방안(FDO, Flexible

Deterrence Option)을 시행한다. 이때 군사적 사항뿐 아니라 정치, 경제, 외교 등을 고려하여 조치하게 되며 특히 군사적으로 정찰·감시전력을 보강하여 운용하게 된다. 그 후 위기가 악화 되어 전면전 상황으로 치닫게 되면 단계별로 전투력 증강(FMP, Force Module Package)전력과 시차별 부대전개제원(TPFDD, Time Phased Forces Deployment Data)에 의한 전력이 한반도에 증원된다. 주일 미군기지이면서 유엔사 후방기지에는 한반도 위기 시 전개될 FDO전력과 FMP전력이 평시에 배치되어있다. 전면전 상황에서 증원될 TPFDD전력이 미 본토로부터 들어오면 일본의 후방기지에서 재편성하여 한국의 공항과 항구로 보낸다. 이렇게 증원전력이 한국 공항과 항구에 도착하여 전방으로 전개되는 과정을 수용, 대기, 이동, 통합(RSOI, Reception Staging On Movement Integrate)이라고 한다. 한반도는 휴전상태이면서 북한의 무력도발이 간헐적으로 자행되고 전쟁 위협이 상존하는 지역이므로 불안정하고 불안한 안보 상황에서 북한의 무력도발과 전쟁을 억제하는 방안이 우리 힘만으로 이루어질 수 없다. 한·미동맹과 국제사회의 공동노력이 뒷받침되어야 한다. 주일미군은 미·일동맹 때문에 일본 방어가 주된 임무이지만, 유사시 한반도에 전개될 전력임을 감안하면, 일본이 제공하는 유엔사 후방기지의 중요성을 새롭게 인식하고 한·일 협력방안을 찾아야 할 것이다.

한국을 방문한 미국 정치 지도자를 연합사에서 영접할 기회를 몇 차례 가졌다. 어느 날, 부시 미국 대통령이 한국을 방문하여 주한미군을 격려하기 위해 연합사에 왔다. 주한미군 수백 명이 연합사 체육관에 모여 대통령을 환호하고 있었으며 부시 대통령은 군복으로 갈아입고 우리 부부와 샤프 사령관 부부의 영접을 받으면서 체육관으로 들어갔다. 부시

대통령의 악수 자세는 마치 서부 총잡이가 권총 사격하는 것처럼 옆으로 손을 뻗어 내 손을 잡았다. 그의 눈빛은 초강대국 지도자답게 예사롭지 않았다. 부시는 도열하고 있는 아내에게 따뜻한 인사를 건네고 체육관에 준비된 단상으로 날렵하게 뛰어 들어갔다. 이런 장소에서 얌전하게 걸어 들어가는 우리 대통령과 달리 뛰어 들어가는 모습이 인상적이었다. 미국의 정치 지도자가 한국을 방문할 때면 반드시 그들의 군대가 주둔하고 있는 부대에 들러 자국군을 위로하고 격려하는 시간을 가짐으로써 대통령이 군의 최고 통수권자임을 확인시켜주는 것이었다. 힐러리 클린턴 국무장관도 한국을 방문하고 연합사에 들러 사령관을 포함한 미군 수뇌부를 격려했다. 방탄차를 타고 들어온 힐러리 장관을 나와 샤프 사령관은 도열하여 영접했다. 나에게 악수를 청한 힐러리 장관의 피부와 의상이 몹시 빛났으며 그녀의 목소리도 쾌활하고 웃음소리 역시 시끄러울 만큼 컸다. 여성이 갖는 진정한 카리스마가 무엇인지 알 수 없으나, 내가 만나 본 힐러리 국무장관은 카리스마가 있었다.

국내에서 그리고 미국 출장 일정에서 수많은 미군 장군들을 만나 보았다. 이들과 함께 업무를 수행하고 현안을 의논하면서 느낀 사항 가운데 2가지의 특징을 발견할 수 있었다. 첫째는 미군 장군들은 능력이 우수하다는 점이었다. 누구와 어디에서 만나든 군사적 사안에 대해 자기 생각을 갖고 그것을 논리정연하게 말했다. 그렇다면 왜 미군 장군들은 우수한 능력을 갖추었는지 의문이든다. 교육과정에 많은 차이가 있을까? 생각해보았지만 아니었다. 미군은 자질과 인품, 능력이 부족한 사람을 혈연과 지연, 학연, 근무연 등 인맥에 의해 진급시키거나 등용하지 않기 때문이었다. 미군 장군은 부족한 능력을 부하 능력으로 채우려 하지 않앞다. 지휘관이 참모한테 의존하는 업무수행이 아니고 지휘관이 참모를 끌고 가는 것이었다. 지휘관과 참모 관계는 상호 신뢰하고 지휘관 지침은 명확했으며 참모의 업무수행은 체계적이었다. 업무성과와 효율성 측면에서 한국군 3명이 할 일을 미군은 1명이 할 수 있는 것 같았다. 그만큼 잘 훈련되고 주먹구구식이 아닌 시스템에 의해 업무가 수행되었다. 미군은 회의와 토의에서 지휘관이 발언할 내용을 참모장교가 써주지 않는다. 지휘관과 참모는 자기 영역에서 준비하고 생각을 정리하여 의견으로 제시하므로 부하가 상급자 몫을 준비하느라 야근하는 현상을 목격할 수 없었다. 특히, 제도와 규정에 어긋난 월권을 하거나 업무를 소홀히 하여 합리성이 결여되고 법규에 어긋날 때는 반드시 책임을 묻고 책임을 지게 되어 있었다. 아울러 결과 못지않게 과정을 중요시하므로 시간에 쫓기지 않고 다양한 의견을 존중했다.

둘째는 미군 장군들은 친절하고 배려심이 깊었다. 이는 상대의 인격을 존중하고 공동체에 헌신하는 태도가 어린 시절부터 형성되었기 때문이라고 생각했다. 식사자리에서 무거운 대화를 가급적 삼가고 가족과 고향, 취미 같은 공통적 소재를 얘기함으로써 초대받은 사람도 대화에 쉽게 끼어들게 만드는 것은 배려정신에서 나온다고 보았다. 질문에 단순히 예스냐 노가 아니라 핵심을 포함하여 부연하는 대답은 친절성을 느끼게 만들었다. 때와 장소에 구분하지 않고 낯선 사람에게도 귀찮다는 표정을 짓지 않았으며 상세하고 상냥하게 답변하는 그들의 성숙한 문화에 부러움을 느끼지 않을 수 없었다.

지울 수 없는 상처, 장관의 인사제청

2009년 9월 초, 늦더위를 UFG연습과 함께 벙커에서 보내고 가을의 문턱에 들어섰다. 연합사는 UFG연습에 주야를 가리지 않고 몰두하는데 밖에서 들려오는 소식은 실망스럽기 짝이 없었다. 국방부 장관의 권위가 차관을 통제하지 못하고 있다는 소문이 들렸으며 이에 격분한 장관이 대통령께 불만 섞인 서신을 보냈다고 언론이 보도했다. 장모 차관이 실세로 알려져 있었고 국방부 의사결정에 차관 영향력이 지대하여 장관을 우회(Passing)하는 것처럼 들렸으며 심지어 모 장군은 차관에게 아부하여 3성 장군이 되었다는 소문도 있었다. 그야말로 장관의 리더십에 문제가 있음을 말해주는 현상이었다. 이런 현상이 발생하자 청와대 분위기는 이 기회에 장관을 경질하겠다는 모드로 전환되고 있었다. 그해 9월 3일 오후, 갑자기 내 휴대전화 벨소리가 울리기 시작했고 문자가 쏟아졌다. 국정원, 기무, 군 관계자, 사회 지인 등 수많은 분이 내가 후임 합참의장으로 결정되었다는 소식을 전해주고 들려주었다. 나는 뜻밖에 들은 소식이라 반신반의하고 있었는데 기무부대장이 집무실에 찾아와 기무사령관이 얘기해드리라고 했다면서 소식을 확신시켜주었고 그 내용은 이러했다. 청와대는 그날 국방부 장관을 경질하고 후임 국방 장관에 현 합참의장을 내정했다. 합참의장을 장관으로 임명하였으니 청와대는 후임 합참의장을 검토하였으며 그 결과 나를 의장으로 결정하였고 이를 청와대에 파견된 군 관계자가 알게 됨으로써 밖으로 새어 나오게 되어 많은 사람이 인지하게 되었던 것이다. 그해 UFG연습을 마치고 휴가 차 베트남에 여행 중이던 샤프 사령관은 합참의장이 장관으로 임명되었다는 뉴스를 접하고 합참의장에게 축하 전화를 하면서 이 장군(General Lee)은 어떻게 되었느냐고 의장에게 물었다. 의장은 이 장군(General Lee)이 의장을 하게 될 것이라고 대답했다. 샤프 사령관은 그럼 지금 이 장군(General Lee)에게 축하 전화를 해도 되겠냐고 하니 의장이 추후 들어와서 축하해도 늦지 않다고 말했음을 의장 통역장교가 내 통역장교에게 들려주었다. 이러한 얘기를 전해 들은 나는 의장으로 영전하게 되리라 굳게 믿게 되었다. 다만, 주변 사람들에게 입을 조심하도록 당부하고 나 역시 표정 관리에 들어갔다. 의장을 하게 되었다는 영예보다 막중한 책임을 생각하면서 의장에 앉으면 바꿔보고 싶은 몇 가지를 생각해보았다.

미군으로부터 얻은 업무수행 방법을 합참에 이식하여 한국군의 의식과 업무문화를 개선하고 싶었으며, 전시작전통제권 전환에 대비하여 한국군의 연합작전수행 능력을 배양하고자 연합사와 합참 실무자들 간 보직 교류를 추진하고 싶었다. 이렇게 의장할 준비를 하고 있는데 최종 발표되기 이틀 전인 9월 12일 토요일 오후, 평소 잘 알고 지낸 중앙 일간지 김모 기자의 전화를 받았다. 그는 나와 사적 자리를 자주 가졌던 기자라서 내게 호칭을 형님이라고 했으며 잘 계시냐는 안부와 함께 의장을 형님이 하는 것으로 알았는데 다른 얘기가 들린다는 것이었다. 그러나 나는 의장이 될 것이라는 확신에 차 있었기에 그의 말을 대수롭지 않게 생각했다. 이미 청와대의 의사결정도 있었고 경쟁자들과 도덕성, 인품, 전문성, 연합작전 지휘능력과 한·미동맹 이해도 등을 비교하더라도 객관적으로 우위에 있다고 자부하고 있었기 때문이었다. 김모 기자 전화를 받은 후 새로운 주(週)가 시작되는 9월 14일 월요일 오전 9시경이었다. 일정대로 집무실에서 정보참모부의 2009년 UFG 연습 결과 관련 현안에 대한 보고를 받고 있는데 전속부관이 의장한테 전화가 왔다면서 휴대폰을 건네주었다. 평소 합참의장과 전화로 대화해본 적이 많지 않았기에 궁금한 생각을 갖고 전화기를 받았다. 내가 전화에 응대하자 의장은 첫마디가 신임 의장에 내가 아닌 A 대장을 임명했다면서 미안하다고 하는 것이었다. 그는 내가 의장이 될 것으로 알았고 그것이 적절한 인사임에도 그렇게 되지 않아 나에게 미안함을 표했던 것이다. 나는 의장으로부터 예상하지 못한 전화를 받고 납득할 수 없었지만, 전화를 끊고 표정 변화 없이 정보참모부 보고를 마지막 장까지 받았다.

국방부 훈령에 장군 인사는 장관의 제청을 받아 대통령이 재가하게 되어 있어 장관은 합참의장을 제청할 권한을 갖고 있다.

따라서 이미 교체되기로 결정된 장관이었지만 신임 장관이 인사청문회를 거쳐 임명장을 받을 때까지 장관 자리에 앉아 있었으므로 그가 청와대에 합참의장을 인사 제청하는 권한을 행사했다. 장관은 대통령께 합참의장 대상자를 복수로 제청하게 되어 있어 나를 빼고 동기생 2명을 청와대에 올렸다. 동기생 3명이 대장인 가운데 내가 빠졌으니 2명 중 한 사람이 의장이 될 수밖에 없었다. 그러나 유감스럽게도 경험과 능력, 전문성에서 적합도가 낮다고 알려진 사람이 의장에 임명되었다. 그가 발탁된 배경은 장관의 인맥이고 특정 지역 출신이라는 점이 작용한 것처럼 보였다. 적법절차에 의해 의장이 임명되었지만, 새로 임명된 의장은 신임 장관과 함께 일할 사람이므로 신임 장관이 제청하는 것이 마땅하다고 할 것이다. 이렇게 된 데에는 전임장관이 후임장관과 A고 동문이면서 선배인 점도 작용한 것처럼 보였다. 인사가 만사라고 했다. 납득하기 어려운 군 인사에 뒤따라 북한군 무력도발로 천안함이 폭침되고 연평도가 포격을 당하는 치욕적 사건이 발생하였으니 단순히 우연이라고 단정할 수 없을 것이다. 나는 평소에 MB정부 초대 국방부 장관의 인품과 포용력을 높게 평가하지 않았다. 그는 심지어 인사명령에 따라 전역을 하게 될 ○○, ○○ 군 사령관과 나에게 2일 이내에 전역식을 하고 군을 떠나라는 지시를 내리기까지 했다. 미군은 약 6개월 전에 퇴임을 알려주는데 40여 년 군에 몸담고 군문을 나서는 사람들에게 2일간 시간을 주고 서둘러 나가라고 하였으니 이런 사람을 상관으로 모시고 군 생활한 것이 몹시 부끄럽고 속이 상했다. 장관의 지시를 받고 ○○군, ○○군 사령관은 군 생활을 정리할 시간도 갖지 못한채 전역식을 하고 군문을 나섰지만, 나는 미국 국방성에 훈장을 상신하는 절차가 필요하였고 미군인 연합사령관이 전역식을 주관하게 되어 있어 그들보다 약 1주일 후에 군문을 나왔다. 내가 의장을 하지 못해 아쉬움도 컸지만, 능력보다 근무연과 지연에 의해 합참의장을 임명한 것 같아 비판하지 않을 수 없었다. 동기생 중 A 대장이 아니고 B 대장이 의장에 임명되었다면 흔쾌히 그를 축하해 줄 수 있었을 것이다. B 대장은 합참에서 다년간 근무했고 능력과 경험을 구비하여 객관적으로 적격자라고 볼 수 있었다. 합참의장은 60만 대군을 대표하는 얼굴이다. 군령의 최고사령관이므로 지, 인, 용, 엄, 신(智·仁·勇·嚴·信)을 겸비하고 도덕성과 유능함을 지녀야 안보 전선을 엄중하게 지킬 수 있다. 북한군은 우리 군 수뇌부의 특성을 속속들이 파악하여 평가하고 있을 것이므로, 이를 토대로 도발 전략을 수립하고 행동에 옮기는지 면밀히 분석해보아야 할 것이다. 2002년 연평해전과 2010년 천안함 폭침, 2012년 연평도 포격에서 얻은 교훈이 무엇인지 깊이 반성해보아야 할 것이다.

내가 합참의장에 오르지 못하고 전역하게 됨에 따라 군 인사가 적절하지 못했다는 언론기사이다. (시사저널 2009.10.21.)

인사명단 유출되니 대장도 바뀌었나.

군심(軍心)이 다시 동요하고 있다. 지난 9월 14일 단행된 군 대장 인사의 후폭풍이 만만치 않다. 군 내부와 국방부 주변에서 '적절한 인사가 아니었다'라는 볼멘 목소리들이 적지 않게 나오고 있다. 매년 군 인사 때마다 여기저기서 적잖은 잡음이 일었던 것을 고려하여도 통상적인 불만 정도로 치부하기에는 그 강도가 남달랐다. 담장 너머로 목소리가 새 나오지 않도록 상당히 조심하는 분위기도 역력하다.

〈시사저널〉은 이와 관련해 취재하는 과정에서 지난 9월 국정원에 파견 나가 있던 영관급 장교 2명이 징계받고 원대 복귀한 사실을 단독 확인했다. 무엇보다 이점을 단순히 넘길 수 없는 이유는 이들의 징계 사유가 9월의 군 대장 인사 잡음과 직접적인 연관 관계가 있는 것으로 확인되었기 때문이다. 그 전모를 살펴본다.

지난 9월 3일 이명박 대통령은 국무총리를 비롯한 일부 부처 장관을 교체하는 개각을 단행했다. 여기에는 국방부 장관도 포함되었다. 김태영 당시 합참의장이 군복을 벗고 장관에 취임하게 되면서 후속 대장 인사가 불가피해졌다.

실제 이 대통령은 신임합참의장을 비롯한 후속 대장 인사를 9월 14일 단행했다. 당초 예상보다 일정을 앞당긴 신속한 인사였다. 주요지휘관의 공석이 바람직하지 않다는 군 통수권자의 의지가 반영된 결과였다. 그런데 이 과정에서 또 잡음이 불거져 나오기 시작했다. 신임합참의장 인사에 대해 군 안팎에서 의문을 제기하고 나선 것이다. 군 내부 사정에 정통한 한 관계자는 지난 9월 중순 기자에게 "매번 군 진급 인사 때마다 잡음이 불거져 나오는 것은 다반사였지만 그래도 이번 대장 인사에서 이상의 장군이 합참의장에 임명된 것에 대해서는 의문을 표시하는 인사들이 많다. 실제 인사과정에서 매끄럽지 못한 부분이 있었다"라고 전 했다.

이 관계자가 말하는 매끄럽지 못한 부분이란 무엇일까. 기자는 취재 과정에서 이와 관련해 상당히 뜻밖의 예기들을 여러 경로를 통해 전해 들을 수 있었다. 그 내용의 주된 요지는 군 대장 인사가 당초 예정된 명단에서 바뀐 것이 아닌가 하는 군 안팎의 의문이다.

위에서 언급한 관계자는 그 내막을 기자에게 이렇게 전 했다. 지난 "9월 3일 신임국방부 장관인사가 발표된 직후 그와 거의 동시에 대장 인사명단이 나돌았다"라는 것이다. 그는 "군 안팎의 인사들에게 새로운 대장 인사명단이 유포되었다. 여기에는 '이성출 합참의장, 한민구 육군참모총장' 등의 명단이 적혀있었다. 휴대전화 문자를 통해 유포된 것으로 안다. 군 주변에서는 충분히 예상 가능했던 인사였고 그래서 누구나 이 메시지를 사실로 받아들이는 분위기였다. 일부 인사들 사이에서는 다소 섣부른 감이 있었지만, 축하 인사를 주고받기도 할 정도였다. 그런데 이 명단이 군 주변 일부 인사들에 유포된 것에 대해 심각한 문제 제기가 있었던 것으로 알고 있다"고 밝혔다.

기자가 취재 과정에서 만난 군과 국방부 주변의 관계자들 가운데서도 내용을 알고 있는 인사가 제법 있었다. 국방 분야에 몸담았던 한 전직 관료는 "내 휴대전화에도 군 인사명단이 전송 왔다. 그래서 평소 친분이 있던 이성출 부사령관 쪽에 축하 메시지를 보냈더니 잠시 후 보좌관으로부터 '감사합니다. 앞으로 군의 발전을 위해 다 함께 노력합시다'는 답장이 왔더라. 당연히 인사가 그렇게 가는 것으로 알았다"고 밝혔다. 국회 국방위 한 관계자는 "국정원에 파견 나가 있는 현역 영관급 장교 2명이 우연히 군 대장 인사명단을 확보했다고 한다. 이들이 이 내용을 자신의 군 주변 지인들에게 직접 전파했는지, 아니면 국방부에 정상적으로 보고하는 과정에서 그 내용이 유출되었는지는 정확히 모르겠으나, 아무튼 최초 유출자가 그들인 것은 맞는 것 같다. 실제 명단이 유포되면서 국방부 측은 이들을 즉각 원대 복귀시키는 징계절차를 밟은 것으로 알려졌다" 고 밝혔다.

그렇다면 이들 파견 장교들에 의해서 유포된 명단과 실제 9월 14일 단행된 군 대장 인사명단에는 어떤 차이점이 있을까. 관계자들의 증언을 종합해보면 당초 유포된 명단에는 합참의장에 이성출 전 한미연합사 부사령관이 들어 있었다고 한다. 그런데 실제 군대장 인사에서는 이상의 전 3군사령관으로 확정되었다. 두 사람은 같은 육사 30기 동기로 김근태 1군 사령관과 함께 차기 합참의장 후보로 거론되어왔다.

국방부 한 관계자는 "군 주변에서는 이성출 전 부사령관이 차기 합참의장 적임자로 많이 거론된 것이 사실이다. 소문도 그렇게 돌았는데 막상 합참의장에 오르지 못하고 중도에 낙마해서 안타깝다"고 밝혔다. 여당의 국회 국방위 소속 한 관계자는 "이상의 신임합참의장에 대해 군 내부에서 평가가 별로 안 좋은 듯하다. 적임자가 아니라는 지적이 많았다. 실제 인사청문회에서도 평가가 별로 안 좋았다"고 밝혔다. 그의 얘기대로 인사청문회 평가보고서에는 '몇 가지 현안 지적에 대해 명쾌한 대답을 내놓지 못했고 북핵 문제와 관련해 신임국방부 장관과도 다소 엇갈린 견해를 밝히는 등 합참본부 소관 업무에 미숙한 점을 노출했다'라고 부정적인 견해를 지적한 것으로 알려졌다.

사전에 유포된 명단과 실제 이루어진 인사명단과 차이는 다른 대장 인사에서도 나타났다. 유포된 대장 진급 인사명단에는 ㄱ중장과 ㅈ중장이 포함된 것으로 전해졌다. 국방부의 한 관계자는 "ㅈ중장은 차기 합참의장감으로 꼽힐 정도로 군 내부에 그 전문성을 인정받는 분이었다. 이상희 전 장관의 신임도 무척 두터웠다"라며 실제 명단에서 빠진 것에 대해 불만을 제기했다. ㄱ중장 역시 이명박 정부 들어서 크게 주목받은 장성으로 다들 이번 인사에서 4성 장군 진급이 유력한 것으로 관측했다. 하지만 실제 명단에서 이들이 모두 빠지고 다른 두 중장으로 채워졌다. 한민구 육참총장 등 나머지 3명의 인사는 변동이 없었다고 한다.

이에 대해 국방부 측은 "유포된 명단은 유언비어에 불과하다"는 의견을 밝혔다. 관련 사실에 관한 기자의 질문에 대해 국방부가 서면으로 보내온 답변서에 따르면 "9월 3일경 유포된 내용은 대장 인사를 위한 절차를 개시하지도 않은 상태에도 마치 대장 인사를 시행했거나, 하는 것처럼 유포된 유언비어이다"고 밝혔다. 그런 명단이 유포된 사실 자체에 대해서는 인정한 것이다. 또 한 "군 인사에 대한 유언비어는 군심(軍心)을 해할 수 있으므로 금지하고 있다. 따라서 유언비어를 유포한 인원들은 해당 군에서 징계 조치한 것이다"고 밝혔다. 앞서 밝힌 두 명의 영관급 장교에 대한 징계 사실 역시 인정한 셈이다. 하지만 "9월 14일에 단행된 대장 인사는 유언비어와 무관하게 정식절차를 통해 임명된 것이다"고 밝혔다.

여당 소속 국회 국방위 한 관계자는 "이번 국감에서 이 일을 문제 삼을 수도 있었으나, 일단 지켜보기로 했다. 국방부 측의 해명대로 단순히 해프닝일 수도 있기 때문이다. 하지만 실제 인사 내용보다도 오히려 유언비어라고 하는 군 인사명단에 대해 군 안팎의 관계자들이 더 환영하는 분위기가 많은 것을 볼 때 개운치 않은 뒷맛을 떨칠 수가 없다"고 밝혔다. 국방부 측 주장대로, 설사 전혀 근거 없는 유언비어 유포라고 하더라도 실제 군 대장 인사과정이 매끄럽지 못하게 진행된 것으로 보여 당분간 후유증이 계속될 전망이다.

인사가 잘못되어 언론에 기사화되었고 군이 국민으로부터 불신을 얻었다. 국방 문민화는 문민이 군을 통제하는 개념이며 자유민주주의 국가에서 민군관계를 확립하는 요체이다. 문민 통제의 모범적 국가가 미국이다. 미국은 군 출신이 국방장관 자리에 앉으려면 전역 후 적어도 7년이 지나야 한다. 물론 몇몇 사람은 그렇지 않았으나 나름대로 특별한 이유가 있었다. 그런데 우리나라는 현역 4성 장군이 군복을 벗음과 동시에 국방장관에 임명되는 경우가 허다했고 비일비재했다. 국방장관이 되기 위해서는 시민의식과 정무 감각, 군을 보는 객관적 시각, 군무에 대한 준비된 전문성 등을 갖추어야 하는데 이러한 자질은 군인으로 현직에 있을 때는 터득하기 어렵다. 따라서 국방장관에게 요구되는 충분한 역량을 갖출 시간도 갖지 못한 현직 합참의장을 곧바로 장관에 임명한 인사를 잘된 인사라고 할 수 없을 것이다. 아울러 군 최고통수권자의 군 인사권은 고유권한이므로 존중되어야 하며, 인사권 행사는 상황을 면밀하게 분석하여 인사대상과 시기를 결정해야 한다. 그러나 군 인사 시기가 적절하지 못했다. 장관을 바꾸고 그가 자리에 앉고 나서 군 인사를 했어야 마땅했다. 왜냐면 군 인사를 시급히 해야 할 군사 안보적 요인이 없었으므로 1개월 늦게 인사를 했어도 문제가 되지 않았을 뿐 아니라 새로 대장이 되고 합참의장이 될 장군들은 신임 장관과 함께 국방을 책임지는 원팀이 되어야기 때문이다. 그런데 며칠 후에 물러날 장관이 인사를 하였으니 그에게 기대하고 공정한 인사를 바랬다면 너무 순진한 생각이라 하지 않을 수 없을 것이다.

우리의 국방환경은 안보상황의 불확실성이 증대되고 있는 엄중한 시기임에도 불구하고 군의 병력감축이 불가피하다. 그러므로 일당백(一當百)의 강력한 전투력을 갖출 수 있도록 인적자원을 정예화하고 인재양성과 활용에 대한 원칙이 확립되어야 한다. 아무리 유능하고 탁월한 간부가 양성되어도 인사가 공정하지 못하면 소용없다. 정치지도자와 군 책임자는 적재적소 인사운영이 되도록 공정하고 엄격한 기준에 충실해야 한다. 정치권으로부터 군 인사에 대한 간섭이 배제되어야 하지만 그보다 더 중요하고 시급한 것은 장관이나 참모총장의 독선과 전횡을 방지할 장치이다. 역량이 부족한 사람을 출신학교, 출신 지역, 근무 인연, 정치성향 등에 따라 진급시키고 요직에 보직하는 행태를 근절해야 한다. 그렇게 해야 우리 군이 굳게 단결하고 싸워 이길 수 있는 정예 강군으로 성장할 것이다.

비 오는 날의 전역식

　나의 군 생활 마지막 날이자, 내가 군문을 나선 날이 2009년 9월 21일이었다. 가을이 깊어가는 길목에서 40여 년 정들었던 군을 떠나려니 지난 날에 있었던 수많은 희로애락이 회상되어 새벽 2시에 눈을 떴다. 설친 잠을 뒤로하고 마지막 출근길에 공관 근무병들과 인연을 간직하고자 사진을 찍고 승용차에 올랐다. 날씨는 점점 흐려지고 비가 내리기 시작했다. 가을비는 내 마음에 우수(憂愁)를 짙게 깔아주었다. 아침 8시에 화상으로 진행되는 상황 보고 회의에서 이취임행사에 참석하지 못한 오산기지를 비롯한 주한미군들에게 마지막 인사말을 했다. 지난 18개월 동안 물심양면의 지원을 해준 데 대해 감사드리고 한·미동맹을 위한 그들의 헌신은 한반도 평화와 안정의 버팀목이 되고 있으므로 지속적인 노력을 당부하고 건강을 기원했다. 오후 2시에 연병장에서 비를 맞으며 전역식 행사를 했다. 군 생활하면서 연병장에 병력을 모아놓고 10회의 이취임식 행사를 했지만 단 한 번도 기상이 나빠 실내에서 행사를 하거나 행사병력이 비를 맞아 본 적이 없었는데 그날은 비가 내렸다. 비를 맞으면서 전역식을 했다. 비는 애국가가 연주되고 이어서 내가 훈장(통일장)을 받는 시간에 소나기처럼 굵은 빗줄기가 되어 쏟아졌다. 국가적으로 군을 떠나게 해서는 안 될 사람이 공명정대하지 못한 사람들 때문에 군문을 나서게 됨을 하늘이 몹시 아쉬워하고 눈물을 흘리는 것 같았다. 권력을 남용하고 사적 욕구에 함몰된 사람들은 그날 내린 빗물보다 언젠가 더 많은 눈물을 흘리게 될 것이며 뼈저린 반성을 하게 되리라 믿고 있다. 인간에게 개인적 감정의 호불호는 있을 수 있으나 공직자는 권한을 행사할 때 사적 감정이 작용해서는 안 됨을 깊이 깨닫도록 일깨워주고 싶었다. 공정과 정의가 승리하는 세상이 앞당겨지길 바랐다. 그날 이임식장에서 가슴으로 쓰고 눈물로 읽었던 전역사이다.

오늘 행사를 주관해주신 샤프 사령관님!

이 자리를 빛내주신 합참의장님, 역대 부사령관님, 내외귀빈 여러분!

그리고 친애하는 한미연합사 장병 및 군무원 여러분!

저는 오늘 한미연합사 부사령관 겸 지상구성군 사령관을 끝으로 지난 39년 6개월 동안의 군 생활을 마치고 정든 군문을 떠나게 되었습니다. 먼저 저에게 오랜 기간 영예스럽게 군인의 길을 걷도록 기회를 준 조국 대한민국과 우리 군에 한없는 감사를 드립니다. 부모와 친구를 떠나 이역만리 이곳 한반도에서 자유와 평화를 위해 헌신하고 있는 샤프 사령관님을 비롯한 주한미군 전 장병에게도 존경과 감사를 드립니다. 부족한 저에게 아낌없는 성원과 한결같은 격려를 보내주신 선후배, 동료, 친지 여러분께도 무한한 고마움을 드리며 함께했던 지난 시간을 오랫동안 잊지 않고 아름다운 추억으로 간직하겠습니다. 하지만 저와 함께하는 과정에서 행여나 저로 인해 마음의 상처를 입으신 분이 계신다면 이 자리를 빌려 사과의 말씀을 드리고 싶습니다.

자랑스러운 한미연합사 장병 및 군무원 여러분!

본인은 지난해 3월 28일 한미연합사 부사령관직을 맡으면서 한미지휘구조 발전을 비롯한 한미연합사의 창조적 변화를 추구하고 강력한 연합방위태세를 유지하여 북한의 효과적으로 군사적 위협을 억제함으로써 국민에게 한·미동맹에 대한 강한 신뢰와 비전을 갖도록 모든 지혜와 역량을 결집해나가겠다고 약속하였습니다. 그 결과 전시작전통제권 전환이라는 시대적 과제를 이행하고자 온갖 노력을 기울임으로써 전구작전수행체계를 한 단계 끌어올리는 성과를 이룩하였습니다. 또한, 그동안 한미연합방위 태세는 강화되어 북한의 어떠한 군사도발도 허용하지 않았으며 한국군과 미군 간 신뢰 또한 인간적 유대를 기초로 더욱 공고한 상태로 증대되었습니다. 지속적으로 한·미 군사정보 체계를 보강하여 북한의 미사일 발사와 핵실험 같은 긴박한 상황에서도 실시간 정보를 공유하고 위기를 효율적으로 관리하였습니다. 지상 구성군사령부가 실질적으로 임무와 기능을 완벽하게 수행할 수 있도록 기반을 구축하였으며, 각종 연합연습과 전술토의 등을 통해 작전계획을 발전시키는데도 많은 노력을 하였습니다. 이처럼 수많은 과제를 추진하면서 우리는 한미가 함께 "같이 갑시다"라는 정신과 모토 하에 하나가 되어 훌륭한 성과를 달성하였으며 그 결과 지난해 11월 한미연합사 창설 30주년을 맞아 대통령 부대 표창을 수상하는 영예를 안기도 했습니다.

한미연합사 장병 및 군무원 여러분!

저는 전깃불도 들어오지 않은 낙도의 가난한 농가에서 태어나 배워야 산다는 일념 하나로 검정고시를 거쳐 중학교 과정을 이수하였으며, 대학에 진학할 형편이 되지 않아 검찰 공무원 생활을 하기도 하였습니다만 청운의 뜻을 품고 육군사관학교에 입교하여 군인이 되고 4성 장군이 되었습니다. 이처럼 저는 수많은 도전과 시련을 극복하면서 보람과 자부심으로 가득 찬 삶의 궤적을 그려왔습니다. 저의 태생적 환경은 우리 사회에서 주류가 되지 못했으며 군인으로 성장하는데 좋은 조건이 아니었습니다만 제가 보병 장교로 임관하여 대장계급이 이르기까지 승승장구할 수 있었던 것은 세상을 공평하게 창조하신 하나님의 사랑과 함께했던 수많은 전우의 우레와 같은 성원이 있었기에 가능했습니다. 군인은 패하면 죽는다는 긴장 속에서 땀과 능력을 바탕으로 정정당당하게 승리하고자 하였으며 공평무사하고 공명정대한 복무 자세로 헌신한다는 가치관을 갖고 군 생활을 하였습니다. 특히 부하를 편애하거나 부하에 대한 편견을 갖지 않음으로써 그들을 올바르게 평가할 수 있었고 상관의 입장에서 나를 좋아하는 부하는 많이 만들기 위해 힘썼지만 내 사람은 없다는 공정한 태도를 견지하면서 여기까지 왔습니다. 균형적 사고를 바탕으로 원칙과 정도에 충실하면서 조직원의 인화단결을 추구하였으며 원활한 의사소통 없이 조직이 살 수 없다는 자명한 이치를 되새기면서 열린 마음으로 부하 의견을 귀담아 경청하였습니다. 먼 훗날 선후배에게 냉정하게 평가받게 된다는 역사의식을 갖고 두려운 마음과 겸허한 자세로 일관되게 복무하였습니다. 이제 이러한 정신과 자세 그리고 저의 마음을 남기고 여러분과 작별하고자 합니다.

한미연합사 장병 및 군무원 여러분!

최근 한반도 안보상황은 군사적 긴장이 지속되고 불확실성이 커지고 있어 어느 때보다도 한미연합사의 역할은 물론 여러분의 헌신과 열정, 미래를 위한 준비가 요구되고 있습니다. 우리는 어떠한 상황에서도 흔들림 없도록 연합방위태세를 강화하고 대한민국 국민에게 안보에 대한 확신과 자신감을 심어줄 수 있게끔 한·미동맹을 더욱 강화하여야 하며 한미연합사는 전시작전통제권 전환이 되는 그 순간까지 북한 도발을 억제하고 전쟁을 승리로 이끄는 중심에 있어야 합니다. 한·미 양국이 합의한 전시작전통제권 전환에 대비하여 철저한 준비가 필요합니다. 향후 몇 년간은 우리 군의 미래를 결정하는 중요한 시기가 될 것입니다. 이 모든 것의 준비와 대비는 앞으로 우리 군을 이끌고 가야 할 후배 여러분의 몫입니다. 역사적 사명의식을 갖고 군과 나라의 앞날을 위해 고뇌하고 매진해주길 당부드립니다. 한편 여러분과 함께 한·미동맹과 연합방위태세 강화를 위해 최선의 노력을 다해왔음을 자랑스럽게 생각합니다만 여러분의 어깨 위에 무거운 과제를 얹어드리고 먼저 군문을 떠나게 되어 미안한 마음 금할 수 없습니다. 후임 부사령관을 중심으로 일치단결하여 연합사의 전통을 계승하고 더욱 발전시켜주기 바랍니다. 다시 한번 그동안 성원을 보내주시고 이 자리를 빛내주신 내외 귀빈 여러분과 오늘 행사를 위해 수고해주신 비서실 관계관, 군악대, 의장대, 예포대 장병 여러분에게도 감사의 마음을 전합니다.

저 멀리 워싱턴DC 포토맥강에서 요트를 손수 운전하면서 저와 제 아내에게 따뜻한 우정을 주시고 언제 어디서나 연설을 하실 때는 꼭 General Lee를 빠뜨리지 않고 호명하여 불러주신 나의 사령관이자 영원한 친구 샤프 사령관님, 제 아내를 자매처럼 대해주시고 Hill Top House에 늘 초대해주신 마음씨 곱고 다정다감하신 조앤 여사님! 지혜롭고 명쾌하게 공군전력 운용에 대해 조언해주신 레밍턴 주한미군 부사령관 겸 ○○공군 사령관님! 언제나 믿음직하게 업무를 조율하고 저를 형님처럼 따라주신 영원한 신사 필 참모장님을 비롯한 연합사 장군 참모 여러분! 미국인도 감탄해 마지않은 영어 실력으로 밤 낮없이 저의 입과 귀가 되어준 최고의 통역장교 이모 중위! 여러분과 함께한 지난 18개월은 저의 군 생활

중 가장 보람되고 즐거운 시간이었습니다. 이 자리를 빌려 여러분의 리더십에 경의를 표하고 진심으로 감사드립니다. 끝으로 군 생활 중 17년을 강원도 산간벽지에서 보내고 스물한 번의 이사를 하면서도 불평 없이 저와 한길을 걸어온 사랑하는 아내와 훌륭하게 성장하여 기업과 병원에서 소임을 다하고 있는 자랑스러운 두 아들 수민이, 수환에게도 고마운 마음을 전하지 않을 수 없습니다. 청년 사관으로 출발하여 반백으로 군문을 나서게 되지만 저에게 한없는 은혜를 베풀어준 조국 대한민국과 제가 몸담았던 우리 군, 그리고 한·미동맹 발전을 위해 앞으로도 미력이나마 성원을 아끼지 않을 것입니다. 사랑하는 우리 군의 무궁한 발전과 영원한 한·미동맹, 그리고 여러분의 건승을 기원하고 또 기원합니다. We go together! 같이 갑시다!

여러분 안녕히 계십시오.

우중에 전역식을 마치고 조촐한 환송 파티가 열렸다. 그 자리에서 마지막 작별 인사를 하고 문정동 집으로 왔다. 약 40년의 군 생활을 접고 야인이 되어 이틀 밤을 자고 나니 샤프 사령관 주관으로 나의 환송 파티가 드레곤 힐 볼룸에서 150여 명의 한·미동맹 인사가 참석한 가운데 성대히 열렸다. 그 자리에서 샤프 사령관은 나와 함께했던 공적, 사적 추억을 하나도 빠짐없이 기억하고 회상하면서 좋은 우정이었음을 얘기했다. 나는 감개무량하고 감사함을 표했으며 의장이 되어 국가와 한·미동맹 발전에 기여하고 싶었지만 그렇게 되지 못해 죄송함을 말하고 샤프 사령관과 조앤 여사에게 깊은 감사를 드렸다. 다음은 그날 송별 파티를 마치고 돌아와 말로 표현하지 못한 마음을 샤프 사령관에게 편지로 전한 내용이다.

샤프 사령관님, 조앤 여사님!

한국의 가을은 정말 아름답고 풍요로운 계절입니다. 그래서 한국 사람은 천고마비의 계절이고 결실의 계절이라고 합니다. 사령관님과 조앤 여사님이 한국에 오신지 벌써 1년 4개월이 되었고 그동안 한·미동맹과 연합 방위태세를 확고히 하는 데 크게 기여하여 한국 국민으로부터 깊은 신뢰와 따뜻한 사랑을 받으시게 되었습니다. 두 분께서는 자상하고 친절하고 배려가 깊으신 분이며 자녀들도 친근함이 남다른 젊은이들입니다. 저와 제 아내는 좋은 사령관님과 조앤 여사님 그리고 자녀들을 만나 사귀고 친구가 되었으며 우리 부부에게 형용할 수 없을 만큼 큰 기쁨과 추억을 만들어 주었습니다. 사령관님께서는 제가 부사령관 겸 지구사령관으로서 충분히 역량을 발휘할 수 있도록 지도해주시고 성원해주셨으며 어디를 가더라도 꼭 동행 하여 칭찬해주시고 격려해주셨습니다. 조앤 여사님께서는 부족함이 많은 제 아내를 자매처럼 살펴주셨고 아내와 손을 잡고 걸어주셨습니다. 특히 저의 미국 출장 시기에 맞춰 휴가를 내어 워싱턴 DC의 포토맥강에서 우리 부부에게 보트를 태워주시고 그때 선상에서 가졌던 추억은 영원히 잊혀지지 않을 것입니다. 이제 저희 부부는 사려 깊고 친절하신 사령관님과 조앤 여사님께 작별의 인사를 드립니다. 어제 환송 파티에서 저의 아내가 흘렸던 눈물은 두 분을 자주 뵐 수 없게 되어 아픈 마음을 쏟아 낸 절규였습니다. 비록 몸은 두 분과 떨어지게 되었지만, 마음은 가까이 있으면서 성원하고 안녕을 빌겠습니다. 한·미동맹 발전과 사령관님의 건승, 조앤 여사님의 행복을 거듭 빌면서 그동안 살펴주시고 배려해주심에 거듭 감사의 말씀을 드립니다.

2009년 9월 25일

이성출 · 박정신 올림

연합사 부사령관은 한미동맹과 연합방위체제를 강화하는 데 핵심 역할을 하는 직책이다. 막중한 자리라서 무거운 책임감을 느끼고 긴장 상태에서 복무했다. 한국군을 대표하는 위치라서 정직과 성실을 바탕으로 일거수일투족을 조심스럽고 모범 되게 행동하려 애썼다. 이런 가운데 샤프 사령관 내외는 한국을 사랑했고 좋아했으며 나와 아내를 배려하고 늘 따뜻한 우정을 주었으니 그에게 고마운 마음을 드리지 않을 수 없다. 반면 편견과 오만이 가득한 장관의 리더십은 때때로 연합사 전우들의 사기를 떨어뜨리고 실망을 주었다. 장관과 의장이 연합사에 근무한 경험을 갖지 않았기에 연합사에 대한 이들의 선입견을 깨기 어려웠고 의사소통에 고충이 많았다.

군문을 떠나면서...

사관학교 4년을 포함하여 40년을 군인으로 군복을 입고 안보 현장의 최 일선에서 국가와 국민을 위해 헌신한 보람에 자긍심을 가질 수 있었다. 하느님과 국가로부터 은혜를 받아 동기생 가운데 선두를 놓쳐보지 않았으며 진급이 빠르다보니 지휘관 직책인 대대장, 연대장, 사단장, 군단장, 연합사 부사령관을 2년 선배한테 물려받아 최고의 부대로 만들어 1년 후배한테 넘겨주곤 했다. 군 생활에서 형성된 나의 철학과 가치, 지식, 태도, 리더십 등은 나를 특징지어주었다. 이러한 요소들을 정리해보고 아울러 우리 군의 문제점과 안보 현실 진단, 국방 발전에 대한 나의 견해를 제시해 본다.

나는 군대문화, 리더십에 대한 기본인식을 새롭게 갖고자 했으며 변화 없이 생존과 성장이 불가하다는 엄연한 현실을 인식하려고 했다. 30년 前 삼성그룹 이건희 회장은 기업이 빠르게 변화하는 환경을 극복하기 위해 그룹 사장단에게 마누라와 자식 빼고 다 바꾸라고 절규했다. 그 결과 오늘은 마누라와 자식 빼고 다 바뀌었다. 그렇다면 앞으로 30년 後에 또 마누라와 자식을 빼고 다 바뀌게 된다는 변화의 동태성을 인식하고 대응해야 한다고 생각했다. 한편, 군대도 환경과 상호작용하는 개방적 시스템으로 바뀌어야 한다고 인식했다. 폐쇄적 시스템에서는 엄격한 지휘체계, 상명하복, 개인 헌신과 같은 군대문화가 절대적 가치를 갖고 있지만, 오늘날은 군대가 사회와 상호작용하게 되어 민주적 가치, 합리성과 효율성이 중요시되고 헌신과 보상이 균형을 이룰 수 있도록 변화되고 있다. 나는 군대가 정치, 경제, 과학기술, 사회 등으로부터 지대한 영향을 받게 되었음을 인식하고자 했다. 아울러 지휘 의미도 상급자가 부하에게 갖는 당연한 권한으로서 수직적, 일방적 구조의 전통적 개념(Command)에서 부하의 수용과 지지 없이 임무수행이 불가한 수평적, 쌍방적 구조의 현대적 개념(Leading)으로 변화되고 있음을 알았다. 그러므로 리더에게 합법적 권한보다 솔선수범하는 행동적 요소가 리더십 발휘에 효과적임을 깨달았으며, 군대는 명예보다 고행임을 인식하고 본질에 충실한 복무자세를 견지하고자 노력했다.

나는 군 생활의 실천영역을 3가지로 구분하고 이를 올바르게 실천하고자 애를 썼다. 첫째는 '개인의 영역'으로 '수신제가(修身齊家)하고 절제와 모범'이 중요하다고 보았다. 나는 탐욕이 눈과 마음을 어둡게 만들고, 부족해야 주변이 보이며, 배부르면 안일해지게 됨을 깨닫고자 했다. 자기 것을 내려놓고 비워야 공정해짐을 알았으며, 나를 좋아하는 사람은 많이 만들되 내 사람을 만들어 편을 가르지 않았다. 육체적 고통은 군인의 부착물로 생각하고, 편안함을 추구하지 않았다. 단 것은 병이 되고 쓴 것은 약이 된다는 것을 되새기며 생활했다. 요령과 잔꾀를 부리지 않고 정직, 정도, 원칙, 본질에 충실한 모습을 견지했으며 어려울수록 우회하지 않고 정면 돌파했는바, 부하는 결코 속일 수 없음을 인식했기 때문이었다. 군의 탈정치화를 신봉했기 때문에 사적인 의도를 갖고 정치인을 단 한 명도 만나보지 않았다. 오로지 북쪽과 부하만 바라보면서 지휘하고 복무했다. 또한 한 쪽에 치우치면 운신의 폭과 안목이 좁아짐을 알고 균형적 사고와 행동을 하려고 노력하였다.

둘째는 '부하, 동료, 상관과 관계의 영역'에서 '시졸여애자(視卒如愛子)'를 근본으로 관심과 배려, 소통과 공감'이 중요하다고 보았다. 상관은 소수이지만 부하는 수백 명, 수천 명, 수만 명이므로 눈은 부하를 주목했고 마음도 부하 곁에 두었다. 부하에게 자기를 가급적 숨기지 않고 투명하게 공개함으로써 거리가 좁혀지고 허심탄회한 대화가 가능함을 알고 실천했다. 부하의 인권을 존중하고 부하가 협력자이며 동반자임을 인식했다. 부하를 무시하거나 상처 주는 말, 남과 비교하여 책망하는 말을 삼가했다. 부하에게 극진한 애정을 쏟음으로써 부하의 표정에서 마음을 읽을 수 있었다. 주변에 가까이 있는 당번병, 운전병, 부관 등은 불편한 진실이지만, 나의 감시자이고 소문의 진원지이므로 이들에게 더욱 따뜻한 인간미를 보여주려고 노력했다. 가급적 사람을 좋아하고 부하에게 화와 짜증을 내지 않으려 했으며 부하에 대해 책망을 최소화하고자 했다. 때로는 부하가 힘들게도 했지만 부하를 귀찮은 대상으로 생각해보지 않았다. 상관이 부하를 귀찮은 대상으로 생각하면 그 상관은 군복을 벗어야 할 사람이라고 생각했다. 부하 말에 말꼬리를 자르지 않았으며, 부하 입장에서 진정성을 갖고 경청하고 공감하려 애썼다. 부하를 편애하거나 부하에게 편견을 갖지 않았으며, 사(私)를 공(公)으로 전환하지 않은 가운데 엄격하고 공정한 잣대로 부하를 평가했다.

셋째는 '업무의 영역'이다. 하고 싶은 일보다 해야 할 일에 집중하고 합리성과 효율성을 중시'해야 한다고 생각했다. 격물치지(格物致知)라 했듯이 현장에 문제가 있고 답도 현장에 있음을 알고 현장 중심 지휘를 했다. 현장이란 조직과 과업의 목표를 달성하기 위해 실제로 조직원들의 행동이 이루어지는 곳이다. 따라서 부하가 있는 곳에서 함께 문제를 진단하고 답을 찾아 실행하고자 했으며, 현장으로부터 격리되는 순간 의사결정권자는 위험해 짐을 알았다. 현장에 가서 계획대로 되는지, 올바르게 되는지를 살폈으며 현장의 다양하고 참신한 의견을 청취하여 창의적인 아이디어를 발굴했다. 어렵고 힘든 현장에 지휘관이 동참함으로써 부하의 사기와 충성심을 유발할 수 있었으며 의사결정 시간을 단축하고 권위적, 형식적 행위를 배제할 수 있었다. 아울러 전시 위주 부대 순시는 지양했으며 현장 의견을 적극적으로 반영하고자 했다. 자기 업적이나 편의성을 위해 '하고 싶은 일'을 하는 지휘관이 아니라 임무와 소명 완수에 필요한 '해야 할 일'에 집중했다. 이러한 노력으로 불필요한 업무를 줄일 수 있었다. 무리하지 않고 순리와 상식에 순응하였으며, 억지와 고집을 삼갔다. 문제가 발생하면 올바르게 문제를 인식하기 위해 문제성격을 정확히 파악하려고 했다. 정형적이고 일상적, 반복적 문제인지 아니면 비정형적이고 특수한 문제인지를 구분하고자 했다. 신발을 살 때 발 규격에 맞는 사이즈가 되어야 하듯이 현장의 부하 능력을 고려하여 업무수준을 판단하고 과업을 부여했다. 오늘날 조직 특성은 제대별 영역의 구분이 모호해짐에 따라 지휘영역을 세분화하지 않고 융합되고 중복되게 하여 상호 보완성을 높이도록 했다. 문제해결에 부합된 지침을 줄 수 있도

록 적과 지형, 전투력 요소를 통합하여 구상할 수 있는 개념능력을 갖고
자 노력했다.

나는 솔선수범이 최고. 최선의 리더십 요체임을 알고 모범을 보이려
고 했다. 부하에게 말보다 행동으로 그리고 말과 행동이 일치된 언행일
치의 지휘를 했다. 상관은 한 명이지만 부하는 수천 명이라는 두려움을
갖고 복무했다. 내가 결재했거나 관여한 일에 대한 책임을 회피하거나
제3자에게 책임을 넘겨본 적이 없다. 소신을 갖고 업무를 했으며 잘못된
현상은 상급자에게도 주저하지 않고 견해를 밝혔다. 육군본부 C4I사업
결정은 나의 지적능력과 미래를 보는 지혜, 소신이 만들어 낸 결정체였
다. 내가 만약 책임을 두려워하고 식견이 부족했다면 중지되고 말았을
것이다. 업무와 무관한 일에는 관심을 두지 않았으며, 본질과 원칙에 충
실했다. 나의 능력과 실력, 노력만큼만 얻으려 했으며, 나의 부족을 부하
의 땀으로 채우려 하지 않았다. 부하 의견과 상관의 조언을 듣는 데 귀
를 기울였으며 부하와 의사소통하는 데 시간재촉을 하지 않았다. 상관을
모시면서 장단점을 면밀히 관찰하였으며 장점은 내 것으로 만들어 이행
하고, 단점은 반면교사로 삼아 지휘에 적용하는 지혜를 발휘했다. 장군
이 되어서도 절필해본 적이 없으며 복무계획 작성, 회의 시 코멘트 할
내용과 관련, 내가 할 일을 부하에게 시키지 않았다. 장군으로 복무하면
서 관사와 공관에 본부대장과 본부사령 외 부하를 불러 사적 일을 시켜
보지 않았으며 사단장과 군단장 시절에는 공관 출입문을 부하들에게 개
방하지 않았다. 위관 및 영관급 장교에게 브리핑과 발표는 능력을 가늠
할 수 있는 잣대가 된다고 생각해 기회가 왔을 때 실력을 인정받고자 했
다. 고급 제대에서 보고서 작성은 모든 업무에 기본이므로 논리적으로

전개할 수 있는 능력을 개발하고자, 위관장교 시절부터 노력했다. 회의와 토의 참석 시 주제 관련 내용을 사전 연구하고 검토하여 현장에서 의견을 제시하거나 질문 하였으며, 이를 통해 참석자들에게 나의 능력을 알리는 효과를 얻었다. 질문은 창의이고 답변은 모방임을 알았으며 옳은 것에 소신을 갖고 눈치 보지 않았다. 요행을 바라지 않았으며 하늘은 성실하고 올바른 사람에게 보상을 베푸는 데 인색하지 않는다고 믿었다. 일희일비하지 않았으며 닭의 모가지를 비틀어도 새벽이 온다는 사필귀정의 진리를 믿었고, 나의 운명을 믿었다.

이어서 우리 군이 개선해야 할 문제점을 몇 가지 짚어 본다. 첫째는 지휘구조 변화가 있어야 하며 특히 합참을 군령보좌 기능과 작전지휘 기능으로 구분하고 합동군 사령부를 편성해야 할 것이다. 지금의 합참은 의장 역할이 방대하여 임무수행의 효율성과 전문성이 떨어지고 합참이 작전을 계획하고 준비하고 연습에 전념할 수 없는 실정이다. 향후 전시 작전통제권을 전환 받게 되면 작전사령부 역할이 확대될 것이므로 현재처럼 한 사람이 의장, 작전사령관, 계엄사령관, 통합방위본부장 역할수행이 불가능할 것이며, 전시 PDE cycle에 의한 임무수행도 불가할 것이다. 합참 연합연습 시 선임관찰단(SRO) 단장을 하면서 의장의 적시 적절한 지침과 역할이 부족하고 결여된 현상을 쉽게 발견할 수 있었다.

둘째는 합참, 각 군 본부, 작전사의 인력이 과다하여 상고하저(上高下低) 실정인 바, 군 인력 운영의 비효율성을 제거해야 한다. 1990년대에는 합참과 국방부 인력이 1,000여 명에 불과하였으나 현재는 합참 인원만해도 1,000여 명이 된다. 이는 우리 군 병력이 60만에서 55만으로 감소한 상태임을 감안하면 아이러니한 현상임을 보여주고 있다. 고급사령부 인력증가는 하급제대 편성의 약화를 초래하고 기능과 조직의 효율성, 경제성 측면에서 경쟁력을 떨어지게 만들 것이므로 합참, 각 군 본부의 인력을 30% 이상 축소해야 할 것이다. 셋째는 인력의 아웃소싱을 과감히 확대해야 한다. 군에 편제된 수송대대, 공병 중장비, 제대 별 정비능력, 군종인력 등을 민간자원으로 활용하는 것이 전문성과 경제성을 향상시켜줄 것이다. 군 인력의 전문성 향상에 각별히 노력해야 하며 전문성이 요구되는 직책은 장기보직을 원칙으로 삼아야 할 것이다. 특히, 정보, 군사력 건설, 군 구조, C4I, 군수, 기획에 민간인력을 확대하는 방안이 적극적으로 검토되어야 할 것이다. 넷째는 업무수행 간 책임감 결여를 방지하고 권한에 따른 역할이 강조되어야 한다. 지휘 책임뿐 아니라 중간 결재자, 의사결정 참여자에 대한 책임 범위도 엄격히 적용해야 할 것이며 계급이 높을수록 더 많은 업무와 책임을 이행한다는 문화가 정착되어 권한과 책임의 비례성을 명확히 인식해야 할 것이다.

더 나아가 안보 현실을 냉철하게 진단해보고 근본적인 안보불안 요인을 제거해야 한다. 한반도 안보상황은 남북관계 개선과 북한 비핵화에 실질적 진전을 이루지 못한 상태에서 유동적이며, 불안정한 상황이 지속되고 있다. 6·25전쟁 이후 한반도는 북한의 무력도발과 국제정세 변화에 따라 안보위기가 빈번히 발생하고 롤러코스터처럼 요동치는 날이 많았다. 불확실하고 불안한 안보상황에서 문재인 정부는 남·북 간 신뢰회복을 통해 대결 구도를 평화구도로 전환하고자 3차례 남북정상회담과 남북군사합의를 추진하였다. 그러나 국제사회는 북한 비핵화 진전이 없는 상태에서 남북교류 협력을 추진하려는 한국 정부의 독자적 행동에 반대하고 있으며, 반면 북한은 한국의 개성공단과 금강산 관광 재개 등 경제

협력과 지원을 받아 국제사회의 경제제재를 극복하고자 하였으나 한국이 이를 추진하지 못함에 따라 적대적 비난을 재개하는 등 남북관계 개선이 이루어지지 못하고 있다. 한편 북한 비핵화는 3차례 북미 정상회담(싱가포르, 하노이, 판문점)이 열리고, 한국의 중재 노력이 있었지만, 비핵화 방식과 보상에 대한 상호 간 입장 차를 좁히지 못함에 따라 답보상태에 머물고 있다. 미국은 '포괄적 합의, 단계적 이행이라는 일괄타결 방식'의 빅딜을 주장하지만, 북한은 '점진적 접근, 행동 대 행동'의 스몰딜을 주장하고 있다. 특히 북한의 비핵화 개념은 핵실험과 미사일 발사를 중지하고 핵시설 불능화에 동의하면서도 현재 보유하고 있는 핵무기는 어떠한 보상이 있더라도 포기하지 않겠다는 것으로써 미국의 FFVD개념과 큰 차이를 보인다. 한편 북한이 비핵화를 결심하고 핵을 포기할 경우 그 보상으로 미국을 포함한 국제사회는 북한에 대한 ① 유엔 경제제재를 해제하고, 대규모 경제지원을 단행할 것이며 ② 종전선언, 평화협정 체결, 북미 상호불가침 선언, 북미 국교수립 등을 단행하여 김정은 체제를 보장할 것임을 제시하고 있다. 그렇다면 왜 우리 안보는 바람 잘 날 없이 흔들리고 있는가? 여기에는 몇 가지 근본적 요인이 있다고 본다.

첫째, 남북분단이다. 한반도는 6·25전쟁이 끝난 후 전쟁 종결을 마무리하지 못한 상태에서 휴전하였다. 따라서 종전이 아닌 휴전상태의 분단국이 되었으며, 유엔이 주도한 정전협정으로 분단이 관리되고 있다. 이는 태생적으로 분단된 민족이 하나로 통일되어야 한다는 당위성과 정당성을 내포하고 있다. 따라서 남과 북은 통일의 주도권을 갖고자 이념과 체제 대결을 지속하고 있으며, 군사적으로 상호 적대관계를 유지하고 있다. 남·북 대결구도 속에서 북한은 끊임없이 핵실험, 미사일 발사 등과 같은 무력도발을 자행하고 있어 한반도 안보상황은 안정되지 못한 상태가 반복되고 있으며 우리는 빈번히 안보 불안을 느끼고 있다.

둘째, 북핵문제이다. 북한은 핵 개발단계를 넘어 핵을 완성하고 무기화하여 핵보유국이 되었다. 즉 6차례 핵실험과 주기적인 미사일 발사시험을 거쳐 핵탄두와 핵물질, 핵 투발 수단(탄도 미사일)을 고도화하였다. 김정은은 국제적으로 핵보유국 지위를 확보함으로써 북한에 대한 체제 보장. 남한 대비 군사력 절대 우위를 달성하고자 국제사회의 압력과 제재에도 불구하고 비핵화를 거부하고 있다. 북핵은 한반도와 동북아 안정을 위협함은 물론 미국의 안보에 직접적이고 실존적 위협이 됨으로써 한반도를 넘어 국제사회 문제로 대두되었으며, 이에 따라 미국 주도의 북핵 폐기를 위한 비핵화 노력이 강구되고 있다. 미국은 비핵화를 대화와 협상으로 해결하고자 접근하고 있지만 한편 북핵을 미국 안보에 가장 임박한 도전으로 평가하고 있기 때문에 김정은이 핵 포기를 계속 거부할 경우 군사적 수단 사용 가능성을 배제하지 않을 것이다. 이미 한반도는 북핵으로 인해 수차례 안보 위기를 겪은 바 있지만 향후 북미협상에 따라 심각한 안보 위기가 발생할 수 있다.

셋째, 지정학적 요인이다. 한반도는 지리적으로 반도 국가이다. 대륙 세력이 해양으로, 해양 세력이 대륙으로 진출하는데 교두보이자 관문이 됨으로써 양대 세력의 전략적 요충지이다. 특히, 열강에 둘러 쌓여있는 내선국가(內線國家)임에 따라 외세영향을 회피할 수 없으며 이러한 지정학적 특성으로 인해 강대국의 세력다툼이 안보불안을 야기하는 경우가 많았다.

넷째, 국제질서의 변화이다.

제2차 세계대전 후 세계는 민주주의 국가와 공산주의 국가로 양분된 냉전체제에서 헤게모니를 미국과 구소련이 갖는 양극체제의 국제질서가 유지되었다. 그러나 1991년 구소련이 해체되고 냉전이 종식됨으로써 지난 30여 년 세계는 미국 중심의 일국체제가 되었다. 반면 구소련 해체 이후 중국은 경제적 부흥으로 경제뿐 아니라 정치, 외교, 군사적으로 굴기하고 힘을 배양하여 신흥강대국 지위를 차지하게 되었다. 강대국 중국의 출현은 기존 패권국 미국에게 새로운 도전이 되고 있으며 국제사회는 투키디데스 함정(기존 패권국가와 빠르게 부상하는 신흥강대국이 결국 부딪칠 수밖에 없는 상황)의 현실화를 우려하고 있다. 미·중 무역마찰에서 보듯이 미중이 자국의 국익을 위해 협력보다 경쟁과 대결구도를 만들어 가고 있는 상황에서 지정학적 특성뿐만 아니라 경제는 중국에 안보는 미국에 의존하고 있는 한국 입장에서 이중적 모순(Asia Paradox)의 어려움을 겪을 수밖에 없다. 따라서 한국은 안보불안의 근본적 요인을 냉철하게 인식하고, 독자적 안보역량을 확충한 가운데 한·미동맹의 발전적 진화와 주변국과의 실용적 협력관계를 유지하는 국가안보 전략을 마련하고 대응해야 한다. 이를 위해 자주적으로 국방력 증대와 국방과학기술 발전을 가져올 수 있도록 국가 GDP의 3%를 국방예산으로 투자하고, 북한 대량살상무기(핵, 미사일, 화학무기) 위협에 우선 대비할 수 있는 전력(3축 체계)을 조기에 구비해야 한다. 아울러 장차 주변국 위협도 고려하여 방위에 충분한 역량을 갖추도록 국방력을 강화해야 한다. 군사력 건설은 각종 탄도미사일, 해군 수중전력(잠수함), 공군 5세대전투기(F-35급), 중·고고도 방공무기(사드와 같은 미사일방어체계), 정보전력(군사위성과 고고도 무인정찰기)의 확보에 집중해야 하며, 이러한 전력을 통합하여 효과적으로 지휘할 수 있는 전략사령부 창설이 필요하다. 출산율 저하로 병력 규모 감소가 불가피하다. 따라서 육군의 정예화가 요구되며 이를 위해 사회적 일자리 창출과 연계하여 간부 특히 부사관 비율을 높여야 한다. 아울러 여성인력 활용을 넓혀야하며, 사병복무제도는 징병제를 유지하되 지원병 제도를 점진적으로 확대하여 전문특기에 활용하는 방안을 강구해야 한다. 부사관을 늘리고 장기복무가 가능한 지원병 제도를 확대한다면 군의 전투효율성이 높아지고 징병제 복무병의 복무기간을 단축할 수 있는 여건을 조성할 수 있을 것이다.

한편 대외적으로는 안보환경을 탄탄하게 구축할 수 있도록 남북관계 개선, 한·미동맹의 진화, 주변국과 협력관계 발전에 역량을 쏟아야 한다. 남북관계 개선을 위한 노력은 지속되어야 한다. 그러나 북한을 보는 관점을 재정립하여 경제협력보다 안보위협을 제거하는데 우선순위를 갖는 대북정책이 추진해야 한다. 이에 따라 비핵화와 선순환이 되도록 교류협력 범위와 방법, 속도 등을 조절하고 국제사회와 공조해야 한다. 아울러 통일문제를 새롭게 접근하여 남·북 간 이념과 체제대결을 종식할 수 있도록 1민족 2국가 체제와 불가침선언을 남북이 합의하는 방안도 적극 검토해야 한다. 한·미동맹은 한국 안보의 중심축이므로 강화되고 발전되어야 할 것이다. 특히 군사동맹의 범위를 넘어 정치, 경제, 문화, 예술 등을 포함한 포괄적 동맹으로 발전시켜 상호 호혜적 관계로 진화되어야 한다. 한국은 미국산 소고기를 가장 많이 수입하여 소비하는 국가이며, 미국 군사무기 장비의 네 번째 구매국가이다. 그뿐만 아니라 미국에 유학생을 중국과 인도 다음으로 많이 보내고 있으며, 평택에 13조 원을 투입, 세계 최대·최고의 미군 기지를 건설하여 제공해주고 있다. 한편 한국과 미국은 자유를 위해 함께 싸우고 신뢰를 바탕으로 자유민주주의와 시장경제 가치를 공유하는 혈맹이며, 한·미동맹은 세계가 부러워하는 성공적, 모범적 동맹이다. 한·미동맹과 한·미 연합방위체제는 지난 65년 동안 한반도 안정과 평화를 유지하고 한국이 세계 경제 대국으로 성장하는데 버팀목 역할을 했다. 따라서 무엇보다 북한 비핵화 노력에 미국과 물샐틈없이 공조하고 협력해야 할 것이다. 방위비분담금(주한미군 주둔비용) 협상은 동맹정신을 바탕으로 합리적이고 공정하게 분담되도록 하여 미국에 줄 것은 주되 미국으로부터 받을 것을 받아내는 협상이 되어야 할 것이다. 우리에게 안보역량을 확충하는 데 제한을 주는 ① 한·미 원자력협정을 개정하여 일본수준의 핵연료 농축과 사용 후 핵연료 재처리 권리를 확보해야 한다. ② 한미미사일지침을 개정하여 탄도미사일 사거리를 현재 800km에서 1,000km 이상으로 확대해야 한다. ③ 북핵 위협에 대비하기 위한 한,미 확장억제협정을 체결하여 미국의 확장억제력 제공에 실행력이 보장되도록 제도적 장치가 강구해야 한다. 전작권 전환은 북핵문제가 해결되어 한반도 안보상황이 호전되고, 우리 군의 능력이 충분히 갖춰질 때까지 보류함이 타당하다고 본다.

또한, 이란과 관계유지에 현실적 부담을 안고 있지만 호르무즈 해협에 독자 파병은 국익과 한·미동맹 발전을 위해 바람직한 결정이었다고 본다. 주변국과 관계는 명분보다 철저히 국익을 우선하는 실용적 외교로 접근해야 할 것이다. 과거사 문제보다 경제와 안보, 과학기술 등 미래지향적 협력에 외교력을 집중하고, 역사와 국가 정체성은 내부적으로 강화하는 지도력이 필요하다고 본다. 이념의 가치와 정치체제의 동일성, 미국과 동맹관계를 유지하고 있는 현실을 감안하여 한·미·일 협력과 공조를 강화해 나가야 한다. 한편 중국에는 한미관계의 특수성을 이해시키고 경제와 문화, 역사 등 비군사 분야에 중점을 둔 전략적 협력관계를 발전시켜야 할 것이다. 한편 중국의 사드 보복과 일본의 수출규제를 반면교사로 삼아 중국과 일본의 아킬레스건을 찌를 수 있는 비대칭 전략을 모색하고 역량을 배양해야 할 것이다. 아울러 주변국과 지리, 역사, 문화 등 동질성을 활용한 공공외교도 강화되어야 할 것이다. 한반도 안보가 늘 불안하고 요동치는 근본적 요인은 자주적 안보 역량이 부족하고 타의 요인에 의해 안보 환경이 빈번히 상호 충돌하기 때문이다. 따라서 ① 내부적으로는 경제력 성장에 맞춰 국방력을 키움으로써 강력한 안보 역량을 구축하고, ② 북핵문제는 한반도에 항구적 안정과 평화를 정착시키는 데 우선적 과제이면서, 남북관계 개선에 필수적이고, 선행적 상수이므로 이를 해결하는 과정에서 미국 및 국제사회와 빈틈없는 협력과 공조가 이루어져야 할 것이다. 한편 ③ 대북정책은 남·북 교류협력이 북한 비핵화와 선순환이 되도록 방향을 설정해야 할 것이다. 아울러 ④ 자국 우선주의 사조가 팽배한 국제사회에서 국익에 따라 각자도생할 수밖에 없는 냉엄한 현실을 직시하고 실용적 외교로 생존과 번영을 추구해야 할 것이며, 국민통합과 의지를 결집할 수 있는 국가 리더십이 발휘되어야 한다.

마지막으로 안보 환경의 변화에 대처할 수 있는 국방 안보 비전과 목표 그리고 과제를 발전시켜야 할 것이다. 오늘날 세계 각국은 자국 우선주의를 내세우고 있어 국가 간 경쟁과 대립 구도가 표출되고 있는 가운데 안보 상황은 유동적이고 불확실성이 커지고 있다. 북한은 핵을 포함한 대량파괴무기를 지속적으로 증강하고 있어 한반도 안정을 위협하고 있다. 이런 가운데 우리는 대내적으로 정쟁이 심화되고 있어 안보가 엄중한 위기에 처해 있다. 국가안보는 국가 존립의 근간이며 잘못될 경우 나라가 흔들리고 위태롭게 된다. 그러므로 국가안보는 외부세력의 위협으로부터 우리의 주권과 영토를 지키는 '튼튼한 국가안보'가 중요하고, 재해·재난, 테러와 같은 비군사적 위협으로부터 국민의 생명과 안전을 끝까지 지키는 '책임진 국가안보'여야 한다. 오늘날 우리나라 국력은 세계가 부러워하는 수준으로 성장하였다. 비록 분단국가로서 군사적 위협이 상존하고, 지정학적 리스크로 말미암아 우리의 안보 상황이 늘 유동적이고 불확실하지만, 국력을 바탕으로 할 수 있다는 의지를 갖고 이를 실천한다면 우리는 어떠한 도전도 극복할 수 있다고 생각한다. 따라서 굳건한 한·미동맹의 공동이익과 가치를 공유하고 이를 더욱 발전시킨 가운데, 우리 스스로 힘을 길러 안보를 남에게 의존하지 않고 개척해 나가야 하며, 이를 위한 5대 핵심과제의 실천이 요구된다. 첫째, 우리 힘으로 강력한 첨단 국방력을 건설하여 확실한 대북 우위 군사력을 유지하고 동북아 안보 환경변화에도 능동적으로 대처해 나가야 한다.

북한은 1990년도 이후 재래식 전력보다는 핵을 포함한 대량파괴 무기 위주의 전력증강에 집중함으로써 오늘날 한반도는 물론 동북아, 심지어 미국까지 위협을 주고 있다. 또한, 주변국들은 동북아에서 패권을 장악하고자 막강한 경제력을 바탕으로 군비증강에 박차를 가하고 있다. 일본은 집단 자위권을 합법화하고, 보통 국가를 지향한 가운데 자위대 해외 투사능력을 확충할 수 있도록 세계에서 2번째로 많은 수량의 이지스함을 보유하고 있으며, 스텔스 전투기도 자체기술로 개발하고 있다. 중국은 태평양으로 세력을 확장하고자 남중국해에 인공 섬을 건설하고, 항공모함, 스텔스 전투기, 대륙간 탄도미사일 등을 배치하여 운용하고 있으며, 군사력을 증강하기 위해 국방비를 매년 큰 폭으로 증액시키고 있다. 반면 우리는 북한보다 훨씬 많은 국방비를 투자하였지만, 양적으로 북한 따라잡기식의 군사력을 건설함으로써 북한의 비대칭 전력에 대응할 수 있는 능력을 효과적으로 갖추지 못한 실정이다. 아울러 주변국과 마찰이 발생할 때 우리의 주권과 영토를 수호할 수 있는 방위 충분성 전력도 충분히 확보하지 못한 실태에 있다. 따라서 북한의 대량살상무기 위협에 대응하고, 주변국과 분쟁에도 대비할 수 있도록 '해군과 공군력과 비대칭 전략무기를 대폭 증강'해야 한다. 육·해·공군 병력구조를 현재 8:1:1에서 7.0:1.5:1.5로 조정하여 해군과 공군을 양적으로 늘려야 한다. 해군을 수상전력 위주에서 수상과 수중전력이 조화롭게 구비되도록 잠수함을 집중적으로 증강하고, 제주에 기동함대를 창설하여 대양해군으로 면모를 갖춰야 한다. 공군은 재래식 기종을 최소화하고 5세대 전투기를 개발 및 확보하는데, 재원을 집중 투자하여 북한위협은 물론 독도와 이어도, KADIZ를 수호하는데 실효적 대응이 되도록 해야 한다. 북핵 위협에 자위권 차원의 대응이 가능하도록 첨단 타격력을 조기에 개발, 확보하여 킬—체인과 KAMD을 앞당겨 구축해야 하며, 이러한 타격력을 유사시 효과적으로 통합, 지휘할 수 있도록 합참에 '전략사령부를 창설'하고, 청와대에 '북 핵 대응센터'도 설치해야 한다. 국방과학 기술을 발전시켜 잠재적 국방력을 확충하고, 산업발전에도 이바지하도록 해야 한다. 4차 산업혁명으로 새로운 차원의 기술변화를 예고하고 있는 가운데, 우리나라는 정부 연구개발 예산의 약 14%, 2조 6,000억 원(2016년 기준)을 국방연구개발 예산으로 책정하여 국방과학기술 발전에 투자하고 있으나 우리는 선진국(정부 R&D 예산의 약 30%)에 비해 국방 R&D 예산규모가

적을 뿐만 아니라 연구개발예산의 80%를 업체가 수행할 수 있는 체계개발에 배정함으로써 국방과학연구소에서 중점적으로 수행해야할 기초 및 원천기술 연구가 소홀히 이루어지고 있는 실정이다. 또한, 민군 기술개발의 상호공유체계가 부재할 뿐만 아니라 4차 산업혁명 기술변화를 국방기술에 접목시키고자 하는 기술진화프로그램이 미흡하고, 군 기술의 산업발전 기여도가 낮은 상태이다. 따라서 국방연구개발 예산을 정부 R/D 예산의 20%까지 늘리고 각부서 연구개발 업무를 범정부 차원에서 통합하여 관리할 콘트롤타워를 편성해야 한다.

국방과학연구소에 민·군·연융합센터를 설치하여 협력과 공유체계를 구축해야 한다. 이곳에서 민간은 체계개발 기술을 국방과학연구소는 기초 원천적 기술을 군은 교리와 능력소요를 각각 전담함으로써 전문성과 효율성을 높이고, 특히 군의 무기체계 기획 단계(초기 단계)부터 과학기술팀이 참여하는 시스템을 구축해야 한다. 우수한 국방과학기술 연구인력을 확보할 수 있도록 범정부 차원의 제도를 마련해야 할 것이다. 지금까지 채용 후 활용에서 양성 후 활용방식으로 변경하여 이들에게 학자금지원, 병역혜택, 복지지원, 획기적인 인센티브 보장 등 연구개발에 전념할 수 있는 환경을 제공해야 한다. 아울러 국방과학 기술에 4차 산업혁명 기술을 접목시키는 국방 기술발전 마스터플랜을 만들고 그 성과를 군 장비와 무기체계 개발에 활용할 뿐 아니라 산업체에도 제공하여 민수제품을 만드는 데 활용토록 제도적 장치를 마련해야 할 것이다. 이렇게 첨단 강군을 육성하고, 국방과학 기술을 발전시키는 데 소요되는 재원을 충당하기 위해 국방비를 점진적으로 GDP 대비 3%까지 증액해 나가야 할 것이다. 둘째, 북핵문제를 반드시 해결하여 한반도 비핵화를 이루어내야 한다. 북핵문제는 한반도 평화와 안정을 위해 매우 시급하고 엄중한 과제이다. 그러면서 국제사회에 큰 위협을 주고 있다. 때문에 우선적으로 미국을 비롯한 국제사회와 공조를 강화해야 하며, 지금 시행되고 있는 국제사회의 제재에 대해 적극 지지하고 동참해야 한다.

군사력을 이용한 선제 타격론이나 자체 핵무장론은 국익에 도움 되지 않을 뿐만 아니라, 국제사회로부터 신뢰를 잃게 되고 전쟁위험을 안고 가야 하므로 현실적 대안이 되기에는 적합하지 않다고 본다. 다만 북핵상황이 심각하게 악화될 경우 전술핵 배치를 진지하게 검토해야 할 것이며 핵개발 잠재역량을 확보할 수 있도록 한미 원자력협정을 개정해야한다. 한편 경색된 남북관계의 개선이 시급하다고 생각하지만, 지금은 국제사회와 긴밀히 협력하고 공조해야 한다. 그러면서 역사적으로 제재를 통해 체제를 붕괴시킨 사례가 없는 점을 고려하여, 강력한 제재를 시행하면서도 북한을 협상 테이블에 나오도록 다양한 접근을 모색해야 한다. 남북정상회담은 목적이 아니고 수단이 되어야 한다. 국민이 공감하지 않고 북핵문제 해결에 도움이 되지 않으면 시급히 추진하지 않아야할 것이다. 북핵 대응능력을 확보하기 위해 킬-체인과 KAMD, KMPR의 3축 체계를 조기에 구축하고, 역비대칭 전력으로 정밀탄약, 정찰·감시자산, 탄도미사일, 특수부대, 잠수함, 스텔스 전투기 등을 개발, 확보하는데, 재원을 집중적으로 투자해야 한다. 셋째, 한·미동맹을 한국방위의 핵심 축으로 더욱 공고하게 유지한 가운데 미래지향적으로 발전시켜 나가야 할 것이다. 한·미동맹은 그동안 한반도 안정과 평화를 지키고, 우리의 경제발전에도 지대한 도움을 주었으며, 세계평화를 위해 함께 걸어오면서 세계적 모범동맹으로 성장하였다. 이제 한·미동맹은 지난 70년을 뒤로하고 새로운 70년을 열어가는 길목에 와 있다. 그러므로 한·미 동맹을 급변하는 세계정세에서도 공동이익과 가치를 굳건히 지키는 미래지향적 동맹관계로 발전시켜 나가야 할 것이다. 전시작전 통제권 전환은 보수 정부 10년 동안 추진을 미루어옴으로써 실질적으로 전환 시기가 무기한 연기되어 있는 상태이다. 그러므로 전환을 위한 한·미 공동의 노력과 협력이 효과적으로 이루어지지 않고 있으며, 전시작전 통제권을 가져올 만큼 한국군의 작전능력 향상도 미흡한 실태이다. 독립국이 자국군을 스스로 지휘해야 함은 자연스럽고 당연한 권리이기 때문에 원칙적으로 전시작전 통제권을 가져오는 것이 맞다고 생각한다. 그러나 전시작전 통제권 전환을 조기에 추진할 것이냐? 아니면 지금처럼 연합방위체제를 그대로 존속시킬 것이냐?는 이념과 계층에 따라 견해를 뚜렷이 달리하고 있으며, 사드배치와 마찬가지로 국론통일을 가져오기 어려운 과제이다.

우리는 안보가 흔들리면 국가가 흔들린다는 점을 잘 알고 있다. 냉정하게 국익에 우선을 두고 판단하고 결심해야 할 것이다. 안보는 위협이 상수이다. 위협이 강하고 불확실한 상태에서 안정을 담보하지 못한 군의 작전 지휘체제 변화는 혼란을 가져올 수 있다. 오늘날 한반도 안보상황은 세계정세 변화와 동북아 패권경쟁, 북핵 위협으로 인해 한 치 앞을 내다볼 수 없을 만큼 위중한 상태이다. 이러한 안보 상황에서도 전시작전 통제권 전환을 추진하겠다는 결정을 내렸을 때 국민에게 안보 불안감이 발생하지 않겠느냐? 의문을 품지 않을 수 없다. 따라서 전시작전 통제권 전환을 안보상황이 안정될 때까지 국익을 위해 현재의 연합방위체제를 그대로 존속시켜야 할 것이다. 아울러 전시작전 통제권 전환이 국론 분열 현상을 초래하지 않도록 적절한 시기에 안보상황, 군 능력 등을 전반적으로 점검하고 공론화를 통해 전시작전 통제권 전환 시기를 결정하고 미국과 협의해야 한다. 이런 가운데 자강 노력으로 강한 군사력을 건설하는 데 박차를 가하여 우리 스스로 안보를 책임질 수 있도록 방위역량을 키워나가야 한다. 방위비분담금은 지난 1991년부터 우리가 주한미군 주둔 비용 중 일부를 지원하면서 그 규모가 매년 증가하여 작년에는 약 1조 100여 원으로 주한미군 주둔 비용의 약 45%를 지원하고 있다. 이 금액은 우리 GDP 대비 약 0.068%에 해당하는 액수이다. 방위비 분담금 지원을 위한 협상은 매 5년 단위로 하게끔 되어있다. 협상 시 국력대비 우리의 부담률이 낮지 않을 뿐 아니라 독일이나 일본과 달리 주한미군에게 토지무상 공여, 공공요금 감면, 카투사 지원 등이 이루어지고 있는 점을 강조하고, 국익과 동맹정신에 입각하여 협의해야 할 것이다. 사드배치는 합의된 약속을 존중하고, 계획대로 추진하되, 대두되고 있는 문제점을 국익에 부합되게 해결하는데 노력이 집중되어야 한다.

우선, 중국을 설득하고 이해시키는 데 외교적 노력을 집중해야 한다. 우리는 지난 60년 동안 북한 무력도발을 한·미동맹의 힘으로 억제해 왔다. 이러한 한·미동맹의 특수성을 중국에게 이해시켜야 하며, 한편 한반도 안정은 중국국익에 매우 중요한 요소인데 북핵은 한반도 위기를 키우고 있으므로 중국이 북핵을 포기하게 만들면 중국 국익에도 부합될 뿐만 아니라 우리는 사드배치 철회를 미측에 요청하게 될 것이다. 중국이 전향적 태도를 갖고 우리 입장을 이해하도록 만들어야 하며, 필요시 한·중 정상회담도 추진해야 한다. 미국에게도 한·중관계의 특수성을 이해토록 해야 하며, 사드배치로 인해 한·중관계가 훼손되지 않는 방안을 한미가 함께 강구해야 한다. 북핵은 한·미동맹을 위협하고 있으며, 우리는 미국의 핵우산에 의존하여 북핵 위협을 억제하고 있다. 하지만 현실화된 북핵 위협에 대한 우리 국민의 안보 불안은 점점 커지고 있어 미국의 확장억제 정책의 신뢰성 증대가 요구되고 있다. 따라서 미국의 확장억제 실행력을 높일 수 있도록 하면서, 전략자산 순환배치와 주한미군 전력의 최신화를 미국 측과 협의해야 할 것이다. 분단구조 해체 없이 우리 안보는 항구적 평화를 가져올 수 없다. 자강 노력으로 국방력을 튼튼히 갖춘 상태에서 미국을 비롯한 주변국과 안보협력을 강화하여 역내 안정과 공존의 틀을 마련 할 수 있도록 '동북아 안보협력 체제를 구축'해 나가야 할 것이다.

대대적인 국방개혁을 추진하여 군을 강하고 새롭게 만들어야 한다. 지금까지 우리 군은 역대 정부에서 만들었던 개혁프로그램에 따라 많은 발전과 성장을 거듭하였다. 특히 노무현 정부 때는 국방개혁의 제도화를 보장하기 위해 국방개혁법을 법률로 제정하고 추진기반을 마련하였다. 그러나 정부가 바뀌고 안보상황의 급격한 변화로 인해 개혁의 당위성과 추진동력이 약화하였으며 일부분을 제외하고 추진실태도 미약한 상태에 있다. 국방개혁 추진을 부실하게 만든 요인으로 다음을 지적할 수 있다.

첫째, 재원의 뒷받침이 부족하였다. 노무현 정부 당시 2020년까지 국방개혁 재원 소요를 매년 국방비 7%를 증액하도록 하였으나 보수 정부 10년 동안 국방비 증액이 연평균 4% 이하 수준으로 떨어져 실제 재원 규모가 현격히 감소하였으며, 이에 따라 병력감축은 시행이 되면서 양질의 무기체계는 전력화가 지연되는 현상이 발생하고 있다. 둘째, 북한의 비대칭전력에 대한 대응력을 증강하는 '전략적 개혁'보다 전술제대의 편제장비를 개선하고 보충하는데 많은 재원을 투자함으로써 '전술적 개혁'

이 되고 있다. 그 결과 아직까지도 해군과 공군은 안보상황 변화에 능동적으로 대응을 할 수 있는 전력을 구비하지 못한 실정이다. 셋째, 국방부 장관 책임으로 개혁을 추진토록 함으로써 장관이 바뀔 때마다 개혁 방향과 우선순위가 달라지고, 장관 스스로 개혁대상임에도 개혁의 주체가 되는 모순점을 안고 있어 강력한 개혁추진이 되지 못하고 있다. 이러한 문제점을 개선하고 군을 강하고 효율적 조직으로 만들기 위해 국방개혁 추진단을 대통령직속으로 편성하여 운용해야 할 것이다. 방산비리 근절을 위해 국방 청렴법을 제정하고, 국방획득체계를 전면적으로 재검토하여 투명성과 책임성을 강화하게끔 재설계해야 한다. 전쟁 양상이 정보전, 과학기술전으로 변화되고 있음을 고려하여 군 구조를 질 위주로 개편해야 한다. 부대구조를 경량화하고 통합하여 병력은 감소시키고 장비는 첨단화해야 하며, 육군의 병과학교 통합, 각 군 행정병과 통합, 각 군 본부 축소, 기동군단 여단화, 공군 비행단 통합을 추진해야 한다. 전력구조는 북한군의 지휘부와 장사정포, 핵시설, 미사일 기지와 같은 핵심표적을 효과적으로 타격할 수 있도록 기술 집약형 전력을 집중적으로 증강해야 한다. 이런 맥락에서 기동 전력보다 정보와 화력 중심의 전력으로 개편하고, 해. 공군전력을 확대해야 할 것이다. 병력 규모는 출산율 감소에 따라 점진적으로 줄여나가되, 목표연도인 2020초·중반에 52만여 명 규모를 유지토록 해야 할 것이며, 육군 위주로 감소시키고 해군과 공군은 현 수준보다 병력 규모를 늘려나가야 한다. 전투지원 및 전투근무지원부대 인력과 장비의 아웃소싱을 확대하여 민간 일자리 창출과 국방예산 절약에 기여하도록 해야 한다. 특히 행정과 정보 분야 인력 중 일부를 민간인력으로 대체하여 전문성을 제고시키고, 시설경비와 공병 중장비, 전투근무지원 차량을 용역으로 운용토록 해야 한다. 복무기간 단축과 모병제는 시기상조이고 안보 상황에 부합되지 않으므로 부사관 비율(11.6만→15.6만)과 전문 특기병 지원제도(5만 명 추가)를 확대하여 정예화 군으로 만들어야 할 것이다. 군복무 특기와 연계하여 산업 및 창업전사를 육성할 수 있도록 이스라엘의 '탈피오트'제도를 벤치마킹하여 시행하는 방안이 검토되어야 하고, 온라인 창업 관련 정보탐색과 맨토링 환경을 구축해야 할 것이며, 아울러 전역 전 이들의 취업을 지원하는 시스템도 만들어야 한다.

　장병복지증진은 국방비의 대폭 증액이 어려운 국가재정 여건과 전력투자비 증가가 우선되어야 하는 불가피성을 감안하여 불요불급한 경상비 지출을 줄이고 예산 사용의 효율을 극대화하면서 병력감소에 따른 재원 활용과 조달제도의 혁신 등을 통해 의식주와 여가활동 여건 개선, 병봉급 인상 등을 추진해야 한다. 다섯째, 국민 안전을 지키는데 청와대가 콘트롤 타워 역할을 해야 할 것이다. 오늘날 국가안보는 국민 안전을 위협하는 내부적 요소까지 포함하여 '포괄적 안보 개념으로 변화'하고 있다. 재난재해와 테러, 대형사고에 신속히 대응하여 국민의 생명을 지킬 수 있도록 대통령이 책임지는 '국민안전 콘트롤 타워를 청와대가 수행'해야 할 것이다. 아울러 안전관리 매뉴얼을 안보적 차원에서 재작성, 운용해야 할 것이다. 우리는 남북분단과 지정학적 환경으로 인해 바람 잘 날이 없이 늘 흔들리는 안보 상황에 직면하고 있다. 그러므로 냉엄한 국제사회에서 스스로 강한 안보 역량을 갖추지 않으면 생존과 번영을 가져올수 없음을 깊이 인식하고 스스로 역량을 갖춰 평화로운 한반도를 만들어나가야 한다.

에필로그

40여 년의 군 생활을 기록해보고 싶어 컴퓨터 앞에 앉아 키보드를 수없이 두드리고 썼다 지우기를 반복했다. 한 인간의 삶은 지식이 아니고 이야깃거리이기에 기억을 꺼내 글로 쓰기가 쉽지 않았다. 나를 유혹한 것은 머리가 아닌 가슴이었다. 지난 사실과 등장인물에 대해 가감 없이 표현하다 보니 나도 인간이기에 속 좁은 감정이 손가락을 자극하여 누군가를 비난하고, 삶 속에 숨어있는 불편한 진실을 드러내기도 했다. 이것 또한 내가 안아야 할 상처임을 깊이 인식하고 있다.

기억을 찾아서 글로 써보니 나의 군 생활은 참으로 우여곡절이 많았던 것 같다. 때로는 선택하고 때로는 우연히 만들어진 운명 속에 숨어있는 내 삶의 궤적과 크고 작은 희로애락, 그것들을 발가벗은 채로 드러내려고 했다. 잘했고 훌륭했다는 것보다 가면을 쓰지 않고 진솔하게 표현하려고 애를 썼다.

나는 군 생활의 약 1/2을 강원도에서 했다. 소대장, 중대장, 대대장,

연대장, 사단장을 강원도에서 마친 유일한 예비역 대장이다. 동시에 전략, 작전, 합동성, 작전계획, 교육훈련, 군구조, 부대계획, 군사력 건설, 무기체계, 지휘통제통신, 감찰, 전쟁사, 연합 및 합동작전, 군사외교, 전쟁기획, 한미동맹 등 광범위한 군사(軍事) 영역에 경험과 지식을 갖춘 행운아이기도 하다.

내겐 사다리도 없었고 동아줄도 없었다. 하지만 소신을 굽히지 않았다. 편협한 권력에 아부하거나 고개 숙이지도 않았다. 옳은 것은 묻히지 않는다고 믿었기에 매사에 절박함과 진정성을 갖고 최선을 다했다. 그 결과 소위에서 대장까지 오르는 진급 과정에서 선두를 놓쳐보지 않았다.

나는 천생이 군인이었다. 사주도 군인이었다. 군인의 삶이 좋았고, 군인이었음을 한없이 자랑스럽게 생각한다. 내게는 군복이 양복보다 훨씬 잘 어울린다. 내 생명 다하는 날 나는 군복을 입고 땅에 묻힐 것이다.

이글이 완성되는 데 많은 분께서 성원해주셨다. 물심양면으로 지원해주신 피홍배 회장님과 김진명 작가님의 각별한 도움에 감사드린다. 유세희 전 한양대 부총장님, 이경재 전 방송통신위원회 위원장님, 차인태 전 아나운서 협회장님, 장달중 서울대 명예교수님, 이만의 전 환경부 장관님, 엄기영 전 MBC 사장님 그리고 이건웅대표와 출판사 관계자 여러분께 깊은 감사와 고마움을 드린다. 특히 이 글을 처음부터 끝까지 읽으며 자상하게 윤문해 준 6촌 여동생 이점자 박사와 50년 전의 나의 사랑하는 부하이자, 사회후배인 김영윤 박사에게 감사의 마음을 전한다.

부록

사진

▲ 1. 목포고등학교 학생 시절

▲ 2. 육군사관학교 교훈 탑(참되게 자라자.
배워서 이기자. 나라를 빛내자)

▲ 3. 육군사관학교
4학년 시절

▲ 4. 동료들과 전술학 과목 야외 실습(소령, 육군대학 학생, 1984, 경남 진해)

▲ 5. 육군대학 졸업 때 찍은 가족사진(소령, 1984, 경남 진해)

▲ 6. 연대전투단 훈련 중 브리핑하는 모습(소령, 연대 작전과장, 1985, 강원 양구)

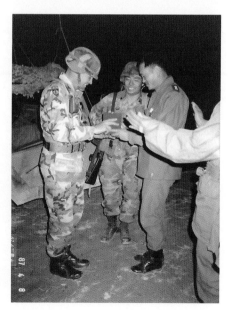

▶ 7. 팀 스피리트 연습을 마치고 미군 부사단장
　　으로부터 미 육군 공로 메달을 수여 받고 있다.
　　(중령, 대대장, 1987, 강원 횡성)

▲ 8. 팀 스피리트 훈련 중 연합사령관 영접(중령, 작전참모 1989, 경기 여주)

▲ 9. 연대장 취임식장에서 취임사를 낭독하고 있다. (대령, 연대장, 1993, 강원 철원)

▲ 10. 연대전투단 훈련장에서 예하 지휘관, 참모들에게 작전지침을 내리고 있다.
(대령, 연대장, 1994, 강원 철원)

▲ 11. 준장 진급 신고 후 김동신 참모총장께서 계급장을 달아주고 있다. (준장, 육군본부, 1999.7.1. 충남 논산)

▲ 12. 일본 육상자위대 기획처장과 상호 교류협력방안을 논의하고 있다. (준장, 육군본부, 2001, 충남 논산)

▲ 13. 육군발전 방향 설명회에서 인사말을 하고 있다. (준장, 육군본부, 2001, 충남 논산)

▲ 14. 사단장 취임식장에 아내와 나란히 앉아 있다. (소장, 00사단, 2002, 강원 고성)

▲ 15. 동계혹한기 훈련 현장지도(소장, 00사단, 2002, 강원 고성)

▲ 16. 주임원사 여식 결혼식 주례하는 모습(소장, 00사단, 2003, 강원 고성)

▲ 17. 금강산 관광 철도, 도로 연결 기공식 행사장에서(소장, 00사단, 2002, 강원 고성)

▲ 18. 남북 철도, 도로 연결 공사장에서 윤광웅 국방부 장관과 북한군 활동을 주시하고 있다.
(소장, 00사단, 2002, 강원 고성)

▲ 19. 남북 철도, 도로 연결공사 현장을 방문한 라포트 연합사령관을 영접하고 있다.
(소장, 00사단, 2003, 강원 고성)

▲ 20. 6.25 참전용사 초청행사를 주관하고 故 백선엽 장군님과 부대를 사열하고 있다.
   (소장, 00사단, 2003, 강원 고성)

▲ 21. 태평양 육군 세미나에 한국군 대표로 참석하여 미 태평양 육군 사령관과 기념촬영
   (소장, 육군본부, 2004, 인도 뉴델리)

▲ 22. 태평양 육군 세미나 회의장 호텔에서 인도 여성이 미간에 물감으로 점을 찍어주고 있으며
힌두교 종교의식 가운데 하나인 '빈디'이다. (소장, 육군본부, 2004, 인도 뉴델리)

▲ 23. 태평양 육군 세미나에 참석한 국가 대표들과 타지마할을 방문하고 기념촬영
(소장, 육군본부, 2004, 인도 뉴델리)

▲ 24. 군단 전투지휘훈련에 앞서 지휘/참모 활동 숙달을 위해 관계자들과 도상연습을 하고 있다.
(중장, 0군단, 2006, 경기 포천)

▲ 25. UFL연습장을 방문한 손학규 경기도 지사에게 훈련 소개에 앞서 인사말을 하고 있다.
(중장, 0군단, 2006, 경기 포천)

▲ 26. 포병훈련장을 방문한 라포트 연합사령관과 대화하고 있다. (중장, 0군단, 2005, 강원 철원)

▲ 27. 연합사령관을 역임한 틸러리, 리스카시 예비역 대장과 훈련장에서 기념촬영
(중장, 0군단, 2006, 강원 철원)

▲ 28. 한국군 C4I체계 운용을 참관하러 방문한 말레이시아 육군 사령관과 기념촬영
(중장, 0군단, 2006, 경기 포천)

▲ 29. 0사단 청성 OP에서 열린 육군 GOP 안보토론회에서 인사말을 하고 있다.
(중장, 0군단, 2006, 강원 철원)

▲ 30. C4I체계를 참관하러 방문한 대만 정보부장에게 군단방문 기념 문진을 증정하고 있다.
(중장, 0군단, 2006, 경기 포천)

▲ 31. C4I체계를 참관하러 방문한 이스라엘 총참모부 지휘통신참모부장과 악수하고 있다.
(중장, 0군단, 2006, 경기 포천)

▲ 32. 군단사령부를 방문하신 故 이동희 장군(육사 11기)님과 함께(중장, 0군단, 2006, 경기 포천)

▲ 33. 참모들과 백운산 등산(중장, 0군단, 2006, 경기 포천)

▲ 34. 군단장 이임식장에 아내와 함께(중장, 0군단, 2006, 경기 포천)

▲ 35. 군단장 이임식을 마치고 지휘관/참모의 환송을 받으며 군단사령부를 떠나고 있다.
(중장, 0군단, 2006, 경기 포천)

▲ 36. 주한미군 부사령관과 전작권 전환 고위급대표단 운영 약정서를 교환하고 있다.
   (중장, 합참, 2007, 서울 용산)

▲ 37. 프랑스 합참 국제협력 본부장의 내방을 받고 환담(중장, 합참, 2007, 서울 용산)

▲ 38. 주한 중국대사관 국방무관 내방을 받고 접견(중장, 합참, 2007, 서울 용산)

▲ 39. 태국 해군 사령관 합참 방문 영접(중장, 합참, 2007, 서울 용산)

▲ 40. 중국군 제남 관구사령관과 선물교환(중장, 합참, 2007, 서울 용산)

▲ 41. 항공모함 레이건호를 방문하고 항모단장과 함께(중장, 합참, 2007, 동해 해상)

▲ 42. 연합사령관으로부터 지휘권 이양을 상징하는 부대기를 받고 있다. (대장, 연합사, 2008, 서울 용산)

▲ 43. 연합사 부사령관 취임식장에서 취임사를 낭독하고 있다, (대장, 연합사, 2008, 서울 용산)

▲ 44. 대장 시절 모습

▲ 45. 샤프 사령관과 환담(대장, 연합사, 2008, 서울 용산)

▲ 46. 샤프 사령관과 연합 지휘비행 기념촬영(대장, 연합사, 2009, 전북 군산)

▲ 47. 할로인 데이 축제 복장으로 샤프 사령관 내외와 함께(대장, 연합사, 2008, 대전 유성)

▲ 48. 추석 명절을 맞아 부사령관 공관에서 주한미군 장군과 가족 초청 행사를 갖고 인사말을 하고 있다.
　　(대장, 연합사, 2009, 서울 용산)

▲ 49. 추석 명절 축제에 샤프 사령관 부인(조앤 여사)이 한복을 자랑하는 모습
　　(대장, 연합사, 2009, 서울 용산)

▲ 50. 주한미군 가족들의 한국문화 관람(대장, 연합사, 2009, 서울 용산)

▲ 51. 미 공군 참모총장 내방을 받고 선물 교환(대장, 연합사, 2009, 서울 용산)

▲ 52. 미 교육사령부를 방문하고 사령관 월러스 대장과 환담하고 있다. (대장, 연합사, 2009, 미국 로폭)

▲ 53. 미 태평양 공군사령부를 방문하고 사령관으로부터 환대를 받고 있다.
   (대장, 연합사, 2008, 미국 하와이)

▲ 54. 미 태평양 사령부를 방문하고 사령관이신 키팅 제독 공관에서 환영 만찬 기념촬영
(대장, 연합사, 2008, 미국 하와이)

▲ 55. 미국 출장 등 링컨 기념관 앞에서 샤프사령관 내외와 함께(대장, 연합사, 2009, 워싱턴 DC)

▲ 56. 연합사를 방문하는 죠지 W, 부시 대통령을 영접하고 있다. (대장, 연합사, 2008, 서울 용산)

▲ 57. 미국 전통 복장으로 아내와 기념촬영
    (대장, 연합사, 2009, 서울 용산)

▲ 58. 판문점 군사분계선(MDL)에서 아내와
    함께(대장, 연합사, 2008, 경기 파주)

▲ 59. 전역 환송 만찬장에서 샤프사령관 내외와 함께(대장, 연합사, 2009, 서울 용산)

▲ 60. 군복을 입고 마지막 사열을 하고 있다. (대장, 연합사, 2009, 서울 용산)

▲ 61. 전역 및 이임식장에서 이임사를 낭독하고 있다. (대장, 연합사, 2009, 서울 용산)

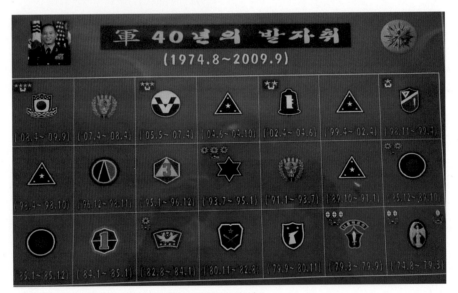

▲ 62. 군 생활 40년간 저자가 복무했던 부대의 부대 마크

부록

기고문

01

사드와 관련한 트럼프의 잘못된 인식
(2017.5.10., 중앙일보)

도널드 트럼프 미국 대통령은 지난달 로이터 통신과 워싱턴타임스 회견에서 고고도미사일방어(THAAD, 사드) 체계 비용을 한국이 부담해야 한다고 말했다. 북핵 위협이 현실화되고 있는 상황에서 사드 배치가 우리에게 군사 안보 측면에서 매우 긴요함은 두말할 필요가 없다. 한·미 양국은 지난해 3월 실무그룹을 구성하고 사드 배치에 대한 협의를 시작했다. 실무그룹에서 합의한 결과를 그해 7월 한·미 공동으로 발표했고, 이때 비용 문제도 당연히 약정서에 포함했을 것이다. 그런데 트럼프 대통령이 한·미 합의 사안을 뒤집는 견해를 보여 한국은 사드로 인해 미국과 중국으로부터 협공을 받고 있는 형국이 되고 있다.

트럼프 대통령의 발언은 두 가지 측면에서 잘못된 인식을 갖고 있는 듯하다. 첫째는 트럼프 대통령이 한·미동맹의 기본 틀인 한·미상호방위조약과 주한미군지위협정(SOFA), 방위비 분담금을 충분히 이해하지 못하고 있음을 알 수 있다. 사드는 주한미군이 운용할 무기체계다. 미군이 사용할 무기체계(장비)를 한국 영토에 배치할 경우 법적 뒷받침을 하는 게 한·미상호방위조약이다. 이 조약은 "미국은 육·해·공군을 한국 영토 내와 그 부근에 배치할 수 있는 권리를 갖고 한국은 이를 허락 한다"고 명시하고 있다. 또한 미군 부대와 무기체계가 상호방위조약에 따라 한국에 들어올 경우 비용과 절차는 SOFA가 규정하고 있다. 이 규정에 따르면 주한미군이 사용할 무기체계(장비)는 미(美) 측이 비용을 부담하고, 필요한 부지와 시설은 한국 측이 제공한다. 한국이 롯데 골프장을 사드 부지로 제공한 이유다

한편 미군이 한국에 들어와 주둔하면서 발생하는 비용 가운데 일부를 한국이 지원하는데, 이를 방위비 분담금이라고 한다. 분담금은 SOFA 제5조에 따라 5년 단위로 한·미가 협의와 합의를 거쳐 총액을 결정한다. 방위비 분담금 사용은 크게 세 가지 항목으로 되어 있다. 주한미군을 돕기 위해 고용된 한국인 근로자의 인건비, 군사시설비, 군수지원비 등이다. 이번 사드 배치의 경우 기반시설과 탄약고, 무기고 등을 신축해야 할 것이다. 여기에 드는 비용은 이미 합의된 방위비 분담금 내에서 제공하게 될 것이다. 이런 맥락에서 볼 때 사드 비용 전체를 한국 측에 부담하도록 하겠다는 트럼프 대통령 발언은 주한미군 주둔의 규정과 절차에 부합되지 않는다. 재협상할 수 있다는 백악관 안보보좌관의 말도 적절하다고 볼 수 없다. 설령 재협상을 하더라도 달라질 게 없을 것이며 달라져서도 안 될 것이다.

둘째는 트럼프 대통령은 한·미동맹과 주한미군의 가치, 동북아에서 한국이 갖는 전략적 이점을 낮게 평가하고 있는 것으로 보인다. 트럼프 대통령은 자국 우선주의를 내세우고 한국처럼 경제적 능력을 갖춘 국가

로부터 경제적 이익만 극대화하려는 생각인 것 같다. 하지만 한국과 미국은 자유를 위해 함께 싸우고 신뢰를 바탕으로 자유민주주의와 시장경제의 기본가치를 공유하는 혈맹이며, 세계가 부러워하는 성공적이고 모범적 동맹이다. 주한미군은 한국군과 공동으로 한국을 방위하고 있지만 동북아 안정과 균형 유지의 린치핀(linchpin·핵심 동반자) 역할을 함으로써 미국의 전략적 이익도 지키고 있다. 평택 미군기지는 동북아 허브 기지로서 주한미군의 전략적 유연성 확대에 유리한 환경을 제공해주고 있다는 점을 알아야 할 것이다.

특히 한국은 대륙 세력과 해양 세력의 접점에 위치한 전략적 요충지다. 이러한 지정학적 특수성은 미국의 동북아 전략 구현에 중요한 기능을 한다. 이뿐만 아니라 한국은 경제적으로도 미국의 다섯 번째 교역국이다. 미국산 쇠고기를 가장 많이 수입하는 나라다. 한국의 안보 무임승차 주장, 그 대가로서의 방위비 분담금 인상, 자유무역협정(FTA) 재협상을 통해 미국에 유리한 교역 조건 등을 만들겠다는 트럼프 대통령 의도는 한·미동맹의 특수성(혈맹관계)을 이해하지 못한 비즈니스 사고라고 본다. 트럼프 대통령은 주한미군과 한국이 갖고 있는 전략적 가치가 미국 국익에 직결된다는 점을 정확히 인식해야 할 것이다.

결론적으로 트럼프 대통령의 발언은 한·미상호방위조약과 SOFA, 그리고 한·미동맹의 특수성을 감안할 때 납득하기 어렵다. 트럼프 대통령의 발언이 그의 개인적 견해일 경우 참모와 장관의 전문적 조언에 의해 해소될 수 있다. 그렇더라도 방위비 분담금 협상 때 트럼프 대통령의 견해는 분담금 인상에 크게 영향을 줄 것으로 예상된다. 트럼프 대통령이 충분한 정보를 갖고도 이런 발언을 했다면 향후 한·미 관계에 큰 파장이 예상된다. 사드 장비 비용(10억 달러)을 한국이 부담하게 된다면 주한미군이 사용할 무기를 한국이 구매해 주한미군에 다시 대여해 주는 셈이 된다. 이는 전례를 찾아볼 수 없다. 한·미동맹 64년 역사에 주한미군이 사용할 무기의 구매를 한국에 강요하는 첫 사례가 될 것이다.

아울러 동맹국이 국정 혼란에 처한 상황에서 외교적 압력을 행사하는 것처럼 보인 발언을 함으로써 우려를 금할 수 없다. 우리는 하루빨리 국가 리더십을 확립하고 국정을 안정시켜야 할 것이다. 새 정부는 한·미 관계의 현주소를 냉철히 평가해 희망적 기대보다는 새롭고 실효적인 동맹의 미래를 열어 가도록 외교적 노력을 해야 할 것이다.

02

새 정부 대북정책,
북핵과 연계된 방향으로 가야한다.
(2017.8.5.)

　　지난 10년 동안 남북관계는 경색국면을 벗어나지 못한 상태에서 대립구도가 심화되고 있다. 북핵은 고도화되었고 한반도는 물론 동북아, 세계평화를 위협하고 있다. 미·중은 북핵문제의 심각성을 인식하고 이를 해결하기 위해 다각적 노력을 경주하고 있다. 문제인 정부는 베를린 선언을 통해 남·북 정전협정을 평화협정으로 대체하고 남북정상회담 을 공식적으로 제안했다. 북핵문제 해결에 구체적 방안은 없고 군사적 긴장 해소와 남북관계개선에 방점을 둔 것으로 보인다, 한국이 보이지 않고 있으며, 미·중과 비대칭적 역할을 할 수 있는 대북정책마저 실종된 상태에 있다. 새 정부는 북핵문제 해결에 앞장설 수 있는 대북정책을 수립하고, 안보위협을 해소하여 국제사회로부터 한반도 문제 당사자로서의 확고한 위치를 유지해야 한다.

　　대북정책은 북한을 바라본 관점을 정리하고 이를 조화롭게 배열하는 것부터 시작해야 한다. 북한을 통일의 대상으로 보는 관점, 안보위협의 대상으로 보는 관점, 경제협력의 대상으로 보는 관점, 인도적 문제해결의 대상으로 보는 관점 등으로 나열해 볼 수 있다. 여러 관점 가운데 안보위협을 주는 대상이 다른 관점의 상수가 되어야 한다. 안보위협이 낮아지는 환경이 되어야 통일과 경제협력, 인도적 문제 등을 논의하고 이행할 수 있음을 지금까지 남북관계 역사가 말해주고 있다.

북한이 우리에게 주는 안보위협의 중심(Center of gravity)은 북핵이다. 북한은 핵무기와 미사일을 개발하여 우리의 생존을 위협함으로써 실제적 주적임을 증명하고 있다. 생존보다 더 중요한 가치가 없으므로 북핵 위협을 제거하는 데 해답이 없다면 남북관계 개선을 위한 어떠한 접근도 쉽지 않을 것이다.

또한 북핵문제는 남북을 넘어 국제사회 문제가 되었다. 국제사회는 강력한 제재와 압박을 단계적으로 시행하면서 대화의 문을 조심스럽게 열어놓고 북한의 태도변화를 강요하고 있다. 미국은 최대의 압박과 관여정책(Maximum pressure and engagement)으로, 중국은 제재와 병행하여 대화를 통한 해결을 모색하고 있다.

북핵문제는 군사적 옵션을 배제할 수 없으나 국제사회의 긴밀한 공조 하에 경제적 제재와 외교적 노력을 통해 해결함이 바람직하다고 보며, 중국이 중요한 역할을 담당해야 할 것이다. 북핵문제의 국제화는 우리 대북정책이 북핵과 연계된 방향성을 갖도록 만들고 있다.

국제사회의 북핵문제 해결구도가 설정되어 있는 상태에서 우리의 대북정책 방향은 북핵 위협을 효과적으로 제거하는데 포커스(focus)가 맞춰져야 할 것이며, 이에 보조를 맞추지 못하거나 초점을 흐리게 하는 정책이 되어서는 안 된다. 대외적으로는 국제사회와 공조하고 협력을 강화하여 대북정책이 국제사회로부터 호응을 얻고, 정당성을 확보해야 한다. 한편 대내적으로 대북정책의 급격한 변화는 국론분열을 가져올 가능성이 많으므로 충분한 시간을 갖고 공감대를 형성하는 노력이 선행되어야 한다. 본질적으로 교류협력을 통해 남북관계를 개선하고 상호신뢰를 구축해야 한다. 그러나 남북관계 개선은 점진적으로 추진되어야 하며, 개성공단과 금강산 관광 재개는 북핵문제 해결의 실마리가 마련될 때까지 보류해야 할 것이다. 북한이 전향적 태도를 보인다면 양자, 4자, 6자회담을 권장하고 추진하는데 앞장서야 하지만, 북미중 3자회담은 바람직하지 않으며, 코리아 패싱(Korea passing)이 되지 않도록 해야 한다. 필요시 남북정상 회담을 추진하되 회담자체가 목적이 되어서는 안 되며 회담을 통해서 북핵문제 해결에 큰 모멘텀을 가져올 수 있는 성과를 만들어야 한다. 대북정책은 북핵문제를 해결하는 과정에서 나타나는 현상에 맞춰 지속적으로 업데이트되고 연동되어야 하며, 김정은의 통 큰 결단(핵 프로그램 중지와 핵무기 포기)을 촉진할 수 있는 포괄적이고 획기적인 대안도 준비되어야 한다.

역대정부마다 출범과 동시에 대북정책의 청사진을 제시하고 남북관계 개선을 치적으로 만들려는 노력이 많았다. 진보정부의 햇볕정책과 보수정부의 압박정책 모두 출발은 기대를 낮게 만들었지만 결과는 큰 성과를 낳지 못하고 말았다. 이는 객관적이고 냉철한 머리로 북한을 보지 않고 희망적 기대로 북한을 봄으로써 발생한 현상이다. 북한이 우리에게 주는 안보위협의 실체를 정확히 인식하고 대북정책을 수립했어야 함에도 이를 소홀히 함으로써 정책이 주는 순기능보다 역기능이 많게 되었으며 정부가 바뀔 때마다 연속성이 없는 대북정책을 추진하게 되었다. 북핵이 국제사회 문제가 됨으로써 우리의 대북정책은 독자성을 넓게 가질 수 없는 점이 불가피한 현실이다. 따라서 새 정부의 대북정책은 북핵문제 해결에 남북관계의 특수성을 감안하여 미·중과 비대칭적 활동을 모색하고, 이를 활용하여 미·중을 설득하는 선 순환적 주도가 이루어지도록 수립되고 추진되어야 할 것이다.

03

국방개혁 이렇게 되어야 한다
(2017.10.6.)

국방부는 국방개혁 이행을 위한 국방개혁 특별위원회를 설치하고 향후 1년내에 국방개혁안을 확정하기로 발표했다. 매우 시의적절한 결정이라고 생각하지만 지금까지 반복된 시행착오를 가져오지 않도록 올바른 개혁방향을 설정하고 추진동력을 구비해야 할 것이다.

북한은 90년도 이후 핵을 포함한 대량살상무기위주 군사력 증강에 집중함으로써 한반도는 물론 세계평화와 안정을 위협하고 있다. 또한 주변국들은 막강한 경제력을 바탕으로 군비증강에 박차를 가하고 있다. 일본은 집단적 자위권을 합법화하고, 보통국가를 지향한 가운데 자위대 해외 투사능력을 확충하고 있으며, 스텔스전투기도 자체기술로 개발하고 있다. 중국은 태평양으로 세력을 확장하고자 남중국해에 인공 섬을 건설하고, 항공모함, 스텔스전투기, 대륙간 탄도미사일 등을 배치하였으며, 국방비를 매년 큰 폭으로 증액하고 있다.

반면 우리는 북한보다 매년 2-8배 국방비를 투자하였지만 지상군위주 전력을 건설함으로써 북한의 비대칭전력에 대응할 수 있는 능력을 효과적으로 구비하지 못하고 있으며, 주변국과 마찰 발생 시 주권과 영토를 수호할 수 있는 방위 충분성 전력도 미흡한 실태이다.

역대정부마다 국방개혁을 추진하여 안보환경 변화에 능동적으로 대처하고 국방운영 효율성을 극대화하고자 하였다. 참여정부는 국방개혁을 제도화하기 위해 국방개혁법을 제정하여 추진기반을 마련하였지만 정부가 바뀌고 안보상황의 급변으로 개혁의 당위성과 추진동력이 약화되었다. 또한 국방장관 책임 하에 개혁을 추진함으로써 장관이 바뀔 때마다 개혁방향과 우선순위가 달라지고, 장관 스스로 제살을 깎는 개혁에 소극적 모습을 보임으로써 추진이 미진한 실정이다.

국방개혁이 부실한데는 국방재원 부족도 요인이 되었다. 참여정부에서 2020년까지 국방개혁 재원소요를 충당하기 위해 매년 국방비를 7%이상 증액하도록 하였으나 지난 9년 동안 년 평균4%이하 수준으로 떨어져 실제 재원규모가 현격히 감소하였다. 이로 인해 병력은 감축되면서 양질의 무기체계 전력화는 지연되었다. 북한의 비대칭전력에 대한 대응력을 키우는 '전략적 수준의 개혁'보다 전술제대의 편제장비를 개선, 보충하는데 많은 재원을 투입함으로써 '전술적 수준의 개혁'이 되었다. 그 결과 해. 공군은 안보상황변화에 효과적으로 대응할 수 있는 전력을 구비하지 못한 실태이다. 따라서 지금까지 부진한 국방개혁이 강력한 실행력을 갖추도록 민·관·군 합동 국방개혁 추진단을 대통령직속으로 편성, 운용하여 군을 강하고 새롭게 만들어야 한다.

북핵 위협에 독자적 대응력을 구비하도록 전략무기를 대폭 증강해야하며, 이를 위해 킬－체인과 한국형 미사일 방어체계(KAMD), 대량응징

보복(KMPR)의 3축 체계를 조기에 구축하고, 역비대칭 전력으로 정밀탄약, 정찰/감시자산, 탄도미사일, 특수부대, 잠수함, 스텔스 전투기 등을 개발, 확보하는데 재원을 집중 투자해야 한다. 자위권 차원의 대응을 위해 첨단 타격력을 유사시 통합, 지휘할 수 있는 합참 '전략사령부' 창설과 청와대 '북핵 대응센터'를 설치해야 한다.

동북아 안보환경변화에 능동적 대비를 위해 해, 공군력을 확대해야 한다. 해군은 수상과 수중전력이 조화롭게 구비되도록 잠수함을 집중적으로 증강하고, 기동함대를 창설하여 대양해군의 면모를 갖춰야 한다. 공군은 5세대 전투기를 개발, 확보하여 북한위협은 물론 독도와 이어도, KADIZ를 수호하는데 실효적 대응이 되도록 해야 한다.

국방과학기술을 발전시켜 잠재적 국방력을 확충해야 한다. 선진국은 국방R/D 예산규모가 정부R/D예산의 30%이지만 우리나라는 13%로써 낮은 수준이며, 국방과학연구소에서 수행해야할 기초. 원천기술 연구가 소홀한 실정이다. 국방연구개발 예산을 정부R/D예산의 20%까지 늘리고 국방과학연구소에 민. 군. 연 융합센터를 설치하여 민은 체계개발 기술을, 국방과학연구소는 기초와 원천기술을 중점적으로 연구토록 협력과 공유체계를 구축해야 한다. 첨단 강군을 육성하고, 국방과학기술을 발전시키는데 소요 재원을 충당하기 위해 국방비를 GDP대비 3%까지 증액해야 한다.

방산비리 근절을 위해 국방청렴법을 제정하고, 국방획득체계를 투명성과 책임성이 강화되도록 재설계해야 한다. 정보전, 과학/기술전에 부합되도록 군 구조를 질 위주로 개편해나가야 하며. 부대구조를 경량화하여 병력은 감소시키고 장비는 첨단화해야 한다. 전력구조는 북한군 지휘부와 장사정포, 핵시설, 미사일 기지 같은 핵심표적을 타격할 수 있도록 기술 집약형 전력을 집중적으로 증강해야 한다. 이런 맥락에서 정보와 화력중심의 전력으로 개편하고, 해. 공군전력을 확대해야 한다. 병력규모는 출산율 감소에 맞춰 줄여나가되, 목표년도인 2025년에 50만 명 규모를 유지토록 하고, 육군위주로 감소시켜야 한다. 전투지원 및 전투근무지원 부대의 인력과 장비는 아웃소싱을 확대하여 민간 일자리 창출과 국방예산 절약에 기여토록 해야 한다. 특히 장기적으로 행정 및 정보 분야는 40%이상을 민간 인력으로 대체하여 전문성을 제고시켜야 한다. 복무기간 단축과 모병제는 안보상황과 징집 가용자원을 고려하여 장기과제로 검토하고, 우선 부사관 비율을 현재 12%에서 약18%까지 늘리면서 전문특기병 지원병제도를 확대하여 병력을 정예화 시켜야 한다. 군 복무특기와 연계하여 산업 및 창업전사를 육성할 수 있도록 이스라엘의 '탈피오트'제도를 벤치마킹할 수 있는 방안도 강구해야 한다. 장병복지증진은 불요불급한 경상비 지출 축소와 예산사용의 효율성 극대화, 병력감소에 따른 재원활용, 조달제도 혁신 등을 통해 의식주와 여가활동 여건을 개선하고 병 봉급인상 등을 추진해야 한다.

우리는 남북분단과 지정학적 특수성으로 인해 안보상황이 바람 잘 날 없이 늘 흔들리고 있다. 냉엄한 국제사회에서 스스로 강한 국방력을 구비하지 않으면 생존과 번영을 구가할 수 없으므로 강하고 깨끗하고 효율성이 높은 군을 만들도록 국방개혁이 설계되고 추진되어야 할 것이다.

04

전작권 전환 더 냉철한 접근 요구된다.
(2019.9.5., 문화일보)

한국과 미국 양국군은 지난 8월 연합지휘소연습을 통해 전시 작전통제권 전환을 위한 한국군의 기본운용능력(IOC)을 검증했으며, 2020년 완전운용능력(FOC)을, 2021년 완전임무수행능력(FMC)을 검증할 계획이다. 이는 문재인 정부 임기 내에 전작권 전환을 마무리하겠다는 의도로 보인다. 전시작전권 전환의 골자는, 전시 국군과 미군을 작전 통제해 한반도 전구작전을 지휘하는 현재의 한미연합사를 가칭 '미래연합사령부'로 개칭하고, 미군 4성 장군이 맡고 있는 사령관과 한국군 4성 장군이 맡고 있는 부사령관을 국군과 미군으로 맞바꾸는 것이다.

미래연합사령부의 사령관을 한국군 4성 장군이 맡더라도 그는 한·미 국가통수기구의 전략지침과 한·미 양국 합참의장(상설 MC)의 합의된 전략지시를 받아 전구작전을 수행하게 되므로 군사적 자주권을 행사하는 것은 현재와 크게 다르지 않다. 그렇다면 미래연합사령부가 지금의 연합사처럼 한·미 연합으로 구성되고, 연합방위 형태도 그대로 유지돼 실질적 변화가 없는데도 굳이 50여 년 동안 한반도에서 전쟁 억제와 한국 방위를 성공적으로 수행한 연합사의 사령관을 한국군으로 바꿀 필요가 있는지 의문이다.

사령관을 우리가 맡는 것이 한·미 양국군의 능력, 예상되는 전쟁 양상, 군사작전의 효율성, 전쟁 자원 확보의 용이성 등을 고려할 때 국익 차원에서 득이 되는지 진지하게 고민해 봐야 한다. 특히, 미군은 전구작전을 수행하는 작전지휘체제에서 타국군 사령관의 지휘를 받지 않는다는 불문율(퍼싱 원칙)을 가지고 있다. 게다가 군 조직의 특성상 사령관이 갖는 책임감과 부사령관이 갖는 책임감은 현격히 다르다.

무엇보다 북핵(北核)과 미사일이 현실적 위협으로 대두되고, 미·중의 갈등과 대립이 커지는 안보 상황에서 한국 방위의 일익을 담당하는 미군의 역할과 책임이 약해질 가능성을 우려하지 않을 수 없다. 지금의 연합사는 명실 공히 한반도 평화와 안정을 유지하는 데 중심(center of gravity)이 되도록 편성돼 있다. 즉, 미국은 한반도의 전략적 가치가 자국 안보 이익에 중요한 요소이므로 주한미군을 한반도에 전개해 이를 보호하고, 동시에 한국 방위에 대한 책임을 수행할 수 있도록 연합전구작전 체제를 구축해 자국 군 4성 장군을 연합사령관으로 임명하고 있다.

전작권이 전환되면 미군은 한국 방위 역할과 책임을 한국군이 주도하도록 할 것이다. 반면 지금까지 연합사령관이 유엔군사령관을 겸직하고 있어 소규모 편성으로 정전관리를 해온 유엔사 기능과 인력을 강화해 한반도에서 군사적 영역과 활동이 약해지지 않도록 할 것이다. 이미 이번 연합지휘소연습에서 전시작전권 전환 후 유엔사 권한과 역할에 대해 미국 측의 문제 제기가 있었다는 건 그 방증이다.

전시작전권 전환은 연합방위태세 유지에 미군의 책임을 줄이게 되므로 한·미동맹과 주한미군의 변화까지 예상되는 중차대한 안보 과제다. 그런 만큼 한국군 4성 장군이 미래연합사령관을 맡게 되는 게 안보적 국익에 부합하는지, 한국군 능력이 미군을 지휘할 만큼 역량을 갖출 수 있는지 냉철히 판단해야 한다. 전작권 전환은 우리가 주도적 역량을 갖추고, 동북아 질서의 혼돈과 북핵 문제가 정리돼 안보 상황이 안정된 상태에서 추진해도 늦지 않다. 주한미군은 한·미동맹의 실체이며 상징이다. 그들의 책임과 역할이 줄어들면 한·미동맹도 그만큼 거리가 생길 것이다. 안보는 명분보다 실리가 앞서야 한다.

05

공정한 인사가 强軍을 만든다.
(2019.10.2., 문화일보)

　어제 건군 71주년을 맞아 문재인 대통령은 누구도 넘볼 수 없는 안보 태세를 갖추겠다고 했지만, 안보 상황은 혼돈 속이다. 한·일 군사정보보호협정(지소미아) 종료로 한·미·일 안보 협력 체제에 균열이 생기더니 일본은 독도 상공에 자위대 전투기 진입을 내비쳤다. 북한의 미사일 발사가 대한민국 안보를 위협함에도 도널드 트럼프 미국 대통령은 대수롭잖게 여기면서 한국엔 방위비 분담금을 늘리지 않는 나쁜 동맹국이라고 압박한다.

　문재인 대통령은 북핵 문제 해결에 진전이 없는데도 비무장지대(DMZ)를 국제평화지대로 만들자고 성급한 제안을 유엔총회 연단에서 내놨다. 또한, 징집 자원 감소, 군복무기간 단축, 전시 작전통제권 전환 등은 안보 역량을 약화시킬 가능성이 커 보이는데도 대선 공약대로 추진되고 있다. 문 정부 대외정책과 안보전략이 현존 위협에 효과적으로 대응하고, 국익을 극대화하는 데 알맞게 설정됐는지 의문이 든다. 안보 상황과 국방 환경이 악화하고 있는 엄중한 시기인데도 군은 병력 감축과 복무 기간 단축이 불가피한 여건이 됐다. 일당백(一當百)의 강력한 전투력을 갖출 수 있도록 인적자원을 정예화하고, 인재 양성과 활용에 대한 기조를 새롭게 정립해야 할 때다.

무엇보다, 우수한 인재를 양성할 수 있는 선진 시스템을 구축해야 한다. 양성교육·보수교육·야전부대 활용이 연계된 현장 중심 인재를 길러야 급변하는 전장 상황을 지배할 수 있다. 미군이 강한 것은, 현장을 장악하고 여건을 유리하게 만드는 능력이 탁월하기 때문이다. 과학기술 발전으로 소부대까지도 권한위임이 확장되겠지만, 상·하급자 간 상호 능력에 대한 신뢰 없이는 믿고 맡길 수 없게 된다.

고급간부는 전쟁과 작전기획 능력을 보강하고, 자기 학습에 많은 노력을 쏟아야 한다. 손자(孫子)는 장수가 갖춰야 할 5대 요건 중 지혜를 가장 중요시했다. 뛰어난 통찰력으로 전장의 흐름을 읽을 줄 알아야 하며, 전작권이 전환되면 세계 최강의 미군을 작전지휘할 만큼 역량을 갖춘 사령관이 돼야 한다. 공부하지 않고 미군을 능가할 수 없음을 알아야 한다.

유능하고 탁월한 간부가 양성돼도 효과적으로 활용·운영하지 못하면 무소용이다. 정치지도자와 군 책임자는 적재적소 인사 운영이 되도록 공정하고 엄격한 기준에 충실해야 한다. 정치권으로부터 군 인사의 독립이 요구되지만, 동시에 군 최고인사권자의 전횡을 막을 수 있는 통제 장치가 마련돼야 한다. 역량이 부족한 사람을 출신 학교, 특정 지역, 근무 인연, 정치 성향 등에 따라 요직에 발탁하는 잘못된 인사 운영을 근절하지 않고는 우수한 인재의 사장(死藏)을 막을 수 없다. 군 단결을 저해하는 가장 큰 요소가 불공정한 인사에 기인함을 직시해야 한다.

국군의 사명은 대한민국 안전보장과 국토방위의 신성한 임무를 수행하고, 유사시 적과 싸워 이길 수 있는 강한 힘을 기르는 것이다. 우수한 인적자원이 있어 군은 지난 70여 년 동안 사명을 성공적으로 완수하고, 세계적인 강군(强軍)으로 성장할 수 있었다. 전투 프로다운 인재가 풍부하고, 공정한 인사 운영이 정착되면 국군은 사기충천한 가운데 결집된 방위 역량을 갖추고 승승장구할 것이다.

강장(强將) 밑에 약졸(弱卒) 없으며, 훌륭한 지휘관은 태어나지 않고 양성된다. 한 마리 사슴이 이끄는 사자들의 군대도 아니고, 한 마리의 사자가 이끄는 사슴들의 군대도 아닌 '사자가 이끄는 사자들의 군대'로 국군이 거듭나길 기대한다.

06
방위비 협상, 줄 것 주고 크게 받자.
(2019.11.5., 문화일보)

한국과 미국은 2020년도 주한미군 주둔비용에 관한 방위비 분담금 협상을 시작했다. 이번 협상에 임하는 미국은 예년과 달리 대통령까지 앞장서서 한국을 강하게 압박하고 있다. 도널드 트럼프 대통령은 수차례 동맹국에 대폭적인 분담금 증액을 요구하고, 특히 한국은 스스로를 지키기 위해 훨씬 더 많은 돈을 내기로 했다며, 주한미군에 드는 비용이 약 50억 달러라고 지적하기도 했다. 여기에 한술 더 떠서 주한미군사령관은 방위비 분담금 협상이 연내에 타결되지 않으면 내년 4월부터 한국인 근로자 9000여 명을 강제 무급휴가 조치하겠다고 했다.

이번 방위비 분담금 협상은, 기본적으로 호혜적 입장을 견지한 상태에서 합리적·객관적인 논거를 바탕으로 국익을 우선하는 데 초점을 맞추되, 분담금 인상이 불가피한 현실을 고려해 볼 때 줄 것은 주고 오히려 무엇을 받는 것이 안보적 국익 극대화에 유용할 것인지를 우선 고려해야 한다.

첫째, 한·미 미사일 지침을 재개정해 사거리 제한을 완화해야 한다. 한반도 안보 상황은 전시 작전통제권 전환이 추진되는 가운데 북한 핵무기와 비대칭 위협에 노출돼 있다. 현존 북한 핵·미사일 위협에 대응하고, 미래 잠재위협에 대비할 수 있도록 안보역량 확충이 시급하다. 특히, 미사일과 무인항공기 개발의 첨단 기술 확보는 필수다. 한·미는 2011, 2012, 2017년 3차례 걸쳐 미사일지침을 개정했으나, 탄도미사일 사거리를 800㎞ 이내로 한정하고 있다. 미사일 사거리는 전략적 위협을 억제하는 데 핵심 요소다. 킬체인·KAMD·KMPR 3축 체계를 조기에 구축하고, 동북아 전략 환경 변화에 대처할 방위충분성 역량을 갖추기 위해 탄도미사일 사거리가 대폭 확장돼야 한다. 한국이 미사일 주권을 갖고 전략적 대응 범위를 확대하는 것은 궁극적으로 동북아에서 미국의 국익에도 도움이 될 것이다.

둘째, 한·미 원자력협정을 개정해 독자적 농축과 재처리 권리를 가져야 한다. 한국은 지구상에서 유일하게 민족분단의 고통과 핵무기 위협을 직접적으로 받는 국가지만, 스스로 대응 능력을 갖추지 못하고 다른 나라에 의존하고 있다. 핵은 핵으로 응수해야 하는데도 핵무기는 물론 핵물질과 핵 개발 기술의 독자성을 갖고 있지 못하기 때문이다. 한·미 원자력협정은 한국에 원자력 발전용 연료 생산에 필요한 우라늄 농축과 보관을 허용하지 않다가 2015년 6월 협정을 개정해 사용 후 핵연료 재활용(재처리)을 부분적으로 가능하게 했다. 그러나 일본이 농축과 재처리에 대해 완전한 권리를 갖고 있는 데 비해 한국은 여전히 미국의 동의가 있어야 전반적 농축과 재처리를 할 수 있다. 고도화된 북한 핵무기가 현실적으로 생존을 위협하고 있는 안보 상황에서 잠재적 핵능력 확보는 대한민국의 생존 영역이다. 우리도 일본 수준의 농축과 재처리 권한을 갖고 북핵 위협에 대한 대응 능력을 키워야 한다.

셋째, 미국과 '확장억제보장협정'을 체결해야 한다. 한·미는 2006년 북한의 핵실험 직후 열린 제38차 한미안보협의회 공동성명에 '확장억제의 지속 보장'을 명기함으로써 북핵 위협에 핵우산의 신속한 전개를 확인했다. 또한, 2009년 미국에서 열린 한·미 정상회담에서 '한·미동맹을 위한 공동비전'을 발표하고 핵우산을 포함한 확장억제력을 한국에 제공할 것을 명문화했다. 북핵 위협으로부터 동맹인 한국을 보호하겠다는 미국 의지는 읽을 수 있으나 최근 트럼프 대통령의 시리아 철군(撤軍) 결정에서 보듯이 미국의 정치적 상황에 따라 흔들릴 가능성을 부인할 수 없다. 현실적으로 핵무기 개발과 전술핵 배치의 가능성이 희박한 상태에서 한·미 연합훈련까지 축소되고 있어 혈맹이지만 미국을 믿고 의지하기에 불안감을 감출 수 없다. 지금보다 더 강력한 틀 속에서 미국의 확장억제력이 제공될 수 있는 방안으로 '확장억제보장협정'을 체결한다면 전술핵 배치와 유사한 효과를 얻게 될 것이다.

이번 한·미 양국 간 방위비 분담금 협상에서는 예년보다 큰 폭의 주한미군 주둔 비용 인상이 불가피할 것으로 보인다. 그렇더라도 미사일 주권과 잠재적 핵능력을 보유하게 되고, 확장억제가 담보되는 안보 환경을 조성하게 된다면 협상 결과에 대해 긍정적으로 평가할 수 있을 것이다. 더불어 북핵 문제를 해결하고, 동북아시아의 질서 균형을 유지하는 데도 효과를 얻게 될 것이다.

07

모병제 거론은 시기상조다.
(2019.11.27., 문화일보)

　　내년 4월 총선을 앞두고 젊은 유권자의 표심을 얻기 위해 모병제에 대한 논란이 일고 있는 가운데, 문재인 대통령도 최근 '국민과 대화'에서 모병제에 대해 견해를 피력했다. 출산율 저하로 병력 자원 부족이 초래되므로 징집 제도 개선에 대한 논의가 시작된 것으로 보인다.

　　징집 제도는 국방의 근간이므로 안보 상황, 병력 자원 가용성, 국민 합의, 경제력 등을 고려해 결정되며, 일반적으로 안보 위협이 높은 국가는 징병제를 채택해 안정적 병력 자원을 확보하고 있다. 한국은 북한의 핵과 미사일 등 비대칭 위협에 노출돼 있고, 주변국 군비 증강 또한 안보를 위태롭게 하고 있어 창군 이래 징병제를 유지하고 있지만, 2022년부터는 징집 자원 부족으로 병력 감축이 불가피하다. 한편, 과학기술 발전으로 군 무기체계와 장비는 첨단화되고 있어 이를 운용할 인적 자원의 정예화가 요구된다. 지금보다 병력 규모가 줄어들고, 첨단화가 촉진되는 환경에서도 군은 강한 전투력을 갖춰야 하므로 전투 효율성이 높은 병력

구조로 바뀌어야 하며, 이에 부합한 징집 제도가 마련돼야 할 것이다.

한국군의 병력 구조는 간부 비율이 약 28%로, 선진국 평균 약 45%에 비해 낮은 수준이므로 병력 감축과 함께 간부 비율을 상향 조정해 군 인력을 정예화해야 한다. 특히, 직업군인으로 부사관을 늘리면 군 정예화와 함께 사회적 일자리 창출에도 기여하게 될 것이다. 안보 위협이 상존하는 가운데 출산율이 낮아지면 징집 자원도 줄어들므로 안정적인 병력 자원 확보 대책이 필요하다.

북핵 문제가 해결될 때까지는 모병제보다는 징병제를 유지하면서, 지원병제를 확대해 나가는 게 바람직하다. 복무기간 3~5년 지원병제를 도입해 전차 조종수처럼 숙련이 요구되는 특기에 보직하고, 소총수 같은 단순 특기에는 징병제로 충원한다면 군의 전투 효율성도 크게 향상될 것이다. 국민은 병역의무를 지원병제와 징병제 중 하나를 선택해 이행하게 될 것이므로 지원병의 처우를 충분히 보장하면서 징병제 병의 복무 기간을 더 단축한다면 징병제의 단점도 보완될 것이다.

간부 비율을 높이고 지원병제를 도입해 군을 정예화하는 데는 추가 재원이 소요된다. 정부 계획대로 병력이 2022년까지 50만 명으로 줄어들면 지원병제 확대와 간부 비율이 높아져 인건비가 매년 500억 원 이상 늘어날 것이다. 안보 위협이 높은 데도 병력을 줄여야 하므로 군의 전력 약화를 막을 수 있도록 재정적 뒷받침이 있어야 한다.

그러나 우리 사회는 평등과 공정의 가치에 있어 병역만큼은 예외가 될 수 없다는 인식이 강한 반면, 군인의 명예와 국민의 존경심이 미약하다. 모병제를 시행할 경우 자칫 또 다른 사회적 계층 구조를 만들 가능성이 있다. 모병제 복무 병사는 사회적 대표성과 자부심을 갖는 데 한계가 있을 것이므로 이들에게서 높은 사기와 강한 전투력을 기대하긴 어려울 것이다. 50여 년 동안 모병제를 시행하는 미국도 모병 지원병에 대해 사회에서 최악의 직업으로 인식하고 있다는 점은 모병제가 재원만으로 시행될 수 없음을 말해준다.

안보 상황과 환경의 변화가 극심하고, 국방에 대한 국민 인식도 낮은 수준에서 병력 충원마저 원활하지 못하면 안보 역량이 현저히 낮아지게 된다. 따라서 징집 제도 변경은 특정 정당에서 선거 전략 차원으로 제안될 사안이 아니다. 신중히 접근해 시간을 갖고 국민의 합의를 끌어낼 수 있는 공론화 과정을 거쳐야 한다. 저출산으로 병력이 감축되더라도 상시 준비 태세는 최상의 상태로 유지돼야 하는 만큼, 군의 인력 정예화와 함께 병력 자원의 안정적 확보는 반드시 보장돼야 한다.

08

北관광 발상보다 FFVD에 올인할 때이다.
(2020.1.20., 문화일보)

새해 들어 문재인 대통령은 신년사와 연초 기자회견을 통해 남북관계 개선을 거듭 강조했다. 교착 상태인 미·북 비핵화 회담 재개를 낙관하고 이를 위한 촉진자 역할을 내비쳤다. 아울러 개성공단과 개별 관광 등 남북관계를 발전시켜 미·북 대화에 선순환적인 효과를 낳도록 하겠다는 강한 의지도 표명했다. 문 대통령의 이러한 발언에 대해 김계관 북한 외무성 고문은 북한이 비핵화 대화에 쉽게 복귀할 것이라는 허망한 꿈을 꾸지 말고 자중하라는 비난을 쏟아냈다. 해가 바뀌었지만, 한반도 안보 상황은 안갯속이며 불안정한 상태가 계속되고 있다.

문 정부는 3회에 걸친 남·북 정상회담과 군사합의를 통해 남·북 대결 구도를 평화 구도로 전환하고자 했다. 그러나 북한은 적대적 태도와 미사일 발사를 끊임없이 반복하고, 외무상도 대남 강경파 리선권으로 교체한 것으로 보인다. 북한 비핵화는 미·북 정상이 3차례 만났는데도 답보 상태이며, 북한은 핵보유국 지위를 주장하면서 국제사회에 경제 제재해제를 요구하고 있다. 이제 북핵 문제는 미국과 국제사회의 인내심을 시험하고 있다.

미국은 북한을 '안보상 가장 임박한 도전'으로 평가하고 있어 대화가 아닌 군사적 옵션을 들고나올 가능성에 불안감을 감출 수 없다. 대내외적 안보 환경은 문 대통령의 한반도 평화 구상에 결코 우호적이 아님을 알 수 있다. 그렇다면 문 정부는 대북정책을 냉철히 재검토해야 한다. 대북정책은 북한을 바라보는 관점을 바꾸는 데서부터 다시 시작해야 한다. 북한과 통일, 경제 협력, 인도적 지원을 함께 논의하고 푸는 것도 중요하다. 그러나 북한은 핵무기와 미사일을 개발해 무력도발을 빈번히 자행하고 있는 실체적 주적(主敵)으로서, 이 시간에도 엄연히 우리의 생존을 위협하고 있다.

안보 위협이 줄어들지 않고는 통일과 경제 협력, 인도적 지원 등이 논의되고 이행될 수 없음을 지금까지 남북관계 역사가 잘 말해 준다. 안보 위협 해소가 남북관계 개선의 필요충분조건이며 선행적 상수다. 북한이 주는 안보 위협의 중심(center of gravity)은 고도화된 북핵이다. 생존보다 더 소중한 가치는 없다. 북핵을 제거하는 데 해답이 없고 진척이 없다면 남북관계 개선을 위한 어떠한 협력이나 지원도 쉽게 추진해서는 안 된다. 국제사회는 최종적이고 완전히 검증된 비핵화(FFVD) 원칙을 일관되게 유지한 가운데 북한 비핵화를 달성하기 위해 경제 제재와 병행해 대화의 문을 열어 놓고 북한 태도 변화를 기다리고 있다.

대북정책의 기조는 북핵 문제를 해결하기 위한 국제사회의 노력과 일치돼야 한다. 이에 부응하지 못하거나 초점을 흐리게 해선 안 된다. 또한, 대외적으로 국제사회로부터 호응과 정당성을 얻어야 한다. 이런 의미에서 남북관계 개선 노력은 계속돼야 하지만, 북한에 현금(cash)이 유입될 수 있는 개성공단과 개별 관광 재개 등은 북핵 문제 해결에 새로운 전기가 마련될 때까지 보류해야 한다.

비핵화 협상에 시너지가 발휘되도록 미국과 빈틈없이 공조하면서 북핵 문제 해결에 가시적인 성과가 나오면 남·북 당사자끼리 주도적으로 남북관계를 개선할 수 있는 공간을 마련해도 늦지 않다. 북한으로부터 받는 안보 위협의 실체를 직시하고, 냉엄한 국제관계 현실 인식을 바탕으로 북핵 문제 해결에 올인하는 대북정책을 추진해야 한다. 한반도의 안보 불안을 제거하고 항구적인 평화와 안정을 가져오는 요체가 북한 비핵화이기 때문이다.

09

對敵사업 도발과 황당한 미·중 선택론
(2020.6.12., 문화일보)

한반도는 남·북 분단으로 냉전체제와 군사적 대결이 상존한다. 북한의 무력도발과 무례한 태도, 한·미동맹 불협화음, 주변국과 외교적 마찰, 지정학적 취약성 등 전통적 안보 위협 요소가 산재해 있다. 이러한 위협 요소를 제거하고 커지는 비군사적 위협에도 효과적으로 대응하기 위해서는 확고한 안보 원칙을 정립, 이행해야 한다.

무엇보다, 북한의 군사도발과 폭언에 대해 행동 대 행동으로 대응해야 한다. 북한은 지난 5월 3일 중부전선 감시초소(GP)에 총격 도발을 자행했으며, 최근에는 대북 전단 살포를 중지하라고 하명하듯 요구하고, 남북연락사무소 폐쇄를 밝혔다. 정부는 북한의 협박과 막말에 상응한 조치를 하지 못하고 오히려 전단 살포 금지법 제정을 서두르고 있어 북한 요구에 굴복한 것처럼 비친다.

전단 살포가 남북관계 개선을 저해함과 동시에 일부 지역 주민들에게 피해를 준다면 시간을 갖고 공론화를 통해 개선 방안을 모색해야지,

북한 엄포에 맞춰 정부가 입법까지 추진하겠다는 것은 국민의 자존심을 손상하고, 안보 불신을 초래한다. 북한은 핵무기로 우리의 생존을 위협하고 있으며, 이제는 노골적으로 한국을 적으로 규정, 대적(對敵)사업 운운한다. 한반도 긴장 완화 노력은 계속돼야 하지만, 북한의 도발적이고 상호 존중을 훼손하는 행동에 대해 현실적 안보 위협을 해소하는 차원에서 엄중하고 단호하게 대응해야 한다.

아울러, 코로나19가 전 세계에 큰 타격을 주고, 미국이 해외 주둔 미군의 감축을 검토하고 있는 만큼 한·미동맹 중요성을 재인식하고 협력을 강화해야 한다. 지난 4일 주미 한국대사가 "우리는 선택을 강요받는 나라가 아니라 선택할 수 있는 국가"라고 발언해, 한국이 미·중 가운데 한 나라를 선택할 수 있다는 뜻으로 오해를 자초했다. 이에 미(美) 국무부가 "한국은 수십 년 전 어느 편에 설 것인지를 선택한 나라"임을 강조하고 동맹국 책임을 상기시키는 코멘트를 함으로써 국익에 도움이 되지 않는 불필요한 잡음을 남겼다.

한국은 국내적으로 코로나19를 차단하면서 고용을 늘리고 경제성장을 추진해야 하며, 북한 비핵화와 미·중 갈등, 일본과 위안부 문제 등을 해결해야 한다. 이렇게 산적한 과제를 푸는 데 강력한 우방의 힘이 필요함은 불문가지(不問可知)다. 우리에게는 자유민주주의와 시장경제 가치를 공유하는 한·미동맹이 있다. 한·미는 특수한 관계이며 6·25전쟁과 지구촌 곳곳에서 자유를 위해 함께 싸운 혈맹이다. 한·미 연합 방위체제는 지난 67년 동안 한반도 안정과 평화를 유지하고 한국이 경제대국으로 성장하는 데 버팀목 역할을 했다. 그 결과 한·미동맹은 세계가 부러워하는 성공적·모범적 동맹으로 평가받고 있으며, 오늘날에는 군사와 정치·

경제·문화·예술 등을 포함한 포괄적 동맹으로 발전하고 있는 가운데, 코로나19 방역과 치료에 협력을 아끼지 않고 있다.

이렇게 탄탄하고 공고한 동맹이지만, 진정성을 갖는 상호 존중과 신뢰가 필수다. 주미대사의 발언은 백해무익하고 내용과 시기가 모두 적절치 못했다. 미군이 한국 방위의 일익을 담당하고 있는 현실을 망각한 처사다. 미국과 중국을 놓고 선택적 프레임으로 엮어서는 안 된다. 미국은 동맹국으로서, 중국은 전략적 협력동반자로서 양국과 긴밀한 우호 관계를 쌓아 나가야 한다.

코로나19 이후 국가 안보는 전통적 안보와 비전통적 안보 연계성이 강화되고, 자강 역량 구축과 국제 협력의 중요성이 더욱 커질 것이다. 북한의 유·무형 도발에 확고한 원칙으로 일관되게 대응하고, 한·미동맹을 중심축으로 안보 협력을 강화하는 것이 최상의 대비태세임을 강조해 둔다.

10

우한 폐렴에 안보적 차원의 대응이 요구된다.
(2019.5.10.)

　　중국 우한에서 발생한 신종 코로나바이러스가 중국 인접 국가를 포함하여 여러 나라로 빠르게 확산되고 있어, 세계 각국은 신종 코로나바이러스로부터 자국민의 안전과 건강을 지키기 위해 총력을 다 하고 있다. 우리나라도 중국과 지리적으로 근접할 뿐 아니라 양국 간 많은 인적 교류가 이루어지고 있어 국민 불안이 커지고 있다. 급기야는 우한과 중국은 물론 제3국에서 중국인과 접촉한 감염자가 입국함으로써 방역 망이 뚫리고, 국내에서 제2,3차 감염자가 확진자로 판명됨에 따라 감염경로가 확대되고 있다. 국민 건강이 위협받고 온 나라가 두려움 속에서 일상생활을 영위하고 있는데 정부 대응은 시행착오를 빈번히 낳고 있다. 우한 교민 철수와 이들을 격리하는 과정에서 우왕좌왕하여 비난을 받았는가 하면, 중앙정부와 지방자치단체 간 환자 정보공개에 엇박자가 계속되어 혼란을 일으키고 있다. 중국이외 동남아 국가 등에서 입국한 사람 중 감염자가 잇따라 확인되고 있지만 공항과 항만의 검역체계는 완벽히 거르지 못하고 있다. 정부와 전문가는 잠복기를 감안하면 향후 1-2주가 분수령이 될 것으로 전망하고 있다. 그렇다면 정부는 안보적 차원으로 상황의 엄중함을 인식하고 강력한 대응과 조치를 선행해야 할 것이다. 전통적 안보개념은 외침으로부터 영토와 주권을 보호하는 것이지만, 오늘날 대부분의 국가는 전통적 안보개념에 자연재해, 재난사고, 전염병 등 국민 생명과 재산을 위협하는 비군사적 범위까지 망라한 포괄적 안보개념을 적용하여 국가적 위기에 대처하고 있다. 안타깝게도 세월호 사건에서 포괄적 안보개념을 소홀히 적용함으로써 크나큰 후유증을 경험한 바 있다. 안보적 상황인식은 비단 군 인력과 장비 뿐 아니라 국가역량을 총동원하여 대응수준과 방법, 수단 등을 결정하며, 특히 일사불란한 지휘체계를 갖게 함으로써 혼선을 방지할 수 있다. 미국과 일본은 이미 포괄적 안보개념을 적용하여 중국 발 신종 코로나바이러스에 대응하고 있다. 미국은 중국으로부터 자국민을 철수하여 최초 격리시설로 공군기지를 이용하였으며, 일본은 크루즈선박에서 감염환자가 집단 발생함에 따라 아베총리는 즉각 국가안전보장회의를 개최하여 홍콩발 크루즈선 '웨스테르담호'에 승선한 외국인 입국을 거부하는 조치를 취했다. 우리도 안보적 차원에서 국가안전보장회의(NSC)가 컨트롤타워를 담당하고, 강력한 통제체계를 구축해야 한다, 이를 보좌하도록 전문가 집단 TF를 편성하여 운용하고, 질병관리본부를 포함 정부부처는 국가안전보장회의(NSC)가 결정한 지침을 이행하는 시스템이 되어야 한다. 국가적 수단과 자원을 효과적으로 통합하고 활용하기 위해서는 전반적 국가기능과 조직을 총괄하는 청와대 또는 국무총리실이 관장해야 한다. 애초부터 국가안전보장회의(NSC)가 컨트롤타워 역할을 하고, 우한 교민 격리시설로 군사시설 활용을 검토, 결정했다면 혼선이 초래되지 않았을 것이다. 공항과 항만 검역체계도 인력과 장비를 대폭 증강하여 2중3중으로 확인해야 하며, 이에 부족한 인력은 군 인력으로 보충하는 방안을 강구해야 할 것이다. 해외교민 철수에 민간 항공기 동원이 승무원들 안전문제를 발생시킨다면 군 항공기 활용을 적극 검토하고, 필요시 방역과 치료에 군 의료인력 투입도 검토해야 할 것이다. 군 인력과 장비는 평소 국가위기에 대비하여 훈련되고 정비되어 있으므로 국가는 이를 활용하는데 실기해서는 안 될 것이다. 국군은 안보적 사명과 책임을 완수하는 데 주저하지 않을 것이며, 국가와 국민은 이들의 헌신을 존중하고 격려하는 데 인색하지 않아야 할 것이다. 공자(孔子)는 정치에 가장 중요한 덕목이 신뢰(無信不立)라고 했다. 정부가 믿음을 주는 대응과 조치 그리고 혼선이 없는 시스템을 구축해야 국가 리더십이 바로 설 수 있을 것이다.

11

북핵에 대한 인식전환이 시급하다.
(2019.10.21.)

북한은 지금까지 6회 핵실험으로 핵무기를 경량화. 소형화. 규격화하였다. 또한 2010년 이후 매년 10여회(금년도 16회)의 미사일 시험발사를 통해 장거리 미사일을 개발하고 중거리 탄도미사일(IRBM)을 실전배치함으로써 괌까지 타격할 수 있게 되었으며, 미(美) 본토를 타격할 대륙간 탄도미사일(ICBM)을 완성하고자 마지막 단계에 와있다. 이는 핵을 정치적, 군사적 목적으로 이용할 수 있게끔 실질적인 수단과 무기로 만들어 보유하게 되었음을 입증하는 것이다.

북핵 상황에 대해 미국은 군사적 옵션을 포함한 모든 가능성을 열어놓고 유엔중심의 제재와 압박을 적극 주도하고 있으며, 일부에서는 군사행동을 통한 해결방안을 주장하고 있으나 전반적 기조는 경제제재와 외교적 노력에 우선하고, 한국에 전술핵 배치와 한국자체 핵무기 개발엔 부정적 반응을 보이고 있다.

한편 중국은 유엔 제재에는 동참하고 있으나 핵심적 조치인 원유공급 중단과 전반적 무역거래 중단은 거절하고 있으며, 지금까지 원칙적으로 제시해온 쌍중단(핵실험중단과 연합훈련 중지)과 쌍궤병행(비핵화와 평화협정 동시 논의)을 꾸준히 주장하고 있다.

우리 정부는 북한의 6차 핵실험 이후 대화모드에서 제재와 압박모드로 전환하였으나 한·미 간 완벽한 공조체제가 미흡한 것으로 보인다.

이러한 북핵 상황과 국제사회가 보이고 있는 자국우선주의 견해는 우리에게 북핵에 대한 시급한 인식전환을 요구하고 있다. 북한은 핵 개발에서 이미 핵 보유 단계로 진입하였으며, 북핵이 이제 잠재적 위협에서 현재적 위협으로 변화됨으로써 우리는 단순한 안보불안이 아닌 6·25 이후 최대의 안보위기와 함께 전쟁위험에 직면하고 있다. 특히 북핵과 미사일이 미국을 직접적으로 위협함으로써 이를 해결하는 데 미·중간 갈등과 대립이 커지고 있어 동북아 안정이 흔들리고 있을 뿐만 아니라 미·중 갈등은 우리에게 우리의 외교적 입지를 약화시키고 선택을 강요하는 환경을 조성하고 있다. 아울러 군사적 측면에서도 남·북간 군사력 균형이 파괴될 수 있어 유사시 우리 군의 군사력 운용에 제한을 주게 될 것으로 보인다.

북핵 상황의 심각성을 바탕으로 한반도 비핵화 원칙을 변화시킬 필요가 있다. 즉 지금까지는 핵개발을 포기하기 위해 한반도 비핵화 원칙을 준수하였으나 지금은 북한이 핵무기를 완성하여 핵무기를 보유한 단계이므로 한반도 비핵화 원칙이 파기된 상황이다. 국제사회 핵질서를 위해 비핵화 목표를 유지할 필요가 있으나, 북핵이 폐기될 때까지 비핵화를 유보하였다가 북한이 핵을 폐기할 경우 비핵화를 실현하는 궁극적 비핵화 개념으로 재정립할 필요가 있다. 그러므로 궁극적 비핵화 목표 달성을 위해 북핵을 폐기할 수 있는 실효적 대응방안이 강구 되어야 하며, 이를 위해 전술핵 배치와 자체 핵개발은 모색해볼 가치가 있다.

전술핵 배치는 북핵에 대한 대응 면에서 배치자체가 주는 군사적 효과 못지않게 심리적, 가시적, 행동적 효과가 클 것이다. 북핵이 한반도와 세계평화를 파괴하는 심각한 무기임을 인식하고 이대로 더 이상 방치할 수 없다는 절박한 상황에서 한미가 우선적으로 보일 수 있는 행동이며, 북한에게는 비군사적 제재와 레토릭이 아닌 군사적이며 행동적 대응이 됨으로써 북한의 핵 진화를 제어하는데 일정부분 효과가 있을 것이다. 물론 일부에서 주장한 것과 같이 북한이 핵 진화활동에 박차를 가하여 완전한 핵 우위를 추구 할 수 도 있을 것이나 북한의 경제적 능력 한계와 국제사회 압력은 북핵을 새로운 양상으로 진입시킬 수 있을 것이다.

문재인 정부는 북핵을 대화와 협상에 우선을 두고 해결방안을 강구해왔으며, 여전히 평화적 수단만을 강조함으로써 미국의 군사적 옵션에 대해 부정적 견해를 표명해왔다. 그러나 미국은 경제적 제재와 외교적 노력을 병행하면서 군사적 방안까지도 고려할 수 있다는 압박을 주고자 하는데 한국이 어떠한 경우에도 군사적 대응을 불허한다는 메시지를 수시로 줌으로써 북한에게 실질적인 압박효과를 주지 못하고 있으며 오히려 북한은 한·미 간 입장차를 이용하고 있는 실정이다. 따라서 적극적으로 한미공조를 강화하여 동일한 메시지를 북한에 전달해야 하며 국제사회와 보조를 맞춰 강력하게 압박하고 제재해야 한다. 이런 차원에서 대북 인도적지원도 일관된 정책과 전략을 흐트러지게 만들 수 있으므로 당분간 보류함이 타당하다고 본다.

12

행정 군대가 아닌 전투군대가 절실하다.
(2022.1.6., 문화일보)

    동부전선이 또 뚫렸다. 2020년 그 부대 철책을 넘어 남으로 내려온 귀순자가 이번에는 동일 장소의 철책을 넘어 월북을 했다고 한다. 영화에서나 볼 수 있는 장면 같아 그곳에서 약20여 년 전에 사단장을 했던 노병의 한사람으로서 참으로 개탄스럽고 유감스러운 감정을 숨길 수 없다. 왜 이런 사건이 그 부대에서만 빈번히 발생하고 국민들에게 실망과 불신을 주는 지를 시급히 분석하고 방지책을 마련해야 할 것이다.

    22사단은 근본적으로 타 부대와 달리 취약한 특성을 가지고 있다. 작전지역이 휴전선 최 동북단 수복지역임에 따라 북한과 지리적, 심리적 거리가 가깝고 책임지역은 광범위하면서 GOP와 해안경계를 동시에 수행하고 예비대가 없어 병사들의 피로도가 높다. 또한 강풍, 폭우, 폭설, 산불 등 재해와 재난이 4계절 내내 작전활동에 제한을 주며 거기다가 통일 전망대와 주변에 산재되어 있는 해수욕장, 콘도, 리조트 등은 민간인과 부대원의 접촉 빈도를 높여 병사들에게 비 전투적 정서를 갖게 만드는 측면이 많다. 이처럼 어렵고 힘든 여건과 환경이므로 22사단은 골 때리는 부대이고 사건. 사고로 인해 운이 없으면 지휘관이 보직해임을 당하게 된다는 어두운 이미지를 갖고 있다.

그러나 군은 전천후 환경에서 임무를 수행해야 하고 지휘관은 부대의 주인이며 얼굴일 뿐 아니라 부대지휘 성패에 대한 책임을 어떠한 경우에도 남에게 넘겨줄 수 없다. 따라서 지휘관은 부대특성과 상황을 엄중하게 인식하고 다음과 같은 차별화된 노력을 경주해야 한다.

부대지휘는 현장위주가 되어야 하고 말보다 행동을 앞세워야 한다. 22사단은 부대특성과 환경이 타 부대보다 어려운 곳이니 사무실이 아닌 현장에서 더 많은 시간을 보내야 한다. 격물치지(格物致知)라 했듯이 문제의 실체가 현장에 있고 이를 해결하는데 필요한 답도 현장에 있다는 것이 세상 이치임을 알고 실행해야 한다. 야전부대는 행정을 하는 조직이 아니고 행동으로 전투를 준비하는 집단이므로 종이와 문서에 의한 임무수행을 지양하고 책상에 앉아 있는 시간을 최소화해야 한다. 현장을 알아야 상황에 적합한 지침과 명령을 내릴 수 있는 것이다. 또한 군인은 육체적 행동을 수반하여 임무를 수행하므로 힘들고 피로하고 지칠 때가 많다. 이럴 때일수록 지휘관이 행동으로 솔선수범하고 동참하는 것이 부하의 자발성을 높여주는 지름길임을 알아야 한다. 하루 일과시간 중 1/2을 GP, GOP, 해안에서 부하들과 함께 문제를 찾고 해결하는 데 노력을 경주한다면 경계 작전 실패를 막을 수 있을 것이다.

아울러 재임기간 중에는 사적영역을 희생하는 데 주저하지 않아야 한다. 골 때리는 부대이니 퇴근 후 또는 주말에 여가를 즐기고 주변 관광지를 구경 다니면서 지휘관을 성공적으로 마칠 수 없음을 인식해야 한다. 속초시내와 화진포 휴양소, 김일성 별장, 이승만 별장에 가볼 시간과 여력이 있다면 GOP, 해안을 경계하는 데 지도방문을 더할 수 있다고 생각해야 한다. 사단 사령부에서 가까운 곳에 해수사우나 시설이 있는데 여기도 가지 않아야 한다. 윗사람이 가게 되면 전방 부대 간부들도 위수지역을 이탈하여 목욕하러 내려오고 그렇게 되면 전방 경계가 허물어지게 된다.

투명한 사생활로 임무 우선주의를 실천해야 한다. 지휘관은 어항 속 금붕어라고 했는데 이는 수천 명의 부하 눈이 지휘관을 보고 있어 모범적 사생활이 요구됨을 말한 것이다. 지휘관 재임기간을 금욕기간으로 인식하고 안위를 내려놓겠다는 생각을 잊지 않아야 한다. 눈은 북쪽에 적을 보고 본질적으로 부대업무와 임무에 무관한 사안은 신경을 쓰지 말아야 한다. 지휘관의 거처인 공관에도 예하 지휘관, 참모의 접근을 막아야 하며 간부들과 회식도 가급적 영내시설을 이용하거나 가까운 곳에서 단출하게 하고 병사들보다 호의호식하지 않아야 한다. 욕망이 인간을 타락시킨다고 했으므로 욕망을 줄이고 다스려야 함을 잠시도 잊어서는 안 될 것이다.

이번 22사단 사건에서 보듯이 경계 작전 실패와 사건, 사고는 사람의 눈과 귀가 현장에서 제대로 작동하지 않을 때 발생한다. 따라서 문제의 실체가 현장에 있는 사람들임을 명확히 인식하고 이들의 나태와 태만을 막기 위한 답을 마련하여야 한다. 오랜 군 경험으로 비추어 볼 때 지휘관이 책임완수에 필요한 지적능력과 실천력을 구비한 가운데 끊임없이 노력하고 솔선수범하면서 부하에 대한 애정을 쏟을 때 탈도 없고 사고도 없게 됨을 발견할 수 있었다. 지휘관이 진정성을 갖고 현장에서 열과 성

을 다하는 것만이 경계 작전 실패를 막을 수 있는 유일한 해답임을 거듭
강조하고 싶다.

13

이 · 윤 사드배치 논쟁과 국가안보의 기본
(2022.2.8., 문화일보)

지난주 대선후보 토론에서 윤석열후보의 선제타격과 사드 추가배치 관련 대선후보들의 날 선 공방이 있었다. 윤후보는 북핵과 미사일위협에 대비하고 전쟁을 억제하기 위해 선제타격과 사드 추가배치를 주장한 반면 이재명후보와 심상정후보는 전쟁을 일으킬 수 있는 무모하고 위험한 언행이라고 했다.

그런데 최근 1월 한 달 만에 북한은 7차에 걸쳐 각종 미사일을 발사하고 특히 극초음속 미사일의 시험발사와 중거리탄도미사일을 발사함에 따라 유엔과 미국 등 서방국가는 북한이 2018년 약속한 모라토리움의 파기이자 명백한 안보리 결의 위반임을 경고했다. 한편 문재인 정부는 NSC를 개최하고 북한을 규탄하였지만 지난 5년 동안 공들인 '한반도 프로세스'가 원점으로 돌아간 형국이 되고 있다.

6·25전쟁 이후 한반도는 북한 무력도발과 국제정세 변화에 따라 안보위기가 빈번히 발생하고 롤러코스터와 같이 요동치는 날이 많았다. 여

기에는 남북분단과 북핵문제, 지정학적 리스크, 미중갈등이라는 근본적 요인이 깔려있다. 남·북간 체제와 이념대결, 군사적 적대관계, 북한의 대량살상무기 개발과 핵무기 고도화, 외세영향을 피할 수 없는 내선(內線)국가, 미중갈등 심화 등은 한반도 안보환경의 복잡성과 함께 우리가 독자적 힘만으로 평화를 가져올 수 없음을 말해주고 있다.

따라서 대선후보는 이러한 근본적 요인을 냉철하게 인식한 가운데 안보불안을 해소하기 위한 비전과 정책을 제시하고 의지를 보여야 하며 뺄셈의 해법이 아닌 덧셈의 해법으로 풀어가야 한다. 안보는 생존의 영역이기에 효율보다 효과가 앞서야 하고 기회비용에 인색해서는 안 된다. 적 위협에 대응방법이 없다는 표현을 국가지도자가 사용해서는 안 된다. 충분한 역량을 갖추도록 국력이 뒷받침되어야 하고 물리적 타격수단이 부족하면 전략과 전법을 바꿔 위협을 막아야 하는 것이 안보와 군사의 기본원리이다.

이를 위해 우선 독자적 안보역량을 확충할 수 있도록 GDP 3%를 국방예산에 투자하고 북한 대량살상무기 위협 대비 3축 체계를 조기에 전력화해야 한다. 군사력 건설은 각종 미사일, 해군 수중전력(잠수함), 공군 5세대 전투기, 중고고도 방공무기, 군사위성과 고고도 무인정찰기 등에 집중 투자하고 전략자산을 통합 지휘할 수 있는 전략사령부를 창설하여 선제적 제압능력이 구비 되어야 한다.

한·미동맹은 군사안보 범위를 넘어 포괄적 동맹으로 발전시키고 북한 비핵화에 물샐틈없이 상호공조하고 협력해야 한다. 아울러 한미원자력협정을 개정하여 핵확산금지조약을 준수한 가운데 핵 자주권을 확보하고 확장억제력 제공에 실행력을 담보할 수 있도록 한·미 확장억제협정을 체결해야 한다. 전작권 전환은 환수의 당위성을 인정하고 준비하되 현행방위체제를 변경하게 되므로 한반도 평화와 안정이 담보될 때까지 보류함이 타당하다고 본다.

클라우제비츠는 "전쟁은 다른 수단으로 이루어지는 정치의 연속이라고 했다" 이는 본질적으로 전쟁이 정치에 종속됨을 말한 것이다. 전쟁을 막기 위한 大전략과 국가전략은 국가지도자의 영역이므로 국가지도자는 군사안보의 본질과 속성을 알아야 한다. 국민은 선거에서 이기기 위한 정치. 이념적 말이나 공약이 아닌 정직하고 진정한 애국심을 바탕으로 국가 백 년을 튼튼하게 할 수 있는 지도자를 기다리고 있다.

14

미 핵우산 제공 협정이 필요하다
(2022.6.10., 문화일보)

한반도 안보에 불확실성과 유동성이 커지고 있다. 러시아의 우크라이나 침공으로 동서 냉전 구도가 다시 살아나고 러시아와 중국에 인접한 국가들은 지정학적 리스크를 우려하게 되었다. 그런가 하면 미·중 패권 경쟁은 갈등을 넘어 전방위적 글로벌 영역에서 대결 양상으로 확대되고 있어 안보는 한·미동맹으로, 경제는 중국과 전략적 협력 동반자 관계를 통해 발전을 추구하고 있는 한국의 국가전략에 깊은 고민을 안겨주고 있다. 한편 북한은 올 한 해에만도 18차례의 미사일을 발사한 가운데 한미 정보 당국에 의하면 7차 핵실험을 준비하고 있는 것으로 파악되고 있어 북한의 대량살상무기 위협은 날로 증대되고 있다.

지정학적 리스크와 미·중 갈등, 북한 핵 위협 등으로 한반도에 엄중한 안보 상황이 조성되고 있음에 따라 우리에게 자주적 안보역량과 한·미동맹의 결속력 강화가 어느 때보다 중요한 과제로 부상하고 있다. 이러한 시기에 바이든 미국 대통령이 우리나라를 방문하고 돌아갔다. 바이든 대통령 방한은 여러 의미와 성과를 낳았으며 윤석열 정부의 대외정책 방향을 명확히 설정하는 계기가 되었다.

바이든 대통령은 한국이 갖고 있는 경제·산업력, 기술력을 현장에서 확인하였고 기업인들을 만나 미국에 대규모 투자 약속을 받았다. 이는 한국이 미국의 국익에 선택이 아니라 필수임을 입증하였고 우리의 몸값이 올라 한국의 지정학적 리스크에 미국이 확고한 버팀목 역할을 하겠다는 것을 말해주고 있다. 지금까지 한국은 미국에게 동북아의 전략적 이익에 긴요한 국지적 이해 당사국이었고 때로는 미국에게 부담이 되는 존재였지만 바이든 대통령의 이번 방한으로 한·미동맹은 글로벌 동맹으로 진화하였고 미국의 범세계적 전방위 국익에 핵심 동반자가 되었다. 아울러 미국은 한국과 군사안보동맹을 포괄적 전략동맹으로 확대하고 상호 신뢰를 바탕으로 세계평화와 안정에 기여하면서 한국과 경제. 기술력의 안전한 글로벌 공급망을 구축하였다.

한·미동맹이 안보를 넘어 경제와 기술, 글로벌 동맹으로 발전한 마당에 우리는 북핵 위험을 해소하기 위한 철저한 대비책을 미국과 함께 마련해야 할 것이다. 바이든 대통령은 북핵으로부터 한국을 방어하는 데 확장억제력 제공을 약속하였고 그동안 중지되었던 한미연합훈련도 정상적 수준으로 재개하겠다고 했다. 그러나 바이든 대통령의 확약이 미국의 기존 약속을 뛰어넘어 핵우산 제공을 업그레이드(Up-grade)하거나 확장억제의 실행을 담보하는 제도적 장치를 별도 마련한 것은 아니다. 국가 관계에서 상호국익을 도모하는 데 의지표명도 중요하지만 실행이 보장되어야 신뢰를 갖게 되며, 구두 약속은 선택이지 의무가 아님을 냉철하게 인식해야 한다.

한국은 북한과 군사적으로 대치하고 있으며 북핵의 직접적 위협에 노출되어 있어 끊임없는 안보 불안 속에 요동치는 안보 상황이 반복되고 있다. 북한의 핵 공격 위협에 핵과 미사일, 재래식 무기를 동원하여 미(美) 본토와 같은 수준의 억제력을 제공함으로써 한국을 보호하겠다는 미국의 확장억제 공약이다. 북핵 위협에 대응하는 확장억제가 미국에게 선택이 아닌 의무임이 확약되어야 하며 이에 따른 가칭 '확장억제 협정'을 체결해야 할 것이다. 한미가 '확장억제 협정'을 체결하고 확장억제전력이 신속억제방안(FDO) 전력과 시차별 부대전개제원(TPFDD)에 반영되어 연합작전계획으로 발전할 때 명실 공히 북핵 위협은 억제될 것이며 북한의 선택지는 좁아질 것이다.

아울러 우리는 핵 위협을 머리에 이고 있는 안보환경임에도 불구하고 핵 주권을 확보하지 못하고 있는바 이를 한·미 간 협의를 통해 개선해야 한다. 한미원자력협정은 1974년 제정되어 한국의 핵 개발을 원천 봉쇄하였으며 2015년 개정을 통해 원자력의 경제적 활용에 한정하여 핵연료의 부분적 재처리와 우라늄 저농축이 허용되었다. 하지만 일본이 농축과 재처리에 대해 완전한 권리를 갖고 있는 것과 비교하면 우리의 농축. 재처리 권한은 매우 미흡한 수준이다. 핵에 대한 대응은 상호확증파괴(MSD)가 가장 효과적임을 국제사회가 인정하고 있지만 핵확산금지조약(NPT)에 의해 핵무기 보유와 반입이 현실적으로 불가능하다고 본다. 그렇다면 우리도 일본 수준의 우라늄 농축과 재처리 권한을 갖고 핵 무기개발 능력을 배양할 수 있어야 한다. 핵 기술과 핵물질을 보유한다면 북한의 핵무기 위협을 억제하고 지정학적 안보 리스크를 효과적으로 감소시킬 수 있을 것이다. 한국이 경제력, 기술력, 국방력을 바탕으로 미국의 사활적 국익을 지키는 데 핵심국가 반열에 오르게 됨에 따라 우리의 자주적 안보역량을 키우도록 미국의 적극적 협력이 있어야 할 것이다.

한국은 미국에 세계 최고의 군사기지를 만들어 미군에게 제공하고 있으며 미국 소고기를 가장 많이 소비하는 국가이다. 뿐만 아니라 미국 방산업체 무기의 4번째 구매국가이며 인구대비 미국에 가장 많은 유학생을 보내고 있는 국가이다. 여기에 더해 우리기업은 미국에 대규모 공장을 짓고 미국의 고용과 공급망 확보에 앞장서고 있다. 한·미동맹이 건강한 동맹으로 발전하기 위해서는 주는 것(give)과 받는 것(take)이 상호호혜적 수준에서 이루어져야 할 것이다. 미국의 확장억제가 선택이 아닌 의무가 되고, 한국이 핵확산금지조약(NPT)를 준수한 가운데 핵 주권을 갖게 된다면 북핵 위협으로부터 우리의 생존과 번영을 항구적으로 보장할 수 있을 것이다.

15

탈북어민 강제북송은 군사작전 본질 훼손이다.
(2022.7.18., 문화일보)

　　문재인 정부에서 발생한 탈북어민 강제북송 사건이 국민적 충격을 주고 있다. 2019년 11월, 문재인 정부는 우리 해군이 북방한계선(NLL)에서 탈북어민을 나포하였으나 이들을 북한으로 돌려보냈다. 이는 국제사회의 강제송환 금지 원칙에 위배되고 헌법이 보장하는 탈북민 보호를 위반한 반인권적 조치이다. 뿐만 아니라 우리 군이 이들을 나포하는 과정에서 정치적 간섭이 있었고 심지어는 군의 최고 선임자인 합참의장이 청와대 행정관으로부터 사건 관련 소환조사를 받았다. 국기문란은 물론 국방안보의 본질을 훼손한 엄중한 사건이며 철저히 조사하여 책임을 무겁게 물어야 할 것이다.

　　군사적 관점에서 이 사건의 가장 큰 과오는 군 경계작전의 기본을 허물어뜨렸다는 점이다. 군의 경계작전은 적의 위협을 사전에 인지하고 기습을 방지하기 위한 군사 활동이며 지상과 영해, 영공에서 24시간 간단없이 이루어진다. 육군은 감시초소(GP)와 일반전초(GOP)에서, 해군은 북방한계선(NLL)에서 적을 감시하고 월경을 저지하며 공군은 적대세력이 방공식별구역(KADIZ)을 침범하지 못하도록 초계비행을 하고 공역을 통제한다. 이러한 작전의 범위와 행동요령은 야전예규와 작전계획에 적시되어 있으며 군은 평소 이대로 훈련하고 일사분란하게 작전을 수행한다. 그런데 NLL을 넘어온 선박을 나포하지 말고 돌려보내라는 정치적 계산의 매뉴얼이 별도 있음으로 해서 야전예규와 작전계획이 유명무실하게 되었고 NLL 사수는 사장(死藏)되었으며 해군의 해상경계는 무장 해제되고 말았다. 만약 대통령의 의도가 담긴 국가전략 지침을 군이 이행하도록 하고자 했다면 적법한 군령계통을 밟아 하달하고 그 내용이 야전예규와 작전계획에 반영되도록 함이 옳았다.

또한 군사작전에 지휘의 일원화가 보장되어야 함에도 이를 무시했다. 경계작전은 제대별 지휘관에 의해 이루어지며 그 정점에는 합참의장이 있다. 작전 지휘관은 합참의장의 지휘통제 하에 야전예규와 작전계획에 의거하여 작전을 수행하고 최종상태(End State)를 창출한다. 합참의장의 작전지휘에 청와대와 국정원이 끼어들게 되어 현장 지휘관은 국정원의 매뉴얼과 군의 야전예규를 놓고 어느 것을 준수해야 할지 갈팡질팡하게 되었으니 지휘에 이원화가 되고 말았다. 이런 환경에서 군사작전의 성공을 기대하는 것은 연목구어와 같다. 나폴레옹은 1인의 우장(愚將)이 2인의 명장(名將)보다 낫다고 했으며 이는 지휘통일 원칙의 중요성을 강조한 것이다. 합참의장은 대통령이 임명하고 군을 대표하는 최고 직위의 군사전문가이다. 국가안보실의 행정관이 국정원 매뉴얼대로 작전을 수행하지 않았다고 합참의장을 소환하여 조사한 것은 50만 대군에게 굴욕을 안겨준 것일 뿐 아니라 국격을 떨어뜨리고 군사(軍事)에 대한 무지(無

知)함을 보여준 것이다.

한편 군사작전 수행에는 정치적 개입이 자제되고 최소화되어야 함에도 그렇게 하지 않았다. 정치는 군의 전문기능을 존중해주고 군사작전은 군에게 맡겨야 한다. 2011년5월1일, 빈 라덴 사살작전이 진행될 때에 상석(上席)을 군사전문가에게 넘겨주고 구석에 앉아 작전을 지켜본 오바마 대통령 모습에서 이를 확인할 수 있다. 민주국가의 군대는 문민통제를 받지만 전문집단으로서 군의 기능적 영역은 간섭하지 않고 군에게 일임하는 것이 기본원칙이다. 군사는 작전목표와 전법을 구상하여 작전계획을 수립하고 싸우는 방법을 훈련하여 전쟁에서 승리함으로써 정치가 제시한 전쟁목적을 달성한다. 이렇게 정치와 군사의 영역이 분화되어 있음에도 국정원과 청와대가 군사작전의 본질에 어긋난 매뉴얼을 작성하여 군의 작전수행을 간섭한 행태는 권력 남용이라고 볼 수밖에 없다.

군의 사명은 나라를 지키는 것이고 사명완수의 첫걸음은 영토와 영해, 영공을 빈틈없이 경계하는 것이다. 맥아더 원수가 작전의 실패는 용서받을 수 있어도 경계의 실패는 용서할 수 없다고 강조한 의미가 여기에 있다. 목숨을 걸고 거친 파도와 싸우면서 NLL을 지키고 철통경계를 하여 우리 영해를 침범한 북한 어민을 나포하였는데 군이 칭찬 대신 질책을 받았다니 황당하고 어처구니가 없다. 국군의 통수권은 대통령에게 있고 군인은 대통령의 부하이다. 윤석열 대통령은 문재인 정부의 전철을 밟지 않도록 군사작전에 정치적 간섭을 절제하고 군이 본질대로 임무를 수행할 수 있도록 군을 믿고 군에 힘을 실어주어야 할 것이다.

16

건강한 1 민족 2 국가체제, 진지하게 고민하자.
(2024.2.2., 문화일보)

　　세계질서가 요동치고 한반도 정세에 불확실성이 커지고 있다. 장기전에 돌입한 우크라이나 전쟁은 동서 냉전을 부활하고 강대국 간 대결 구도를 심화시키고 있다. 이스라엘과 하마스 전쟁은 중동지역에 전운을 짙게 드리우고, 미. 중 갈등과 대립은 지정학적 리스크를 증대시키고 있다, 여기에 트럼프가 재집권할 경우 자국 우선주의에 입각한 미국의 대외정책은 신고립주의를 낳아 세계 각국에 각자도생과 반세계화를 촉진하고 지구촌의 연대를 약화할 것이다.

　　한편 북한 김정은은 남북을 더 이상 '동족'이 아닌 '적대적 국가'로 규정하고 '남조선 영토를 평정할 대사변을 준비'하라고 강조했다. 노골적인 적대 정책을 표명하고 단일민족의 정체성을 말살함과 동시에 7.4 남북공동성명과 남북 기본합의서를 휴지조각으로 만들어버렸다. 쓰나미처럼 밀려오는 도전에 한반도 안보 상황을 우려하는 목소리가 예사롭지 않다. 이런 마당에 불확실한 민족통일로 인한 안보 불안을 우리가 끼고 살아야 하는지 깊이 고민해 봐야 할 것이다.

남북이 분단 된 이후 70여 년 동안, 우리는 평화통일에 올-인하는 대북정책을 추진해왔다. 그러나 한반도 평화는 더 멀어졌고 북한은 핵무기를 보유했으며 남. 북 간 상호불신은 더 커지고 말았다. 이는 애초부터 통일이 갖는 민족문제를 가볍게 취급하는 데서 초래된 결과이다. 남북은 통일을 자기 쪽에서 주도하고자 각각 흡수통일과 무력통일을 표방하고 상대를 제압하기 위해 필사적 노력을 해왔다. 먹히지 않으려는 쪽과 무력도발을 막겠다는 쪽이 끊임없이 충돌함으로써 한반도는 늘 긴장의 소용돌이에 휩쓸리곤 했다. 북한은 한국에 먹히지 않고 독재체제를 유지한 가운데 그들 방식으로 무력통일을 달성하기 위해 핵무기개발, 대량살상무기(WMD) 증강, 미사일 발사 등 군사적 도발을 감행해 왔다. 이러한 북한의 행동은 우리에게 상시 안보 불안을 느끼게 하고, 지정학적 리스크를 키우고 있다.

우리에게 남북문제는 민족과 군사적 위협이 공존하는 이중적, 모순적 현실이다. 여기서 파생되는 고통이 이만저만 아님에도 우리는 지금까지 나라와 나라가 아닌 특수관계에 집착해 왔다. 반면 세계 각국은 남북한을 각각 독립된 주권국가로 인정하고 외교 관계를 수립하고 있으며 명칭도 북한을 조선 민주주의 인민공화국(Democratic People's Republic of Korea)으로, 남한을 대한민국(Republic of Korea)으로 부여하고 있다. 따라서 남북이 상호합의하여 남북관계를 특수관계가 아닌 국가와 국가 관계로 새롭게 규정하고 민족 간 적대부터 우선 풀어야 한다. 통일의 정당성과 당위성을 갖되 통일로 인해 야기되는 안보 불안을 해소하고 상호 존중과 공동번영을 가져올 새로운 길을 모색해야 할 것이다.

북한은 이에 동의할 것이다. 한국에 먹힌다는 것을 걱정하지 않아도 되고 그들의 의도대로 체제를 지탱할 수 있을 것이다. 연일 미사일을 발사하지 않아도 한국에 흡수되지 않을 것이므로 무력도발을 자제할 것이다. 핵무기를 포기해도 한국에 먹히지 않을 뿐 아니라 미국으로부터 체제 유지를 보장받고 경제지원을 받게 될 것이다. 한국 역시 잃을 것 보다 얻는 게 많을 것이다. 북한과 통일주도권 싸움을 하지 않음으로써 상존하는 북한 군사적 위협이 감소 될 것이다. 통일문제에서 발생하는 남남갈등도 해소되고 남북 간 교류와 경제협력을 강화할 수 있을 것이다. 남북 간 적대가 해소되고 번영이 이루어졌을 때 통일은 상호 필요충분조건이 될 것이며 통일과정도 단순해질 것이다. 그뿐만 아니라 한반도 비핵화 걸음도 빨라질 것이다. 남북이 특수관계가 아닌 국가와 국가관계가 될 것이므로 북한이 한국에 먹힐 우려가 없어지고 체제 유지가 가능해져 북한의 핵무기개발 명분이 사라지게 될 것이다. 북한 비핵화에 우리의 독자적 노력이 성과도 없으면서 비굴하고 자존심을 상하게 만들 때도 많았으나 이런 수모도 당하지 않을 것이다. 통일부 해체로 정부조직도 간소화될 것이고, 외교부처가 하나로 묶어져 외교전략을 효과적으로 구사할 수 있을 것이다. 대북정책을 단일 창구인 외교부에서 글로벌 차원으로 취급하게 되면 국제사회로부터 더 많은 호응도 얻게 될 것이다.

지난 70여 년 동안, 통일에 우리 국민이 쏟은 희생과 기회비용은 이루 말할 수 없다. 우리는 정부 성격에 따라 포용정책과 압박정책으로 냉탕온탕을 반복하면서 성과도 없이 남남갈등과 북핵만 키우고 말았다. 북한은 우리의 생존을 위협하는 현재적(顯在的)이고 실체적 위협이다. 생존보다 더 소중한 가치는 없다. 생존을 위협받으면서 통일을 위해 국력을 낭비하는 대북정책을 이제는 그만 추진해야 한다. 상호 불가침 협약이 체결된 건강한 2 국가체제로 항구적 평화체제를 구축해야 한다. 한반도에 새로운 질서가 태동하여 남북이 공동번영을 이루었을 때 통일은 찾아올 것이다. 먼 길로 보이지만 이 길이 진정한 평화통일의 지름길이 될 것이다.

부록

인터뷰

01

"한미연합군사력 어떤 위협도 물리칠 준비돼있다"
(국방일보. 2009.4.)

▲ KR/FE(키리졸브, 독수리연습)이 지난달 열렸다. 이번 연습의 성과는?

■ 샤프 사령관: 올해 KR/FE 연습에 대해 매우 기쁘게 생각한다. 이번
연습은 한·미동맹에 대한 미국의 결의를 보여줬으며 연합훈련을
통해 한·미 양국 군의 준비태세를 강화했다. 양국 군 고급군사 지
도자의 의사결정 과정을 연습하면서 동시에 장병들을 가르치고 지
도하고 멘토링할 수 있게 함으로써 한국을 방위할 수 있는 연합사
령부의 능력을 향상하였다. 대한민국 외부로부터 투입. 증원되는
병력에 대해 장비를 지급하고 병력을 수송하고 한국에 주둔하고
있는 병력과 통합하는 능력을 개선할 수 있었다. 우리는 또한 고위
급 지휘관들이 연합군을 지휘하고 통제할 수 있는 능력을 강화했
다. 다시 한번 강조하는데 KR/FE 연습은 한미연합사의 모든 훈련
과 마찬가지로 방어 위주 훈련이며 외부침략으로부터 대한민국을
방위하는 한·미동맹 능력과 준비태세를 고양하기 위해 계획된 것

이다. 올해 우리는 다국적 협조본부(Multi−National Coordination Center)를 통해 유엔군 사령부를 지원하는 국가들의 참여를 증진하는 진척을 이뤘다. 이러한 성공을 바탕으로 유엔군 사령부를 지원하는 국가들의 훈련 참여가 증대되길 바란다. 유사시 작전을 수행하는데 이 국가들의 지원이 매우 중요하기에 참가를 환영한다.

■ 이성출 부사령관: 결론적으로 이번 KR/FE 연습은 그 어느 때보다 공고한 한·미동맹을 과시했다. 적의 어떠한 도발에도 대응할 수 있는 연합방위태세를 한 차원 높게 강화했다. 이런 성과는 샤프 사령관을 중심으로 지난 1년 동안 한·미 간 긴밀한 협조와 각종 전술토의, 지휘관 세미나, 예행연습 등을 실시하고 철저한 준비가 있었기에 가능했다. KR/FE 연습을 포함한 한미연합연습은 오늘 당장 적이 공격하더라도 승리할 수 있는 준비태세를 갖추는 데 목적이 있다. 지난해 8월 한미가 독립적이고 상호보완적인 전투사령부를 구성하여 UFG 연습을 하였으며 그 결과 많은 교훈을 도출했다. 이번 연습은 이러한 교훈과 보완 요소를 한미연합방위체제에서 실전경험이 풍부한 미군과 함께 토의. 발전시킴으로써 앞으로 한국군 주도의 UFG 연습에 큰 도움이 될 것으로 생각한다. 아울러 미국의 대한민국에 대한 안보공약을 확약하는 계기였다고 본다. 주한 미군 29,000명과 해외전개병력 14,570명이 참가했다. 추가로 유엔사 전력 지원국들이 다국적 협조본부를 통해 부분적으로 참가했다. 내년부터는 그 참가 범위와 수준이 확대될 것으로 생각한다. 유엔사 전력지원국들의 지원은 유사시 전쟁 조기 종결과 국제적지지 확보에 큰 도움을 줄 것이다. 이번에는 카나다, 노

르웨이, 터키, 태국 등 4개국 8명이 참가했다.

▲ 현재 한 · 미 간 주요 현안은 무엇인가?

■ 샤프 사령관: 한국과 미국을 대신해서 내게 주어진 최우선 2가지 일은 먼저 대한민국을 방위하고 싸워 이길 수 있도록 항상 준비하는 것이다. 둘째는 전 세계에서 그리고 이 지역에서 가장 오랫동안 계속돼왔고 가장 중요한 동맹인 한 · 미동맹을 강화하기 위해 노력을 지속하는 것이다. 이러한 최우선 과제는 우리가 동맹 변환을 함께 추진하는 과정에서 새롭게 시작하는 모든 일에 적용되는 가장 핵심적인 것이다. 이 일은 한 · 미 양국 정부의 합의에 따라 이루어진 한 · 미동맹의 논리적 진화의 일부이다. 미래에는 전시든, 평시든 한국이 주도하고 미국이 지원하는 방위체제로 갈 것이다. 미국은 한국에서 현재 병력 수준을 그대로 유지하고 평택과 대구에 위치할 영구적 군사 허브로 통합하여 한국군에 대한 보완 전력을 제공하게 될 것이다. 대다수 주한미군 장병은 가족을 동반하여 3년간 한국에서 근무하게 될 것이다. 누구나 알 수 있듯이 이 목표를 달성하기 위해 이뤄져야 할 여러 가지 세부사항이 있다. 한 · 미 양국 군 간부들은 역사적인 날을 준비하기 위해 지금 여러 가지 힘든 작업을 하고 있다.

▲ 전작권 전환은 어떻게 진행되고 있는가?

■ 샤프 사령관 전작권 전환과 함께 독립적이고 상호보완적인 한 · 미 양국군 사령부가 창설될 것이다. 한국군 합동군 사령부와 미(美)

한국사령부가 그것이다. 한국군은 합참의장 작전지휘하에 들어갈 것이며 주한미군은 미(美) 한국군 사령관 작전지휘하에 놓이게 될 것이다. 미(美) 한국사령부는 교리상 한국군 합동군 사령부를 지원하고 한국군 합동군 사령부는 미(美) 한국사령부로부터 지원받는 관계 속에서 작전하게 될 것이다. 전작권 전환이 2012년에 완료된 후에도 미국은 이 지역에 장기적으로 주둔할 결의가 돼 있다. 한·미 양국군은 전작권 전환과 관련하여 이미 많은 진전을 이뤘다. 우리는 38차 SCM에서 마련한 전략지침의 산물로 전략적 전환계획(Strategic Transition Plan)을 마련했다. 이는 2012년 4월 17일 전작권 전환이 이뤄질 때까지 한·미 양국을 위한 로드맵이다. 이 계획에는 미래 동맹 군사구조를 위해 한·미 양국이 적절한 조직, 계획, 프로세스, 시스템을 개발하도록 20개 특정 과제가 포함되어 있다. 사실 한·미는 지난해 UFG 연습에서 처음으로 한·미 양국군 간의 변화된 관계를 연습했으며 이를 통해 튼튼한 기초를 만들 수 있었다. 앞으로 해마다 UFG 연습을 통해 양국군 간의 새로운 관계를 지속적으로 시험하고 다듬어 나갈 것이다. 2011년 8월 UFG 연습에서는 한국군 합동군 사령부와 미(美) 한국사령부 간의 전작권 전환 이후 양국군 작전권 수행에 대한 전체적인 예행연습을 하게 될 것이다.

▲ 한 치의 안보 공백이 없는 전작권 전환을 위해 한국군이 특별히 갖춰 나가야 할 실질적인 전력과 장비, 무기체계 등 보완 분야는 무엇이라고 보는지?

■ 샤프 사령관: 한국군은 매우 우수하다는 말부터 시작하고 싶다. 한국군 지휘관은 뛰어나다. 전방에서 근무하는 장병들 역시 잘 훈련돼있다. 장비가 잘 갖춰져 있으며 대단히 헌신적이고 전문적인 군인들이다. 물론 한국군에 취약점이 없는 것은 아니지만 이런 점을 극복할 능력을 획득하고자 노력하고 있다. 보안상 이러한 취약점에 대해 상세히 말씀 들릴 수 없음을 이해 바란다.

▲ 주한미군기지 이전사업을 언제쯤 마무리하게 되는가?

■ 샤프 사령관: 많은 변수가 내재 되어 있어 정확히 언제까지 기지이전과 병력재배치가 완료된다고 말씀드리기 어렵다. 가능한 빠른 시 일 내에 건설되도록 설계하고 한·미 양국정부로부터 지속적인 예산 지원이 관건이다. 적절한 시기에 기지를 이전하고 병력을 재배치하는 것이 한·미 양국의 국익과 주한미군을 위해서도 중요하다. 우리 목표는 2개의 군사 허브에 신속히 병력을 이동하는 것이다. 기지 이전 프로그램에 재평가를 지속할 것이며 일반에게 계속알릴 것이다. 기지 이전 계획의 배경설명을 일부 드린다면 한국에 주둔한 미군은 서울 남서쪽과 남동쪽에 2개의 영구적 허브로 재배치할 것이다. 남서쪽 허브인 오산 공군기지와 캠프 험프리는 한국에서 미군 미래구조의 중심부가 될 것이다. 이미 이곳은 미(美) 7공군의 주둔지이며 미군이 한강 남쪽으로 재배치하면서 미(美) 한국사령부 미(美) 8군사령부, 미2사단의 주둔지가 될 것이다. 남동쪽 허브인 대구. 진해, 부산은 군수 보급 센터로써 전시를 위해 사전 비치한 보급물량 저장소 역할을 할 것이다. 기지 캠프와 기타

주둔지를 질적으로 향상하고 영속적인 시설로 변화시켜 나갈 것이다.

■ 이성출 부사령관: 주한 미군 기지 이전에 영향을 주는 요인은 여러 가지이다. 한·미 양국이 최선을 다해 추진 중이며 기지 이전 관련한 모든 현안에 대한 실질적 진전이 있음을 말씀드린다.

▲ 주한미군 장병들이 가족들을 동반하여 함께 2-3년 근무할 수 있는 여건이 마련된 것으로 알고 있다. 이 제도는 언제부터 시행되며 그 의미와 목적은 무어인지?

■ 샤프 사령관: 지난달 2일부터 한국 근무 기간에 영향을 줄 연방합동여행규정(Joint Federal Travel Regulation)개정을 미국 국방성이 승인했다. 이에 따라 평택, 오산, 대구, 진해, 서울에서 2~3년 동안 가족동반 근무가 가능해졌으며 동두천과 의정부지역에서는 2년이 가능해짐에 따라 사령부기 가족동반 가구 수가 2,135가정에서 4,350가정으로 급격히 증가할 것이다. 우리의 장기 목표는 이런 가족동반 가구 수가 14,000으로 확대하는 것이다. 이를 구현하기 위해서는 더 많은 학교, 주택, 의료시설 등 인프라가 구축되어야 한다. 우수한 미군 장병들을 한국으로 끌어올 수 있도록 고품질 시설을 이들에게 제공해주게 될 것이다. 한국 근무 정상화에 대한 노력은 나의 우선적 과제를 모두 뒷받침하는 것이다. 주한미군사령부의 모든 장병 개개인과 가족들 그리고 한국에 득이 될 것이다. 장병들에게 가족을 동반해 장기적으로 안정적 근무를 하게끔 하여 전력을 강화시킬 것이다. 해마다 대규모 순환배치가 반복

되는 악순환을 끊을 수 있을 것이다.

■ 이성출 부사령관: 주한미군의 안정적 주둔 여건보장은 한·미동맹을 굳건히 하는 데 시행되어야 할 과제라고 생각한다. 1998년 이후 한국배치 명령을 받은 미군의 절반인 8만여 명이 한국배치를 거부했다고 한다. 이 수치는 현재 미(美) 육군 평균치의 2배 정도라고 한다. 미군들의 한국근무 기피의 주요인은 낡고 부족한 숙소 등 열악한 근무환경이며 수많은 주한 미군들은 가족과 생이별하고 있다. 주한 미군의 57%가 기혼자이지만 주택입주비율은 10% 불과하다. 주일미군이 72%이고 유럽주둔 미군이 74%임에 비해 매우 낮은 실정이다. 이러한 사실과 가족들을 동반하지 않은 지역에서 근무 기간을 1년으로 제한하는 미군 규정 때문에 주한미군 근무 순환주기가 매우 짧게 될 수밖에 없다. 잦은 근무 순환은 전투력 저하에 그대로 영향을 미치게 된다. 따라서 가족을 동반하여 장기근무할 수 있는 환경이 조성되면 이러한 우려가 불식될 것이다. 미국의 한반도 안보공약에 대한 실질적 이행 강도가 증대될 것이다.

▲ 현재 북한 전력을 어떻게 평가하고 있으며 한미가 어떻게 대처하고 있는지?

■ 샤프 사령관: 북한은 아직도 한국에 위협적 존재이다. 세계 4위의 대규모 군대를 보유하고 70% 병력이 비무장지대로부터 90마일 이내에 전진 배치되어 공격적 태세를 취하고 있다. 이는 북한 병력이 수도권 지역 100마일 안에 배치되어 있음을 의미한다. 북한은

13,000문의 화력 자산과 한국 일본을 겨냥한 800기의 중 단거리 탄도미사일을 보유하고 있다. 80,000명에 달하는 세계최대규모의 특수전 병력을 보유하고 있다. 과소평가할 수 없는 것은 북한이 대단히 능동적인 대량살상무기 프로그램을 보유하고 있다는 것이다. 북한은 병영국가이며 보유한 모든 자원을 군을 위해 사용하는 나라다. 한반도에서 긴장을 불식시키는 북한의 노력이 있다면 환영하겠지만 한·미 양국군은 눈을 크게 뜨고 이를 주시할 것이다. 한·미동맹은 평화수호 결의가 돼 있으며 지난 56년간 한반도에 대한 어떤 침략행위도 성공적으로 억제한 데서 비롯된 결의이다. 한·미동맹의 연합된 군사력은 한반도에 대한 어떠한 공격도 신속하고 단호하게 물리칠 준비가 돼 있다. 양국군대에 대한 아주 높이 신뢰한다. 우리들의 최우선 순위는 우리가 한국방위를 위해 필요하다면 오늘 밤이라도 당장 싸워 이길 수 있는 준비가 돼 있다는 것을 확신하는 일이다.

■ 이성출 부사령관: 북한은 여전히 방대한 재래식 군사력을 유지한 가운데 핵. 미사일 등 대량살상무기 개발을 지속하고 있다. 한반도와 지역 안보에 매우 당면한 위협이 되고 있다. 이러한 북한 위협에 대비하기 위해 한미연합정보자산을 운용하여 북한 전 지역을 24시간 감시할 수 있는 조기경보 체제를 유지하고 있다. 한·미 양국군은 연합위기체제를 구축하여 초기부터 상호 긴밀히 협조하고 공조하고 있다. 이에 따라 위기 상황이 발생하면 단시간 내에 다양한 정보자산을 운용하여 북한군의 의도를 파악하고 적절한 전력을 운용하여 조치한다. 평시 한·미 간 협의 체제를 발전

시키고 주기적 연합위기관리 연습을 통해 보완해나가고 있다.
만약 북한군이 전쟁을 감행할 경우 한미연합군은 수도권 안정을
확보하고 조기에 전장주도권을 장악할 수 있는 작전계획을 시행
할 것이다.

▲ 앞으로 더욱 단단한 한 · 미동맹을 위해 한미정부는 물론 양국군은 어
떻게 나가야 한다고 생각하는지?

■ 샤프 사령관: 한 · 미 양국정부는 세계에서 가장 중요한 동맹인 한
· 미동맹을 강화하는 일에 초점을 맞춰나가야 한다고 본다. 한 · 미
동맹은 결의와 신뢰로 세워진 동맹이며 미래를 위해 나가더라도
지켜야 할 핵심적 원칙이 있다. 이와 동시에 현존하는 위협들에
대한 대응능력을 유지한 가운데 지역적, 글로벌한 전략적 환경 변
화를 수용할 수 있도록 선도적 노력을 해 나가야 할 것이다. 이는
동맹이 건강하고 역동적이라는 것을 명확히 반영하는 것이다. 두
번째 우선적인 일은 동맹을 강화하는 일이다. 이 우선순위는 우리
가 하는 일에 중심이 될 것이다. 한국인과 미국인 사이의 우정 교
류를 촉진하는 좋은 이웃 프로그램(Good Neighbor)은 동맹강화
에 도움을 줄 것이다. 한국근무 정상화 역시 동맹강화를 위한 과
제이다. 가족을 동반한다는 것은 대한민국에 대한 미국의 결의와
가족 차원에서 평생 우정을 만들어 나간다는 점에서 동맹을 강화
하는 일이다. 한국근무 정상화는 주한미군의 한국장기주둔을 재확
인시키고 미국의 한국에 대한 강력하고 가시적 결의를 표명한 것
이다. 나는 전작권 전환이 동맹을 한층 강화할 것이라 확신한다.

한국군이 자신의 나라를 방위하는 일에 있어 주도적 역할을 맡게 되는 역사적 날이 될 것이다.

■ 이성출 부사령관: 한·미동맹의 핵심은 두 나라가 강력히 상호신뢰하고 협조하는 것이다. 이것이 가장 중요하다. 신뢰와 협조는 업무와 업무 외적 부분에서도 강조되고 지속해야 한다. 훌륭한 작전계획을 수립하고 전력을 통합. 운용하는 것 등을 하드파워(Hard Power)라 한다면 양국 간의 신뢰는 소프트 파워(Soft Power)라 할 수 있다. 현재 연합사 내에서는 한국군과 미군은 오랜 친구처럼 그 어느 때보다 돈독한 관계이다. 이제 한·미는 21세기 새로운 전략환경과 안보 상황에 부응한 한·미동맹을 재조정하고 있다. 한·미동맹은 한반도를 넘어 동북아 안정과 세계평화에 이바지하는 것을 목표로 하여 역할을 확대해 나가고 있다. 한·미 양국군은 한반도 방어라는 공동목표 달성을 위해 변환을 모색하고 있으며 이는 상호국가이익을 존중하고 신뢰, 협조를 통해 달성할 수 있다. 군은 국민의 지지와 성원이 필요하고 한·미동맹은 한국과 미국국민의 성원이 있을 때 진화하고 발전할 것이다. 우리 국민의 주한미군에 대한 따뜻한 격려와 애정이 그들의 복무의욕을 북돋을 것이며 그 결과 우리의 방위역량은 한층 강화될 것이다.

▲ 마지막으로 하고 싶은 말이 있다면?

■ 샤프 사령관: 한·미동맹을 위해 중요한 현안에 대해 말씀드릴 기회를 줘 감사하다. 조용한 아침의 나라에 연합사령관으로서 다시 근무하게 된 것을 매우 영예스럽게 생각한다. 세계에서 가장 훌륭

한 군대이고 탁월하면서 전문적인 한국군과 함께 근무하게 된 것을 하나의 특권이라 생각한다. 한국에서 지내는 동안 우리는 많은 친구를 사귀게 되었다. 그 우정은 내가 매우 흥분하는 이유이며 이로 인해 더 많은 미국인이 아름답고 역동적인 나라를 볼 수 있고 내 아내 죠앤과 내가 이곳에 머무는 동안 받는 한국국민들의 따뜻함과 친절을 체험할 기회가 되기 때문이다.

■ 이성출 부사령관: 한·미 양국은 반세기 넘게 굳건한 동맹으로 한국을 방위하고 있다. 한·미 정상은 상호신뢰와 가치, 공동이익을 바탕으로 한·미동맹을 한 차원 높게 발전시키기로 합의했다. 한·미 양국군은 그 어느 때보다 긴밀한 협조와 신뢰를 바탕으로 새로운 변환을 준비하는 데 노력을 아끼지 않고 있다.

02

"핵 신고 안 하면 미군이 응징 나설 수도",
신동아 2018.10.26.

이성출 전 한미연합사 부사령관이 본 남·북 군사합의

- "미군 비행금지구역 안 따를 것"
- "군사합의로 한국군 전투력 약화"
- "정찰·보급수송 일부 공백"
- "포병 사격훈련 제약"
- "남북 선박 왕래하면 NLL 무력화"
- "한미연합사 전시작전계획에 영향"
- "사안별 적용 유보해야"

문재인 대통령은 한반도의 군사적 긴장을 완화하고 판문점선언을 철저히 이행하기 위해 9월 19일 북한 평양에서 김정은 국무위원장과 군사분야 합의를 체결했다. 이 합의서에 송영무 당시 국방부 장관과 노광철 북한 인민무력상(인민군 대장)이 서명했다.

그러나 이런 취지와 달리, 마이크 폼페이오 미국 국무장관은 이 합의에 불만을 표시했다. 강경화 외교부 장관도 국회 국정감사장에서 이를 인정했다. 미국 측은 남북이 휴전선 인근에 비행금지구역을 설정한 것을 못마땅해 하는 것으로 알려진다.

이번 남·북 군사합의와 비핵화를 주제로 '신동아'는 이성출 전 한미연합사 부사령관(대장)을 인터뷰했다. 전남 신안 출신으로 육사 30기인 이 전 부사령관은 최근 언론매체에 거의 등장하지 않았지만, 국방부 장관 감으로 자주 거론되는 군사전문가며, 특히 한미연합사 부사령관 이력에서 알 수 있듯 한미군사동맹, 미군, 비핵화 분야에 해박하다.

- 우리나라 정부에서 보국훈장을 3차례 받은 것 외에 미국 정부로부터도 공로훈장을 2차례 받았는데요. 공로훈장을 받게 된 계기는 무엇인가요?

"군(軍)의 본질은 '적과 싸워 이기는 것'이라 생각했어요. 군에 있을 때 늘 이 신념에 맞게 행동해왔죠. 야전군 대대장일 때 처음으로 미군과 연합훈련을 했는데, 그때 미군 사단장이 저와 많은 대화를 나누면서 저의 임무 수행 능력을 높게 평가해준 것 같더군요. 훈련이 끝날 무렵 미군 부사단장이 갑자기 저희 부대로 헬기를 타고 와서 제게 공로훈장을 수여했습니다. 또, 한미연합사 부사령관을 하면서 한·미동맹과 연합방위체제 강화에 기여한 공로로 공로훈장을 받았죠."

"헬기 보급수송 못하면…"

– 이번 평양 남북군사합의에 따라 군사분계선 주변 10~40km에 비행금지구역이 설정됐습니다. 이 합의에 대해 어떻게 생각합니까?

"유엔군사령부와 협의하는 과정을 거쳤으리라 봅니다만 일부에서는 (협의가) 없었던 것으로 알려져 있는데 만약 협의 과정을 거치지 않았다면 유엔사의 임무와 기능을 우리가 무시해버린 꼴이 된 거죠. 이런 부분은 그렇다 하더라도, 지금은 남·북 간 군사적 대결 구도가 종식된 평화 시대가 아닙니다. 북한은 '현재적(顯在的) 적'이고 '주적'이죠. 우리 군은 이런 북한군과 대치하고 있고요. 군은 평시에 경계 작전을 통해 전투력을 보존하고 적의 기습을 방지합니다. 또한 강도 높은 훈련을 함으로써 유사시 싸워서 이길 준비를 합니다. 이런 우리 군의 활동에 제한을 준다면 군의 준비 태세가 약화되는 거죠. 비행금지구역 설정으로 우리 군이 보유한 일부 정찰기의 운용이 제한된다면 북한군의 활동을 탐지하는 데 그만큼 공백이 생기겠죠. 헬기가 휴전선 부근까지 비행해 물자를 수송하고 위급한 환자를 옮기는데 앞으로 이런 비행 활동을 자유롭게 못 한다면, 또는 일일이 북한에 통보하고 한다면 긴급한 상황에서 적시성을 놓칠 수 있을 것이고요."

"민통선 이북에서 포사격훈련 하는데"

9월 19일 평양 백화원 영빈관에서 문재인 대통령과 김정은 국무위원장이 지켜보는 가운데 송영무 국방부 장관과 노광철 인민무력상이 군사 분야 합의문에 서명하고 있다.

9월 19일 평양 백화원 영빈관에서 문재인 대통령과 김정은 국무위원장이 지켜보는 가운데 송영무 국방부 장관과 노광철 인민무력상이 군사 분야 합의문에 서명하고 있다.

— 이번 합의로, 군사분계선 일대에서 상대를 겨냥한 각종 군사연습을 중지해야 하고, 지상 군사분계선 5km 내에선 포병 사격훈련 및 연대급 이상 야외 기동훈련도 전면 중지해야 합니다. 이에 대해선 어떻게 보나요?

"민간인 출입을 제한하는 지역에 표적지역(targeting area)을 만들어 포병이나 중화기 사격훈련을 하는 부대들이 있습니다. 이번 합의로 인해 이런 부대들이 사격훈련을 하는 데 일부 제한을 줄 것 같군요."

— 해상에선 서해 남측 덕적도 이북으로부터 북측 초도 이남까지 수역에서 포사격훈련과 해상 기동훈련을 중지하고 해안포와 함포의 포구 포신에 덮개를 설치하기로 했는데요.

"서해 5도는 북한의 수많은 해안포와 함정을 감시하는 지리적 이점을 가진 곳이죠. 이번 합의는 이런 감시 활동을 할 수 있는 정찰 장비와 인력의 추가 배치, 증원을 제한하죠. 남·북 대치 상황에서 서해 5도가 갖는 전략적, 작전적 이점을 전시에 극대화하기 위해서는 평시 지·해·공 합동훈련 등을 통해 작전계획을 숙달해야 하는데 이런 활동이 불가능하게 된 거죠."

— 서해 해상에 평화수역과 시범 공동어로구역을 설정하기로 했습니다. 이 수역을 출입하는 선박의 안전을 보장하고 남·북한 어민의 어로활동을 보장한다고 하네요. 남·북 공동 순찰 방안도 마련하기로 했습니다. 이러면 북방한계선(NLL)이 무력화되는 것 아니냐

는 이야기가 있습니다만.

"평화수역이 설정되면 NLL이 문제됩니다. 지난 60여 년 우리 군은 NLL을 목숨 걸고 지켰어요. 한 치도 물러서지 않기 위해서 많은 장병이 피를 흘렸고 생명을 잃었어요. 그렇게 지켰죠. 또한 남북은 군사적으로 NLL을 서로 인정하면서 지내왔죠. 이번 남북군사합의로 남·북 선박이 자유롭게 왕래하게 되면 사실상 NLL은 무력화될 걸로 봅니다. 북한은 바다를 이용해 수많은 침투를 해왔어요. 앞으로 어선으로 가장해 들어온다면 식별하기도 어려워요. 안보상 취약점은 없는지 살펴봐야 합니다."

이 전 부사령관은 "남북관계 개선과 한·미동맹이 갖는 힘을 잘 통합한다면 시너지가 발휘돼 비핵화에 큰 동력이 될 것"이라고 말했다. 그러면서 문재인 대통령의 남북관계 개선과 군사적 긴장 완화 노력을 높게 평가하지만 지금의 남북교류와 협력을 추진하는 속도가 너무 빠른 것 같다고 했다. 이어 "군사 분야에는 정말 신중히 접근해야 한다. 비핵화에 가시적 성과가 있을 때 군사 부분을 조정하는 것이 맞다. 지금 이런 부분을 너무 빠르게 하고 있는 것 같다"고 했다.

– 남북 간 '휴전선 부근 비행금지구역' 합의에 대해 미국이 반발한 것으로 알려지는데요. 이 비행금지구역이 미군도 구속하나요?

"미군은 구속받지 않을 것이라 생각합니다만 상호 의견 교환이 필요하겠죠. 판문점에서 주한미군 응급환자가 생긴다면 헬기가 들어가야겠죠. 대북 정찰활동도 그렇고요. 미군은 적극적으로 호응하지는 않을 겁니다."

"유엔사 철수, 주한미군 감축"

– 이번 합의가 한미연합훈련에도 영향을 줄까요?

"연합훈련은 여러 형태로 진행하지만, 최전방에서 실시하는 연합 훈련은 없어요. 그러나 한반도에서 연합사령관이 전시작전계획을 수행하는 데 지상, 해상, 공중의 작전지역은 비무장지대를 포함합니다. 비무장지대 내 GP 일부를 철수한 것이라든지 비행금지구역을 둔 것이라든지…. 이런 것은 작전계획에 영향을 주는 것이죠."

– 이번 합의를 깰 수 있나요?

"문재인 정부가 합의를 깨리라 생각하지 않아요."

– 정권이 바뀌면?

"그때의 안보 상황을 봐야겠죠. 비핵화 진도가 나아가지 않는다면 당연히 깨진다고 봐야죠. 이번 군사 분야 합의가 한반도에서 군사적 긴장을 완화시키는 데 일정 부분 기여할지 모르겠지만, 북한이 주적인 지금 상황에서 적절한지 한편으로 우려도 됩니다. 또한 미국과 조율·공조가 안 돼 한·미동맹이 삐걱거린다는 이야기도 들립니다."

문재인 대통령 측은 '종전선언을 해주면 핵물질 신고 등 북한의 비핵화를 견인할 수 있을 것'이라는 논지를 펴고 있다. 문 대통령은 "종전선언이 정치적 선언일 뿐이고 비핵화가 안 되면 물리면 된다."고 말했다. 여권에서도 "종전선언을 하더라도 김정은이 주한미군 철수를 요구하지 않을 것"이라고 화답했다. 이와 관련해, 이 전 부사령관은 "종전선언이 나오면 유엔군사령부(유엔사)가 없어질 것"이라 우려했다.

– 종전선언이 왜 유엔사의 존립에 영향을 주나요?

"종전선언은 휴전을 종결하는 것이므로 유엔사의 정전협정 유지·
관리 기능이 없어지죠. 종전선언으로 정전협정이 종식된 것으로
간주될 수 있으니까요. 당연히 유엔사 해체와 철수가 검토될 겁
니다."

– 유엔사가 없어지면 주한미군은 어떻게 되나요?

"미군은 유엔사의 깃발 아래 한국에 들어왔죠. 유엔사가 없어지면
주한미군의 역사성이 상실되고 정체성이 흐려지죠. 주한미군의 편
성과 관련해 '듀얼 캡(dual cap)'이라는 용어가 있죠. 유엔사, 주한
미군, 한미연합사의 직책을 동시에 갖는다는 것이죠. 유엔사가 사
라지면 주한미군이 줄어들 수밖에 없지 않나 생각해요. 주한미군
감축이 뒤따를 겁니다. 그래서 종전선언을 서둘러선 안 된다고
봐요."

이 전 부사령관은 "종전선언은 반미 세력이 (미군 철수를) 선동할 구
실을 줄 것이다. 주한미군이 철수하거나 감축될 경우 우리 안보 역량은
현격히 감소할 것이고, 안보 불안이 커질 것"이라고 말했다.

– 우리 사회에 '반미 세력'이 있나요?

"많이 있죠."

– 여권 일각에선 '종전선언을 하더라도 주한미군에 영향이 없다'고
말하는데….

"저는 동의하지 않아요. 엄밀한 의미에서 종전선언은 정치적 선언
이 아닙니다. 군사적으로 굉장히 큰 의미가 있어요. 북한이 원하

는 것이 체제 보장이라면, 꼭 종전선언을 안 하더라도 북·미 간
외교적 협약을 맺어 얼마든지 체제 보장을 할 수 있어요. 왜 종전
선언을 하려하는지 의아해요."

"종전선언 서둘러선 안 돼"

— 비핵화 방식을 두고 여러 이야기가 나옵니다. 핵물질 신고, 이런
것이 잘될 것 같나요?

"우선 북한 핵의 실태를 좀 알자는 것이죠. 핵탄두가 몇 개인지,
우라늄 농축시설이 어떻게 되어 있는지, 플루토늄이 얼마나 있는
지, 기타 핵시설이 지하에 얼마나 있는지, 이런 걸 알아야 협상이
되지 않겠습니까? '네가 이런 걸 이만큼 갖고 있으니 내가 이런 것
을 이만큼 주겠다.' 이렇게 되는 거죠. 문재인 대통령이 김정은 국
무위원장에게 이야기를 했는지 안 했는지 모르겠지만, '북한이 가
지고 있는 핵 능력의 목록을 제출하라'고 이야기해야 합니다. '비
핵화 의도'만 확인하면 안 되는 거죠. 핵 실태를 밝혀야 하는데 북
한이 행동으로 옮기지 않고 있습니다."

— 어떻게 보면 북한 비핵화 과정에서 가장 중요한 것이 핵물질 신고
군요.

"핵무기, 핵시설, 핵물질을 정확히 제출한다면, 북한도 어떤 상황
이 됐든 비핵화 프로세스로 갈 것이라고 생각해요. 그런데 북한은
지금 이것을 감추고 있죠. 과거 1, 2차 북핵 위기 때도 이 단계에
서, 핵물질을 밝히는 단계에서 중지되고 파기되고 그랬어요. 이걸
밝히지 못하면 3차 위기가 또 온다고 봐요. 반면 밝히면 북한은

사찰도 받고 검증도 받겠다고 나올 겁니다. 대신 미국에 무엇을 줄 것이냐를 강력히 요구하겠죠. 무엇보다 중요한 것이 북한 핵의 실상을 아는 일이죠. 북한이 명명백백하게 국제사회에 리스트를 던져줘야 합니다."

— 결과적으로 북한이 아직 안 하고 있는데요.

"'현재 보유하고 있는 핵무기는 계속 갖고 가겠다.'는 의미일 수 있죠. 핵실험장을 폐쇄하고 미사일 발사대를 해체한 것은 '핵무기를 추가로 만들지 않겠다.'는 행동으로 볼 수 있고요. 이런 상태라면 제재를 해제하고 체제를 보장하는 것이 적절하다고 볼 수 있겠습니까? 북한이 드러내 보여줘야 하는데 안 하면 다시 위기가 온다고 보죠."

— 북한이 핵물질을 신고한다고 가정할 때, 예컨대 실제론 핵탄두 60개를 갖고 있는데 30개만 신고하고 나머지를 숨기면 어떻게 되는 거죠?

"60개든 30개든 신고하면 사찰에 들어가야죠. 그리고 의심되는 곳을 뒤지고 검증하겠죠."

— 만약 북한이 사찰을 막으면?

"그럼 다시 옛날로 돌아가는 거죠. 미국은 지금 이런 식으로 접근하는 것 같아요. 종전선언에 대해서도 미국은 '북한이 핵 리스트만 정직하게 제출하라'고 하는 것이죠. 그러면 자기도 그것(종전선언)에 대해 생각해보겠다는 것 같아요. 북한이 미국의 요구를 들어주느냐 여부는 추이를 봐야겠죠. 이런 상태에서 남북관계 개선과 남·북 교류협력의 진도는 너무 빨리 나가고 있어요. 북한은 숨기고 싶은 것들을 어떻게든 지탱하려 하고 미국은 이걸 파헤치려 하는데, 한국은 북한이 덮고자 하는 데에 힘을 실어주는 모양새 같기도 하고요. 속도 조절을 하면 좋겠다고 생각해요."

"응징에 대한 열기랄까…"

– 미국과 북한 간 비핵화 협상이 결렬되고 북한의 핵물질 신고가 무산된다면 군사적 긴장이 다시 높아지나요?

"그렇게 되리라고 봅니다. 군사적 긴장이 높아지고, 북한의 답습된 행동에 국제사회가 분노하겠죠. 1, 2, 3차 핵 위기로 이렇게 쭉 이어지는 것에 대해서요. 도널드 트럼프 미국 대통령 개인의 특성도 매우 중요하게 작용할 겁니다. 트럼프 대통령은 이걸 해결하지 않으면 안 된다고 생각합니다. 취임 일성으로 북핵 해결을 내걸었어요. 그래서 '군사적 옵션도 배제하지 않겠다.'고 한 것이고요. 문 대통령이 평창올림픽을 계기로 대화를 통해 비핵화에 시동을 걸었죠. 이것은 문 대통령의 공로죠. 북·미 정상회담과 그 후 북·미 대화가 잘 되고 있는 것 같지만, 결국 미국이 중간선거 후 2차 정상회담까지 진행하고도 의도대로 되지 않을 때는 군사적 긴장이 재현된다고 봐야겠죠."

– 그땐 미국이 북한을 폭격할 수도 있다고 보나요?

"군사력을 사용해 북한의 특별한 몇 개 표적을 타격하겠다는 결정을 미국도 상당히 신중하게 접근할 겁니다. 그러나 이것을 완전히 배제하진 않겠죠. 가능성은 항상 있다고 봅니다."

– 비핵화에 대한 기대가 크면 실망도 크고 분노도 크다?

"당연히 그렇죠. 북한의 반복되는 태도에 국제사회가 실망을 넘어 분노할 것이고 미국은 더 하지 않겠습니까? 응징에 대한 열기랄까 분위기랄까 이런 것이 정당성을 얻는…. 군사적 수단을 사용해서라도 비핵화를 촉진해야겠다는 것이 정당화되거나 호응을 얻는 분위기가 될 수 있지 않겠어요?"

— '종전선언을 먼저 해줘야 북한이 핵물질을 신고할 것'이라는 의견에 대해 어떻게 생각하나요?

"무엇이 먼저냐의 문제는 아니라고 봐요. 일단 북한이 핵 리스트를 내놓으라는 것이죠. 북한이 비핵화 의지를 표명하는 첫 번째 진정한 행동이 핵 리스트 제출인데, 북한이 이렇게 하면 미국도 제재를 일정 부분 풀어줘야 한다고 봐요. 북한이 사찰·검증을 받으면 제재를 더 풀어주고요."

이성출 전 부사령관은 "한반도의 군사적 긴장을 완화하고 남·북 대결 구도를 평화 구도로 바꾸고자 하는 문재인 정부의 의지와 노력을 높이 평가한다."고 말했다. 그러면서 "정부의 대북정책 중에 비판할 점도 많지만 그렇다고 대안 없는 비판이 되어서는 국론 분열만 조장한다."고 했다. 아울러 "일부 보수진영의 극단적 표현과 무절제한 독설은 국가 발전에 도움이 되지 않는다. 안보에는 여야가 없고 국익만 있을 뿐이므로 국민이 냉철하고 합리적이고 균형적인 시각을 갖는 것이 필요하다."고 했다. 특히 그는 군사 분야 합의와 관련해 "북핵과 연계된 안보 상황을 고려해 사안별로 실행을 유보하거나 탄력적으로 적용해야 한다."고 제안했다.

신동아 2018년 11월호

03

한미관계 주역들에게 듣는다(국방분야),
동아일보 2013-10-01

[한·미동맹 60주년]

《세계 역사상 가장 성공적인 동맹. 1953년 10월 1일 한·미상호방위조약을 체결하면서 출범한 한·미동맹은 이런 평가를 받아왔다. 한·미동맹 60년은 희로애락(喜怒哀樂)을 함께하며 다양한 가치를 공유하는 포괄적 전략동맹으로 발전해왔다. 든든한 한·미동맹은 '한강의 기적'에 크게 기여했다. 그것은 자유민주주의와 시장경제의 승리이기도 했다. 동아일보는 3회에 걸쳐 국방 외교 경제 분야에서 한·미동맹의 발전, 한미관계의 업그레이드를 위해 노력했던 두 나라 주역들을 만난다. 이들에게 한·미동맹 60년의 의미와 미래를 함께 물었다.》

"한·미동맹, 전쟁억제 역할 넘어… 이젠 평화통일의 길 함께 가야"

이성출 前 한미연합사 부사령관

"한·미 양국이 한반도 통일방안을 공동으로 마련해 이를 국제사회에 이해시키고 협력을 구해야 합니다."

이성출 전 한미연합사 부사령관(64·육사 30기)은 지난달 29일 동아일보와의 인터뷰에서 한·미동맹의 미래 역할로 '통일에 대한 기여'를 최우선으로 꼽았다. 한반도에서 전쟁을 억제하는 역할을 해온 한·미동맹이 이제는 통일이라는 한민족의 염원을 달성하는 데 앞장서야 한다는 설명이다. 이를 위해서라도 안보동맹을 강화해 북한 핵문제를 해결하는 데 공동의 노력을 아끼지 않아야 한다고 강조했다.

이 전 부사령관은 이명박 정부 시절 제20대 한미연합사 부사령관(2008년 3월~2009년 9월)을 지낸 대표적인 미국통으로 부사령관 시절 군사적 사안뿐만 아니라 정무적 현안까지 미국 측에 조언해 미군들이 한국 상황을 올바르게 인식하는 데 공헌했다는 평가를 받았다. 전역 후에도 한미군사연습의 멘토 단장 역할을 하고 있다. 또 각종 한미우호협회에 참여해 한·미 신뢰 증진을 위해 애쓰고 있다.

그는 한·미동맹의 가장 큰 성과로 한반도의 평화와 안정을 가져왔던 점을 꼽았다. 한반도에 미군이 주둔함으로써 동북아 '힘의 균형'이 유지돼 왔으며, 우리 군이 주한미군과의 협력을 통해 작전 수행능력이 획기적으로 향상된 점도 큰 성과라고 덧붙였다.

최근 군 일각에서는 '중국이 일본을 넘어 주요 2개국(G2) 반열에 올라서고 한국의 최대 무역 상대국으로 부상한 만큼 한·미동맹에만 의존할 것이 아니라 중국과 더 가까워져야 한다.'는 주장이 제기된다. 이에 대해 이 전 사령관은 "미국과 중국을 이분법적으로 나눠 접근하는 사고에서 벗어나야 한다."고 지적했다.

"한·미동맹을 공고히 유지하는 것을 전제로 중국과 상호 호혜적이면서 보완적인 협력관계를 갖는 것이 국익을 위해 바람직합니다. 국제질서와 동북아 정세 변화 속에서 한국이 갖는 전략적 가치를 잘 활용해야 합니다."

그는 한·미동맹의 위기 순간으로 '효순이·미선이 사건'으로 반미감정이 촉발된 이후 노무현 정부가 정치적 감정을 갖고 전시작전통제권 전환을 추진한 상황을 들었다. 이 전 사령관은 "미국도 자신들이 피를 흘려 싸워 지킨 노력과 가치가 훼손되는 것을 바라보면서 '감정적으로' 전시작전권 전환을 수용했다"고 말했다.

한미 간 핫이슈인 전시작전권 전환 재 연기에 대해선 "양국이 협의를 진행한 것은 매우 시의적절한 결정이었다."고 평가했다.

"동북아 정세는 불안정하고 북한은 핵무기 개발을 통해 한반도는 물론이고 세계평화를 위협하고 있습니다. 전시작전권 전환 시기를 특정 시점으로 못 박지 말고 매년 안보상황을 포괄적으로 평가해 융통성 있게 조정해야 합니다."

방위비 분담금 역시 단순히 경제적 논리로 접근해서는 안 된다고 목소리를 높였다. 그는 "한·미동맹 60주년의 성과와 미국의 국방비 삭감, 북한의 핵무기 개발에 따른 위중한 안보상황 등을 고려해 한국 측이 좀 더 적극적인 태도를 가져야 한다."고 말했다. 다만 방위비 분담금의 사용에 대한 투명성은 보장되도록 제도적 보완을 함께 추진해야 한다고 덧붙였다.

이 전 사령관은 북한의 안보 위협을 △국지도발과 같은 무력도발 △

북한 정권의 급변 사태 △핵무기 개발 △사이버 공격, 테러 등 4세대 전쟁 등 4가지 형태로 분류했다. 특히 "북한이 4세대 전쟁을 통해 달성하고자 하는 전략적 중간 목표가 주한미군 철수"라며 한·미동맹을 흔드는 세력에 대한 주의를 촉구했다.

"동맹의 발전에 도전요소도 만만치 않음을 인식해야 합니다. 무분별한 반미감정을 확산시키는 급진 종북 좌파의 정치세력화는 우리 국민의 결집된 노력으로 막아야 합니다."

"한·미는 깨지지 않는 '바위동맹' 강한 군사력 바탕 北과 대화를"

존 틸럴리 前 주한미군 사령관

"한·미동맹은 깨지지 않는 '바위동맹(rock alliance)'이다."

존 틸럴리 전 주한미군 사령관(72)은 1일로 60주년을 맞는 한·미동맹의 굳건함에 대해 이렇게 말했다. 틸럴리 전 사령관은 1996∼1999년 제23대 주한미군사령관 겸 유엔군사령관, 한미연합사 사령관을 지냈다. 그는 "미국이 동맹을 맺은 국가는 많지만 한국처럼 6·25전쟁이라는 치열한 전장에서 양국 군인이 흘린 피를 바탕으로 맺어진 '혈맹'은 흔치 않다"고 강조했다. 점수로 치면 100점 만점에 120점을 줘야 하는 최상의 동맹이라는 것.

주한미군사령관을 마지막으로 2000년 전역한 뒤 군사안보 컨설팅업체 사이프레스인터내셔널의 최고경영자(CEO)로 있는 그는 "경사를 맞아 한국인들에게 꼭 축하 메시지를 전하고 싶다"며 지난달 27일 워싱턴 근교 알렉산드리아의 집무실에서 동아일보와의 인터뷰에 응했다.

틸럴리 전 사령관은 "한·미동맹은 군사동맹에서 출발해 정치 경제 분야로 확장됐다"며 "북한 도발에 대응하고 민주주의를 수호하기 위해 60년간 어깨를 나란히 해왔다"고 밝혔다. 북한에 대해 한·미 양국은 언제나 공동 이해에 부합되는 접근을 해왔으며 어느 한쪽에 치우치지 않는 균형적 동맹이라는 점을 강조했다.

그는 "한·미동맹은 정체된 동맹이 아니라 살아 움직이는 동맹"이라며 "최근 논란이 되는 전시작전통제권 전환 시기 재(再)연기 문제도 이 같은 관점에서 봐야 한다"고 지적했다. 전작권 논란을 한·미 결속을 저해하는 갈등 요소가 아닌 동맹의 자연스러운 진화 과정으로 봐야 한다는 것. 재연기 필요성을 인식한 한국이 먼저 이 문제를 제기한 것은 당연한 것이며 양국 군 지휘부의 논의를 거쳐 조만간 결정이 날 것이라고 전망했다.

틸럴리 전 사령관은 "미국의 국방예산이 향후 10년간 최대 1조 달러 축소되는 진통을 겪을 예정이지만 주한미군 감축은 없다는 것이 미국 정부의 입장이며 미군 당국도 이 같은 사실을 수차례 강조해 왔다"고 밝혔다. 그는 "한국이 아시아태평양 지역 안보에서 가지는 전략적 중요성을 감안할 때 주한미군 유지는 당연한 것"이라고 설명했다.

1차 연평해전 당시 주한미군을 통솔했던 틸럴리 전 사령관은 "연평해전, 천안함 폭침, 연평도 포격 도발 등에서 보듯이 북한의 도발은 언제나 예측 불가능하며 최근 급작스러운 이산가족 상봉 연기에서 알 수 있듯이 북한은 신뢰하기 힘든 상대"라고 말했다. 북한을 국제사회로 끌어들여 핵과 미사일 위협을 중단하게 하는 것도 중요하지만 북한과의 대화와 협상은 언제나 강한 군사적 억지력을 바탕으로 이뤄져야 효과를 낼 수 있다는 점을 강조했다.

　버락 오바마 행정부의 아시아 회귀(Pivot to Asia) 정책에도 불구하고 최근 중동에 밀려 아시아, 특히 한반도에 대한 관심이 줄고 있다는 지적도 나온다. 그는 이에 대해 "미국이 중동과 아시아에서 추구하는 지향점이 다르기 때문"이라고 설명했다. 아시아에서는 장기적 평화와 안정이 최고 목표인 반면에 중동에서는 급박한 분쟁 해결이 목표이기 때문에 중동에 일차적 관심을 둘 수밖에 없다는 것. 그러나 한국은 언제나 미국 군사안보 정책의 최고 순위(top priority)였고 앞으로도 그럴 것이라고 강조했다.

　마지막으로 한·미동맹 60주년을 맞아 한국인들에게 전하고 싶은 메시지를 부탁했다. 틸럴리 전 사령관은 서툰 한국말로 "같이 갑시다."라고 말했다. 오바마 대통령이 즐겨 쓰는 문구로 알려져 있다. 그는 주한미군 사령관 때부터 이 문구를 자주 써 자신이 선배라고 농담을 했다. 그는 "지난 60년간 한·미동맹은 굴곡이 있었지만 미국은 민주주의 수호의 최전선에서 헌신해온 한국인들에 대해 존경심을 잊지 않았다."며 "한·미동맹은 앞으로도 수백 년 동안 지속될 동맹"이라고 강조했다.

저자 소개

저자는 1949.12.13. 전라남도 신안군 비금면 가산리 427번지에서 태어나 비금동초등학교를 졸업하고 검정고시를 거쳐 목포고등학교에 진학하였으며, 고교를 졸업 후 어려운 가정형편으로 인해 대학진학을 포기하고 국가공무원시험(9급 검찰사무직)에 응시하여 검찰 공무원으로 봉직하였다.

그러나 말단 공무원으로 안주하고 싶지 않아 청운의 뜻을 품고 1970년 육군사관학교(육사 30기)에 들어가 군인의 길을 걷기 시작하였으며, 1974년 육군소위로 임관 후 전방, 특히 강원도에서 소대장, 중대장, 대대장, 연대장 책무를 수행하는 데 행동으로 솔선하고 오로지 북쪽과 부하만 쳐다보면서 복무하였다.

1999년 장군으로 진급 후에는 육본 전략기획처장, 보병 제22사단장, 육본 지휘통신참모부장, 제5군단장, 합참 전략기획본부장을 역임하고 군 구조 개선과 군사력 건설, 군 과학화 추진, 군사전략을 발전시켰으며 전작권전환을 위한 기본 틀을 마련하였다.

2008년, 군의 최고 계급인 대장으로 진급과 동시에 한.미연합사 부사령관에 부임하여 한미동맹 발전과 전작권전환, 연합방위체제 확립, 연합 C4I체계 개선 등에 진력하였으며, 2009년 9월. 36년간의 군 생활을 마감하였다.

군 복무 중에도 학업에 열중하여 전북대 경영대학원과 고려대 최고경영자 과정을 수료하고, 전역 후 20011년에는 미국 전략 국제문제연구소(CSIS)에서 객원 연구원으로 활동하였으며, 지금도 안보 관련 현안에 대해 틈틈이 언론 인터뷰와 기고 등을 하고 있다.

선택의 길, 군인 이성출 예비역 육군대장 회고록

ⓒ 2024 이성출

2024년 8월 10일 초판 1쇄 인쇄
2024년 8월 20일 초판 1쇄 발행

지은이 ㅣ 이성출
펴낸이 ㅣ 안우리
펴낸곳 ㅣ 스토리하우스

등 록 ㅣ 제324-2011-00035호
주 소 ㅣ 서울시 강동구 천중로 194, 4층
전 화 ㅣ 02-3673-4986
팩 스 ㅣ 02-6021-4986
이메일 ㅣ whayeo@gmail.com
ISBN ㅣ 979-11-85006-45-1 (13040)

값: 45,000원

* 이 책은 저작권법에 따라 보호받는 저작물이므로 무단전재와 무단복제를 금지하며 이 책의 내용을 전부 또는 일부를
  이용하려면 반드시 저작권자와 스토리하우스의 서면동의를 받아야 합니다.
* 잘못 만들어진 책은 구입한 곳에서 바꿔드립니다.